U0531258

武士革命

[美]罗米拉斯·希尔斯伯勒——著

袁皓天——译

光明日报出版社

图书在版编目（CIP）数据

武士革命 /（美）罗米拉斯·希尔斯伯勒
(Romulus Hillsborough) 著；袁皓天译. -- 北京：光明日报出版社，2022.8（2023.3 重印）
书名原文：SAMURAI REVOLUTION
ISBN 978-7-5194-6599-5

Ⅰ. ①武… Ⅱ. ①罗… ②袁… Ⅲ. ①明治维新(1868) —研究 Ⅳ. ① K313.41

中国版本图书馆 CIP 数据核字 (2022) 第 094776 号

SAMURAI REVOLUTION: The Dawn of Modern Japan Seen Through the Eyes of the Shogun's Last Samurai
by Romulus Hillsborough
Copyright © 2014 Jeff Cohen
This edition arranged with TUTTLE PUBLISHING / CHARLES E. TUTTLE CO., INC.
through BIG APPLE AGENCY, INC., LABUAN, MALAYSIA.
Simplified Chinese edition copyright © 2022 Ginkgo (Shanghai) Book Co., Ltd.
All rights reserved.

版登号 01-2021-6969

武士革命
WUSHI GEMING

著　　者：[美] 罗米拉斯·希尔斯伯勒	译　　者：袁皓天
责任编辑：舒　心　曲建文	策　　划：吴兴元
封面设计：尬　木	责任校对：傅泉泽
责任印制：曹　诤	

出版发行：光明日报出版社
地　　址：北京市西城区永安路 106 号，100050
电　　话：010-63169890（咨询），010-63131930（邮购）
传　　真：010-63131930
网　　址：http://book.gmw.cn
E-mail：gmrbcbs@gmw.cn
法律顾问：北京市兰台律师事务所龚柳方律师

印　　刷：河北中科印刷科技发展有限公司
装　　订：河北中科印刷科技发展有限公司
本书如有破损、缺页、装订错误，请与本社联系调换，电话：010-63131930

开　　本：155mm×240mm　　　　印　张：35
字　　数：520 千字
版　　次：2022 年 8 月第 1 版
印　　次：2023 年 3 月第 2 次印刷
书　　号：ISBN 978-7-5194-6599-5

定　　价：108.00 元

版权所有　翻印必究

序　言

江户时代，也就是德川家两个半世纪（1603—1868）的统治期内，日本存在着数百个被称为藩的封建领地，它们都听命于德川将军。将军是德川家的首脑，他的军事政权被称为德川幕府、江户幕府，或简称幕府。每个藩由一位封建领主（大名，或称藩主）统治。各藩的地位大不相同，地位高低很大程度上取决于其稻米产量以及藩主和德川家的关系。稻米产量以石计算。[1] 德川家的石高（米谷的收获量，用来表示大名的势力）大约占日本总石高的 1/4[2]，各藩主支配着其余 3/4 中的绝大部分，还有很小一部分属于天皇和公卿。[3]

据胜海舟所述，到了第十五位，也就是最后一位将军德川庆喜统治时，幕府收入约为 400 万石。[4] 幕府之下，只有 16 个藩的石高超过 30 万。排在第一位的是石高超过百万的金泽藩（亦称加贺藩），萨摩藩紧随其后，再往后由高到低分别是仙台藩、尾张藩、纪州藩、熊本藩、福冈藩、广岛藩、长州藩、佐贺藩、水户藩、彦根藩、鸟取藩、津藩、福井藩和冈山藩。[5] 这些雄藩中的大多数都在明治维新，即现代日本诞生前夕复兴皇权、恢复天皇地位的改革中扮演了重要角色。

德川统治期间，藩（及藩主）的数量变动不大，从未低于 250 个。[6] 各藩主的武士家臣负责处理各藩政务。作为回报，他们可以领取以石为单位的俸禄。农民要种植水稻、生产大米，他们在封建社会中的地位仅次于武士。在农民之下的是工匠，地位最底的是商人。

1600 年，德川家的家督德川家康在关原之战中击败了自己的敌人，成为实力最强的大名。1603 年，家康被天皇任命为征夷大将军（简称将军），在江户建立幕府。1590 年，当家康第一次来到江户时，江户还只是一个荒凉的小村庄；1661年，江户人口约30万；1721年，其人口达到130万左右，包括50万名武士。而当时伦敦的人口还不到70万，巴黎人口不足50万。[7]根据海舟的说法，截至1868年幕府统治结束时，江户人口不少于一百六十万。[8]19世纪60年代在英国驻日公使馆先后担任翻译和外交官的萨道义这样描述江户：

> ［江户是］远东最繁荣的城市之一。虽然它没有什么像样的公共建筑，但它位于海边，城中散落着许多供大名游乐的精美庭园，城下是宽阔的护城河，城四周环绕着石墙，城内的街道两旁，成行的松树投下浓浓的绿意，田园风光无处不在，所有这些都让人觉得这是一座伟大的城市。江户占地面积广阔，主要是因为城中巨大的天守和许许多多达官显贵［大名］的宅邸，它们被用碎石铺成的宽阔街道连接。[9]

立于日本社会顶点的是天皇。但是，诚如海舟所言，朝廷自12世纪以后就再也没有掌握过实权。[10]在家康及其子孙统治日本的两个半世纪中，天皇作为名义上的最高统治者居住在京都御所。家康将尾张、纪伊和水户三个大藩赐给他最喜欢的三个儿子，这三家通常被称为御三家（即德川家的三个分家），地位高于其他藩。御三家之下是御三卿，这三个藩由第八代、第九代将军的儿子们创立。御三卿包括一桥家、田安家和清水家，其家督和其他大名不同，没有独立的居城，而是住在江户，封地也由幕府代为管理。家康曾明确规定，如果未来的将军未能诞下子嗣，他的继承人将会从御三家中选出，不过后来御三卿也可以提供将军继承人。[11]

御三家和御三卿之下是二十个御家门（也称家门），他们是德川将军家的分家。御家门之下是谱代大名，他们是第一代将军的家臣，在关原之战中立下了汗马功劳，幕府中最重要的职位通常由谱代大名担任。而在关原之战中被家康打败或者至少没有帮助家康的大名的后代，则成了外样大名，他们在德川家统治的265年间一直臣服于幕府。土佐的山内家、萨摩的岛津家、长州的毛利家是实力最强的外样大名。他们的许多武士家臣将在接下来的尊王倒幕革命中脱颖而出，成为领导者。庆应二年（1866年），日本共有266位大名，包括145名谱代大名、98名外样大名，以及23名与德川家有血缘关系的亲藩大名。[12]

德川家的统治

除了这个高度结构化的等级制度，幕府还通过一套行政系统控制着日本的每一个人，包括天皇、京都的公卿、全日本诸藩大名及其武士家臣。

确立于1635年的参勤交代制度对控制大名尤其有效。根据这个制度，所有封建领主每隔一年必须在江户居住一年。由于大名们都被迫在将军的都城度过一生中的一半时间，他们自然不得不在江户保留自己的藩邸。领主不在江户时，他的妻子和继承人就必须待在江户的藩邸（实际相当于人质），幕府利用他们确保各藩不会叛变。不仅如此，参勤交代制度还极大地加重了大名们的经济负担（因为他们要花费大量资金维护藩邸，还要经常往返于本藩和江户之间），从而使幕府的统治更加巩固。[13]某些实力强劲的外样大名的经济负担尤其沉重，因为他们的领地通常远离江户。例如，萨摩藩主的领地位于九州最南端，他从藩厅（藩首府）鹿儿岛出发，沿陆路跋涉1000多千米才能到达江户。

除此之外，幕府为确保自身的权力还颁布了三条法律：大船建造禁令（禁止建造远洋船只）、锁国令、禁教令（禁止基督教传播）。三者互相加强。禁止建造远洋船只不仅是为了阻止日本人赴海外旅行，也是为了防止潜在的叛乱者从海外输入大批武器和部队以挑战幕府的权威。[14]通过在17世纪30年代颁布的一系列锁国令，幕府有效阻止了外国人进入日本，而胆敢离开日本者将被处以死刑。[15]

幕府采取锁国政策主要出于两个原因：控制对外贸易、阻止基督教传播。基督教因为被幕府视为对自身绝对统治的威胁，于1615年遭到禁止。[16]严厉的政策取得了效果。在元治元年（1864年）长州征讨之前，日本在幕府的统治下维持了两个半世纪的和平。

幕府的最高统治者是将军。在某些紧急情况下（如他无法统治或者能力不足时），大老（相当于摄政）可以代其统治。将军之下是作为其顾问的老中，通常有四五人，从谱代大名中选出。他们负责处理幕府内部所有政务，包括与公家及其他谱代大名相关的事务。老中之下是若年寄，通常有三到五人，他们的职责是管理旗本武士（将军的武士家臣）。老中直接控制着四五名大目付，他们负责监视大名，同时监督幕府各项事务。听命于老中和若年寄的还有十名目付，他们是若年寄的耳目，负责监视旗本武士的一举一动。

处在幕府官僚体系下一级的是管理都市或处理专门事务的奉行。例如，远国奉行负责处理德川家直接统治的江户、京都、长崎和通商条约签订后开港的下田、横滨、函馆等地的政务。管理财政、法律和宗教事务的同样是奉行。签订通商条约之后，幕府又设立了新的奉行，包括外国奉行、学问所奉行、军舰奉行以及后来的陆军奉行和海军奉行等。一个奉行职位的定员通常不少于两人，在任者轮流履行职责。这么做是为了防止其中某一个人的权力过大。

统治阶层的革命

明治维新和历史上许多重要革命的区别在于，它是由作为统治阶层的武士发起的。德川幕府治下武士的历史十分有趣。德川家康取得政权后，意识到自己虽然能够"马背上取天下"，但是不能"马背上治天下"。接下来两个半世纪的和平期里，负责处理政务的武士拥有更高的地位（和收入），而那些致力于习武的人俸禄较低。[17]

在江户文化的鼎盛期和19世纪上半叶的衰退期，许多武士或浪荡于久负盛名的烟花之地，或流连于华丽的歌舞伎剧院。有些人醉心舞蹈和音乐，忽视了剑术和其他武艺的训练。[18] 海舟写道，经过两个多世纪的和平之后：

> ［旗本武士］安心享用自己的俸禄，以自己的身份为傲；在国家的政治生活中有了一席之地后，他们在奢华的宅邸过着轻松的生活，久而久之便丧失了不屈不挠的精神，变得自负、软弱，最终成了无用之徒。[19]

不过，在工业化迅猛发展、技术快速革新的欧洲和美国面前（四处横冲直撞的蒸汽船便是明证），幕府的锁国政策难以为继，日本的和平时代行将结束。到了1818年,大英帝国已经征服了印度的大片土地。1842年,根据第一次鸦片战争后签订的《南京条约》,香港被割让给英国,清朝被迫开放五口通商。1844年,清朝又和美法两国签订了类似条约。

这些发生在邻国的事件使受过教育的武士阶层察觉了西方帝国主义对亚洲的企图。1853年,当佩里的战舰闯入江户湾时,西方的野心暴露无遗。日本自此步入近代。随之而来的是长达四分之一个世纪的灾难期,社会剧变导致德川幕府倒台,武士的生活方式最终成为历史。

佩里来航后,日本大致存在两派思潮,如果用他们各自的口号加以概括,分别是开国派和尊王攘夷派。主张开国的主要是幕府及其支持者。他们认为,在国家拥有现代化的工业和军事力量之前,攘夷只是空谈。因此他们主张日本必须与外国通商,引进外国的技术和思想。

主张尊王攘夷的主要是日本各地的尊王攘夷派。他们的思想基础是国学和理学[20],也就是德川时代的国家意识形态。理学是由中世的禅宗僧人从中国引入日本的一种思想,主张"君臣有义",认为社会的和谐应当通过仁慈的君主和服从的臣属之间公正、互惠的关系来维持。[21]

受理学思想支配的日本社会被严格分为士农工商四个等级,每个人都要按照规定履行自己的社会义务。农民的义务是在田间挥洒汗水、生产大米以供养作为统治者的武士阶层,大名和武士控制着自己的家臣,而幕府又控制着大名,这样理学就成了德川幕府统治全国的根本理念。既然每个个体都要在自己的位置上各尽其职,阶层间的流动自然十分罕见。

尊王攘夷派为了使日本生存下去,提出了一种符合时代潮流的政治观点。他们认为,日本由于内部存在着数百个封建藩国,因此无力应对西方帝国主义的威胁。于是,他们主张,为了日本的存续,各藩必须统一在一位仁慈的君主——天皇之下。天皇是日本的合法统治者,但到那时为止,在德川幕府的统治下,他从未作为政治实体存在过。德川幕府违背天皇的意愿向"蛮夷"打开国门后,尊王攘夷派利用天皇强大的宗教象征力量(和"尊王攘夷"的口号)赢得了大部分人,即包括武士、市民和农民在内的天皇的子民的支持。尊王攘夷派因此拒绝承认德川幕府是日本的合法政府,他们认为日本真正的统治者应该是居于京都的"天子",他是第一代天皇神武天皇的后裔。根据日本古老的史书记载，神武天皇在公元前660年[22]即位。

就在尊王攘夷派在京都的天皇周围聚集起来的同时，一群激烈反对幕府开国的公卿控制了朝廷。革命的领导层是来自萨摩、长州和土佐的下级武士。但是，这场革命并不能简单归结为天皇和幕府支持者之间的斗争。大多数佐幕派武士同样尊崇天皇，而朝廷中也有一些幕府的坚定支持者。当然，绝大多数尊王攘夷派决意消灭幕府，而幕府的支持者则认为，政权必须掌握在经过长期考验的江户幕府手中。在他们看来，将政权交还给不擅治理的朝廷势必威胁日本的主权，而这样的想法在公卿贵族中间极为普遍，甚至连天皇本人也赞同。与此同时，反德川阵营的武士利用尊王的大义名分占据了道德高地，并成功说服了最强大的二三十个藩起身反抗幕府。这场不可避免的、危险的决战将把现代文明带入日本。

引 言

庆应三年（1867年）

  正值国家忧患之际，第十四代将军德川家茂病逝。庆喜继承将军之位，百姓对幕府的疑虑更甚。最终，庆喜意识到自己无法继续统治国家，于是将政治权力交还朝廷……

  忠于将军的藩主，连同将军的家臣，对大政奉还十分不满。他们向庆喜进言，并和他身边的奸佞之辈一起组建了一支军队。他们从大阪城（当时写作"大坂"，明治维新后改为大阪）向京都进军。当他们的前锋到达［京都西南方向的］鸟羽、伏见时，他们和驻守在那里的萨摩藩军发生了冲突，战争爆发。我军不敌，退回大阪城。当晚，庆喜与大约20名官员和仆人一起，偷偷溜出城……登上我们的战舰"开阳丸"号逃回江户。黎明时分，大阪城的军官和士兵听闻［庆喜出逃的］消息，惊怒交加。在毫无计划的情况下，他们四散奔逃。许多人逃到纪伊国和歌山城。[1]

  在德川幕府最后的大危机中，我意外地被委以大任。我回顾了德川家的历史，深刻思考了未来，尤其是国家福祉、人民安康和对外关系之后，认为不能只顾及德川家的命运和安泰，而应向整个国家尽忠。但是，我无法完全实现我的目标，我不擅统筹。回首往事之时，我惭愧地发现自己的能力和判断力都不够好。[2]

以上文字摘自胜海舟于明治二十七年（1894年）撰写的《幕府始末》的第一部分，这是一本简单介绍德川幕府兴亡的小书。他写这本书是为了向美国朋友爱德华·沃伦·克拉克解释新政府军和旧幕府军之间内战前后日本的变化。克拉克不明白，为什么被暴力革命推翻的德川幕府得以继续存在下去，甚至还保留了一块领地。[3]

作为一名来自美国新英格兰地区的"北方佬"，克拉克也许一直没有忘记亚伯拉罕·林肯在明治维新大约3年前提出的一个问题——林肯在美国南北战争时期面对的困难和烦恼与海舟十分相似——"你已经活了这么久，难道还不知道，对于同一个问题，两个人可以有完全不同但都正确的答案吗？"这件事发生在李将军向格兰特将军投降前不久，当一名国会议员提议绞死叛军领袖时，林肯这样质问他。[4]海舟必定抱着与林肯类似的想法。他在日本内战的两大阵营中都不乏支持者和批评者，当意外地肩负起一项无比重要的责任时，他为了避免日本彻底毁灭而四处奔走，艰难地周旋于敌对双方之间。克拉克认识到了海舟这一品质的可贵。他写道，"能同时看到事物两方面的人并不常见"，但海舟做到了。他继续写道："这使他成为一个独特的人。"[5]

庆应四年（1868年）三月，海舟凭着人格魅力和敏锐灵活的头脑脱颖而出，成为幕府军的统帅，麾下有一支舰队和数千名求战心切的士兵。那么，这个多面的、谜一般的男人到底是怎样的人物呢？这个左右着前将军性命，掌握着德川家乃至全日本命运的人究竟有怎样的经历呢？和其他幕府官员不同，海舟没有显赫的家世背景，他的祖上既不是门第高贵、世袭幕府最高职位的大名，也不是拥有特权、能够担任最重要的奉行之职的上级武士。他出身下级武士之家，既是优秀的武士，同时也是江户的市井之人。他精通剑术，但即使在自卫时也不愿拔刀出鞘。他是一个受敌我双方尊敬的政治家，是幕府里孤高的局外人，是一个敢于打破旧习的改革者，是一名历史学家、一位高产的作家和日本海军之父。他对德川家忠诚无比，但也是一些倒幕志士的朋友和盟友。克拉克评论道："他在批评别人的时候一直十分公允，只是常常语带讥讽。他的笑容无与伦比，他的幽默感让人难以抗拒。他很喜欢开玩笑。"[6]海舟身高1.5米左右，即使在19世纪的日本人当中也只能算身材矮小之人。但是他的身体经过严格的武术训练变得十分强壮。他长相俊朗，留着一头乌黑的长发，经常为它涂上发油并束成发髻。[7]他的脸轮廓分明，有一些古人的相貌特征（微弯的鹰钩鼻、薄嘴唇、刚毅的嘴、小而结实的下巴、炯炯有神的黑眼睛），颇有几分贵族气；但当他操着江户市井方言（他的母语）讲话时，这样的形象就自然而然地消失了。

1月18日，也就是庆喜在鸟羽、伏见之战失利后逃回江户的第6天，海舟称自己决意赴死。他警告日本的新领袖，小心英国、法国和美国会动用武力来保护他们各自在日本的利益。他指出了印度和中国衰弱的原因。这两个国家的"骨肉同胞"为了分出是非对错而"自相残杀"，"西方列强乘虚而入"。现在，日本即将步他们的后尘，因为内战双方都只在乎自己，而罔顾国家利益。"这些人没有意识到，他们正走在一条将使日本万劫不复，使百姓遭受苦难的路上。"海舟决心避免这样的结果，为此不惜牺牲自己的性命。

发生在现代日本黎明期的武士革命是一部史诗，剧情跌宕起伏，令人目不暇接，有时甚至连主角本人都迷失在混乱之中。为了理解人们为什么以及如何发动革命，我们必须回到15年前美国海军舰队司令马修·佩里来航的日子，幕府的崩溃正是从这一天开始。

目　录

序　言 ··· 1
引　言 ··· 7

上　卷
德川幕府的灭亡
（1853—1868）

第一部分　局外人 ··· 3
第一章　幕末之始 ··· 5
第二章　局外人 ··· 20
第三章　长崎海军传习所 ·· 36
第四章　井伊直弼得势 ·· 44
第五章　横渡太平洋 ··· 64
第六章　旧金山之行 ··· 71
第七章　恐怖年代之始 ·· 79

第二部分　入　局 ··· 99
第八章　略论武士道 ··· 101
第九章　四人众 ··· 107
第十章　萨摩藩 ··· 113
第十一章　奉行与叛贼 ·· 129

第十二章	长州的吉田松阴和高杉晋作	135
第十三章	"登城"	143
第十四章	深渊边缘的长州	178
第十五章	西乡归来	202

第三部分 出 局 ································ **213**

第十六章	始料未及的蠢事	215
第十七章	高杉晋作与正义派	218
第十八章	歧途中的幕府	223
第十九章	萨长同盟	232
第二十章	幕府必须心甘情愿地灭亡	251
第二十一章	长州和谈	259
第二十二章	将军、天皇和朝廷的反对者	265
第二十三章	庆喜扳回一局	272
第二十四章	历史大戏	277
第二十五章	王政复古与幕府的终结	286

下 卷
明治政府的崛起
（1868—1878）

第四部分 掌 局 ································ **301**

第二十六章	内 战	303
第二十七章	庆喜的妥协	310
第二十八章	胜海舟与西乡吉之助（一）：挑战	314
第二十九章	胜海舟与西乡吉之助（二）：信使	319
第 三 十 章	胜海舟与西乡吉之助（三）：对话	326
第三十一章	江户开城	337

第五部分　再成局外人 ·· 347

第三十二章　深恶痛绝之事 ··· 349
第三十三章　戊辰战争结束，明治时代开启 ··················· 356
第三十四章　西乡隆盛和明治政府（一）：回归 ··············· 363
第三十五章　西乡隆盛和明治政府（二）：离去 ··············· 373
第三十六章　士族叛乱和海外冒险 ································ 380
第三十七章　西乡与明治政府（三）：叛乱 ····················· 387

尾　声　将军最后的武士 ·· 397
附　录　论胜海舟的史书、传记和回忆录的价值 ············· 409
参考文献 ··· 413
注　释 ·· 421
后　记 ·· 543

上　卷

德川幕府的灭亡

（1853—1868）

第一部分

局外人

第一章

幕末之始

截至天保[1]末年，我国已在和平中度过了240多年。奢华之风日盛，人们愈发慵散。在和平年代，几乎无人思考社会发生剧变的可能性。不仅如此，上至达官显贵，下至黎民百姓，皆对国外事物漠不关心，毫不担忧自己的国家或许会被他国蔑视或正遭受它们的侵犯。[2]

马修·佩里准将是美国东印度舰队司令。嘉永六年六月三日（1853年7月8日），他率领四艘战舰闯入江户湾。"嘉永"取自《宋书·乐志》的"嘉乐永无央"之语，意思是永远幸福安康，而佩里来航同时宣告了嘉永年和日本太平之世的终结。当年十一月，29岁的德川家定继任将军之位，他发现自己在幕府有史以来最大的危机面前束手无策。

家定是德川幕府第十三代将军。胜海舟评论道："家定公行事谨小慎微，沉默寡言且性格温和。他怯于向别人表达自己的想法，总是犹豫不决，甚至在幕府官员和自己的仆人面前也是如此……（他）谈起自己的继承人时，总会表现得无比沮丧。"[3]

家定懦弱的性格可能是由于其体弱多病。他有点口吃，而且无法长时间正坐（差不多30分钟左右就开始颤抖和抽搐）。他十分内向，对女人没什么兴趣，除了最亲近的亲戚和仆人，不愿与任何人接触。[4]据说日本幕府的领袖居然不能自己站起来方便，每次上厕所时都需要一个仆人在旁边服侍。[5]其他人的记录，包括家定遗孀的回忆，都指出他的精神是健全的，但是身体有残疾。[6]

家定是颇有才干的德川家庆唯一活下来的儿子。前代将军家庆去世的时间很不凑巧，他在佩里的战舰抵达江户数周后病故。或许是年龄（家庆已经60岁了),再加上外国舰队的突然出现,要了第十二代将军的命。

不速之客

对于幕府来说,佩里的来访不算意外,早就有人向家定的父亲家庆和祖父家齐警告过外国的威胁。1778年,一艘俄国船只出现在日本最北的虾夷地(今天的北海道),几个俄国人从那里登陆,试图与日本通商。统治当地的松前藩主直截了当地拒绝了他们的要求。1792年,俄国使节拉克斯曼在一名日本漂流民的陪同下来到虾夷地的根室,同样要求允许通商,但同样遭到了拒绝。1804年,就在德川家康江户建立幕府的201年后,俄国人尼古拉·雷萨诺夫带着沙皇亚历山大一世的国书来到长崎,再次要求允许通商,但幕府又一次拒绝了他。[7]

两个多世纪以来,荷兰是唯一得到幕府通商许可的西方国家,其贸易活动由荷兰东印度公司负责。荷兰商人只被允许待在一个名为出岛的扇形人工岛上,该岛位于西日本九州岛的长崎港内。荷兰商馆的负责人被日本人称为"甲比丹"。

文化五年(1808年),挂着荷兰国旗的英国战舰"菲顿"号突然出现在长崎港内。英国和荷兰当时正处于交战状态。长崎奉行松平康英以为这艘船是荷兰商船,于是派日本官员和荷兰商馆成员乘小船前去。海舟写道,当小船靠近"菲顿"号时,英国人"抓了两名荷兰人质,要求得到燃料和水"。日本人满足了英国人的要求后,英国人"立刻离开了"。他们的船离开没多久,松平"愤懑不已,提笔写下事件报告,然后切腹自尽,以谢失职之罪"。[8]

外国船只继续威胁着日本。文政元年(1818年),另一艘英国船抵达江户湾的门户浦贺,要求与日本通商。6年后,几艘外国捕鲸船来到了位于日本中部太平洋沿岸的水户藩的日立和位于遥远九州岛西南部的萨摩藩,给两地造成了不小的麻烦。文政八年(1825年),幕府颁布了所谓的"不三思"法令(或称"异国船驱逐令"),当外国船只(荷兰船和中国船除外)出现在日本海域时,日本守军将不问原因,不予警告,直接开火。[9]不过,当老中首座(首席老中)水野忠邦推行天保改革时,该法令被废除,幕府将遵循国际惯例"善待外国漂流者",为他们提供食物、水、燃料和其他补给。[10] 但是,正如海舟所言,"这些人得到必需品后必须立刻离开,不能上岸"。如果外国船只"采取暴力手段或拒不离开",或者做出其他"令人无法容忍的行为,我们就会立即向他们开火并采取紧急措施"[11]。

1844 年,荷兰国王威廉二世给幕府写信,建议日本废除锁国政策,因为它与 19 世纪剧变的国际形势格格不入。威廉二世将信交给库珀斯,后者指挥战舰"巨港"号抵达长崎。7 月,库珀斯将信交给长崎奉行。海舟写道,威廉二世的信"很友好",他的建议"对我们颇有好处",(幕府)本可以"以此为契机筹建海军"。[12] 第二年,幕府正式拒绝了威廉二世的建议,因为这"会违背先祖(德川家康)的严格禁令"。[13] 根据海舟所言,当时幕府根本"不相信"威廉二世的话[14],而实际上它"本应成为我们未来政策转向的基础"[15]。

幕府之所以拒绝荷兰人的建议,可能是由于一些已经过时的想法。幕府自建立以来的首要目标一直是捍卫自身统治,只要能将外国人拒之门外,它就能牢牢控制住本国人。锁国政策是幕府集权统治的基石,而长达两个半世纪的和平正是该政策自然而然的结果。

1846 年,美国东印度舰队司令詹姆斯·毕德尔率领两艘战舰抵达江户湾,但直接被要求离开。[16] 美国派佩里前往日本之前,请求荷兰帮忙斡旋。荷兰甲比丹列文松告诉长崎奉行,美国政府寻求同日本通商。[17] 但正如海舟所写,"当时上上下下都(对列文松的报告)将信将疑,没有放在心上"[18]。即便如此,美国人的提案仍然"标志着日本和外国交往史的开端"[19]。

即便有家康的"严格禁令",锁国带来的黄金时期都已经接近尾声,包括海舟在内的日本有识之士都意识到了这个苦涩的现实。佩里的战舰抵达日本时,海舟 30 岁。40 多年后,他回忆道:"我带着六七个人出去看它们,真是大骚动啊!"[20]

炮舰政策

当时美国正处于所谓的"昭昭天命"时期。美利坚已经将疆界向西拓展到了太平洋沿岸乃至更远的地方。1848 年,美国在美墨战争中获胜,并通过随后的协议得到了加利福尼亚。1844年，美国同清政府签署《望厦条约》，美国商人开辟了通往亚洲的贸易航线。

1852年11月5日，美国代理国务卿查尔斯·康拉德在《给佩里准将的指示》中向海军部长约翰·肯尼迪解释了佩里的任务："最近的一系列事件，诸如蒸汽船可以跨洋航行，我国在太平洋沿岸获得大片土地，人们迅速在那里定居下来并发现了金矿，修筑了横贯分隔两大洋（巴拿马）地峡的铁路，事实上拉近了我们和东方各国的距离。"简而言之，美国政府寻求的是使在日本外海遭遇海难的美国水手的生命和财产可以得到"永久保护"，并且可以得到"获取粮食、饮用水和燃料等"的许可。[21] 关于毕德尔1846年的日本之行，康拉德写道："不过，他被提醒'不要激起任何针对美国政府的不信任或敌对的情绪'。他到了江户，却被告知日本人只和荷兰人和中国人通商，还被蛮横地命令离开那座岛屿，永远不得再来。"[22]

和前任不同，佩里决意用武力将自己的意志强加给日本人。[23] 他于下午五时抵达目的地，两艘蒸汽护卫舰和风帆战舰都在浦贺附近下了锚，看起来已经做好了战斗准备。将军的都城遭受外国军舰的威胁，这在日本历史上还是首次。几个藩的藩兵仓促赶来，江户百姓惊慌失措。浦贺奉行户田氏荣（他的职责是负责监视江户周遭所有进入江户湾的船只）在一份报告中提到了当时人心惶惶的状况：

> 美国舰队中有两艘铁甲蒸汽船。其中一艘装备了三四十门炮，另外一艘大概有12门。另外两艘船每艘都装备了20多门炮。它们不需要船帆或者船桨就可以自由航行，并且速度极快。它们就像来去自如的浮动城堡。[24]

"冲突似乎随时可能爆发。"海舟后来写道。[25] 户田的代表中岛三郎助在一名荷兰翻译的陪同下登上佩里的旗舰"萨斯奎汉纳"号，他被告知舰队司令此行的任务是将米勒德·菲尔莫尔总统的信递交给"日本皇帝"。菲尔莫尔在信中表示，希望"合众国和日本之间能友好往来并互通有无"。中岛建议佩里前往遥远的长崎，因为根据法律，所有外国事务都应该在该港口处理。佩里回答道，来浦贺是因为这里距离江户很近，而且他并不打算前往长崎。他没有说的是，菲尔莫尔曾指示他"不要做出任何可能破坏（日本的）和平的举动"。[26] 但是这名准将并不这么想，他将两面白旗和一封私人信件交给幕府，而完全没有在官方报告中提及此事。佩里在信中威胁日本人要么签署条约，要么开战。如果日本人选择后者，白旗就将派上用场，因为他们必败无疑。[27]

户田领会了佩里炮舰外交的要旨。他向江户报告称，美国战舰"全副武装，如果我们拒绝接受（菲尔莫尔的）信，他们威胁将立即逼近江户"，而且"除非浦贺上空升起白旗，否则他们为了挽回由于未能完成任务而损失的名誉"，将攻击江户——"从他们的军官和水手的表情来看，美国人显然已经做好战斗准备"。[28]

海舟肯定和户田或其他德川武士一样对外国人的到来十分警觉，但应该没有被席卷江户的恐慌情绪传染，不至于像普通民众一样在看见四艘美国战舰的可怕景象时大惊失色。他虽然出身寒门，但天资聪颖、头脑灵活、思想开放。他花费数年时间学习如何铸造和操作西式火炮。自嘉永三年（1850年）以来，他一直在江户的家中招收学生，教授这些科目。不久前，他又开始做起军火生意，接受大名订单，为他们制造大型西式火炮。

作为一名兰学家，他知道西方的船可以搭载800名以上船员和80门以上火炮，其火力足以摧毁江户。[29] 他第一次见到佩里的巨舰时想必会惊叹不已。美国人的战舰搭载了61门火炮和967名船员。[30] "萨斯奎汉纳"号和"密西西比"号都是蒸汽船，排水量分别是2450吨和1692吨。与此形成对照的是，日本没有任何一艘船装备了蒸汽引擎，排水量也不超过100吨，远远小于佩里的两艘小型风帆船"普莱茅斯"号和"萨拉托加"号（分别为989吨和882吨）。[31] 不仅如此，幕府沿着海岸建造的炮台肯定也无法让海舟安心。他知道所有这些炮的射程最多只有800米，而美国人的火炮有效射程可以达到它们的三四倍。

劣势明显、毫无应对之策的幕府根本没有选择的余地，只能允许佩里上岸，同时命令户田和另一名浦贺奉行井户弘道前去接受美国总统的信。两名幕府官员匆忙在浦贺的久里滨海滩搭起一个亭子，在里面举行了一场气氛紧张的正式仪式，来自日本各藩的数千名长枪足轻和铁炮足轻以及300名左右美国海军陆战队队员和水手警惕地注视着仪式的进行。佩里在他《日本远征记》中称参加仪式的美国人"神采奕奕、身体强壮，和矮小且更加柔弱的日本人形成了鲜明对比"。[32] 此时日美接触尚浅，佩里没有看出日本武士的暴力倾向，不过在接下来的数年间来到日本的西方人将会认识到这点。

7年后，向来反对暴力的海舟表达了他的愤怒：

> 美夷到来时，明知法律不许，但还是来到了浦贺，给了我们白旗作为和平的象征，递交了信件后又深入海湾。他们鸣舰炮，肆意测量水深。他们的傲慢自大对我国来说……是从未有过的奇耻大辱……他们继续破坏我们的法律并且深入离［江户］城很近的海湾，威胁我们并且大谈条件。[33]

幕府答应次年回复菲尔莫尔的信，于是佩里在抵达日本9天后便归航了。走之前，他声明自己将于次年春天带着一支规模更加庞大的舰队再次前来。[34] 与此同时，幕府发现自己陷入了有史以来最大的困境之中。向美国人低头并签署条约会使日本显得软弱，从而招来更多侵略者；反之，拒绝美国人的要求会招致战争，而幕府毫无胜算。中国的例子近在眼前。如果这个自古以来一直立于文明和文化顶点的"中央之国"都无力抵抗英国人的战舰，那么日本自然无法幸免。

《海防意见书》

佩里离开后不久，幕府打破惯例，开始征询日本各藩主的意见，包括此前不得发表政治观点的外样大名。如此异常之举与德川家庆之死不无干系，他在佩里离开10天后就过世了。将军突然辞世，群龙无首的老中为摸索出解决办法，于七月一日将所有藩主召集到将军的居城江户城。老中将菲尔莫尔信件的日文翻译件分发给各藩主，询问他们应如何处理这个棘手问题。幕府也向江户的普通武士征求意见，包括像胜麟太郎（胜海舟，他在41岁担任军舰奉行之前一直使用"麟太郎"这个名字）这样没有官职的人。

幕府收到了大约 700 封上书,大多数人建议直接拒绝美国人的要求,甚至不惜为此开战。这被视为攘夷运动开始的标志。德川阵营内外绝大多数武士都支持攘夷,只有少数人建议接受美国人的要求并开始推动日本开国,海舟将加入后一阵营。对于开国派的很多人来说,开国只是权宜之计,他们的目的是通过开国换取时间以加强军事实力,最终以武力驱逐"蛮夷"。

胜麟太郎于七月[35]提交的《海防意见书》因为清晰的思路和进步的理念在众多回复中脱颖而出。他在这封和另外一封给老中及若年寄的上书中并未提及开国,而是给出了一个解决当前危机的具体方案。他向幕府提出几条建议:按照欧美标准重整军队并建设一支现代化海军;在江户湾沿岸修筑炮台并为其配备威力强大的火炮;解除实行了两个世纪之久的大船建造禁令,允许建造西式战舰以支持现代化海军建设;培养能够驾驶这些船只的人才。

他催促江户广开进贤之路,为海军招募有才能、聪明且品行端正的人,而不要仅仅局限于贵胄子弟(提出这条建议时,他很可能想到了自己)。他还建议幕府通过与外国通商来积累建设海军所需的资金。他指出欧美具有技术优势,以此来反对那些囿于传统,拒绝引进西方军事技术和制度的同胞。他还写道,如果幕府有意实现军事现代化(为了自卫不得不如此),它就必须建立一所军事学院,教授天文学、地理学、物理学、军事战略、炮术、防御学、机械学等现代科学。教员不应只从德川家臣中挑选,还应考虑来自各藩的武士。军事训练应当以小组为单位,上级武士家庭出身的纨绔子弟应当被排除在外。[36]军事学院的图书馆应收藏日文、汉文、荷兰语的军事和炮术资料。关于外文资料,海舟指出,鉴于最近市面上出现了许多糟糕的译本,翻译工作应由合格的语言学者完成。他们应当筛选出有价值的外文书加以翻译,然后由政府出版。

接下来的几年里,幕府采纳了海舟的多项提议,包括解除大船建造禁令(该禁令在海舟上书两个月后便被废除)。[37]次年,即安政元年(1854年)五月,幕府运用西方造船术建成了第一艘远洋船只。海舟后来写道,这艘双桅船长约 40 米,宽约 9 米,"以一艘英国船为原型"。开明的萨摩藩主岛津齐彬（他也曾建议幕府解除造船禁令）紧随其后，建造了"两三艘三桅帆船"。水户藩主德川齐昭也造了一艘远洋船。[38]

海舟对当时日本所处的艰险时局的深刻认识，很大程度上得益于他受过的教育。他曾师从剑术大师、禅学大师以及一些杰出的兰学者，后者中声名最为显赫的是佐久间象山。

伟大的武士

想象一下这样的场景：一名武士独自站在岸边的崖壁之上，透过望远镜远眺停泊在下方港湾之内可怕而壮观的佩里舰队。此人表情凝重，左腰挎着两把武士刀，下身穿着黑袴（裙裤），上身穿着一件绣着家纹的深色羽织。他的唇上蓄着一撮小胡子，下巴留着山羊胡，涂了油的头发盘成了发髻。

人们常说"西有西乡，东有佐久间"[39]。西乡的伟大在于他的"诚"，而佐久间最宝贵的财富是他的思想，他是当时日本最开明的人之一。"佐久间象山是一个博学多闻的人，"40 多年后海舟在冰川的宅邸回忆道（参见附录与冰川访谈相关的内容），"他知识渊博而且颇具洞察力。"但是，海舟并没有盲目崇拜自己的老师。"他常常自吹自擂。如果他被任命负责实际管理事务，真不敢想象会发生什么。他很有能力，但太心急了……或许是因为被时代裹挟。"[40]

象山生于佩里来航 42 年前的文化八年（1811 年）。一名传记作者称他天生"力大无穷"，而且大多数时候沉默寡言。不过，他其实是一个语言大师，声音虽然不大，却总能直击听众内心，引起人们的共鸣。他身高 1.72 米左右，在那一代人中算高个子，肤白，脸长，额头宽，颧骨高耸，眼窝微微下陷。他的耳朵朝后，从正面几乎看不到，因此被称为"猫头鹰"。他毫不在意，反而颇喜欢这个绰号。他的藩主将他比作一匹"狂野、难以驯服的骏马"[41]。他是一个强壮的人，"雄心勃勃"（这是海舟的说法）[42]、自视甚高且颇为傲慢。

佐久间是松代藩一个下级武士家庭的长子，该藩位于江户西北多山的信浓国。他幼名启之助，广为人知的"象山"其实是他的号。"象山"由两个汉字构成，意思分别是"大象"和"山峰"。佐久间在松代城的家附近有一座山，看起来像一头俯卧的大象，人称"象山"。佐久间想必对这座山情有独钟，至少十分喜欢它的名字，因此才会在25岁时以山名作为自己的号。[43]

松代的武士以勇猛著称，第一代藩主曾为德川家康效命。和松代的其他武士家族一样，佐久间家也以自身的军事传统为傲。佐久间的父亲经营一座道场，而佐久间本人自幼醉心剑术修行，17岁便习得"卜传流"精髓，可以招收徒弟。

与此同时，佐久间也是一名精通儒学和兰学的杰出学者。他在江户教授炮术时曾为多个藩设计并制造大型火炮，包括中津藩的20磅野战炮和松前藩的12磅、18磅火炮。[44]在那之前很久，28岁的佐久间曾在江户开设象山书院，教授儒学。其间，他把自己的名字"启之助"改为"修理"。有人问他改名的原因，他答道："我要修理这个国家。"[45]他相信尘世间没有什么是自己做不到的，而他确实多才多艺。除了火炮，他还制造过水晶、电力医学器材、照相机，甚至还有一个地震探测仪。他是日本第一个种植土豆、第一个养猪、第一个酿葡萄酒的人。他对工业很感兴趣，曾计划在松代开采金银铜铁矿。[46]

佐久间相信日本人是世界上最优秀的民族，而他是最优秀的日本人。因此，为了国家，他负有一项道德责任——要让无数的妻妾为自己诞下后代。他如饥似渴地阅览各类书籍，包括伟人传记。俄国的彼得大帝是他最喜爱的人物之一。彼得曾游历西欧，将西方的技术和文化引进俄国，并彻底改革了俄国的政府和军队。佐久间认为，日本若想作为一个主权国家在现代世界生存下去，就一定要学习这位沙皇树立的榜样。不过，他虽然仰慕彼得大帝，真正崇拜的却是拿破仑。他相信自己是唯一拥有拿破仑般聪明才智的日本人。他在一首诗中流露了希望这位已故英雄回到现世，帮助自己领导最优秀的大和民族统治世界的想法。[47]

海舟在冰川回忆称，佐久间常常惹人厌，"难以相处"。"当儒学者来拜访时，他会指责他们对西方知识一无所知；当兰学者来拜访时，他又会批评他们没有受过旧式教育。"[48]一名传记作者说这是他独有的让人们不要只学习儒学或兰学而排斥另一门学问的方法。[49]他的理想是将东方的学问和西方的科学技术结合起来。

对于佐久间来说，东方的学问包括中国的道德和日本的义理，所谓"义理"是指日本人对责任和正直品格的独特看法，它和中国的道德观有很深的渊源。佐久间认为，西方虽有强大的科学技术，但没有义理。[50]作为儒学者，他认为中国站在世界文化和文明的顶峰。和他许多同胞一样，佐久间也因为中国在第一次鸦片战争（1840—1842）中被英国打败而苦恼不已。他哀叹道："可悲啊，高雅的中国文明也许会变得像欧洲一样低贱。"[51]

但是，佐久间同样意识到，锁国政策已经难以为继。嘉永三年（1850年），他向老中首座阿部正弘提议"治夷必先知夷"[52]。他还对"以夷制夷"的理念深信不疑[53]，这是从中国传来的。[54]他将该理念付诸实践，放弃儒学转而学习欧洲炮术。

佐久间是松代藩主真田幸贯的家臣，深受后者信任。天保十二年（1841年），身为谱代大名的幸贯被任命为老中，后来兼任海防挂，负责海岸防务。与此同时，佐久间致力于钻研现代火炮的铸造和操作方法，并因此名声日隆。他作为幸贯的顾问，奉命研究如何防御日本海岸。早在佩里来航11年前，他就提醒自己的藩主，英国人可能会制造麻烦。他警告说，如果日本不能实现海岸防务现代化，必将遭受外敌入侵。当英国人结束在中国的战争后，他们也许会派船来日本，表面借口是寻求贸易，实际是对这个国家怀有野心。英国人知道，奉行锁国政策的幕府绝不会同意和英国通商，这样正好有了开战的理由。佐久间说，英国人好战成性，想击败他们十分困难。他建议幕府必须建造现代战舰和火炮，还要建设一支现代化海军。为了实现这个目标，他催促江户方面聘请外国教官教授军事科学。但是，江户当局没有认识到佐久间的远见卓识，对他的忠告置之不理。

佩里来航后不知所措的幕府打算向荷兰购买战舰，佐久间为此忧心忡忡。他认为日本在现代武器方面过于依赖外国。更为严重的是，江户只买得起区区几艘船，与佐久间设想的现代海军相去甚远。他建议幕府派遣有才能的人到国外学习造船术和现代武器的制造方法。但幕府仍然不愿意接受。不过，海舟认真倾听了这些想法，并在此基础上完成了给幕府的建议书。[55]

和海舟一样，佐久间相信非常之时需要非凡之人——比如他自己。因此，越发自负的佐久间强烈抨击不愿选贤任能的幕府也在情理之中。[56] 他在批评幕府不知如何部署和正确使用岸防炮时写道："负责外交的官员都是些庸才，对武器一无所知。"[57] 他不赞成幕府任命世家子弟掌管军事，因为他们没有足够的知识或能力阻止外国人入侵。"他们整天游手好闲，追求享乐。这是我国最严重的问题，也是我长期研究西方武器装备的原因。"[58]

佩里归来

嘉永七年一月十六日（1854年2月13日），佩里再次来到日本，比预想的稍早。他带来了一支比之前规模更大的舰队，有7艘战舰，旗舰是"波哈坦"号。[59]"波哈坦"号是一艘装备了11门火炮的明轮蒸汽战舰，佩里想通过它来向日本人展示美国海军令人恐惧的战斗力。船上装备了一门巨大的旋转炮，可以发射130磅重的炮弹轰击江户。[60] 这次，佩里明确表示，没有条约，他绝不会离开。

但是，江户乃至整个日本的绝大多数武士，仍然没有充分认识到美国人的技术优势。他们更希望和外国人战斗，而不是屈从于他们的要求。海舟的堂亲男谷精一郎（男谷信友）便是其中之一。他在幕府军事训练机构讲武所担任头取并（副主管）和剑术师范役（剑术教练）。佩里第二次来航后不久，男谷被委以向美国人递交幕府信函的重任。这位"剑豪"表面上接受了这个任务，实际上却计划和自己的两名弟子一起刺杀佩里。他告诉他们，日本的命运危在旦夕，他将为国捐躯，希望他们两人也能如此。他打算让两名学生和自己一同登上佩里的旗舰。男谷本人将在把信交给佩里的一瞬间刺杀这名准将，而他的两名助手必须立即拔刀杀死佩里手下的两名军官。一旦杀死了这3个美国人，他们将不再有任何遗憾，只要战斗至死即可。当3名武士展示了勇气，证明了他们保卫国家的决心之后，美国人自然会离开，再也不会回来，因为他们将意识到，日本武士绝不可小觑。[61]

幕府想必察觉了男谷的异样，在他完成大计之前，用林韑取代了他。林韑温文尔雅，佩里称他"高雅而庄重"[62]。嘉永七年三月三日（1854年3

月31日），经过数周协商后，两国签订了名不副实的《日美亲善条约》，结束了日本两个多世纪的锁国。该条约没有任何与对外贸易有关的条款，它规定美国船只可以购买燃料和补给品，保证美国水手在日本外海遭遇海难时能得到友好对待。日本承诺开放两个口岸——江户西南的下田港和北边松前藩的箱馆。[63] 随后，日本又与英国、法国、俄国、荷兰签订了类似的条约。日本从此步入近代，再无回头之路。

虽然几乎所有武士都对该条约深恶痛绝，方兴未艾的尊王运动领袖、长州藩士吉田松阴却做了一件非同寻常之事。吉田是松本村一个下级武士家庭的次子，松本村位于长州藩厅萩城附近的一座山下。他身体虚弱，说话柔声细语，但意志坚强且具有非凡的道德勇气。他热衷学术，是他那代人中最有远见的一个，而那一代人里包括了数位日本史上思维最为敏锐的学者。大多数资料说他是神童，5岁开始学习兵书和儒家经典，8岁进入藩校学习孟子学说，9岁开始在藩校教书，10岁因为能够诵记兵书而受到长州藩主称赞。佩里来航5年前，他就建议藩主准备好应对外国入侵。嘉永四年（1851年），他陪同藩主前往江户，拜佐久间象山等当时最有名的学者为师。[64]

吉田在江户目睹了在久里滨举行的接收美国国书的仪式。震惊之余，他给朋友熊本藩的宫部鼎藏写了一封信，表达了自己的愤慨。他写道："我日本居然要向新成立的弹丸之国华盛顿低头……（美国人）说他们明年会再来。到时我要让他们见识见识日本刀有多锋利。"他和从诸藩来的很多武士讨论过这个问题，他们都"决心攘夷"。因此，他问道，日本为什么不能团结一心，作为一个国家同外国交战呢？[65]

不过，佐久间打消了吉田在军事上和西方人一较高下的念头。佩里第一次来航时，佐久间为了一睹"黑船"的真面目，带着弟子匆匆赶到海边。吉田渴望用武士刀与美国人战斗，而佐久间挖苦道，打败他们的唯一方法是驾驶载着炸弹的热气球（他恰好知道如何制造热气球）飞至美国，轰炸华盛顿。[66] 吉田从佐久间那里学到了"治夷必先知夷"的理念，深受启发的吉田打算"秘密登上美国船只，打探他们国家的虚实"。[67] 用吉田的话来说，就是"百闻不如一见"[68]。

吉田的计划得到了佐久间的支持，后者曾经建议幕府派人出国学习建立现代海军所必需的造船术和铸炮术。[69] 佐久间在上一年九月给吉田写了一首送别诗，表达了自己对这个不甘平庸的青年的钦佩之情，而佐久间自己则要启程在"浩瀚无垠的大海上"远航，以"彻底理解（世界）局势"。[70]

失败的偷渡

单是企图离开日本便已构成死罪。嘉永七年三月二十七日（1854年4月24日），正当停泊在下田港的佩里舰队即将带着刚刚签署的条约起航之际，吉田和同为长州出身的金子重辅偷偷攀上一艘美国船。但佩里并不打算为这两个日本偷渡客提供庇护，因为这么做很可能使先前的努力毁于一旦。虽然他永远不会知道这两个人的姓名、身份或最终命运，但是他们打破"日本古怪而血腥的法律"的大胆尝试深深打动了佩里。他把他们写进了《日本远征记》：

> ［4月25日］两点左右，蒸汽船"密西西比"号上夜班值勤官听到一侧船舷有响动，便走到了舷梯边上。他发现两个日本人登上了船边的梯子。他们在被询问时，打手势表示想要上船。他们任由自己的船漂走，完全不顾它的命运，可以看出他们非常想被留下，坚决不想回到岸上。

两名武士被带到旗舰"波哈坦"号，但刚上船便被赶了下去。他们"非常不安"，声称"如果回到岸上会丢掉脑袋，（因此）诚恳地请求留下"，但佩里不为所动。[71]

上岸后，吉田和金子立即被逮捕。佩里试图"尽量帮助这两个可怜的家伙"，但他们还是被囚禁在"一种前面有横杆的狭小笼子里"[72]，很快被关进江户臭名昭著的传马町监狱。大约6个月后，他们被押回萩城的监牢。数月之后，金子死在狱中。

吉田在狱中待了一年多，其间一直在读书，主要是儒家经典和日本史著。他还给人讲授孟子学说。安政二年（1855年）十二月，他被从监狱放出，在萩城的父宅闭门思过。他在那里待了两年，给越来越多的年轻追随者授课。安政四年（1858年）十一月，吉田接管了松下村塾，这件事使他名垂青史。在接下来的革命中发挥了重要作用的几个关键人物曾在吉田的私塾中学习，包括在革命中死去的高杉晋作、久坂玄瑞，明治政府第一任首相伊藤俊辅（伊藤博文），日本现代陆军之父、第三任首相山县辰之助（山县有朋）。[73]

与此同时，佐久间也惹上了麻烦。那两个偷渡客把武士刀和旅行箱落在了用过的小船上。幕府在一个旅行箱内发现了佐久间写给吉田的送别诗。佐久间被当成共犯，立刻被逮捕，同样被关入传马町监狱。下狱令他十分愤怒，他认为这是幕府犯下的一个大错。他被戴上镣铐，接受审问。但是，他像往常一样桀骜不驯，反而给审问自己的人讲起了出国游历的智慧。他告诉他们，禁止到外国旅行的锁国政策已经过时，遵从这条法令实在愚蠢。乘战舰闯入日本港口的美国人实际上已经违反了日本的法律，他们在海湾测量水深，派部队登陆，以武力威胁这个国家，不公正地逼迫日本开港。这个忠诚的武士为了抵御西方列强，尽其所能研究它们的优势，却遭到逮捕，这就好比遭遇劫匪时反将自己的手脚缚住，任由坏人为所欲为。一边在外国人面前暴露自己的秘密，一边却遵守着过时的法律，甚至不去想办法了解外国的长处，这是多么懦弱的行为。佐久间教训了审讯者一番后又开始为吉田辩护（当然，也是为他自己辩护）。他说，在一个正常的国家，吉田应当受到赞扬而不是惩罚。[74]

同年九月，佐久间被送回松代藩，被罚闭门思过8年。[75]他在此期间写下了代表作《省諐录》。[76]一名传记作者称这本书不仅展示了佐久间"作为思想家的决心"，也展示了他在幕末混乱期的"想法、言辞和行动"。[77]佐久间在这本书中记录了他的重要想法，包括对世袭制度的不满，他认为德川幕府因此充斥着大量庸才和无能之辈。他说"有些事只有我一个人知道，有些事只有我一个人能做到"。他相信自己的非凡才能乃上天所赐，为一己私利而非国家福祉行事是违背天意的重罪。[78]他真心觉得自己拥有高尚的品德，而且自信地认为，百年后的人会了解他的真实动机。[79]

佐久间既非尊王攘夷派，亦非佐幕派。他从现代的、全球的视角思考日本的形势，坚定地认为日本应当拥有一支现代化的国家海军，而不能只是各个独立的藩国或德川幕府拥有海军。佐久间的担忧和目标被其最重要的弟子海舟继承,后者后来成为日本现代海军的创建者之一。海舟是如何以及为何能成为日本现代海军的创建者呢?为了回答这个问题,我们必须首先了解他的家世、成长经历和教育背景。

第二章

局外人

18岁时，我看了一眼世界地图，我惊呆了。[1]

胜麟太郎[*][a]是胜小吉的独子，文政六年一月三十日（1823年3月12日）生于江户本所（今东京墨田区）龟泽町胜小吉的本家男谷家。根据当地传说，这里曾有很多乌龟，因此得名龟泽。[2] 他的墓志写道："胜君讳义邦，姓物部，初名麟太郎。"不过只有他的父亲会叫他义邦，小吉在自传《梦醉独言》（我们后面将提到）里正是用这个名字称呼自己的儿子。其他人都叫他麟太郎，他在写信和签名时也用这个名字，[3] 元治元年（1864年）五月被任命为军舰奉行、授予"安房守"[4]官位时用的也是这个名字。德川幕府被推翻大约一年半后的明治二年（1869年）七月，过往幕府赐予的官位被废除。[5] 海舟正是在这个时候给自己取了新名字"安芳"，他在冰川接受访问时说过，新名字取自之前的头衔，因为安房和安芳的发音都可以是"awa"。[6] "海舟"是他的号，组成这个名字的两个汉字分别意为"大海"和"船只"。佐久间象山当然不可能不知道这个名字的象征意义，他在嘉永三年（1850年）左右将其赠给麟太郎，同时也把对日本海军未来的希望寄托在这个人身上。[7]

卑微的身世

"我本来对生活没什么期待，"海舟这样回忆自己的童年，"当时我很穷，每天只能吃一顿饭，但已经足够了。"[8] 他的父母都出身武士家庭，不

---

* 我在本章中既会使用"麟太郎"，也会使用"海舟"；在后面的章节中，通常用"海舟"。

过他父亲的祖先是平民。18世纪初，海舟的曾祖父米山银一出生于多山越后国的一户贫苦农家，是家中的第三个儿子。米山幼时因患眼疾而失明，于是这个未来的家督给一个盲人按摩师当起了学徒——这是盲人的理想职业。十几岁时，他为了成为有名的医师，只身前往江户，在一位针灸大师门下学习，并最终独立门户。米山以医术和放高利贷闻名。他十分节俭，生活简朴，当时就连不太富裕的人都会常常光顾花柳街吉原，而他几乎不去。不过，虽然生活简朴，他却拥有17名妻妾和一大群孩子[9]，而且还攒下了一大笔钱。晚年，他从男谷家买来了旗本武士的身份，成为男谷检校。[10]

旗本武士是将军的家臣，他们的年俸不高，无法成为大名——江户时代俸禄超过一万石的将军直属武士便被称为大名。据说旗本的数量在8万左右，因此才有"德川8万武士"的说法。不过，根据海舟的说法，旗本的实际数量约为3.3万，"8万"可能只是为了强化德川家实力强大的印象而编造出来的。这个数字基于一个错误认识——德川家石高有800万石之巨，足以养活8万名武士。实际上，幕府的石高在400万石左右，德川家臣的石高超过300万石。"两个数字加起来，"海舟写道，"超过700万石。"海舟认为旗本数量被夸大是出于军事方面的原因，谱代大名的武士也被算作旗本，两者合计大约有8万人。[11]

旗本男谷检校死于1772年，终年70岁。据说他在临死之前将儿子们叫到床边，当着他们的面烧掉了一大笔未偿欠款的借条。"我是白手起家的，"他说，"你们不要忘记这点，要好好学学我。"他的幼子平藏，也就是海舟的祖父，继承了家督之位。[12]

米山银一去世大约30年后（此时的将军是德川家齐），男谷平藏的三子、7岁的龟松被过继给了旗本胜甚三郎。这个此后以胜为姓的男孩就是海舟的父亲。[13]他本名左卫门太郎惟寅，不过这个名字即使对日本人来说都太拗口了，于是他又改名"小吉"。

胜小吉称自己天生叛逆。他小小年纪便和甚三郎的养女信子定下婚约，后者自幼父母双亡。小吉被确定为胜家的继承人后，信子和她的祖母就和他一起住在平藏家。祖母对这个男孩并不好。他总是麻烦不断，被邻居视为坏孩子，经常和其他孩子打架，不爱学习，只对习武情有独钟。[14]他从

10 岁开始练习剑术，在这方面颇有天赋。[15] 小吉在自传里写道，13 岁时，他为了躲避可怕的祖母，"带着偷来的七八两[16]"从家里跑了出去。他花光了所有钱，沿街乞讨了几个月后回到家中。过了几年，家人希望他出仕，但他发现自己无法胜任幕府之职。于是，他用偷来或借来的钱在吉原的乐园夜夜笙歌。他继续和人打架，用他自己的话来说，"（我）每日勤练武艺，直到精于此道"。不过，他修行剑术颇为用心，最终成了一名颇有实力的剑客。[17]

"海舟的父亲……是一名武者，以一个堕落的旗本武士的身份度过了一生，（先是）顽童，之后是恶少，（最后是）老朽之人。"散文家坂口安吾写道。[18] 小吉死于嘉永三年（1850 年）。去世 7 年前，42 岁的他完成了自传《梦醉独言》。[19] 他在开篇便直言："我怀疑世上不会再有像我这么笨的人了。"[20] 15 岁时，"我连自己的名字都不会写"[21]；40 岁前不喜欢读书，此后才开始贪婪地阅读并着手写这本自传。[22] 小吉的写作风格就像他的性格一样平实。他写自传的目的是"告诫后人"不要像他一样度过"错误、愚蠢"的一生。[23]

20 岁时，他第二次离家，并发誓永远不再回来。"这次我打算周游日本，而且下定决心，如果遇到麻烦就战斗至死，所以我已经无所畏惧了。"但是没过多久，他的侄子男谷精一郎（就是上文提到过的打算刺杀佩里的那个人）突然出现，把他带回家，他的父亲以"屡教不改"为由把他关进笼子。他在笼子里待了 3 年后，他的父亲对他说："考虑一下你的未来吧。"在笼子里的时候，"如果有朋友来访，我会把他们叫过来……问他们外面的世界正在发生什么"[24]。显然，思考未来并不是小吉消磨时光的唯一方式，因为他的独子麟太郎正是在这段时间诞生的。[25]

胜家是最下层的旗本武士，小吉的年俸只有微不足道的 41 石。[26] 海舟的父亲永远没有机会得到一官半职。小吉的两个哥哥都在幕府任职[27]，而他却是德川社会的局外人。他将自己的艰难处境归咎于社会不公。可以说，他感到自己陷入泥潭无法自拔。他憎恨那些能力不如他，地位却高过他的人。一个曾和小吉一起练习剑术，地位在胜家之上的人嘲笑小吉收入低微。"我用我的木（练习）剑狠狠揍了他一顿，"小吉写道，"他只会耍滑头，十足的娘娘腔，还是个无可救药的傻瓜。"[28] 然而小吉并没有因此消气，因为这样一个"傻瓜"最终进入幕府为官，而他却没有任何职位。

小吉微薄的俸禄远远不足以维持家计。为了补贴家用，他开始教授剑术，还在市场卖刀，后一份工作与武士身份严重不符。[29]卖刀同样需要训练，包括小吉从刀匠那里学来的刀剑鉴赏和抛光方面的知识。海舟的父亲在城中一片声名狼藉的区域活动，和赌徒、恶棍以及其他各种罪犯来往，常常光顾廉价妓院，从那里收取保护费，帮他们解决麻烦。"我相当于当地的帮派首领。"他写道。[30]作为一个天生的谈判家和仲裁人，这个"帮派首领"利用他的技巧介入争端并解决冲突。但他仍然是一个恶名昭彰，喜欢惹是生非的人。他在自传的末尾坦承，他每天都会打老婆[31]，而且尽管很穷，他依然没有改掉突然离家的习惯。

平易近人

海舟和他父亲有很多相似之处。他们都是局外人，都讨厌学习[32]——不过海舟只是说说而已；他们都以热衷剑术修行著称；他们都讨厌那些因为血统，而不是能力得到晋升的上级武士子弟。和大部分上级武士（或许可以说所有幕府高官）不同，海舟和下层社会打交道时游刃有余。作为德川的精英官僚和忠实仆人，他同革命党人、不法之徒以及其他幕府的敌人惺惺相惜；作为幕府海军的首领，他将革命党人招进自己的私塾，其中最著名的是坂本龙马和其他脱藩浪人。

和父亲一样，海舟对烟花之地也很熟悉：

> 这些地方的姑娘……明白事理。她们深谙人情世故。光顾这些场所的时候，我都不需要开口，她们就知道我想知道什么。她们会告诉我，某天某藩的人来这里，和另外某个来自其他某藩的人讨论了某事。我特别喜欢她们机灵的样子。我通常会留给她们50两，从口袋里掏钱时我还会告诉她们，这是我的"名片"，我很确定她们可以读懂我的意思。人们通常对烟花之地嗤之以鼻，说这是道德败坏的地方。但是如果你仔细瞧瞧，这些地方其实很有意思。毕竟，凡事都有善有恶，既可以是好的，也可以是坏的，就取决于你怎么看它。[33]

海舟还提到了三个"明治维新后被我从监狱里放出去的犯人":

[其中一个]是个30出头的女人。我想听听她犯罪的一些细节,于是让所有人都离开屋子,和她面对面坐着,开始问询。她开始坦白,并且说她从来没有跟任何人说过这些,只告诉我。"很多好色之徒总是想方设法接近我,"她说,"也许是被我的美貌吸引。一次我假装自己喜欢上了一个看起来非常有钱的人。当我们开始做事的时候,我抓住了他的……你懂我说的是什么,使劲拧了起来,把他杀死了。我拿了他的钱,离开了那里,然后便和这件事情撇清了关系。当医生验尸的时候,尸体上并没有伤痕。他们完全不知道发生了什么。我用这样的方法总共杀了五个人。"这是不是你听过的最大胆的事情?

最后,海舟总结了他对人性的看法:"一切都应归咎于他们的出身。如果能受更好的教育,他们或许可以小有所成。遗憾的是,他们的出身如此卑微,以至于从来没有任何机会。"[34]当海舟回忆这件事时,小吉已经去世差不多半个世纪了。笔者忍不住想,他说这番话的时候很可能想的是他的父亲吧。

大 奥

年幼的胜麟太郎在江户城的大奥之内待了很长时间,大奥是将军、他的直系亲属和他周围的女人们的住处。男谷家两名女性在大奥做事,托她们的福,麟太郎才有了这样罕见的机会。6岁时,他被邀请参观华丽的内庭。将军德川家齐碰巧看到了这个男孩,很喜欢他。自那天起,麟太郎就作为比他小两岁的家齐的孙子初之丞的玩伴在大奥待了几年。初之丞是家庆的第五个儿子,比同父异母哥哥德川家定小一岁。家定的母亲本寿院也很喜欢麟太郎,据说她会把小份糖果装在纸包里给他。

在大奥当中,年幼的麟太郎想必听说了不少关于将军和他家人的事。海舟的传记作者胜部真长猜测,他们"就在他眼前走来走去",小吉的儿子几乎肯定"听过人们在大奥谈论老中、若年寄和各藩主,同时观察着女人之间错综复杂的关系"[35]。"很多年长的女性非常喜欢我,"海舟后来在冰川回忆道,"这后来对我帮助极大。当这些老人听说甚至连西乡隆盛都害怕我的时候,她们觉得我已经相当有男子汉气概了。"[36]

8岁时,麟太郎暂时不再去江户城了,因为小吉把他送到离家不远的老师那里学习识字。一天,在前往老师家的途中,"我儿子的睾丸被一只病狗咬了",小吉直白地写道。邻居发现了这个重伤的男孩,把他带到自己家。"我正在家中睡觉,"小吉写道,"一听到消息,立即赶到邻居家。"他看到麟太郎躺在床上,于是掀开被子观察伤势。"睾丸肿了起来。不过幸运的是,这里刚好有一个医生。'他会活下来吗?'我问。医生也不确定。因此,我做的第一件事是把儿子大骂一顿。等他稍有意识后,我把他放到轿子里抬回家。"小吉叫来一个医生,让他把麟太郎的伤口缝好。但是,"医生的手抖得太厉害了,我只能拔出刀,把刀插进床边(榻榻米)"来帮助麟太郎保持意识。"我的儿子没有哭。医生缝好伤口后,我问他情况如何。医生说:'我没法保证他能活过今晚。'全家都哭了起来。"

小吉急忙跑到当地一间寺庙为儿子祈福,一连去了好几晚,而且"日夜抱着我的儿子,不让其他人碰他"。小吉忧心忡忡,"每天行为失常,以至于邻居们都开始说,'这个剑客疯了,就因为他儿子被狗咬了'。好在麟太郎最终安然无恙,70天后终于可以下床了"[37]。

男谷道场

剑术是青少年武士的必修课。麟太郎的伤痊愈后,小吉就把他送到堂亲男谷精一郎经营的剑术道场。男谷的道场位于本所,离小吉家不远。尽管男谷以剑术高超和胆大无比(我们之前已经见识过了)闻名,但他本人身材矮胖,慈眉善目,性情温和。他喜爱读书和画山水画,据说在其漫长的一生中从未呵斥过仆人,走在街上时流浪狗会凑到跟前。[38]正如人们会被这个曾经谋划刺杀佩里的人的温和外表所欺骗,他的剑术实力同样令人难以捉摸。当和其他流派的剑客进行三本胜负(三场定胜负)的比试时,男谷会赢下第一局,让对手赢得第二局,最后必定会赢得至关重要的第三局,让对手屈辱地离开。[39] 8岁时,麟太郎就从男谷那里获得了"灵剑"的称号;

6年后，他获得了"目录"称号；在男谷手下训练10年后，他获得了"免许"称号，可以招收徒弟，他偶尔在其堂兄的道场里教授剑术。[40]

离开大奥几年后，他又回到了大奥。他在冰川回忆道，初之丞将继承一桥家（将军家齐正是出自这个家族）的家督之位。[41]天保八年（1837年），12岁的初之丞更名为一桥庆昌。麟太郎的地位可能随之改变，他成了这个年幼将军继承人的家臣[42]，得到了服侍未来将军的机会。海舟回忆道："我的父亲希望……（这）能成为我成功的契机。"小吉把胜家家督让给了15岁的儿子，目的是使他为将来的重要使命做好准备。但是初之丞不久后就过世了，麟太郎再次发现，自己的未来只能由家里微薄的收入决定。[43]

12岁时，麟太郎在男谷老家和亲戚们住了半年。[44] 15岁时，麟太郎正在男谷道场练习剑术，一个很有魅力的年轻剑客来到男谷道场学习。这个剑客名叫岛田虎之助，他对成长中的麟太郎影响颇深。岛田生于文化十一年（1814年），是九州丰前国中津藩一个足轻[45]家庭的四子。来江户之前，他进行过武者修行（浪人游历四方的传统）。岛田已经游历了整个九州，与不同流派、不同实力的许多对手交过手。修行期间，他曾在博多圣福寺著名的仙崖义梵大师门下学禅。此外，岛田还是柔术高手（柔术后来发展为柔道）。[46]

和男谷明显不同的是，岛田人高马大、浓眉大眼、眼窝深陷。[47]"他刚正不阿且热爱文学，"海舟后来写道，"他非常强壮，精通相扑。"[48]岛田是一个令人生畏的战士，按照胜部的说法，他只需一个眼神就能让对手战栗。[49]小吉说岛田"在当时的剑客当中恶名昭彰……他脾气暴躁，打败过男谷所有学生"。[50]岛田来男谷道场前就已经是剑术高手，不到一年便从男谷那里得到了"免许"称号，堪称神速。大约一年后的天保十一年（1840年），岛田在江户浅草区的新堀开了自己的道场。和男谷一样，岛田后来也在讲武所授业。[51]

麟太郎从17岁起开始在岛田的道场训练，[52]这"多亏了我父亲的努力"——小吉和这名剑客的关系不错。麟太郎是岛田门下最优秀的学生之一。"剑术是我唯一认真练习过的东西，"他后来在冰川回忆道，"（岛田）和普通剑客不同，一直说人们练习的只是'形'。他告诉我们，既然要付出那么大精力，不如学习真正的剑术。"麟太郎将师傅的教诲牢记于心，修行期间就住在道场，同时帮忙做一些内务以赚取生活费。

麟太郎天生坚韧不拔。每个寒冬的夜晚，他完成日常剑术训练后，都会去附近的王子神社夜训，身上只穿着练习服。他回忆道："首先我会在神社前冰冷的石阶上静坐沉思，以培养自己的勇气。"神社建在幽深的森林中。"一开始……我还有些害怕。风声吓得我汗毛倒立。一棵大树看起来随时都要砸向我的脑袋。"这一切想必让他变得更加坚强，因为沉思后，"我会站起来开始用木剑练习"。完成第一组训练后，他会回石阶沉思。"五六次之后，天差不多亮了，我便返回（道场）晨练；晚上，我会回到神社继续夜训。"[53]

岛田要求学生们学习柔术，以应对在战斗中失去刀剑的情况。每天，学生们结束常规训练后，会放下练习剑，进行一对一徒手格斗。胜者会狠狠勒住对手的脖子，直到后者失去知觉，然后岛田会把败者唤醒。[54]

为了使学生们的意志更加坚强并"对剑术有更深的理解，岛田积极鼓励他们学习禅学"。学禅的辛苦程度丝毫不亚于练习剑术。每天天亮之前，"弱冠之年"的麟太郎都会和其他学生一起在离家不远的牛岛弘福寺的大殿集合。学生们光着脚，只穿短棉袍和裤子。他们排成笔直的几列，在冰冷的地板上打坐。他们盘腿坐下，挺直后背，手放在大腿上。不管抽搐的双腿疼得多么厉害，他们都不能变换姿势。练习时，四周只有呼吸声，直到寂静最终被打破。

> 住持会带着一根棍子走过来，并突然猛击某个打坐者的肩头，后者会摔得四脚朝天。即使你在那里打坐，脑袋里可能还在想着金钱、女人、美食或者其他种种。如果没有集中精神，你一定会被吓到，然后摔倒在地。最开始，我会摔倒；继续修行后便不会被吓到了。最终，我达到了即使被打到肩膀，也只是睁眼［望向前方］的境界。

年轻的麟太郎通过修行培养的勇气将伴随他一生。"我像那样认真训练了4年。禅学和剑道奠定了我未来生活的基础。全凭修行，我才能在幕末多次脱险。"他多次遇刺，但凭着勇气和冷静，"总能拿下他们（刺客）"。[55] 如果无法"拿下"刺客，他会选择马上逃跑。如果逃不掉，他"会沉着应战，不管最后是输是赢"。[56] 他回忆道："我一共被敌人袭击过20来次，腿上有一处伤，头上一处，体侧也有一处。"[57]

因为拥有随时赴死的决心，他对死亡不以为意，而这样的决心正是他在修炼过程中逐渐培养起来的。不过，他的决心同样源自对生命的深深敬畏。"我讨厌杀戮，从未杀过人……即便是那些该死之人。嗯，我只是放任他们不管……我以前会把我的刀紧紧插入刀鞘，根本拔不出来。"[58] "我下定决心，决不会砍人，即使那人想要砍我。"[59]

贫困潦倒

麟太郎自幼家贫。他回忆当时自己每天一大早去道场练习剑术之前，都会用"一根削成适当大小的橡树棍"把"装在碗里的糙米磨成精米"，然后洗好、煮熟，端给父母。"只有社会地位低下的人才会这么做，因为精米太贵了，买不起……更穷的人则会跑来要我们的洗米水，"他继续写道：

> 那时，幕府在上野广小路发放粮食，救济饥民。那里确实有饿死的人横尸街头。幕府打开浅草的粮仓，将未去壳的米（稻谷）发放给穷人。最老的稻谷已经放了60多年了，［老到］它们的颜色都已经［变成］深红色……还是在那段时期，人们会将红土和水混在一起，将这种浓稠的混合物倒在布上，在太阳下晒干，然后把它和麦麸掺在一起包饺子。人们还会剥下松树皮，切成细条，当作墨鱼干吃掉。我尝过泥巴馅的饺子，它们并没有那么难吃，但如果吃得太多，你的脸就会发黄，仿佛得了黄疸一样。[60]

日本的经济问题发端于一个多世纪以前，当时的统治者是第五代将军德川纲吉（1680—1709年在位）。元禄年间（1688—1704）的日本，人口增长，文化繁荣，由此诞生了发达的消费市场。在消费主义的刺激下，江户市民生活奢靡，而农民则不堪重负。与此同时，依靠农民生产的稻米为生的武士，发现自己在日趋发达的商品经济中的地位越来越尴尬。[61]第十一代将军德川家齐（1787—1837年在位）的怠政导致情况进一步恶化。这位将军似乎更在乎自己的享乐而不是治理国家。家齐流连于大奥，有40名侧室和55个孩子。江户在他治下日益衰败。[62]

不仅如此，从天保四年（1833年）开始的一连串自然灾害导致各地庄稼歉收，造成了严重的饥荒。天保八年（1837年），家齐让位于家庆。4年后，家庆的老中首座水野忠邦为了挽救时局厉行改革，史称"天保改革"。水野以腐败和贪图享乐闻名。不出所料，他的改革措施，如节俭令、禁奢令以及牺牲旗本武士和大名的利益以增加幕府收入等，均以惨败告终。天保十四年（1843年），水野被革职。[63]

天保十三年（1842年），胜麟太郎在这样艰苦的环境中过了19岁生日。4年前，他继承了胜家的家督之位。他已经在岛田的道场训练了两年，在此之前曾拜男谷为师。作为一名技艺高超的剑客，他被两位师傅派到诸藩在江户的藩邸传授剑术。[64]

兰　学

1842年是亚洲历史上的关键一年，也是预示着日本未来可能遭遇厄运的一年，因为鸦片战争正是结束于这一年，英国在那场战争中战胜了中国。水野的改革之所以失败，部分原因在于以德川幕府为中心的幕藩体制已经难以为继。再加上外部压力，幕府的日子屈指可数。胜麟太郎很早就意识到了这一点。[65]他和同时代其他青年才俊一样，开始关注那些发生在日本之外的危险事件。他突然觉得，与其致力于修行剑术，不如花时间学一些有用的知识，特别是现代军事科学。这些知识不仅可以帮助他改善拮据的生活，更重要的是，可以保卫国家。但是，他被社会禁忌束缚。

此前，作为禁教令和锁国令的一部分，幕府严格限制人们学习包括现代科学在内的西方知识。不过，到了1720年，第八代将军德川吉宗（1716—1745年在位）意识到用外国技术和思想促进工业发展的重要性，因此不再禁止输入西方书籍的汉译本（前提是它们和基督教无关）。但是，学习现代科学的热潮直到18世纪下半叶才出现。1774年，一本荷兰语解剖书的日译本《解体新书》的出版，激起了人们学习西方知识的热忱，并带动了医学、天文学、地理学和其他科学的快速发展。[66]

"兰学"（包括外语和西方科学）的传播始于长崎，最初由荷兰教员传授。最有名的（或者从幕府的角度来说，最臭名昭著的）兰学教师是菲利普·弗朗茨·冯·西博尔德医生（1796—1866），不过他是一个巴伐利亚人，完全没有荷兰血统。在西方，西博尔德因为他的插图版《日本植物志》而闻名。1823年，就是麟太郎出生的那年，他在出岛的荷兰商馆担任医生。他被允许在长崎郊外开办学校，招收了大约50名来自各藩的医科生，以荷兰语授课。1826年，西博尔德陪同荷兰商馆负责人前往江户谒见将军家齐。他在江户拜会了天文学家、旗本武士高桥景保，并用一部拿破仑自传换来了一幅日本地图。但是，携带书籍和地图出境是被严厉禁止的。两年后，当西博尔德准备带着地图返回荷兰时，地图被幕府当局发现。高桥被关进大牢，死于审讯中。西博尔德和23名学生遭到逮捕。这个德国人被驱逐出日本，永远不得返回。不过，他于1830年乘船前往荷兰时，身上还带着这幅珍贵的地图。[67]

总的来说，胜麟太郎是在排外的环境中长大的，这是两个世纪以来锁国政策的必然结果。日本是单一民族国家，1842年绝大多数日本人对外来事物的反应必然是迷惑、恐惧和抵触——不过也有一定程度的好奇，乃至着迷。但是，西博尔德事件一定加深了他们的负面看法。尽管幕府已经意识到现代科学的重要性，但兰学仍然没有逃过狭隘、保守的江户官僚的批评，他们都是贵胄子弟，蒙祖荫为官，对任何背离传统的行为都疑心重重。[68]

渴求外国知识当然属于上述偏差行为，兰学者因此被排斥在主流社会之外。由于出身和环境而成为局外人的胜麟太郎，在兰学者纷纷担心受西博尔德事件波及之时，决定学习兰学，尤其是现代军事科学。他后来写道，"人们害怕他们（兰学者）"，认为他们会带来厄运。[69]不过，年轻的麟太郎似乎对这样的污名满不在乎。他有着与生俱来的求知欲，而且越来越自信。但是，即便如此，学习一门外语的想法听上去仍然很荒唐。麟太郎和绝大多数日本人一样，从未接触过外国文化，唯一的例外是汉文，它被武士阶层当作儒学教育的一部分。18岁时，他第一次见到世界地图。"我惊呆了。"

他后来写道。他立志要"周游世界",拓宽自己的眼界,"看看家乡之外的国家"[70]。一名传记作者认为,麟太郎之所以有这样的念头,是因为想起了几年前在江户城第一次见到外国文字的往事。荷兰人曾把一门大炮当作礼物送到江户,炮管上刻着荷兰文。[71]

麟太郎对往事的回忆,再加上他看到世界地图时的震撼,或许给他带来了灵感,让他得以一窥未来。这不仅改变了他个人的命运,还影响了日本乃至整个亚洲的历史走向。见到荷兰文之前,麟太郎对荷兰人只是略有耳闻,知道他们住在遥远的长崎的一小块飞地上。但是现在,他也许可以在脑海里瞥见那些制造了这门火炮并在炮管刻上文字的人的样子,不管他们的形象多么模糊。他后来写道,这些难以辨认的字母是横着,而不是竖着写的,"就像螃蟹爬行一般"。尽管如此,"这些文字也是由住在(和他)相同世界的(和他一样的)人类写出来的"[72]。既然大家同是人类,他应该也能学会他们的语言。一旦学会了他们的语言,他就可以阅读他们的书籍,学习如何制造和使用他们的火炮和战舰,最终实现自己周游世界的梦想。

我们不知道麟太郎开始学习荷兰语的确切时间,不过很可能是天保十三年(1842年)秋。[73]学习外语的神秘性,以及从中可以获得的力量,显然对这个"前途无望"的年轻下级武士非常有吸引力,他完全不担心学习兰学可能带来的骂名,甚至也不再关心协助岛田和男谷教授剑术以挣取生活费,虽然他确实需要这笔钱。他学习兰学之事传遍江户各藩藩邸,因此没有人敢雇用他。[74]

麟太郎跟随学者永井青崖学习荷兰语语法,永井正侍奉福冈藩主黑田长溥。和当时很多兰学者一样,永井(后来海舟称他为"我的朋友")也因为开明的思想而遭迫害,"最终自杀了"[75]。也许是因为麟太郎觉得兰学会为自己打开未来的大门,他抱着同学习剑术和禅学一样的热忱学习兰学。但是,如他所写,"幕府将我禁足",因为学习兰学是禁忌。于是,他只能在夜里偷偷跑去老师的家。[76]

海舟需要一本荷日词典,这本词典从文化八年(1811年)开始编纂,耗时23年才得以完成,负责编纂的是荷兰东印度公司长崎贸易站的负责人亨德里克·德夫。德夫和一些日本语言学者一起,把一部18世纪荷法词典中的法语部分替换为日语，完成了这部《德夫-哈尔玛词典》。这本词典共3000页，分为58卷。幕府担心那些想要学习西方知识的雄藩可能成为潜在敌人，因此最初只允许印制3本，一本保存在长崎荷兰译馆，另一本在江户天文馆，还有一本被交给幕府医生。[77] 不过，《德夫-哈尔玛字典》还是被兰学者抄录下来，为其私用，而且很快就可以在市场上买到了。但是，一本词典的售价高达60两，几乎和麟太郎的俸禄相当，他根本无力负担。

弘化四年（1847年）秋，麟太郎注意到江户某位医生拥有这部字典。他拜访了这名医生，表示愿意花10两购买整本书的使用权。医生同意了，于是麟太郎在接下来的一年里不辞辛劳地抄下了全部58卷，而且抄了两份。他回忆道，"墨水是我自己做的。笔呢……我弄来鸭毛，放进碱水里煮"，制成羽毛笔。[78] 他留下一本自用，卖掉另一本以支付之前的使用费。

当时，日本社会需要大批通晓现代医学的医生，他们报酬颇丰。绝大多数兰学生都选择从医。麟太郎的想法与众不同，他对1842年《南京条约》记忆犹新。和佐久间象山一样，他不相信西方帝国主义的目标仅止于中国。不过，佐久间已经是声名显赫的兰学者，服侍着担任过老中的藩主，而麟太郎只是一个没有官职、地位低微的旗本武士。

即便如此，他还是决心学习现代军事科学技术领域的所有知识，包括如何设计、铸造火炮，目的是为未来做好准备。一次，他在町中书店发现了一本关于军事科学的书，觉得有必要得到这本书。但他拿不出50两。过了一段时间，他攒够了钱，回到书店后却发现这本书已经被当地一名捕吏买走了。麟太郎拜访他，询问是否可以买下这本书，但遭到了拒绝。麟太郎没有放弃，问他能否允许自己每天通宵读这本书。不出所料，他再次拒绝。于是，麟太郎提议让自己在晚上读这本书——这个时间最利于他避开当局的监视。这名捕吏同意了，条件是麟太郎不能把这本书带走。麟太郎接受了这个条件。接下来的半年里，他每晚都去捕吏的家，抄下了整本书。[79]

家庭和婚姻

弘化二年（1845年）秋，22岁的胜麟太郎结婚了。妻子砥目民子比他大两岁，是一个当铺老板兼薪炭商的女儿，做过艺伎。武士不能同像她这种社会地位低下的人结婚，于是麟太郎伪造了她的出身，篡改了官方记录，谎称她是旗本冈野孙一郎的养女。[80] 他把妻子接到本所的胜家老宅。次年，他们有了自己的家，一间位于东京赤坂区田町中街的破旧小屋。结婚第一年，他们家徒四壁。海舟后来回忆道，"我曾经砍下房梁和柱子"做薪柴。夏天，他们甚至连蚊帐都买不起。[81]

民子为麟太郎生了 4 个孩子。大女儿梦子在婚后第一年出生；又过了 2 年，次女孝子来到人世；又过了 3 年，长子小鹿诞生；小鹿出生 2 年后，他们有了次子四郎。民子为家庭含辛茹苦，胜部写道，她完全符合日本人心目中的"贤妻良母"的形象。[82]

所有资料都说麟太郎在结婚后的头 10 年十分忠诚。不过，随着他的地位越来越高，薪俸水涨船高，他在冰川买了一间更大、更符合自己身份的宅子（不是他晚年在冰川的著名居所），年轻的未婚女仆在胜家宅邸进进出出，其中至少 3 人与主人有染。增田系是最受他宠爱的一个。根据胜部的说法，增田非常"优雅，而且十分细心"。[83] 她为海舟生了两个女儿，分别取名逸子和八重。八重早夭，逸子和增田一直住在胜家的宅子里，与民子和其他孩子生活在一起。[84] 1970 年，一本杂志采访了海舟的孙女、逸子的女儿高山正代，她将增田定义为海舟的"妾"。"（法律）禁止旗本离家在外过夜，"她说，"（海舟的）妻妾住在同一间屋子里。"[85] 后来，到了庆应二年（1866 年），厨娘小西为他诞下了四子七郎。[86]（大约两年前的元治元年（1864 年）十二月，长崎的年轻女子梶玖磨生下了海舟的三子梶梅太郎。）

胜部说，每天早上增田和小西都会正坐在民子门前向她们的女主人问安。[87] 海舟 62 岁时，另一个年轻女子香川为他生下了第五个女儿妙子，这个女儿被另一名情妇森田米子抚养成人。[88]

嘉永三年（1850 年），麟太郎 27 岁，这一年是他人生的转折点。当年九月四日，他的父亲去世了，终年 48 岁。麟太郎继承了一大笔债，约几百两，他发誓一定会偿还。[89] 17 年后的庆应三年（1867 年）秋（当时正是庆喜退位前不久的动荡年代），担任军舰奉行的他给刚刚漂洋过海前往美国的长子小鹿写了一首诗，称赞小吉爱干净、不拘小节（这两条都是武士的美德），感谢小吉教自己识字、习武。[90] "忆及父亲，"海舟悲伤地写道，"我会泣下血泪。"[91]

同样是在嘉永三年（1850年），他在田町中街的家中开办私塾，作为兰学者的名声越来越大。诸藩派往江户的武士迫切希望守护自己的家园，纷纷进入他的私塾。3年后他在给朋友的信中写道："一度有90名左右学生在我门下学习。"[92]他从荷兰语语法教起，但大多数学生是"来学习炮术的"，他后来在冰川回忆道。然而，由于陆续接到各藩要他"生产大炮"的订单[93]，他无暇顾及教学[94]。于是，他雇了一个名叫杉亨二的塾头（助教），后者是一个出生于长崎的孤儿，来江户学习兰学。[95]

胜麟太郎和佐久间象山第一次见面的时间很可能是嘉永三年秋，不过确切的时间和地点已经无从知晓。佐久间的一名传记作者写道，麟太郎在那一年开始在佐久间门下学习，后者当时正在江户深川区松代藩邸教授炮术。[96]胜部也同意这种说法，这个时间同麟太郎丧父和开办私塾相隔不久。胜部还表示，佐久间是全江户最具威望的兰学教师，年轻的学者自然想和他打交道。麟太郎拜访佐久间时，想必看到了挂在老师书房墙上的一块大木匾，上面写着4个汉字——海舟书屋。[97]他后来在冰川回忆道："我之所以以海舟为号，就是因为觉得这是一块非常好的木匾……上面的字是象山（亲笔）题写的。"[98]

嘉永五年（1852年），海舟29岁了，当年的事有好有坏，对于胜家和日本来说都是如此。二月，海舟的长子小鹿降生；十二月，海舟的妹妹、17岁的顺子嫁给了比她大25岁的佐久间，媒人是海舟的剑术教练岛田虎之助；[99]八月，荷兰人警告幕府美国战舰将于次年前来；九月，孝明天皇的典侍中山庆子生下皇子祐宫，也就是后来的明治天皇。[100]

与此同时，麟太郎正为大事操劳，他要将国家武装起来。"我从诸藩得到了铸造火炮的订单，多数都已完成。制造一门16磅野战炮的成本是600两"，很久以前就有谣言说后起之秀麟太郎是奸商，"收取天价，因此他们派了一个人来监视我"。麟太郎显然知道如何让人安心，他给那个人好好算了一笔账，"他十分惊讶，说我疯了"，不过谣言因此不攻自破。"在那之后，人们就信任我了。"后来，海舟以其独有的古怪方式让那些对他的品行仍有疑虑的人彻底放心：

当我们在神奈川建造炮台时，松山藩出钱，不过预算是我决定的。本应花费8万两的项目，我用4万两就能做下来。[我拒绝收取报酬,]告诉他们，只要能骑马就行了。于是我每天骑马前往工地。我没向他们要任何东西。我住在一间肮脏的小屋子里。我分文未要，我想人们会觉得我是个怪人吧。[101]

他取得了铁匠们的信任。一个铁匠带着600两来贿赂他。这个铁匠为了降低成本，故意使用质量不合格的黄铜，他想和麟太郎分享从中赚取的差价。"我（把钱）扔到他的脸上，并痛骂了他一顿。"他让这个铁匠用这些钱购买合格的黄铜来制造质量更好的火炮，它们可是用来"护国"的。[102]

第三章

长崎海军传习所

只要我身在海军，便时刻准备葬身大海。

"护国"不久便成了全日本武士的口头禅，因为佩里差不多就是在那个时候来到日本的。虽然幕府中充斥着依靠血统继承官职的平庸之人（这是德川幕府的根本问题，海舟曾直言不讳地抨击这个现象），但并不是所有江户精英均如此。对于海舟乃至整个国家的未来而言幸运的是，这个当时仍然默默无闻的兰学生的非凡才华引起了大久保忠宽的注意，后者是那个生死攸关年代里最开明的幕府官员。

忠宽生于文化十四年（1817年），比海舟早6年。两人虽然都出身于武士家庭，但他们的社会地位和早年的际遇大相径庭。海舟来到世上，"对生活没什么期待"；而忠宽则是一个地位显赫、历史悠久的武士家族的长子，甚至在幕府建立之前，他的先祖已经为德川家效力。海舟后来说忠宽从孩童时代便开始"发奋读书、习武"。[1] 14岁时，忠宽进入江户城，成为将军家齐的小姓（侍童），同年被封为志摩守。作为开国的坚决拥护者，他在嘉永七年（1854年）佩里第二次来航后不久再次得到晋升。当年五月，他被老中首座阿部正弘任命为目付，负责海岸防务。他在幕末也担任过其他一些要职，包括蕃书调所头取、长崎奉行、京都町奉行、大目付、外国奉行、御侧御用取次（将军家茂的侧近）、讲武所奉行和勘定奉行。[2]

忠宽是茶、烟、刀、马、书法和日本文学的行家，精通汉文，擅长作诗——海舟在他去世后把他的和歌及其他作品结集出版。[3] 忠宽常常"与（身边）无关紧要的人"置气，海舟写道。[4] 他虽然身材矮小，却拥有一些武士最宝贵的品质。海舟赞扬他生活简朴、品行高洁，只是有时"过于顽固"。[5]

19世纪90年代，有人问海舟幕末最具远见的学者是谁，海舟回答是忠宽。虽然忠宽常常"过于诚实"，但他确实是"一位真诚而深邃的思想家"。[6]出身高贵的忠宽很快便看出了胜小吉之子的不凡才能，这足以证明海舟对恩人的评价十分可靠，一如两人维持了一生的友谊。13年后幕府行将覆灭之际，江户的秩序之所以仍然得以维持，与他们的友谊大有干系。

入　仕

按照胜部的说法，忠宽最初通过一则传闻听说了胜麟太郎的名字，据说后者拒绝了一个投机取巧的铁匠的贿赂。[7]另一名传记作者石井孝则猜测，忠宽是被海舟的《海防意见书》吸引。[8]也许两种说法都是正确的。无论如何，安政二年（1855年）一月，就在海舟次子出生一个月后，忠宽将自己的朋友推荐给了老中阿部正弘，后来海舟形容这次经历仿佛"大门突然为我打开了"。[9]他被招入翻译调所（后来改为蕃书调所），负责翻译荷兰语文书。他第一个任务是为建设一座西式学校做准备。他立即提交了一份备忘录，既反映了他在著名的《海防意见书》中的想法，还提出应当让学生学习汉文典籍，使其免受基督教的诱惑。更重要的是，教官的选拔应基于能力而非社会地位。[10]但是，此时的海舟仍然没有官职。忠宽觉得有必要帮助朋友，于是推荐海舟担任徒目付，虽然只是小官，但总算踏入仕途。[11]

海舟接受任命的地点可能是自己的小书房，他家的地板铺着破旧的榻榻米，家具也只有一张旧木桌和一个炭火盆——在寒冷的冬夜，海舟总是一边阅读荷兰语、汉语、日语书籍，一边用炭火盆暖手。民子很可能在她的长女9岁的梦子的帮助下，为丈夫的贵客上了热茶。客人共有两位，除了忠宽，还有目付岩濑忠震。和忠宽同为幕府高官的岩濑，全权负责和美国人签订第一份条约。和忠宽一样，他也肩负着整备海防的重任，包括建造炮台、生产火炮和战舰。这两个人会把麟太郎招到麾下实在不足为奇。[12]

会面时，3名武士想必都按照礼仪穿着冬装。麟太郎上身可能穿着一件简朴的深蓝色棉质厚和服，下身着袴，外面罩着一件黑色羽织，上面绣着胜家的家纹——剑花菱纹。忠宽和岩濑穿得也差不多，不过他们的衣服质地更加奢华，是丝绸或羊毛的。忠宽的俸禄是500石，岩濑则有1000石，远远超过海舟的 41 石。[13] 最先开口的大概是忠宽,毕竟他是推荐人。大多数旗本武士都会欣然接受徒目付的任命,胜麟太郎却谢绝了邀约。据胜部所言,虽然他和两位大人说话时毕恭毕敬,但是清楚地传达了自己的意思。他直截了当地说,他不想在那些(他认为)不如自己聪明的人手下做一些平庸的工作。[14]

不过,海舟不需要再将才干浪费在翻译荷兰语文书的工作上。拒绝担任徒目付五天后,他就获邀和以忠宽为首的一群幕府官员一同乘船巡视西日本。他们的任务是视察纪伊半岛(从伊势到大阪和神户)的海岸地区,准备在这个离京都近在咫尺的重要半岛修建防御工事。[15] "我们连一门可以用来防守(海岸)的火炮都没有,"海舟后来在冰川回忆道:

> 通过阅读,我终于知道了攻城炮、野战炮和岸防炮的区别。我们应该在海岸安装岸防炮才行。但是当时我们对西式火炮的了解尚不如今天这般透彻,我们认为只要把 18 磅炮和 24 磅炮安在炮台上就可以保护我们……要制造这些炮,我们需要铜和锡。然而我国缺乏这两种[金属],有一段时间甚至连金属脸盆的价格都在飙升。[16]

四月三日,离家差不多两个半月后,海舟回到了江户。[17] 当年夏天的七月二十九日,他受命前往刚刚成立的长崎海军传习所学习,并担任负责管理学生的生徒监。八月七日,他进入了小十人组,任务是在江户城外保护将军,这是旗本武士担任的最低官职。[18] "那时……(所有人)都说我们需要一支海军,但没有人知道如何建造战舰,要花多少钱,或者船员们应该做什么。不过,他们至少已经意识到我们需要一支海军,因此把我这样的人派往长崎,跟着一个叫佩尔斯·瑞杰肯的荷兰海军教官学习海军技术。"[19]

"我们家很冷,我的收入不足以负担家里的吃穿,"25 年后海舟写道,"不仅如此,我天生愚钝——正是因为这个原因,之前我一直没有成功。(但是,)安政二年(1855 年)夏海军传习所开课后,我被选中去那里学习。这是我的第一个机会。"[20]

他把私塾交给可靠的助手杉亨二打理[21],然后于九月一日登上了萨摩藩为幕府建造的三桅帆船"升平丸"号离开江户。[22] 十月十一日，海舟到达位于长州西部、本州岛上的下关，比预定时间略晚。在那里，他听说一场大地震摧毁了大半个江户。[23] "死者不计其数。"他后来写道。虽然第二天大火就被扑灭了，但余震又持续了几天。第一次听到这个消息时，他说自己头晕目眩，仿佛醉酒一般。[24] 关于这次灾难，他只写了这些，没提及家人，不过他肯定非常担心他们的安危。他后来得知，家人都安然无恙。

组建日本海军

长崎海军传习所的学生当中，有大约40名德川武士，[25] 其他学员部分来自谱代大名统治的福山藩、挂川藩，部分来自外样大名统治的福冈藩、佐贺藩、熊本藩、津藩、萨摩藩、长州藩。[26] 之前六月的时候，"森宾"号战舰抵达长崎，它是荷兰国王送给将军的礼物。[27] 幕府让随船前来的军官留在传习所担任教官。24名荷兰军官在"森宾"号舰长瑞杰肯中尉的指挥下开始向约160名日本武士传授海军科学技术，以满足他们对建设一支现代海军的迫切愿望。[28] 将军为了表达谢意，送给荷兰国王一些日本的宝物，包括一副盔甲、一把武士刀、一支长枪、五扇狩野派和土佐派屏风、一个备前烧瓷盘、莳绘箪笥、漆器、大和锦、绉绸、京都的人偶和扇子。[29]

后来，"森宾"号被改名为"观光丸"号，[30] 用于训练。"观光丸"号是一艘150马力的三桅桨轮蒸汽船，长约52米，宽约9米，装备6门火炮。[31] "日本海军始于安政二年（1855年）'观光丸'号从荷兰抵达日本之时。"海舟在冰川回忆道。[32] 作为该国第一批现代船员，学员们的使命就是学会如何操纵现代战舰。

每天早上不到5点（冬天6点），学员们会被鼓声叫醒，开始传习所的一天。起床后不久，早餐铃就会响起。早餐之后，他们开始打扫战舰，从里到外都要打扫干净。然后是升旗、点名，鼓声再次响起后开始练习射击。接下来是升船帆和准备索具。学员们在陆上接受军事训练，在船上接受实际操作训练。课程在陆上进行，从早上8点到中午，然后再从下午1点到4点。为了照顾荷兰教官，传习所也遵照西方传统把周日定为休息日。[33] 每日的课程包括航海术、造船术、测量学、数学、工程学和炮术[34]，以荷兰语讲授。海舟进入海军传习所之前就听得懂荷兰语，"过了差不多两个月，我就可以对话了"[35]。

1856年10月，第二次鸦片战争爆发，英法联军占领了广州。次年，即安政四年（1857年）四月，出于加强江户湾防务的迫切需要，幕府设立了军舰操练所。[36]一个月之前，已经在长崎海军传习所训练了一年半的幕府学员（包括海舟）奉命返回江户，他们将在新设立的军舰操练所担任教官。一批新学员会进入传习所。与此同时，34名新教官不久后将从荷兰启程，替换之前的那些即将退役的老教官。

一些幕府学员乘"观光丸"号返回江户，海舟却被命令沿陆路返回。离开长崎前一天，他的上司兼好友、负责管理学生且颇有能力的海军传习所总取缔（总负责人）永井尚志告诉他，瑞杰肯想让一个学生留在长崎，协助从荷兰来的新教官，还要（用海舟的话说）"为新学员指明方向"。荷兰语已经很熟练的海舟自愿留下。"尽管我没什么能力，"他在《海军历史》中谦虚地写道，"永井还是开心地同意了。"[37]

三月四日，永井乘船驶向江户。五月，继任的木村喜毅来到长崎，新学员则在四个月后抵达。[38]八月五日，战舰"日本丸"号在接替佩尔斯·瑞杰肯担任总教官的威廉·约翰·科奈里斯·范卡腾代克的指挥下从荷兰来到长崎。[39]"日本丸"号是一艘小型三桅木质螺旋桨蒸汽船（排水量292吨，长48.7米，宽7.3米），装备了100马力的发动机和12门火炮，幕府为此向荷兰支付了大约10万美元（据推测结算用的是美元）。[40]幕府需要一个船坞来停泊和维护"日本丸"号，与此同时它还要为刚刚起步的日本海军建造新船只。"日本丸"号载着在长崎修建新船坞所需的机械和装备，它们产自荷兰，荷兰工程师和机械师也随船前来。[41]

海舟给范卡腾代克留下了深刻印象。"校长木村喜毅对荷兰语一窍不通，"范卡腾代克后来在回忆录中写道，"舰长海舟的荷兰语却很好，他性格温和，聪明且友善。"海舟的性格其实一点都不"温和"，不过范卡腾代克说他"赢得了所有人的信任，不管多么棘手的问题，只要他开口，我们荷兰人都会按他说的做。在我看来，他聪明绝顶，任何时候都知道该怎么让我们满意"。[42]

海舟在长崎又待了两年半，一直跟着范卡腾代克学习。他和其他学员在"日本丸"号上实习,并且将这艘船改名为"咸临丸"号。安政四年(1857年)深秋,海舟在荷兰教官的监督下,指挥其他学员驾驶"咸临丸"号从长崎出发,向西北航行,驶往九州西海岸外的五岛列岛。

他们从五岛列岛继续向西北航行,抵达位于朝鲜海峡的对马岛,这里的藩主是外样大名宗义和。在对马岛"接受款待"3天后,海舟写道:

> 我们拔锚起航,一直驶入釜山外海,在那里领略了朝鲜美景。返航途中,我和两个[荷兰]教官调查了对马岛西北。我们在一个地方看到水晶般清澈的泉水汇成河,流入大海。那里的景色实在太美了……于是我们3人放下一艘小艇,向内陆划了差不多一二町(1町约合109米)的距离。河非常浅,清澈见底,能数出来下面有几块石头。我们头脑放空,盯着那些石头看了好一会儿。突然间,那两个教官大叫起来。我吓了一跳,朝河对岸望了过去。我看见一捆捆吊起来晾晒的稻谷,后面是一间瓦房。两个手持铁炮(日式火绳枪)的武士站在稻谷下的阴影里,枪口冲着我们,火绳已经点燃。我想都没想便蹚过河,[冲向那两名武士,]用手里的马鞭打掉了他们的铁炮。这两名武士带着铁炮逃进房子。我跟着进屋,把他们痛骂一顿。直到此时,他们才知道我是日本人。他们急忙道歉并解释说:"你们坐着一艘外国军舰的小船上岸,这是违反法律的。我们在站岗,所以采取了行动。"我告诉他们,我是海军见习生,在他们的藩受到了盛情款待。我们的蒸汽船属于幕府,我们的教官是荷兰人。他们三番五次道歉:"如果这件事让藩主知道了,不用说都知道我们将受到多么严重的惩罚。请原谅我们。"我对这些乡下武士的无知感到唏嘘,这件事就这样了结了。就是从那时开始,我变得大胆起来,更渴望冒险,甚至是鲁莽的冒险。[43]

差不多就在上述事件发生的同时,舰长和船员再次起航前往五岛列岛,只是这次船员们差点因为他的"鲁莽"丢掉了性命。海舟请求范卡腾代克允许他只带日本船员乘坐一艘小船出航。考虑到这是他们第一次在没有荷兰教官帮助的情况下在开阔海域航行,范卡腾代克很担心他们的安全,于是命令海舟不要"驶出五六节的范围"。但是海舟告诉他:"只要我身在海军,便时刻准备葬身大海。"事实上,这艘船两次撞上礁石,险些在风暴中沉没:

> 水手们都慌了,不听我的命令……船舵已经损坏,船体也破了一个洞,海水涌了进来。我觉得大限将至,于是声嘶力竭地喊道:"因为我愚蠢地违背了教官的命令,你们都跟着遭殃。这是我的耻辱,我应当以死谢罪。"但是,水手们反倒因为我的话振作起来。他们重新鼓起勇气并且竭尽全力执行我的每一道命令。于是,我们驶过了礁石。之后,幸运的是,暴风雨渐渐停了下来。我们所有人都尽力工作,最终安全返航。[44]

尽管海舟有着极强的海上技能,木村还是提醒他要多积累远洋经验。他批评海舟待在开阔海域"的时间太短……(下次)训练的时候,你怎么不走远点呢"。海舟很恼火,一个对航海几乎一无所知的人,仅仅因为官衔高于自己便可以提一些毫无意义的建议。木村似乎更重视地位而非能力,这令海舟非常厌恶。不满的海舟找了个机会狠狠捉弄了上司一番。"我带木村上船,告诉他当天我们要远航。(然后)我让他十分难受。"强风吹起,浪越来越大,木村愈发痛苦。当木村焦急地建议返航时,海舟平静地问他为什么,还对他说"我们有好长一段路要走呢"。木村一边说"够了",一边吐了起来。[45]

快活日子

长崎海军传习所的大多数人,包括学员和木村的下属(据海舟所言,甚至还包括荷兰教官),都是长崎丸山妓院的常客。木村却是个苛刻的人。海舟回忆说,到了晚上,木村会把大门锁上,防止有人偷偷溜出去。但是,木村的下属来去自由,几乎不受限制。身为生徒监的海舟觉得木村不应该对学员这么严格,因为即便如此,"每个人都会在晚上翻过篱墙……一天晚上,我……取下锁把它砸碎"。海舟把这件事告诉了木村,并提出了自己的看法:只要学员勤勤恳恳学习操纵战舰,就"不必关心那些细枝末节";如果他们没有做到,"您再去训斥他们"。一天晚上,海舟正在"仰望星空,木村的一些下属又像学员一样翻过篱墙出去快活了"。海舟立即因为这件不公平的事找木村对质。让他的上司恼火的是,他提议"逮捕"这些人,"(木村)只是告诉我别再管这件事了"。[46]

木村没有受过任何海军训练,只是凭借高贵的出身才被派到长崎,海舟因此很看不上他。"(我)因为不受管束而出名。但是我的(海军)技术也很出名。(即便如此,)我还是不知道他们为什么没有(在我顶撞木村之后)把我踢出(传习所)。也许是因为(忠宽)……和岩濑。"[47]

海舟回忆起学员们的"快活日子"时,强调自己"未曾光顾妓院"[48]——大概是因为他并不需要。据说,在一个雨天,海舟走在长崎的街上,木屐的带子突然断了。当时,他正在一名年轻女士屋前,也许他是特意来见她的,也许不是。她是个远近闻名的美人,名叫梶玖磨,常被人称为阿久。她14岁便守了寡。海舟请求她让自己进屋,还请她帮自己修木屐。为了表示感激,他留下了一大笔钱。第二天,阿久前往海军传习所向他表达谢意。据说此后两人的关系十分亲密。[49]几年后的元治元年(1864年),阿久生下了海舟的三子梶梅太郎。

正当海舟继续在长崎接受海军训练之时,江户及周边地区发生的事件,以及京都的回应,让全国陷入动荡。

第四章

井伊直弼得势

> 我忍不住去想，当时是否有人意识到大老经受的严重精神折磨。

安政三年（1856年）夏，美国使节哈里斯在下田一座佛寺设立公使馆，就日本将近两个半世纪以来的第一个通商条约和日方举行谈判。[1]幕府需要得到天皇的敕许才能在条约上签字。和哈里斯谈判期间，武士的反对声越来越大，愈发令人不安，他们聚集在京都排外的孝明天皇周围。与此同时，幕府还在为另一件看似无关，实际上却与此有着千丝万缕联系的危机头疼。在这危急关头，江户迫切需要一位强有力的领导者，而当今将军德川家定能力不足，难堪大任。不仅如此，家定和萨摩藩主岛津齐彬的养女笃子已经结婚两年，依然膝下无子，未来也不大可能诞下子嗣。

家定的将军之位有两个候选继承人，均出自德川家分家。年少的德川庆福是纪州藩主，也是家定的堂弟。庆福是德川家中和家定血统最近的人，[2]按照惯例，他有优先继承权——支持他的所谓"南纪派"将充分利用这个至关重要的因素。

但是，安政五年（1858年）时，庆福只有12岁，而他的竞争对手一桥庆喜21岁，而且有着超出实际年龄的成熟和能力。庆喜是已退位的御三家之一水户藩的藩主德川齐昭的七子，母亲是有栖川宫织仁亲王之女。[3]他和家定也有亲属关系，家定的姑姑是齐昭的哥哥、第八代水户藩主齐修的妻子，也就是说，齐昭是将军已故姑父的兄弟。[4]不仅如此，齐昭从庆喜孩提时代起就开始培养他，让他做好成为将军继承人的准备。

无嗣的将军应当从御三家中选出继承人。不过，传统上纪州藩比水户藩的优势更大。最近的五任将军都是出身纪州藩的第八代将军德川吉宗的后代，包括庆福在内的每位纪州藩主都是其直系子孙。[5] 上一代将军家庆的父亲家齐本来出身一桥家，后来被纪州藩收养，于是齐昭和家庆安排当时只有10岁的庆喜继承一桥家的家督之位。[6]

一桥家属御三卿（所谓的御三卿包括一桥家、田安家、清水家，他们都以纪州藩出身的第八代、第九代将军的子孙为祖），和纪州藩有直接联系。因此，至少在齐昭和开明的一桥派看来，一桥庆喜是下代将军的不二人选。他们认为，此时正值"蛮夷"在国门外耀武扬威之际，庆喜比庆福更有能力领导国家度过危机。

南纪派的策略

支持庆福的保守的南纪派主要由谱代大名构成，其中井伊直弼实力最强，他是他们的首领。[7] 作为彦根藩主，井伊家世袭显赫的贺茂守之位。在平安时代，这个官职被授予负责建设、维护朝廷仪式场所的人；到了直弼的时代，它只是荣衔。

幕府最重要的职位，包括老中，通常被授予谱代大名，他们大多娇生惯养，甚至十分愚蠢，无法胜任从父辈那里继承来的重任。他们的心头大事是自己的藩国、个人生活和如何保持自身的特权地位。他们已经在佩里事件中充分展示了自己的无能，而在接下来的几年里，当国家开始和外国通商之后，他们的能力不足和管理不善加速了幕府的灭亡。英国驻日公使阿礼国和鲭江藩主、老中间部诠胜的对话很好地说明了这点。当阿礼国提到幕府的经济政策失当时，间部一无所知。"别问我，"他说，"我是藩主，不懂什么金本位、银本位或汇率之类的问题，去问外国奉行吧，他负责这些事。"[8] 间部的回答在英国外交部传开，他成了笑柄。"我是藩主，"他们嘲笑道，"我不懂这种事。"处理政务的是像间部这样的无能之人，难怪幕府在佩里来航15年后就倒台了。

井伊直弼尽管有诸多过失，但绝非无能之人。安政五年（1858年）夏，作为大老，他将展示非凡的政治勇气，独自做出与美国缔结通商条约的决断。为此，他同时招来开国派和锁国派的仇恨。直弼不仅在日本历史上留下了浓墨重彩的一笔，而且确实改变了历史的进程。他大权独揽，在两年时间里完全控制着幕府和日本。比他软弱或胆小的人，可能会屈服于公众情绪——孝明天皇和尊王攘夷派的口号"攘夷"正是这种情绪的体现。直弼本人当然不愿违背天皇旨意，也不会为在外国人压力下被迫开国感到高兴。他根据自身的信念做出了这样的决定，即便这么做会为自己和德川政权带来极大的祸患。

早在安政五年（1858年）春成为大老之前，直弼已经是事实上的老中首座。[9]他的主要对手是坚定排外、实力强大，但饱受争议的德川齐昭。不过，南纪派很聪明，他们始终主张坚持古老的传统——血统比能力重要，他们正是凭借这个传统才能世代保有特权。[10]在朝廷为他们代言的是直弼的亲信、国学者长野主膳，他的政治手腕高超。直弼的主要目标是确保庆福成为将军，[11]从而将反对派驱逐出幕府，加强自己控制下的德川幕府的统治力。为达到这个目的，长野抓住血统问题，一直在公卿贵族和大奥中颇有权势的女性面前强调庆福的血统。

纪州藩的保守派很欣赏长野的计划，他们认为德川家族高贵而纯洁的血统是使国家安然度过危机的最可靠保障。他们支持这个男孩成为将军继承人的最重要理由就是血统，他们认为血统比才智、性格或者能力都重要。他们的结论存在非常严重的缺陷，日本将为他们的错误，以及他们的首领井伊直弼及其狡猾的谋士长野主膳的罪过付出惨痛代价。在接下来的10年里，日本将迎来少有的大动荡。

一桥派的政见

御三家中的水户藩和尾张藩都属于一桥派。水户藩主德川庆笃是齐昭的长子，外祖父是有栖川宫织仁亲王；尾张藩主是德川庆恕（后来改名德川庆胜）。不过，他们只是名义上属于一桥派，实际上并没有什么作为。弘化元年（1844年），12岁的庆笃继承家督，但一直受其父支配。庆恕于嘉永二年（1849年）成为藩主，时年25岁，他同样听命于德川齐昭。[12]

一桥派中更有名的是几位负责外务的优秀幕府官员，包括海舟的朋友岩濑忠震和永井尚志。不过，真正的领袖是福井藩主松平庆永，也就是松平春岳，他后来和海舟关系密切。春岳出生于江户城，是御三卿之一田安家的第八子。他在江户城待了10年，直到天保九年（1838年）才奉将军家庆之命被福井藩主收养为继承人。不久之后，他就继承了养父的藩主之位。[13] 福井藩（亦称越前藩）是20个御家门之一。福井藩的第一代藩主结城秀康是第一代将军德川家康的次子。福井藩是御家门当中地位最高的一个，在所有藩中位列第七，只有御三家和御三卿在它之上。[14]

可以说，一桥派几乎囊括了纪州藩之外德川家最显赫的人物和最忠诚的家臣。他们还得到了一些实力最强、最有能力的外样大名的支持，其中最有名的是萨摩藩主岛津齐彬、土佐藩主山内容堂、宇和岛藩主伊达宗城和佐贺藩主锅岛直正，他们都是幕末的风云人物。

虽然一桥派多数主张开国，深知日本如果想在现代世界中以主权国家的身份生存下去，必须引进西方的科学技术，但是意志坚定的德川齐昭"听不进意见且偏见颇深"——这是后来海舟在冰川的说法，意思是说这位前水户藩主刚愎自用。"庆喜大人比他的父亲更了不起。"[15] 极端守旧的齐昭唾弃西方的一切。他主张用炮火和千锤百炼的武士刀来回应对日本主权图谋不轨的外国人。他的水户藩是尊王思想的摇篮，吸引了全日本的尊王攘夷派，他们的口号"尊王攘夷"也是齐昭担任藩主时率先提出的。[16] 尽管齐昭的狂热态度令老中非常恼火，但他因此被水户藩乃至全国上下的年轻人奉为"日本救星"。正是这群年轻人，在齐昭死后完成了他的遗志。[17]

国粹主义者齐昭

齐昭被私谥为烈公，这个名字可以被解释为"极端的大名"或"爱国的大名"。他也被人称为"水户的老藩主"或"水户的归隐大名"。佩里来航九年前，他就因直言不讳地宣扬极端思想而失去藩主之位，被罚强制隐居——这是幕府常用的惩罚手段，无论受罚者官阶、地位高低。但是，佩里来航一个月后，他再次被幕府任命为"海防参与"，[18] 实际上成了将军的政治顾问。

家庆对齐昭推崇备至，非常信任他。1853年佩里来航之后，卧病不起的家庆命令老中和齐昭一同商议这件大事，因为他的儿子兼继承人家定不堪大用。从法统上讲，只有家定可以代表将军行事。[19]

如果齐昭有决定权的话，他一定会下令袭击佩里的军舰。但他不是将军，并没有这样的权力。佩里来航很久之前，齐昭便认为外敌迟早会入侵，于是命人造了一种装甲战车，取名"安神车"。所谓"安神车"其实是一辆装有铁车舱的木制牛车，车身两边各有一个大轮子。车舱四周开有射击孔，里面的士兵可以朝各个方向射击。但是，齐昭的战车有一个致命缺陷，它需要牛拉，如果牛中弹，车舱里的人只能坐以待毙。这种战车从未用于实战。[20]海舟在庆喜出生次年天保九年（1838年）六月的日记中写道，"水户烈公"命令他的家臣按照西方标准建造一艘战舰，"它本来要被命名为'旭日丸'号，用于海防。但是因为这样做会违反传统的武家法度，幕府不允许他这样做"[21]。

齐昭以家庆顾问的身份提醒他当心"蛮夷"的企图，他们想"通过传播基督教来迷惑神国的子民，与我们贸易，掠夺我们的财富，让我们的人民穷困潦倒，最终用武力夺取我们的国家"。为了阻止他们，幕府不仅应"武力攘夷"，还应"暂停和荷兰的贸易，停止进口无用的奢侈品，禁止出口铜，将铜用于制造各种口径的火炮"[22]。

齐昭的改革还涉及佛教僧侣。他命令水户藩各个佛寺交出所有佛钟和铜像，把它们熔掉铸炮。他后来还打算从江户发布命令，将上述措施推广到全日本。[23]一位历史学家称齐昭为"民族主义者"[24]，不过在齐昭的年代，"大和民族"还未作为政治实体存在。因此，与其说他是民族主义者，倒不如说他是国粹主义者。在他看来，从中国传入的佛教经过长期发展，对日本社会的影响力过大，而本土的神道教才是日本唯一的、真正的宗教。

许多日本人不同意他的看法，尤其是佛教僧侣。[25]海舟后来在冰川回忆道："政治家如果和宗教扯上关系，可能招来无法想象的麻烦。"早在弘化四年（1847年），齐昭就因为在水户藩推行排佛政策而受到惩罚。僧侣们向朝廷请愿，朝廷转而向幕府施压，命幕府干预。按照海舟的说法，"幕府别无他法，只好以妄自尊大为由处罚他"。这件事过去半个世纪后，海舟解释了幕府严惩自己人的原因：

德川家一直奉行对宗教敬而远之的政策。幕府授予僧侣和其较高的

[身份]相称的社会地位,给予寺院[一定范围内的]司法管辖权,允许他们在处理内部事务时完全自治。"治而不治"是幕府管理宗教的策略。[26]

大　奥

齐昭对僧侣的迫害在大奥引起轩然大波,这些不得不禁欲的女性大多是虔诚的佛教徒。[27]大奥中地位最高的女性包括将军的女眷以及侍奉将军及其近亲属的女官。[28]大奥设在江户城的本丸、二丸和西丸,将军夫妻住在本丸,将军生母和侧室住在二丸,将军继承人夫妇住在西丸。不管什么时候,大奥中都住着约1000名女性。[29]历史上,大奥内的将军女眷对幕府的影响力极大,在德川幕府两个半世纪的统治期内,她们实际上可以左右幕府官员的命运,甚至连老中也不例外。家定在位期间,她们的权力可能比以往更大,因为她们可以轻而易举地控制他。[30]后来,齐昭的儿子、末代将军庆喜在口述回忆录中说道:"大奥的老女人们真可怕,她们的权力实际上比老中还大。"[31]

大奥内的将军女眷痛恨齐昭。他不仅公开侮辱佛教,还公然干预她们的私生活,威胁要逼她们过简朴生活。齐昭的目标是强化国防,他认为与其浪费大笔金钱维持大奥的奢侈生活,不如把钱用在军事建设上。他甚至批评女眷的品行,认为她们十分软弱,会给将军带来不良影响。[32]后来参与谋划刺杀井伊直弼的水户藩士高桥多一郎的话清楚地反映了齐昭的想法:

> 大奥在政治上是有害的……即使今天我们攘夷成功,明天外国船又会开进江户湾,炮火将再次遍布[江户]。那样的话,大奥内的将军女眷只会在恐惧中颤抖……今年(嘉永二年,1849年)春,将军外出打猎时用长枪刺中一只兔子,七八成女眷都流了泪,说他刚做了一件多么残忍的事。[33]

齐昭的狂热不仅表现在政治上。根据大奥中流传的说法,他在私生活方面更是肆无忌惮。齐昭继承了无嗣而终的哥哥齐修的藩主之位,后者的妻子是将军家齐之女。她和齐修成婚时,从大奥带来一名侍女,这名侍女出身公卿之家，以美貌著称。齐昭对她一见钟情，但当时并不敢轻举妄动，因为担心会惹怒兄长，失去继承家督的机会。文政十二年（1829年），齐修过世。29岁的齐昭成为水户藩主后，立即发泄了自己压抑许久的欲望。据说齐昭强行霸占了那个女孩。她怀孕后把这件事告诉了大奥中那些可怕又多嘴的女性。

她们十分震惊（至少她们是这么说的），向家齐告状，希望他替她们的姐妹主持公道。她们站在道义一方，而且家齐大概也不愿招惹她们。最终，他命令齐昭的情人打掉孩子回到京都的家中。但是，齐昭是个固执的人，他用大量礼物最终赢得美人垂青，并把她安置在水户藩厅，供他偶尔从江户返回时享乐。[34]

大奥内的女性还有更多厌恶齐昭的理由。他的长子庆笃（前面提到过，他是名义上的水户藩主）和有栖川宫帜仁亲王的女儿线姬成婚。线姬和大奥内的将军女眷关系很好。安政三年（1856年）年末，她突然自杀，大奥再次哗然，而此时庆喜和庆福的竞争也越来越激烈。不久之后，恶毒的谣言在大奥流传，据说她是因为遭到公公侮辱才选择自杀。

这则谣言真假难辨，大奥内的将军女眷却深信不疑。现在，她们不仅痛恨齐昭，还坚决反对他的儿子庆喜继位，后一件事对日本历史的影响更大。这些地位显赫的女人控制着家定。由于选择继承人的最终决定权在将军手中，她们一定要让家定和她们一样痛恨齐昭和庆喜，这样才可以确保家定最终选择纪州的少年藩主，而不是水户的年轻家督。[35]

井伊直弼受命

一桥派其他重要人物和德川齐昭截然不同，尤其是松平春岳，他和井伊直弼一样认为开国是不可避免的。春岳在给幕府的信中写道，日本力量强弱取决于它财富多寡，因此国家必须先积极开展国际贸易，让它成为世界上最富有的国家。为了建立牢固的国际关系，他认为日本需要强有力的国内政策，并因此支持庆喜而不是庆福成为将军。[36]

春岳及其开国派盟友与直弼的分歧在于是否要改革德川幕府，是否应让德川家以外的人才进入幕府——直弼在涉及维持德川政权的问题上非常保守。春岳的得力助手、年仅24岁的年轻藩臣桥本左内，提出了一项激进计划。他建议建立代议制政府，招纳有能力的亲藩、谱代、外样大名，由少数开明的幕府官员辅佐，再招募各藩武士，这样就可以让日本统一在一位最有能力的将军之下。桥本计划让外样大名进入政坛，同时将家定的所有老中，包括直弼，全部赶出幕府。而所谓的最有能力的将军无疑指一桥庆喜，他将成为家定的继承人，替代其无能的亲戚。这个计划当然对包括直弼在内的谱代大名没有任何好处。哪怕将军年少，甚至无能，只要有贺茂守的强力（且保守的）领导和旗本武士的支持，老中仍然可以让幕府像之前两个半世纪一样正常运转。[37]

其实从一开始，庆喜成为家定继承人的机会便十分渺茫。大奥内地位最高的女眷是家定的母亲，她对儿子的影响力超过其他任何人。如果说大奥的女性厌恶庆喜和齐昭，那么将军的母亲可能是其中恨意最深的。不仅如此，将军本人也更倾向于选择那个少年而不是庆喜。有些理由不那么重要，比如，他很喜欢这个12岁的亲戚。此外，家定明显感受到了庆喜的威胁。庆喜仪表堂堂，不管什么场合，只要他出席，便会让其貌不扬、比他大13岁的家定相形见绌。家定天生善妒，而大奥中关于庆喜英俊长相的讨论想必进一步加深了他的嫉妒心并让他深感自卑。[38]

尽管将军和他母亲已经有了中意的人选，南纪派和一桥派还是在将军的江户城和京都的御所暗中较劲。在京都活动的一桥派（包括桥本左内）成功取得了一份支持庆喜的诏书，不过用语暧昧。[39]虽然继承人的最终决定权掌握在将军手中，但是因为家定精神和生理上的缺陷，南纪派迫切需要一个足够强硬、能够压制一桥派，并且足够大胆、敢于无视圣谕的人。直弼就是这样的人，南纪派和直弼本人都深知这点。

南纪派在将军之母的支持下向家定施压，让他任命他们的领袖为大老。[40]海舟写道，将军顶不住精神压力，最终病倒了，不过他秘密命令亲信平冈道弘确保直弼能够获得这个最有权势的职位。[41]不久之后的安政五年（1858年）四月，43岁的井伊直弼被正式任命为大老，他要对一桥派发动最后一击。

吉田松阴（他最终在井伊直弼不久后开始的大清洗中丧命）曾私下质疑彦根藩主的统治能力。博学的吉田指出，直弼只系统学过剑术和禅学。[42]

一桥派的领袖们，包括直弼的亲戚、宇和岛藩主伊达宗城，都觉得他"无知且愚蠢"[43]。庆喜在口述回忆录中称直弼"行事果断却缺少智慧……但又举止傲慢，似乎很看不起别人"[44]。

直弼坚持自己的政治理念，完全不理会全国上下，包括公卿和大多数与德川家有血缘关系的藩主的反对。他被任命为大老后，人们不再质疑他的行政能力和决心。任职一个月后，大老将三名和一桥派结盟的幕府高官贬职，这就是臭名昭著的安政大狱的恐怖序曲。[45]

他的主要目标一直没变。他要让少年藩主庆福成为将军，从而确保幕府和自己能够牢牢掌握权力；与此同时，他将签署通商条约以避免外敌入侵。安政五年（1858年）暮春，井伊大老成了日本事实上的独裁者。

通商条约

之前签订的条约没有开放对外贸易，日本人不需要直接和外国人接触，因此这些条约没有像通商条约那样招致全国上下的激烈反对。自从哈里斯为了协商通商条约的条款而建立了第一个外国使馆之后，英国、法国、荷兰、俄国也纷纷效仿。井伊大老进退两难。一方面，他知道日本无力自卫；但另一方面，如果签订条约，他必将承受来自全国上下的怒火，除非能够获得大众的支持。为此，他需要得到这个国家最高权威的认可。换言之，他必须让京都的天皇站在自己一边。[46]

不熟悉日本的人可能不太理解这件事，他们或许会觉得将军才应该是最高权威。将军已经统治这个国家两个半世纪之久，而且自12世纪以来，包括德川家统治时期，天皇并没有实际政治权力。但是，正如海舟所说，第一代将军德川家康是由天皇任命的，家康曾下令"德川家在任何情况下都不可忤逆天皇"[47]。甚至连谱代大名，包括大老本人，都无法完全无视家康的命令或者天皇的象征性权力。

不仅如此，5年前的佩里来航已经削弱了幕府的权威，天皇的政治权力得以加强，他得到了全日本誓言"尊王攘夷"的武士们的支持。大老和老中痛苦地认识到了这一点。他们还担心，在没有天皇敕许的情况下贸然签订通商条约，将引发全国范围的不满，很难平息。

天皇和公卿的生活圈子很小,他们对外界一无所知,这进一步助长了他们的排外情绪。这个无知排外的小圈子,是签订通商条约(实际上也是日本实现现代化)的最大障碍。

然而,井伊大老相信自己能说服天皇批准条约。关键问题是时间。安政五年(1858年)春,哈里斯已经在这个国家待了将近两年,他一直在和日本人谈判。幕府向这个美国人保证,他将于三月五日拿到条约。[48]但是,到了四月二十四日,也就是直弼升任大老的第二日,一桥派的老中堀田正睦便奉大老之命向哈里斯请求延期,并向后者强调,得到敕许之前签订条约是非常危险的。

哈里斯在堀田离江户城不远的住处同后者会面。哈里斯显然心情不佳,一方面是因为谈判拖得太久,同时也是因为他正遭受病痛折磨。听了堀田的话,他更加恼火。他威胁堀田,如果幕府没有签订条约和开放港口的权力,那么他只能直接去京都。让外国人直接进入古老的皇城乃至皇宫禁地,是无法想象的,将带来可怕的后果——若想避免内战,就只能对京都和江户的排外武士展开史无前例的大屠杀。堀田连哄带骗,哈里斯最终同意给幕府三个月时间以取得天皇敕许。[49]

浪人崛起

很多排外的武士都站在一桥派一边。他们坚决反对井伊直弼,对他的仇恨与日俱增。他们信奉水户藩的尊王说,支持德川齐昭。这些人聚集在京都的天皇周围,叫嚣着要用武力驱逐外国人。

尊王攘夷派以各藩武士为主,来自东边的水户藩、西边的福井藩以及遥远的西南的萨摩藩、长州藩、土佐藩和熊本藩的人数最多。他们大多出身下级武士家庭,在领导力和道德方面更胜一筹。下级武士通常不能对藩政发表意见。他们必须通过抗争,甚至付出性命的代价,才能让自己的意见被听到。因此,他们自然比那些生来便享有特权,在溺爱中长大的上级武士子孙更有才干——海舟早就清楚意识到这个事实。在和平年代,下级武士尚可以心甘情愿地接受卑微的地位;但在佩里来航之后,他们开始要求得到更大的发言权。有些人未经允许便擅自离藩,日本各藩的尊王攘夷派聚集到了一起。脱藩武士通常被称为"浪人"。("浪人"和"浪士"是同义词,只是后者的负面色彩稍轻。两个词中的"浪"指"海浪",引申为"漫无目的地游荡"。"浪人"只是"人",而"浪士"的"士"意为"武士"。)

此前,浪人只是指无主(离开主君和本藩)的武士。但是在佩里来航之后,浪人的含义发生了很大变化,这个时期的浪人多是主动脱藩的藩士和政治犯。他们的数量远超以往,而且不全是武士。有些人出自农民家庭,有些人来自商人家庭,有些表面上已经成为浪人,但实际上并没有抛弃自己的藩主,他们只是为了不使主君受自己激进活动的牵连。

尊王思想并非尊王攘夷派的专利,整个武士阶层都是如此。日本社会的道德部分建立在君臣关系之上。天皇是君,他的祖先自古便统治着日本,远远早过将军或任何一位大名;百姓是臣,将军也是臣,他只是代天皇理政。

因此,即将到来的革命不能简单说是尊王攘夷派和佐幕派之间的斗争。前面已经说过,佐幕派大多尊崇天皇,而一些发誓绝对效忠天皇的尊王攘夷派同时也对幕府忠心耿耿。这样的矛盾存在于许多个人和组织之中。

新选组便是一例。它是一个致力于维护德川幕府统治的武士组织。新选组的两名首领分别是局长近藤勇和副长土方岁三。近藤和土方均出身于农民家庭,后来作为浪人赢得了名声,继而成为武士。5年间,新选组在京都大街小巷巡逻,维持京都治安,他们唯一的目标是消灭将军的敌人。不过,近藤、土方和大多数队士,同被他们追杀的死敌——土佐和长州的攘夷派一样,决意将外国人驱逐出日本。和他们的敌人一样,他们的排外情绪也是基于对仇视外国人的天皇的尊崇。[50]

大多数武士将自己视为"志士",即"志存高远的爱国者"。吉田松阴将志士定义为"在和平年代读书、培养道德、讨论政策、品评古今,在战争时期每日矢志不渝地为国尽忠的人"。[51] 现代标准日语词典《广辞苑》给了一个更简单的解释:"一个志存高远,愿意为国家和社会献出生命的人。"

很多志士都发誓要不惜性命驱逐外国人。他们聚集在江户和京都,四处宣扬当时最重要的议题——尊王攘夷。他们说将军不过是由天皇任命,代天皇击退入侵者、保卫国家的人。既然将军攘夷不力,令天皇大失所望,那么他就不再适任征夷大将军之职。那些尊王攘夷派，也就是那些志士和浪人，开始公开批评幕府。未来的革命领袖将从这群人中诞生，几年后他们将和昔日盟友一桥派分道扬镳。

此时，他们还没有呼吁推翻幕府，也没有宣扬"倒幕"——它和"勤王"一起组成的口号"勤王倒幕"足以概括幕府最后几年的局势。他们还和德川家的人结盟，一起消灭独断的井伊直弼并改革幕府。如果大老没有得到天皇敕许便擅自缔结通商条约，他们会立即着手消灭他。

继承无望

虽然南纪派和一桥派（德川齐昭除外）都支持签约，但由于担心与朝廷和尊王攘夷派的关系恶化，在签订条约之前，没有人敢游说天皇批准它。继承权问题是关键。各藩主和他们的武士家臣更支持庆喜，而不是庆福。天皇也更喜欢庆喜，他受尊王攘夷派鼓动，命令幕府收集在江户参勤交代的藩主们对条约的看法。[52]然而，幕府却误以为这意味着天皇很快将批准条约。于是，在哈里斯接受了堀田的延期请求后的第二天，幕府命各藩主登江户城，寻求他们的意见——幕府以为可以达成共识。[53]

与此同时，齐昭信心满满地认为自己有能力阻止任何共识的达成。御三家和御三卿中的三个（水户、尾张和一桥），还有齐昭之子统治的雄藩鸟取藩（外样）和前桥藩（亲藩）都在他的影响之下。[54]没有他们的赞成，共识不可能达成。齐昭上书幕府，建议幕府"忠于天皇"并展示出对自第一代将军家康"以来的历代（将军）的忠孝之心"。齐昭写道，在德川封建体制下，"因为诸藩主在各自藩内拥有至高无上的大权，我更担心的是各藩能不能团结，而不是外国人可能做些什么"。[55]

据说宇和岛藩主伊达宗城代表一桥派和井伊直弼的心腹取得联系，试图达成一个有悖于齐昭意愿的大妥协。如果大老支持庆喜继任将军，宗城将利用自己在藩主间的影响力，取得一份支持和美国达成通商条约的书面声明。[56]宗城解释道，一旦庆喜被任命为家定的继承人，天皇就会接受诸藩的意见并敕许条约。而且，在颇有才干的庆喜的治理下，整个国家都会团结在一起。[57]

但是，他的想法是一厢情愿的。即使大多数藩主最终同意签订条约，水户、尾张和一桥依然不会同意，[58]天皇未必会许可，大老更是决不会支持庆喜。直弼一再强调纪州藩主和家定血缘最近。家定喜欢这个男孩，不喜欢庆喜。家定的母亲也讨厌庆喜。最重要的是，大老无法信任庆喜的父亲。[59]

齐昭至死一直坚定地反对缔结条约。他宣扬用武力对付觊觎日本主权的外国人，固执地拒绝承认日本的技术劣势导致其无法抵挡西方列强的现代军事力量。他建议幕府与"傲慢无礼"的美国人开战，作为对佩里五年前的要求的回应。[60]

和谈甚至根本不在水户烈公的议程上，他于安政四年（1857年）十一月十五日写给老中堀田的一封信可以证明这一点。他首先坚决反对允许外国人在江户建立贸易所，认为外贸对日本有百害而无一利。随后，齐昭说出了写这封信的目的——他自愿作为幕府代表赴美要求美国政府放弃在日本领土设立贸易所的要求。他声称"我相信，我可以说服他们"，不过并没有说明要怎么做。[61]幕府觉得他的计划不切实际，所以拒绝了。不过，他在水户的家臣并不这么认为。有些人预谋刺杀哈里斯，但是还没来得及实施就被幕府逮捕了。[62]

即便齐昭的极端思想尚未让儿子的继承计划彻底泡汤，他此时的一个疯狂想法足以摧毁所有希望。他提议幕府借给自己"100万两，用来建造大型战舰和大炮，以保卫京都和大阪"[63]。幕府一直十分警惕天皇和各藩主的关系，这也是为什么它在17世纪设立了京都所司代一职。齐昭的政敌利用他刚刚犯下的错误，指责他存心煽动叛乱。无论如何，水户正是尊王思想的摇篮。

齐昭的政敌立即向幕府的老中和甚至比他们更可怕的大奥内的将军女眷进言，声称水户烈公正在酝酿让天皇复辟，重掌政权。虽然这项指控并不成立，而且很难让人轻易相信，但一想到如果庆喜继位，一个拥有极端思想且不可预测的人可能成为大老或者庆喜的顾问，很多原本属于一桥派的人和幕府中的骑墙派转而支持庆福。[64]

显然，井伊直弼和保守的南纪派会在即将开始的政争中打败开明的一桥派。就在和美国签订条约一个多月之前，大老悄悄让重病的将军宣布庆福为他的继承人。这个决定，正如海舟所写，"是秘密中的秘密"[65]。听到家定宣布决定的只有 6 个人——大老和五位老中。大老命老中严守秘密，在条约问题解决之前不能让其他任何人知道这个决定，尤其是一桥派。[66]

两害相权取其轻

独断专行的井伊直弼确实同时被德川家的盟友和仇敌憎恨，但是正如前文所说，他和政敌一桥派的政治立场并非截然对立。当然，德川齐昭是个例外，直弼知道齐昭活在幻想里。不过，大老并非真心支持开国。如果可以选择，他宁愿让日本永远锁国。他在内心深处和齐昭一样排外，只是更为明智。上述观点是明治时代的大教育家福泽谕吉提出的，当时他正在江户教授兰学。福泽在自传中写道，人们普遍认为井伊支持开国，"其实不然"。作为德川家臣，直弼的"勇敢和忠诚无人可比。但是在开国、锁国的问题上，我必须得说，他是攘夷的坚定支持者"[67]。

想要理解直弼显而易见的矛盾想法并不难，我们只须想想当时的日本人，甚至包括海舟那样的开国派在内，都自然而然地憎恶外国人的傲慢自大以及他们对日本国土、文化和生活方式的侵犯。但是，如前文所述，直弼是一个现实主义者（这和海舟一样），他意识到外国人是赶不走的（这也和海舟一样）。摆在他面前的是一个危险而又重要的选项。他在做决定的时候优先考虑的是日本的利益，而在他看来，幕府的利益就是日本的利益——德川阵营的保守藩主普遍持这种看法。

但是，和那些排外的保守藩主不同，井伊知道，如果拒绝同美国签订通商条约，他只能冒险打一场必败无疑的战争；反之，如果向美国屈服，他就必须应付一群狂热反对向"蛮夷"开放港口的武士，他们的领袖正是自己的死敌齐昭。两害相权取其轻，直弼在签订条约时想必是这么想的，即使为此他不得不违抗天皇的意志。他辩称，这么做可以让天皇和整个国家免遭外国列强的羞辱，避免遭受类似中国那样的不幸命运。他意识到，日本必须首先建立起一套足以自卫的现代化军事、经济体系，然后才能理直气壮地拒绝缔约，而这正是海舟、佐久间象山以及包括松平春岳在内的许多直弼的政敌的想法。

但是，建设这样的体系需要时间和金钱。为了给日本争取时间，大老决定向外国人屈服，即便这会暂时令日本蒙羞。他将通过国际贸易来积攒建设国家所需的资金。他完全清楚违背天皇的意愿是失当之举，因此要尽全力取得敕许，想方设法使各藩主达成共识。但是，就算没有天皇的许可，没有取得共识，他还是决心按照自己的理念行事，为此不惜牺牲自己的名声，乃至生命。他内心的悲痛一定是无法忍受的。"我忍不住去想，"30年后海舟写道，"当时是否有人意识到大老经受的严重的精神折磨。"[68]

中国事态突然变化，迫使直弼不得不加快行动速度。1858年6月，《天津条约》签订。哈里斯早就警告过幕府，英国、法国、俄国可能会动用武力强迫日本签订条约。此时，他再次警告大老的代表，英法舰队无须继续留在中国，它们正前往横滨，准备强迫日本签约。哈里斯提议让自己成为幕府和欧洲列强的中间人，他还建议日本应当先和美国签约，再和英法谈判，这种情况会有利得多。[69]

很难说哈里斯到底是在要挟日本，还是诚心给出自己的建议。不管怎样，大老认为自己不能再等了。即使没有天皇的敕许，直弼还是执意和美国人先签订一份暂时的通商条约，以后再签署正式文件。安政五年六月十九日（1858年7月29日），下田奉行井上清直和海舟的朋友岩濑忠震登上停泊在江户湾的美国蒸汽护卫舰"波哈坦"号（它是4年半前佩里第二次来航时的旗舰），签订了通商条约。条约规定：幕府同意开放神奈川（横滨）、长崎、新潟、兵库（神户）4口岸，允许外国人在1859年7月4日到1863年1月1日之间在这4个港口建设居留地；美国公使馆将设在江户，外国人可以在江户、大阪以及其他4个港口与日本人通商。

不久后，日本和荷兰、俄国、英国、法国也签订了类似条约。条约没有规定有效期限，而且赋予了外国人治外法权，规定对外国货物收取20%的协定关税。这些不平等的条款进一步激化了排外情绪，反对直弼的声音越来越大。[70]

一桥派的反抗

与此同时，支持德川幕府的一桥派继续反对大老。虽然除了齐昭，其他人暗中都支持签约，但他们中的亲藩大名，如水户、尾张、一桥和福井的藩主，都担心井伊的独断专行会危及幕府。大老违背天皇意愿的举动，被他们视为在政争中夺回主动权的良机。[71]

六月二十二日，即条约签订3天后，幕府命各藩主登江户城，在他们面前正式宣布签约之事。齐昭假装自己事先毫不知情。他批评大老，并警告后者这件事的严重性——如果幕府没有取得天皇敕许便武断地签订条约，就会打破自德川家康以来历代将军一直遵循的尊崇天皇的传统。这种做法不忠不孝，将招致百姓不满。天子之怒是可怕的，齐昭警告道，没有敕许便擅自签约是违抗天皇意愿之举，作为御三家的族长，他只能向将军直陈自己对未来的担忧。[72]

一桥派现在开始充分利用大老违抗天皇意愿的行为发起反击。六月二十三日，就在条约正式公布的第二天，庆喜率先发难。当天，[73]他在江户城直接质问直弼。作为御三家和御三卿之一的家督，庆喜的地位高于直弼，他以自己的地位压人。

庆喜在会面中要求直弼回答为什么在没有敕许的情况下擅自签约，后者只能以头抵地，无法作答。庆喜表示自己对大老一意孤行做出破坏公家和武家友好关系的举动感到十分愤怒，直弼再次叩首，请求庆喜原谅。直弼以书面方式告知朝廷签约之事，而不是亲自上奏，也被庆喜斥为不合礼数。大老再次低下头，保证为了弥补过失，自己或老中将亲自前去京都。

此时，这个自幼便开始学习如何处理藩政的年轻藩主，正和父亲的敌人当面对质。看着这个手握大权的敌人匍匐在自己面前，年轻的藩主抛出了一个直接而简单的问题："你已经定好将军继承人了吗？"出乎大老意料，庆喜已经知道庆福被指定为继承人，消息源是前老中堀田，他因为和一桥派结盟而在不久前被免职。大老无法给出一个直接而简单的回答，待在那里不知所措。他满脸通红，向庆喜道歉，然后再次叩首。

"我知道你已经定下纪州。"庆喜说道。紧接着，他表示自己认可这个决定，大老稍稍松了口气。按照海舟的传记作者松浦玲的说法，庆喜对在这个多事之秋继承将军之位并没有什么兴趣。他保证自己会"一如既往地为德川家尽忠"，大老这才安下心来。但是，庆喜将怒火转向在场的五名老中。一名老中辩称，有消息说英法舰队来到江户，准备逼迫幕府签约，因此他们"万不得已"，只能擅自采取行动。庆喜打断他，反问道："万不得已是什么意思？你是说20艘、30艘或者更多的英法战舰已经到了吗？如果真是那样，它们现在在哪里？"这位老中只得叩首答道，外国战舰还在途中。庆喜听后大怒道："只有当50艘或者100艘战舰大举进犯，我方伤亡惨重，并且即使继续战斗，江户城最终还是会落入敌人之手时，你才可以说'万不得已'。你们竟然惧怕一些根本不在这里的战舰。你们觉得这能成为违背天皇意愿的借口吗？"

没等老中作答，庆喜继续问道，他们是按照将军的想法行事，还是按照他们自己的喜好行事。老中们回答是前者。庆喜再次大怒道："你们难道想让将军替你们犯下的大错担责吗？"随后，他要求他们回答，如果天皇震怒，决定以未能履行职责的罪名罢黜将军，他们会怎么做。老中表示这绝无可能，于是庆喜要求他们中的一人立刻前往京都，向天皇解释，要为违反圣意负责的是他们，而不是将军。[74]

庆喜对天皇的尊崇是发自内心的。如前文所述，他的母亲是亲王之女，他自己出身于尊王思想摇篮水户藩的统治家族，而且自幼便受坚信天皇具有至高权威的父亲的教育。齐昭的尊王思想来自其备受尊崇的祖先——德川家康之孙、水户藩第二代藩主德川光圀（1628—1701）。和家康的命令一样，光圀同样告诫幕府永远不能违抗天皇。庆喜20岁时（就在此次和直弼会面不到两年前），齐昭就告诉他："如果天皇和幕府不和，我们永远不能反对天皇，即使这意味着必须与幕府为敌。"[75]

六月二十四日，就在庆喜质问大老的第二天，同时也是幕府正式宣布将军继承人的前一天，福井藩主松平春岳前往江户城附近的井伊宅邸拜访大老，为阻止庆福成为继承人做最后一搏（他很可能不知道庆喜和直弼的对话）。他的策略是以违抗圣意为由向大老发难，迫使后者处于守势。（不过，正如前文所述，春岳同样认为，为了避免战争，和外国人签订条约是必要的。）他提醒直弼，天皇希望庆喜成为次任将军，指定庆福为继承人只会进一步激怒天皇。春岳建议暂缓此事，直到天皇的怒火平息。但是，在和地位高于春岳的庆喜谈过话后，大老没有任何理由考虑福井藩主的建议了。大老假称有紧急公务需要处理,突然离席。春岳的计划以失败告终。[76]

就在同一天,齐昭同水户藩主和尾张藩主突然登江户城。和春岳一样,齐昭表面上是来斥责大老和老中违抗圣意,实际是打算直接要求他们指定庆喜为家定的继承人,让春岳取代直弼成为大老。他为扳倒自己的敌人放手一搏。大老直白地拒绝了上述要求,于是齐昭改变策略,坚持主张应当延期公布次任将军的人选,以表示为违抗圣意悔过。[77]这个要求同样遭到拒绝。老中说会仔细考虑让春岳和直弼共同担任大老,齐昭在得到这一空洞承诺后离开了江户城。共同担任大老之事自然永远不会发生。[78]

六月二十五日,指定庆福为继承人的决定正式公布。[79]六月二十七日,幕府告知京都,已经和美国签订了通商条约。正如庆喜所预见的,孝明天皇震怒。但是,和庆喜的警告不同,天皇并没有怪罪幕府,他知道签订条约是"迫于蛮夷压力"。他说,怪罪幕府"只会在公家和武家之间制造不和"。相反,他责备自己"失德",并为此向历代天皇和百姓道歉。他认为自己不适合统治(虽然他从未真正统治过),表示将退位,让祐宫继位。[80]不过,他被说服继续留在御座之上,因为幕府曾经保证,外国人终将离开日本。虽然他仍然坚决反对缔约,但是他承认"缔约实属无奈之举"。[81]

确保了权力的直弼开始了臭名昭著的安政大狱的第一阶段。他先对最强的敌人下手。七月五日,德川齐昭、松平春岳和德川庆恕分别受到"隐居"和"谨慎"(禁闭)处分,现任水户藩主和他的弟弟一桥庆喜被禁止进入江户城。[82]这些惩罚是以幕府的名义下达的。[83]这5个人是和将军血缘最近的人,也是全日本地位最高的藩主。惩罚有德川血统的人(何况他们还反对签订未经敕许的条约,呼吁幕府改革,吸纳德川家之外的人才),激起了全国志士的强烈反对。

次日,七月六日,家定在江户城去世。官方公布的死因是脚气导致心力衰竭,不过有传言说将军是被毒杀的。[84]八月八日,家定的死讯公开,庆福改名家茂,成为德川幕府第十四代将军。不过,天皇要到十月才正式任命他为征夷大将军。[85]井伊大老代只有12岁的将军处理政务,他将以铁腕统治日本。

安政大狱

幕府颁布的《武家诸法度》禁止诸藩和朝廷接触，但萨摩和水户打算挑战这一禁令。他们和朝廷的盟友里应外合，打算让天皇下诏罢免直弼，撤销对一桥派领袖的惩罚，重新考虑家定的继承人选。

他们虽然没有成功，但还是成功地让天皇下达了两份责令江户改革的敕令（《戊午密敕》），一份给幕府，另一份给水户。天皇批评幕府擅自签订通商条约以及处罚水户藩主和尾张藩主——他批评的是井伊直弼的治国手法，而非将军、他的家人或者幕府本身。天皇命幕府和御三家以及其他雄藩藩主仔细商讨如何维持国内的和平稳定，协调公家和武家共同解决危机，以免继续遭外国人羞辱。与此同时，天皇命水户同诸藩商议，找出解决危机的办法。[86] 这意味着让水户承担攘夷的重任。[87]

这是德川幕府建立以来天皇第一次直接给某个藩下诏。[88] 直弼接到天皇给幕府的敕令后勃然大怒，该敕令实际上意味着对他的行政手段的否定和批评。直弼指责齐昭介入其中——这是事实。他指责齐昭的政治干预形同叛国——理论上讲确实如此。

大老决心捍卫自己（和幕府）的绝对统治，于是采取了迅速而激烈的措施。九月，就在对齐昭和其他人的处罚生效两个月后，他开始了安政大狱的第二个阶段，受波及的人数和处罚的严厉程度都是前所未有的。京都的志士遭到逮捕，用囚车押往江户定罪量刑。其他人，甚至包括将军的家臣，或者在江户被逮捕，或者在藩被逮捕后送往江户。呼吁宽大处理的幕府官员被免职。[89] 大老这么做不是因为他"不同意攘夷"，福泽谕吉写道，而是因为攘夷志士"蔑视幕府的统治"[90]。

齐昭和水户藩士首当其冲。齐昭被罚"永蛰居"（终身闭门反省），并于次年去世。庆喜受"隐居""谨慎"处分。之前已经被罚"谨慎"的尾张藩主和福井藩主被延长了禁闭时间。实力强大的外样大名山内容堂也因为支持一桥派和通过天皇干预国政的罪名被软禁在江户的藩邸。7名尊王攘夷的主要倡议者像普通罪犯一样被处决，其中3人来自水户，一人（桥本左内）来自福井，一人（吉田松阴）来自长州。水户藩主的一名家臣被勒令切腹。

此次镇压行动甚至波及朝廷。亲王、公卿和一些地位稍低的贵族或者被软禁在家中，或者剃发为僧进入佛寺，或者被罢官。总共大约有100人在井伊直弼的"安政大狱"中受到处罚，大清洗后来又持续了一年多。[91]

没有人能阻止井伊消灭自己的敌人并重树德川幕府的绝对权威，甚至连天皇的敕令都无济于事。在接下来的一年里，他的大清洗让全国陷入恐慌。在如此动荡的时局中，海舟实现了环游世界的愿望。

第五章

横渡太平洋

　　　　　日本和他国不同。我们只通过责任、正义、尊严、荣誉来获取人心。

　　安政六年（1859年）一月五日，海舟指挥幕府新得到的三桅螺旋桨蒸汽战舰"朝阳丸"号从长崎驶往江户。这艘船在荷兰建造，和"咸临丸"号的规格相同。[1] 范卡腾代克在回忆录中记下了和最好的学生告别的场景。这个荷兰人登上蒸汽船"长崎"号，站在甲板上望着"胜麟太郎舰长"。他后来回忆道："我觉得我不会再遇到如此令人尊敬的日本人了。我对他报以最高的敬意，他不仅是一个真诚的人，而且确实是一位有创新精神的骑士。简而言之，我出于诸多原因十分钦佩他。当我最终离开，起航归国时，他鸣七响礼炮向我致敬。"[2]

　　"朝阳丸"号于一月十五日抵达江户。[3] 次月，长崎海军传习所正式关闭，取而代之的是江户的军舰操练所。[4] 海军传习所是开国派阿部正弘创立的，他死于安政四年（1857年）。举荐海舟的忠宽、岩濑以及永井等开国派官僚都受到阿部的赏识和提拔。这些人虽然对德川家忠心耿耿，但质疑幕府的政策，因此无法被井伊直弼容忍。除了海舟，其他人都被解职。[5] 海舟之所以能幸免，大概因为他一直不在江户，而且地位较低。

　　海舟回到江户后被任命为军舰操练所教授方头取（总教官）。海舟离家将近三年半，故乡已经发生了不小的变化。前任将军已经过世，现在的将军是德川家茂（庆福成为将军后改名家茂），实权掌握在直弼手里。海舟的子女也长大了。长女梦子13岁，次女孝子10岁，长子小鹿7岁（他后来到美国海军学院留学，曾在日本海军担任军官），次子四郎也5岁了。七月，海舟搬家了，从田町中街的小屋子搬到一间更大、更符合他身份的宅子。

新家在江户城西的赤坂区，紧邻盛德寺，就在冰川神社后面。

海舟在长崎时已经为驾船驶往异国他乡做好了精神和身体上的准备。返回江户前，他多次上书幕府，请求其允许自己指挥战舰远赴海外。[6]安政六年（1859年），海舟返回江户后，幕府决定派代表团赴华盛顿[7]和美国确认此前的临时条约。[8]幕府代表团由77名武士，包括3名使臣组成。"但是，由于还无法熟练操纵我们的战舰，而且我们的船太小，装不下这么多人"，幕府决定让日本代表团乘坐美国的蒸汽护卫舰"波哈坦"号。[9]

安政六年（1859年）七月，海舟听说"我们将派一艘战舰前往美国"，作为代表团的辅助船。[10]负责指挥这艘德川军舰的是海舟在长崎的老上司木村喜毅，后者已于九月从目付晋升为军舰奉行并（"并"是副官的意思）[11]，两个月后又被提拔为军舰奉行，而且被授予摄津守的官位[12]。军舰奉行是当年新设立的职位，主要职责是改革军事制度，政治性强于技术性和军事性。因此，被任命为军舰奉行的是像木村这样的官僚，而不是战舰的指挥官。[13]

奉命访美

派辅助船出海的决定令海舟备受鼓舞，他决心要指挥一艘全部是日本船员的战舰出航，而且他们应当是海舟"亲自训练出来的，此行访美是为了日本海军的荣誉"[14]。十一月二十四日，他接到正式命令，要在军舰奉行木村的指挥下作为舰长前往美国。这次航行是德川幕府历史上第一次正式批准的海外航行。[15]由于海舟手下的船员经验不足，而且幕府仍然像往常一样犹豫不决、领导无方，派遣辅助船出航的决定可能因为潜在的危险被撤回。有鉴于此，海舟于十一月二十五日对手下的军官和水手训话。他说："我国拥有战舰并开始训练水手不过短短五年……而现在我们已经受命前往美国。"舰长鼓励部下要"弥补不足，打消顾虑"，而且要"严于律己"。[16]

尽管海舟做了充分准备，但是事情进展得并不顺利。随着计划一步步推进，幕府内部出现了争议。[17]争议与一群经验丰富的美国海军军人有关，他们是约翰·布鲁克中尉和他的9名船员。[18]这些美国人是排水量95吨的纵帆船"费尼莫·库珀"号的船员，布鲁克是他们的舰长。"费尼莫·库珀"号奉命调查从旧金山到香港之间最适合蒸汽船通行的航线。[19]布鲁克来日本的目的是寻找新的通商口岸。[20] 但是在上一年夏天，他的船遭遇风暴并在神奈川搁浅，他的计划落空了。[21] 美国人要求幕府送他们回国。他们警告幕府，对于缺乏经验的日本船员来说，独自跨洋航行太危险了。

然而，胜舰长并不这么想。"如果我们决定建设一支海军"，就不能害怕"失去两三艘船和一些人"。[22] 虽然他并不反对让美国人作为乘客上他的船，但是他决心要像一个真正的武士一样"让我们的国旗飘扬在海上，所有船员都是我们的人"——去他的危险吧！[23] 但是，和豪情万丈的海舟不同，他的上司们（包括军舰奉行木村）更加现实，不打算听从他的建议。木村后来写道："我请求幕府允许一两个经验丰富的美国水手与我们一起横渡大洋。高层没有任何异议，批准了我的提议。幸运的是，美国的布鲁克当时就在横滨。"木村找到哈里斯帮忙协调，让布鲁克和日本船员一起航行。[24]

最终，日本人决定派"咸临丸"号出航，这艘船是海舟在长崎时的训练舰。因为"波哈坦"号比"咸临丸"号快，胜舰长一行人比美国人早几天出发。他们计划在途中和"波哈坦"号会合，然后结伴驶向旧金山，旧金山是"波哈坦"号在美国的第一停靠港（不过，他们实际上并没有会合，"波哈坦"号由于风浪的损伤，不得不在夏威夷停船维修）。离开旧金山后，"波哈坦"号会把代表们送到巴拿马地峡，他们从那里先乘火车，再乘船前往华盛顿。与此同时，"咸临丸"号将返回日本，将代表们已经安全抵达华盛顿的消息报告给幕府。但是，对于胜舰长和他的船员来说，当务之急是抓住机会展示自己在长崎学到的海上技能。

十一月二十六日，海舟公布了船规，要求所有军官和船员都必须严格遵守。他说："船上所有条例都应由指挥官制定。但是因为我不是指挥官……这些只是临时性的。"他还提醒道，"尽管如此，（我）熟知所有航海技能，包括掌舵、操船和指挥"[25]——他在暗示自己比木村更有资格担任军舰奉行。

（在美国人的帮助下）横渡太平洋

"咸临丸"号计划于安政七年（1860年）一月十三日离开江户。"当时我正发高烧。"海舟后来在冰川回忆道。但是当一个人待在家里时，他想到的不是自己当前的身体状况，而是更加急迫的事："我觉得与其毫无意义地死在家里，倒不如死在军舰上。（我）忍着头疼……告诉妻子，我要去品川看看那艘船。"[26] 他和家人将分开数月。"从品川起航后，"海舟后来在《海军历史》中写道，"我们到神奈川（去接美国人）。"那只是沿着海湾南下的短途航行。"我们在船上待了两天，（在此期间）美国测量船（'费尼莫·库珀'号）的（布鲁克）舰长在我们的船上。"[27]

布鲁克在当年2月6日（日本历一月十五日）的日记中写道："昨天我在那艘日本蒸汽船上，舰长和万次郎[28]（'咸临丸'号的日本翻译，也随船出航）拜访了我们。"两天后，"咸临丸"号驶向浦贺。"我们赶在黄昏前在江边下锚，两岸都是山。航路上有一些舢板，好在舰长的操控能力确实十分出色。"布鲁克似乎没有察觉海舟对无能上司的不满。"指挥官（指木村），"布鲁克写道，"和舰长都是很和善的人……舰长好像有些不适。我很喜欢这些日本人。等我的人上了船，我们一定能融洽相处。"[29]

根据《海军历史》的记载，算上木村，船上共有91人。[30] 但是船员不知道到底该听海舟还是木村的命令，这令胜舰长十分恼火。海舟的传记作者松浦玲将木村比作美国海军部助理部长，将海舟比作出身海军学校的军官。[31] 海舟显然比木村更有领导能力，但木村的级别比海舟高，这清楚地显示了日本过时的封建制度的弊端。在这个社会中，一个人的地位由出身而非能力决定。海舟并不打算掩饰自己的不满，他也因此和大多数幕府官员形同陌路。他们不安地发现了他过人的才干，但不信任他，甚至冷落他，有朝一日将称他为叛徒。

胜舰长为"咸临丸"号船员制定的临时船规很长，面面俱到。按照规定，水的配给非常严格，不管地位高低，每人每天4.5升（病号除外）。大米每人每天0.9升。（为了避免消耗过多的水，海舟规定大米要先用海水清洗，然后用1.8升淡水冲洗，再用0.9升淡水煮熟。）每四五天洗一次头，刮一次胡子，每人每次用水不得超过0.18升。

在正常气温下，船员每3天换一次衣服；在高温下，每两天换一次衣服。衣服湿了，必须立刻更换。船员不得穿被汗浸透的衣服或脏衣服，有异味的衣服尤其被严格禁止，有虱子的人会被罚俸。所有军官都必须时刻保持本人和衣物整洁。

船员们只能在规定时间进餐,而且只能在工作过后。如果有紧急任务或者夜班,船员可以吃两餐——正常情况下每人每天只能吃一餐。吃得过饱也是被禁止的。船员每天可以喝两三杯酒。坏掉的(储存)食物要立刻扔掉。发臭或发酸的食物也不能吃。船员要不时吃片泻药,以防血液上涌造成晕眩。"白天在甲板闲逛"或是在没有理由的情况下睡觉都被禁止。船员每天只能在"几个固定时间段"用炭炉取暖,不能"用明火(取暖),即使是寒冷的夜晚也不例外"。狂风大作或者"突遭海盗袭击时",船员不能惊慌或者大喊大叫,他们应当等待命令并听命行事。[32]

在浦贺,胜舰长下令修理甲板漏水之处并安排将煤炭搬上船。起航前一天,他又命人将螺旋桨抬出来擦干净。[33]"舰长今天好多了。"布鲁克在2月9日(日本历一月十八日)的日记中写道。[34]第二天下午两点,"咸临丸"号从浦贺起航,驶离日本。[35]在海上的第一天,他们遭遇了"强劲的西风……汹涌的波涛拍打着船舷,冲刷着甲板"。在汹涌的海面颠簸,想必会让出航前就已经生病的海舟更加痛苦。[36]布鲁克写道,"舰长身体不适、腹泻",木村"晕船"。当天晚上,风刮得更猛了。第二天白天,"船身剧烈摇晃,浪很大,船偶尔会进水。所有日本人都晕船"。[37]

海舟在冰川自豪地回忆道:"这是日本战舰首次驶往其他国家。"[38]他和他的"日本船员"凭"自己的力量"完成了首航。[39]当然,美国人的帮助同样不可或缺。虽然海舟没有明言,但他并非不知感恩的人,他没有忘记这件事。返回日本途中,他在檀香山短暂停留,在那里给布鲁克写了一封信,感谢后者的帮助,并且承认正是因为布鲁克,他的船才能在大洋上航行将近5000千米。[40]布鲁克的日记显然也支持这种说法。

义 理

"咸临丸"号的军官和船员虽然航海经验不足,却拥有一套日本特有的价值观。这套被称为"义理"的价值观或许是他们最宝贵的品质。义理和武士道密不可分。武士道即武士的行为准则,它的基本理念是"对上严格,对下宽厚"。[41]义理的基础是"忠君"和"廉耻"。武士社会的和谐在很大程度上靠义理维持，它是武士阶层的美学和道德的固有组成部分，也是日后强大的日本海军的精神基石。它被舰长海舟融入船规，灌输进刚刚成立的德川海军士兵的头脑之中。起航之前，他告诫手下军官"不要让水手做与公务无关的事"，而且还要：

> 注意不要太过严格。在其他国家，指挥官决定如何使用士兵和水手，把他们当作奴仆。严格的规章制度使其他国家的指挥官拥有肆意处置下属的权力，如果［下级］不服从［指挥官的］命令，他就会被解职。但是皇国[42]……和他国不同。我们只通过责任、正义、尊严和荣誉来获取人心。

如果一名指挥官不能"在平时善待"下属，就不要指望下属能在"生死关头……（和指挥官）共患难……如果上司不能比下属多做十倍工作，多思考十倍问题，他就不配领导他们"[43]。

在航行的大部分时间里，海舟都独自待在房中。布鲁克觉得他"是我见过最安静的人，我从没听过他的声音。虽然他深受军官爱戴，但是他们很少主动接近他"。[44]虽然海舟确实身体不适，但这并不是他沉默的原因，他在生木村的气。"（海舟）觉得一切都不公平，满腹牢骚，"木村于1899年6月（当时海舟已经去世6个月了）回忆道：

> 那会儿……我们无法打破社会阶级之分。这是他觉得最不公平的地方，他因此迁怒别人。他一直窝在他的房间里。但是因为他是舰长，许多事我不得不找他商量。我和他说起这些事的时候，他让我照我喜欢的方法办。之后他就会反对我，我感到很为难。最糟糕的是，当我们在太平洋正中间的时候，他说"我要回去"，还命令几个人为他放下小艇。[45]

不用说，胜舰长自然没有回去。尽管木村已经意识到，海舟闭门不出的原因之一是对不公平的社会结构的不满，但是他不知道另外一个更可能让海舟生气的原因。胜部认为，海舟之所以闷闷不乐，是因为他在船上发现了日美社会的巨大差异，并且意识到日本必须实现现代化。[46]布鲁克并没有看出海舟心情不佳。快到旧金山时，他写道："舰长和其他军官都很有精神，期待很快能进港。"不过，他在这次横渡太平洋航海日志的最后写道："舰长看起来十分苦恼。"[47]

海舟写道：

> 有几次，因为狂风暴雨，"咸临丸"号处于危险当中。但是因为我所有船员都已经做好了万全准备，再加上全都身强力壮，我没什么可担忧的。虽然我经常发烧吐血，但是我完全不在乎。等我们抵达旧金山的时候，我已经痊愈了。[48]

第六章

旧金山之行

> 士农工商并无区别。

在海上的第 38 天清晨[1]，海舟第一次见到了美洲大陆。他透过望远镜，隔着浓雾，望见远方沿岸的群山"就像云端之上的巨浪"——这是他在《海军历史》里描述旧金山经历时的说法。我们足以想见当时他的兴奋之情。[2] 胜舰长当时很可能站在甲板上，船的主桅挂着一面白底旭日旗，后桅挂着红白相间、绘有木村家家纹三阶菱纹的信号旗。当"咸临丸"号安全通过金门海峡驶入旧金山湾时，海舟对南北两岸的堡垒尤其感兴趣。作为军事科学家，他自然会关注最先进的军事技术，他将在祖国的海岸建造现代炮台。在旧金山及周边地区短暂逗留期间，他认真考察了这里的炮台。关于南岸尖兵堡的炮台，他写道：

> 它装备了数十门大炮。[3] 炮台完全是砖制的，有 3 层射击孔。最上层是平的，长约六七十间（120 米左右），宽度正合适，足以装下小型火炮。从外面看，炮台有充足的空间在后方布置哨兵。左边（北边）的山坡上有灯，可以为进出海湾的船只照明。[4]

至于城市的地形，"它四面环山"，海舟注意到"它和我们的长崎非常相似"[5]。此时，一艘接驳船驶来，"两个人登上我们的船……我们请他们带路，继续驶进海湾"[6]。"他们在陆上鸣礼炮向我们致敬，"福泽谕吉（他作为木村的随从一同乘"咸临丸"号访美）写道，"如果他们向我们致敬，我们必须回礼。"但是舰长犹豫了，因为他担心自己的小船可能经不住冲击。

而高级军官、军舰操练所教授方（教官）佐佐仓桐太郎却急于回礼。

"不，"舰长说，"与其回礼时弄巧成拙，不如不管这件事。"

但是佐佐仓态度十分坚决。"我可以做到，"他说，"我做给您看。"

"别犯傻了，"舰长反驳道，"你不可能做到。如果你做到了，我的头就是你的了。"

佐佐仓最终还是获得了许可，他命令船员把大炮清理干净并准备好火药。他出色地完成了回礼，很可能正像海舟期待的那样，见习士官赤松大三郎帮他用沙漏记录每响礼炮的间隔时间。

随后，扬扬得意的佐佐仓径直走到舰长面前。"您的脑袋是我的了，"他用所有人都能听到的音量大声说道，"但是我觉得您还是暂时留着它吧，我很确定您在接下来的航行中还是需要它的。"佐佐仓的话引起众人大笑。[7]

1860年3月17日下午3点[8]，"咸临丸"号在离瓦列霍街码头[9]几百米远的地方下锚。看着眼前这座美国现代都市时，头脑灵活的海舟会想些什么呢？或许他重温了20年前在江户第一次见到世界地图时的憧憬之情，当时他发誓将环游地球。

旧金山见闻

旧金山两家报社大幅报道了日本人来航的消息，其中一份是《上加州日报》。它引用布鲁克的说法，称日本人在旅途中"愉快地期待"访问美国，他们"对美国非常好奇，想了解美国的人民和它的教育机构。他们尤其关心美国的政府"。一些船员在抵达目的地当晚就上了岸。但是，根据外交礼仪，"军舰奉行和他的高级军官……（要留在船上）……直到双方谈妥得体的迎接礼节"[10]。

第二天，日本人接受了"得体的迎接礼节"。当天是3月18日星期日。旧金山监督委员会主席亨利·弗雷德里克·特舍马赫和其他几名城市官员一同登上"咸临丸"号并邀请军舰奉行、舰长以及其他高级军官上岸。[11]《上加州日报》3月19日的报道如下：

> 日本人非常讲究礼节，舰队司令（指木村）和特舍马赫先生就下船

顺序和方式讨论了半个多小时……舰队司令同意和委员会主席同乘一艘船，但是拒绝"他（特舍马赫）的人"和他们坐在一条船上……布鲁克对他解释说，这些人和特舍马赫先生是同级别的，舰队司令点了点头。准备工作完成后，上面提到的客人，包括舰队司令、7名高级军官和3个仆人分乘两艘船上了岸。他们来到瓦列霍街码头，依照身份高低，先后上了马车。随后，他们被带到国际酒店。

国际酒店位于市中心杰克逊街和卡尼街的拐角。武士们在酒店门前下车，他们的怪异打扮立刻引来大批围观者，他们的一举一动想必都脱不开旁观者的注视。3月20日《旧金山晚报》报道："一个人穿着浅蓝色外套和裤子，颜色就像傍晚的天空，上面点缀着金色和深红色的星星和条纹。"每个人的外套上都有"圆形、椭圆形，或者碎方形"家纹，这是"我们还不熟悉的外国事物"。每个人的腰间"横"挎一长一短两把刀，刀鞘非常精致。其中一个人"（右手拿着）一把扇子，左手挂着一根拐杖……几乎所有人都穿着凉鞋，大多是草鞋"。

3月19日《旧金山晚报》报道，日本人"通过翻译和我们交流。幸运的是，（加利福尼亚州）州长约翰·唐尼当天正好在城里，他早早来到门口等候。日本人难以相信，这样一个低调、谦逊、安静的小个子竟然是州长……（布鲁克）不得不……反复向他们解释，这个人确实是州长，他们才打消疑虑"。《上加州日报》在同一天的报道中写道："他们从头到脚打量他，又一次次望向门外的服务员，他们觉得这些人应该是他的侍从。"

海舟给旧金山人留下了深刻印象，他们从他的身上看到了一位探险家、淘金人、百万富翁、加利福尼亚州参议员、民主党总统候选人的影子，这个人是旧金山的英雄。3月19日《旧金山晚报》评论道："护卫舰的舰长仪表堂堂，他的身高、体形和外貌都像极了约翰·查尔斯·费尔蒙特上校，只是眼睛的颜色更深，嘴也不太能显示出主人的勇气。"

武士们在这个正处于快速发展期的滨海大都市愉快地度过了两个月。海舟记下了一些逸事。他在蒙哥马利街威廉·肖照相馆拍了一张锡版照片，他的两把武士刀和家纹清晰可见，头发梳在后面，高贵的外表配上坚毅的黑眼睛相得益彰。日本人到海边游玩，并饶有兴致地观察了旧金山湾的护卫舰和一队从巴拿马返回的商船。海舟注意到，虽然大型商船都由军官指挥，但一些稍小的商船船长都是平民。海舟和布鲁克拜访了一名海军军官的"精致的红砖房"，他"拥有当地最大的商船，是这艘船的船长"。[12] 武士们还去了华盛顿街的旧金山浴室，根据《上加州日报》3月21日的报道，这是因为他们"急于体验美式沐浴"。他们坐上了市场街铁道的运沙车，"这件事对他们来说很新鲜，他们觉得很有意思"。他们在宽敞的钢琴陈列室和桑萨姆街的市场闲逛，看了看乐器、玩具和小型望远镜。[13] 此外，他们还看了维尔勒和威尔森商店的缝纫机。[14] 海舟特别注意到，天黑后街上的瓦斯灯会被点亮，这样人们就不用打着灯笼走在城里。[15]

旧金山的工业化水平让海舟大为赞叹，尤其是工厂里蒸汽动力的磨、机械锯、印刷报纸的印刷机，以及位于商业街的美国铸币厂旧金山分厂（这是一栋三层红砖建筑）、生产巨大锤子和电镀铁的铸铁厂、第一街的煤气厂，"还有硫化厂"。3月21日《上加州日报》报道："幸运的是，铸造工作正在进行，大电动锤、刨刀和其他机械都正常运转。"如果说海舟已经被现代技术迷住了，那么想象一下当他看到工厂工人在休息时和妓女公开交易时会多么迷惑，以及当有人告诉他"花一些钱就可以和某位先生的妻子度过一小时"时多么震惊。[16]

海舟继续关注一些更加现实的事，他后来写道：

> 所有机器都是蒸汽驱动的，无须依赖劳动力，极大提高了［生产力］。［与此同时，］日本却不和外国通商。我们满足于自给自足，不需要［这样的］机器，而是依赖我们技艺高超的工匠。

1860年春，走在旧金山街头的海舟，明白了日本人必须"和外国通商"，让日本走上工业化道路，并且"改变日本过时的传统"。[17]

海舟比较了美国和封建的日本。在日本，人们的身份在出生时便确定了，他只能是士农工商之一。海舟对美国的民主制度尤其感兴趣：

［这里的］士农工商并无区别。任何人都可以从事商业活动。士兵也可以务农或［像其他人一样］经商。尽管他为政府效力，但如果他攒够了钱，他也可以让孩子做生意。[18] 那些钱不够的人可以合资开一两家店，并分享利润……甚至连高官也可以在退休后经商。基于这种理念，官员可以参与商业活动，拥有大型商店，建造大型船只，并且和其他国家通商。他们类似于［土佐的］乡士，虽然拥有士的身份，但也经商。唯一的区别是，他们的社会地位比乡士高。

"人们走在街上，通常不会佩刀剑，"海舟写道，"无论他们的身份如何。"在日本，按照规定，武士时刻需要佩带武器。"他们（美国人）顶多带一根拐杖，有的人完全不带武器。"海舟特别提到了女士的待遇，"（她们）非常受尊重"。更令他惊讶的或许是，"（在城中，）如果一个男人和他的妻子走在一起，他们会一直牵着手。或者他会让妻子走在前面，自己跟在后面"。[19]

一天晚上，海舟陪布鲁克一同前往剧院观看表演。两人都坐在楼上，这里的视野更佳。舞台前面是管弦乐队，主要乐器是钢琴和竖琴。"舞台上有帘子，是侧拉的。男演员都扮成黑人的模样。他们都穿着戏服……把全体观众逗得大笑。有的人弹奏竖琴，有的人唱歌。"这里的音乐让海舟想起了日本喜剧演员的歌曲。漂亮的舞女令他记忆犹新："（她们）十六七岁……观众和着音乐一起打拍子，有的人敲着拐杖，有的人跺着脚，非常嘈杂——（但是）没有人大声说话。不过，真正令我震惊的是，虽然观众有男有女，却见不到什么下流的行为，也没有人饮酒。"[20]

根据3月21日《旧金山晚报》的报道，城中的政要、高级军官以及法国、英国和萨丁王国的领事登上了"咸临丸"号。日本人用"美酒和果盘"招待客人。除此之外，特舍马赫还带来了一支14人的军乐队。[21] 日本人谨遵外交礼仪，用七响礼炮向外国领事致敬。[22] 不过，他们严禁当地女人登船，用《旧金山晚报》的话说，"我们的日本客人不解风情，无法想象女士的小脚踏上他们的甲板的情景"。

一天晚上，海舟被邀请到一个名为黑文的将军家中参加舞会。他写道：

"我到达后,他出门和我打招呼。我们一同入内,他向我介绍了他的妻子。"[23] 客人大多是已婚夫妻。"每个人都很有礼貌",美国人的风俗也很奇特:

> 一个人边弹钢琴边唱歌,男人挽着女人的手起舞。根据音乐的不同,他们或者手牵手成群结队地跳舞,或者男人把手搭在妻子的肩和腰上,两人共舞。他们跳舞的时候不会将手高高举起,但是会和着音乐打拍子。他们会转圈或一排排跳舞。音乐一点也不粗俗,人们也不会做出下流之举。主席(特舍马赫)来了。他牵起女伴的手,开始跳舞。他跳舞的时候小心翼翼。这里的舞会和日本的那种狂乱的、许多人喝得醉醺醺的聚会完全不同。跳了两三首舞曲之后,我们进入另一个房间,品尝了上好的葡萄酒。小酌两三杯后,人们回到原来的房间,像刚才那样又唱又跳。[24]

对于在封建的日本出生长大的人来说,这场舞会想必十分怪异。武士绝不会把妻子带到社交场合,因为这严重违反礼仪。这种做法相当于出门没有佩武士刀。海舟从来没有想过这么做。虽然他很开明,也很喜欢女人,但是他十分鄙视违背这条规则的人,即便到了武士阶层已经彻底消失的明治时代也未改变。

他曾在冰川提到一个这么做的人——竹添进一郎。竹添是熊本出身的著名外交官,他全盘接受了欧美的社交礼仪。[25] 海舟不屑地回忆道:"竹添永远让妻子走在前面。"他在一次朋友的聚会中见到了竹添,参加聚会的基本都是男人,只有一个女人——这名外交官的妻子。聚会快结束时,他们打算换一个地方继续玩乐:

> 但是竹添让我们先去,因为他要和妻子在一起。他说过一会儿再来找我们。于是我告诉他,如果他的妻子长得漂亮,那完全没有问题,但是他不应该带着一个这么丑的家伙。他的妻子生气了。不管他去哪里,他们永远在一起。[26]

海舟永远不会带妻子参加日本的社交活动，自然也不会和旧金山的美国人的妻子一起跳舞。但是，他确实十分享受他们提供的"美味的"混合物——像泡沫一样的"冰、鸡蛋还有牛奶的混合物，有红有黄"（这应该是他第一次品尝冰激凌），还有"香槟酒，倒在碎冰里，非常好喝。日本人从来没有品尝过这类东西"[27]。

代表团抵达目的地

3月24日星期六，胜舰长和他的部下在旧金山待了7天后，再次出航。根据《上加州日报》3月27日的报道，他们沿着海湾向北航行了3小时，行程约50千米，到达了瓦列霍市的马雷岛，这里有美国海军的船坞。在马雷岛（实际是半岛），所有人都住进了官方安排的住处，"咸临丸"号进入干船坞，进行防水、上漆和跨太平洋航行之后的维修作业。"日本人很难想象把一艘船拖出水是多么容易的一件事。它的覆铜状态很好，不过需要新的制动器，推进轴也要做一下密封（因为有的地方漏水了）。"

3月29日下午，日本代表团乘"波哈坦"号抵达旧金山。他们在旧金山及周边地区待了9天。4月7日，"波哈坦"号离开旧金山驶往巴拿马。日本人乘火车通过地峡，登上美国人的蒸汽护卫舰"罗阿诺克"号前往华盛顿，那里是他们旅途的终点。关于"罗阿诺克"号，海舟在《海军历史》中写道，它有40门炮，是美国海军舰队86艘战舰中装甲最厚的一艘。[28]

与此同时，"咸临丸"号船员在旧金山又待了一个月。其间，胜舰长想方设法收集关于美国海军的组织和工作方式的情报。他在马雷岛参观了机器工厂、[29]修理"咸临丸"号的干船坞、[30]一座巨大的火药库和一座兵器库。[31]他听说萨克拉门托发现了金银矿，每年可开采价值6000万美元的贵金属。[32]他还得知，除了本土舰队，美国海军还有五支海外舰队，其中一支是东印度舰队，它拥有三艘蒸汽护卫舰（"波哈坦"号是其中之一）和一艘风帆战舰。在7年前那个决定命运的夏天，佩里正是指挥着该舰队的战舰来到日本。[33]

海舟走在旧金山街头，数百名好奇的旁观者把他围得水泄不通，以至于他"连走路都很困难"。尽管如此，他从来没有遇到任何麻烦。他写道，与之形成鲜明对照的是,"当江户的市井小民见到外国人的时候,他们会大呼小叫。而旧金山的普通人只是对我微笑,没人伤害我"[34]。虽然文化差异很大,海舟在返日前还是真心喜欢上了美国:"我没有想到,我们到达旧金山会让他们如此开心;我也没想到,全城人,上至政府高官,下到普通市民,会如此慷慨礼貌地招待我们。"[35]

到了5月上旬,"咸临丸"号的修理工作完成,可以返航了。舰长被告知,美国政府会负担这艘船的维修费用,"作为(美国)总统给日本天皇的礼物"。不过,海舟虽然很欣赏美国东道主的友好精神,却无法接受他们单方面的馈赠。他最终说服马雷岛的海军当局接受"一定数额的银子……(将其捐赠给)当地寡妇"[36]。

"我们本想经南美返回日本。"海舟在冰川回忆道:

> 但是美国人说我们远赴旧金山已经足够了,劝我们放弃这个疯狂的计划直接返回日本……我们的代表团……听说了我们的计划后,说我们疯了,坚决不允许我们驶向南美。[37]

听到日本代表团安全抵达华盛顿的消息后,已经在旧金山停靠了52天的"咸临丸"号于5月8日(日本历闰三月十八日)起航回国。这艘日本船(船上没有一个美国人)于8点15分起锚。15分钟后,一艘美国小型风帆战舰鸣了15响礼炮,随后阿尔卡特拉斯岛上的炮台鸣了21响礼炮。"我们以类似的方式回礼。10点,我们驶过金门大桥外的尖兵堡",进入太平洋。[38]返航途中,海面还算平静。他们在夏威夷短暂停留,军官们见到了国王卡美哈梅哈四世。五月五日,他们抵达浦贺,完成了近4个月的航行。[39]

第七章

恐怖年代之始

> 美国战舰抵达浦贺之后，国内分为两派，有人主战，有人主和……那时，幕府决定开国，而且在逐步推进。包括藩主在内的许多人都反对这样做，他们觉得受到了侮辱，因为胆小、懦弱的幕府在蛮夷的胁迫下不得不打开国门。他们再也不相信幕府了。各地都爆发了激烈的争论。人们开始屠戮外国人，刺杀幕府高官。[1]

自安政五年（1858年）秋以来，萨摩和水户的志士一直在密谋刺杀大老井伊直弼。安政七年（1860年）三月二日晚，一群水户藩士聚集在江户城南边神奈川一家妓院，宣泄着对大老的"愤怒"，还"喝了壮行酒"。每个人都做好了第二天赴死的准备。而且他们已经脱藩成为浪人，这样就不会连累他们的藩或藩主。[2]

第二天清晨，天气反常，暴风雪袭来，刺客们准备动手。他们带了一份阐明动机的《斩奸趣意书》。除了一个人，其他人都在上面签了名。他们声称，幕府为了避免战争，屈辱地同外国人签订通商条约，既违背了天皇旨意，也是国家之耻。不仅如此，大老以莫须有的罪名强迫很多对天皇和幕府忠心耿耿的藩主隐居，惩罚朝廷公卿并处决了大量尊王攘夷派。[3]这些事实证明，"奸佞之徒"井伊直弼是"不可饶恕的国贼"。他们发誓至死效忠幕府，希望幕府能够"恢复秩序，遵守天皇的圣意"。他们宣称"代天诛戮"，因此肩负着"刺杀邪恶官吏以结束暴政的使命"。[4]

樱田门外之变

三月三日是日本一个传统节日，当天许多藩主会被邀请到江户城。辰时（早8点左右），17名来自水户，1名来自萨摩的刺客埋伏在江户城南的樱田门，它的名字将因这次刺杀事件而家喻户晓。18名刺客混入等待观看藩主入城队列的人群当中。为了不引起注意，18个人都戴着斗笠，穿着高木屐，把刀藏在蓑衣下。他们知道，大老即将从他位于江户城南的宅邸出发，他的队伍很快就会出现在樱田门外。当大老的队伍出现在视野范围内时，一名刺客兴奋不已，开始解蓑衣，以便能更迅速地拔刀。另一个人阻止了他，并低声告诉他要等待时机。

井伊的队伍走到他们面前，大老轿子周围簇拥着60多人，包括护卫和随从，全部来自彦根藩。他们头戴竹笠，身披蓑衣。为了防雨雪，他们在刀外包了油布，因此无法迅速拔刀。

突然，一名刺客扔掉斗笠，脱掉蓑衣，拔刀出鞘。他先砍中一名护卫的前额，接着又挥刀砍向第二名护卫。另一个刺客掏出手枪开了一枪，几个刺客闻声拔刀冲了出去。"当心！"一个彦根藩士喊道。与此同时，大老命令护卫待在自己身边。但是在混乱中，只有一个人留在大老身侧，其余人则挥动刀和长枪与袭击者缠斗在一起。

几名刺客成功突破了护卫的防线，来到轿子跟前。他们从轿子一侧刺中大老，把他拖到雪地上。唯一来自萨摩的有村次左卫门砍下他的首级，高高举在空中，得意地宣布大老已毙命。整个刺杀过程只用了15分钟。听说直弼已死，刺客们立即四散逃走。水户藩士稻田重藏在战斗中身亡，有村等3人受了重伤，随后在离刺杀地不远处自杀了。其他人遭到逮捕并最终被斩首。18人中只有2人在这次史无前例的反德川幕府行动中幸存了下来。[5]

访美归来

两个月后，海舟乘"咸临丸"号到达浦贺，直到此时他才听说井伊直弼被刺杀的消息：

> 我正准备让船员下船洗澡，巡查乘驳船登上了我们的船……"无礼之徒！"我大喊道，"你们知道自己在干什么吗？"……[他们说]大老井伊直弼在樱田门遭到暗杀，他们要调查所有水户藩的人。我跟他们开了

个玩笑。我平静地告诉他们，美国没有任何水户藩的人，他们得立刻离开。然后我就让他们走了。那是我第一次听说樱田门外之变，当时我觉得幕府彻底完了。[6]

大老被暗杀15天后，日本改元，年号由安政改为万延（不过新年号只用了一年[7]）。虽然海舟说自己听说此次暗杀时很平静，但实际上他肯定十分震惊。不难想象，他听说这个消息的时候一定会大声说出自己的预感——"幕府彻底完了"。如果这是事实，那么木村很可能听到了海舟的话，他想必不会认同海舟的看法。

"咸临丸"号最终在品川靠岸，海舟和他的船员下了船。[8]一名老中问海舟，美国有什么特别之处。"不管在什么时代，不管东方还是西方，人们做的事都差不多，"海舟答道，"美国并没有什么特别之处。"但是老中不接受海舟的回答。"这不可能，"老中说，"美国肯定有特别之处。"海舟答道："是的，我在那里注意到了一些不同的东西。在美国，几乎所有身居高位的人，不管是在政府还是在私人领域，他们的才能和地位是相称的。我觉得美国和日本只在这点上是完全相反的。"[9]

海舟最终因为自己的嘲讽和对包括军舰奉行木村摄津守在内的特权精英的公然蔑视而受到处分。万延元年（1860年）六月二十四日，返回日本差不多一个月后，他被降职，调离德川海军，转任蕃书调所头取助，新工作是协助翻译外文书。[10]他后来回忆了在蕃书调所的情况：

> 人们说一定不能给胜海舟安排政治职务……但是我绝对不想做这种无聊的工作……于是我把所有实际工作都扔给了古贺（海舟的上司），全部时间都用来睡觉……那时有一个职位叫目付，他们负责将各种情况报告给政府上层。蕃书调所的目付叫浅野次郎八。不管浅野什么时候来检查，我都在睡觉……完全不工作。他担心如果我什么都不做的话他会承担责任，于是告了我的状。[11]

海舟后来写道，被调离海军是"因为有人指控我对所有事务都处理不当"。因此，在接下来的两年里[12]，他"（和海军的）联系完全中断了"[13]。抵达品川后不久，他得了霍乱，不过应该不太严重。[14] 正当日本发生巨变之际，他在家中待了很长时间，写作、思考。

国家面临的种种危机令他忧心忡忡。从万延元年（1860年）十一月开始，他花了6个月时间写下第一本著作《墙茨记》。他在引言中写道，这个晦涩的书名暗指当时的环境"不应被解释，也无法被彻底理解"[15]。胜部认为这个书名是用来避免遭"当局审查"的"幌子"。海舟在《墙茨记》中回顾了从出生到井伊直弼遭暗杀风云诡谲的40年。胜部称这是一本"颇有洞察力的（日本）政论集，分析了（国内）政治局势"。海舟之所以研究变幻莫测的政局，"可能是因为在刚刚观察过美国之后，他觉得十分有必要仔细分析和检讨与之形成鲜明对比的日本的政治和社会制度"[16]。

恐怖战术

安政六年（1859年）六月，根据和美国、法国、英国、俄国以及上一年和荷兰签订的条约，神奈川、长崎和函馆开港。这些不平等通商条约使日本国内的生丝、茶叶、灯油、蜡烛、谷物等商品短缺，导致物价飞涨，普通民众深受其害。由于幕府官员管理不当，对外贸易还造成了日本货币外流的恶果。由于日本的金银兑换比率比绝大多数国家低，外国商人和外国使节通过大量购买、出口日本黄金，获取了巨额利润。安政五年（1858年），随着外国船只的到来，日本霍乱流行，致使情况进一步恶化。这是日本第一次大规模暴发霍乱，疫情从长崎向东散播到了江户。一些资料记载，仅江户就有10万人死亡。根据其他资料，多达26万名江户居民染上了霍乱。[17]

由于这些原因，大众的排外情绪高涨。武士们希望斩杀这些造成日本经济困难并且开始和他们的女人眉来眼去的"蛮夷"。[18] 1860年3月19日，就在"咸临丸"号抵达旧金山两天后，《上加州日报》刊登了下面这篇文章：

> 英国驻日总领事阿礼国先生向在日本进行贸易的英国商人和舰长发布了这样一则消息："五月，开港的横滨和神奈川的情况十分糟糕，前途未卜。"情况之所以无法令人满意，主要是因为外国水手醉酒闹事、举止

粗鲁,商人们在货币问题上欺骗日本政府。

对于骄傲的武士来说,最难以忍受的或许是外国人露骨的傲慢态度和幕府的沉默。反对签订通商条约的人本就认为这将是日本沦为殖民地的第一步,现在他们看到自己最担心的事情正一步步变为现实。为了说服幕府废除条约并"将蛮夷逐出日本",他们开始诉诸暴力恐怖手段。

在德川家和平统治的几个世纪里,武士已经疏于习武。但由于外国的威胁,包括剑道在内的传统武术有了复兴的迹象。许多志士都是技艺精湛的剑客,而淬火打造的单刃弯刀——武士刀则是他们实施恐怖活动的理想武器。

愤怒导致敌意,而敌意又催生了恐怖行动。武士刺杀幕府官员的原因多是为表示对政策的不满,他们想纠正幕府犯下的错误。有时,除了表示政治抗议,他们也为了复仇,例如,刺杀井伊直弼。但是,当武士斩杀外国人时,他们有着清晰的双重目标。他们每次杀人,都会使幕府在外国政府代表心目中的公信力下降;他们每次袭击外国人居留地,都是对幕府政策的直接侮辱。他们想通过冷酷的杀戮重拾日本人的骄傲。

最早被武士谋杀的外国人是两个俄国人,分别是一名军官和一名水手,时间是安政六年(1859年)七月,也就是开港次月。位于江户西南的横滨本村被幕府选作新的外国人居留地。对于那些想要杀死"蛮夷"的人来说,这是再合适不过的作案地点。两个被杀的俄国人并没有携带武器,他们上岸是为了给他们的船员采购食物,当时一支俄国舰队正停泊在江户港。他们去了城中的两家商店。离开第二家商店时,他们被从后面出现的持刀武士袭击了。[19]刺客据说来自水户。阿礼国发现他们"并不满足于单纯的杀戮,而是把两人砍成碎块,肯定还以此为乐"。这两个俄国人:

倒在血泊之中,大块的肉悬在四肢和躯干上。那个水兵被从头顶到鼻孔一刀切开,头皮掉下一半,胳膊几乎和肩膀分开了。那名军官同样惨不忍睹,他的身体被武士刀斜着劈开,肺流了出来,大腿上留下了很深的刀痕。[20]

在谈到刺客的动机时，阿礼国说："死者身上有多处刀伤，几乎被肢解，这些都说明刺客的目的不仅是要砍伤或者杀死他们。这是野蛮的复仇行为，伤口的数量和深度反映了这些人的私人或政治情绪。"[21]

此时，阿礼国等人或许还不清楚武士到底多么痛恨傲慢的外国人。但是他们肯定会慢慢了解，许多人愿意以死来逼迫幕府破约攘夷。为了实现这个目标，这些人不惜付出任何代价以挑起同外国人的战争。但外国使节并不想开战。为了签订条约，他们已经花费了大把时间和金钱，他们不想失去贸易权。不仅如此，诚如英国领事所言，战争"是极端手段，它可能夺取数以千计的无辜生命，而真正的罪魁祸首却可能安然无恙"[22]。八月一日，神奈川奉行水野忠德和加藤则著给俄国护卫舰"阿斯科尔德"号的舰长送去一封吊唁信，向俄国人保证，他们将尽全力逮捕凶手。[23]但是凶手从来没被抓住。

安政六年（1859年）十月，就在两个俄国人被杀3个月后，法国副领事爱德华多·洛雷罗的中国仆人在横滨被两名武士杀害。这两名武士在街上撞到了这个中国仆人，后者扬起手中的马鞭打了其中一名武士。两名武士觉得受到了羞辱，于是拔刀杀死了这个仆人。[24]不到3个月（当时海舟正在为旧金山之行做最后准备），阿礼国的翻译、纪州出身的前水手小林传吉在江户英国公使馆大门前被人从背后捅了一刀。[25]次月，两名荷兰商船船长惨死在横滨街头。[26]

不到7个月的时间里，6个人在四起不同事件中被杀，没有一个人因谋杀被捕。不过，接下来的10个月风平浪静，日本没有再发生针对外国人的恐怖袭击（不过在此期间，井伊直弼遇刺身亡）。万延元年（1860年）十二月五日，担任哈里斯翻译的荷兰人亨利·休斯根在幕府护卫的陪同下骑马穿过江户时遇刺身亡。暗杀发生后不久，哈里斯向美国国务院报告了这起事件：

> 休斯根先生正在从普鲁士公使馆回家的路上。他身边有3名骑马的军官和4个打着灯笼的士兵，一个军官骑马走在他前面，另外两个紧跟在他后面。他们就这样走着，刺客突然从路两旁同时现身。军官们的马

被砍中，灯笼被切开，休斯根先生的身体两侧都受了伤。他骑马飞奔了200米，然后向军官大喊，说他受伤了，命不久矣，接着便从马上摔了下去。七名刺客立刻逃走，轻而易举地消失在漆黑的大街上。[27]

有传言说杀死休斯根的是水户藩士，不过刺客实际上来自萨摩藩。[28] 多名幕府高官参加了休斯根的葬礼，老中安藤信正在葬礼上对哈里斯说，他的翻译是日美文化的桥梁，所以才会成为排外团体的主要目标。海舟后来说，这些人决心"彻底摧毁（西方和日本的）友好关系"。安藤说，这次谋杀"不仅会引发（国际社会的）批评，谴责日本对外国人保护不力"，还会妨碍未来的日美对话。[29] 杀害休斯根的人从来没有被绳之以法。

得寸进尺

7个外国人被杀却无人负责，阿礼国和法国公使杜谢恩·德·贝勒库尔忍无可忍。休斯根事件发生11天后的十二月十六日清晨，他们带着下属搬出了各自在江户的公使馆，登上一艘停靠在神奈川的英国战舰前往横滨。荷兰总领事紧随其后。"他们批评幕府轻视外国人，"海舟后来写道，"威胁要'从祖国派战舰'来解决问题。"[30] 只有哈里斯表示反对，因为美国"是第一个和我国签订条约的国家"。海舟评论道。这个美国外交官毕竟是条约的主要推手，即便朋友遇刺，他也不希望挑起战争。[31]

文久元年（1861年）二月，一群俄国士兵乘一艘小型护卫舰非法在对马岛登陆，由此引发的排外情绪令本已动荡的局势更加紧张。对马岛包括数座岛屿，是朝鲜半岛和日本之间的战略要地，俄国、法国和英国都觊觎该地，妄图把它作为商业和军事基地。俄国人登岛后扎下兵营，砍伐树木并绘制地图，当地人因此非常愤怒。几名岛民在接下来的小规模冲突中被杀。幕府命外国奉行小栗忠顺前去要求俄国人撤离，但遭到俄国人拒绝。江户非常不满，俄国对手英国和法国的态度自不待言。[32] 直到七月，俄国人总算答应离开，但是两艘英国战舰接踵而至。[33]

与此同时，阿礼国和贝勒库尔已经于文久元年（1861年）一月二十一日从横滨回到他们各自在江户的公使馆。[34] 4个月后的五月二十八日晚，十五六名水户浪人袭击了英国公使馆。[35] 据说下令的是遭俄国人侮辱的对马岛藩主。[36] 不过，这起事件的背后原因还是外国人的傲慢无礼招来了武士的怒火。阿礼国和其他4名外国人在幕府官员的监视下，从兵库经陆路（而非以往的水路）到达江户——根据条约，5国领事有权在陆上通行。阿礼国想看看日本百姓的日常生活，因此执意践行自己的权利，完全不理会幕府官员的劝阻。后者提醒他，他们将面对日本各地武士的威胁。虽然同行的幕府官员阻止阿礼国等人踏足京都（这是极端危险的），但还是有谣言说皇城已遭"蛮夷"玷污。水户的浪人听说了这个谣言，于是开始谋划杀掉英国公使和他的全部手下。[37]

英国临时公使馆设在江户高轮的东禅寺。阿礼国清楚地知道江户及附近地区的武士对他充满敌意。"但是，尽管有这些危险和不安的因素"，他并不相信有人胆敢袭击公使馆，因为这必将造成"政治后果"，引来英国人的报复。[38] 幕府丝毫不敢抱侥幸心理。它派200多名武士保护公使馆。[39] 水户浪人在午夜前发动了袭击，睡梦中的阿礼国被惊醒。当他抓起左轮手枪准备自卫时，他的秘书劳伦斯·欧利方——

> 突然浑身是血地出现在我面前，鲜血从脖子和手臂的伤口涌了出来。接着是长崎领事莫里森先生，他大喊自己受了伤。他被刀砍中前额，鲜血从伤口中流了出来。[40]

幕府的护卫击退了袭击者，使英国人的伤亡降到了最低限度——只有两个人受伤（莫里森和欧利方），无人被杀。13名幕府武士受伤，1人死亡。3名水户浪人被杀，数人受了重伤。阿礼国称眼前是"一幅骚乱和冲突的乱象。不管是佛寺的院子，还是院子通往公使馆的路上，打斗无处不在。有人提着灯笼到处跑，有人从其他地方赶来"。[41] 一个水户浪人负伤被擒，其他人趁夜色逃入四周树林，其中3人切腹，还有几个人后来被逮捕。[42]

江户幕府在被杀死和被抓住的人身上找到了阐明刺客动机的起誓书，14个人在上面签了名。[43]"神国遭蛮夷玷污，我们不能坐视不理，"起誓书开篇写道，"我们决心投身攘夷大业。"这些水户浪人曾经是德川齐昭的家臣，同时效忠于江户的幕府和京都的朝廷。他们在起誓书的最后声称自己已经决心赴死，为了"逐步驱逐外夷"，为幕府和天皇"分忧"。[44] 水户的武士确实不打算反抗幕府。在接下来的革命中担任领袖的将是长州、土佐和萨摩的武士。

阿礼国于次年，即文久二年（1862年）上半年返回英国。[45] 此前在北京任职的爱德华·尼尔中校被任命为公使馆的负责人，[46] 他现在是代理公使。[47] 上一年袭击事件发生后，阿礼国将公使馆搬到了横滨，但是尼尔又把它搬回东禅寺。阿礼国写道："他不久前刚从北京来，可能觉得这两个地方的情况差不多。如果真是这样，他很快就会痛苦地发现真相。"五月二十八日，即英国公使馆遇袭一周年，幕府官员拜访了尼尔，祝贺整整一年都没有发生针对外国人的暴力事件。[48] 但是，午夜刚过，公使馆的两名英国士兵就被一个带着刀和长枪的人杀死了。[49]

松本藩主（他是谱代大名）奉幕府之命保护英国公使馆，他为此花了一大笔钱。松本的护卫中有一个名为伊藤军兵卫的人，以擅使刀枪闻名。[50] 他本来就厌恶外国人；而现在，他的主君和藩国为了保护他所憎恨的人不得不背上沉重的负担。他听到了水户浪人打算再次袭击英国公使馆的传言，但是拒绝为了保护外国人而杀死自己的同胞，特别是像他一样的爱国者。不仅如此，他认为自己若能成功刺杀尼尔，松本藩便不用继续执行令人痛恨的护卫任务，他甘愿为此牺牲性命。

当伊藤接近尼尔的房间时，他遇到了一个英国卫兵，于是将后者砍死。整栋建筑的人都被尖叫声吵醒。另一名英国士兵冲了过来，朝伊藤开了一枪，但最后同样被伊藤杀死。身负重伤的伊藤血流如注。他眼见逃脱无望，便返回番小屋（卫兵室）切腹自杀。[51]

英国人自然不会轻易让这件事过去。但是，由于杀手已死，幕府最终按照英国的要求支付了一万英镑赔偿金，作为给被杀士兵家人的抚恤金。松本藩被解除了保护公使馆的职责，藩主因为失职而被迫隐居。[52]

公武合体

海舟在文久二年（1862年）十一月十九日的日记中提到了他对无差别

袭击外国人的看法。他把想法告诉了对自己有提携之恩的横井小楠,后者是时任政事总裁职的松平春岳的心腹。横井告诉海舟,无差别杀戮不可能使日本摆脱外国的控制。"锁国还是开国"已经不需要再争论了。日本必须通过通商和建设一支现代海军来使自己强大起来,而这需要"各藩主齐心协力"[53]。

江户当局同样需要各藩主统一意见。井伊直弼被暗杀后不久,幕府开始重建对国家的控制,当时日本因为幕府擅自签订通商条约而四分五裂。在朝廷中佐幕派公卿的帮助下,幕府提出了所谓的"公武合体"计划。为了保证计划顺利进行,万延元年(1860年)初夏,公武合体派老中提议让将军德川家茂与孝明天皇的同父异母妹和宫成婚——公主和将军当时都只有14岁。公武合体派老中的理由是,联姻足以证明将军尊崇天皇,使那些叫嚣尊王的浪人无法继续反对将军。尊王攘夷派针对幕府的任何行动都等同于攻击皇室。尊王攘夷派无法继续以天皇的名义反对幕府,因为将军是天皇的妹夫。不仅如此,一旦公主住进将军的大奥,她就将成为事实上的人质。但是这个计划有一个缺陷:幕府寻求与天皇联姻,就意味着它公开承认京都的政治复兴。幕府的敌人将在接下来的权力角逐中充分利用这一点。

尊王攘夷派并没有被公武合体的提议欺骗。他们在朝廷中倒幕派公卿的支持下,批评公武合体是幕府的伎俩,表面上是为安抚朝廷,实际上是为了恢复自身的绝对统治。和守旧公卿形成鲜明对比的是,长期在京都御所过着与世隔绝生活的天皇同意和幕府联姻,后者毕竟已经和平统治日本两个半世纪。孝明天皇相信,公武合体可以使国家强大,从而实现攘夷的目标——外国人的出现打破了原先的安宁。

两大全国性运动尊王攘夷和公武合体的合流,以及它们的发展势头,使一直没有实权的天皇成了一股不可小觑的政治力量。天皇被反对外国人的极端势力奉为绝对权威,他高贵的身份(日本人相信他是古老的天照大神的后裔)使反对幕府的行为变得神圣且理想化。

但是,极端主义者的想法和行动充其量不过是在宣泄情绪,他们缺乏清晰的逻辑。同他们的敌人幕府不同(幕府至少提出了一个合理的政治方案,不过它是出于一己之私,而且该方案最终失败了),尊王攘夷派只想着推翻幕府，而没有构想出任何可行的体制来收拾幕府倒台后的乱局。更糟糕的是，尊王攘夷派对西方一无所知，他们大大低估了西方列强的军事实力。我们将看到，尊王攘夷运动最终因为他们的无知和误判而夭折。

几位雄藩藩主将不安的局势和人们对幕府的普遍不满作为政治筹码，以增加自己与江户讨价还价的能力，局势因此进一步失控。最重要的外样大名是萨摩藩主和长州藩主，他们都拥有能力不凡的武士家臣。自通商条约签订以来，萨长两藩和其他西南富有的封建藩国一样，着手将各自的军事力量发展成可以对抗德川政权的强大战争机器。不过，截至此时，他们还没有呼吁推翻幕府。此前，这些外样大名虽然偶尔会在江户发表意见，但是他们对江户的政策没有任何影响力；现在，萨摩藩主和长州藩主利用公武合体的机会，游走于江户和京都之间，竞相扩大自己对幕府和朝廷的影响力。

至于孝明天皇，他虽然支持公武合体，但最初并不同意和宫降嫁。他十分疼爱妹妹，后者是孝明父亲仁孝天皇的第八女，而且在儿时便和有皇室血统的有栖川宫炽仁亲王定下了婚约。不仅如此，孝明天皇还担心如果她去了江户，人身安全将得不到保障，因为江户离横滨的外国人居留地太近。在和宫和孝明天皇的想象中，外国人正在那座遥远的城市肆意妄为。[54]

天皇和绝大多数朝廷公卿都缺乏政治智慧，只有一个人是明显的例外。这个人就是孝明天皇的侍从岩仓具视。在接下来的几年里，精于权谋的岩仓将和其他守旧的公卿、武士（主要来自萨摩）合谋推翻幕府，重树天皇权威。岩仓向天皇建言，大老在光天化日之下遭到刺杀，证明幕府的势力正逐渐衰落。岩仓同样支持公武合体，但并不是因为他对德川幕府怀着忠诚之心，而是因为他认为国家还没有为维新做好准备。幕府已经无力维系统治，但在当前情况下和江户开战是极其危险的，因为这很可能招致外国干涉，从而使日本步清朝后尘。

岩仓敏锐地想到了一个利用江户的联姻提议，扭转朝廷在幕府面前劣势的办法。面对可能招致尊王攘夷派武士反对的危险情况，岩仓建议天皇以两个条件为前提准许此次婚姻：首先，幕府必须承诺，要么废除通商条约，要么武力攘夷；其次，幕府在处理内政外交大事时必须得到天皇敕许。

岩仓说，如果幕府接受这些条件，它只能在名义上统治日本，而朝廷则将掌握实际权力。天皇采纳了岩仓的建议。[55]

万延元年（1860年）七月，老中们接受了天皇的条件。虽然他们的承诺似乎根本不可能实现，但实际上并非完全没有转圜的余地。他们没有答应立刻将外国人逐出日本，而是承诺将先建造和外国人作战所需的枪炮和战舰，然后在10年内废除条约。如果外国人不同意，他们将向外国人宣战，将他们驱逐出去。幕府接受这些条件3个月后，孝明天皇批准了这桩婚事，婚礼定于文久二年（1862年）二月举行。[56]

文久元年（1861年）十月二十日，公主离开京都，于十一月十五日抵达江户。[57]在江户，人们等待公主的到来，片刻不敢松懈。即使在她到达之后，紧张气氛仍未缓和。

"和宫刚到达江户时，所有人（在她面前）都闭口不语。"海舟在冰川回忆起了将军家茂、和宫和德川家定的遗孀一起参观滨御殿庭院的情形（滨御殿是将军的别宫，位于江户城南，濒临江户湾）。本来，他们下轿子的地方会有一块石头，石头上应该摆着事先为每个人准备的鞋子。然而，当一行人到达滨御殿时，石头上只有两双鞋，而且都是女鞋，"只有将军的鞋掉在地上。（家定的遗孀）先下了轿子。和宫看到后，跳下轿子，把她的鞋挪到一旁，把将军的鞋放在石头上，然后向他鞠了一躬。此后，气氛就没有那么紧张了"。[58]

但是，这次的公武合体并没有实现既定目标。相反，它弄巧成拙，反倒加剧了全国倒幕攘夷的情绪。

愤怒的回应

全日本的志士都被将军和公主的政治联姻激怒了。他们谴责幕府的亵渎之举，声称公主成了人质，将军的（攘夷）承诺只是为了骗取天皇同意婚约的谎言。两年前，尊王攘夷派通过刺杀井伊直弼表达了对幕府的愤慨。此时，他们希望幕府官员流更多的血。他们的目标是直弼的两名继任者之一、磐城平藩主、老中安藤信正，他是公武合体的幕后策划者。不仅如此，当时有谣言称安藤正在密谋逼迫天皇退位，扶持德川家的傀儡上台，安藤的处境因此更加危险。不过，这则谣言并非完全没有依据。如果天皇继续拒绝敕许通商条约，江户的统治能力会被不断削弱。有鉴于此，幕府开始考虑废黜天皇的可能性。[59]

大婚前一个月的文久二年（1862年）一月十五日是个特殊的日子，因为各藩主要在这天登江户城谒见将军，安藤也不例外。早上8点左右，他离开宅邸。井伊直弼遭刺杀后，幕府加强了警戒，将近50名护卫围在安藤的轿子四周，在熙熙攘攘的街道上保护他。快到坂下门时，一个人突然蹿了出来，掏出手枪对着轿子开了一枪——这是给5名同伙的信号。6人（其中5人来自水户）拔出刀冲向目标，不过安藤已经逃出轿子，只是背部受了轻伤。6名刺客寡不敌众，全部被当场格杀。这起事件发生几个月后，安藤退出政坛。[60]

民族主义的兴起

德川统治的最后几年，幕府继续屈服于列强的要求，各地尊王攘夷派的排外行动逐渐发展成一场倒幕民族主义运动。那些在直弼执政期间暗怀革命思想的人，在他被刺杀后开始公开宣称要推翻德川幕府。志士（主要来自萨摩、土佐、长州）和浪人聚集在京都。他们集结在天皇周围（同安政大狱之前一样），而朝廷中的守旧公卿由于得到了这些腰佩两把刀的盟友的支持，逐渐成了另一股不可小觑的力量。正是在这段时期，尊王攘夷派的口号由"尊王攘夷"演变为此前难以想象的"勤王倒幕"。

如前文所述，萨摩、长州、土佐均由外样大名统治。统治长州和萨摩的毛利家和岛津家在1600年的关原之战中败于德川家康。不过，真正参战的是岛津家，毛利家没有出兵。尽管人们普遍认为，德川家康在关原之战之后没收了这两个藩的大量土地，以防止其中任何一方拥有继续和德川家对抗的实力，但是根据萨摩人海音寺潮五郎的说法，事实并非如此。萨摩在关原之战后没有失去一寸土地，所以它没有理由憎恨幕府。相反，长州被第一代将军没收了大量封地，自然对幕府怀恨在心。[61]因为武士的收入取决于本藩的石高，长州的武士在接下来的两个半世纪中一直饱受其苦。武士的艰难处境滋长了长州内部的反幕府情绪，即便这不是革命最主要的原因，但确实刺激了革命的爆发。

与此同时，土佐藩主山内容堂处于两难境地。山内家能成为土佐藩主全赖家康的恩赐。在德川家掌握政权之前，土佐处于长宗我部家的统治之下，这个家族也是家康的敌人。江户开幕之后，家康没收了长宗我部家的领土并将其赐给山内一丰，后者当时不过是一个次要大名，在关原之战中属于德川阵营。[62] 山内一丰成了土佐山内家的第一代家督，而山内容堂是第十五代。虽然山内容堂永远不会背叛他的恩人德川家，但是他的许多家臣将举起反旗。

虽然长州、萨摩、土佐的尊王攘夷派是革命先锋，但是只有长州藩士能够左右藩政。[63] 长州公开反对德川家，并因此赢得了不少守旧公卿的支持。而年少的萨摩藩主岛津忠义之父、萨摩的实际统治者岛津久光则支持公武合体。长州和萨摩正在争夺对朝廷的影响力。虽然久光同他的政敌长州人一样排外，但是他忌惮德川家的实力，没有直接反对幕府，而是希望利用自己的影响力改革幕政。[64]

与此同时，容堂虽然对德川家忠心耿耿，但是他在井伊直弼的安政大狱中遭受处罚。安政六年（1859年）年初，他被迫退位；同年秋，他被软禁在江户藩邸。[65] 归隐期间，他命心腹吉田东洋处理藩政。吉田以铁腕贯彻容堂的意志。他支持公武合体，大力镇压土佐勤王党人，后者多是下级武士。

土佐武士有"上士"（或称藩士）和"下士"（或称乡士）之分。在日本数百个藩中，土佐以严格的身份等级制度闻名，下士饱受拥有特权的上士压迫。下士是原来长宗我部的家臣。山内一丰成为土佐藩主后，制定了一系列政策，厚待随他一同来新领地的旧部，这些人成了上士。新领主统治的头十年，长宗我部的所有家臣都只能作为农民生活，后来一些人被授予下士身份。下士有家族姓氏，可以佩带两把武士刀，但除此之外和普通人无异，遭上士歧视。根据一项极其严苛的法律，上士可以随意砍杀下士，而下士在任何情况下都不可以向比自己社会地位高的人拔刀。[66]

革命中几位最著名的人物便是土佐下士出身，如坂本龙马、中冈慎太郎和武市半平太。龙马出身于高知一个富有的乡士家庭。中冈慎太郎的父亲其实不是武士，而是土佐乡下的一个乡长。武市半平太的社会地位高于他的下士同伴，他出身于土佐的一个白札乡士家庭；白札乡士的地位介于上士和下士之间。虽然白札乡士不是上士，但是他们可以担任某些不对乡士开放的官职。[67] 武市是一个极具魅力且意志坚定的人，还是一名儒学者和忠心耿耿的尊王攘夷派。他在接下来的几年里致力于联合诸藩武士推翻幕府。

武市身高约1.8米，身体结实，剑术高超。[68] 在现存画像中，他是一个棱角分明、英俊帅气的人，长着高大的鹰钩鼻，下巴微微突出，皮肤白皙，和他的同胞十分不同。海音寺说他寡言少语、深沉、不苟言笑。[69] 一名传记作者用"炽热"来形容他深邃、炯炯有神的黑眼睛。[70] 他的目光中似乎蕴藏着某种神秘力量，他以此（加上冷酷的杀戮）左右朝廷。

武市以"诚"闻名。在武士社会中，诚是可以和勇敢、忠诚、荣誉相提并论的美德，是衡量一个人的真正标准。按照他的坚定追随者中冈慎太郎的说法，他甚至不输于同样以诚闻名天下的西乡。[71] 西乡的同乡田中新兵卫（他是武市麾下一个不太出名的刺客）宣称，能和武市相比的萨摩人只有西乡。[72] 久坂玄瑞（他是吉田松阴的弟子，吉田死后成为长州尊王攘夷派的领袖）认为，武市甚至比西乡还要伟大，他是"我们这一代中最伟大的人"。[73] 武市有120多名出身下级武士家庭的年轻弟子。他传授他们一刀流剑术，日本、中国历史与哲学思想。[74] 文久二年（1862年）四月，他密谋刺杀了吉田东洋，[75] 随后在成立不到一年的土佐勤王党的支持下掌握了藩政。

寺田屋骚乱

吉田东洋在土佐遇刺当月，萨摩的岛津久光为了压住长州政敌的风头，决定派一千名藩兵上京，这是外样大名史无前例的武力展示。[76] 久光之所以无视德川禁令（德川禁止藩主上京），[77] 目的是增加对江户的影响力，提高在朝廷中的声望。此时，朝廷命令他"安抚"京都的浪人，恢复这座城市的秩序——这是孝明天皇的首要目的。[78] 这和久光的想法不谋而合。他虽然在精神上支持攘夷，但是完全不打算容忍在京都和大阪为非作歹的浪人。与包括西乡吉之助（后来的西乡隆盛）、大久保一藏（后来的大久保利通）在内的萨摩尊王攘夷派不同，久光打算改革幕府，而不是推翻它。[79]

久光和他的儿子——名义上的萨摩藩主，都下达了明确命令，禁止本藩武士和浪人来往，"即使是为了尊王大业"也不例外。[80]实际主导萨摩藩政的久光排外而亲德川，主张改革幕府，这些都和朝廷的立场相近。

因此，不难想象，当刚抵达京都的久光听说浪人密谋叛乱时，他必定大为光火。作为起事的第一步，这些叛乱分子打算首先刺杀京都两个实力最强的敌人——九条尚忠和酒井忠义。[81]九条时任朝廷中最高官职——关白，而负责监视公卿动向的京都所司代酒井是京都职位最高的幕府官员。作为江户在朝中最强大的盟友，九条犯了两条不可饶恕的罪行。首先，他曾代井伊直弼请求天皇敕许通商条约。但不久之后的安政五年（1858年）九月，反对直弼的公卿迫使他下台。不过，九条在接下来的安政大狱中借助酒井之力官复原职。其次，九条曾建议大老让天皇的妹妹和将军成婚。[82]酒井是小滨藩主，曾积极推行直弼的政策。安政大狱期间，他在京都逮捕了亲一桥派的尊王攘夷派。不久前，他又帮助促成了将军和公主的婚事。[83]

尊王攘夷派浪人打算惩罚他们，以儆效尤。他们以为岛津久光的想法和他们一样，希望能得到他的帮助。根据一则可靠消息，"当时聚集在大阪的志士不下300名，只要久光有所行动，他们定会揭竿而起"[84]。浪人们得知自己误解了久光的意图后，便前往京都以南伏见城的寺田屋，打算在那里和几个倒幕的萨摩藩士一起执行既定计划，不管久光是否支持。

聚集在寺田屋的大部分萨摩藩士都属于一个由年轻人组成的激进团体——诚忠组。久光听说20名家臣居然加入叛党，怒不可遏。他挑选了9名武艺高超的剑客，命他们前往寺田屋将参加叛乱的萨摩藩士带回京都的萨摩藩邸。9人当中，5人加入了诚忠组，他们因为高超的剑术和与叛乱者的情谊被选中执行任务。久光下令，如果他们的朋友拒绝返回藩邸，他们必须将其当场格杀。9名剑客默然同意了。[85]

海音寺说，久光为了达到政治目的牺牲自己人的做法是可以理解的，但是他的9名下属奉命前去杀死自己的密友则"难以被现代人理解"。西乡的传记作者海音寺生于1901年，是萨摩人。他是听着关于西乡和这段历史的故事长大的。海音寺写道，久光的部下之所以坚忍地接受命令，是基于"萨摩武士的美学"，他们"将吝啬、犹豫、懦弱视为最不道德的行为，而将勇气和力量视为最高美德。简而言之，武士道本身即是坚忍之美。但是，从另一个角度来看，它也是不人道的、残忍的和几乎不道德的"。[86]

寺田屋是伏见河边众多"船宿"之一，乘船往来于大阪和京都的萨摩藩士经常光顾这里。[87] 当久光的人于四月二十三日晚到达寺田屋时，他们的20名同伴正在楼上和其他藩的浪人一边喝酒，一边讨论袭击计划。萨摩叛乱武士的首领是有马新七。作为萨摩武士，他认同朱子学的道德哲学原则——"君臣有义"，即社会的和谐应当通过仁慈的君主和服从的臣属之间正确的道德关系来维持。不过，与大部分将藩和藩主视为至高权威的萨摩同伴不同，有马同时效忠于两位主君——天皇和藩主，而天皇远比藩主重要。[88]

久光派出的9人的首领是奈良原喜八郎，他和有马同属诚忠组。到达寺田屋后，奈良原将有马和其他3名萨摩藩士叫到一楼的一间房内。奈良原请求他们服从久光的命令，返回京都的萨摩藩邸，但是他们无动于衷。有马的部下田中谦助宣称他们必将起事。他的话令气氛骤然紧张起来。9人当中的道岛大喊道："上意！"紧接着，他拔刀砍向田中的前额。海音寺称田中的眼球凸了出来，他失去意识，倒在血泊之中。[89]

此时，另外一名萨摩志士柴山爱次郎从二楼冲下楼梯。他故意将长刀留在楼上，只带了一柄短刀。双方爆发了言语冲突。9人当中的一人拔出长刀，但是柴山宁死不愿服从藩主的命令，他只是跪在榻榻米上，双手放在身前，请求道："杀了我吧。"拔刀的那个人砍中柴田胸口，柴田成了寺田屋骚乱的第一名死者。[90]

事发突然，楼上的20多人还不清楚楼下的情况。与此同时，有马拔刀与道岛缠斗起来。在接下来的战斗中，有马的刀身和刀柄断裂。他冲向道岛，用自己的身体牢牢把道岛顶在墙上。道岛试图挣脱。此时，有马的另外一名手下也拔出了刀。但是由于有马挡在中间，他没法杀掉道岛。"用你的刀刺穿我们。"有马命令道。该人按照命令将两个人刺穿在墙上。[91]

屋内一片混乱，到处都是血迹，叫喊声、刀剑碰撞的声音此起彼伏。久留米藩的神官真木和泉写道："火星飞溅，如闪电一般。"真木也是乱党首领之一，目睹了整场打斗。[92] 几分钟后，8名萨摩叛党已经倒在地上，其中数人濒临死亡，室内空间因此更加狭小。[93] 久光派去的9个人当中，只有道岛被杀，另有2人受伤。奈良原决心终止打斗，浑身是血的他走上台阶，请求楼上的几个人返回藩邸，至少"和久光大人谈谈。如果他不听，你们再继续行动"。他们同意了，寺田屋骚乱就此结束。虽然起事以失败告终，但这是第一次有人试图以武装叛乱的方式推翻德川幕府。[94]

"天诛"

武市半平太的土佐勤王党暗杀吉田东洋，控制了土佐藩政之后，决心在争夺朝廷影响力的权力斗争中胜过萨摩和长州。山内容堂的继承人、16岁的山内丰范在去江户参勤交代的途中将经过京都。文久二年（1862年）六月八日，就在寺田屋骚乱两个月后，他的队伍离开了高知城，武市带着大约30名部下随他一同上路。途中，因为丰范染上麻疹，他们在大阪耽误了些时日，最终于八月二十五日到达京都。[95] 京都现在已然成为志士和浪人的聚集之地。土佐勤王党人设法使主导朝政的守旧公卿下令允许他们留在京都"保卫御所"。这是极为高超的政治手段，土佐因此得以和萨摩、长州并列成为尊王运动的三大领袖。[96]

和其他藩的尊王攘夷派一样，武市手下的勤王党人同样因为井伊直弼遇刺和京都的政治影响力扩大而备受鼓舞。他们骄傲地称自己为志士。在同幕府的战斗中，他们用这个称呼为自己对敌人，哪怕只是被怀疑是敌人的人发动的恐怖袭击辩护。京都的恐怖分子开始普遍使用新口号"尊王"。但是他们为实现这个貌似神圣的目标所采取的方式却是"天诛"（字面意思是"上天的惩罚"，实际是暗杀），仿佛这就可以使他们无情的谋杀变得正义。[97]

刺杀越来越猖獗。志士虽然发誓要为天皇分忧，但实际上反倒将原本平静的京都变成了"血海"。通过秘密活动和恐怖手段实现最终目标的例子不在少数，而庆应四年（1868年）推翻幕府的那场革命，在很大程度上是由刺客的刀剑完成的。武市的部下当中，两名武艺出众、被称为"人斩"的剑客尤其残忍，他们分别是土佐的冈田以藏和萨摩的田中新兵卫。

"天诛"的第一个受害者本应是九条尚忠，但是这些自封的天皇仆人显然觉得刺杀朝廷重臣对他们的形象不利，因此将目标改为九条的亲信，一个名叫岛田左近的武士。岛田曾经在南纪派和一桥派的政争中卖力地帮井伊直弼的心腹长野主膳监视公卿动向。他与安政大狱以及后来的公武合体均有关系。寺田屋骚乱发生后，岛田担心自己的安全，于是逃离京都，但是又在六月底返回。

田中新兵卫得知岛田回到京都后，开始和另外几个人四处寻找他。大约一个月后的七月二十日晚，岛田在京都三条木屋町的情妇家里休息时，田中和另外两名刺客袭击了他。岛田起身想要自卫，但刺客们已经冲到他面前。不过，岛田还是设法逃到了外面的花园。当他试图爬上篱墙时，田中追了上来，刺中他的身体，然后砍下了他的首级。刺客们带着岛田的首级消失在夜色之中。3天后，人们在四条河原发现了被插在竹竿上的岛田的首级。这个骇人之物的旁边摆着一份"斩奸状"，上面历数岛田的罪行："（岛田）与大逆贼长野主膳同为无恶不作、天地不容的大奸贼，故在此地对其'天诛'并枭首。"[98]

武市没有参与刺杀岛田的行动。但是不久之后，他对一位副手说了一句令人十分不安的话："任何祸国之人都要被'天诛'，就像岛田左近一样。"[99] 第一个被武市下令"天诛"的人很可能是同为勤王党人的本间精一郎，他最大的罪行似乎是口无遮拦。本间是浪人，出身越后国，他在上一年春到过土佐，寻求土佐勤王党人支持尚在策划中的京都叛乱。当时，他请求和土佐勤王党的首领见面。头脑冷静的武市认为起事的时机尚不成熟，于是拒绝了本间的请求。[100] 当年夏天，就在土佐勤王党人到达京都后不久，本间四处吹嘘，称他刺杀了吉田东洋并且安排朝廷允许土佐藩主留在京都。[101] 本间的态度是对武市的直接挑衅，于是武市命令几名手下刺杀了本间。没过多久，就在八月二十一日，人们在四条河原（一个月前发现岛田首级的地方）发现了本间的首级和"斩奸状"。[102]

本间之死只是接下来几个月里发生的大量"天诛"事件中的一起。对于软弱的公卿来说，血流得太多了。不久之后，关白近卫忠熙便命令武市停止在京都的"天诛"活动。即使武市没有异议，他的许多部下，包括冈田以藏，绝不会停手。他们在接下来的一年里继续在这座城市制造腥风血雨。[103]

但是，次年春天的两件事预示着他们通过恐怖手段叱咤风云的时代行将结束。第一件事发生在文久三年（1863年）四月，阔别家乡7年之久的山内容堂回到了土佐。[104] 当年秋天，他镇压了土佐勤王党。很多勤王党人被关入监狱，最终遭到处决，包括他们的首领武市。容堂之所以这么做，一是惩罚他们在其归隐期间的篡权行为；二是为他的心腹吉田东洋复仇。

第二件事是新选组在京都成立。新选组打着一面红白相间、绣着汉字"诚"字的旗子在京都大街小巷巡逻。新选组士十分乐意斩杀乱党，不管在街头巷尾，还是在皇城的旅店、妓院，他们都尽职尽责地执行任务。但是他们的行动无济于事。革命的风潮日盛，将军的权力渐衰，尊王攘夷派更加肆无忌惮，而朝廷的势力越来越大。就在这前所未有的动乱当中，局外人胜海舟再次被委以重任。

第二部分

入 局

第八章

略论武士道

> 武士精神一定会随着时间消逝。

胜海舟是一个具有现代思想的人。他知道武士道和现代社会难以共存，不过仍然珍视这一古老的道德准则。武士道是武士文化研究中一个令人着迷的主题，关于它的道德哲学论著不计其数。人们对武士道的起源和目的看法不一，其中不乏相互矛盾甚至截然相反的主张。新渡户稻造在他的英文名著《武士道》中写道，"（武士道）并不是成文法典"，而是"通过若干著名的武士或学者之笔留传下来的格言"。它是"一部铭刻在内心深处的律法……它既不是某一个人的头脑（无论其如何多才多艺）的产物，也不是基于某一个人的生平（无论其多么显赫）创造出来的"。它"不言不文"，是"数百年武士生活的有机发展"。[1]

海舟急于"为了日本海军的荣誉"冒险横渡太平洋的迫切愿望和他对"义理"的重视，都源自他在武士社会中的耳濡目染和所受的教育。江户时代武士教育的基础是德川统治期间兴盛起来的朱子学。它和武士道交织在一起，而后者又与剑道和禅学密不可分。新渡户稻造强调禅学使武士有了"平静地听凭命运的意识，对不可避免的事情恬静地服从，面临危险和灾祸像斯多葛派那样沉着，卑生而亲死"[2]。

文雅的战士

武士是"一群以战争为职业、秉性粗野的人"。武士的历史可以上溯至12世纪，和日本的封建制度一样古老。[3] 不过，武士道的历史要短很多，只能追溯到元禄年间（1688—1704）。这是德川开幕一个世纪以后的文化转折期，当时的武士过着比他们的前辈轻松得多的生活。根据海音寺的说法，"武士道"正是在这个时期出现的。[4] 如前文所述，在和平的江户时代，许多武士成了行政官员，不过这并不意味着他们已经忘记了战争的技艺。作为领取藩主俸禄的职业战士，他们理应时刻做好战斗准备。日本有句俗语是"剑人合一"，类似的说法还有"无武士刀，不称武士"。

就算武士拿起了笔，他们仍然必须佩带两把刀。很多武士仍然要学习武艺，包括剑术、枪术和骑术。[5] 江户早期的儒学者中江藤树（1608—1648）认为，"文"和"武"是互补的，两者都是统治的基础。"没有武，便不会有真正的文；没有文，便不会有真正的武。"文字是武艺的根源，而战争又是文学的根源，战争的目的是通过武力维系统治。汉字的"武"由两个更简单的字"戈"和"止"组成，也就是说，战争和习武的真正目的是止息干戈。[6]

海音寺写道，在武士道的说法出现之前，武士最重要的品德是勇敢、爱惜名誉和强烈的男子气概（所谓的"男道"，包括一系列品德）。勇敢原本意味着战争中的勇气、对荣誉的渴求和强大的精神力量。"男道"很适合江户时代之前动荡的战国时代，当时一个人的价值由他在战场上的表现决定。但是，由于"男道"缺乏稳固的道德基础，它在平静有序且更加高雅的江户时代就显得野蛮、不合时宜，因此遭人唾弃。武士需要一套新的道德准则，海音寺写道，武士道是儒学和剔除了野蛮成分的"男道"的结合，对它最恰当的定义其实应该是"风雅之道"。

儒家的八德——仁义忠孝礼智信悌，被融入武士道当中。"男道"同样重视这些品德，但在旧有的道德体系中，它们并不是衡量一个人的标准。当然，武士道和"男道"同样非常重视男子气概和尚武精神。在武士道中，最受重视的品德是勇敢（包括身体和精神两方面）和对主君的忠诚。不过，对主君的忠诚并不会延伸到主君的主君，即幕府将军身上。幕府的武士只对将军尽忠，萨摩的武士只效忠于萨摩藩主，长州的武士只效忠于长州藩主，其他藩同样如此。

武士应当通过他的勇敢来展现他的忠诚，即使这意味着可能失去生命。强调忠诚和勇气的重要目的是维护封建秩序。比起自己的家庭，武士更应该关心主君的利益。[7] 不过，到了幕末，事情发生了变化，许多武士转而效忠天皇。

"武士道者，死之谓也"

武士道最有力的辩护人可能要算佐贺藩的山本常朝了。他是经典武士道修养书《叶隐闻书》的作者，他在书中讨论了武士应当如何生活、思考和死亡。这本书是以山本从宝永七年（1710年）开始的长达7年的夜谈内容为基础整理而成的，记录者是武士田代阵基。[8]《叶隐闻书》本是为佐贺藩士所作，但山本的话对全日本的武士都适用。

佐贺藩的藩祖锅岛直茂在关原之战中与德川家康为敌（他的儿子锅岛胜茂加入西军），但是他和他的家臣成功保住了领地。[9] 关原之战一个世纪之后，山本告诫所有佐贺藩士，必须牢记他们的祖先为了保住自己的藩国所经历的苦难。他赞扬武士精神和节俭的生活方式。他劝告同胞不要沉溺于"和平年代的奢侈生活"，很多人会在这样的年代"忽视武道"，而这只会"让藩国蒙羞，导致（锅岛家）灭亡"。他强调，对主君的绝对忠诚是武士的义务。他说，为了佐贺藩的利益，每个人都应当清楚自己在藩内的地位，完成自己的使命，不管是否愿意。"即使被赶出家门，或被勒令切腹，你也必须把它们视为义务。"佐贺藩的武士既不需要"持久的体力，也不需要能力"，而只需要"发誓效忠锅岛家的意志"。为此，山本总结了四条最重要之事：第一条，是武士道；第二条，是忠于主君；第三条，是孝行双亲；第四条，是慈悲心。[10] 佐贺藩士必须牢记在心。

"武士道者，死之谓也。"《叶隐闻书》开宗明义地写道。当面对生死两个选项时，死亡是唯一的选择，而且必须毫不犹豫地选择死亡。有人认为，没有实现目标的死亡是"无谓之死"。这样的想法属于那些学习了"无用的"假武士道的人，他们和朝廷中的堕落公卿一样，并非真正的武士。虽然在两个选项面前，一个人未必会做出正确选择（毕竟，选择活下来更符合人性和理性）。但是，不管一个人之前做过什么，只要他选择了死亡，就问心无愧，无论后世将如何评价他。这样的人才是了解武士道的人。如果一个人想"获得武士道的自由"，就必须"时刻准备赴死，无论朝夕"。这样，他就可以"没有任何差池地终生"侍奉自己的主君。[11]

切腹——"武士道的自由"

武士选择死亡的时候，最常见的方式是切腹，它是武士精神的内在组成部分，可以使武士获得"武士道的自由"。我在其他书里曾经提到[12]，切腹的意义在于，通过坚定而高贵的死亡来展现勇敢的一生。它为武士提供了一个机会，让他们剖出自己勇气的载体（内脏），展示自己内在的纯洁。作为一种处罚的手段，它可以使获罪之人免受枭首之辱。切腹也是一种表达歉意的方式，一个人可以通过切腹来展示自己的诚意，挽回他本人、他的家族、他的藩和藩主的名誉。

因为武士的本职就是冒着生命危险做出勇敢之举，因此学习如何正确切腹便成了武士基础教育的一部分。许多人在幕末维新时期切腹。1896年，幕府倒台差不多30年后，海舟出于对现代日本社会的不满，说了下面这段话，表达了他对"旧时的武士"随时准备献出生命的看法：

> 一个人必须身体强健。为国尽忠，需要道德勇气和坚忍精神。但是，如果一个人身体孱弱，他便不可能拥有道德勇气和坚忍精神。也就是说，除非他身体强健，否则不会拥有这两种品质……旧时的武士努力锻炼身体。他们骑马射箭，舞刀弄枪，为了锻炼身体而习武。这就是为什么他们和我这样的人即便上了年纪，身体却没有变得虚弱……因为他们被灌输了君辱臣死的观念……如果主君受辱，他们会毫不犹豫地把衣服褪到腰部以下，干净利落地一刀切开自己的肚子。[13]

小说家三岛由纪夫（1925—1970）也许是日本战后最虔诚、最著名的《叶隐闻书》的信徒。他对山本的"武士的自由"的解释值得我们关注。"《叶隐闻书》的哲学是，如果一个人随时准备赴死，那么他就会获得真正的自由。"只要一个人"把死亡放在心里"并将死亡作为绝境时脱困的锦囊妙计，那么他就能够"逃脱所有的恶事和灾难"。在三岛看来，《叶隐闻书》的作者认为，一个人唯一能"犯下的错误"，是"应当死掉的时候却没有死"。不过，死亡的机会并不是时刻都有的，"一个人也许一辈子都碰不上需要做生死抉择的时刻"。山本常朝就是这样，他到了60岁自然死亡。"我想知道，像他这样一个每天都把死亡放在心里的人，在面对这样的死亡时，到底是怎么想的。"三岛写道，山本的理想是"自愿赴死的决心"，因为：

> 但是在人的自由意志之极致里，如果将死亦置于其间的话，那么自由意志究竟意味着什么，这是常朝拷问的问题。这也就是将充具行动力的死（斩死）与自杀（切腹）同一视之的日本独特的思考模式。切腹是一种积极的自我决断之死，同西洋的自杀一样并无怯退，是为名誉而死的自由意志之极端表现。常朝所言及的"死"，便是这样一种有自我选择之可能的行为。无论在怎样的强力面前，借靠"死"之选择，突破强力束缚之同时，亦是成就个人意志并行为的自由之时。
>
> 当然，这是彻底的理想化的死之形态。常朝非常清楚"死"并非总是以如此理想的形态莅临。死＝自由＝选择，这样的图式是武士道理想的图式，现实的世界里未必有，深知这一点的常朝的虚无，我们也不可以曲为之解。[14]

1970年，为了抗议剥夺了天皇权力的和平宪法（也就是他所谓的"对日本的阉割"），三岛由纪夫公开剖腹自杀。此举震惊全国。

像海舟这样拥有真正武士精神的人，会如何评价意图重新复活武士道的三岛呢？19世纪90年代，就在这位小说家切腹大约70年前，海舟写道："武士精神一定会随着时间消逝。"他继续写道：

> 虽然这必定是不幸之事，不过我完全不会感到惊讶。我早就知道，它一定会随着封建制度的消亡而寿终正寝。但是，即便是现在，如果我非常富有，我只需四五年就能恢复这种精神状态。原因很简单。在封建时代，武士既不用种田，也不用做买卖。农民和商人已经替他们做好了这些事，他们只需要从封建领主那里领取俸禄。他们可以从早到晚无所事事而不用担心吃不饱。因此，他们能做的事……就只有读书并瞎扯一

些忠诚、荣誉之类的东西。于是，当封建主义消亡而武士失去俸禄的时候，武士精神自然会消失。如果现在他们又能得到钱并且像过去那样想要什么就能得到什么，我相信武士道又会死灰复燃。[15]

文久二年（1862年）秋，大约在说出上面这番话30年前，海舟正式被任命为幕府高官。这个贫穷武士胜小吉的独子，刚生下来时"对生活没什么期待"；他的世界观源于儒学和武士道；他通过剑术和禅学的修行磨炼了身体和精神；他的头脑被刻在炮管上的荷兰文唤醒；他被一张世界地图"惊呆了"；他通过兰学的学习和现代战舰上的训练拓宽了视野；他的心智因为赴美远航得到了启迪。他已经做好准备，即将踏上更大的人生旅程的第一个阶段。在接下来的6年里，当国家在毁灭的边缘徘徊之际，这个职务将使他直面国内外的敌人。

第九章

四人众

> 预测世上将要发生的事情是很难的。你可以支起一张网,然后等着鸟飞进去,但是如果鸟飞过你的网呢?你可以做一个方盒子,然后将世界上的所有东西都装进去。但是,有的东西是圆形的,有的东西是三角形的。如果你想把圆形的或者三角形的东西硬塞进那个盒子里,那么这对于你来说肯定十分困难。[1]

在介绍海舟的新职务之前,我们先来看看文久二年(1862年)发生了什么。当年,岛津久光带着1000名士兵护送敕使大原重德前往江户。六月,大原带着"三事策"抵达江户。"三事策"要求幕府进行政治改革,并命令将军上京,向天皇上奏此前承诺过的攘夷之事。作为幕府改革的一部分,朝廷在久光的要求下,命令幕府任命一桥庆喜为将军后见职(他的职责是辅佐未成年将军)。庆喜的盟友,已经在江户藩邸隐居两年的前福井藩主松平春岳被任命为大老。

在此之前,包括老中在内的幕府高官均由谱代大名出任。庆喜和春岳作为亲藩大名,地位在谱代大名之上。刚刚挫败了京都叛乱计划的久光,希望通过将这两位聪颖的政治家置于老中之上,加强作为外样大名的自己对幕府的影响力。[2]

老中们知道敕命是在久光授意下颁布的,他们拒绝受一个外样大名摆布。最开始,他们拒绝奉旨行事。但是由于大原一再坚持,最后他们不得不做出妥协:春岳可以被任命为另外一个刚刚设立的官职政事总裁职,而不是大老。但是,老中们坚决不同意任命庆喜为将军后见职,他们害怕庆喜获得这个职位后会篡夺少年将军的权力,同时将他们罢免。

但是，意志坚定的久光拒绝接受老中的答案，开始恐吓他们。[3]他要大原邀请两位老中——松山藩主板仓胜静和龙野藩主胁坂安宅到江户城附近的一家旅店，朝廷的敕使将在那里对他们施压，逼迫他们奉旨行事。久光命令手下最强悍的3名武士一同前往旅馆，并暗示两位老中，如果他们继续坚持己见，可能丢掉性命。他的计划奏效了。不久之后，家茂在江户城接见了大原并正式宣布了庆喜和春岳的任命。幕府同样承诺将军会亲自前往京都向天皇上奏攘夷之事，不过家茂直到次年二月才上京。[4]

幕府的人事变动完全按照前一桥派的意思进行，这既要归功于庆喜和春岳对时局的准确判断，也与久光的政治手段有很大关系。结果，井伊直弼的残党，包括差点在当年早些时候遇刺身亡的老中安藤信正，被清除出权力中心；之前在安政大狱中遭到惩罚的幸存者获得平反。[5]

文久二年（1862年）闰八月，幕府松弛了参勤交代制度，并由此失去了一个用以维系自身专制统治的重要筹码。这是春岳大人的"大脑"横井小楠的主意。横井建议幕府改变其"自私自利"的基本政策，来"为天下谋福利"。在此之前，幕府要求各藩主每两年中必须有一年住在江户，这样他们就不得不对幕府忠心耿耿。横井劝诫幕府废除这个让藩主背负沉重负担的制度，以一个新制度取而代之，幕府可以通过新制度了解各藩政情。藩主每三年只需要在江户待3个月，这将大大减轻他们的经济负担。在新制度下，藩主的妻子和继承人可以返回本藩，无须留在江户藩邸充当人质。[6]

文久二年夏（1862年），幕府设立京都守护职为不久后将军上京做准备。幕府声称守护职的职责是恢复京都街头的秩序和法制，但其真正任务是镇压德川家的敌人，包括在城中四处活动的浪人。担任这个职务的是亲藩大名、会津藩主松平容保，他是将军最坚定的支持者之一。次年春天，他组建了新选组。

官方任命

江户的人事变动为海舟的重新任命铺平了道路。文久元年（1861年）八月，对他有知遇之恩的大久保忠宽再次被幕府起用，忠宽是松平春岳的盟友，在井伊直弼安政大狱期间遭罢免。不久之后，忠宽被任命为重要的外国奉行，并被授予越中守的官位。次年五月，他被提拔为大目付。万延元年（1860年）八月，就在海舟被赶出海军后不久，忠宽将这位幕府海军的核心人物引荐给松平春岳。[7]访问过美国的海舟对西方世界的了解和开明的理念令春岳大为赞叹。两年之后的文久二年（1862年）七月四日，海舟官复原职，再次被任命为江户军舰操练所头取。[8]复职是因为他向幕府提出了一些良策。当时幕府正在筹备家茂的上京，"我向春岳大人……和老中板仓胜静建言，（将军）应当乘坐蒸汽船'蟠龙丸'号前往京都"，而不是像往常一样走陆路。乘船安全得多，而且海上航行可以节省时间和金钱。[9]

除了春岳和忠宽，海舟和横井小楠的关系也十分融洽。他们第一次见面的时间很可能是文久元年（1861年），地点是江户的忠宽宅。[10]嘉永六年（1853年）下半年，就在佩里第一次来航后不久，横井向幕府建言，如果拒绝对外交流，日本在世界上的形象将变得十分糟糕。但是，他宣称，如果有任何国家胆敢用军舰和军队非法威胁日本，日本就必须以武力自卫。[11]海舟觉得横井的想法既深邃又可怕。"我这辈子一共见过两个令人畏惧的家伙，"他在明治二十六年（1893年）五月说道：

> 横井小楠和西乡。横井不太了解西方，我向他介绍了一两件［西方的］事。但是经常是这样的，当他畅谈想法时，我总觉得我永远无法达到［他的高度］……虽然横井自己做事的效果并不好，但是如果有人能够实施他的计划，我觉得这两个人能［做出些大事来］。[12]

在接下来的革命中，海舟在反德川阵营中的两位密友——土佐的坂本龙马和萨摩的西乡吉之助将实现横井的宏图。[13]

横井于文化六年（1809年）出生在九州西南熊本藩的一个武士家庭。年轻时，他深受水户尊王思想的影响，但是佩里来航使他大为震撼，并因此摒弃了排外思想。到了安政二年（1855年），他已经全心全意支持开国。安政五年（1858年）四月，就在井伊直弼被任命为大老的当月，他成为松平春岳的顾问。文久二年（1862年）七月，他以春岳首席政治顾问的身份前往江户。[14]作为政治总裁职春岳的"大脑"，他能够影响国政。海舟在冰川谈到"横井深刻的洞察力"时,说这位更年长的人曾给过他一条建议。但是,最令海舟折服的不是那条建议,而是横井给出建议后的警告:"它只适用于今天,我不知道明天会怎么样。"海舟说:"我最开始觉得横井的话缺乏实质内容。但是我越想越觉得横井是一个多么有洞察力的人。这个世界终究是不断变化的。机会来了,瞬间又会消失。"海舟认为世界是不断变化的,或者用他的话来说,是"活的"。因此,处理政事必须能够"随机应变"。"那时,唯一能理解随机应变道理的人是横井小楠。西乡……从另外一方面来讲,是唯一真正能做到随机应变的人。这就是为什么我十分推崇和尊敬这两个人的原因。"[15]

横井是乔治·华盛顿的著名崇拜者。他崇拜这个率领美国革命军反抗英国,并在适当的时候无私辞去总统之职的人。横井称华盛顿是"红发蓝眼的圣人",他认为世界上再也不会有这样无私的领导者了。[16]

开明派

差不多就在这个时候,改组后的幕府中4个最开明的人——胜海舟、大久保忠宽、松平春岳、横井小楠,组成了一个小派系,他们的政治观点和江户其他同僚格格不入。海舟很清楚这个小派系的重要性。他在日记中写道:"春岳大人在最上面推动新政,接下来是大久保(忠宽)……(和)春岳大人的老师——熊本的横井小楠出主意。我也属于他们中的一员。"[17]笔者在本书中称他们为"四人众"。他们支持开国,谴责盲目支持德川家的保守势力。但是疯狂排外的尊王攘夷派甚至不如保守的佐幕派。

和上述两派不同,四人众批评的是当时日本社会的基础——陈旧的封建体制。他们倾心于启蒙时代的西方理念,如美国宪法和《权利法案》。他们认为,为了"富国强兵",各封建藩国必须共同组建一个以身份平等和对外贸易为基础的统一国家。为了实现这个目的,他们主张开国。但是,他们的立足点是要让自身强大起来,而不是对外国的无理要求卑躬屈膝。

为了洗刷"我国有史以来最大的耻辱",四人众认为岛国日本必须以另外一个岛国英国为师,建设一支现代化海军,其成员必须来自全国各地,而不能单单是幕府。换言之,他们的目标是建设一支"国家海军"。他们还主张建立新政府，它应该服务于全日本人民的利益。他们还主张设立上议院，幕府和各雄藩均应派人参加。虽然他们忠于德川家，但他们也是现实主义者，已经看出幕府时日无多，而这正是他们和一些最激进的倒幕派的共同之处。但是和倒幕派不同的是，四人众知道，如果要在现代社会立足，日本必须向外国的贸易和文化敞开大门。

"兼具勇气和活力的人才"

文久二年（1862年）八月十七日，39岁的海舟被任命为军舰奉行并。[18] 他从这天开始写日记，直到去世。从第一篇日记的第一句来看，他大概已经明白了自己在这个内忧外患的年代所肩负的重大历史使命，他意识到了精确记录历史事件以及自己的想法、做法的重要性。他写道："我被将军任命为军舰奉行并。"他的新职责包括从外国贸易者手里购买军舰和商船，如他在九月十日的日记中所写，"我冒雨骑马前往神奈川"，协商为幕府购买11艘外国战舰之事。[19]

海舟意识到，发展现代海军的成本是巨大的。除了战舰本身价格不菲，还有：

> 配备船员的巨大开销，以及燃油和煤的庞大花费……如果船一直停在港口，它会受损，因此我们还得偶尔开动它们。这样，船又可能触礁，出了事情还要花钱维修……我觉得幕府无法独自承担这笔开销，我们需要国家其他地方的帮助……我和幕府讨论了这件事，但是他们把我当成叛徒。[20]

海舟想用自己的新职务来帮助同僚和上司开阔眼界。但是几乎所有人都只想着如何保住自己的世袭权力，对如何解决日本当前面临的诸多问题漠不关心。闰八月二十日，这个刚刚履新3天的"叛徒"在江户城同幕府高官会面。除了将军，在场的还有老中、若年寄、勘定奉行、军舰奉行、大目付、目付。

即使在这样的阵仗面前，这个新来者在回答问题时毫无惧色，直抒胸臆。而且在他看来，那些问题恰恰说明这些人对当前的绝望处境一无所知。当被问到江户要花多长时间才能"拥有300艘（完全）由幕府的人操纵的战舰，完全控制日本周边海域"时，海舟给出了一个直白而又极端的答案："需要500年。"在场的所有人都大吃一惊。即便幕府能在数年后拥有这些战舰，真正的问题是"训练有素的船员。英国花了大约300年才变得像今天这般强大……除了船、船员和科学技术，我们还需要兼具勇气和活力的人才来真正保卫我们自己。因此，像我们现在这样只是坐在这里讨论这个问题是无济于事的，真正重要的是发展科学和招募人才"[21]。

海舟的直白并没有为他在幕府中赢得朋友。不过，其实他还是有所保留，暂时没有公开宣扬自己最激进的观点。他只在此前一天对春岳和担任老中的山形藩主水野忠精说过这个观点。"现在我们缺乏的，"他告诉他们，"是有才之士"。他建议幕府废除世袭制度，任人唯贤，从全日本招贤纳能，而完全不看他们的出身。他说，幕府一定不能只任用自己的人，它"必须和诸藩合作，无论其领地大小。如果幕府想单纯依靠自己的人使国家达到西方的科技水平，日本必亡"。幕府同样需要保卫日本和朝鲜之间的战略要地对马岛，使其免受英法俄等国的侵略。幕府现在必须"在那个岛上开放一个港口，和中国、朝鲜通商"，为建设海军募集资金。[22] 3个月后的十一月六日，海舟在日记中写道："为了开国还是锁国争论不休的人都是无知的，他们完全不了解当今世界局势。现在正值危急存亡之秋。除非幕府能够……任用人才，否则政治改革是不可能实现的。"

局外人海舟是幕府内部的反抗者，但这并不意味着他想摧毁幕府。他对德川家的忠诚是毋庸置疑的，从未变过。他在成长和受教育阶段已经被牢牢灌输了基于儒学和武士道的忠诚思想。和四人众的其他人一样，他清楚地认识到，如果日本要作为一个主权国家生存下去，德川过时的封建体制必须废除，代之以新的现代代议制政府。不过，他虽然会制订改革军事、政治、社会制度的计划，但不会（也不能）采取行动反对幕府。他会让其他"兼具勇气和活力的人才"在革命中扮演重要角色，他们的命运将和他紧密相连。

第十章

萨摩藩

> 长州和萨摩的区别在于，长州人赚钱是为了获取政治权力，而萨摩人获取政治权力是为了赚钱……长州人会谨慎地写下遗嘱以免死后被误解……但是萨摩人非常直接，当他面对必死无疑的情况时，他一句话都不会说。[1]

岛津茂久是名义上的萨摩藩主。安政五年（1858年），年仅18岁的茂久继承了过世的伯父岛津齐彬的藩主之位，不过萨摩的实权掌握在茂久的父亲岛津久光之手。久光是齐彬的异母弟。

作为第二十八代萨摩藩主，齐彬是一个激进的改革者，也是当时最开明的藩主之一，他甚至在佩里来航之前就主张开国。齐彬宣扬"富国强兵"的理念，主张用西方科学技术（实际是坚船利炮）来保卫日本。他意识到这个岛国必须开放港口、和外国通商才能获取那些技术，而且只有"举国一致"才能应对逐渐向日本渗透的现代化所带来的问题。值得一提的是，早在佩里来航之前，齐彬已经形成了这些革命思想。但是，这并不意味着他主张废除封建体制，建立一个统一的日本，甚至连当时最激进的思想家也不会有这样的想法。此外，作为萨摩藩主，他计划改革幕府，让像他一样的外样大名能够对国政发表意见，这是前所未有的。久光继承了他的这些理念。

齐彬从自己的后院入手，激进地在萨摩推行现代化改革。嘉永五年（1852年），继任藩主第二年的齐彬就开始建造反射炉和鼓风炉，为生产战舰、火炮、步枪和其他现代武器做准备。与此同时，他还强化了萨摩的海防，在通往藩厅鹿儿岛的水道布设水雷。[2]第二年二月，即佩里首次来航4

个月前,齐彬开始建造"升平丸"号,这是日本生产的第一艘现代化战舰。甚至在幕府解除大船建造禁令之前,他就设法使幕府同意他建造三桅帆船,条件是它只能用于防守萨摩以南的琉球群岛。[3]这片群岛名义上由琉球国王统治,但萨摩在17世纪初征服了那里。[4]

当全国上下都在讨论是否应当接受佩里的要求时,齐彬力劝江户尽量拖延谈判时间,直到日本人做好以武力回击外国人的准备。[5]为了达成这个目的,他建议幕府解除大船建造禁令。禁令解除后,他又建造了更多战舰。他对萨摩进行了军事现代化改革,让他的军队学习现代炮术。他的改革使萨摩成为日本军事实力最强、经济最先进、工业化程度最高的藩国,连德川幕府也无法与之相比。[6]

开放政策

齐彬鼓励、支持萨摩人学习兰学,这点和曾祖父岛津重豪一样。宝历五年(1755年),年仅10岁的重豪成为藩主。在重豪之前的上百年里,萨摩和日本其他地区没有往来。它封锁了自己的边界,设置检查站防止外人(非萨摩人)进入。海音寺解释了萨摩孤立主义的源头,它因为在1600年的关原之战中反对家康,担心幕府对其抱有敌意。[7]但是,关原之战已经是两个多世纪以前的往事,更何况重豪的女儿嫁给了将军家齐。因此重豪认为,孤立主义对萨摩的伤害比幕府的威胁更大,长期与世隔绝的萨摩人变得越来越顽固、狭隘、粗俗,对外界一无所知,疑心重重。简而言之,他们已经落后于其他雄藩。

重豪废除了历代藩主的孤立政策,着手让鹿儿岛变得更有文化气息。他从日本其他地区请来教师。他创办学校,设立了一座医学院和一座天文台。他鼓励人们开剧院、饭店、旅馆,这些奢侈的东西此前从没在萨摩出现过。他甚至允许人们开妓院,让艺伎和妓女在萨摩活动。他喜爱汉语,编纂过一本汉语字典,还和他的家臣用汉语对话。他经常去长崎,和那里的中国商人聊天,而且和荷兰东印度公司历任总代理关系密切。西博尔德被驱逐出日本之前,他和这个普鲁士人的关系尤为亲密。

重豪思想开明,但不知节俭,穷奢极欲。改革的开销和他的挥霍耗尽了萨摩藩库的积蓄。他开始借钱，并向农民征收重税。很多家臣对重豪的作为非常不满。他们以武士精神和简朴的生活作风为傲，认为现行改革使萨摩变得柔弱，对其嗤之以鼻。

宽政十二年（1800年），55岁的重豪归隐于江户藩邸，儿子齐宣继位。齐宣同样厌恶其父的政策。8年后，反对重豪的武士在齐宣的默默支持下开始摧毁重豪的改革成果，禁止奢侈，厉行节俭。但是，归隐的老藩主不会坐视家臣推翻自己的政策。他无视作为藩主的儿子，对反对者大加报复，100多人遭到迫害。他们被解除官职，一些人被流放到南方岛屿，13人被勒令切腹，齐宣18岁的儿子齐兴成为新藩主。[8]

齐兴的长子齐彬出生于江户萨摩藩邸，在曾祖父的溺爱中长大。文化六年（1806年）齐彬出生时，重豪已61岁。他非常喜爱这个曾孙，每次都会让齐彬在江户高轮区的萨摩藩邸待上几天，甚至和他一起洗澡（藩主和其他人一起洗澡之事几乎闻所未闻）。重豪活到88岁，他一定深深影响了成长期的齐彬。作为萨摩藩主的齐彬同样熟稔中日典籍，渴求西方知识，而当时绝大多数藩主均是才能平庸且不思进取之辈。

齐彬和当时所有著名兰学者都是朋友。他在江户藩邸招待他们。当他往返于江户和萨摩之间时，他也会邀请他们前往他在沿途的临时住处。他和他们一起享用美酒佳肴，从他们那里打听关于长崎的中国人以及荷兰居留地的消息。他聘用他们将荷兰语的军事、科学、工业、政治和历史书籍翻译成日文。他一遍又一遍阅读这些书，消化书中的内容，然后在这些知识的基础上对萨摩的工业、军事进行现代化改革。他亲自制造火炮，甚至造出了日本第一台照相机，用它为自己和家臣拍照。

齐彬在江户而不是在封闭落后的萨摩长大，这想必对他的智力发展有所助益。他的江户方言和海舟一样流利，但萨摩话很成问题（在一般日本人听来，萨摩话和外语无异）。事实上，齐彬直到26岁才第一次将目光投向自己的家乡，而且在此后的10年间再也没有回过萨摩，直到弘化三年（1846年）才奉老中阿部正弘之命前往鹿儿岛。阿部十分了解齐彬的才干，于是命令他去解决日法之间愈演愈烈的问题。这一时期，法国军舰频频光顾琉球群岛。法国人要求幕府允许他们和琉球通商，并在那里派驻传教士。

齐彬很清楚西方帝国主义在亚洲的所作所为，包括4年前强迫清政府签订《南京条约》，他将法国人的要求视为对萨摩和日本的巨大威胁。但是，他担心同时拒绝这两项要求会招致一场战争，而日本毫无胜算。于是他拒绝了法国人派驻传教士的要求，但是允许他们通商。

他通过这种方式避免了战争，为萨摩军事改革赢得了时间——他认为和西方人之间的战争是无法避免的。他建议幕府效仿自己的先例，对军队进行现代化改革。但是，幕府对他的良苦用心无动于衷，直至佩里用坚船利炮叩开日本国门。而与此同时，萨摩在和法国人的贸易中获利颇丰，齐彬也取代父亲成了萨摩藩主。

由罗骚动

在齐兴的3个儿子当中，齐彬年纪最长。他3岁时便被正式指定为继承人，但是直到40岁仍然无法继位。根据传统他早该继位了，但是齐兴一直拒绝退位。这个问题与一个美女有关。她叫由罗，深受齐兴宠爱。由罗出身江户的一个普通人家，有人说她的父亲是木匠，也有人说是旅店老板。这个女孩在进入江户的萨摩藩邸时被齐兴看中，当时她只有15岁。她为齐兴生下了幼子久光。

齐兴不愿与由罗分开，于是带着她辗转于江户和萨摩之间。他爱屋及乌，以至于最终冷淡了合法继承人。久光虽然只比长兄小8岁，但两人的经历截然不同。根据参勤交代制度，作为合法继承人的齐彬必须和母亲一起长期居住在江户，而生在江户萨摩藩邸的久光却在孩童时代被送到鹿儿岛，并在那里度过了40年光阴。所以，齐彬是一个知书达理的江户人，而久光只是日本最偏僻的藩里的"乡巴佬"。

齐兴的手下是一群颇有才干的改革者，他们通过一系列经济改革重新使萨摩的财政充盈起来。这些改革者得到了保守派的支持，包括前任藩主的家老，他们反对重豪奢华的生活方式和对外来事物的癖好。改革者和保守派都怀疑齐彬和重豪一样喜好奢华生活。不仅如此，他们将在江户出生长大的齐彬视为外人，更希望久光继任家督之位，他们把"乡巴佬"久光视为自己人。齐兴的部下和由罗串通起来，一场漫长而血腥的政治斗争就此展开。

大多数萨摩下级武士和农民是经济改革的受害者,他们支持齐彬。为这些下级武士和农民发声的是一群上级武士,其中大多数掌管萨摩的内政和军事。齐彬派指责由罗向齐兴吹枕边风,以虚假理由陷害齐彬。有人甚至声称她让神官诅咒齐彬和他的家人。根据当地一部从文政十二年(1829年)到安政二年(1855年)的编年史所述,齐彬的6个儿子全部过世,而且都是在5岁之前夭折的。不过,和诅咒相比,他们更可能死于铅中毒。上层女性涂在脸颊、脖子和前胸的白色化妆品含有大量铅。她们自己很可能已经中毒了,即使婴儿出生时非常健康,到了哺乳期肯定会摄入过量的铅。

不管真相如何,齐彬身下无嗣(活下来的孩子都是女孩,无法继承藩主之位)。不过,海舟在冰川回忆道,齐彬"并没有责怪"久光,反而"在去世前一直对久光照顾有加。他的宽宏大量令人赞叹。他的心地十分善良。这并不是说他不爱自己的孩子,而是说他似乎以做大事为乐"[9]。这意味着,一旦成为藩主,他决心让自己的藩实现现代化,而且希望幕府能够效仿。

在由罗骚动中,齐彬派指责由罗中伤和诅咒齐彬。与此同时,由罗派则宣称齐彬的人密谋暗杀由罗和一名家老。齐彬制订了一个逼父退位的计划,为此他需要江户强大的盟友阿部正弘的帮助。两人合谋将齐兴的一名亲信招到江户,询问他关于萨摩藩的琉球贸易问题。琉球贸易虽然得到了幕府的默许,但严格说来是不合法的。一旦这名亲信认罪,他们就可以将齐兴定罪,逼迫他归隐,让法定继承人继位。但是,齐兴的亲信在江户接受问询时自杀身亡,这个计划因而失败。齐兴看出这是齐彬的计谋,于是再也不愿主动将继承权交给长子。

齐彬派为逼迫齐兴下台又制订了其他计划,但由罗派发现了他们的图谋,向藩主告状。震怒的齐兴像自己的祖父一样实施报复。他命令齐彬派的14人切腹,许多人被流放、罢官、被迫隐居或者遭到其他惩罚。[10]

齐彬予以回击。他有一个颇有影响力的亲戚——福冈藩主黑田长溥。齐彬派请长溥帮忙。长溥找松平春岳商议对策,而松平又请老中阿部正弘介入此事。[11]齐兴镇压齐彬派的次年,他按照参勤交代制度前往江户时被逼退位,理由是处理藩政不当。已过不惑之年的齐彬终于继承了其父的藩主之位。[12]

西乡登场

3年后的安政元年（1854年），即幕府和美国首次签订条约的那一年，齐彬奉命前往江户。离开鹿儿岛前夕，他招了一个小吏陪他同行，任命其为"庭方役"，负责做些杂事。这个人名叫西乡吉之助，26岁。在此之前，西乡担任郡方书役助，负责向农民收税。齐彬继位之后，西乡多次上书，内容均与萨摩藩政改革有关，齐彬因此知道了他。西乡的大多数建议应该与贫苦农民有关，他对他们抱有与生俱来的同情心。[13]西乡是鹿儿岛一个下级武士家庭的长子，家境贫寒。实际上，萨摩大多数下级武士和农民家庭都是如此。两年前，他的父亲过世，他继承了家督之位。不久后，他的母亲也去世了，作为长子的他便肩负起了照顾六个弟妹的责任。[14]西乡似乎没有照顾好他们。不过，他的命运应该是照顾好整个日本国，而不是他的家人。

齐彬或许很早就注意到了西乡的伟大之处。他第一次看到西乡本人是在准备起程前往江户当天。离开鹿儿岛时，齐彬看了一眼长长的家臣队伍，他们将在未来长达一个半月的旅途中一直陪伴在他左右。[15]他转向一名侍从问道："西乡是哪个？"侍从为齐彬指出西乡，估计单单是后者的体型就给齐彬留下了深刻印象。西乡身高1.8米，体重约90千克。[16]齐彬自然不会让西乡把才干浪费在照看江户藩邸的花园上。"齐彬不仅是西乡的主人，"海音寺写道，"更是良师益友"。他为西乡打开了通向国家政治的大门。[17]在这个多事之秋，齐彬需要一个值得信赖、能力卓著的人为自己赢得有影响力的幕府官员和藩主的支持，并打探重要情报。齐彬深知西乡就是这样的人。为了保证随叫随到，他把西乡安排在自己的庭院里。[18]

支持庆喜

齐彬在嘉永六年（1853年）九月，也就是佩里第一次来航3个月后，开始设法提升自己在江户的政治地位。他收养了亲戚岛津忠刚的女儿敬子。当时他自己的女儿都还是孩子，而17岁的敬子正处于适婚年龄。这已经不是岛津家和德川家第一次联姻了。重豪的女儿就嫁给了家齐；在此之前，将军德川纲吉（1646—1709年在位）的养女在德川吉宗统治时嫁给了萨摩藩主岛津继丰。不过，重豪的女儿和家齐成婚时，后者还没有成为将军。由于齐彬是外样大名，岛津家的身份不足以使敬子成为将军家定的新娘，她必须取得更加高贵的身份。

于是，安政三年（1856年），正当一桥派和南纪派为了家定继嗣问题争得不可开交之时，支持一桥庆喜的齐彬请右大臣近卫忠熙（日后的关白）收敬子为养女（岛津家和近卫家是姻亲关系）。不久之后的安政三年（1856年）十一月，敬子与将军成婚。[19] 作为将军的岳父和大奥除家定之母以外最有权势的女性的父亲，齐彬很可能希望此次婚姻能够提升他对幕府的影响力。但是，我们知道，家定在婚后不久便无嗣而终。

当齐彬一步步推进把敬子嫁给将军的计划时，他的心腹西乡和包括一些水户藩士和福井藩士在内的一桥派打得火热。部分水户藩士极力要求西乡建议齐彬支持庆喜继位。西乡接受了他们的请求，但毫无办法。[20] 当时他既没有私下面见藩主的特权，也不知道齐彬正秘密支持庆喜。[21]

就在西乡还在苦恼如何才能私下面见主君并说服其支持庆喜时，他突然得到了齐彬的召见。[22] 这次会面的地点是江户萨摩藩邸的一间密室。我们可以想象一下两人在藩邸一间昏暗的密室里会面的情景，他们中的一个是日本第一雄藩的藩主；另一个是身体和精神上的巨人，而且终将成为日本最伟大的国家英雄。两人坐在榻榻米上，西乡雄浑的男中音率先打破了沉默，他操着浓厚的萨摩口音感谢有幸得到藩主召见。突然之间，甚至可以说有点突兀，他直陈水户藩士的请求。西乡的失态并没有惹恼齐彬，后者反而大笑起来，然后告诉西乡，当天召见他就是为了让他帮助庆喜成为将军继承人。

齐彬之死

安政五年（1858年）三月，井伊直弼被任命为大老，当时西乡正在江户协助一桥派。他急忙赶回鹿儿岛向齐彬报告了事态发展，后者制订了一个针锋相对的计划，他打算利用和公卿近卫家的关系驱逐直弼。他派西乡前往京都和近卫接洽，设法取得天皇诏敕，允许其以"保卫"朝廷的名义带兵上京。他的真实意图是在朝廷的支持下发动政变，逼迫幕府驱逐直弼并着手推进政治改革,这当然是一桥派的主要诉求。西乡前往京都,按部就班地实施齐彬的计划。[23] 不久后,齐彬便将带兵前往京都。

齐彬宣布他将于八月末九月初带兵上路。[24] 为此,他每天在鹿儿岛的校场操练部队。七月五日（将军家定去世前一天）或七月九日,齐彬在校场观看士兵操练时突发疾病,七月十六日便过世了。[25] 根据官方记载,他是自然死亡。不过,海音寺认为齐彬死于毒杀,官方记录永远不会承认藩主是被家臣谋杀的。

7年前被逼退位之后,齐兴有足够的理由憎恨自己的长子。虽然他早已归隐于遥远的江户,但是他的一些家老仍然在鹿儿岛担任低级官职,这是齐彬为了缓和敌意而做出的让步。通过这些家老和他们的家臣,齐兴对岛津家的动向了如指掌。[26]

安政四年（1857年）秋,就在去世前一年,齐彬派两名使节前往琉球密会法国代表。[27] 他为了从法国人那里购得蒸汽船、大炮和机械,答应开放琉球群岛、奄美大岛[28]和鹿儿岛湾入口处的山川渔港为通商口岸。[29] 两个半世纪以来,琉球群岛一直是中日贸易的中转站,为萨摩带来了丰厚的利润。[30] 海音寺说,归隐的老藩主得知儿子计划开放琉球群岛时怒火中烧,而且十分警觉。[31] 这个计划不仅可能使萨摩失去琉球群岛的宗主权,而且如果琉球群岛、奄美大岛和山川渔港都对外开放,萨摩将失去作为对华贸易口岸的价值。[32] 根据海音寺的说法,齐兴正是在此时决定采取极端措施。

齐兴在鹿儿岛的手下接到谋杀藩主的命令后犹豫不决。但是到了第二年,当齐彬公布了自己准备向江户施压,推动其进行政治改革的危险计划后,这些人担心此举会激怒幕府,引火烧身,最终可能导致岛津家灭亡。海音寺推断,齐兴的手下因此在藩主的食物中下了毒。[33] 齐彬过世前几天腹泻不断,[34] 死前最后一天脉搏微弱,几乎感觉不到。[35] 海音寺推断齐彬死于砒霜中毒,其主要症状就是腹泻和心力衰竭。[36]

"（齐彬为国家所做的）一切都化为乌有。"海舟后来写道。[37] 齐彬的死是一场悲剧。他去世时才49岁,身体还好,继位也才7年。这件事几乎毁掉了对他忠心耿耿的西乡。此时的西乡不再是一个无知的乡下人了。齐彬不仅让这个无名小卒站到了国家政治舞台的中心，也开阔了他的眼界，使他从一个盲目排外的普通人一跃成为一位足智多谋、受人尊敬的领导者。西乡现在已经清楚地认识到，如果不能实现现代化，这个国家将迈入深渊。

身在京都的西乡听到齐彬的死讯后崩溃了。他决定立刻返回鹿儿岛，在主人坟前切腹，像先人们一样"殉死"。但是，另外一位在京都的尊王攘夷派僧人月照打消了他的念头。月照让西乡一定要坚持下去，绝不能自杀，他应当完成齐彬未竟的事业。[38] 月照力劝他尽快和在江户和京都的水户、福井同伴合作，联合各雄藩藩主，借助朝廷的力量驱逐直弼及其党羽。

齐彬曾经将久光、茂久父子两人叫到病榻边，表示希望让年轻的侄子继位，久光从旁辅佐。他告诉自己同父异母弟弟，要尽全力恢复天皇权威，改革幕政，实现公武合体。[39] 齐彬尚未咽气，久光便已成为事实上的藩主，掌握绝对权力。

自杀之约

局势急转直下，西乡深感不安。直弼开始搜捕敌人，当时正在京都的西乡察觉月照有遭逮捕的危险，于是回到鹿儿岛，为他的朋友准备避难之地。但是，齐彬死后，萨摩一片混乱，而且直弼的势力已经触及那里，因此鹿儿岛方面不敢窝藏遭通缉的叛党。于是，冒着生命危险来到鹿儿岛的月照，只得暂时藏身于一座佛寺之中。寺里的僧人向藩厅通风报信，鹿儿岛方面准备自行解决此事，也就是说，他们打算杀掉月照。西乡察觉了他们的计划，以激烈的手段回应。[40]

西乡觉得自己应为月照的命运负责，于是决定和朋友一同赴死，而就在4个月前，这个朋友曾阻止他自杀。关于接下来发生的事，有两种说法。一种说法是西乡和月照定下了自杀之约。另一种说法是西乡决意和月照一同赴死，但是事先没有告诉月照。安政四年（1857年）十一月十五日，在冬天满月的银光之下，西乡、月照和另外三个完全不知情的人[41]登上鹿儿岛湾的一艘小船，驶入大海。根据"自杀之约"的说法，西乡和月照走到船头，仿佛在欣赏月色，但实际上是在写绝命诗。驶离岸边一两千米后，魁梧的西乡抱着月照跳入水中。[42]

根据另一种说法（据说消息源是萨摩人重野安绎，他和西乡一同逃亡时亲耳听后者所说），西乡让不知情的月照走到船头，借着月光观赏鹿儿岛的真学寺。西乡解释说，真学寺和岛津家关系密切，这里是德高望重的先祖岛津岁久切腹的地方，岁久曾经在两个半世纪以前抵抗丰臣秀吉征讨九州的大军。西乡请月照为岁久祈祷，月照面向寺庙，双手合十，弯下身子。西乡趁机抱住他一起跳入大海。[43]后来，西乡被救起，月照却在海中溺毙。

海音寺认为，西乡怀疑齐彬是被毒杀的，这是他终生敌视久光的根本原因。[44]对西乡而言，久光是否直接参与其中并不重要，知道齐彬可能是被久光的支持者杀害就已经足够了。[45]如果海音寺的说法属实，久光可能已经对西乡的疑心有所察觉，而且很讨厌他。[46]西乡的傲慢也让久光觉得难以容忍。而且直弼的爪牙可能因为西乡帮助过月照而去逮捕他，进而连累萨摩。为了避免陷入麻烦，次年，即安政六年（1859年）一月，萨摩当局将西乡放逐到奄美大岛。他在那里过了5年流放生活。

齐彬的理念将由萨摩的年轻领袖们继承，其中最著名的是西乡和大久保一藏，他们在幕府灭亡之后将采纳齐彬的许多政策，作为新明治政府的基石。西乡和大久保有足够的理由怀念齐彬。齐彬事功卓著，他使萨摩藩在日后的革命中拥有仅次于德川幕府的日本第二大海军。不过，他对日本未来最大的贡献，是发现了西乡和大久保的非凡才能。没有齐彬，西乡和大久保或许就不会脱颖而出；没有这两位开国元勋，日本接下来的历史发展很可能截然不同。

生麦事件

现在，让我们回到文久二年（1862年）夏。久光在江户出尽风头（见第九章）之后，于八月二十一日离开了这座城市，准备向朝廷报告自己的成功。萨摩的队伍前后足有千米长，由1000人组成，包括700多名武士。骑马的侍卫、旗手，持长枪、铁炮、弓箭的足轻护卫着绣着岛津家丸十字家纹[47]的轿子。久光坐在轿子里，侍卫簇拥左右。那天，他的几名侍卫在生麦（生麦是东海道的一处驿站，距江户以西约45千米，在横滨附近）杀死了英国人查尔斯·雷诺克斯·理查德森。当时理查德森和另外3个英国人，包括一名女士，正沿着东海道骑马向东旅行，他们无意间闯入了萨摩的队伍。这起事件后来被称为"生麦事件"，这次谋杀对日本历史的影响超过其他任何一起暴力排外事件。

我们已经在寺田屋骚乱中领教过了萨摩武士严格的道德准则。萨摩武士以剽悍的军事传统闻名日本，他们不会容忍对自身荣誉的冒犯，必定会迅速惩罚那些胆敢对他们藩主不敬的人。在萨摩，每个武士男孩都被视为藩的财富。这些男孩被作为主君和藩国的小战士加以培养，成年之前，他们不会被托付给自己的家人。他们和一群同龄人一起长大，接受的可能是全日本最严格的军事训练。萨摩的文化传统强调"男尊女卑"，萨摩武士男孩的母亲和姐妹会对他百依百顺，而且为了确保他们拥有纯正的男子汉气概，男孩和女孩会被分开抚养。[48] 据江户中期平户藩（位于肥前国，在萨摩北）的藩主松浦静山所说，萨摩的青年绝不允许有性行为，他们甚至可能只是因为看了街上女子一眼就被勒令切腹。[49]

萨摩的青年被要求常备手帕和棉布作为应急绷带，因为作为武士，他们应该随时为战斗做好准备。他们被教育要轻视死亡并且要携带一把特别长的武士刀，长1.2米。[50] 他们练习的剑术也极为致命，他们的流派强调一击制敌。男孩们训练用的橡木刀非常硬，足以打碎骨头或头颅。稍大一些后，他们就开始偶尔在死刑犯的尸体上试刀。[51]

按照惯例，每年春天萨摩藩主都会带武士一起外出狩猎。狩猎也是一种军事训练，因此人们要排成整齐的阵形，开枪射击时也要做到整齐划一。据松浦静山所说，曾经有人在开火时慢了一拍，惹得藩主大怒。他警告所有人，这种毫无章法的事情绝不能容忍，如果再有人犯这样的错误，那人将被勒令切腹。重整队形再次射击后，十几个人胡乱开枪。震怒的藩主要那些刚刚犯下错误的人报上姓名。许多人立刻出列宣称是自己所为。当他们被问到为什么会犯这样的错误时，他们回答说自己必须这么做，因为他们被告诫不可畏惧死亡。服从警告与畏惧死亡无异。为了证明自己毫不畏死，他们纷纷恳求大名下令让他们当场切开自己的肚子。[52]

海音寺讲完松浦静山的故事后，表达了对此事的怀疑："虽然我就是萨摩人，（但考虑到）类似的事情只见于萨摩古书，因此我认为这些事只在某个时间之前（在萨摩）发生过。"⁵³ 文久三年（1863年），出生于横滨的日本艺术评论家冈仓觉三（即冈仓天心）将同胞（并不单单是萨摩人）的"轻视死亡"解释为"单纯的责任感"，与其他文化的殉道传统大不一样。冈仓在1905年日俄战争结束后不久出版的《觉醒之书》中写道，这种对死亡的轻视"并不像某些西方作者所想，它不是建立在对未来回报的期望之上……我们并不期盼英灵殿或者天堂之类的东西等待着逝去的英雄，因为根据佛教的理论，杀人者死后会转世投胎为更可悲的生物。单纯的责任感驱使着我们在得到命令之后毅然赴死"⁵⁴。

六月二十三日，即生麦事件发生大约两个月前，萨摩藩主上书幕府，表示自己不会容忍外国人的侮辱行为：

> 最近，外国人在江户街头和郊区，两三人并肩而行，以一种毫无礼数的方式骑马。他们还无礼地走在城中。当[年轻的萨摩藩主]在江户的时候，或者他的父亲岛津[久光]在旅行的时候，如果[幕府]事先提出要求，我们会置之不理。但是，如果（外国人）贸然做出无礼或者非法的举动，我们就无法坐视不管了。此事必然会给幕府招来麻烦。法律中有关于藩主旅行的规定，我们请求幕府知会各国公使，以避免无礼的行为。如果幕府已经做好预防措施而外国人仍然做出非分之举，我们决不会默默忍耐。我们将以适当的方式保全日本的荣誉。⁵⁵

当理查德森等人闯入萨摩的队伍时，久光的部下不会对这种侮辱置之不理，哪怕只是轻微冒犯。久光的贴身侍卫奈良原喜左卫门（他是寺田屋事件中九名剑客首领喜八郎的弟弟），拔出七八十厘米长的武士刀，斜着砍向理查德森。⁵⁶ 鲜血从理查德森的身体中进涌出来，他左手捂着伤口，右手握紧缰绳，徒劳地试图逃跑。

跑了大约100米后，他撞到了第二个萨摩武士久木村治休。50年后的1912年，退伍陆军少校久木村接受一家报社采访时回忆道："那时我们每个人都渴望斩杀外国人……我的背后突然一片嘈杂。我知道机会来了，于是立刻把手放在刀柄上。我回过头，看到一个英国人骑着马，捂着身体左侧径直向我冲了过来。"久木村等待理查德森进入自己的斩杀范围，然后拔出刀，一击砍中理查德森：

> 大概砍中了身体左侧。一块血糊糊的东西掉到了草地上，我觉得应该是他的内脏。我还想再砍他一刀，于是追着他跑。但是因为我没有马，追不上他。我回过头，看到另一个外国人骑马朝我跑来……我用同样的方式砍中了他的身体右侧。我又开始追着他跑，但也没追上……跟你讲，砍他们令我感到特别愉悦，我感觉如释重负。[57]

另外两个英国人受了轻伤，不过性命无虞。那位女士没有受伤。理查德森的尸体后来被英国公使馆的人找到了。

外国人社区，尤其英国人社区，对此事深感震惊。两份官方记录提到了理查德森的死状。根据萨摩的记录，"让理查德森脱离苦海"的是海江田武次（曾用名有村俊斋，也是被久光派往寺田屋的9名剑客之一，他的兄弟有村次左卫门在樱田门外之变中砍下了井伊直弼的首级）。海江田宣告了"武士之情"（武士的怜悯之心），然后拔出短刀刺向这个濒死之人的心脏，了结了他。[58]另一份资料是事发两天后外国奉行津田正路与爱德华·尼尔中校之间的谈话记录，据说海江田和其他数人轮流砍这个英国人的尸体，然后才割开他的喉咙。海音寺强调，如果第二份记录属实，他们的残忍行为一定是排外情绪和在死刑犯尸体上试刀的习惯的结合。[59]

当天晚上，萨摩的队伍在离横滨不远的程谷宿驿站过夜。奈良原和海江田担心报复，请求在外国部队攻击他们之前，先进攻横滨。他们说："给我们100人，我们就会长驱直入横滨，烧掉外国人的建筑，杀光所有外国人。"同时，他们还催促队伍继续西行，不要管他们。好在头脑更加冷静的大久保出面阻止了他们。大久保觉得，无论英国人多么不情愿，他们还是会理解，理查德森因为做了不可饶恕的冒犯之举才会被杀。[60]但是，大久保错了，他和他的萨摩同胞将在接下来的夏天体会到英国坚船利炮的压倒性优势。

幕府希望平息外国人的怒火，不过只要求萨摩交出杀害理查德森的凶手。作为回应,萨摩声称"斩杀外国人"的是一个叫冈野新助的人,事发后他立即逃离了现场。萨摩声称冈野去向不明,但是保证会尽力追捕并"移交"他。于是,幕府要求萨摩在找到冈野之前先交出"两三名目击者"。萨摩拒绝了,并辩解道,在这样的情况下格杀勿论属于"我们悠久的传统,任何闯入(藩主)队列的人都要被杀死"。(事实上,日本的法律和习俗都认可这样的惩处方式。[61])另外,只交出两三个人是不可能的,萨摩宣称,当时"队伍中有数百名勇敢的年轻人都催促新助赶紧逃跑"。如果幕府无论如何都要萨摩交人,他们只能交出所有武士,因为在"当时混乱不堪"的情况下,很难分辨谁是直接目击者。萨摩的借口当然是站不住脚的。但是,这样的做法使他们完成了最直接的目的——保护凶手。事实上,杀死理查德森的凶手从来没有受到惩罚。[62]幕府无法令萨摩交出凶手,这是其权威在衰弱的另一个迹象。

横滨的外国人同样义愤填膺。英国公使馆的翻译萨道义后来写道:"社区的人,但凡有一匹小马和一支左轮手枪,都立刻拿起武器直奔谋杀现场。"[63]但是,理查德森谋杀案和此前针对外国人的杀戮不同,它涉及的是一位藩主,不是普通藩主,而是雄藩萨摩事实上的统治者久光。

外国人社区请求英国、法国、荷兰海军派人立刻前往在程谷宿驿站逮捕久光。萨道义写道:"在他们看来,如果停靠在港口的所有外国船只联合起来,那么包围并逮捕他是轻而易举的,而且也是正义的。"[64]但是这个请求被明智地拒绝了:

> 虽然萨摩藩的武士以勇敢著称,但是这个计划大概仍会成功。然而它只是暂时的。因为让外国水手在"大君"(幕府将军)的国土上抓捕日本最强的贵族,会非常明显地证明他无法在"野蛮人"面前保卫他的国家,也会成为他倒台的先兆,而诸藩当中没有一个准备好组建新政府。这个国家很可能陷入无政府状态,对外冲突将会成为常态且会十分严重。也许在程谷宿的事情发生之后,长崎的外国人社区就会遭到屠杀,作为他们对此事的回应。然后,英国、法国和荷兰就不得不派出一支联合舰队并开始数场血战,也许天皇的国度就会因此土崩瓦解。与此同时,我

们不远万里来日本建立的商业航线也会被掐断。最后,多少欧洲人和日本人将会因为[岛津久光]的性命而失去他们自己的生命呢?[65]

英国人尝试用外交手段解决问题,但是并不成功。次年,文久三年(1863年)春,尼尔接到伦敦命令,根据萨道义的记载,英国政府要他"向将军和萨摩亲王(萨摩藩主)索取适当的赔偿"。虽然江户方面告诫他们不要直接和萨摩接触,但英国人还是通知幕府,他们打算派一艘船"前往鹿儿岛,要求萨摩亲王在至少有一名英国军官在场的情况下,审判并处决杀害理查德森的凶手,并支付2万5000英镑给理查德森"的亲属和另外3名遇袭的英国人。尼尔还要求江户就两年前水户浪人袭击东禅寺英国公使馆一事赔偿1万英镑,并支付"10万英镑罚金,因为将军放任英国人在光天化日之下被杀却不追查凶手"[66]。萨摩当即拒绝了英国人的要求。幕府希望息事宁人,于是警告萨摩,英国人计划用武力解决问题。但是萨摩绝不会在战争威胁面前退缩。

尊王攘夷派的竞争

人们或许会认为,随着生麦事件的消息在全国传开,久光在攘夷派当中的声望和对朝廷的影响力会飙升。事实上久光本人也抱着这样的想法。他手下勇敢的武士在光天化日之下杀死"蛮夷",而他拒绝了幕府要求交出凶手的命令。但是,他没有考虑两个简单的事实:一方面,杀死理查德森更像是机缘巧合,而不是为了展示"尊王攘夷"决心的大胆举措;另一方面,久光没有因为这起事件改变对幕府的态度,也没有改变支持公武合体的政治立场。久光在攘夷阵营中的声望回升非常短暂。

闰八月七日,久光返回京都,他发现这里的情况和3个月前已大相径庭。上个月,长州藩主毛利敬亲带着他的养子兼继承人毛利元德来到京都。和意志坚定的久光不同,敬亲很容易受本藩尊王攘夷派摆布。趁久光不在京都(再加上他处理寺田屋骚乱的手段暴露了他的真实立场),长州尊王攘夷派成功地使自己超越萨摩,成为尊王攘夷运动的领袖。

久光的目标是改革幕府,而长州的目标是将尊王攘夷定为国策,长州藩士呼吁立即废除所有对外条约，并将所有外国人驱逐出境（由此推断，他们的最终目标是推翻幕府）。长州藩士已经同其他藩的浪人和武士结成联盟，他们在京都的盟友包括武市半平太的土佐勤王党和不少萨摩人。得到藩主支持的长州尊王攘夷派和未经藩主许可的土佐、萨摩的尊王攘夷派一起，用恐怖手段掌握了朝政。长州不仅为上一年春天的叛乱提供资金支持，还事先派了100人前往京都的长州藩邸等待萨摩人到达，然后一同战斗。久光事后才知道这些，他对长州煽动自己手下叛乱的做法非常不满。[67] 萨长因此交恶。

一个土佐浪人将在数人的帮助下，积极说服萨长放下敌意，联手推翻幕府。不过，坂本龙马促成萨长结盟是在庆应二年（1866年）。促成萨长结盟四年前，也就是文久二年（1862年）秋，龙马遇到了让他有此能力的人——胜海舟。

第十一章

奉行与叛贼

> 如果你们不喜欢我不得不说的话,那就杀了我吧。

文久二年(1862年)年初以来,时局一直动荡不安。一月,老中安藤信正因为撮合将军和公主的婚事而在江户城外遇袭。二月,公主正式下嫁将军。四月发生了寺田屋事件。当年夏天,久光在江户收获颇丰,他帮助庆喜和春岳获得重要职务,从而为忠宽和海舟的复职铺平了道路。八月的生麦事件险些使萨摩和大英帝国开战。同月,会津藩主松平容保被任命为京都守护职以恢复皇城的法纪和秩序,它们因为攘夷志士的恐怖活动而荡然无存。

正当社会和政局陷入混乱之时,坂本龙马[1]脱藩了。文久二年(1862年)三月二十四日,他冒雨连夜逃出土佐,从此站上幕末维新这部历史剧的舞台中心。在武士社会里,脱藩是最严重的罪行之一。它不仅仅意味着背叛主君和藩国,也意味着抛弃自己的家族。按照儒家的道德标准,这些都是大逆不道的行为。[2]但是龙马向来与众不同。他是一个敢于打破传统的人,甚至连他在土佐或其他地方的同伴都觉得他难以捉摸。虽然他的尊王攘夷派战友都已经公开宣誓效忠天皇(实际上,他们为了这个目标不惜牺牲性命),但很少有人会断绝与本藩的关系。龙马却这样做了。他似乎想通过脱藩来表达对封建制度(包括藩主和藩)的不满,决心永远打破封建隶属关系。

他的不满源自对封建社会(尤其是土佐)的不公的痛恨,以及对最近土佐攘夷志士的暴力行径的排斥。他的很多朋友都发誓要消灭幕府及其支持者,但是龙马作为土佐勤王党的先驱和武市半平太的挚友,最终却选择为双方(倒幕派和幕府)调停。他生前(他最终遭暗杀而死)虽然一直致力于倒幕，但对不必要的杀戮深恶痛绝。大多数叫嚣着攘夷倒幕的志士只在意德川倒台之后各藩的地位，对于未来，几乎没有任何可行的计划。龙马则完全不同。他凭着惊人的预见力，超越藩的限制，看到了一个统一的日本国。另外一个著名的局外人胜海舟，将帮龙马看得更远。

重塑社会秩序

龙马的终极目标是以和平方式使幕府倒台，进而实现日本的现代化，这样日本就能够抵御西方列强的侵略，维护国家主权。在他看来，实现上述目标最大的障碍是过时的幕藩体制，它将日本分为数百个藩，实行严格的身份等级制度。海舟等四人众同样打算废除封建制度，他们想仿效西方建立代议制政府。龙马和许多土佐藩士一样，都曾在江户的佐久间象山门下学习炮术。如果说他从佐久间那里知道了攘夷绝不可能成功，那么四人众教给他的就是效仿西方政治模式的迫切性。通过政治、文化方面的革命，等级制度自然会消失，他构想的社会将成为现实。在这样的社会里，他打算通过自由贸易实现富国强兵。

天保六年（1835年），龙马出生于高知一个富裕的乡士家庭，他是家中最小的儿子。他的曾祖父是一个富有的清酒商人，后来将家族产业交给弟弟打理，自己在明和七年（1770年）花钱取得乡士身份。[3]大多数乡士都住在土佐乡下，坂本家却住在高知。不过，龙马虽然家境殷实，生活优渥，却在高知城的阴影下长大成人，它无疑不断提醒着龙马其低下的社会地位。

龙马年纪轻轻便因剑术出名。嘉永六年（1853年），17岁的龙马前往江户修炼剑术，进了久负盛名的千叶定吉道场，千叶定吉的哥哥千叶周作创办的玄武道场是江户三大著名剑术道场之一。千叶道场是龙马的第二个家，他和老师的儿子重太郎成了朋友，和老师的女儿佐那的关系也不一般。最终，他成了道场的塾头。

当年六月，龙马目睹了佩里的"黑船"，大开眼界。他在给高知的父亲的信中写道："料想战事迫近。倘若爆发，誓取异国人首级，胜利返回（土佐）。"[4]同年晚些时候，他开始在佐久间门下学习炮术，并于次年夏天返回故乡。在接下来的几年中，他在高知和江户磨砺剑术，其间对德川的封建体制越来越不满，尤其痛恨土佐的身份制度。和大多数土佐（还有萨摩、长州）的年轻下级武士一样，他对幕府反感至极，因为后者无法履行抵御外夷、保卫天皇和国家的职责。

文久元年（1861年）九月，就在脱藩大约半年前，他加入了武市半平太刚刚创立不久的土佐勤王党。[5]但是，和武市以及其他许多人不同，他意识到即使土佐的尊王攘夷派能够影响藩政，山内容堂也不会允许他们和萨长二藩联手倒幕。脱藩前两个月，龙马作为武市的代表前去萩城和长州尊王攘夷派共谋大计。他见到了他们的首领之一久坂玄瑞。长州当时的藩策是支持对幕府有利的公武合体，尊王攘夷派尚无法左右藩政。龙马告诉久坂，武市对说服容堂的家老吉田东洋加入尊王攘夷派阵营感到绝望。[6]处境相似的久坂给出了一个简洁而激进的回答：

> 归根结底，对我们而言，仅仅依赖藩主和公卿是不够的。我们都知道，除了召集志士举义，我们别无选择。我请你原谅我这么说，但是只要是为了大义，即使你我二人的藩都毁于一旦，我们也无须感到痛苦。[7]

久坂的话似乎对龙马触动很大，使他下定决心脱藩。[8]在土佐，龙马的很多同伴都觉得他的行为是背叛。武市听到友人脱藩的消息后说道："土佐已经容不下龙马了，让他走吧。"[9]两人至此恩断义绝。

海上雄心

虽然龙马最终被证明是一个爱好和平的人，但在文久二年（1862年）春，他基本还是靠剑解决问题，而且坚定地支持勤王倒幕。他打算从土佐出发，前往京都参加计划好的举事（不过，如前文所述，它被岛津久光破坏了）。虽然龙马有排外心理（或许正因如此），他在过去的几年里一直想创办一家海运企业，以获取发展现代海军所需的财富、技术和知识。这个想法来自高知的兰学者、画家河田小龙。1851年，当在美国接受教育、离开故国差不多10年的中滨万次郎（他在"咸临丸"号前往旧金山的航行中担任翻译）最终归国时，土佐派河田前去拜访中滨，并且命令他尽可能多地收集和记录中滨在美国的见闻。根据龙马的传记作者平尾道雄的说法，龙马和河田第一次见面大约是在安政元年（1854年），即佩里来航几个月后。[10]

多年后，河田回忆起了同龙马对话的情形。这个年轻的剑客迫切地想知道这名兰学者如何看待开国和锁国，河田为他讲解了西方的技术、社会和文化，包括对日本人来说非常陌生的美国民主制度、股份公司和蒸汽机（不过，龙马此前肯定已经从佐久间那里了解了一些关于现代战舰和枪炮的知识）。河田向龙马强调，为了增强国力、抵御西方列强，日本必须和外国通商。"我们可以先买一艘外国船，"河田说，"征募有志之士充当船员，然后便可以用它把人和货物运到（日本的）东边和西边，官方的和私人的都可以。"在这个过程中，这些有志之士一定会成为训练有素的水手，将来必有一番作为。河田警告道，为了避免被外国人蹂躏，日本必须立即开始做这件事，而不应该再为是否应当开国争论不休。

河田的想法深深打动了龙马。根据河田的回忆，龙马兴奋地拍手说道："剑只能让人（一次）和一个对手战斗。（您所说的）才是志士的唯一选择。"当龙马问起谁能操纵船只的时候，河田答道，那些有特权的上级武士"因为坐享世袭的俸禄而毫无斗志"。反倒是中下层出身的许多才俊，虽然没有多少经济收入，却"斗志昂扬"[11]。

由于德川幕府森严的身份制度（土佐尤其严重），身为下级武士的龙马不可能实现自己的海上雄心。于是，他偷偷离开土佐，经九州前往大阪。七月，龙马到达大阪。他穷困潦倒，随时可能被逮捕，不过好在遇到了同为土佐勤王党人的朋友樋口真吉，后者给了他一两以维持生计。龙马又乔装打扮从大阪前往京都，随后又向东抵达江户。与此同时，土佐已经向幕府上报了他的脱藩之罪。[12]

这个被通缉的犯人之所以敢前往德川的心脏地带，可能是因为他听到了一个好消息——幕府任命了一名新的军舰奉行并。龙马听说，胜麟太郎是西方军事技术专家，曾指挥战舰前往美国。龙马想到可以从松平春岳那里弄到一封引荐信，于是前往江户的福井藩邸拜见春岳。[13]这听起来有些匪夷所思，这样一位重要的政治人物怎么可能会和一个公开反对幕府的逃犯见面。平尾给出的解释是，春岳生性大度，而且千叶重太郎当时正在福井藩邸担任剑术指导。[14] 还有资料称这次会面是武市半平太在江户土佐藩邸的心腹间崎哲马安排的。不久之后的文久二年（1862年），当容堂镇压土佐勤王党时，间崎哲马被勒令切腹。不过，至少此时他仍然受（归隐藩主）容堂的信任。春岳和容堂是政治上的盟友，私交也不错。间崎虽然宣誓勤王，但并非盲目排外之人，他曾经建议土佐购买战舰。因此，间崎自然而然地对这个支持海舟建设现代海军的具有远见卓识的政治人物抱有仰慕之心。[15]

思想碰撞

龙马第一次拜会海舟可能是在十月到十二月间，具体日期已不得而知。[16] 考虑到龙马的尊王背景、排外情绪和公开倒幕的立场，有人认为他是带着杀意前往海舟家的，这种可能性当然存在。"坂本龙马是来杀我的。"海舟在1896年4月3日接受一家报纸采访时这样说。[17] 但是，海舟在谈及往事时，有时会夸大其词（而且我认为，他在那次接受报纸采访时仍然保持着这个习惯）。事实上，我们很难相信龙马真的打算杀他。龙马不喜欢流血，人们认为他只杀过一个人，还是多年之后的自我防卫之举。[18] 不仅如此，龙马有志于在海上大展身手，如果能和这个后来被他称为"全日本……最伟大的"人建立起友好关系，他会受益良多。[19]

按照海舟的说法，龙马第一次去冰川时，千叶重太郎陪同左右。[20] 海舟想必已经从春岳那里听说了这件事。这名更加年长的武士（海舟比龙马大13岁，比重太郎大1岁[21]）似乎不太可能被这两个人偷袭。无论如何，海舟把客人请进屋。龙马的一个童年玩伴说龙马"中等身高"，但是他实际上比海舟高出很多——前文已经提到过，海舟身高只有1.5米左右。[22] 而且，海舟在家自然不会携带武器。"如果你们不喜欢我不得不说的话，那就杀了我吧。"他自称和他们这样说过。[23] 两名客人跟着他进了屋子，他们听到这句话时很可能吓了一跳。虽然海舟只是在开玩笑，但他的胆识无疑给他们留下了深刻印象。根据平尾的说法，当两名剑客开始按照礼节放下剑时，海舟阻止了他们，也许是为了保持心理优势。据说海舟说道："时局如此动荡，作为武士，解下佩刀实在太大意了。"龙马和千叶在客厅坐下，海舟对他们说："你们是来杀我的吧。别想隐瞒，我从你们的眼神里看得出来。"[24]

不用说，龙马没有杀海舟，反而认真听取了海舟对国家现状和世界局势的看法。和河田一样，海舟也提到没有海军而试图抵御外敌只是白费力气。若要建设海军，日本就需要西方的技术。和最近给春岳的建议相呼应，海舟说建设海军不能单凭德川幕府的力量，需要全国齐心协力。新兴的海军不能只招纳德川特权武士子弟，它必须从诸藩招募青年才俊，无论他们的出身如何。

军舰奉行并的这番激进言论想必让这名逃犯目瞪口呆，他立刻就被吸引住了。数年之后，海舟写道："当时差不多是午夜。我不停地讲了为什么我们必须有一支（国家）海军之后，（龙马）似乎明白了，他告诉我：'我今晚本已决定杀您，就看您要说些什么。但是听完您的话后，我只能自惭形秽。'"[25]

很难相信这些话确实出自龙马之口，即便他确实这么说过，也很难相信这是他的真实想法。但是，考虑到这些话是海舟亲笔所写，而不是访谈内容，我们同样很难对其视而不见。龙马说这些话可能只是为了向这位幕府官员和陪他一起来的朋友千叶说明他对尊王大业的决心。"他说他想拜我为师。"海舟写道。[26]海舟觉得龙马"是个人才"，他"头脑冷静，心思缜密，是个好人"，于是欣然接受了龙马的请求。

军舰奉行并之所以乐于收龙马为徒，可能是因为两人同佐久间象山的关系，也可能是因为两人（他们在革命中分居两个对立的阵营）心中和脑海里的某种东西在那天晚上融合在一起，形成了共同的远见。他们的关系超越了单纯的师徒，但也不是同龄朋友（前面说过，他们的年龄相差13岁，已经超过中国生肖的一轮了）。无论如何，海舟改变了龙马的一生，为后者提供了实现革命的切实可行的手段。

第十二章

长州的吉田松阴和高杉晋作

德川幕府——它不是在倒台之后又存在了10年吗？[1]

众多志士在安政大狱中献出了生命，吉田松阴就是其中之一。第一章提到过，安政元年（1854年）日美签订通商条约时，他因尝试登上美舰而被投入监狱。安政四年（1857年）十一月被释放后，他在萩开办私塾，向长州最优秀、最聪明的人传授尊王思想。他公开宣扬天皇是日本的真正统治者。他让弟子看清了危险的世界局势，同时鼓励他们（用佐久间象山的话来说）"师夷长技"。但是，此时他还没开始反对幕府，而且和佐久间一样，他也支持通过开国实现富国强兵。吉田甚至支持公武合体，他认为这可以使日本强大，从而抵御外辱。[2]

但是，当大老违背天皇意志，擅自签订条约后，一切都改变了。吉田听说井伊的"亵渎"之举后，彻底改变了政治立场。他变成了最热忱的革命者，开始宣扬尊王攘夷思想，主张对江户宣战。"幕府之所以胆敢不顾众意，违背敕命，就是因为得到了外夷的支持，"他写道，"幕府计划在有人想做些什么（以纠正这种情况）之前……强化同外夷的友好关系。"[3]

吉田之死

有传言称，老中间部诠胜前往京都，表面上是告知朝廷签订条约之事，实际上是打算让天皇移居附近井伊直弼的彦根城。对于已经怒不可遏的吉田来说，这无异于火上浇油。[4] 此前，人们已经因为间部参与逮捕包括公卿在内的尊王攘夷派而憎恨他，现在更是对其恨之入骨。

安政五年（1858年）十一月，已经知悉刺杀直弼计划的吉田，又另外制订了一个刺杀间部的计划。[5] 当时他的一些得意门生正在江户,他给他们送去一封信,大概说明了计划,希望他们能够实施。这些学生当中包括长州最大胆的两名尊王攘夷派——高杉晋作和久坂玄瑞。但是,甚至连他们都反对这个计划。他们说,时机尚未成熟,因为幕府还能得到大部分藩主的支持,而民众仍然无动于衷。但是,他们预计,由于直弼严厉惩罚藩主,各藩不会再像以往那么支持幕府;而一旦开始和西方通商,百姓的苦难会随之加重,从而导致社会动荡。现在刺杀直弼,对长州有害无利。他们告诉吉田,"我们必须按兵不动",直到时局失控,届时他们将起身反抗幕府。[6] 但吉田完全不为所动,反倒觉得被寄予厚望的学生背叛了自己。他们的建议激怒了他,他下决心一定要刺杀间部。

与此同时,长州藩厅已经注意到了吉田的计划。安政大狱正值最高潮,长州藩厅担心控制着江户的大老在当地的爪牙听到风声,他们不允许萩的乱党之首危及长州藩主和整个藩的利益。十二月,吉田再次入狱。[7] 但是他决不会放弃自己的理想。他在狱中愈发敌视幕府。"我很遗憾地说,"他在此期间给一个学生的信中写道,"我对幕府、天皇或者我们藩已经没有任何用处了。我只需要……我瘦弱的身躯。"[8] 如果江户、京都和长州都不愿出头,吉田只能率先采取行动了。他设想的革命将由下级武士、农民、商人完成。此时距离幕府倒台还有7年,这样的想法听起来仿佛天方夜谭,甚至连吉田本人都没有料到他的预言究竟多么准确。

但是,他已经不能继续见证革命的发展了。安政六年(1859年)五月,幕府命长州将其最危险的叛乱者移送江户。[9] 次月,吉田被押送到江户,关入最臭名昭著的传马町监狱。他的证词让审讯他的幕府官员大吃一惊。他一如既往地对幕府嗤之以鼻,并且决心让幕府走上"正路"。他当然不会放过这个可以表达自己观点的机会。他不仅公开批评直弼,还坦白了刺杀间部的计划,而幕府实际上对此一无所知。无论是直弼、间部,还是他们在江户的手下,都不会容忍吉田的公然挑衅。[10]

虽然吉田的供词实际上已经决定了他的命运,但他在狱中仍忙于策划革命,不认为自己会被处死。"我不知道将受到怎样的惩罚,"他在六月写道,"但是我觉得罪不至死。"[11] 直到十月初,福井藩的桥本左内和另外两个人被处死之后，吉田才意识到自己大限将至。[12]

过了几天，到了十月二十七日，他被执行死刑。他先被带到监狱附近的院子，然后被带到刑场。狱官宣布执行死刑时，他内心平静如水。他用纸擦了擦鼻子。[13] 施刑人是山田朝右卫门吉利。根据山田的回忆，吉田念了一首给父母的绝命诗。随后，山田抽出自己的长刀，干净利落地砍下了吉田的首级。山田后来说，吉田"死得很高贵"[14]。长州维新志士的导师吉田松阴为理想献身，年仅29岁。但是，高杉晋作将继续完成他未竟的事业。

忠诚的学生

高杉以狂野不羁闻名于世，以至于一位传记作者称他喜欢"在逃亡中思考"[15]。他矮小瘦弱，为了弥补这个缺点，他常常挎着一把超长的武士刀。[16] 他身患肺结核，但病榻旁总是摆着一盏酒杯。他一边制订作战计划，一边弹奏三昧线，全然不顾身边的战争——与德川幕府和病魔的战争，后者最终要了他的命。不过，最重要的是，他是日本第一支现代陆军的创建者和指挥官。

革命者和革命一样，都不是一夜之间出现的。疯狂投身战争之前，高杉一直在专心练习剑术，甚至为此荒废了学业。他13岁开始练剑，大约在同一时间进入萩的藩校。他的剑术不凡，只用了7年时间便取得了柳生新阴流的最高段位免许皆传。安政四年（1857年），18岁的高杉进入吉田松阴的私塾学习。[17] 在吉田的指导下，他的学业突飞猛进。这个此前一直专心习武的年轻人突然变得好学起来。他和老师之间建立起了非同一般的关系，吉田预测这个天赋异禀的学生必将取得不凡的成就。[18]

吉田入狱时，高杉正在江户。他探访了身陷囹圄的老师，给他带去了钱和书。江户长州藩邸的官员因为他和吉田的紧密关系对他起了疑心。由于担心可能受牵连，他们命高杉返回长州。安政六年（1859年）十月，高杉和吉田道别。他们都没有料到，这将是二人最后一次见面。[19] 次月，刚刚抵达萩的高杉听说了吉田的死讯。他在写给一名同僚的信中这样写道："我每日每夜能做的全部，就是追思伟大的老师，并为他感到深深的悲伤。"他发誓要为老师复仇，"让幕府血债血偿"[20]。

次年，即安政七年（1860年）一月，高杉和长州上级武士井上家的次女、15岁的雅子成婚，高杉的父母觉得这个不受约束的儿子终于要安定下来了，此前他们因为他和叛党之首吉田的关系担忧不已。但是他的父母错了。三月，当井伊直弼在江户被刺杀时，高杉进入萩的官办海军学校。但是他很快就厌倦了枯燥乏味的课程，只愿意参加乘战舰前往江户的海上训练。也许是因为晕船，也许是因为无聊，他在海上航行了60天后，发现自己不适合航海，就像不适合学习一样——虽然日后他将指挥一支叛军舰队。

抵达江户后不久，他又被忧心忡忡的父亲叫回了萩。返乡之前，高杉申请幕府允许其前往日本东北游历，并得到了批准。他名义上是去"修行"，即沿途拜访道场以测试自己的剑术，但其实是去拜访当时最伟大的思想家，他的老师吉田的老师佐久间象山。[21]

吉田对佐久间推崇备至，称赞后者即使在软禁期间（佐久间因为卷入松阴试图登上美国军舰之事而被处以闭门思过的处罚）仍然直言不讳地批评幕府。高杉在前往位于江户西北多山的信浓国的松代时，一定满怀期待。他还带了一封介绍信给已经被软禁了6年的佐久间，信是吉田在上一年被处决6个月前写成的。据说佐久间在阅读吉田的信，听闻他就义的悲惨细节时，流下了眼泪。"松阴太急于求成了，"佐久间告诉高杉，"因此才惹祸上身。"高杉希望说服佐久间支持攘夷，但比高杉年长一辈的佐久间十分明智，他向高杉解释了为什么尝试驱逐在科技上占据极大优势的外国人注定是徒劳的。[22]次年春天，高杉将见证佐久间的话多么正确。

感化高杉

万延元年（1860年），高杉回到萩，被任命为藩主养子兼继承人毛利元德的侍卫。第二年，文久元年（1861年）夏，他又被派往江户侍奉年轻的主君，后者因公务（主要是处理长州的叛党）前往那里。[23]这个麻烦和藩吏长井雅乐有关，他在上一年递交了《航海远略策》。长井的计划其实是另一个版本的公武合体，主张开国。长井刚刚说服藩主采纳自己的计划，他因此游走在江户和京都之间，帮助长州同对手岛津久光争夺影响力。随着将军和公主的婚事稳定推进，长井的计划正中幕府下怀。土佐、水户、萨摩的尊王攘夷派和长州的志士联合起来反对长井的计划,因为这个计划会对他们的革命造成致命打击。不仅如此,长州的叛党担心,如果这个计划得以实现,他们将遭受指责。[24]

上一年井伊直弼遇刺和近期频频发生的谋杀外国人事件,意味着江户已经成了倒幕活动的温床。如前文所述,这些事件主要是萨摩和水户的极端分子所为。在江户的长州尊王攘夷派领袖当中,最著名的是桂小五郎和久坂玄瑞,他们和水户藩的极端分子走到了一起。但是,桂和久坂的脾气秉性大不相同。桂一直十分谨慎,更倾向于慎重策划革命,不喜欢冒险,而久坂却是出了名的急性子。久坂听说长井已经在京都向天皇上奏了他的计划,还打算前往江户将计划告知老中,顿时火冒三丈。

七月末,高杉也到了江户,久坂很高兴能与朋友相见,并向他透露了消除长井影响的计划。长州藩主前往江户参勤交代时需要经过京都,长州藩士将在京都以南的伏见截住他,并以他的名义继续前往京都,说服朝廷拒绝婚事。与此同时,他们将寻求朝廷守旧公卿的支持,解除长井的职务。[25] 高杉不仅完全赞成久坂的计划,还更进一步,发誓日后要在江户刺杀长井。[26]

桂虽然也反对长井,但他担心如此激进的行为会招来麻烦。考虑到高杉在九州的地位更高,桂想出了一个感化他的计划。德川家的蒸汽船"丙辰丸"号将前往上海开辟一条商业航线,这是幕府签订通商条约后发起的数次类似的航行之一。幕府已经邀请一些藩派代表同行,桂提出让高杉代表长州乘"丙辰丸"号远航。高杉立即接受了这个罕有的出国机会。[27]

上海的启示

文久二年(1862年)一月三日,高杉乘坐"丙辰丸"号从江户前往长崎。[28] 12天后,老中安藤信正遇刺。受此事影响,"丙辰丸"号从长崎出发的日期被延后了一百天。高杉并没有在这个通商口岸闲坐,他开始学习英语并流连于丸山著名的烟花之地。他还到外国人居留地打探了一些关于外国的消息,例如英国海军全球最强,俄国是一个不可忽视的威胁,美国的总统是由公民选举出来的,而总统本人也是公民。[29] 他听说美国南北战争在上一年爆发后,在日记中写下了一句不吉利的话:"我觉得内忧比外患更可怕。"[30] 四月二十九日，即寺田屋骚乱六天后，"丙辰丸"号最终从长崎扬帆起航。[31]

20年前的中英《南京条约》迫使上海开港，外国人可以不受限制地和中国人做生意。英国人、法国人、美国人在这座城市划定租界，并宣称自己在这些区域拥有治外法权。[32] 1860年，就在"丙辰丸"号到访两年前，太平军第一次进攻上海。太平军聚集了上百万贫苦农民，反抗因为鸦片战争变得孱弱不堪的清王朝。太平天国运动席卷了中国17个省份，一直持续到了1864年。[33]

6月3日（日本历五月六日），"丙辰丸"号抵达上海，正值太平军尝试攻城之际。这是高杉生平第一次，也是唯一一次前往日本以外的地方。港口停满了外国船只，包括很多军舰，这样的景象令他震惊不已。第二天黎明，他听到岸上有枪炮的声音，便从船舱中的床铺上起身。他在日志上写道，他希望看到"真正的战斗"[34]。他走在大街上，外国人对中国人的傲慢态度令他很不舒服，中国人在白人面前畏首畏尾。[35] "中国人已经成了外国人的奴仆，"他轻蔑地写道，"可悲！"[36] 虽然他早就听说英国人和法国人在中国为所欲为，但上海头几天的经历才让他彻底意识到，这个昔日强大的"中央之国"已经沦为"外夷的殖民地"。"港口很繁荣，"他写道：

> 但只是因为有许多外国商船……和……城市内外的商行。当我看到中国人住的地方的时候，[很明显]他们中的很多人都穷困潦倒，其肮脏程度难以用言语形容。唯一的有钱人是那些为洋行工作的人。[37]

他在城里买了一个香炉、一副望远镜、一个地球仪，以及当地的报纸、地图、书籍和两支左轮手枪。[38] 不过，他没有足够的钱购买梦寐以求的东西——外国商人出售的阿姆斯特朗后膛炮和现代蒸汽船，它们比其家乡的旧式炮和木质船先进很多。[39]

在上海的一个月，最令他反感的是欧洲人对孔庙的亵渎。当地的一座孔庙已经成了英国人的军营，士兵们头靠着枪，随意坐在里面。[40] "丙辰丸"号在港口停靠期间，数百名助剿的法军士兵来到这座城市。上海的经历让高杉意识到，祖国也面临类似的潜在危险[41]，日本迫切需要加强海防[42]。

七月，高杉回到长崎。他决心通过对外贸易积累足够的金钱以购买现代枪炮和战舰，用它们武装长州，将其变为"基地"——不仅要驱逐"外夷"，更重要的是要推翻让外国人长驱直入的幕府。虽然他颇有远见，但还是太年轻，缺乏经验，而且受鲁莽之名拖累。他返回萩后，藩高层对他的恳求和忠告置之不理，认为他的话是一派胡言。他们说，每艘战舰的价格高达两万两，天价的购置费会耗尽长州的钱财。为了安慰高杉，他们派其前往江户执行公务，但并未奏效。[43]

天皇敕使

数月后的文久二年（1862年）十月二十日，两名年轻公卿三条实美和姊小路公知作为敕使前往江户，近期土佐和长州的尊王攘夷派正是通过他们影响朝政。在长州和土佐的叛党的周旋下，天皇给他们下达了明确指示，幕府必须遵守早些时候对大原重德的承诺，立刻攘夷。土佐年轻的藩主山内丰范奉旨护送25岁的三条和23岁的姊小路上路。武市半平太也在土佐派出的500人[44]随行队伍当中。吉田东洋在高知城遭暗杀后的6个月里，这名土佐勤王党的首领迅速得到提拔。他亲自侍奉姊小路前往江户。为了显示自己对天皇的忠心，他派手下12名最好的剑客保护姊小路。

十月二十八日，敕使队伍抵达江户。[45]高杉当时也在江户，他已经意识到武力攘夷或废约会招来危险。他仍然想要推翻幕府、驱逐外国人，但上海之行告诉他，攘夷不可能实现。不过，他的性格"癫狂"——连他自己也承认这点。[46]十一月，他计划在幕府正式回复敕令之前，和包括久坂玄瑞、井上闻多（后来的井上馨）在内的其他10名同在江户的长州藩士一起刺杀横滨外国公使。他或许是为了发泄对外国人的愤怒，或许是希望能够夺回对萨摩的优势（萨摩在生麦事件中杀死理查德森后，名声一度上升），或许是想让幕府难堪——也可能上述目的兼而有之。他不太可能只想刺杀一两名外国公使（这种事情当然无法推动攘夷大业）[47]，更可能是因为他意识到，长州迫切需要向天皇及其他藩的勤王党人展示攘夷决心。长州藩厅在这件至关重要的事上摇摆不定。它一度支持永井的有利于幕府的开国计划，现在又转而支持攘夷。结果,长州的声望在其他藩的攘夷志士眼中一落千丈,他们怀疑长州的真实动机。[48]

十一月十二日,就在高杉和他的同伴准备动手前一天[49],几个萨摩人察觉了他们的计划,并把这件事告诉了山内容堂,后者又告诉了三条和姊小路。两位敕使非常不安。如此不计后果的行动不仅会毁掉他们说服幕府废约攘夷的机会,甚至可能招致外国入侵。敕使给长州送去口信,要求他们推迟计划,至少推迟到幕府回复敕命之后。[50]出于对敕使的尊重,高杉等人被毛利元德说服,留在江户协助三条和姊小路。[51]

十二月,敕使队伍到达江户两个月后,将军家茂终于承诺将奉旨攘夷,而且将亲自前往京都说明他将如何完成使命。[52]但是,将军的诺言是不可能实现的,幕府十分清楚武力攘夷或废约可能招致无法挽回的危机。

十二月七日,敕使队伍动身返回京都,比毛利元德早了一天。[53]高杉和他的同伴还没有放弃自己的目标,又制订了另一个计划。这次他们打算烧掉英国公使馆。作为和幕府的协议的一部分,英国公使馆搬到了新址——老建筑在第一次袭击中被烧毁了一部分。新公使馆位于江户品川区的一座小山上,离旧址不远。[54]参加此次袭击的共13人,除了高杉、久坂、井上,还有伊藤俊辅(后来的伊藤博文,他没有参与计划的制订)和山尾庸三(他参与了计划的制订)。长州藩士准备好火球——包在纸里的木炭和火药,于十二月十二日在公使馆纵火,然后逃之夭夭。他们中的大多数人都躲进了附近的妓院或者旅馆,从那里看着远处的公使馆在烈火中燃烧。[55]

这些长州藩士并没有太大的成就感,因为建筑虽然完全毁掉了,但里面空无一人。英国人只蒙受了财产损失,无人伤亡。[56]

第十三章

"登城"

> 对于我来说，危险是家常便饭，有时它可以鼓励我，但有时忍受苦难并不容易，甚至当我希望一死了之的时候，我却活了下来，并承受了许多其他的痛苦。[1]

嘉永六年（1853年），"黑船"在江户引起了轩然大波。此后10年，革命浪潮日益高涨。井伊直弼主政时期，浪潮暂时退去；但当大老遇刺身亡，外国人在江户和横滨接连遭到谋杀后，浪潮再度汹涌起来。幕府通过公武合体徒劳地压制着这股浪潮，然而策划此次婚姻的人险些遇刺。到了文久二年（1862年）年末，浪潮突然转向，革命的舞台中心从将军的江户转移到天皇的京都。

历史上，幕府始终密切关注朝廷和诸藩的关系。但随着朝廷的政治复兴，文久三年（1863年）四月，幕府颁布法令要求每位藩主在正式继位前都要前往京都。石高超过10万的藩主必须轮流前往京都，协助守卫皇都。石高不足10万的藩主每10年觐见天皇一次。文久二年（1862年）八月，参勤交代制度松弛以后，许多藩主干脆不再前往江户，而是待在京都。[2]

支持尊王攘夷的西南诸雄藩（最主要的是萨摩、长州和土佐）的实力与日俱增。这些藩的领袖大都是聪慧、有活力、目标明确的年轻下级武士。这些革命者以各自藩的影响力为后盾，或合纵连横，或相互为敌。他们很快意识到，如果不能首先实现富国强兵，攘夷注定沦为空谈。他们甚至不惜冒着激怒藩主的风险，和其他藩的尊王攘夷派联手反对公武合体派。他们并不总能取得本藩藩主和老臣的支持。强大的外样大名，尤其是萨摩藩主和土佐藩主，决心在旧秩序中维持自身的统治——他们有意改革幕府，但并不打算推翻它。长州是唯一将尊王攘夷定为藩策的藩,他们是京都的革命先锋。

自德川家康开幕以来,幕府一直将军事力量和政治制度的重心放在防范内乱上。然而,佩里来航后,情况发生了变化。为了适应签订通商条约后的新秩序,幕府对行政体系进行了现代化改革,增设外国奉行、陆军奉行和海军奉行。但是,即便到了文久三年(1863年),幕府中像胜海舟这样意识到幕府若要抵御西方列强,就应当将精力放在巩固国防,而不是防范诸藩上的人,仍然寥寥无几。若想实现军队国家化,外样大名的政治权力势必扩大。[3]

财政是主要原因。海舟在文久三年(1863年)四月二十五日的日记中哀叹道:"国内局势紧张,财政渐渐无法支撑。"雄藩的公武合体派构想了一个宏大的计划,幕府和诸藩分摊海军的巨额开支,整个国家建立起一套军事、政治制度,通过对外贸易获得的利润为海军提供资金支持。因为海舟与幕府高层的联系,他是执行该计划的不二人选。[4]

同时,海舟也召集了一批价值不亚于他本人的"有才之士",同他一道建设国家海军。文久三年春(1863年),他着手在神户建立海军操练所(神户当时还只是海边的小渔村,靠近全国贸易中心大阪和京都)。他后来在冰川回忆道:

> 我仔细研究了各项海军事务。那时还没有人意识到[在神户设立海军操练所]的必要性。于是我全力开发神户,海军操练所也发展了起来。来自诸藩的人才纷纷来拜我为师。我意识到身份等级制度会阻碍我国进步,于是决心打破它。但是人们对从父辈那里继承的社会地位习以为常,而且这个习惯已经实行了几个世纪之久……决定性的变革是无法一蹴而就的。[然而,]海军是随"西风"而来的,我可以不考虑身份,为有才之士打开大门。这是因为,在陆上,山川、河流、丘陵代表着无尽的阻碍与隔阂,而美国和日本实际上只隔着一片海,所以[海军]是各国最好的平权武器。因为海战是战争的最新方式,很多人才来到了我的门下。[5]

海舟之所以请求幕府允许其在神户设立海军私塾和官办海军操练所，还有另一个更加直接的目的。当时整个国家已经四分五裂，绝大多数在京都街头从事暗杀活动的志士对国际事务一无所知。海舟不愿意在年轻人互相残杀时袖手旁观，而更愿意将海军科学和航海技术教给他们。训练的内容包括驾船前往中国和朝鲜的港口，外国见闻会令人大开眼界——他本人就有过这样的经历。幸运的是，海舟得到了坂本龙马和松平春岳等人的支持。

文久二年（1862年）十一月，大概就是龙马第一次拜访海舟的那段时间，将军侧用人（近侍）忠宽被降职为讲武所奉行。海舟在十一月六日的日记中写道，忠宽被降职是因为他宣扬开国的好处而引起京都朝廷的反感，其他幕府高官都谨言慎行。13天后的十一月十九日，海舟在日记中写道，他从横井小楠那里听说，忠宽因为和老中板仓胜静发生冲突而被一桥庆喜革职。绝大多数幕府高层，包括庆喜和板仓，都坚持维护德川家的统治，他们的观点与四人众宣扬的以"公议"为基础，由雄藩藩主共同执政的新政府构想背道而驰。庆喜在口述回忆录中写道，早在文久二年（1862年），即维新5年前，忠宽就曾经向幕府提出建言："考虑到近年来幕府实力大幅下降，将军应该前往京都将政权交还朝廷。德川家应是诸藩之一，在骏府统治（先祖的）封地骏河（今静冈县）。"但是，庆喜补充道："因为这个问题根本无从讨论，所有人都大笑不已。"[6] 也许只有春岳没有笑。这次，他向庆喜提出抗议，坚称像忠宽这样有才干的人必须留在将军身边做侧用人。[7] 他的努力徒劳无功。现在，在官方层面，四人众变成了三人组。

展望海际

与此同时，海舟继续推进自己建设现代海军的宏图大业，龙马也在竭力相助。从文久二年（1862年）十二月到次年春天，这个脱藩之人从土佐招来了一些帮手，包括几名土佐勤王党人，如高松太郎（龙马的外甥）、千屋寅之助、望月龟弥太、安冈金马、泽村惣之丞和田所壮辅。[8] 出身商人家庭的新宫马之助和近藤长次郎也拜海舟为师，他们都曾在河田小龙门下学习。其他人不久后也慕名而来。这群年轻人（文久三年（1863年）春，龙马年仅27岁，已经是最年长之人）从土佐脱藩，投身京都和其他革命中心的倒幕运动当中。

这里面有几个人参与过武市领导的"天诛"暗杀活动，说服他们加入并不容易，好在龙马口才极佳。他成功说服朋友摒弃成见，在"日本最伟大的人"麾下为使国家富强而努力。幕府是否应当开国已不是争论焦点。条约的签订使对外贸易合法化，外国人可以在港口活动。对这些年轻人而言，当务之急是建设一支现代海军以保卫国家。

文久二年（1862年）十一月十九日，海舟在江户城与横井小楠见了面，他告诉后者，"争论应否开国"是毫无意义的。横井表示同意。他对海舟说，攘夷派认为若要建设一个繁荣的国度，必须先赶走外国人，但这种想法早已过时。他说："现在，我们不应争论应否开国，而必须立刻为富国采取行动……但是，如果不能取得诸藩的合作以建设一支强大的海军，富国绝不可能实现。可是，（幕府中）竟无一人意识到这点。可悲可叹！"[9]

简而言之，横井虽然支持攘夷，但他认为必须依靠以现代科学知识为基础的强大国力来实现这个目标，而不能像朝廷和尊王攘夷派那样盲目宣泄排外情绪。他坦言，日本必须建设一支拥有四五百艘军舰的舰队以保卫海疆。为达到这个目的，幕府必须大力发展国内和留学教育，允许诸藩派人前往欧美学习。和海舟谈话数月之后，横井向幕府建言，单靠幕府的力量注定无法建设一支强大的海军，它必须解除对金银铜铁矿的垄断，允许藩主采矿，以此为海军筹措资金。[10] 横井的想法对海舟产生了深远影响。

作为军舰奉行并，海舟的主要职责是购买和维修船只，以实现幕府舰队的现代化。[11] 这支舰队当时只有4艘战舰（"观光丸"号、"咸临丸"号、"朝阳丸"号、"翔龙丸"号）和6艘运输船。[12] 在铁甲舰逐渐替代木壳船，螺旋桨替代明轮的时代，幕府的全部四艘战舰均为木船。[13] 不过，除了"观光丸"号，其他3艘船都是螺旋桨蒸汽船。在运输船中，木质的"丙辰丸"号和360马力的铁甲明轮船"顺动丸"号皆是幕府委托英国建造的，分别花费3万4000美元和15万美元，并于文久二年（1862年）交付。[14]

随着越来越多的船在日本海域内不受限制地航行，唐津藩的继承人、老中小笠原长行准备前往大阪，视察距离京都近在咫尺的重要海岸的海防工事。在幕府的历史上，还从未有老中沿海路前往大阪的先例。海舟在文久二年十二月九日的日记中提到了"登城"（登将军的居城），他在担任军舰奉行并（后来升任军舰奉行）时，经常使用这个词。像此前对将军建议的那样，他极力劝说小笠原从海路而非陆路西行。和往常一样，他的上司最初并未听从他的明智建议。但他第二天再次登江户城，成功说服了他们。他们于十七日[15]从品川登上"顺动丸"号，于二十二日抵达大阪。[16]小笠原带着70多名随行人员，包括外国奉行菊池隆吉及其部下、目付松平勘太郎以及其他负责安全的官员。[17]军舰奉行并的随行人员包括坂本龙马、千叶重太郎、近藤长次郎和"另外一个人"——海舟没有在文久三年（1863年）元旦的日记中提及此人的姓名。

海舟也没有在日记中提到另一件发生在文久二年（1862年）年末的不幸事件，这件事将对未来产生重大影响。横井和海舟一样，也被京都和江户的狂热排外者盯上了。在以横井为目标的刺客当中，三人与横井同出于熊本，堤松左卫门是其中之一。他从熊本逃到京都后，结识了一些来自其他藩的激进分子。他听到风声，长州、土佐的人计划刺杀横井。他认为让其他藩的人动手是一种耻辱，于是决定亲自前往江户刺杀横井。

十二月十九日晚，作为春岳侧用人已经在江户住了5个月的横井，正和熊本江户留守居役吉田平之助以及另一名熊本藩士在吉田情妇家的二楼饮酒，两个蒙面人突然闯入，打断了他们。横井的位置挨着楼梯。他的佩刀正放在壁龛的刀架上，他无法拿到。于是，他空手冲下楼梯，此时他的两个朋友已经和刺客打斗了起来。他在下楼时遇到了第三名刺客，不过有惊无险地躲开了，没有受伤。他跑到约几百米外的福井藩邸，借了一套刀剑，然后带着10个人冲回了刺杀现场。但为时已晚。吉田和另一个人倒在地上，吉田受了致命伤，刺客已经消失得无影无踪。

随后，横井因为所谓的懦弱、违背武士道精神的行为招致熊本内部的批评。不过，该指责并不公平。如果横井真是懦夫，他就不会冒着生命危险宣扬开国。但熊本的人并未考虑到这点。他们声称横井应当切腹谢罪。若不是春岳介入，横井很可能不得不切腹。春岳不会眼睁睁看着自己最有才干的侧用人就这样死去。由于他是直接从熊本藩主那里将横井招到身边，因此他设法先把横井送到福井，等待那些叫嚣着要取横井首级的声音逐渐平息。[18]

文久三年（1863年）上半年，海舟忙个不停。包括松平春岳、小笠原长行在内的幕府高官要搭乘他的"顺动丸"号往返于大阪和江户之间。他要和英国人就政治问题对话以避免无法预见的麻烦，要为在大阪湾沿岸修建海防炮台做准备。此外，他还要推进组建海军的计划。经常和他一起待在船上的多是他新招募的弟子，包括龙马、千叶、近藤和新宫。[19]

一月九日，海舟拜访鸟取藩主在大阪的府邸以"讨论海军事务和一般防务"，以及他能否"派一些家臣跟我学习"。海舟继续写道："昨天，一些土佐人拜我为师。我私下里和龙马讨论了当前局势，他深受启发。"[20] 十日，海舟在大阪的小笠原宅邸拜访了"外国奉行、大阪城代、目付（可能是松平勘太郎）等人"，他们"决定了与防务相关的政策，主要是我提出的"。[21] 十一日，海舟收到了一封落款日期为一月七日的信，一名江户的同僚在信中暗示，将军及其随从将完成一次史无前例的航行——乘船从江户前往大阪。"我必须立刻坐船返回江户来处理这件事。"他在日记中写道。将军选择走海路，而非更加传统但也更加危险的陆路，"这是我曾经提议过的一件有重要意义的事。（江户的）官员不愿批准我的建议。但它最终还是被接受了"。对于海舟来说，让德川家茂乘坐德川战舰是"第二重要的事"。最重要的事是筹建海军。

鲸海醉侯

局势仍然动荡不安，海舟非常担心门下龙马等土佐浪人的安危，他们随时可能被逮捕。军舰奉行并带着几名逃犯驶向江户。一月十六日，他们来到距江户不到一天航程的下田。[22]

此时，山内容堂搭乘的船也停泊在下田。容堂之父山内丰著是土佐第十代藩主山内丰策的五子。容堂生于文政十年（1827年）十月，[23] 母亲是丰著的侧室。容堂（名丰信[24]）虽然已向德川家发誓效忠（他确实对德川家十分忠诚），但同时也对天皇极为尊崇。[25] 容堂之妻正子是公卿三条实美之父三条实万的养女。[26]

嘉永元年（1848年），年仅21岁的容堂成为土佐第十五代藩主。[27] 海舟后来说容堂"生来威严，思维方式不落窠臼。他具有英雄的品质，辩论时可以战胜大多数对手"[28]。他是一个诗人,笔名"鲸海醉侯"——土佐海岸附近有许多鲸,加之他尽人皆知的嗜酒之习。作为土佐藩主,他的石高在诸藩中排名十九。他的官阶是从四位下,这使他有资格在江户城的大殿上坐在将军面前。他曾写信建议幕府断然拒绝佩里的开国要求。他为了准备随时可能爆发的对美战争,建议幕府招募荷兰工程师建造现代战舰和火炮。[29]

井伊直弼主政时,容堂和幕府发生了冲突。容堂作为松平春岳的政治盟友,支持庆喜而不是家茂继承将军之位。当老中堀田正睦在京都请求朝廷敕许对美通商条约时,春岳和容堂抓住机会悄悄向朝廷建议,只有在幕府指定庆喜为将军继承人的情况下,朝廷才会批准条约。[30]条约签订3天后,幕府在朝廷的要求下命令3个藩——土佐、冈山和鸟取防守大阪,阻止可能的外国入侵。作为回应,容堂在给江户的信中承认大阪距京都很近,因此大阪的防务极为重要,他同意担此重任,前提是幕府满足他的一些条件(他深知幕府不会接受)。其中一个条件是他在7年内无须前往江户参勤交代。他还要求幕府免除自己的军役,以补偿大阪防御经费。不仅如此,"鲸海醉侯"还提出了一个异常古怪的条件。他以减轻大阪的防御难度为由,建议幕府疏散大阪民众,然后将整座城市付之一炬,而大阪实际上是将军的领地。"这座城的居民尽是些除了赚钱一无所长的商人,"容堂写道,"如果商人在街上遇到佩着两把刀的武士,一定会被吓得不知所措。"他想说的其实是,一旦外国战舰发动进攻,大阪商人定会带着钱财逃走,将城市留给入侵者。更为重要的是,这封信是他自作主张上交幕府的——作为外样大名,他本来没有资格对国家事务指手画脚。次年,也就是安政六年(1859年)年初,幕府迫其退位,然后又于十月命令他归隐于品川鲛洲宅。他一直在那里过着隐居生活,直到文久二年(1862年)四月春岳被任命为政事总裁职几个月前,他的软禁才被解除。[31]

除了春岳,海舟是少数几个和容堂观点一致的幕府官员之一。海舟听说容堂的船停泊在下田后,决定去拜访后者,为龙马等土佐弟子求情。当时容堂正待在城中的一座佛寺。海舟到达佛寺时,容堂和往常一样,正在饮酒——用葫芦喝清酒。容堂将前往京都同诸藩主会晤并讨论国家政策。[32]他询问海舟"最近京都的形势"。"我讲了自己的见闻。"海舟写道。随后,海舟切入正题——也许他已经猜到这会使容堂勃然大怒。他对容堂说："近日，贵藩许多藩士行事激进，犯下脱藩之罪。包括坂本龙马在内的八九个人正躲在我那里。但是，由于他们并无恶意，不知您能否宽恕他们。如果您这么做，我将悉心照顾他们。"[33]

容堂拿起酒葫芦，让海舟在听自己的答复前先喝上一口。很少喝酒的海舟倒了满满一盏清酒，"一饮而尽"，这似乎令容堂非常开心。海舟写道："他开怀大笑，搓起了手，说这些人就交给我了。"换句话说，容堂愿意赦免这些人，只要他们"不再有激进之举"[34]。但是，海舟无法把醉了的藩主的话当真，因为容堂经常"在饮酒时信口开河"[35]。海舟请求带走容堂的酒葫芦，作为"您说过的话的凭证"，因为"醉酒时许下的诺言是不算数的"。容堂又笑了。他拿起自己的扇子，用毛笔在扇面画下了酒葫芦的形状。他在扇子上写道："一年三百六十醉。"然后，他又在画下题上"鲸海醉侯"4个字。对于海舟来说，这样的证据足够了。[36]

紧绷的局势

一月十六日，海舟等人乘"顺动丸"号出发，当晚到达品川港。[37]根据一份资料（可能出自龙马之手）记载，海舟于一月十八日在江户城参加会议时提议"大政奉还"（将政权交还天皇），这时距德川庆喜正式宣布退位尚有四年九个月。海舟并没有在日记里提及此事，不过如果这是真的，他一定十分清楚这么做会给自己带来怎样的危险。他"或许会丢掉性命"，这份资料带着关切的语气记载道。[38]

海舟不是唯一建议大政奉还的幕府官员。文久二年（1862年）十月，春岳极力劝说庆喜告知朝廷，如果后者不同意开国，幕府决意将政权交还朝廷。[39]当月，忠宽、春岳、横井在江户会面。他们首先表示不认为将军能够实现当初许下的攘夷承诺，然后忠宽建议春岳向朝廷说明攘夷对国家的负面影响："如果京都方面不听你的建议，坚持要求幕府攘夷，那么就将政权交还天皇，德川家只保留（第一代将军）家康统治的三国——骏河、远江、三河，成为诸藩之一。"据说横井完全赞成他的看法。[40]

总之，从文久三年（1863年）年初开始，局势一直很紧张。国内外问题令军舰奉行并忧心忡忡。海舟在二月一日的日记中提到自己在大阪拜访了春岳："'这个国家危机重重，'我告诉他，'很可能无药可救。'"三日一早，海舟带着小笠原和自己的弟子出航巡视从大阪湾到兵库一带的海域，以确定这个重要港口的岸防炮台的位置。[41] 3天后，海舟的船驶向江户。

十二日，他在日记中写道："我去江户城汇报巡视结果。"他刚刚收到了一则令人失望的消息，将军决定沿陆路前往京都，而不是按照他的建议走海路。由于英国不断要求处决理查德森案的凶手并支付抚恤金，双方的紧张关系不断加剧，幕府在最后一刻改变了计划。[42] 此外，江户方面认为，如果走陆路，将有3000人随行，这样的排场才符合将军的身份。[43] 海舟"激烈地"向老中板仓和水野表达了自己的反对意见。但是和往常一样，他们充耳不闻。[44]

发生在十二日的另一件事同样给海舟留下深刻印象——"4艘英国战舰抵达神奈川……据说法国战舰也将到来。（江户城的）人们……闭口不谈此事"。他在当天的日记中还写道："国家危机四伏，谁能提出定国安邦之策？"虽然"无人能担此重任"，不过"我正殚精竭虑为朝廷和幕府建设海军、修建岸炮、和英国人谈判，并处理一些意想不到的事"。海舟相信，如果天皇能够念及他的一片忠心，那么切实可行的方案很快就会被提出，事情就会有转机。

海舟在三月二十日的日记中写道，一艘载着长州继承人的船在兵库附近的海湾遇到了两艘法国战舰。他听说长州已告知朝廷，无论幕府同意与否，他们都将向胆敢驶入濑户内海的外国船只开火，于是在日记中写道："我从未如此痛心。"京都的尊王攘夷派则因为长州的勇气而倍受鼓舞。

与此同时，老中为恢复京都的秩序提出了一个利用东部浪人杀戮西部浪人的计划。江户网罗了数百名浪人，组成浪士组，把他们派往西边。然而，浪士组到达京都后，其领导者清河八郎却公然宣布自己的目的是尊王攘夷。不过，他们还没来得及采取行动，清河及大多数人就被幕府召回江户。

但是，正如京都的叛乱者已经证明过的那样，他们并不需要借助浪士组的力量。文久三年（1863年）二月二十二日，就在浪士组到达京都的前一天晚上，京都发生了"足利三代木像枭首事件"。数名浪人闯入城西的等持院，砍下了从14世纪至16世纪统治日本的足利幕府3位将军木雕像的首级，在贺茂川示众。[45] 这是"天诛"的象征性行为，矛头直指将于次日离开江户的将军。[46] 海舟在二月二十八日的日记中写道，担任京都守护职的会津藩主松平容保已经逮捕了嫌犯。浪士组大部分成员回到了江户，而包括近藤勇和土方岁三在内的13人继续留在京都。他们创立了新选组，听从容保的号令。[47]

二月的最后一天，海舟为了确定江户湾岸防炮台的位置，乘"顺动丸"号前往兵库。[48] 三月四日，德川家茂抵达京都，进入二条城。他是两个世纪以来首位踏足皇城的将军。[49] 家茂对天皇的无奈屈服是幕府权力衰弱的又一表现，倒幕派因此备受鼓舞，他们更加坚定地相信日本的君主应该是京都的天皇，而非江户的将军。

至于理查德森案，英国威胁称，如果他们的要求未得到满足，将对日宣战。海舟在三月十六日的日记中记下了他与其他幕府官员在大阪对此事的讨论。"事已至此，还有什么可怕的？"他问道。意思是日本"必须战斗"以自保。"幕府优柔寡断，给百姓带来了深重的苦难；武士沉湎于悠闲的生活，忘记了自己的使命。这两点造成了目前的状况。"[50] 和往常一样，他再次呼吁自己的同胞，无论敌友，必须克服分歧，否则就会灭亡——不过不久之后他就在日记中承认自己"为了鼓舞那些懦夫，使用了最激烈的言词"。他告诉自己的同僚，幕府已经"服从敕命，决定攘夷"[51] 但是，这个决定要么是缓兵之计，要么是脱离现实的虚言。当务之急是使所有日本人（不管其出身和阶层如何）达成共识，即便这意味着与英国开战。即使日本败给了"不义"之敌（这极有可能），日本人民仍然会团结一心。这样，日本就有可能成为一个强国，即使这需要花费"数十年，乃至几个世纪"。在军舰奉行并看来，幕府不应采用"权宜之计"，也不应"担心国家覆亡"。他呼吁将军邀请英国代表到大阪城协商，"因为（将军的重要幕僚）现在都在京都，（江户）无人可以讨论此事"。如果英国人同意前往大阪，"我们应当立即支付他们要求的抚恤金"；如果英国人拒绝前往，"我们应当宣战，让人们知道我们毫无胜算"。松浦玲写道，"以思考见长的"横井小楠在上一年提出了一个融合攘夷派和开国派主张的新想法，"而现在，面对英国人的威胁，以行动见长的海舟更进一步，提出将战争作为团结国家的手段"。[52]但是，和往常一样，当权者并未听取海舟的建议。

海舟在三月十六日的日记中以轻蔑的口气谈到了那些既害怕英国人，又害怕"天诛"的幕府官员。当月，就在将军抵达京都前后，海舟本人也险些遇刺。"当时的情况极其危险，"他后来写道，"我下船后前往京都，那段时间并不适合旅行，因为（城市里）所有旅馆全部人满为患。"当晚，土佐的人斩冈田以藏在海舟身边充当保镖，这可能是龙马安排的。海舟和冈田以藏都佩着两把武士刀。当他们走在御所东边的南北向街道寺町街时：

> 3名武士突然出现。他们一言不发，径直向我走来，并拔出了刀。我大吃一惊。走在我旁边的土佐人冈田以藏也拔出刀，冲过去把其中一人砍成两段。"懦夫，"以藏大叫道，"你们知道自己在做什么吗？"另外两人仓皇逃走。我被他（以藏）的剑术和矫健的身手惊呆了。

不过，以藏事后的态度令海舟不悦。他写道："'你不该以杀人为乐，'我告诉他，'流血乃大恶，你最好纠正你的态度。'他听到我的话后嘀咕道：'那天要不是我和您在一起，老师，您恐怕已经身首异处了。'他站在那里微笑，我无话可说。"[53]

避开两难境地

就在志士继续在京都街头从事暗杀活动的同时，与朝廷保守公卿合作倒幕的长州、土佐二藩的领袖们深知幕府处于两难境地。如果将军愿意兑现攘夷承诺，他便不得不面对潜在的西方军事威胁；一旦他食言，便会违背敕命，长州及其支持者便可以以天皇的名义倒幕。[54]

尊王攘夷派的支持和将军空洞的许诺给了朝廷勇气，它向幕府施压，要求幕府给出兑现诺言的最后期限。在公卿面前为德川家茂辩护的是幕府中最有权势的两个人——一桥庆喜和松平春岳，此外还有不久前才被任命为京都守护职的会津藩主松平容保。将军的这些重臣有时能得到公武合体派的政治盟友的支持，包括被迫归隐的前尾张藩主德川庆胜、前土佐藩主山内容堂和前宇和岛藩主伊达宗城，后两人呼吁建立雄藩联合政府。三月二十九日，海舟私下里和宗城见了面。海舟在日记中写道，这位宇和岛的归隐大名因为"局势已无可挽回"而烦恼不已。公武合体派的领袖岛津久光为了夺回发言权，刚刚从萨摩来到京都。他在与春岳、庆喜和朝廷公卿会面时提出了一系列使公武合体得以实现的主张：攘夷必须考虑实际情况；绝不能对京都的浪人和其他激进的尊王攘夷派心慈手软，必须阻止他们的暴力行为；罢免朝廷中和尊王攘夷派勾结的守旧公卿。虽然幕府和朝廷都同意久光的提议，但他们不知道该如何实现。久光在京都进行了5天毫无效果的对话后，突然动身返回鹿儿岛，不久之后将军就到了京都。[55]

松浦玲认为，局势之所以"已无可挽回"是因为京都存在"两个政府"——幕府和被长州尊王攘夷派掌控的朝廷。在京都，朝廷的权力比幕府大。庆喜原本为避免家茂在这座动荡的城市遭受不可预知的危险而打算让其于三月二十三日返回江户。但朝廷命令将军不得离开京都，这种做法彰显了朝廷的权力。虽然庆喜空洞地宣称，将军必须回到江户才能实施攘夷，但朝廷仍然命令将军在兑现攘夷承诺前留在京都"保护天皇"[56]。

庆喜和春岳因为敕命发生了争执。庆喜认为朝廷绝不能参与政治，而春岳却和海舟、忠宽一样，主张大政奉还。庆喜认为朝廷不得不依赖幕府，于是利用春岳的提案，虚张声势地威胁敢于直言的朝廷公卿。另一方面，春岳被幕府对朝廷做出的空洞承诺激怒。他坚持认为幕府应该明言攘夷根本不可能实现。春岳强调，将军应当降格为雄藩藩主，加入朝廷主持召开的诸侯会议，这样就可以一劳永逸地解决攘夷问题。春岳的提案被拒绝了。"（幕府）最终决定欺瞒朝廷。"松浦写道。他还补充说，这些都是庆喜在幕后策划的。

春岳因为直言攘夷不可能实现而遭到朝廷和京都尊王攘夷派的唾弃，一桥庆喜反倒因为表面上支持攘夷，而受到排外的朝廷的赏识。庆喜赶在春岳之前，安排天皇表态支持幕府继续代理国政。愤怒的春岳屡次要求辞职，但均被驳回。三月二十一日，他突然离开京都，返回福井。容堂和宗城紧随其后，也回到各自的藩。[57]最强大的盟友离开京都，横井和忠宽遭到解职，"四人众"之中只有海舟还留在京都为敌对双方调停，他的得意门生龙马从旁协助，而后者出众的口才反而将加速幕府的灭亡。

御成桥事件

此时，长州的倒幕派并没有闲着。井伊直弼掌权之后，坊间传言，幕府打算逼迫天皇退位或迫使其离开京都，吉田松阴便曾因这个原因计划刺杀老中间部诠胜。文久二年（1862年）年末，长州藩士怀疑在幕府任职的日本国学者塙次郎参与了迫使天皇退位的阴谋。根据传言，就在上一年夏天，当时的老中安藤信正让他研究日本历史上一位天皇退位的先例。这则传言毫无事实依据，塙次郎实际上被安排的工作是研究如何取悦外国要人。此前尊王攘夷派曾试图暗杀安藤，并险些得手。此时，他们又盯上了塙次郎。

十二月二十一日夜，就在放火烧毁品川英国公使馆9天后，伊藤俊辅和山尾庸三在塙次郎位于江户城西北三番町的住所前等着他。刺客们用灯笼照了照塙次郎的脸，确认了身份，然后一边大喊"叛徒，受死吧"，一边拔刀将其斩杀。他们砍下他的首级，带着首级跑到江户城西的魏町，那里的街道两旁有成排的房屋，四周围着削尖的篱笆栅栏。伊藤在一块木板上写下塙次郎的罪状——"勾结幕府"，他因此被"天诛"。日本未来的第一位首相刚刚杀死了一个无辜的人。[58]

大约就在此时，天皇下诏赦免了安政大狱的受害者。文久三年（1863年）一月五日，高杉晋作、久坂玄瑞、伊藤俊辅等人在江户的一座公墓中挖出了三年多前被幕府处决的吉田松阴的遗骨。他们将遗骨装进棺材，打算将其重新安葬在附近的墓地。他们的心中充满了对幕府的愤怒。伊藤带着送葬队伍走过城区，抬柩者紧随其后。高杉晋作手提长枪，骑马殿后。一行人来到了上野三枚桥（三座并排的桥）。根据规定，中桥御成桥只有将军可以通过，长州藩士当然知道此事。但高杉无视法度，大叫道："就走中桥。"抬柩人和在桥上的幕府卫兵都大吃一惊。卫兵试图阻止队列前进，高杉明确告诉他们："我们奉敕命护送勤王党人吉田松阴之遗骸通过中桥。若你们决意阻挠，我等将誓死抵抗。"幕府卫兵并无此决心，他们允许队列继续前行。在此之前，长州藩士从来不敢藐视幕府法令。[59]

三月一日，高杉奉命离开江户，在将军上京后不久也赶到了京都。他被任命为学习院御用挂,学习院是专为公卿贵族子弟开设的学校。但学校的职位并不适合他。他如往常一样桀骜不驯,为发泄对幕府的怒火,甚至在京都街头公然冒犯将军。三月十一日,天下着雨,将军家茂带着手下最重要的家臣骑马护送天皇前往市中心的神社,祈求神明保佑攘夷成功。一桥庆喜、老中,以及长州藩主、熊本藩主等外样大名都在队伍当中。队伍朝神社行进途中,高杉(读者可以想象一下他目光凌厉,盘着发髻,斜挎两把武士刀,在离颇具传奇色彩的京都三条大桥不远的河岸边,挤在人群中观看队伍前行的场景)突然以夹杂着讽刺和愤怒的语气大声喊出了将军的全称"征夷大将军"。家茂、他的卫兵、天皇队伍中的公卿,以及围观的百姓全都大吃一惊。如果换在其他时候,这样的大不敬行为一定会要了高杉的命。但是志士齐聚京都这一事实提醒幕府,此时已不同往昔。高杉公然挑衅将军,敦促其履行对天皇许下的诺言,竟无人制止。[60]

高杉或许认为,只有他一个人在为长州奔走呼号。这段时间他因为长州缺乏攘夷决心而烦躁不安。他宣称,与其在京都和江户浪费时间和精力,不如令长州藩士集中全力做好本藩防务。长州必须建立一个军事基地,以此为据点抵抗"外夷",因为不管是幕府,还是其他藩,都不会这么做。挑衅将军几天后,高杉对长州的上司说出了内心的想法。但是他被告知目前时机还不成熟,而且10年之内毫无机会。高杉为了表达对优柔寡断的同乡的不屑,请求归隐10年。这个带着明显抗议意味的请求得到了批准。日后将成为长州革命军领袖的高杉,为了表示自己的嘲讽和轻蔑,像僧侣一样剃光头发,取法号"东行"。按照传记作者古川薰的说法,这可能暗示他想要推翻位于东边的幕府。[61]剃发违背了武家法度。但在文久三年(1863年)三月的高杉看来,德川幕府自身已经丧失了合法性。斗志十足的"东行"现在只专注于一件事——颠覆将军的政权。

海军操练所

三月二十八日、二十九日两天,海舟与四名长州志士见了面,地点是其在京都的居所,其中最有名的是桂小五郎和井上闻多。长州公开与幕府为敌,它领导着京都的尊王攘夷运动。尽管如此,军舰奉行并还是完全不避嫌地见了他们。他更感兴趣的是后者对朝廷的影响力,而不是他们对德川家的敌意,他筹建海军的计划自然离不开朝廷的支持。不仅如此,他理解甚至同情这些长州藩士,而他们同样理解他。海舟向他们解释了为什么建立现代海军可以"造福千秋万代",他们"表示认同,并答应立刻向朝廷上奏此事"。[62]

四月十八日,朝廷允许将军暂时离开京都前往其在大阪附近的居城。[63]两天后,幕府将五月十日定为攘夷的最后期限。[64]海舟在四月二十二日的日记中再次写下了"登城"。他在大阪城待到深夜,并准备在第二天早上陪家茂乘"顺动丸"号游览大阪湾。海舟第一次有了长时间向将军进言的机会,他将不遗余力地推动自己的海军计划。[65]

海舟向将军提出了在神户"创办(海军)操练所"的建议。他很可能也谈到了建立私塾教育"当地人"的想法。[66]他的措辞想必是十分谨慎的,因为如果他直言像坂本龙马等德川体系之外的人也将加入私塾,他的建议很可能被拒绝。而事实是,将军"立刻"答应了他的提议。[67]可能正是因为家茂爽快的态度,海舟称赞道:"将军虽然年纪尚轻,却散发着睿智统治者的气质,我被他的勇气深深折服。"海舟肯定很高兴。他在两天后的日记中写道,他已经为组建海军的计划奔走了七八年。

次日,海舟接到了在神户建立海军操练所和船坞并强化大阪湾防御(相关工作由"当地人"完成)的书面命令。[68]由横井提出并得到四人众支持的"民众的国家"的主张,以及由国家海军守卫统一的日本的愿望,似乎马上就要实现了。不过,虽然军舰奉行并已经得到了年轻将军的支持,他还要确保尊王攘夷派不会反对自己的计划。他能够确定天皇不会反对加强大阪湾的防务,朝廷公卿则另当别论,说服他们必将大费口舌。

四月二十五日清晨,也就是向将军提出建言两天后,海舟穿戴整齐,前往右近卫权少将姊小路公知在大阪西本愿寺的住所。[69]姊小路和三条实美同为朝廷排外公卿的领袖。文久二年(1862年),他和三条作为敕使前往江户,督促幕府攘夷。他们于当年十二月完成任务,带着将军的承诺返回京都。接下来,姊小路被任命为国事参政。[70]他奉朝廷之命负责加强包括京都在内的近畿地方的防务。[71]

海舟为姊小路带去了一幅大阪湾地图，后者问起了海湾防务的问题。海舟的回答一如往常——"没有海军则无法保卫国家"。他们"谈了很长时间"，然后"乘轿子去往'顺动丸'号停泊的海湾，（他们）将乘船视察兵库湾"。这艘船停泊在大阪的天保山。海舟写道："我们下午上船，然后立即起航。姊小路带了120多名侍从。"[72] 随姊小路一起登船的主要是尊王攘夷派武士，[73] 包括70多名长州藩士。[74] 海舟后来回忆道："我向他们展示了军舰的各种装置，详细介绍了如何使用火炮和如何操纵船帆。"[75] 他深知他们对开国有很强的抵触情绪，因此"和（他们）谈了谈……他们几乎同意我说的每一件事"[76]。具体来说，"如果没有大量舰载火炮，立刻'攘夷'是极其困难的"[77]；如果不开港，日本永远无法拥有一支现代海军。

泛亚海军构想

海舟为应对西方的军事威胁，想出了一个长远计划，该计划的部分内容是日本、中国和朝鲜结成"三国联盟"，并组建一支由日本指挥的泛亚海军。[78] 该计划是由两年前俄国侵占对马岛之事引发的。[79] 他在四月二十七日的日记中再次提到"登城"。他向将军汇报了和姊小路谈话的细节。当天上午，他接见了两位客人——桂小五郎和同为攘夷志士的对马藩士大岛友之允。他们讨论了朝鲜问题，朝鲜和对马岛只有一水之隔。海舟告诉他们，没有任何一个亚洲国家可以与西方列强抗衡，因为亚洲人的眼界过于"狭隘"，而欧洲人却可以从"大局"思考问题。若要抵御西方蚕食，日本应当"派船前往亚洲诸国，说服各国领导人组成亚洲联盟，建设我们自己的海军……并且致力于国际贸易和学术研究。我们应当首先说服（最近）的邻居朝鲜，其次是中国"。桂小五郎和大岛"完全同意"，实际上幕府的老中也赞成他的看法。[80]

海舟计划在兵库和对马岛建立海军基地，"然后在朝鲜和中国各建一个"。神户的海军操练所是其宏大计划的第一个组成部分，"它得到了朝廷的赞赏和……（家茂的）批准"。[81] 海舟想亲自前往中国和朝鲜，与它们订下盟约，并借此机会让和他同去的尊王攘夷派开开眼界。

然而，海舟的计划并未将其他危险因素计算在内。次月，对马藩向幕府提出了一个在西方列强吞并朝鲜之前率先出兵占领该国的计划。这个建议将给对马岛，乃至全日本带来危险。五月十四日，大岛将该计划的抄件交给海舟。海舟当然不会支持，因为这个计划与他的亚洲联盟构想背道而驰。[82]

海舟在五月九日，也就是他和姊小路见面十四天后的日记中再次提到"登城"。老中板仓召见了他，并将"朝廷下达的"加强大阪城和大阪湾堺港防务的书面命令交给了他。除此之外，多亏了"姊小路的远见"，海舟还被命令建造一个大型炼铁厂以制造机器，这些机器将被用于生产"攘夷所需的巨舰和大炮"。

海舟在登城前一天收到了板仓的信，他从信中得知自己将升职。"我拒绝了。"他写道。他耻于接受提拔，因为这相当于利用日本当前的危机为个人谋利。五月十日发生在长州的事件将证明局势已经变得多么危险。

长州攘夷

此时的幕府已经陷入两难境地。文久三年（1863年）五月十日是攘夷的最后期限，但就在九日，幕府在横滨英国舰队的威胁下，为生麦事件和英国公使馆遇袭事件支付了11万英镑赔偿金。10天后，海舟得知了赔款之事，对幕府的软弱深恶痛绝。他特别指出，赔偿金居然是"最高机密，就连江户的老中或（其他）官员都不知情……幕府官员的所作所为极不道德"。如果英国人的要求是合理的，幕府就应该"光明正大地"支付赔偿金。

最后期限五月十日到了，幕府仍然没能攘夷。当江户向朝廷保证将在五月十日前攘夷时，它命令各藩主"驱逐（外夷）——若他们主动进攻"（也就是说，各藩不能随意和外国人开战）。[83] 朝廷和幕府对"最后期限"一词的含义各执己见。幕府将五月十日解释为必须在这天之前，就修约、关闭港口、将外国人驱离日本等事和外国政府谈判；而长州和它在朝廷的盟友则宣称，五月十日是幕府对外国人采取军事行动的截止日期。由于朝廷掌握在尊王攘夷派手中，他们的解释占了上风。[84]

到了此时，长州已经意识到，对横滨外国人居留地的零星袭击无法赶走外国商人，更不用说外国公使馆成员。若想攘夷，长州必须采取更大规模的行动以展示决心。幕府禁止各藩单方面对外国人采取行动。但是，五月十日晚，长州藩士无视幕府禁令，向停泊在下关海峡对面田之浦的美国蒸汽商船"彭布罗克"号开火。[85]这次攻击是由包括久坂玄瑞在内的大约50名年轻的倒幕派发起的。长州的火力来自岸炮和两艘军舰。"彭布罗克"号突然遭袭，猝不及防，不过它的引擎尚未熄灭，于是立刻起航，朝公海驶去。长州战舰紧随其后，但最后还是未能赶上。"彭布罗克"号抵达上海，并从那里通过横滨美国公使要求幕府赔偿1万美元。

此时，长州的尊王攘夷派正陶醉于他们自认为的重大胜利。五月二十三日，斗志高昂的长州藩士再次向停泊在田之浦海峡的法国蒸汽船"基恩尚"号开火，造成4名法国人死亡，另有一人受伤。长州藩士还在它驶入开阔海域，逃往长崎之前，破坏了它的引擎。次日，法国人向幕府的长崎奉行提出赔偿要求，然后驶向上海。

几天后，荷兰蒸汽巡洋舰"梅杜萨"号载着荷兰总领事从长崎前往横滨。虽然荷兰人已经听说法国船只遇袭的消息，但他们认为自己和日本人已经保持了几个世纪的友好关系，因此不相信会遭受同样的待遇。荷兰人显然还不了解长州藩士的决心。五月二十六日早晨，"梅杜萨"号也在下关遭炮击。这艘荷兰船最终逃到了开阔海域，但它的桅杆和烟囱遭到破坏，四人死亡，五人受伤。[86]

长州的行动很快被报告给江户和京都。朝廷下诏表彰长州，称天皇"极为满意"，希望他们继续"向外国展示皇国之勇武"。朝廷还命令其他藩支持长州的攘夷壮举。与此相反，幕府命令长州停止攻击外国船只。由于得到了朝廷的表彰，再加上最初的成功，长州选择无视幕府的命令。[87]

就在不久前，长州藩主任命兰学者中岛名左卫门在下关沿岸修建炮台。中岛曾在长崎跟随荷兰人学习，能讲流利的荷兰语，精通现代炮术。荷兰船遇袭后不久，长州藩士在下关召开会议。40多岁的中岛比在场的大部分人都要年长，他公开批评他们的错误观念。年轻的尊王攘夷派以为自己已经战胜了外国人，因为后者已经逃跑了。中岛猛烈抨击了这些人的无知，并向他们解释了西方武器、战术先进，军队纪律严明。尊王攘夷派被他的言论和态度激怒，当晚便刺杀了他。但是，他们很快就会知道，他是对的。[88]

姊小路遇刺

五月二十日，就在幕府向英国人支付赔偿金11天后，同时也是长州袭击外国船只10天后，姊小路公知在朔平门外遇刺身亡（史称"朔平门外之变"）。事后，御所九禁门的守备立即得到加强，萨摩、长州、土佐、熊本等藩派兵守卫御所。

遇刺当天，姊小路正在御所处理公务。夜幕降临后，他离开御所回家。"（姊小路）知道如果没有大量军舰和火炮，攘夷将十分困难。"海舟后来写道。换句话说，这名公卿已经意识到，开国是攘夷的必要条件。"他返回京都悄悄（向朝廷）说起此事，守旧派怀疑他（攘夷）的决心已经动摇。他刚离开御所……便遭人刺杀。"[89] 他的"胸部被刺中"，受了致命伤。

长州和萨摩都怀疑刺客是对方派去的。长州怀疑萨摩的理由是，岛津久光敌视京都的倒幕派。他们的证据是一把佩刀，这把刀属于萨摩出身的人斩田中新兵卫。根据平尾道雄的说法，姊小路在一名刺客逃走前夺过了这把刀。田中因此成了嫌疑人。他被捕后被押到京都町奉行所。负责审问他的京都町奉行永井主水正（尚志）问他有没有见过这把刀。"田中脸色煞白。他沉默了一会，然后突然拔刀刺向自己的肚子，又以同样的动作刺向自己的脖子，当场毙命。"根据田中友人的说法，田中在姊小路遇刺前几天晚上一直待在京都的一家妓院，他的佩刀在那里被人偷走了。他自杀是为违背武士道谢罪。

无论田中是否参与了行刺姊小路事件，他的自杀被视同认罪。但这起谋杀案并没有就此了结。萨摩宣称，真凶是长州藩士，他们因为姊小路近期转而支持海舟而刺杀了他，刀是他们故意留在现场的。按照这个逻辑，在妓院偷走田中佩刀的也应当是长州藩士。不过，朝廷并未采信萨摩的说法，反而解除了其守卫御所的职责。长州高兴地看着政敌失势，并趁机巩固了京都尊王攘夷运动领袖的地位。此事过后，未来革命的两支领导力量之间的敌意越来越重。

海舟和姊小路初次见面不到一个月，后者便遇刺身亡。不难想象，海舟必定会为这名公卿的死感到内疚。不管田中是不是真凶，这起事件极可能是京都激进的倒幕派策划的,他们将姊小路对军舰奉行并的支持视为背叛。海舟在朔平门外之变次日写道:"他本来在支持朝廷的武士当中享有极高声望。""对于国家来说,这是极大的不幸",因为他的死使海舟失去了说服朝廷支持建设国家海军计划的机会。[90]

幕府的威胁

不得不承认,海舟的角色着实尴尬。他为幕府效命,但是和幕府高官相比,幕府的死敌,如公卿姊小路公知、长州藩士桂小五郎、土佐浪人坂本龙马及其同党,反倒更支持他。海舟的泛亚海军设想面临的最直接障碍或许是老中小笠原长行的一个计划,后者打算重新控制朝廷以平息倒幕派的攘夷运动。

过去几个月里,江户的老中们一直在为将军担忧,他正在遥远、动荡的京都。与此同时,朝廷多次拒绝家茂返回江户的请求。然而,就在攘夷最后期限(五月十日)两周后,将军突然获准离开京都。[91]六月一日,在将军做好返回江户准备之前,海舟接到消息,幕府的军舰"朝阳丸"号已抵达江户,小笠原和其他江户官员也在船上。[92]

3个月前,英法公使曾向外国奉行竹本正雅提议,他们的政府可以向幕府提供军事支持以镇压倒幕派,因为他们相信京都保守的排外主义者是导致生麦事件赔偿金迟迟无法支付的主要原因。竹本拒绝了,或许是出于道德考量——幕府怎么能既向天皇承诺攘夷,又用外国战舰对抗天皇的支持者呢?然而,亲自向英国人支付了赔偿金的小笠原决定接受外国人的提议,并向英国租借了两艘船。[93]他率领一支由5艘军舰("顺动丸"号、"咸临丸"号、"蟠龙丸"号以及两艘英国船)组成的舰队和1600名士兵,从兵库出发,经大阪湾抵达大阪。[94]小笠原从大阪向朝廷发出最后通牒,要求朝廷撤回攘夷敕命,否则将自食其果。[95]小笠原的行为再次证明幕府道德水准低下,海舟对此颇为厌恶。他在六月六日的日记中写道:"他们根本没有意识到这是在自掘坟墓。"

海舟在当月下旬的日记里提到了一名美国医生对小笠原的做法大惑不解,这名医生住在横滨,医术高超。按照他的理解,"日本天皇和将军的关系十分友好"（天皇的妹妹不是嫁给了将军吗），但天皇要废除幕府签订的条约，而将军的家臣不愿听命，"于是租借外国战舰，派出军队让天皇屈服。如果这是真的，这就是'媚外弃亲'"。"即使不考虑道德问题"，美国人也绝对不会做这样的事。海舟感到羞愧，因为"外国人对于忠义的理解反而比我们更加透彻"，而忠义正是日本社会的基石。[96]

六月五日晚，海舟登上一艘江轮从大阪出发，次日抵达京都。[97] 六月七日，他拜访了朋友京都町奉行永井主水正，后者因为田中新兵卫自杀而被罚在家思过。海舟问永井"（小笠原）为何要开启战端"，他发誓一定要"劝阻"这位老中。如果小笠原不听，他决心做必须做的事——这意味着他将动用一切手段阻止小笠原。[98] 不过，小笠原在海舟采取激进措施之前，突然取消了计划，据说是因为本已批准该计划的一桥庆喜终于意识到小笠原成功的可能性微乎其微。[99] 松浦玲认为，小笠原抵达大阪后听说了姊小路遇刺的消息，因此不得不放弃这个计划。如果他的话属实，那么姊小路可能在被海舟说服后，与小笠原达成了某种共识。[100] 庆喜在口述回忆录中承认，"姊小路和小笠原可能彼此相识"，两人可能"通过气"，不过并没有证据。[101]

此前，朝廷曾在六月五日通过身在大阪城的老中板仓给海舟送去一封信，催促他前往对马岛，"考察朝鲜现状"[102]。他和桂、大岛谈过的亚洲联盟似乎有可能实现。但是，海舟并没有前往对马岛，可能正是因为小笠原事件。

"外夷"复仇

就在小笠原计划镇压京都尊王攘夷派的同时，美国海军战舰"怀俄明"号驶入下关海峡。此时美国正处于南北战争时期，"怀俄明"号在远东的任务是追踪南方邦联的"阿拉巴马"号巡洋舰。不过，它前往下关的目的是为上个月遭炮击的美国商船复仇。文久三年（1863年）六月一日，"怀俄明"号抵达下关。长州尊王攘夷派在同一天早晨听说了姊小路遭刺之事。他们担心，由于这位重要盟友突然死亡，京都的形势可能转而对敌人有利。长州倒幕派的领袖们为避免这样的情况发生，匆匆赶往京都。因此，当美国战舰即将开始攻击时，长州无法派出最精锐的战士应战。和此前遭长州袭击的外国船只不同，"怀俄明"号有备而来。战斗持续了一个多小时，"怀俄明"号击沉长州两艘船只，重创一艘，摧毁了岸炮，烧毁了沿岸城镇，并造成大量人员伤亡。

4天后，两艘法国军舰出现在下关海域。没有战舰的长州战士毫无还手之力。法国军舰的炮火轻而易举地摧毁了岸防炮台，数百名法军士兵成功登陆，装备刺刀的法国人和挥着武士刀的日本人正面厮杀。大多数留在下关的武士缺乏斗志，而那些渴望战斗的人也只能以长枪和刀剑对抗法军的炮火。长州武士纷纷逃走，法军占领了炮台，摧毁大炮，将炮弹和火药扔进海里，收缴日本人的武器，放火烧掉当地一座村庄，然后便于当天撤退了。不过，法国人造成的最大伤害是他们给长州带来的耻辱感。然而，长州的领袖们在蒙受羞辱的同时也大开眼界。如果长州的武士甚至无法将3艘外国军舰赶出家园，那么他们怎么可能把所有外国人赶出日本呢？[103]

六月九日，小笠原被解职，并被软禁在大阪城。[104]不过，除此之外，他的待遇还不错，因为他在幕府中不乏支持者，比如一桥庆喜。[105]六月十一日，海舟又在日记中提到了"登城"。他听说了美国军舰炮击下关之事，还遇见了刚被任命为外国奉行的浅野氏祐[106]和另一名幕府官员。"危险迫在眉睫，"海舟告诉他们，"但我们既不能害怕外国人入侵，也不能忽视国内问题。"两人均表示赞同。

奇兵队与教法寺事件

六月六日，即长州在下关遭受法国战舰羞辱的次日，高杉被招入山口城，所谓的"十年退隐"实际上只持续了两个月。[107]他完全没有参与下关的战斗，不管是开始时对外国船只的袭击，还是后来美法两国的报复。人们或许会觉得这个曾经火烧英国公使馆、在京都街头以言语挑衅将军的人误解了他的同乡——他并不觉得他们会对外国船只开火。实际上，他并没有误解他们。他的短发表明，现在的他比绝大多数长州人看得更远，他已经摒弃了他们的排外情绪和过时的思想及价值观。和他的朋友坂本龙马一样，他终于意识到，攘夷注定失败。高杉不再想着如何同外国人战斗，他想在龙马的帮助下利用他们（更确切地说，他们的枪炮和战舰）摧毁幕府。因此，当长州在下关与外国人开战时，他静静地待在萩的家里。[108]

但是，当法军炮击并占领下关后，高杉忍无可忍。就在前往山口城当天，他组建了日本第一支现代武装——奇兵队。奇兵队因其出色的作战能力而声名显赫，它是日本第一支允许商人、农民和武士出身的士兵并肩作战的队伍。在此之前，长州和其他藩一样，藩军都由武士组成，数百年来武士唯一的使命就是保卫本藩。但是，正如此前同法国人的战斗所显示的，经过两百多年的和平之后，许多长州武士已经忘记了如何作战。[109]奇兵队愿意接纳所有身体健全、有战斗意志的人，完全不问出身。高杉的目标是建立一支"民众的军队"，唯才是举，不考虑血统和门第，这与海舟构想的国家海军极为相似。高杉在下关创立奇兵队，用包括步枪、火炮在内的现代武器将这支队伍武装起来。日后，他将率领这支部队彻底颠覆过时的德川体制。[110]

奇兵队成立数月后便与在对外战争中表现不佳的撰锋队（亦称先锋队）爆发了冲突。撰锋队是长州的常规军，士兵均是武士出身。高杉的部下对撰锋队不屑一顾，奇兵队中一个名为宫城彦辅的军官辱骂了几名在法军面前仓皇逃窜的撰锋队士。反过来，撰锋队的人也瞧不起宫城和奇兵队，而且还因为长州藩主继承人格外关注奇兵队而嫉妒他们。八月十六日晚，一些喝得醉醺醺的撰锋队士扬言要杀掉宫城。宫城很害怕，向自己的上司寻求保护。向来脾气暴躁的高杉立即前往撰锋队的本阵（大本营）教法寺，他的手下紧随其后。大多数撰锋队士都逃跑了，只有5个人留了下来，其中一人被杀，其他人受伤。这件事惊动了包括藩主继承人在内的长州高层。"教法寺事件"以宫城切腹谢罪告终。高杉也因这起事件被解除奇兵队队长的职务，此时距离奇兵队成立不过3个月。[111]

龙马的革命誓言

六月十二日，海舟接到用"顺动丸"号护送将军返回江户的命令。他们于十三日从大阪起航。家茂是第一位从水路回江户的将军，这既是幕府历史性的一刻，也是海舟的个人胜利。"顺动丸"号于3天后的清晨抵达品川港。[112]

六月十七日，海舟回到江户的第二天再次"登城"。他已经离开4个月了，江户城的状况"令人遗憾"。幕府官员（包括谱代大名和旗本武士）优柔寡断，习惯性地将今天必须处理的问题推到明天，"他们的意见又多又杂，不知道重要之事，盲目服从掌权者"。两天后，海舟对赋闲在家的忠宽表达了类似的看法。"现在是紧要关头，"海舟对自己的老师说，"（但是）有觉悟的人寥寥无几。"[113]海舟所说的"有觉悟的人"是指与他和忠宽有类似意志的人，如四人众中的另外两人——松平春岳和横井小楠，还有以坂本龙马为代表的海舟的弟子。

龙马在上一年年末拜海舟为师后，已经招募了一批坚决支持攘夷倒幕的土佐勤王党人来帮助"日本最伟大的人"建设海军，其中绝大多数是和他一样的脱藩浪人。自那以后，他已经两次随海舟乘"顺动丸"号往返于江户和大阪之间。二月，土佐正式赦免了他的脱藩之罪。四月，当海舟带着姊小路在"顺动丸"号上巡视海防时，他陪在海舟身边。五月，他被派往福井藩与春岳会面，并成功地为神户海军操练所筹得资金。龙马和海舟的其他学生在三个地方学习，先是江户，然后是大阪和神户。他们学习英语、荷兰语、制作火药的方法、现代军事组织和训练方法，以及最为重要的航海术。[114]

拜海舟为师后的龙马变得与以往不同，连朋友们都猜不透他的想法。六月二十六日，海舟在江户得知"大约50名长州藩士来到大阪的私塾"，打算刺杀小笠原。这些人想说服海舟的弟子加入。有些学生有意参加，但"龙马阻止了他们"[115]。这并不意味着龙马已经改换阵营，或是对小笠原和幕府抱有同情心。他之所以出手阻止，只是因为他和海舟一样，坚定地认为日本人不应自相残杀。外国军舰炮击下关的消息令他十分气愤。但是，正如他在当年六月二十九日写给在高知的姐姐坂本乙女的信中所说，长州不应率先攻击外国船只，因为这种做法"对日本毫无益处"（甚至有人认为，全日本的志士当中，只有龙马认为长州的行为是错误的）。但是，当他得知从下关返回的外国战舰正在横滨的幕府船坞维修，"这样它们便能再次和长州作战"时，他愤怒至极。他在信中直陈内心的想法："都是因为江户腐败的官员和外夷狼狈为奸。"龙马确实通过海舟的牵线搭桥结识了一些有权有势的人,他对这些从不讳言。但是他写道:"虽然这些腐败的官员现在位高权重,但我将取得两三位藩主的支持,召集志同道合之人共同保卫日本。然后,我将与江户的朋友——旗本、藩主等[116]一起,与那些邪恶的官员作战并杀死他们。"[117]他发誓自己要"一劳永逸地把日本清理干净"——意思是他将推翻自己的老师侍奉的政权。龙马以爱说大话闻名,而且和海舟一样自负(他曾写过"遗憾的是,我国几乎没有伟人"——这无疑是在暗示他就是伟人)。但与此同时,他也是一名现实主义者:

> 我不期望长寿。然而我也不会像庸人一般死去。剧变来临时我将献出生命,因为在那之后,即便我继续苟活,对国家也毫无用处。虽然我原本只是一个在土佐靠挖土豆过活的无名小卒,但是命中注定我要为这个国家带来巨大的变革。我千万不能自大……我应当低调做人,如同泥中之蛤……所以,莫要担心![118]

就在写下这段话的同一天,龙马前往京都福井藩邸拜访春岳的亲信村田巳三郎,后者在六年前的安政四年(1857年)招募了横井小楠。[119]最近,尤其当长州在下关向外国战舰开火之后,村田和德川阵营的许多人一样,非常厌恶长州。根据村田在维新后所写的回忆录的记载,龙马那天拜访他主要有两个目的:一是转交海舟送给福井的礼物——一把骑铳(骑兵步枪),以感谢福井对神户海军操练的资金支持;另外一个原因则更加紧迫,龙马敦促福井协助实现幕府改革,也就是完成"一劳永逸地把日本打扫干净"的宏大目标。龙马警告村田,长州"可能被外国人占领";一旦如此,"就难以收回了"。志士不能再眼睁睁地看着外国人肆意妄为而无动于衷。他们必须和外国人谈判,让他们离开日本,然后"恢复国家秩序"。为此,他们首先要逼迫江户"腐败的官员"辞职,然后和"海舟、大久保(忠宽)确定目标"(在江户,龙马只相信海舟和忠宽两人)。在此之后,他们应当召集包括松平春岳和土佐的山内容堂在内的四贤侯到京都召开会议,以解决日本面临的危机,而长州肯定是一个重要议题。[120]

作为福井藩主的家臣，村田并不同意这个土佐脱藩浪人的想法。他说，袭击外国船只是十分不理智的行为，长州犯了大错。即便外国人同意离开，日本也必须为长州的行为道歉并支付赔偿金。否则，日本将被世界上的其他国家看作未开化的野蛮之地。

龙马承认村田的话有理。"但是，"他说，"长州藩士决意殉国，勇气可嘉。"他们应当得到帮助，而不是遭到唾弃。"如果我们袖手旁观"，不仅外国人会占领长州全境，长州藩士也会无法控制自己的怒火，也许会来到江户并将其付之一炬，还可能袭击横滨的外国人居留地。事态若如此发展下去，日本的未来堪忧。因此，当务之急是改革幕府，同时和外国人谈判，说服他们离开。

"如果外国人拒绝呢？"村田问道。

"那么全国必须团结起来以求自保。"龙马答道。

"你的意思是，"村田回答道，"日本将不得不因为长州的鲁莽之举而遭受灭顶之灾。"

龙马虽然知道长州的做法是错误的，但他坚持认为"必须处理幕府官员"。为此，"一定要立刻告知海舟和大久保（忠宽）"。如果村田不同意，龙马已经准备好"用出鞘的刀"来解决问题。[121] 二人最终达成共识。但是，此时发生在萨摩的另一件事凸显了西方列强带来的危险。

萨英战争

文久三年（1863 年）六月二十七日下午，一支由七艘船组成的英国舰队载着中校爱德华·尼尔抵达鹿儿岛湾入口。次日清晨，他们溯湾而上，逼近鹿儿岛。[122] 英国人给萨摩送去一封信，陈述自身要求。萨摩官员要求尼尔和舰队司令登鹿儿岛谈判，他们打算挟持 2 人为人质，但英国人并未中计。[123] 接下来，一些萨摩武士，包括杀害理查德森的凶手奈良原喜左卫门和海江田武次，认为当前的困境与自己有关，于是计划夺取英军旗舰"尤里雅里斯"号并杀光所有船员。根据其中一人在大约 30 年后的回忆，这群武士伪装成卖"外国人喜欢的西瓜和桃子"的小贩，轻而易举地登上了英舰。"虽然我们登上了甲板，但他们不让我们靠近军官"，于是武士们撤退了。[124]

七月二日破晓，冲突爆发，英国人夺取了三艘蒸汽船——"天佑丸"号（排水量746吨，此前为英国的"英格兰"号）、"白凤丸"号（排水量532吨，此前为美国的"竞技"号）和"青鹰丸"号（排水量492吨，此前为德国的"乔治·格雷爵士"号）。午时，萨摩在狂风中用10座炮台上的83门火炮反击英军，杀死了旗舰舰长和副官。[125] 英军展开报复，洗劫、烧毁了夺取的萨摩船只，炮击海岸。虽然萨摩武士骁勇顽强，但他们的前膛炮和英军的后膛炮（阿姆斯特朗炮）完全无法相提并论，后者的射程是前者的五倍。战斗于当天下午结束，沿岸炮台全部被摧毁，许多武士和城镇居民丧命，市街大部分遭焚毁。英方共有11人死亡，数十人受伤。[126] 或许可以说，英军取得了小胜。当时在"阿尔古斯"号明轮单桅纵帆船上的萨道义写道："日本人的火炮在我们离开时仍然朝我们开火，但我们已经在他们的射程之外；或许他们可以宣称，虽然我军摧毁了炮台和部分城镇，但他们还是将我们逼退了。"[127]

作为议和条件，萨摩于十一月支付了2万5000英镑（约合6万330两）赔偿金。这笔钱是萨摩从幕府借来的，但从未偿还。萨摩还保证处罚杀害理查德森的凶手，不过英国人大概已经意识到这只是空头支票。萨摩从这场灾难中学到了重要的一课，他们彻底意识到自己尚不具备武力攘夷的能力。

对于海舟和龙马来说，发生在下关和鹿儿岛的事更加坚定了他们的信念——日本必须拥有一支足以自卫的海军。海舟还远在江户，土佐的"无名小卒"便迫不及待地再次公开表达了对幕府的蔑视。八月七日，海舟收到一封来自大阪私塾的信，署名是龙马和另一名弟子庄内藩士佐藤与之助。[128] 他们在信中提到了上个月与大阪町奉行松平勘太郎会面的经过。龙马在松平面前痛斥在长州受损的外国船只竟然能在横滨得到维修，在战斗中受伤的外国士兵也能在横滨的医院得到救治。他还提到，有传言称幕府计划在外国军队的协助下进攻萨长二藩。他甚至将矛头指向朝廷，指责它支持向外国船只开火和"排外，从而招致报复"，而这"昭示着皇国的衰弱"。朝廷的政策是不合理的，"攘夷"根本无法实现。龙马没有讨论攻击外国船的事，也没有为开国或锁国辩护，而是呼吁朝廷和幕府合作建设一支强大的海军——这与公武合体派的立场颇有些相像。

龙马与尊王攘夷派渐行渐远,渐渐成了局外人,与海舟在幕府中的处境类似。龙马设想建立一支"东日本、西日本联合舰队"。江户的军舰操练所将成为东日本海军的大本营,而海舟的神户海军操练所将成为西日本海军的大本营。东日本海军由幕府指挥,西日本海军则听命于朝廷,后者的指挥官和经费均由西日本雄藩提供。[129] 海舟没有在日记中提到对龙马计划的看法,不过此时京都政局突变,该计划随即流产。

八月十八日政变

虽然尊王思想在日本各地广泛传播,水户、土佐、萨摩、长州尤其出名,但将攘夷定为藩策的只有长州。萨摩在鹿儿岛之战中被英军舰队击败后,意识到以武力对抗外国人是徒劳的。但是,和萨摩不同,外国的坚船利炮反而助长了长州对抗幕府的决心,这成了长州坚持攘夷的唯一动力。[130]

长州利用近期发生的两起事件巩固了在朝廷中的地位:首先是姊小路公知遇刺,这起事件导致京都政治氛围发生改变,有间接证据证明萨摩藩士参与其中;其次是长州单方面在下关对外国船只开火,事后长州的代表开始游说公卿劝天皇与幕府断绝关系并出面号召攘夷。他们幻想天皇亲率一支由诸藩武士组成的大军,不仅要攘夷,还要倒幕。天皇和公卿虽然仇视外国人,但拒绝了长州的计划。和许多雄藩藩主一样,除了以三条实美为首的保守派,大多数公卿都反对和幕府断绝关系,除非幕府倒台。幕府统治日本已久,京都之人,上至天皇,下至低级公卿,早已习以为常。不仅如此,孝明天皇之妹已与将军成婚,如果朝廷的军队进攻幕府,公主将遭遇怎样的命运?和许多藩主一样,天皇和朝廷仍然认为公武合体是加强日本国力以抵御外辱的最好方法。

"登城。"海舟在八月二十三日的日记中写道。他听说五天前京都的一场政变险些导致国家陷入内战。作为亲藩大名的会津藩主支持岛津久光的公武合体计划。而久光嫉妒长州对朝廷的影响力,对长州激进排外的态度同样不满——他并未忘记长州在寺田屋骚乱中的所作所为。[131] 他一定要消灭对手并夺回对朝廷的影响力。八月十八日,下关之战蒙羞两个月后,长州藩军(不包括高杉的奇兵队,他们留在下关)、他们的浪人盟友以及三条实美等守旧公卿在一次政变中被会津和萨摩的军事同盟（它们的结盟出乎许多人意料）逐出京都。

这次政变发生在天亮前，萨摩藩兵和会津藩兵趁夜色控制了御所九禁门。长州及其盟友，包括三条实美、三条西季知、四条隆谞、东久世通禧、壬生基修、锦小路赖德、泽宣嘉等7名公卿，都被禁止进入御所。萨摩和会津的勤王部队聚集在此前一直由长州把守的堺町门。双方都装备了火炮和步枪，但长州叛军的兵力和武器都远逊于对手。不过，长州藩兵并未动摇，反而士气高涨，因为他们相信天皇是支持自己的。但是，当他们把枪口对准禁门时才发现自己受了骗。他们震惊地得知，天皇下诏命其立即撤退，否则将宣布他们为"朝敌"。

这些以"尊王攘夷"为口号的人别无选择，只能奉旨行事。他们的领袖长州藩士桂小五郎、久坂玄瑞、来岛又兵卫[132]，久留米藩士真木和泉，熊本藩士宫部鼎藏，土佐藩士土方楠左卫门，以及七名公卿聚集在关白鹰司辅熙家中商议对策。[133] 随后，他们从鹰司家转移到城东妙法寺，在那里最终决定让尊王攘夷派武士与"落难七卿"（即三条实美等七名公卿）一同撤退至长州伺机反扑。[134] 以萨摩和会津为首的亲幕府公武合体派在短短一天内便重新控制了朝廷。

5天后，海舟听说了政变的消息。他的第一个想法是，所谓政变不过是一个无能的领导人把另一个无能的领导人赶下台，国家将陷入动荡，"朝廷和幕府的权威均已下降"——朝廷内部分裂，而幕府只能依赖并不可靠的盟友萨摩来恢复京都表面上的秩序。[135]

参预会议

海舟为自己找到了新的人生目标——借助现代海军的力量维持国家统一。八月二十三日，就在八月十八日政变5天后，他告诉老中板仓胜静，将军必须前往京都向全国展示他对天皇的忠诚。家茂必须在与京都想去不远的大阪城"详细阐述国家大义"，以革除积弊甚深的"老旧保守思想"。[136] 将军必须在京都召开由高级公卿和雄藩藩主参加的参预会议以确定国家政策。[137]

为使家茂能够及时参加在京都召开的参预会议，海舟于八月二十五日接到将老中、姬路藩主酒井忠绩护送至大阪的命令。[138]他们于九月二日乘"顺动丸"号出发[139]，7天后抵达大阪[140]。海舟在九月十九日的日记中写道，长州藩士虽被禁止进入京都，但京都仍处于"双政府状态"。眼下，包括雄藩藩主在内的公武合体派得到了朝廷的支持，这对幕府的统治构成威胁。不过，对海舟而言，朝廷仍然握有权力并不是什么坏事，因为这意味着他的维持全国统一的希望尚未破灭。九月十日，就在"顺动丸"号抵达大阪次日，海舟给福井的松平春岳写信，催促他立刻来京都。信的落款是"麟太郎"。[141]海舟殷切盼望老友能在即将召开的京都参预会议上告诫各方不要破坏全国的统一。

八月十八日政变后，海舟呼吁宽恕长州，对其采取怀柔政策[142]——当时他因为公务经常和京都守护职见面，后者决意消灭这个作乱的藩。[143]九月二十一日，海舟在大阪的住处见到了桂小五郎。[144]身为长州攘夷运动领袖的桂正遭通缉，但他对敌人海军的首脑信任有加，向其透露了长州的策略：虽然长州已经意识到攘夷绝不可能成功，但它打算通过攘夷在全国制造混乱，以达到推翻幕府的目的。[145]

春岳于十月八日到达京都。次日，海舟和他见了面。海舟告诉他："神户海军操练所……从各藩招人，完全不问出身，它废除旧传统，以学问为主，目的是为崛起的日本建设一支强大海军。"根据海舟的记载，春岳"非常赞同"。

十月二十三日，幕府命海舟立即动身前往江户。[146]当天，海舟再次与春岳会面。两人针对西方列强的问题一直谈到深夜。春岳反对关闭港口。他问道，如果"外国人组成联军前来"，日本将如何应对，"我们无力与全世界为敌"。这件事必须由"同志之侯伯会议"上奏天皇。[147]所谓"同志"包括岛津久光、山内容堂和伊达宗城。值得注意的是，这三个人都不是亲藩大名。

二十八日，海舟乘"顺动丸"号从兵库出发，两天后到达位于江户湾入口的浦贺港。[148]他到达时，德川蒸汽船"蟠龙丸"号正在港内，一桥庆喜在船上。[149]庆喜要求乘"顺动丸"号前往大阪。和其他参与京都会议的雄藩藩主不同，他既不是作为藩主，也不是作为归隐大名，而是作为幕府的代表和将军的捍卫者出席会议。庆喜反对将军和其他藩主平等参与会议，他希望会议失败。家茂并未前往京都，因为庆喜认为自己出席已经足够了。不仅如此，让刚刚返回江户的将军在这么短的时间内再次上京，只会进一步削弱幕府在朝廷和百姓眼中的权威。如前文所述，海舟的想法和他有所不同。海舟和春岳都曾对会议抱着极大期待，但是如果家茂不在京都，那么会议便没有太大的意义。海舟安排庆喜乘"顺动丸"号前往大阪后，[150]便前往江户劝说幕府让将军上京。[151]

军舰奉行并在接下来的两个月里在江户城碰了壁。他在十二月九日的日记中再次提到"登城"，并写下"可悲的官员对国事一无所知"。他觉得自己和萨摩人更聊得来，包括西乡的好友吉井友实，后者在江户时经常拜访海舟。[152]没有任何一名幕府官员赞成将军上京，海舟在写给吉井的信中透露了实情："那些目光短浅的家伙认为让将军上京正中西日本藩主下怀。"[153]但是海舟最终还是说服了他们。

文久三年十二月二十六日，幕府命海舟指挥12艘战舰护送将军前往大阪。[154]二十八日一早，海舟、家茂及将军的随从乘350马力的木质明轮船"翔鹤丸"号从品川港出发，[155]4艘幕府船只——战舰"朝阳丸"号、"蟠龙丸"号，木质运输船"千秋丸"号和60马力明轮蒸汽船"长崎丸"号紧随其后。[156]此外，7个藩还派来了7艘船。[157]

文久三年（1863年）年末，只有少数藩国拥有外国船只。[158]海舟后来在冰川回忆道，幕府的几名老中"担心让每个（共7个）藩各派一艘船前来并非易事"。他对这些幕府官员说"我来处理这件事"，然后便命令各藩"派一艘船来护卫将军"。不过，日本的现代战舰不多，拥有操作船只的知识和能力的人很少。海舟告诉各藩不要担心，然后便"为每艘船分配了3名技术娴熟的水手"。海舟的部下对此项安排"非常开心"，因为"他们不仅能从（雇用他们的）各藩那里得到一大笔薪水，还能从幕府那里领取水手的标准工资"。至于海舟，这件"前所未有"的事使他"感到责任重大"。[159]

虽然龙马的大多数传记作者都认为龙马和海舟同在船上，不过没有确凿证据可以证明这一点。可以确定的是，海舟手下的土佐人都曾是政治犯。

八月十八日政变之后，山内容堂利用尊王攘夷派失势镇压了土佐勤王党。早在六月，武市半平太的3名心腹——间崎哲马、平井收二郎和弘濑健太已被勒令切腹。九月，土佐勤王党多数骨干被逮捕，[160]一些人遭处决，武市等人被勒令切腹。[161]海舟从他的两名弟子——千屋寅之助和望月龟弥太那里听说了此次镇压，二人在土佐都是武市的追随者。"武市一党遭此惩罚，队员群情激奋，"海舟在十月十二日的日记中写道，"因为任何参与私下聚会和讨论的人都会被逮捕或者处决，大约30名思想激进的人从（土佐）逃往长州。他们说藏在这里（京都、大阪、神户）的人将被逮捕并被送回（土佐）。"

海舟在神户的土佐学生于十一月末收到归国（藩）令。[162]服从命令意味着一定会遭逮捕，甚至可能被处死。多数人拒绝了。只有安冈觉马服从命令回藩，但两个月后再次脱藩。[163]龙马接到命令后，把这件事告诉了自己的老师。十二月六日，幕府军舰奉行并给江户土佐藩邸送去一封信，保证自己的弟子不会参与激进活动，请求由他在神户监督他们。他恳求说，如果没有这些弟子，他无法完成工作，他需要他们来操纵"人手不足"的"顺动丸"号。况且山内容堂此前已经允许他任用这些勤奋工作的人。龙马尤其重要，无人可以替代，他是塾头。海舟的请求被拒绝了。[164]龙马等人被赦免10个月后又成了浪人，不得不再次面对随时可能遭逮捕的危险。此时他们已经在军舰奉行并门下积累了几个月宝贵的航海经验。[165]

海舟的舰队从江户驶向大阪途中遇上恶劣天气。"大部分时间我都在桅顶瞭望，密切注视着舰队，"他在冰川回忆说，"（我们）花了一周才到大阪，其间我几乎没合过眼。"[166]将军的近臣担忧其安危，建议家茂转走陆路，海舟自然不会同意。将军选择和他的海军专家站在同一条战线上。"军舰奉行并对海上事务了如指掌，"家茂告诉幕府官员，"尔等不应反对。"海舟因为年轻将军的支持而"大为感动"。[167]元治元年（1864年）一月八日，"翔鹤丸"号在大阪天保山下锚。

外交任务

一月十五日，家茂到达京都，此时的局势比前次上京时缓和了许多，彼时朝廷还掌握在攘夷派手里。诸位"参预"——一桥庆喜、松平春岳、松平容保、山内容堂、伊达宗城和岛津久光正等待他前来，他们全部是公武合体派。朝廷已命令这六人参加京都的参预会议，期盼可以借此最终实现公武合体。

与此同时，海舟留在大阪处理紧急公务。他在大阪城向老中强调了建设国家海军的迫切性，并向老中酒井忠绩提交了建言书。[168] 海舟申明，日本为了避免重蹈中国和印度覆辙，必须拥有一支国家海军，其基石便是朝廷领导下的雄藩藩主与将军的联盟。海舟构想的国家海军将接纳社会各阶层的人才，资金来自幕府和各藩主。这支海军中的每支舰队都将有五六艘军舰，预计可以抵御二三十艘外国军舰的入侵。[169]

二月五日，海舟前往京都。"登城。"他在日记中写道。在二条城，老中命令他负责加强大阪湾防务并继续推进神户海军操练所计划——这在意料之中。当晚，一桥庆喜命令他前往长崎——这完全出乎他的意料。海舟写道："（参预会议）听到了法国战舰不久后将攻打下关的传言。"[170] 事实上，英法美荷已计划派联合舰队惩罚长州。萨道义说明了理由："可以说我们已经让萨摩屈服了，将类似手段用在其他排外首脑身上，或许同样可以起到不错的效果。"[171]

虽然幕府曾对列强攻击下关表示欢迎，还允许外国船只进入横滨港维修（龙马因此非常愤怒），但是它无法对近在眼前的威胁视而不见。前往长崎说服外国代表推迟发动攻击的苦差事落到了海舟头上——这个任务其实更应该由外国奉行完成，甚至连长崎奉行都比军舰奉行更适合执行这个任务。

根据石井孝的说法，庆喜需要在参预会议召开前让海舟离开京都。[172] 和实力最强的亲藩大名松平春岳不同，日后的第十五代将军（也是末代将军）庆喜不愿意和萨摩、土佐、宇和岛等藩分享权力。为了达到这个目的，他需要安抚在八月十八日政变之后仍然要求攘夷的朝廷。[173] 庆喜认为，只要保证关闭横滨港（这样一来，对外贸易将被限制在长崎和函馆），他便可以稳住仍然认为必须将国家托付给江户治理的天皇。[174] 而海舟和五名藩主势必会和庆喜针锋相对。[175]

海舟离开长崎数日前，给春岳写了一封信，表达了对当前京都动荡局势的担忧。船上的将军并未因为即将召开的会议而有所顾忌，但是"心思狭隘"的幕府官员并非如此。他们对与会藩主的"猜忌怀疑"与将军的"高瞻远瞩"截然相反。各藩主却十分信任将军，他们盼望将军的出席能"为会议增光添彩"[176]。数日后的二月九日，海舟在日记中抱怨道，幕府犹豫不决，而藩主们生怕开罪幕府，于是"互相迁就"起来。结果，与会者没有讨论任何实质内容，只是采纳了"腐败官员"的"微不足道的意见"。幕府官员"既不知应当如何治理国家，也无法摆脱为了明哲保身而不做决定的习惯"。事已至此，"我只能徒劳地咬牙切齿"。二月十三日，[177]海舟在神户登上"长崎丸"号[178]，动身前往长崎。龙马等土佐人与其同行[179]，许多人为防被捕使用了化名[180]。

因为"突如其来"的行程，海舟得到了"两套衣服、一套羽织（外套）、十枚金币和五百两借款"[181]。十四日，"长崎丸"号抵达东九州丰后国佐贺关。海舟等人向西步行穿越九州进入肥后国[182]，累了便在路边旅店下榻。十九日或二十日，一行人抵达横井小楠的家乡熊本。横井刚从福井返乡，因为人们认为他上一年年末的行为有悖武士道，于是剥夺了他的武士身份和俸禄，命他在藩厅以东的沼山乡下隐居。在接下来动荡的五年中，他将在那里安静地思考、读书、写作、接待访客（海舟曾派龙马去拜访他，并为他带去现金，用来维持这位老人的生计，龙马或许还肩负着使其重新振作的使命）。与此同时，海舟等人向西渡过岛原湾，于二十三日到达九州最西部的长崎。[183]

安政六年（1859年）年初离开长崎海军传习所之后，海舟已有五年未踏足长崎，他直接前往奉行所。次日，他再次拜访奉行所。海舟"听说，下月初，一艘荷兰船将载着五百名船员前来，他们的目的是攻击下关"，以惩罚"阻碍外国船只航行"的长州，"据说一艘英国船将载着2000人经下关和大阪前往横滨"。

两天后，长州藩士请求与海舟见面，他们想向他表明，长州藩主父子"没有任何不轨企图"。军舰奉行并和他们讨论了"我政府（幕府）的观念与世界局势"。相应地，长州藩士在当晚返回本藩向藩主复命前保证会"听命于"幕府。次日，海舟给京都送去一封信（收信人可能是当时在二条城[184]的老中），呼吁对长州"宽大处理"。长州的激进派、藩主及其继承人已同意"闭门思过"。海舟解释说,长州藩主已保证手下再也不会阻碍经过下关海峡的航路。长州人或许顽固,但十分英勇,他们"深信通过一场决战便可成功攘夷"。海舟恳求说,与其蔑视他们,不如"同情"他们。[185]

次月,海舟在长崎与荷兰、英国、美国领事会面。三月二十四日,他在日记中写下了一名荷兰海军军官曾经对他说过的话。这名军官说,日本人和其他亚洲民族的不同之处在于"他们不会内斗",而内斗很可能招致内战和外国干涉。海舟写道,这句话给他留下了深刻印象,他在此前数年间一直思考着这句话的含义。最终,在四月二日和荷兰总领事德克·德·格雷夫·范波尔斯布鲁克的会晤中,双方最终决定将攻击下关的时间延后两个月,其间幕府应积极"调停"以解决长州问题。

海舟在长崎的日程安排可能很合理。他甚至还和"长崎的妾"梶玖磨见了一面,梶玖将在当年年末为其诞下一子。龙马拜访完横井小楠后也向海舟复命。龙马的同伴、陪海舟前往长崎的庄内藩士高木三郎后来回忆说,龙马和海舟比试了相扑。"坂本身材高大",海舟"身材矮小",但海舟"精通柔术",龙马却不擅长。海舟死死将龙马抱在"胸前,就像老鹰抓住一只鸭子"。[186]

由于上一年小笠原镇压京都攘夷派的计划失败,海舟没能前往对马岛。此时,他打算从长崎前往对马岛,调查朝鲜实情,为设想的泛亚海军和亚洲联盟做准备。龙马将海舟的想法告诉了横井[187],后者派了3名熊本藩士前来。三月二十三日,横井的人在长崎与海舟会面[188],他们带来了横井的《海军问答书》[189]。横井主张,海军经费应通过商业活动筹措。至于原始商业资本,与其通过税收筹集,不如由幕府和各藩根据各自的石高公平分担,因为对于"已穷困潦倒的各藩"来说,税收是沉重的负担。商业的重心应该放在对造船业至关重要,而日本的储量不多的三种资源——铁、铜、木材上。[190]

但是,三月三日,海舟接到老中水野忠精命他立刻返回京都的命令,前往对马岛的计划再次无果而终。[191]当日,海舟正准备从长崎出发,横井的信又至,后者请求海舟让他的两个年轻侄子横井左平太和只有14岁的横井太平进入神户海军操练所学习。[192]返程途中,海舟派龙马再次前往横井住处,将新弟子接到神户。[193]

第十四章

深渊边缘的长州

> 彼时危机四伏。若在街上遇到武士,那人便立刻把手放在刀柄上。砍砍杀杀是家常便饭。我本人也曾陷入险境,好在最后还是化险为夷了。[1]

元治元年(1864年)一月初[2],参预会议正式召开,议题包括长州处分、关闭横滨港、强化大阪湾防务等最为急迫的问题[3]。当四月十四日海舟到达京都时,会议已经以失败告终。[4]庆喜提出必须严惩长州,各藩主纷纷表示赞成。[5]但随后庆喜突然提出关闭横滨港,引起了争议。[6]各藩主完全不知道庆喜的意图,他们认为关闭横滨港是不可能的。既然尊王攘夷派叛党已经被赶出京都,现在正是开国的良机。

庆喜内心里也认同他们的看法。他其实并不打算关闭横滨港,此举只是为了安抚朝廷,从而维护德川家不容挑战的权威。他不打算让各藩主分享权力,尤其是萨摩的岛津久光。[7]庆喜后来在口述回忆录中说道:"将军上次上京时,我们被长州逼着攘夷。如果我们现在同意萨摩的开国政策,那只能说明幕府毫无主见。"[8]在一次酒宴上,喝醉的庆喜将久光、春岳和宗城称为"国内最大的傻瓜"。[9]石井孝指出:"庆喜那天的行为只会让人觉得他有意毁掉参预会议。"[10]

容堂第一个离开京都。二月八日,他以健康不佳为由返回高知。[11]三月九日,庆喜离开京都。[12]久光、春岳和宗城紧随其后。[13]庆喜获得了这场政争的胜利,公武合体运动不复存在,幕府牢牢掌握了京都。

庆喜的新权力

海舟在抵达京都当天便表达了自己的愤怒。他向老中报告长崎见闻时,发现老中们仍然无法决定如何处置长州。海舟写道:"他们犹豫不决,时间都被浪费了。"[14] 次日上午,海舟前去谒见庆喜。他写道,幕府的领导者们十分无知,各藩主对幕府的"不公"怨声载道,已经打道回府。拜这些"愚蠢、小气的幕府官员"所赐,他的海军计划"彻底毁了"。他完全不打算掩饰自己的愤怒,直截了当地对他们说,如果不接受他的海军计划,他就会撇开他们,自己设法继续完成。[15] 正如松浦玲所言,此时海舟已经对幕府心灰意冷。他不再期望全国统一在幕府领导的政府之下,只想着如何通过神户海军操练所来实现自己建设国家海军的梦想。[16]

参预会议失败后的京都政局同样令海舟担忧。三月二十五日,庆喜卸任将军后见职(他不再满足于这个职位),被天皇任命为新设的禁里御守卫总督和摄海防御指挥两职。[17] 庆喜在幕府之外的新职位使他能够指挥在京都参勤的各藩主。[18] 庆喜在口述回忆录中提到,据说久光"对禁里御守卫总督之职虎视眈眈"。当时4个西方国家威胁将攻打长州,这个职位对朝廷而言极为重要。因为西方列强的联合舰队已从横滨港出发,将通过濑户内海前往长州,途中会经过大阪湾,而京都将在其威胁范围之内。朝廷公卿因此胆战心惊。久光在上一年夏天的鹿儿岛之战中率部将英国舰队赶出鹿儿岛湾,这足以证明他是一个称职的指挥官。尽管庆喜十分想要这个职位[19],不过他声称自己只是因为山阶宫晃亲王"非常担心"久光可能获得任命,所以才受此重任。[20] 松浦说,此时的庆喜虽然名义上不是将军,但其实已是"另一位将军"。他通过朝廷敕命在京都遥控幕府,和江户的"真将军"平起平坐。[21]

直接听命于禁里御守卫总督的是幕府的京都守护职、会津藩主松平容保和京都所司代、桑名藩主松平定敬,后者是容保的弟弟,同样是亲藩大名。[22] 按照海舟的记载,庆喜被任命为禁里御守卫总督时,担任京都守护职的是春岳,他在二月十五日得到任命。[23] 曾任此职的容保被任命为陆军总裁,准备指挥大军征讨长州。容保获得新职务四天后,春岳不情愿地接受了任命。名义上的长州征讨军总督应出自御三家,实际指挥作战的是副总督。元治元年(1864年)早春,就在正式宣布征讨长州6个月前,人们觉得征讨军副总督之职非会津藩主莫属。春岳对京都守护职不感兴趣,一方面出于政治原因；另一方面是他缺乏容保镇压德川敌人时的那种热情。参预会议失败后不久，容堂辞职。[24] 四月七日，容保再次被任命为京都守护职，和京都所司代定敬一同协助庆喜控制朝廷，镇压倒幕派。[25]

佐久间象山归来

元治元年（1864年）四月十六日，海舟在日记中提到了佐久间象山的来信，后者正在京都担任庆喜的军事顾问。[26] 佐久间此前因为吉田松阴企图登上美国军舰而受到牵连，在松代闭门思过8年。井伊直弼的政敌均被赦免，他却没有收到任何消息，幕府显然已经忘记了他。佐久间采取攻势，给松代的家老矢泽写信，以其出名的自负猛烈批判自己遭受的不公待遇。难道他——佐久间象山，不是早在20年前就已经利用自己掌握的西方先进科学文化知识提醒前藩主，日本必须打开国门并发展现代海军吗？虽然无人关注他的建议，但局势难道不正照着他预测的方向发展吗？他本应得到赞许，反倒被当成了罪犯，这当然是错误的。现在，日本已经到了危急存亡的关头，为了国家利益，他必须立即被释放。[27] 文久二年（1862年）年末，将军承诺攘夷后，佐久间上书藩主真田幸教，强烈反对攘夷，认为这是不可能实现的。这封信的要旨被松代整理成藩论上呈幕府。[28] 十二月二十九日，就在上书5天后，他被赦免了。[29]

赦免前一天，佐久间接待了来自土佐和长州的几名信使，两藩的藩主均有意延揽他。但是佐久间不愿意为长州或土佐效命。[30] 7个月后的文久三年（1863年）七月（八月十八日政变一个月前，当时尊王攘夷派还控制着京都），朝廷给松代藩厅写了一封信，邀请佐久间为朝廷效力。当然，他们的目的是利用佐久间攘夷。佐久间本人很感兴趣，认为自己可以利用这个机会说服朝廷不要攘夷，而要"师夷长技"，然后通过公武合体统一日本，从而实现"富国强兵"。[31]

然而，八月十八日政变后，朝廷招募佐久间的计划夭折了。次年，元治元年（1864年）三月七日（庆喜被任命为禁里御守卫总督的同月），佐久间奉幕府之命前往京都[32]，下达命令的可能是庆喜[33]。佐久间的传记作者松本健一写道，他被庆喜聘用为顾问后，京都的长州浪人十分警觉和不安。[34]

他们的态度最终导致了佐久间的悲剧。

佐久间的计划

元治元年（1864年）四月十三日，海舟在大阪城与若年寄、馆山藩主稻叶正巳讨论了建设海军，而非仅仅在大阪湾沿岸修建炮台的必要性。[35] 4天后，海舟在京都二条城接待了3名访客，其中包括久光的家老、萨摩藩士小松带刀。海舟和访客谈起了国家面临的危机，还批评目光短浅的藩主和幕府官员更愿意修建海岸炮台，而不愿建设海军。[36] 海舟在接下来和稻叶的第二次会面中，把沿海岸修筑更多炮台比作"为敌人的炮弹提供更多靶子"[37]。

四月十八日，就在与小松见面的次日，海舟在二条城向将军报告了他在长崎和外国代表见面的详情。海舟在日记中写道："（将军）询问了长州局势和美国内战的原因[38]，以及最新式的军舰和大炮。我一一作答。"[39] 次日，海舟奉命前往大阪处理"大阪湾防务和神户海军事务"[40]。二十日，海舟写道："我拜访了象山老师，我们讨论了国际局势。"虽然海舟仍然称呼曾经的老师（和妹夫）为"老师"（日记里也是如此），但是他觉得佐久间"已经没什么高见了"。[41] 这是一个令人震惊的说法，人们刚听到时或许会怀疑这是不是由于佐久间被庆喜任命为顾问，而海舟认为庆喜应为参预会议的失败负责（至少负部分责任）。[42] 但是，如果我们仔细观察就会发现，海舟并没有因为佐久间被任命为顾问而感到不满。佐久间在五月十一日给海舟的信中写道，他们见面3天后，海舟送给自己一幅新的世界地图，不久后又送来一副望远镜、一顶"头盔"和一本"关于新发明的枪械的手册"。佐久间还向海舟要了一个"蒸汽船模型"，打算用它和上面提过的几样东西让朝廷"开开眼界"[43]。这个计划的对象是两名亲王——山阶宫晃亲王和他的弟弟中川宫朝彦亲王，后者是孝明天皇的心腹，也是八月十八日政变的核心人物。[44]

山阶宫晃亲王8岁出家，元治元年（1864年）一月返回御所，协助中川宫朝彦亲王处理国事。松本健一评论道，山阶宫晃亲王并未在宫中排外的气氛中长大，因此乐于接受佐久间主张的开国。[45] 四月十日下午，佐久间在御所中亲王的住处谒见了他。佐久间本人骑术精湛，因此希望能骑马进入御所。[46] 但是按照规定，马不得入禁门，他被告知需要提前上报，做好特殊安排，宫廷卫士才会允许他骑马入内。[47] 他坐在一副欧式马鞍上，也许是江户的岳母（也就是海舟的母亲）送给他的荷兰马鞍。[48] 见面时，山阶宫晃亲王送给佐久间一些礼物，包括干鲍鱼和海带。他想看看佐久间的欧式马鞍，于是两人走到庭院，佐久间骑上马，在亲王面前展示了自己作为武士的能力。山阶宫急于向佐久间学习现代"天文学、地理学和军事战略"方面的知识。随后，这位亲王又给了他更多礼物，包括一把扇子、一个杯子和一个烟袋。[49]

佐久间之所以想让亲王"开开眼界"，目的是让他们了解西方文明的先进性，使他们（进而使朝廷）意识到通过开国完成国家统一乃当务之急，只有这样日本才能强大到足以抵抗西方列强在亚洲的扩张。[50]

新军舰奉行

虽然禁里御守卫总督、京都守护职、京都所司代（史称"一会桑体制"，或许也可以称之为"京都的三头同盟"）阻挠了海舟的国家海军计划，不过海舟在五月得到晋升，被委以重任。他在元治元年（1864年）五月十四日的日记中写道："今天……我被将军任命为军舰奉行。"这个职务不仅为他带来了2000石的厚禄，还使他得到了诸大夫和安房守的官位。[51]

海舟升职当天，大阪原来的海军设施被关闭，旧设施的所有船和人都被转移到神户海军操练所，受新上任的军舰奉行管理。[52] 后来，海舟在《海军历史》中写道，幕府邀请西日本"诸藩主的家臣"加入胜安房守的新海军。作为军舰奉行，他认为将革命两大阵营的人同时纳入神户的新国家海军，可以平息日本（尤其是京都）长达数年的动荡局势。[53] 他还想用雄藩的船补充德川舰队。[54] 松浦玲称，海舟打算一举摧毁令幕府得以凌驾于诸藩之上的军事优势。[55]

海舟在《海军历史》中写道，他计划"训练学生驾船驶往上海、天津、朝鲜，这样他们就可以考察这些地方，了解当地民众"。幸运的是，土佐的龙马也加入了海舟的私塾，海舟后来在冰川回忆说，"（龙马的加入）对我的计划大有裨益，很多攘夷派受到他的启发"[56]。龙马相当于海舟私塾的塾头。[57] "还有许多（其他藩的）人才"前来学习海军科学[58]，他们来自土佐、纪州、熊本、萨摩，以及其他外样大名的藩国，如鸟取、广岛、对马，乃至长州。[59] 平尾写道，四五百人加入海军，其中 90 人进入海舟的私塾。[60]

虽然动荡的时局阻碍了军舰奉行实现其雄心勃勃的计划，但他还是设法为神户海军操练所保留了两艘船的使用权，分别是"观光丸"号和"黑龙丸"号，后者得自福井。[61] 海军操练所在小野浜，占地约 4000 平方米。[62] 海舟在冰川回忆道：

> 江户时代，神户的石高本来只有 700 石。这里只有一条路，路两旁都是农舍。庄屋（神户的村官）是生岛四郎太夫，最开始我住在他家。当时，我告诉生岛，虽然此地眼下只有农舍，但它迟早会繁荣起来，他应该尽量多购置土地。生岛虽然半信半疑，但还是听了我的话，购入了土地。明治维新后，地价水涨船高……他显然因此挣了很多钱……他现在还是一个挺有钱的人……我的私塾有来自各藩的浪人，还有萨摩来的粗人。[63]

萨摩的伊东祐亨也在海舟的私塾学习，后来他因为在甲午战争和日俄战争中表现活跃而晋升为日本联合舰队司令。[64] 1904 年，伊东回忆道："英军战舰炮击萨摩时，萨摩组成了一支由武士家庭的次子和三子组成的海军。萨英战争结束后，我们中的 21 个人进入海舟的私塾。"[65] 海舟的学生需要学习荷兰语、数学、驾船术、工程学、汉文乃至书法，或者借用海舟在《海军历史》中的说法，"一切与航海相关的知识"[66]。上午是课业学习的时间，下午学生们则要修习武术，包括剑术和柔术。[67] 海舟的私塾成了学生交流政治观点的场所，对于某些人（如龙马和伊达小次郎[68]）来说，这里有点像政治学研究所。这两个人和军舰奉行门下其他人才，注定要令"小气的幕府官员"感到不安，而接下来的夏天发生的事将使官员们起疑心。

"受制于极端派"

五月十五日，海舟被任命为军舰奉行的第二天便接到幕府命令，他将于十六日乘船送将军回江户。五月二十日清晨，"翔鹤丸"号抵达品川。不久之后，老中板仓胜静命令海舟前往神奈川从英荷使节那里打探外国人对攻击下关的想法。四月二日，荷兰总领事范波尔斯布鲁克曾承诺延期两个月进攻，现在期限将至。五月二十七日，海舟在和范波尔斯布鲁克及荷兰战舰"梅达林克鲁斯"号舰长德·马尔会面时，被问及幕府将如何处置长州。范波尔斯布鲁克听完海舟的答复后告诉海舟，荷兰、英国、法国已经做好准备，随时可能发动攻势。次日，范波尔斯布鲁克告诉海舟，英国人已经决定进攻下关，荷兰人和法国人也表示赞成。范波尔斯布鲁克还提到了"横滨闭港的传言"。他警告说，违背条约将令幕府在国际社会的声誉大打折扣。不仅如此，他还郑重地补充道，世界各国都不会接受这个结果。[69]

次日，海舟与范波尔斯布鲁克一起登上"梅达林克鲁斯"号。海舟写道："范波尔斯布鲁克在回来的路上邀请我到他家……并邀请我和他共进午餐。我受到了热情款待。我们谈了很久。他让我看了幕府给他的信。"范波尔斯布鲁克告诉海舟，这封信"辞藻华丽但内容空洞"。它的语言晦涩，很难翻译，意思含糊不清。范波尔斯布鲁克不久前和两名幕府官员讨论过长州事件。他告诉海舟，虽然无法确定外国舰队的进攻时间，但幕府无疑要为现状负责。外国政府不会就横滨闭港问题同幕府谈判，即便这意味着战争。他问海舟："你的看法呢？"[70]

几天后，海舟在江户城直言不讳地将自己的想法说了出来。六月三日，他登城汇报情况。板仓胜静告诉他，当天早些时候，若年寄松平直胜建议将军立即罢免试图干预横滨闭港的幕府官员。军舰奉行听说此事后非常愤怒。他说，幕府一定不能给外国人动武的理由，也不能出尔反尔。[71]海舟强调，幕府官员害怕极端派的恐怖活动（即便在以长州藩士为首的勤王党被逐出京都之后，这些活动仍未停止），他们为了安抚这些恐怖分子（从而保住自己的性命）才会呼吁关闭横滨港。但是，京都的朝廷万不能"受制于极端派"。

当天，若年寄命令他前往大阪和京都"斡旋"[72]，以解决幕府高层造成的问题。但是，斡旋的时机已经过去了。就在海舟接到命令的同一天，发生在京都的一件事再次使国家倒向革命。

令人愤慨的"屠杀"

上一年的八月十八日政变以后，长州陷入分裂。一些人担心遭幕府讨伐，主张示弱；另一些人继续鼓吹战争。但是，就算在主战派内部也存在着不同声音。激进派想要立刻进攻幕府，这一派的领袖是久坂玄瑞和来岛又兵卫，后者47岁，是长州尊王攘夷派中年龄最大的几个人之一。较为谨慎的一派的代表人物是桂小五郎和高杉晋作，他们呼吁在开战前先加强长州的军事实力。

激进派不愿再等。他们计划在京都浪人的帮助下火烧御所，绑架天皇，刺杀京都守护职和中川宫朝彦亲王，后者是孝明天皇之父仁孝天皇的养子，也是幕府的坚定支持者[73]，据说曾参与将天皇转移至彦根藩的阴谋[74]。激进派在完成上述计划后，将把天皇带到长州，让他发布敕命讨伐幕府并册封长州藩主为京都守护职。

新选组发现并挫败了他们的阴谋。倒幕派的主要领袖之一古高俊太郎遭到逮捕。古高在严刑拷打下供出了大量信息，这些信息将新选组引向一个名为"池田屋"[75]的旅店，倒幕派聚集在这里商讨对策。

元治元年（1864年）六月五日，新选组突袭了倒幕派所在的池田屋二楼。新选组局长近藤勇带着区区9名部下闯入池田屋，而倒幕派的实际人数众说纷纭，少则15名，多则30多名。激战中，大约20名新选组队士赶来。后来近藤在报告中称，他们杀死了11名志士，逮捕了23人，还有一些伤者为了不被生擒选择切腹。[76]

海舟在六月二十四日的日记中将池田屋事件称为"屠杀"，"无辜之人遭到杀戮"，包括"我的学生望月（龟弥太）"，他来自土佐，是龙马招来的。[77]事发后不久，消息传到长州，全藩武士异常愤怒，一致认为应当开战。领袖桂和高杉主张应先做好准备，但无济于事。海舟在日记中写道，"据说他们将上京让七名公卿官复原职，赶走庆喜公和中川宫朝彦亲王"，改国策为攘夷。[78]

六月十二日，[79]海舟乘坐"长崎丸"号[80]离开品川前往京都"斡旋"。船只发生故障，耽误了行程。十七日，他在下田转乘"翔鹤丸"号继续前往大阪。当天，他见到了龙马，后者乘"黑龙丸"号自西而来。在下田，龙马告诉海舟，他也要"斡旋"，不过要按照自己的计划。他打算派200名主张攘夷倒幕的浪人前往虾夷地，开采这片荒凉的北部旷野中丰富的自然资源，从而达到平息京都暴力活动、挽救生命的目的。此举还可以抵御俄国人可能的威胁。龙马打算用"黑龙丸"号运送这些人，所需费用为三四千两。这笔钱将由"志同道合的人"共同承担——龙马指的可能是两边阵营的藩主。支持勤王党的藩主会支持这个计划，因为他们想挽救生命，避免战争；包括亲藩大名在内的佐幕派藩主（以及老中）也会接受这个计划，因为那些麻烦且危险的浪人将离开京都。不仅如此，正如海舟在日记中所写，朝廷和老中水野已经同意了这个计划。[81]若非池田屋事件，龙马的计划本来很可能成功。[82]该事件发生后，京都浪人只有一个目标——消灭幕府。

长州藩兵包围京都

六月二十日，海舟抵达大阪。[83]就在四天前，三批长州藩军中的第一批从三田尻登船向东驶去。

到了七月中旬，1700多名长州藩兵在100余名浪人的协助下，从京都城外三个地方——东南的山崎、南边的伏见和东北的佐贺——包围了这座城市。[84]他们向朝廷递交陈情书，为本藩申冤，请求和平进入京都。[85]不过，据当时在山崎的长州人平川弥二郎后来的回忆，这完全是幌子。[86]某些公卿和藩士同情长州，催促朝廷接受长州的请愿。

与此同时，得到会津、桑名和萨摩支持的幕府，已经做好了战争准备。庆喜威胁说，一旦朝廷转而支持长州的同情者，他将和京都守护职一同辞职，离开这座城市。[87]天皇将此事交给身为禁里御守卫总督的庆喜处理，后者同意允许长州和平退兵，但如果他们拒绝离开，他已下定决心消灭他们。[88]长州藩军刚在京都南部集结，幕府便命令各藩主上京勤王。庆喜很快有了七八万人，他将这些人部署在长州藩军驻扎的三地和御所九禁门。[89]海舟当时在大阪，他在七月五日的日记中写道："（京都）酷暑难耐，很多人病倒了。"[90]6天后，佐久间象山在京都遇刺身亡。

佐久间遇刺

佐久间自春天到达京都以来，一直忙着让朝廷"开开眼界"，使其意识到开港的必要性。他为此安排朝廷下诏开国，这样日本就能够以天皇为中心团结起来,并将在一个由幕府主导的、有足够能力抵抗西方列强的政府的领导下,最终实现攘夷。佐久间起草了敕命的草稿,他在草稿中阐明了自己的计划。两个多世纪以来,由第一代将军德川家康制定并得到敕许的锁国令保护日本免受"外侮",幕府应为此"受到称赞"。然而,"朕[91]在位之日(指孝明天皇统治期间),幕府无力拒绝美夷要求,不得不于嘉永六年(1853年)开港,令国家法度遭到践踏",而且幕府在和美方建立外交联系后方才上奏朝廷,天皇因而"震怒"。美国人不仅逼迫幕府开放下田和函馆,还迫使其承认江户和横滨外国公使馆的治外法权。天皇无法忍受此般羞辱,于是下令召开参预会议,以"重新实施锁国令并立刻攘夷"。虽然将军"承诺加强国防并履行军事领袖之使命",但是他显然已经失败。

不过,天皇已经原谅了将军——佐久间谨慎地说出了自己的核心观点。关键问题在于,西方拥有日本所缺乏的"战舰、大炮和强大的兵力",而尊王攘夷派的鲁莽行为很可能使日本重蹈清朝覆辙。因此,他们必须"警醒",应该通过"深刻的反思和不懈的努力"来保证日本将"在艺术、科学、国力和武器等方面超越西方国家"。他们不能再盲从"一两个藩(指长州),并因此冒险和外国人打一场毫无胜算的战争"[92]。

然而,以长州藩士为首的京都倒幕派完全没有被佐久间说服,反而怀疑佐久间是新选组突袭池田屋的幕后黑手。[93]此外,由于佐久间支持开国和公武合体,还是诏敕起草者,倒幕派有足够理由除掉他。倒幕派得到消息,佐久间正和会津密谋将天皇暂时移往彦根,最终移往江户,前提是能够保证天皇的安全(将朝廷挪往将军之城有助于巩固幕府权威)。于是,他们决定刺杀他。[94]

佐久间显然意识到自己正面临生命危险。遇刺前不久,他在京都拜访了旧时的兰学老师黑川良安。黑川看到佐久间使用欧式马鞍,便警告他换用日式马鞍。[95]许多人建议佐久间回到安全的松代藩[96],但是他没有听。他在元治元年(1864年)六月二十日给妹妹的信中提到海舟送给他一把"六发式手枪",白天"我将其上膛佩在腰间",晚上把它放在"枕头下面"。不过他继续写道:"近30年来,没有人比我更关心日本国运,既然大家都知道这点,我确信无人会对我下毒手。"[97]

虽然佐久间自信无比，但是他错了。七月十一日早晨（八天后长州将进攻京都），他骑马离开木屋町的家，前去拜访山阶宫晃亲王。[98] 配有欧式马鞍的佐久间简直是在"自寻死路"。炎炎夏日，他套着一件黑色的裃（礼服），里面穿着一件白色小袖（长袍），下身穿着浅绿色袴，戴着一顶狩猎帽——也许是海舟送给他的礼物。他的左腰挎着一长一短两把武士刀，收在白色刀鞘里。[99] 大平写道，他带着4名随从——两名武士、一个脚力和一个小姓（侍童），其中一个人身上带着世界地图（可能也是海舟送给他的）。[100] 不过按照海音寺的说法，那是一个地球仪而不是一张地图。[101] 佐久间的口袋里装着诏敕的草稿。他到时，山阶宫晃亲王恰巧不在，不过佐久间还是因为其他事在亲王的官邸待了一个半小时。返回时，他让3名随从离开，在脚力的陪同下骑马回家。[102]

刺杀发生在下午5点左右，当时他已经到了木屋町（此地位于鸭川以西二条桥和三条桥之间），离他的住处不远。[103] 品川弥二郎后来写道：

> 佐久间象山留着长发，骑着配有欧式马鞍的马。那时，这样在京都街头骑马的只有象山一人……他骑马经过时，他们突然砍中他的腿……他从马上跌落，他们杀了他。[104]

他的身上共有13处刀伤。[105]

据说当晚前去刺杀佐久间的共有4人，其中之一是熊本藩士河上彦斋。河上是居合斩高手[106]，也是京都最臭名昭著的人斩之一。松本健一描述了河上彦斋的杀人术。首先，他会迈出右脚，左脚不动；随后，他弯曲右膝，左膝支地；然后，他用右手拔刀斩杀目标。"勤王党人有时会聚在一起讨论他们不喜欢的人。当他们说话时，河上会突然消失，不久便提着一个血淋淋的人头回来问道：'这是我们不喜欢的人，对吧？'"[107] 八月十八日政变之前，河上在宫部鼎藏领导的有3000人之众的御所卫队服役。[108] 长州势力被从京都逐出后，河上彦斋护送7名落难公卿前往长州，他不久前刚刚随长州藩军返回京都。[109]

海舟后来在冰川回忆说，河上是"一个极其危险的人，常有人提醒我

小心此人"[110]。他"随意杀人",仿佛只是"从花园里摘茄子或者黄瓜":

> 如果我和他讲话,就像咱们现在这样。比方说,假如岩本君(采访海舟的记者)有[河上彦斋不赞成的]志向,河上也许会假惺惺地说"哦,真的吗"之类的话,假装不在乎。但是当天他就会杀掉你。第二天,他就像什么都没有发生过一样,不会流露出任何感情。[111]

遗憾的是,河上不赞成佐久间的"志向"。"我第一次有了杀人的实感,"事发后不久河上在佐贺天龙寺对他的同伴说,"我的汗毛立了起来,因为他是这个时代最伟大的人。"[112]

次日,海舟在日记中悼念佐久间,称他是"高傲的英雄",他的话"远超同时代人的认知"。海舟因为失去这样一位伟大的思想家而"满腔愤慨",此人"为国家"制订的计划就这样"顷刻化为乌有"。[113] 8年后的明治五年(1872年),海舟自费出版了佐久间的著作《省諐录》。[114]他对老师的态度或许随着时间的流逝有所改变。不过他显然认为,佐久间的遇刺与其自负的性格有必然联系。[115]

如果佐久间能够活到明治时代,幕末的3年半和明治早期的历史或许会有所不同。但是松本认为,正是佐久间奠定的军事战略基础将日本引向了第二次世界大战。明治维新时代的许多重要人物,包括明治政府的领袖和当时杰出的思想家,都曾拜佐久间为师。[116]他遇刺不到一个月前曾给情人阿长写信,说自己"左右着日本的命运"。佐久间虽然"确信无人会对我下毒手",但也说过,一旦他遭遇不测,"日本将陷入大动荡"。他一语成谶。[117]

京都之变:尊王攘夷运动的终结

遇刺仅仅8天后,佐久间的预言就应验了。元治元年(1864年)七月十九日,京都爆发战争,交战双方分别为山崎的长州藩军和主要由会津、桑名和萨摩组成的德川联军。[118]海舟后来写道,这是249年来日本国内首次爆发的战争。[119]最激烈的战斗发生在御所九禁门之一的蛤御门。庆喜在此战中亲临战场指挥军队，这样的经历他平生仅有一次。[120] 43年后的1907年，他在口述回忆录中描述了自己的经历：

> 元治元年（1864年），长州以请求［朝廷］准许其进入京都为名派大军上京。会津、桑名武士要求立刻反击。但是我拒绝了，并说不计后果地攻击请求进入京都之人是错误的。时间一天天过去，局势愈发紧张，［冲突］最终爆发了。［冲突爆发］前夜（即七月十八日），我被紧急招入御所，大概是在晚上9点。我穿好朝服后，只带着3名侍从立即骑马前往御所。我在途中见到不少全副武装的士兵，想着战斗是否已经打响。我到达御所，关白大人等接见了我，并给我看了一份关于长州的秘密文书。它很长，我没有时间仔细阅读。但是，我注意到文书的末尾说他们将对会津实施"天诛"。我立刻站起来并命令会津、桑名等藩调兵遣将。此时，我们听到了从遥远的伏见方向传来的枪声。十九日凌晨4点左右，战斗在长州藩军和大垣[121]藩军之间打响了。随后……我脱下朝服，换上戎装，策马巡视御所周围。我到下立卖门（九禁门之一）附近时，有人朝我开枪。我不得不从御台所（另一座宫门，非九禁门）退回御所。公卿戴着乌帽子跑来跑去，御所的侍卫全身披挂来回巡逻。我让士兵安静下来，并重新部署［以准备战斗］。天皇听说我险些遭枪击十分担心，招我入内。我向天皇保证我会平安无事，然后便退下了。
>
> 我在御所宫墙外调兵遣将时，收到了立刻入宫的命令。我入宫后［得知］长州藩军躲在鹰司府[122]（在御所里），躲在墙上射击。子弹击中了天皇高御座［所在建筑的］屋檐，危及天皇的安全。此时支持长州的公卿建议和长州议和。［但是］作为禁里御守卫总督，这正是我履行职责的时候。我直白地拒绝了［长州支持者议和的建议］。因为允许长州藩军进入京都的诏书随时可能颁布，在如此危急的情况下，我觉得我不能再等了。我抱着必死的决心，一定要保证天皇的安全。我一言不发地向天皇告别，立刻命令会津、桑名和我麾下的炮兵向鹰司府开火。躲在那里的长州藩兵或死或逃，不会再对天皇构成威胁。此时已是午后。
>
> 随后，我将大本营转移到承明门（内门）以保护御所。二十日下午

3点左右，有消息说……十津川乡士计划当晚夺取天皇的轿子，［幕府］探子偷听到了策划者的谈话。还有人报告说乡士已经混入官中。我立刻警觉起来，于是传令……会津和桑名悄悄派兵到常御殿（天皇平时生活的地方）外。我命人知会关白后，径直前往御所。天皇正在常御殿。轿子在长廊上，数十名随从正穿着麻制礼服跪在旁边。我觉得如果立即将天皇转移到紫宸殿（举行国家仪式的地方），将会津军、桑名军部署到御苑，乡士便无计可施。［于是我们］起轿离开了。[123]

长州藩兵作战英勇，但终究寡不敌众，400余名士兵战死，久坂玄瑞、来岛又兵卫、真木和泉等人也战死沙场。战斗不到一日便结束了，不过大火又肆虐了3天，2万8000多间建筑被焚毁，包括许多公卿的府邸。[124] 长州因向御所开火而被宣布为朝敌。[125] 长州藩军撤回本藩，他们虽然战败，但仍未屈服。

海舟的弟子、土佐人安冈金马也在山崎的叛军之中。海舟已经在池田屋事件中失去了一名弟子望月龟弥太。根据平尾的说法，当安冈告诉海舟自己决定加入叛军时，海舟沉默不语，回屋取了一样东西。稍后，他带着一件白色的和服出来。"就拿它当离别礼物吧，"他说这话时眼含泪水，"为国家战死疆场时就穿着它吧。"[126] 当长州发动攻击时，海舟写道[127]：

当时我正在……神户海军大本营。［当晚］京都的天空是红色的，我知道那边出事了。十九日，我为"观光丸"号做好出航准备后，收到大阪急报，说是长州藩军在京都开火，伏见、竹田街道（连接伏见和京都的道路）、蛤御门三地爆发冲突。我立刻登船前往大阪。我听说毛利家的少主长门守[128]于十三日离开本藩前往京都，当晚或者两三天内将率领三千人到达神户。我让武田洋次郎和另外一个躲在我这里的人（也是长州藩士）在长门守抵达时向其禀明，我相信昨晚之事不过是头脑发热之人的作为，他们未经深思熟虑，只图一时痛快，他（长门守）绝不会容忍此类行为。

二十一日，幕府官员在大阪城中议论纷纷，但是并未做出任何决定。

于是我建议派探子［前往京都］打探情况。但是由于这些探子不敢走太远，所以我们仍不清楚情况。我愤怒至极，决定亲自前去。当我从樱宫（位于大阪附近）顺淀川（连接着大阪和京都）而行时，一艘载着三名武士的小船顺流而下。他们靠岸后，我十分害怕。我进退两难，只能站在那里观察他们要做什么。其中两人突然拔刀刺向对方，站在后面的另外一人刺穿了自己的喉咙。我大惊失色，身体战栗，挪不动步……又过了一会儿，我冷静下来，断定长州已败，于是踏上归途。随后，当我到达三轩屋（位于大阪）时，河上有一名武士［坐在船上］，河对岸的卫兵们朝他开枪。弹丸像雨点一样飞过我的头顶。其中一颗弹丸射穿了我的帽子。幸运的是，我毫发无伤返回城中。我试着查清自杀者是何人，但无法确认身份。[129]

当晚，约50名叛军士兵从战场逃往大阪，躲入长州的一间仓库内。大阪官员打算烧掉这座仓库，但海舟担心此举会在城中引起大火，因此"强烈反对，最后仓库里的人投降了"[130]。海舟谈及自己面临的危险时写道："彼时危机四伏。若在街上遇到武士，那人便立刻把手放在刀柄上。砍砍杀杀是家常便饭。我本人也曾陷入险境，好在最后还是化险为夷了。"[131]

京都的战斗分别被双方称为"蛤御门之变"和"禁门之变"，它标志着尊王攘夷运动的终结。尊王攘夷派叛军的身上洋溢着所谓的"大和魂"，但是似乎正是这种精神给他们带来了灭顶之灾。正如明治维新史学者小西四郎所说，叛军容易被自己的情绪左右，缺乏可行的计划，作战勇猛却不计后果。[132] 海舟在战斗当天的七月十九日写道，京都普遍支持长州而厌恶会津——言下之意是他同样同情长州。[133] 海舟对会津在池田屋事件和禁门之变中扮演的角色耿耿于怀。他写道："会津高层中并无顶天立地之人……（它的）面积虽小，将给国家带来的灾难却极大。"[134] 至于萨摩，它在某些方面与会津相差无几，因为它们都"过于暴力"且"有失公正"。但是，海舟还是（以一种并不友好的态度）赞扬了萨摩，称其"攻于心计"且"高瞻远瞩，善于审时度势"——比如知道如何把握机会击败自己的死对头。[135]

高杉晋作和桂小五郎

长州藩军攻打京都时，他们的两位领袖高杉和桂并不在场，二人都反对开战。禁门之变期间，高杉因为此前和来岛发生争执后擅自离藩而被罚在萩闭门思过。当年早些时候，来岛、久坂等人已准备领兵前往京都，而刚被藩主重新起用的高杉则主张，在向京都进军之前应先加强长州防务。他认为诉诸武力的时机尚不成熟，此时同幕府开战很可能适得其反，长州将进一步疏远与朝廷的关系。藩主赞成他的看法，命高杉说服来岛不要轻举妄动。来岛因为被这个比自己年轻许多的人顶撞而十分生气，骂他懦夫，小人得志。高杉火冒三丈，发誓让来岛看看自己多么不在乎官职和俸禄。他未经批准立即动身前往京都。

高杉在京都见到了桂，后者在八月十八日政变后成了逃犯，东躲西藏，等待机会。冷静的桂深知高杉性格冲动，担心后者因为鲁莽行事而招来不必要的注意，于是劝高杉返回长州。三月，高杉刚返回萩便被捕入狱。但是，把他长期关在牢里显然是对其才能的浪费。3个月后，他被释放，在其父的家中闭门思过。八月，他再次被委以重任，此时京都的战斗已经结束。[136]

被誉为长州最优秀剑客的桂[137]，成功避开了池田屋的乱斗。事件发生时，他的行踪成谜。他的同伴曾邀请他参加会议，桂在自传中称自己提前一个小时到达池田屋，"因为他们还没有来，我就去了附近的对马藩邸"[138]。他因此避开了战斗，很可能也因此躲过一劫。桂推测，参预会议失败后，长州即将在京都获得政治优势。在此之前，他希望长州藩士不要轻举妄动。他曾寻求某些雄藩，如鸟取、筑前、备前和对马（这些藩的藩主均是外样大名）的尊王攘夷派的支持，并暂时说服来岛和久坂推迟战争计划，但池田屋事件使他的努力毁于一旦。

海舟后来对桂的评价是："善于随机应变、化险为夷。"[139] 战火肆虐禁门时，桂成功避开了危险，也许是因为他并不想为必然失败的计划白白牺牲。海舟记载过一则他从桂本人那里听来的故事，这件事发生在禁门之变后。[140] 桂被会津的巡逻队捉住，大批守卫押着他穿过城市：

到达寺町街时，他请求如厕。他们无法拒绝，于是派两三个会津士兵跟着他。他走进厕所后蹲在地上［以防被士兵看到］，假装脱掉裤，然后迅速逃脱了。[141]

桂得到了日后的妻子几松的帮助，后者是京都三本木的艺伎。她会为客人唱歌跳舞，而她的客人包括会津藩士、桑名藩士和新选组成员。她从他们身上为长州取得了许多宝贵的情报。禁门之变后，桂继续留在京都收集情报。他曾乔装成乞丐，在鸭川的桥下躲了五天五夜，而几松每晚都会为他带去水和食物。当桂向北逃往但马国出石藩时，他把几松安置在安全的京都对马藩邸。[142]

禁门之变后，海舟真正担心的似乎并不是长州问题，而是日本封建社会面临的危机。他在元治元年（1864年）七月二十二日写给幕府的信中提到，京都的战事可能在大阪引发骚乱。大阪、江户和京都是日本最重要的三座城市，从四国、九州和本州西部输往江户和京都的大米都要先经过大阪，大阪骚乱将危及三城。为了避免可能的灾难，海舟强调利用海军开辟大阪至江户的海上商路的迫切性。[143]

征讨计划

虽然禁门之变是对尊王攘夷运动的致命打击，但长州仍未放弃排外姿态。自从文久三年（1863年）夏美法舰队袭击下关以来，长州一直在修筑炮台和其他防御工事，目的是（用萨道义的话来说）"无需多时，蜂巢再次修整一新，攻守更加自如"。[144] 长州藩军已占领下关对岸亲德川的小仓藩，封锁了下关附近的重要贸易航线。[145] 在鹿儿岛海战（同样发生在文久三年（1863年）夏天）中结束了萨摩攘夷运动的英国，现在再次牵头打击长州。萨道义写道："只有使这个好战的藩完全屈服，彻底摧毁其武装力量，日本人才会知道，无论他们反对与否，我们都将坚决履行通商条约，并且不受干扰地进行贸易。"[146] 不过，西方列强的联盟担心自身在日本的外交经济利益会蒙受损失，因此小心翼翼地避免全面战争。为此，他们向幕府通报了进攻下关的计划。[147]

长州在禁门之变失败后被冠以"朝敌"的污名，幕府趁机推动朝廷下旨征长，以惩罚长州藩军向禁门开火的无礼之举。幕府命令西日本21位藩主出兵征讨长州。元治元年（1864年）八月五日，年仅18岁的将军宣布将亲征长州。[148]尾张前藩主德川庆胜被任命为征讨军总督，越前福井藩第十七代藩主松平茂昭担任副总督（第十六代藩主松平春岳因擅自登城而遭井伊直弼处罚，被迫隐居）。[149]

然而，禁里御守卫总督并未直接参与征讨。[150]海舟在七月六日的日记中写道，江户方面不信任庆喜；随后在八月二十三日的日记中写道，庆喜不愿意接受总督一职，因为将军及某些家臣怀疑他的忠诚。庆喜在京都待了很长时间，比他的关东同僚更了解关西局势，在维护幕府权威时比江户的老中更善于考虑朝廷和藩主之间脆弱的平衡。家茂的家臣将庆喜的谨小慎微误解为傲慢，并怀疑他为篡权和朝廷暗中勾结。[151]

海舟在八月二十三日的日记中还提到庆喜和水户藩士的矛盾。事实上，此时的庆喜正忙着平息本藩叛乱。和其他藩的叛军不同，水户藩士向来不反对幕府。但是，他们深受已故藩主德川齐昭的影响，坚决反对开国。禁门之变四个月前的元治元年（1864年）三月，在要求江户重新锁国失败后，一支水户勤王大军在水户以南的日立国筑波山集结，并计划从那里出发前往横滨驱逐外国人。这些激进分子自称"水户天狗党"，他们得到了留在本藩的尊王攘夷派的支持，和藩中反对倒幕的势力发生冲突，内斗持续了几个月。禁门之变后的十月，约800名天狗党激进分子在此前曾是庆喜亲信的家老武田耕云斋的领导下向西前往京都，他们打算在那里向庆喜请愿，请求后者替他们向朝廷陈情——他们的命运因此掌握在庆喜手里。然而，庆喜根本无意支持叛乱者。庆喜在口述回忆录中说道："他们与幕府为敌……在这个前提下，无法说他们是无辜的。当时我自身难保（老中怀疑他是否忠诚）。事态危急，我无法为武田等人（辩护）。"[152]十二月三日，庆喜带兵前往京都以东的近江（彦根）拦截并镇压叛乱分子。十二月十一日，武田等人在京都东北的越前国（福井）遭遇加贺藩军并清楚了庆喜的意思。6天后，天狗党全部投降，因为无人愿意反抗庆喜。次年，庆应元年（1865年）二月，包括武田在内的约350名叛乱分子遭处决。[153]

长州再次蒙羞

幕府早在正式决定讨伐长州之前，就已经默许列强攻击下关。某些幕府官员显然希望西方联军取胜，甚至有传言称，江户把日本地图借给了法军。[154] 然而，正如海舟在日记中所写，幕府做出讨伐长州的决定后就不再希望外国人干涉它和长州的问题，更不想他们"在（幕府出兵）之前发动攻势"。联军舰队在位于下关东南西九州丰后水道的姬岛集结，庆喜再次派军舰奉行前去请求联军推迟行动时间。当海舟于元治元年（1864年）八月十四日到达姬岛时，外国舰队已经启程驶往下关——根据海舟的记载，此时战斗已经打响。

幕府或许有机会阻止战争。文久三年（1863年）年末，幕府应横滨法国驻日领事德白勒古的要求，派出了以外国奉行池田长发为正使的代表团赴巴黎解决一系列问题，包括长州攻击法国蒸汽船"基恩尚"号和当年九月一名法国军官遇害等。外国代表虽然反对关闭横滨港，但是幕府认为如果巴黎代表团能在赔偿金问题上和对方达成一致，那么法国人或许可以同意闭港。然而，巴黎政府并不像德白勒古等驻日外国使节那么好说话。根据元治元年（1864年）五月（公历6月）双方在巴黎签订的协议，幕府和长州各须赔偿10万美元和四万美元；幕府同意以武力保障通过下关海峡的法国船只的安全，如有必要，将寻求法国海军军官的协助。上述条款均应在代表团返回日本3个月内完成。然而协议并未提及横滨闭港。

七月十八日，就在禁门之变前一天，日本代表团抵达横滨。幕府得知协议的条款后，以池田越权为由拒绝接受。[155] 八月四日，正在大阪的海舟表达了对做出如此不负责任决定的幕府的反感。"听说他们将再派一个代表团赴法[156]，"他写道，"我怀疑这些只愿（采取）权宜之计的腐败幕府官员只会再次令国家蒙羞。"[157] 如果江户同意履行巴黎协议，将要进攻长州的四国联军中的一方也许会放弃计划，其他三方也可能改变想法。然而，七月二十四日，幕府告知德白勒古，他们不会遵守协议。两天后，联军舰队离开横滨，前往姬岛。[158]

幕府大军将至，长州不想在此时同外国人开战[159]，但联军指挥官坚决执行既定计划。八月五日，就在家茂宣布征讨长州的当天，英法荷美四国的 17 艘战舰再次炮轰下关，将长州推向深渊边缘。17 艘战舰中，9 艘属于英国（共计 164 门炮，2850 人），4 艘属于荷兰（共计 56 门炮，951 人），三艘属于法国（共计 64 门炮，1155 人），一艘属于美国（一艘载有 4 门炮和 58 人的测绘船）——合计 288 门炮，5014 人。[160]

萨道义回忆说："我们于（下午）4 点 10 分开始行动。"[161] 他作为英国舰队司令的翻译官，在旗舰"尤里雅里斯"号的甲板上目睹了战斗过程。[162] 长州在海岸修筑了 8 座炮台，装备了 70 多门大炮。但是联军的火炮具有射程优势，外国战舰可以停在岸炮最大射程（550 米）之外的海域。[163] 长州火力最强的炮台在前田和坛之浦，后者装备了 24 门青铜炮。[164] 这场战斗持续了 4 天，而这些炮台在战斗打响后不久就几乎全部被毁。高杉的奇兵队（除了其首领）和其他由武士、农民组成的部队顽强战斗，如萨道义所写，"日本人作战英勇顽强"[165]，但兵力和火力都不足。一个参加了这场战斗的日本人写道："外国战舰是铁甲舰，无论我方发射多少枚炮弹都无济于事……炮台守军意识到炮击无用，便烧掉军营撤走了。"[166]

首日黄昏，联军海军陆战队登陆前田，摧毁炮台，在夜幕降临前回到船上。[167] 次日上午，联军多达 1900 名士兵登陆[168]，和一支约 2000 人的长州藩军交战。[169] 外国士兵在一座炮台发现了包括青铜炮在内的一些火炮，根据萨道义的记载，它们"很长，可以发射 32 磅重的炮弹"。这些大炮"被安置在装着大轮子和可动轴的炮座上……炮身刻着对应公历 1854 年的日本纪年，还清晰地刻着铸造地（江户）"。萨道义写道："我们令他们失望了，我们捣毁了炮座，将实心弹、开花弹扔到海中，焚烧火药，还将几门炮拖到海滩上。我们一直忙到下午三四点。"[170]

根据另一份记述，当外国士兵准备回到船上过夜时，奇兵队指挥官山县小助（后来的山县有朋）"趁机发动冲锋"，用部下充当"人形子弹"。他命令长枪兵进攻，但许多人已经受伤，于是当"战斗进入高潮时"，长州战士烧掉自己的军营并撤退。[171] 在战斗的第二天和第三天，外国舰队摧毁了一座又一座炮台。萨道义写道："我们四处搜刮，把能当作战利品的东西，如盔甲、弓箭、长矛、刀剑，以及刻着外国制造者名字的刺刀，都拿走了。我们烧毁了建筑,然后有序撤退。"[172] 不难想象,长州武士必定感到受了奇耻大辱。

长英和解

战斗爆发前,高杉因为受到处罚一直留在萩城,未参加下关之战。他的同伴,刚从伦敦回国的伊藤俊辅和井上闻多,也未参加战斗。文久三年(1863年),就在长州向外国船只开火前不久,他们和另外3个长州人被秘密派遣出国,任务是学习西方知识,加强长州的实力,以对抗幕府和西方列强。伦敦的经历令他们大开眼界,从而抛弃了落伍的日本至上思想。他们在伦敦听说联军炮击下关的计划后,匆忙赶回日本,试图阻止战争。[173]

海音寺描述了战争爆发前高杉和井上的会面。井上拜访了萩的朋友,这是井上从英国回来后两人第一次见面。他们谈到了与联军舰队之间即将爆发的战争。井上说,长州人,包括长州高层,"说话很难听,骂我是懦夫,是向外国人卑躬屈膝的叛徒……但是我很想看看战斗结束后他们会是什么样子"。高杉答道:"让他们随心所欲地战斗吧……一旦输了,他们就会意识到长州(以及日本其他地区)必须实现现代化……接下来,我等便可登场。"[174]

虽然海音寺并未提到上述对话内容是否有史料依据,但是这番对话如实反映了两人的想法,而他们"登场"的时机比预料的还早。八月四日,就在外国联军发动进攻前一天,高杉的处罚突然被解除,他被命令前往山口城谒见藩主。[175] 当天,井上将藩主的信交给英国舰队司令,后者正在泊于下关海峡的"尤里雅里斯"号上。藩主在信中辩称,上一年长州向外国船只开火不过是奉朝廷和幕府之命行事,他保证日后外国船只将在海峡通行无阻。[176] 但是,正如萨道义所写,"和谈的时机已过"[177]。井上匆忙返回山口城向藩主报告战端已开。他在路上遇到了同样被派往下关求和的高杉和伊藤,3人一同回到山口城。3天后,他们为了全力准备与幕府的战争,再次返回下关向外国人请和。[178]

高杉全权负责同外国人的谈判。这副重担本应落在家老肩上,但是正如海音寺所说,高杉之所以得此命令,只是因为没有任何一名家老可以担此重任。[179]高杉化名宍户刑马，谎称自己是家老宍户备前的养子（这样他才有资格代表长州）。副使分别是杉德辅和渡边内藏太。伊藤和井上与他们同行，担任翻译。[180]

5名长州武士登上英军旗舰"尤里雅里斯"号，高杉用化名与英国人展开了第一轮谈判。萨道义当时也在"尤里雅里斯"号上，他记下了高杉的衣着打扮：

> 家老大人身披一件黄色底子，绣着大大的淡蓝色家纹（泡桐叶和花）的被称为"大纹"的礼服，戴着一顶黑丝帽。通过舷梯时，他脱掉礼服，摘下帽子。他的发辫像流苏一样垂在脑后，他的白色丝绸中衣一尘不染。

英国人当时可能确实相信了高杉的假身份，令他们觉得有趣的是"日本官员态度的变化……最初登上甲板的时候，他们傲慢得如同凶神恶煞，但态度很快就开始软化，对摆在他们面前的要求丝毫不敢拒绝，反而逐一接受。伊藤似乎在其中发挥了很大作用"[181]。数日后，联军指挥官质疑长州使者的谈判资格，证据是《武鉴》[182]当中并没有"宍户刑马"的名字。长州方面反驳说，他们的使者是养子。[183]

"尤里雅里斯"号上的和谈为期6天，分3次进行。根据八月十四日达成的和议[184]，长州不得在下关建设新炮台、维修旧炮台或安装新火炮；途经下关海峡的外国船只应得到"友好对待……应被允许购买燃煤、粮食、水及其他必需品"；"若水域状况不佳"，应允许外国船员上岸。[185]外国人还要求赔款[186]，理由是"各国船只首先无故遭到炮击，各国完全有权还击，甚至摧毁整座城镇。但是，各国并未采取这一不人道的措施。依照世界各国间的战争法则，对于有权采取而实际并未采取的合法还击措施，各国有权要求相应的赔款"[187]。但是，外国人并未说出索要赔款的真实原因。萨道义称，"这只是向幕府施压的方式，促使其说服天皇批准通商条约，以及随之而来的贸易关系"——既然萨摩和长州现在都已放弃攘夷，幕府自然没有理由继续拖延下去。[188]

高杉等人坚决反对赔款。他们说，长州无力负担这笔支出。他们争辩道，长州藩主只是"服从幕府的一次和朝廷的多次命令，炮击外国船不是他的责任"[189]。（根据萨道义的说法，伊藤给萨道义看过朝廷和幕府发布的攘夷命令的抄件，高杉"还在上面亲笔附言，证明其与原文一致"[190]。）长州人最终同意支付赔款。萨道义写道："但令我惊讶的是，他们的目的仅仅是让我们知道，他们的意志并未瓦解，如果我们提出无理要求，他们宁愿战斗。"[191]

萨道义写道，横滨的外国代表立即要求幕府"承担与长州合谋的责任，证据便是伊藤给我们看过的京都敕书的抄件"。幕府因此必须分摊"长州的战争赔款，否则就要在濑户内海增开一个新的通商口岸"[192]。外国人看中的港口是下关。根据次月江户和四国达成的协议，幕府要么开放下关港，要么支付 300 万美元赔款。幕府选择支付赔款，以免给长州藩主通过对外贸易更新军火库的机会。[193]

对于此事，海舟在元治元年（1864 年）十一月七日的日记中写道："听说英国人要求必须开放下关，否则长州和幕府必须分别支付 200 万美元和 100 万美元。此外，（上一年）遭到攻击的（荷兰蒸汽巡洋舰）'梅杜萨'号也应得到 13 万美元赔款。"如果幕府同意开放下关港，上述赔款可以全部免除。

攘夷运动已宣告失败，曾经的攘夷领袖摇身一变成为开国先锋。长州和老对头萨摩一样，将利用和英国的新关系推进自身的军事现代化改革，并将全部资源用于即将到来的同幕府的决战——他们的口号从"攘夷"变为"倒幕"。

长英和解的消息于八月十八日传到横滨。当天，英法美荷四国使节与幕府的外国奉行举行会晤，告诉他必须让天皇敕许通商条约。[194]萨道义写道："长州藩军在禁门外被赶走后不久，又在外国舰队手中遭受惨败，这给了幕府信心，他们可以坚定地向天皇宣称，攘夷和终止对外贸易是完全不可行的。"[195]

军舰奉行部分同意攘夷不可能实现的看法。海舟在八月二十七日的日记中写道，京都应再次召集参预会议以决定"国家大事"并重新思考和外国的条约。[196]就在不久前的八月二十三日，海舟从龙马那里听来一则真假难辨的消息,由谱代大名统治的小仓欢迎外国舰队光临下关,并承诺不会给外国人添麻烦。外国战舰攻击下关难道是应幕府之请吗?海舟不禁心生疑窦。"虽然长州犯下重罪……(但)借用外国人的力量惩罚本国人"更是罪大恶极。"这样的罪行……令国家蒙羞",必须调查。这则消息同样传到了西日本诸藩主的耳中,他们开始质疑幕府征讨长州的正当性。[197]

第十五章

西乡归来

> 幕末[1]至明治初年，我经常奉命协助［国内外的］外交对话……其间，我接触了许多不同的人。虽然日本人不喜欢我，大院君（朝鲜摄政）和李鸿章（清朝重臣）[2]对我的印象却相当不错……我已经活了一把年纪，可是还没有见过像西乡这么伟大的人。[3]

安政六年（1859年），西乡吉之助被流放到南边的奄美大岛。他本打算和僧人月照一同赴死，却被人救了下来。挚友已逝，独活的西乡心生愧疚。作为武士，他感到耻辱。据说此事过后，其亲友小心翼翼地避免让武士刀或匕首出现在他身边，以防他自杀。不过，过了一段时间，西乡开始相信自己之所以能活下来是因为"天意"。他赋诗一首，称自己的生死乃由天定，他不应再想着自杀，因为这样做有违天意。西乡对天的看法来自儒家，而儒家的道德观念建立在仁爱的基础上。在西乡看来，天就是仁爱的象征。如果一个人"敬天"，他就会"爱人"，这是至善之行。自此以后，西乡一直将"敬天爱人"作为座右铭。[4]

"敬天爱人"所代表的儒家道德观决定了人、幕府和天皇之间的关系——它们都在天的统治之下。但是天不可能顾及每一个人，让人类社会一直保持和平与和谐是天皇的职责，因为他是"天子"。协助天皇履行这一神圣义务的是藩主，他们再从武士家臣当中挑选藩臣辅佐自己。

管理各藩日常事务的藩臣责任重大，因为他们左右着普通人的命运，一个重大失误可能给许多人带来灾难。作为百姓的领袖，藩臣必须赢得民心。为此，他必须将个人利益放在一边，致力于造福百姓。百姓只能服从，没有选择的余地。如果藩臣表现出任何自私的迹象，他就会被百姓憎恨，再也无法领导他们。他应当苦百姓之所苦，乐百姓之所乐。如果违背天意，他必将受到上天的惩罚。[5]正如前文所述，出身下级武士家庭的西乡，在受齐彬重用前担任过税吏，深知民间疾苦。

着手倒幕

文久二年（1862年）二月，也就是安藤信正遇刺一个月后，同时也是"和宫降嫁"（孝明天皇的妹妹下嫁幕府将军）数天后，35岁[6]的西乡回到了鹿儿岛。他已被流放3年。藩主久光之所以赦免西乡，是想让他帮助自己改革幕府并实现公武合体。这两条都是齐彬的遗愿，而西乡曾经在这位已故藩主的政治活动中扮演核心角色，他与朝廷公卿和在诸藩有影响力的武士往来密切。不过，更重要的原因或许是，西乡是诚忠组无可争议的首领，诚忠组由萨摩一群主张倒幕、反对公武合体的年轻人组成。[7]

西乡于二月十三日到达鹿儿岛时，久光正打算率领千余名藩兵上京，请求朝廷批准与将军的联姻。西乡仍对齐彬念念不忘，而且怀疑齐彬的死与久光有关。他认为久光没有能力逼迫幕府依照敕令改革。他做了与家臣身份不符的事，称久光为"乡巴佬"，据说还是当着久光的面说的。西乡说久光永远不会有和齐彬一样的能力或地位。他提醒并非真正藩主的久光，后者并不像其已故兄长那样在朝廷和雄藩藩主当中享有声望，不管是亲藩大名还是外样大名都对久光毫无敬意。他建议久光在上京前应先取得雄藩藩主的支持，以免遭受幕府报复。[8]然而，西乡已经远离政坛3年。他遭放逐前，幕府大权仍然掌握在井伊直弼手里，萨摩等外样大名对国家政策毫无话语权。而现在情况已大不相同，西乡似乎低估了久光强大的影响力。

久光拒绝了西乡的建议。他在动身之前让西乡先行出发，以考察九州政局。他命西乡在下关等候自己到来。[9]但西乡有自己的事要做。三月二十二日，他抵达下关。当天，他遇到了福冈志士平野次郎（后来的平野国臣）。[10]当年西乡试图自杀时，平野和他在同一条船上。[11]除了平野，西乡还遇见了来自东九州冈藩的小河一敏。平野和小河很可能和西乡谈起了他们以及其他聚集在京都的志士打算推翻幕府、建立新政府的计划。[12]他们向西乡强调，京都志士虽然急需他（和久光）的帮助，但已经做好了战死的准备。西乡回答说,早在5年前他"命已当绝"(因为他试图和月照一同赴死),因此他将和平野等人一同"死在战场上"。他在给一名友人的信中写道,京都的志士"在死亡边缘"徘徊,他们听说久光将加入尊王攘夷阵营后与家人告别,离开了家。西乡说:"虽然听起来有些自大,但他们确实依赖我。除非我也拿出必死的觉悟,否则我不觉得我可以救他们一命。"西乡向平野和小河保证,自己不会让同伴白白送死。第二天,他匆忙赶往京都,3天后抵达大阪,在那里稍作停留。[13]

但是,既然西乡已经打算和同伴一同"赴死",他又如何"拯救"他们呢?海音寺对这个看似矛盾的说法的解释是,西乡或许已经正确地预见,包括萨摩武士在内的尊王攘夷派一定会在久光到达京都时举事,这些萨摩武士不会理会久光先前下达的禁止与浪人往来的命令。西乡为防止尊王攘夷派白白丢掉性命(如果他们过早行动,结局必然如此),因此决定冒生命危险说服他们准备妥当后再动手。[14] 他对一群在京都等待久光到来的萨摩年轻武士说,真正的"勇"并不是鲁莽行事,"等时机到来,我将让尔等见识何为最美之死"。[15] 也就是说,西乡虽然站在尊王攘夷派一边,不过他并没有低估幕府的实力。但是,如果不得不战斗,他一定会和同伴奋战至死。

海音寺认为,西乡离开鹿儿岛之前就已经决定抛下久光独自前往京都。他很可能已经和老朋友大久保一藏[16]商量过这件事,后者此时是久光的亲信[17]。久光虽然表面上宣称自己上京是为了"保卫朝廷",但其实是想让天皇下旨命令幕府任命一桥庆喜为将军守护职,任命松平春岳为大老(这也是齐彬和西乡对抗直弼时的目标)。而在背后策划这一切的便是大久保。大久保在将西乡从流放地招回以安抚诚忠组的过程中也发挥了很大作用。[18]

但是,直弼遇刺后,形势已经发生了巨大变化。考虑到日本动荡的局势,以及聚集在大阪、京都的浪人对幕府的强烈敌意,西乡和大久保认定公武合体已经过时,倒幕战争一触即发,而久光只能站在倒幕派一边。大久保认为,唯有西乡才能让倒幕派耐心等待时机成熟,然后再举兵反抗幕府。一些历史学家认为,西乡只是想控制极端派,从而让久光的计划得以继续下去。但正如海音寺所言,如果事实确实如此,西乡对平野的诺言就是"口是心非"。但历史学家普遍认为西乡"最讨厌耍小聪明",甚至连西乡最激烈的批评者也不得不承认，他绝不是伪君子。[19]海舟肯定会同意这样的看法，他在冰川回忆道："（西乡的）勇气、学识和真诚举世无双。"[20]

惩罚、放逐、胜利归来

三月二十八日，久光的队伍到达下关，而此时西乡已经到了大阪，他违背了久光让其在下关等候的命令。不久之后，久光又从海江田武次（又名有村俊斋，生麦事件中参与谋杀理查德森）那里听说，西乡急着赶在自己之前抵达京都是为了煽动尊王攘夷派叛乱。[21]久光怒不可遏。此外，如同海音寺所言，久光对西乡的怨恨一定起了火上浇油的作用。[22]他命人逮捕西乡，这意味着后者或许会被勒令切腹。[23]当时正在大阪的大久保听说朋友陷入危险后试图干预，但并不成功。[24]

四月九日下午，久光到达兵库。与此同时，大久保不打算在朋友被捕时袖手旁观，他在兵库找到西乡，后者正准备面见久光，大概想劝久光倒幕。[25]大久保在西乡有机会见到久光之前，把他带到一片荒凉的海滩（为了避免旁人听到他们的对话）。[26]大久保告诉西乡，久光十分生气，已经下令逮捕西乡。大久保说，他们和齐彬多年的努力最终还是"化为泡影"，西乡绝不能沦为阶下囚，他们现在只有一个选择，就是一起死在这片海滩上。但西乡拒绝了。他对大久保说，为了革命，他将苟活下来。他反问道："如果我们都死了，日本会怎样？萨摩会怎样？"大久保同意了。[27]

上述记载出自明治三十一年（1898年）的一本回忆录，作者是曾在大阪萨摩藩邸任职的本田亲雄。本田说事发当晚他从大久保那里听说了整件事的来龙去脉。由于本田的回忆录大多基于历史事实，西乡的传记作者井上清认为这段记述是可信的。但他怀疑大久保的真实意图。井上认为，在这种情况下寻死完全不符合大久保的行事风格。[28]大久保的传记作者岩田正和（音译）指出，历史学家普遍认为，大久保是一个马基雅维利主义者，他"很可能觉得只要结果正确，手段就是正当的"。[29]

不管大久保的真实意图是什么，此事过后，西乡再次被流放。他被没收武士刀并被当作重罪犯人送到奄美群岛中的偏远小岛冲永良部岛。[30]对萨摩武士而言，流放的严重程度仅次于切腹。西乡遭受的处罚说明久光对他恨之入骨。[31] 他在冲永良部岛待了差不多一年半，直到元治元年（1864年）二月才被招回。当月，久光和庆喜在京都的参预会议上摊牌，久光在对峙中落了下风。随着萨摩地位的下降，鹿儿岛的政治人物，包括影响力越来越强的诚忠组，需要一个可以依靠的强有力的领袖。他们把目光投向西乡吉之助，而久光再也无力阻止西乡重返权力中心。[32]

西乡堪称武士道的典范。他教导别人，"伟人"与普通人不同，"不会在困难面前退缩，也不会谋求私利……不推卸责任，也不吝惜（将功劳）归于他人"[33]。西乡对"私利私欲"深恶痛绝。用他的话说，自私是"最不道德的事，妨碍人们修行，使人无法坚决完成任务并改正自身错误……还会使人傲慢自大"[34]。在西乡看来，理想的武士"不在乎（自己的）生命、名誉、官职或者金钱"，这样的人是"不会受制于人的"[35]。齐彬死后，西乡显然不会再受任何人控制，尤其是久光。

西乡在鹿儿岛待了一段时间，然后于元治元年（1864年）三月四日乘船前往京都，10天后抵达目的地。十八日，他面见久光，后者将指挥京都萨摩藩兵的大权交给西乡，随后动身返回鹿儿岛。据说久光在和西乡谈话时手握一杆银烟斗，谈话刚刚结束，久光就气急败坏地狠咬烟嘴，留在上面的牙印至今可见。不过，正如井上清所言，不管他咬得多么用力，历史已将他抛弃[36]，西乡和大久保将把萨摩引向革命。

不久后，京都陷入动荡，六月发生了池田屋事件，七月十九日发生了禁门之变。其间，西乡一直待在京都。庆喜要求西乡率萨摩藩兵参战（战场离他们近在咫尺），但西乡拒绝了，称这只是长州和会津之间的冲突。西乡说，除非朝廷下诏，否则萨摩不会参战。[37] 井上清认为，西乡坚持要求得到敕命其实只是一种政治谋略，目的是削弱庆喜的军事力量。[38]

敕命最终下达，西乡率萨摩藩兵加入战斗。他在给朋友的信中写道："我的腿被子弹射中，受了轻伤。"久光称赞他的勇猛，赐给他一把武士刀和一件阵羽织。[39] 在西乡看来，长州是不共戴天的敌人，必须彻底消灭。长州"违抗敕命"，拒绝撤出京都，显然罪大恶极。七月二十日，即禁门之变次日，他在给大久保的信中写道："长州因向御所开火，不仅失去了各藩的支持，还应受到天罚……（因为）他们的行为忤逆了天皇。"[40]

受人尊敬的西乡

西乡具有非凡的魅力。整个明治维新期间,不仅萨摩人对他推崇备至,日本各地乃至幕府内部都不乏他的拥趸。中冈慎太郎在一封可能写于元治元年(1864年)三月的信中赞扬西乡是"西日本最伟大的人"。他说西乡"博学多才,勇猛无比;他很少说话,但偶尔说出的几句话总是掷地有声,充满深邃的思想……直击(听者)内心。不仅如此,他经验丰富,见多识广,其'诚'可与武市(半平太)相媲美"[41]。

前面提到过,海舟曾说西乡和横井"令人畏惧"。横井长于思考,但缺乏行动力;而"(西乡)拙于言辞"。海舟评论道,"这点我比他强多了,我却为此暗自担心",如果日本需要一个人来"拯救,那个人一定是西乡。我向老中们提议……一定要格外留意(西乡和横井)"。[42]但和往常一样,无人理睬海舟的建议。老中提醒他,"西乡还在流放中,横井……被强制隐居"[43]。历史自然会证明海舟是正确的,老中犯了大错。海舟在冰川以其特有的方式谈到了这点。他说:"我正担心如果西乡把横井的想法付诸实践,幕府的末日就不远了的时候,西乡就来了。"[44]他把西乡"超凡的勇气"比作"无际的天空和无边的海水"。他又强调,西乡"从不自大"。[45]在海舟看来,西乡在现代日本诞生的过程中扮演的角色无人可以替代,他的光辉令明治政府的其他领导人相形见绌。1894年(明治二十七年,当时西乡已经过世17年),海舟对记者说:"关于明治维新人物的传记很多……但真正值得作传的只有西乡一人。"[46]他在冰川的另外一次采访中说西乡"长得慈眉善目",而且"性情温和"。[47]

萨道义曾多次与西乡会面,他说西乡"身材魁梧,黑眼睛虽小但炯炯有神……胳膊上有刀疤"[48]。11岁时,西乡在一场比试中受了伤,右臂再也无法伸直,终生无法用剑,因此弃武从文(不过他一直在练习相扑)。[49]

号召消灭长州

西乡被幕府任命为长州征讨军参谋后,正式登上全国政治舞台。[50]他呼吁彻底消灭长州。[51]元治元年(1864年),由来自西日本23个藩的15万名士兵组成的幕府军包围了长州。[52] 战斗原定于九月十八日开始，但因为江户的老中同京都的将军后见职（后来的禁里御守卫总督）一桥庆喜意见不一致而推迟。[53] 七月六日，海舟在日记中写道，除了亲藩大名，其他藩主都批评庆喜经常朝令夕改。

雪上加霜的是，即使到了此时，幕府的老中仍然不承认德川家的权威在下降，而庆喜却心知肚明。老中们自信地认为，幕府大兵压境，长州自会主动请降，他们不觉得家茂需要亲征。不仅如此，派兵参加征讨的诸藩中不乏长州的同情者，而近期外国舰队对长州的惩罚进一步加深了他们的同情心。甚至连那些表面上支持幕府的藩主，其实也不愿意浪费自己的人力、物力来加强幕府的权威。将军已经宣战，但他本人仍然留在江户，长州征讨毫无进展。[54]

长州厌恶幕府，但也痛恨萨摩和会津。长州藩士将这两个藩合称为"萨贼会奸"。[55] 萨摩积极推动公武合体，而曾经下令在寺田屋屠杀萨摩志士的久光与松平容保同样令人不齿，后者曾指挥新选组的恶徒在池田屋杀害攘夷志士。文久三年（1863年）的禁门之变后，萨摩和会津联手将长州势力逐出京都。此时，就在禁门之变败给萨摩和会津一年之后，长州又被冠上朝敌之名。

另一方面，萨摩也有足够理由怀疑长州。早在禁门之变前，萨摩就认为长州之所以想让天皇出面号召攘夷，不过是为了控制朝廷。如果计划进展顺利，长州便能以攘夷的名义攻击幕府；如果进展不顺，长州藩士就会将京都付之一炬，将天皇挟持到长州。[56] 政变数月后的文久三年十二月二十四日晚，长州向萨摩的一艘蒸汽船开火，这艘船当时正停靠在下关对面小仓的田之浦。这起事件导致船只沉没，28人失踪。这则消息传到京都的萨摩藩邸后，藩邸内的武士群情激昂，声言要烧掉附近的长州藩邸，不过久光制止了他们。次月，长州藩士袭击并烧毁了另一艘萨摩商船。[57]

禁门之变后，西乡担心长州的激进派会联合浪人彻底毁掉这个国家。九月七日，他在给大久保的信中写道，长州必须受到军事惩罚。如果它投降，其领地应大幅缩小并被移封到东边（离江户更近），否则萨摩乃至整个日本将永无宁日。[58] 海舟在九月十一日的日记中写道，萨摩提议没收长州的长门国和周防国，半数交给朝廷，另外一半交给出兵征讨的藩主。此前，由于长州在京都引起骚乱，一些人的财产受损，这些人也应得到赔偿。

海舟的远略

然而大约就在此时，西乡对长州的看法有所变化（他与军舰奉行的第一次会面也在这段时间）。海舟为向外国代表施压以推迟兵库和大阪开港，从神户来到了大阪。[59] 但外国代表坚持必须立即开港，不能拖延。天皇坚决反对开放这两个距离京都很近的港口，公武合体派也反对开放兵库和大阪，他们认为应遵从天皇的意见。[60] 但西方列强并不打算退让。与此同时，软弱的幕府依然毫无主见地听任列强摆布。西乡和海舟（更别提幕府的老中），都担心刚在下关取胜的外国联军舰队不久将驶入大阪湾——这样外国军官便可以前往京都直接和朝廷签订条约。[61]

海舟想出了一个对策，并且迫不及待地想和西乡分享自己的想法。九月十一日，海舟在大阪的家中与西乡见面。[62] 和西乡同来的是海舟的两名旧识——西乡的萨摩挚友吉井友实和福井的青山小三郎。[63] 西乡劝海舟返回江户向将军施压，说服将军下令征讨长州。[64] 海舟不同意。相反，他对幕府领导能力的坦率批评令西乡大吃一惊。海舟说幕府腐败至极，无力继续统治；将军的部下，不管地位高低，净是些愚蠢、狭隘的无用之人。他们只关心幕府的得失，因为他们认为只有幕府能够保证他们继续过舒适安逸的生活。他们认为，长州的倒幕派已在京都失势，日本将重归安宁，幕府的统治又稳如泰山了。只要这样的人继续当政，日本就没有未来可言。[65]

海舟深知，幕府的统治并不稳固。他警告西乡内战的危险，内战可能招致外国的干涉。他极力劝说西乡主动联络四五名最有实力的藩主，建立一个联盟，以代替老中同外国政府交涉。[66] 这个联盟必须领导日本实现强兵的目标，这样日本才有足够的实力要求修约。在修改后的条约中，长崎和横滨将继续作为通商口岸对外国人开放，而兵库和大阪则不允许外国人踏足，除非天皇敕命开港。只有这样，日本才能得到国际社会的尊重。几位雄藩藩主在京都结盟之前，海舟会设法稳住外国人。[67] 海舟此次设想的藩主联盟并不是已经失败的参预会议的翻版——所谓的参预会议不过是朝廷的顾问会议。海舟希望它能成为日本未来的统治主体,将军同参与联盟的各藩主处于平等地位。

西乡震惊了。5天后,他在给大久保的信中写道:"(那天)我第一次和胜见面……他确实是个了不起的人。起初我打算狠狠批评他,但很快就佩服得五体投地。我真不知道该怎么形容他的智慧……我彻底为胜老师所折服。"[68]

坂本龙马和西乡吉之助

前面提到过,海舟在禁门之变后主张对长州网开一面,还公开和倒幕派领袖见面,而且谴责了导致一名弟子遇害的池田屋事件。即便幕府能够容忍海舟的上述行为,他和龙马等倒幕派过从甚密的事实也势必使幕府怀疑其忠心。禁门之变后,幕府的权威有所恢复,海舟很可能已经预见自己将被解职,这大概就是他和西乡见面的背后原因——他担心自己被解职后弟子们可能遭遇不测。他把他们训练成了称职的船员,还教会他们操纵现代蒸汽船。他知道萨摩在鹿儿岛之战败给英军后一直在加强海军实力,急需技术精湛的水手。和西乡见面后不久,海舟便派龙马去京都萨摩藩邸和西乡会面。[69]龙马和许多人一样,也同情长州。海舟很可能是为了打破两人之间的坚冰才安排他们见面。他不仅希望龙马能在西乡面前为长州求情,也希望土佐藩士能得到萨摩的庇护。

龙马和西乡的会面似乎是成功的,不过龙马认为西乡是个怪人。龙马后来对海舟说,西乡"说话含糊不清,难以理解"。他形容西乡"轻击则鸣声小,重击则鸣声大"。海舟"十分惊讶",因为龙马对西乡性格的判断十分准确。数年后海舟写道:"他(指龙马)知道自己在说什么。"[70]

和平的条件

和海舟见面后,西乡认定"不战而胜"对萨摩最为有利。长州内部已经分裂,主张继续抵抗的正义派和主张妥协的俗论派相互对峙。西乡认为,长州的问题应由长州自己解决。他在给大久保的信中称,长州的分裂是"天赐良机",因为如果长州处于弱势,它定会选择和平而不是战争。为什么要摧毁长州，而不是让它继续存在下去呢？[71] 只要长州还在，幕府便寝食难安。

长州的内部动荡和海舟的建议，促使西乡重新思考如何处置长州。他开出了一系列避免战争的条件：对京都战事负责的 3 名家老和 4 名参谋必须以死谢罪；藩主父子必须为挑起战端亲笔写下谢罪书；藩厅山口城（不久前长州未经允许便将藩厅从萩城迁至山口城）必须被摧毁；八月十八日政变后在长州躲避的以三条实美为首的 5 名公卿（本有 7 名，一人已故，另一人行踪不明）必须转移到其他藩。[72] 不过，在长州给出正式答复之前，海舟建设国家海军的计划突然中断了。[73]

第三部分

出　局

第十六章

始料未及的蠢事

> 我以绵薄之力尽心奉侍（幕府）3年后，遇到了始料未及的蠢事——虽然我肩负国运之重担，但（幕府）对我的话置若罔闻，令我无法成事……我将（个人）荣辱放在一边，静待时机。[1]

元治元年（1864年）十月十二日，法国蒸汽船"基恩尚"号驶入兵库港，上一年它在下关遭长州攘夷派袭击。"基恩尚"号来兵库是为了"购置包括煤和食物在内的补给品，修复受损的引擎"。当天下午，海舟登上了"基恩尚"号。他写道："他们提了一些要求，包括允许他们上岸。我拒绝了他们的大多数要求，不过答应让人把煤和其他补给品送上船。他们同意明天离开。"[2] 海舟提到，上个月也发生过一起类似事件。[3] 他总结道："法国人对兵库港很感兴趣。"这令他"非常担心"，因为"如果像这样的外国船在港口停泊太久，那些倒幕派便会借机生事，紧接着战争定会爆发"[4]。

海军计划暂缓

但是，幕府无暇顾及此事，他们正忙着处理发生在神户的另一件事。幕府有理由担心海舟的海军。他们知道军舰奉行在私塾传授专业海军知识[5]，当时他大约有30名弟子[6]。而且神户海军操练所已经不单纯是一所学校，它有点像一个政治组织，成员是以坂本龙马为首的志士。部分幕府官员甚至认为，海舟图谋和自己的学生一起另立"国家"。[7] 九月十九日，海舟在日记中写道，幕府"问起学生的名字"。江户的官员怀疑，长州的攘夷派被赶出京都后，神户海军操练所成了"叛党的乐土"——事实上他们是对的。

据海舟所言，他于十月二十二日接到立刻返回江户的命令。他立刻前往大阪，在那里目付德永主税建议他"尽量不要和（江户的官员）争辩"。次日凌晨，他乘"快轿"前往江户——他选择走陆路，而前几年他一直指挥战舰从海上前往江户。他在日记里写道，途中下起了雪。[8]他作诗抒发自己的悲观情绪，感叹"这个世界和我究竟会变成什么样"[9]。十一月二日，他抵达江户，仅用8天时间[10]。十日，他被正式解除职务[11]，失去了2000石的薪俸[12]，受"谨慎"处分，被软禁在冰川的家中[13]。接下来的一年半里，他一直闭门不出。

"我翻箱倒柜寻找老朋友的来信，"他在十一月十二日的日记中写道，"他们大都已经过世了，我很想念他们。很多是象山写的。它们或关乎国家大事，或是解答学术难题。他真是伟人，可惜已经去世了。"

老中腐败的消息也令海舟忧心忡忡，他担心他们的自私"会让国家垮台"。贪腐最严重的是松前藩主松前崇广，他在海舟被解职当天升任老中。海舟称松前等人是"为了一己私利而从政的小人"，而像他和忠宽这样的"有志之士"却"被排除在外"。[14]

海舟被解职后不久收到了忠宽的"密信"。忠宽警告他："你在幕府官员当中的名声很糟，你很快会收到封书（密封的质询函），注意不要在回信中说过激的话。"[15]海舟后来在冰川解释了所谓的"封书"：

> 它是幕府调查一个被怀疑有罪的官员的第一步。之后，这个官员和他的家人就必须当面接受进一步质询。第三轮是一次严厉的质询，这个时候幕府就要决定应当如何处罚这个人，是切腹、终身监禁，还是其他处分。因此对于幕府官员来说，如何答复"封书"是十分重要的。但是我暗自开心，因为大久保［忠宽］非常善意地提醒了这件事。我等待着消息，但是不幸的是（实际上还是幸运的），当时正值国家多难之际，再加上还要准备第二次长州征伐和将军上京之事[16]，幕府根本没时间管我这种人。这件事一拖再拖，我也没收到什么新消息。[17]

次年，庆应元年（1865年）三月十八日，海舟接到命令，神户海军操练所被正式关闭。[18]但是他不会放弃和龙马等人制订的建立国家海军以保卫日本的计划。元治元年（1864年）十二月二十五日，海舟给福井的春岳去信，说自己"真心希望"西日本诸藩能承担建设海军的责任。[19]

西日本诸藩中实力最强的是萨摩，它在和英国的战斗中失去了3艘购自外国的战舰（共四艘）。遭受重创的萨摩立即着手重建自己的海军，但是缺乏操纵这些船的优秀船员。海舟希望他的土佐弟子能在萨摩的支持下继续完成自己建立国家海军的计划。十一月二十六日，就在海舟被解职两周后，小松带刀应海舟的请求，从京都二本松的萨摩藩邸给大久保一藏去了一封信[20]，信中提到一个"土佐人……打算借一艘外国（造的）船出海。他叫坂本龙马"。龙马和他的土佐同伴担心遭到逮捕和处决（容堂正不遗余力地镇压土佐勤王党），不敢回藩，"西乡和京都的其他人讨论了这件事，他们觉得让这些浪人驾船……是一个好主意"——当时龙马就躲在大阪的萨摩藩邸。[21]

萨摩为海舟的土佐弟子提供庇护，使他们免遭逮捕，还给他们提供经济支持。[22]龙马和西乡等萨摩人由此建立了友谊。他和高杉晋作等长州攘夷派领袖的关系也不错。龙马和土佐的中冈慎太郎、土方楠左卫门想出了一个看似荒唐的主意：他们打算说服萨摩和长州组成一个军事联盟，共同反对幕府。若想促成联盟，龙马必须先让这两个宿敌冰释前嫌。他知道长州急需大炮以应付即将开始的同幕府之间的战争。幕府严禁外国商人将武器卖给长州，违令者将被逐出日本。龙马知道，萨摩不受禁令限制，于是便请西乡帮忙购置武器。西乡之所以愿意合作，部分原因在于他听说长州发生了一件大事，而高杉在其中发挥了关键作用。

第十七章

高杉晋作与正义派

> 高杉晋作还年轻。在当时的情况下,他没有机会充分发挥自己的潜能。但是,他确实是一个充满活力的人。[1]

海舟一直待在家中读书、写作。他后来回忆道:"我没有其他事可做……早上我会读一些关于西方的书(很可能是荷兰语写成的),下午读一些汉文典籍,晚上读各种日语书。"[2]日语书包括《源氏物语》。[3]他写了一本名为《海军括要》的44页小册子,阐述了效仿荷兰海军对海军指挥体系进行现代化改革的必要性——就提高战斗效率而言,指挥体系和造价高昂的大炮、战舰同等重要。[4]访客(大多来自福井和萨摩)常常带着礼物和信件拜访他,海舟因此得以了解外部世界。海舟收到了松平春岳新近猎获的一只野鹅,和它一起被送来的是春岳对十二月二十五日海舟给他的信的回复,回信的落款日期是庆应元年(1865年)一月一日。这位资助过神户海军操练所的前藩主说,即使到了现在,他仍然支持建设国家海军,对军舰奉行被撤职一事感到遗憾。虽然春岳的地位很高,但他仍然尊称海舟为"老师"。庆应元年(1865年)一月二十二日,海舟在日记中写道:"长崎来信,说(孩子已经)生了。很好。"他说的是三子梶梅太郎,梶玖磨在长崎生下了这个孩子。[5]

上一年十二月三日,海舟写道,高崎伊势(即高崎正风)来到冰川,说长州的三名家老选择切腹为进攻京都谢罪——这是西乡提出的条件之一。四名参谋同样按照西乡的要求被斩首。[6]他们的首级被送到广岛国泰寺,由征讨军总督德川庆胜确认,这天离预定的作战开始时间十一月十八日非常近。[7]海舟写道:"事情至此基本结束。"然而,高杉并不这么想。

长州的权力之争

下关议和后不久,高杉的政敌主导了长州藩政,并将他软禁了起来。[8]长州现在分裂成两派——主和的俗论派和主战的正义派。俗论派的代表是萩城的上级武士,不过长州在京都和下关的战斗中接连败北后,正义派的主张占了上风。正义派主要依靠各种民兵组织,其中最著名的是奇兵队,他们驻扎在山口城。俗论派抨击正义派铤而走险,蛊惑藩主(长州藩主其实只是强势派系的傀儡,而非握有实权的统治者)。他们主张接受西乡的条件,和江户结盟,以此来避免战争。[9]

正义派认为自己是"正义的",他们拒绝接受俗论派的主张。元治元年(1864年)九月二十五日,双方代表开会讨论藩策,藩主也在场。俗论派催促藩主尽快答应幕府的条件。正义派的代表井上闻多建议藩主表面恭顺,暗地里准备与幕府作战。藩主似乎更倾向井上的主张,但俗论派不会善罢甘休。[10]井上在回家途中遭到藩军撰锋队的成员袭击,身负重伤。虽然他侥幸活了下来,但俗论派最终还是占了上风。

十月末,受谨慎处分在家思过的高杉为避免落入俗论派之手,同时也为了防备正义派中想要杀掉他的人(这些人对他在下关和谈中取得的成功感到不满),不得不流亡九州。他离开萩后先去了下关,随后使用化名"谷梅之助"前往福冈。在那里,他躲在同情尊王攘夷运动的女诗人野村望东尼的家里。他后来又试图集合九州尊王攘夷派,但是失败了。[11] 5年前,就在吉田松阴被处死前不久,高杉从吉田那里收到一封信:

> 你曾经问我,人何时当死。大限将至,我发现了死亡的一些奥秘,让我来告诉你吧。你既不应当畏惧死亡,也不应当憎恨它。若生可成千古大业,则忍辱也应偷生;若死可流芳百世,则随时可慷慨就义。[12]

高杉似乎没有忘记吉田的教诲。元治元年(1864年)十一月末,他丝毫不考虑自己的生命安全,毅然返回下关参加战斗。[13]

与此同时,萩城的俗论派正推进自己的计划,他们打算接受幕府的要求。面对15万征讨大军，长州交出3名家老的首级以示屈服。征讨军总督同意推迟作战计划，但并未撤军。他要求长州藩主必须写谢罪书、摧毁山口城，并交出5名公卿。长州答应了前两个要求（俗论派掌权后，藩主已经返回萩城），但是长州的正义派坚决拒绝交出公卿。在正义派看来，只有确保三条实美和另外4名公卿在他们这边，长州的斗争才能变得正当，5名公卿是长州获得朝廷支持的最后希望，他们已经成为尊王攘夷运动的化身。高杉得知征讨军要求引渡这些公卿后勃然大怒，抓起清酒杯和毛笔写下了如下诗句：

就算死，
我也会留住你们。
留下来吧，
这里也有长门武士。[14]

为了打破僵局，十二月十一日，西乡吉之助冒着生命危险和另外两人来到下关，那里驻扎着大约700名正义派士兵。西乡见到了几位公卿以及包括高杉晋作和山县辰之助（即前文提到过的山县小助，也就是后来的山县有朋）在内的正义派领袖，山县此时是奇兵队的指挥官。[15]长州人憎恨"萨贼"首领西乡，因此当西乡准备前往下关时，一些萨摩藩士担心他的安全，试图劝阻他，但西乡没有听他们的话。就让他们杀了我吧，他答道，这只会让他们的处境更加艰难，长州的问题就更好解决了。然而，长州人见到西乡本人后才发现，他并不是他们想象中的那个恶棍。西乡建议先把5名公卿送到九州，而不是直接交给幕府。起初高杉等人都反对这项提案，但西乡拿出咄咄逼人的气势，迫使公卿同意在两周内前往福冈。虽然公卿直到次月十四日才动身，但长州实际上已经同意了幕府的全部条件。[16]西乡抓住"天赐良机"达到了"不战而胜"的目的。十二月二十七日，征讨军撤兵。[17]

高杉晋作的决心

但是高杉还未放弃战斗。虽然他的大部分战友都反对俗论派，但他们并未响应他的战斗号召,因为他们认为本方准备不足。然而,高杉坚持认为现在是千载难逢的大好时机,不成功便成仁。当然,高杉的计划确实风险极大。一旦失败,俗论派将继续把持藩政,革命的机会将一去不复返。不过,他认为只要有少数志士在这个危难关头奋起战斗,其他人自然会加入。由于面对着各种困难,他只集合起了80来人,包括两支民兵武装,名字分别是游击队和力士队。力士队的实力稍强,有60多名成员,首领是高杉的朋友伊藤俊辅。[18]

十二月十五日雪夜,高杉在下关功山寺举兵,誓言驱逐俗论派。5名公卿当时正躲在功山寺。[19]高杉披挂整齐,对三条实美说:"我们要让您见识见识长州人的勇气。"[20]

此时,奇兵队的军官福田侠平突然现身。他跪坐在高杉战马前的雪地上,请求高杉稍后出发,等待他的部下前来会合。据说"高杉迟疑片刻",直到炮兵指挥官"在后面大声催促队伍前进"。[21]

中冈慎太郎在写于次年(庆应元年)的一封著名的信中称高杉"智勇双全,在敌人面前毫不动摇,机会到来时则可出奇制胜"。[22]十二月十六日凌晨四点,高杉展示了他的勇气和谋略。他率部攻下下关的藩奉行所,缴获了大炮、弹药、粮食和金钱。不久后,高杉又得到当地商人资助的两千两。[23]下关之战后,高杉被称赞"用兵如神"。[24]他挥师东进位于濑户内海边的三田尻,夺取了长州的军舰。他们带着战舰返回下关,从海上和陆上两个方向保卫大本营。[25]他们得到越来越多同情者的支持,队伍越来越大。最开始拒绝响应高杉号召的人,以及来自山口和南边的小郡的商人和农民,纷纷加入他的队伍。不久之后,高杉的兵力就达到2000,部队中既有武士,也有农民和市民。[26]

与此同时,俗论派开始反击。十二月十九日晚,他们处决了7名正义派藩士,二十五日又勒令一名家老切腹。俗论派命令高杉解散部队。[27]

但是高杉毫不退缩,继续战斗。中冈和高杉、山县等正义派领袖一起过了新年。他在日记中记录了庆应元年(1865年)一月六日雨夜发生在萩城南的战斗,高杉的一百名部下击败了栗屋带刀率领的1000名藩兵。[28]枪声"像雷鸣一般,中间夹杂着人们的嘶吼声,天地为之震动。敌人毫无斗志,扔下武器,四散奔逃"。至于俗论派的命令,叛军"给带刀送去一份宣战声明,列出了长州高层的罪状"。第二天,高杉的部下收缴了敌人的武器,"安抚民心,制订计划,痛饮清酒以鼓舞士气,同时等待(山县)的后卫部队"[29]。战斗一直进行到十六日,"叛军大获全胜"[30],俗论派退入萩城[31]。高杉打算乘胜追击,但被其他指挥官说服,返回山口城,战斗暂时中止。[32]

到了庆应元年(1865年)二月,俗论派彻底失势,许多人遭处决或被流放。[33]正义派重新控制了长州。27岁的高杉已经准备好和幕府决一死战。

第十八章

歧途中的幕府

庆喜公胆识过人，这就是他们必须扳倒他的理由。[1]

庆应元年（1865年）三月初，海舟在日记中提到了关于江户"图谋建立集权统治的传言"正在京都流传。[2]老中似乎严重误判了形势。虽然长州已经屈服，但并不是因为德川家的复兴，而老中却罔顾事实。长州的妥协主要是因为西乡的明智之举和长州的内讧，而非幕府的实力。

然而，即便幕府的实力在元治元年（1864年）年末进一步衰弱，老中们仍然盘算着收回在过去几年间对朝廷做出的让步并废除一桥庆喜被任命为禁里御守卫总督后在京都形成的"一会桑体制"，让江户重新成为日本独一无二的政治权力中心。庆应元年（1865年）一月，各藩主被要求服从元治元年（1864年）九月颁布的恢复参勤交代的命令。井伊直弼遇刺后已经废除了的大老制度，也随着前老中酒井忠绩二月的任命死灰复燃。[3]二月五日，幕府违背了第一次长州征讨时的停战协议，命令将长州藩主父子以及躲在九州的5名公卿送往江户。[4]

在老中眼里，庆喜就是敌人。元治元年（1864年）十二月二十六日，刚刚镇压了天狗党叛乱的庆喜，立即从近江返回京都。[5]庆喜虽然被朝廷任命为禁里御守卫总督，可以指挥京都的所有幕府武士，甚至可以号令其他藩的藩主，但他的权力是否在老中之上就值得怀疑了。[6]元治元年（1864年）十二月三日，海舟在日记中提到了从萨摩传来的"秘密消息"，可能是奉西乡之命前往冰川拜访海舟的人带去的。这则秘密消息肯定和海舟于次月，即庆应元年（1865年）一月二十一日记载的"传言"有关，据说老中"松前为了避免和庆喜公见面，匆忙离开（京都赶往江户）"——也许是担心禁里御守卫总督强悍的性格。海舟在十二月三日的日记中写道，松前在京都期间曾与他人共谋逼庆喜返回江户，如果庆喜拒绝，江户方面计划"勒令其切腹"。

很难说庆喜是否确实受到了死亡威胁。不过，另两名老中阿部正耆（白河藩主）和本庄宗秀（宫津藩主）确实在庆应元年（1865年）二月率3000藩兵上京向庆喜施压。[7]如前文所述，老中怀疑庆喜和朝廷勾结，图谋篡权。他们还指责庆喜要对宽大处理长州负一定责任。[8]老中"误解了我"，庆喜在大约半个世纪之后的1909年回忆道，禁门之变以来，"我一直催促幕府让将军上京"。老中指责庆喜"向朝廷献媚"而"丝毫不考虑"将家茂送到西边的巨大花销和困难。[9]

海舟在三月二日的日记中写道，两位老中前往京都是为了向朝廷保证，"幕府将接手保卫御所之事。他们说（目前驻扎在御所的）各藩军（包括萨摩军）必须立即离开，庆喜公和会津（指松平容保，时任京都守护职）也必须返回（江户）"。但是庆喜不愿离开京都，只要他仍在京都担任禁里御守卫总督，其首要职责便是服从天皇旨意。[10]庆喜找到了一个本来不太可能的盟友——萨摩藩士大久保一藏，后者正游走于公卿之间，试图说服他们驳回阿部和本庄的要求。[11]老中在京都重新建立幕府军事统治的计划失败了。

二月二十二日，阿部和本庄面见天皇。关白二条齐敬（庆喜的表亲），质问他们为何带兵上京[12]，二人哑口无言。庆喜后来回忆道："于是他们两手空空地返回江户。"[13]三月二日，朝廷命令幕府撤销让长州藩主父子和5名公卿前往江户的命令，立刻安排将军上京，并取消参勤交代制度。[14]

第二次长州征讨

"长州未平。"海舟在庆应元年（1865年）三月二十三日的日记中写道。实际情况更为严峻。征讨军撤兵后，高杉晋作的正义派很快击败了到目前为止仍然忠于幕府的俗论派。长州在正义派的支配下，开始制订对抗幕府的战争计划。

与此同时，幕府也在推进自己的计划。它无视朝廷旨意，仍要求尾张、萨摩、福冈和宇和岛将五名公卿送到江户。但是，反对第二次长州征讨的声音在日本日益高涨，因此无一藩照做。三月十八日，幕府给长州下达了最后通牒，要求其将藩主父子送到江户，否则将自尝苦果。长州没有理会最后通牒。[15]

西乡和大久保领导的萨摩坚决反对再次出兵征讨长州。他们上书天皇，表明了自己的反对意见。[16] 他们称，萨摩藩军绝不会为幕府而战。五月十二日，大久保给在长崎的萨摩藩士伊地知正治写了一封信，内容是关于向当地外国商人购买枪炮和蒸汽船之事。他写道，"我期待（看到）这出有趣的剧目上演"——幕府想做什么就顺其自然吧。与此同时，萨摩也在为即将到来的"决断"做好准备。所谓"决断"自然意味着与幕府摊牌。西乡像往日一样稳重。家茂上京途中，他在给小松带刀的信中写道，将军正径直走向灾难。他写道，"我觉得德川家的灭亡近在眼前"，而将军西行加速了它的到来，"对于国家来说，这是一件值得高兴的好事"。[17]

其他实力强大的外样大名，包括广岛、冈山、德岛、鸟取、熊本和福冈等藩的藩主，同样反对第二次长州征讨。甚至连纪州、尾张和福井也不支持出兵长州。虽然各藩反对的理由不尽相同，但有3个是共同的：军事行动的花费过高；只有幕府能从中受益，其对诸藩的压迫只会更甚；寻常百姓在战争中受害最深，而民众的不满是必须避免的危险。[18]

在第一次长州征讨中担任征讨军总督的德川庆胜呼吁幕府三思而后行。[19] 德川庆茂（他在安政大狱期间继承其兄庆胜成为藩主，但于文久三年（1863年）八月归隐）同样拒绝担任征讨军总督。[20] 最终被任命为总督的是仅比德川家茂大两岁的德川茂承，[21] 他在家茂成为将军时继任纪州藩主。[22]

虽然反对的声音此起彼伏，但幕府仍然在四月十九日宣布家茂将前往大阪开始第二次征讨。[23] 五月十六日，家茂离开江户，骑马率幕府步兵、骑兵、炮兵从陆路出发，老中、若年寄随行，诸藩军队伴其左右。将军身着戎装，包括阵笠、阵羽织和袴，所有服饰都装饰着精致的德川家纹三叶葵。家茂命人抬出象征德川家的金扇马印，自己策马跟在部队后面，这景象不由得使人联想到1600年第一代将军德川家康在关原行军的样子。[24]

途中，家茂不得不在大津停下脚步，因为据说有人计划刺杀他。[25] 闰五月二十二日，大军抵达京都，家茂前往御所向天皇申明第二次长州征讨的理由：虽然长州在第一次征讨时已经认罪，但现在该藩的倒幕派已经夺取权力，并非法从海外购置火炮，同时还涉嫌从外国商人那里走私武器——这样的开战理由显然难以服众。

离开京都后，将军于二十五日到达大阪，并在那里设立征讨军本阵。[26] 九月，他返回京都以请求天皇敕许征讨长州。公卿召开会议，关白二条却姗姗来迟，他先和大久保见了面。支持第二次征讨的庆喜指责关白为听取萨摩"乡下人"的看法而浪费了宝贵时间，这也是对其他公卿的不敬。[27] 九月二十一日，朝廷答应了将军的请求。[28]

英国人的图谋

然而，幕府的战争计划在将军返回大阪后不久突然中断，因为老中们碰到了一个似乎无法解决的难题。庆应元年（1865年）九月十日，就在家茂离开大阪城前往京都的5天前，海舟写道："据说英国、法国、荷兰舰队将前往大阪要求开港。"9艘战舰（5艘英国战舰、3艘法国战舰、1艘荷兰战舰）组成的强大舰队，载着各国代表（包括美国副公使）前来。[29] "（舰队）咄咄逼人，"萨道义写道，"不过实力不及去年在下关轰击炮台的那支舰队。"[30]

按照幕府和四国达成的协议，日本应为下关战争支付300万美元赔款，幕府每季度须支付50万美元。然而，由于江户表示自己财力不足，外国代表同意放弃其中三分之二赔款。不过，作为交换，天皇应当在庆应元年十一月十五日（1866年1月1日）[31] 前敕许兵库、大阪开港，并将所有开放港口的关税税率降到百分之五。幕府不得不决定是否接受列强的提议。[32]

由于外国政府已经和江户签订了通商条约，从法律的角度上讲，他们并不需要得到天皇的敕许。但是，至少英国已经看出幕府时日无多，他们务实地意识到，只有得到天皇敕许才能避免遭到攘夷派的抵制，从而为有利可图的对日贸易提供一个稳定的政治环境。而确保政治稳定并使日本全国在贸易问题上达成一致的最好方法便是召开诸侯（雄藩藩主）会议，将军和老中要以平等身份参加会议，所有人都必须服从天皇的权威。

萨道义在两篇名为《英国政策》的文章中表达了上述观点，这两篇文章分别发表在 1865 年 12 月和 1866 年 5 月的《日本时报》上。[33] 如萨道义在回忆录中所解释的，这些文章呼吁"修订条约，重组日本政府"。他写道："我的提议是，将军应降格为大名，而接替其统治日本的将是一个以天皇为首，由各藩主组成的联邦。"《英国政策》被翻译成日文，在大阪和京都的书店出售。[34] 从保存下来的日文译本可以看出，萨道义主张外国政府不应和幕府缔结条约，因为将军的权力是天皇授予的，但是天皇和将军都不是这个国家的真正统治者，真正统治日本的是藩主。[35] 值得注意的是，萨道义的建议和海舟等四人众的想法有许多相似之处，同萨摩的西乡、大久保，长州的高杉、桂，以及脱藩的龙马的主张也有许多不谋而合之处。

庆应二年（1866 年）秋，萨道义提醒上司巴夏礼爵士，在条约的英文文本当中，将军被称为"陛下……因此和女王处于同等地位"。然而，日文文本的用语则表示将军的地位高于女王。萨道义重新翻译了条约，新译本成为"新政策的基石"。新译本将天皇视为日本最高统治者，将军不过是其"副手"。"最重要的成果是比以前进一步明确了（天皇）才具有签订条约的权力。只要他未对已签下的条约给出肯定答复，条约便无实际效力，但是，如果我们可以引导他同意签约，诸藩主的反对意见就显得苍白无力了。"[36]

为了获取天皇敕许，外国代表向幕府发出了令人不安的最后通牒。萨道义写道，将军"要么不愿，要么无法使（天皇）敕许通商条约，我们开始想，或许必须彻底推翻将军的政权"。如果将军"受一个更高权威的控制，那么西方列强就不应和他打交道，而必须和最高权力者接触"。最高权力者便是在离大阪不远的京都的天皇。外国人威胁说，若无法立刻取得敕许，他们将前往京都。虽然只是虚张声势（萨道义称"联军舰队缺乏足够兵力攻入京都"）[37]，但是它成功吓到了老中。

四国的新联合行动计划是英国外交大臣约翰·罗瑟尔在伦敦制订的，他在联军舰队炮击下关后不久，给新任驻日公使巴夏礼发去急件。巴夏礼在中国待了 20 多年，在中国最后的职务是上海领事，随后于庆应元年（1865 年）闰五月抵达长崎。根据萨道义的说法，他"以敢于直面死亡的英雄气概著称，在远东所有欧洲居民眼中，他的地位高于派驻到这些国家的其他皇家军官"。

但是，老冤家英法在幕府问题上的立场并不相同。英国已"征服"（用萨道义的说法）[38]萨长的攘夷派，并转而支持他们倒幕。法国虽然也意识到德川家的实力日渐衰弱，却计划通过支持幕府以达到在政治和经济上控制日本的目的。美国和荷兰代表接受了英国的计划。法国公使莱昂·罗什最初表示反对，但巴黎方面要求他和巴夏礼合作。[39]

巴夏礼在长崎与诸藩武士会面，得知他们希望和外国通商。[40]同时，巴夏礼也意识到，诸藩对幕府垄断对外贸易极为不满。用萨道义的话说，最令人不安的或许是"以推翻将军统治为目的的内战即将爆发"[41]。巴夏礼在长崎待了一周后前往横滨，途中在长州短暂停留，并见到了桂、伊藤和井上。[42]巴夏礼很快意识到，对外贸易的最大阻碍是幕府本身。萨摩乃至长州都愿意和外国通商。如果所谓的日本最高权威——幕府，真的有意遵守条约，就必须立刻开放兵库港。[43]巴夏礼在横滨英国公使馆同老中水野忠精会面。[44]当时，百分之八十六的日本对外贸易控制在英国人手里。[45]巴夏礼担心日英贸易会受到幕府和长州之间矛盾的影响，于是催促水野找到和平解决长州问题的办法，并允许各藩与外国通商。这两项提议均遭水野拒绝。[46]

压力下的幕府

老中阿部和松前在大阪城召开会议，讨论如何回复列强要求。由于担心外国代表可能会兑现其进军京都的威胁，同时也为了加强江户权威，他们决定幕府单方面批准开放兵库港，并说服将军同意。他们声称当前局势紧迫，再拖延下去将招致战争，因此没有时间等待天皇敕许。[47]庆喜在会津藩主的支持下反对二人的决定，理由是未经天皇敕许便开放兵库港将导致"严重危机"，全国各地，特别是京都的攘夷派必将生事，局势很可能失控。庆喜坚持认为"将军必须上京，求得天皇敕许"[48]。否则，他警告道，甚至连那些希望和外国人做生意的藩主表面上也会反对通商，只是为了打击幕府。据说家茂面对激烈的争论不知所措，竟然流下了眼泪。[49]

若年寄立花种恭奉命前往兵库与外国代表见面，以争取更多时间。然而，外国代表以为幕府已和天皇商议过此事，"因此自然感到惊讶和愤怒"。[50]同行的还有大阪町奉行井上主水正。根据庆喜的回忆，"（外国代表）提到幕府前后矛盾之处",最初拒绝了该请求。井上"拔出刀,提出切下自己的手指以示自己(和幕府)的诚心"。[51] 最终,外国代表给了幕府 10 天时间。[52]

与此同时,庆喜抓住外国代表同意延期的事实,攻击阿部和松前夸大了局势的紧迫性。[53] 他返回京都,告诉朝廷,两名老中计划不经天皇敕许便开放港口,以此煽动朝廷的不安。天皇因此下诏罢免并处罚了阿部和松前。这是天皇首次下令解除幕府官员的职务。[54] 大阪城的幕府高层认为这是对德川权威的直接挑战,并将此举解读为要求家茂退位。[55] 家茂接受要求,上表请辞。"他将权力交给庆喜公,"十月十日号从大久保一翁(即大久保忠宽)处得知这个消息的海舟写道,"因为在现今形势下,他无法行使权力。"[56]

十月三日,家茂离开大阪,经陆路返回江户——倘若他走的是水路,当晚禁里御守卫总督就不可能在伏见附近拦住他。庆喜向家茂保证,自己会设法取得天皇敕许,于是家茂同意收回辞表并直接前往京都二条城。[57]

庆喜说服朝廷

那么,庆喜为何要说服家茂收回辞表呢?将军退位显然对他有利,他为何不接受将军的决定呢?他难道已经不是 7 年前那个因将军继承问题和家茂的支持者对质的人了吗?松浦玲给出了一个合理的解释:庆喜预计家茂放弃权力将意味着幕府的灭亡。[58] 谈庆喜的逻辑之前,我们应当先来看看他为什么要说服朝廷批准通商条约并允许他和法国人保持联系,以及他是如何做到这些的。

庆喜最大的障碍是萨摩。西乡、大久保和其他在京都的萨摩代表[59] 利用外国舰队出现在大阪湾一事,提议召开诸侯会议——正如海舟在一年前与西乡初次见面时所提出的。诸侯会议将取代幕府统治日本,并决定是否答应外方要求。截至目前,萨摩已经说服顽固排外的天皇和朝廷派使团(在萨摩藩士的保护下)和外国代表见面,要求外国人再宽限些时日。[60]

庆喜不想让萨摩或任何人分享幕府的权力,于是反对该提案。相反,他打算让朝廷表面上批准条约,但实际上不会真的开放兵库和大阪。为了使自己更有说服力,他先询问了京都的各藩武士,多数人认为朝廷应当允许开港。庆喜成功阻止萨摩的图谋后,在宫中召开会议。天皇、关白二条、山阶宫亲王和其他公卿均出席会议，而坐在他身旁的是松平容保（会津藩主）、松平定敬（桑名藩主）和近期被任命为老中的小笠原长行（他是唯一支持庆喜的老中）。[61]会议于庆应元年（1865年）十月四日召开，一直进行到第二天深夜。庆喜警告公卿，若天皇不允许缔约，战争必将爆发，日本一定会被外国军队击败，幕府再也无法保卫天皇与朝廷。[62]

与会者迟迟无法做出决定，疲惫的公卿准备离席。庆喜命令他们回到座位，并威胁说，他可以派人扣留他们。随后，他提出如果朝廷再不批准条约，他将切腹。他最后威胁道："虽说我不畏惧死亡，但我无法保证我死后家臣会做出什么事来。"不出庆喜所料，这招果然奏效了。[63]

首个通商条约签订7年后，天皇终于颁布敕令，批准了条约。敕令虽未允许开放兵库和大阪，[64]但同意修改关税税率，并且答应按时支付拖欠的赔款。[65]幕府和外国代表都非常满意。[66]

幕府发动第二次长州征讨的背后推手是法国人。虽然庆喜和老中矛盾重重，但双方都希望恢复德川权威。然而，身为藩主的老中们希望维持过去的幕藩体制，而激进的庆喜，以及和法国公使罗什过从甚密的亲法派，则希望在法国人的支持下建立德川专制统治。亲法派的首领是前外国奉行小栗忠顺，海舟被免去军舰奉行后，他曾短暂接任，庆应元年（1865年）五月又被任命为勘定奉行。[67]

和其他幕府官员一样，庆喜和小栗都希望建立一个现代化的统一国家。但是，他们并不打算组建代议制政府（如此一来，藩主将成为和将军地位相同的上议院议员）。他们计划变藩为县，将其置于以将军为首的江户专制政府的统治之下。任何胆敢阻挠这个计划的藩都将被消灭。他们为此向法国人寻求帮助。[68]法国人答应了他们的请求。在欧洲工业革命期间，法国政府亟须扩大对外贸易。元治元年（1864年）三月末，就在联军舰队炮击下关4个月前，罗什被派往日本。长州投降后，罗什担心英国改善同萨摩、长州的关系，甚至怀疑英国人计划占领下关，他认为幕府可以通过消灭长州来维持权力。[69]

十一月十日，老中向罗什提出请求，希望法国派工程师协助建设横须贺制铁所，它位于横滨以南，毗邻江户湾，幕府将在那里造船和武器。[70]

作为回报，法国将得到进口在欧洲大受欢迎的日本生丝的特权。庆应元年（1865年）一月，幕府和罗什签订了一份价值高达24万美元的合同，制铁所将在4年内竣工。幕府同样请求罗什制造16门青铜线膛炮，与下关战争中法军护卫舰"赛米拉米斯"号搭载的火炮规格相同。庆应元年（1865年）五月，这些火炮运抵横滨。[71]

庆喜的盘算

但是，庆喜为何认为将军辞职将导致幕府灭亡呢？此时控制幕府的是一些极端保守且固执的官员。在他们看来，江户作为拥有日本最高权威的政府，并不需要天皇敕许通商条约或者其他任何事。强硬派的代表是阿部和松前，也就是反对庆喜的那两名老中。在他们身后的是亲法派的旗本武士，他们设想在德川家的绝对统治下建立一个现代化的、中央集权的日本国。他们认为，天皇和公卿将因此变得无关紧要且过时。

在这些问题上，庆喜和他们的意见基本一致（不过考虑到庆喜自幼对天皇尊崇有加，他不太可能认为天皇是过时的）。然而，他之所以反对他们的策略，是因为他意识到，在长州准备和幕府决一死战，而萨摩也表现出倒幕迹象之时，大部分日本人倾向于建立一个由雄藩藩主组成的政府。为了避免被孤立，幕府需要天皇和公卿的协助，否则甚至连福井等幕府最坚定的支持者也可能同江户对抗，而这势必引起一些到目前为止一直保持中立的藩的反叛。事态若如此发展，幕府注定灭亡。但是，庆喜认为，一旦有了天皇的支持，多数藩可以被控制住。因此，他不可能同意被天皇册封为将军的家茂辞职。[72]

尽管禁里御守卫总督竭尽全力想要挽救风雨飘摇的德川政权，但是就在庆应元年（1865年）十月三日，也就是庆喜说服将军返回京都的当天，龙马来到了山口城，他的目的是促成萨长联盟以最终消灭幕府。[73]

第十九章

萨长同盟

> 听说萨长已经结盟，我怀疑是否属实……我听说坂本龙马正在长州……（结盟的消息）想必是真的吧。[1]

"军事实力取决于是否有明确的道德原则，而非军事训练或装备。"中冈慎太郎在给土佐朋友解释军事改革迫切性的信中引用了海舟的话。"若无人才，"中冈继续引用海舟的话写道，"规定和机器都无意义。"[2]如前文所述，幕府官员道德败坏的程度令海舟叹息不已。他和中冈一样意识到了萨长的年轻领袖已经占据日本的道德制高点。

高杉晋作的计划

当幕府宣布第二次征讨长州并努力取得天皇敕许之时，刚刚击败俗论派使长州上下一心对抗幕府的高杉决定前往英国，就像稍早的井上和伊藤一样。他认定幕府无法在短期内做好战争准备，因此当下可以安心地把藩政交由井上、伊藤、山县等有才之士处理，自己专心研究现代军事技术。[3]然而，高杉在如此危急时刻考虑离开长州，而且居然无人阻拦，看起来十分不可思议，很可能并非事实。但是，正如传记作家奈良本辰也略显无奈的说法，如果高杉心意已决，没有人可以阻止他。多数革命者一旦获得权力便很难放手，但高杉并非如此。"当事态一筹莫展时，他会突然出现；当事情处理妥当后，他又会适时离开舞台。"[4]古川薰则认为，高杉对"权力的淡然"与其"自我放纵的倾向"有关，他很难与人合作。正义派在战场上击败俗论派后，高杉命令部队直取山口城，但遭到其他军事领袖反对。于是，正义派"在山口城下设阵。高杉看到任何事都必须经过各军事首领协商一致，他觉得自己的存在无足轻重，因此不想继续留下去"[5]。不管高杉谜一般的行为到底是因为什么，他确实轻松获得了官方的许可。

　　高杉与山县、井上、伊藤等领袖见面，讨论了未来的策略和军事部署，以确保长州足以抵御敌人的攻势。随后，高杉于庆应元年（1865年）三月[6]前往长崎，准备在苏格兰军火商托马斯·格洛弗的帮助下前往英国。格洛弗在幕末被萨长等藩称为"死亡商人"，这些藩都需要通过他获取武器。他此前在上海做过生意，并于文久二年（1862年）在长崎创立公司，把武器卖给出价最高者。在德川幕府灭亡前的3年里，格洛弗是一个至关重要的角色，他通过长崎和横滨进口了大量步枪，其中7300支流入长州。[7]

　　格洛弗曾于文久三年（1863年）协助井上和伊藤偷偷离开日本，于是高杉觉得这个苏格兰人同样可以帮助自己。但是在长崎，格洛弗却说服高杉放弃这个计划，专心准备同幕府的战争。他还建议，长州应该开放下关，用其丰富的自然资源，例如煤和盐，换取英国人的武器（当然，格洛弗也可从中获利）。高杉接受了格洛弗的建议，返回下关说服长州藩厅开港——这是公然挑衅德川法度。[8]

　　下关的一部分属于长州，一部分属于清末，但大部分属于长府。清末是长府的支藩，而后者又是长州的支藩。[9]当高杉、伊藤和井上计划使长州得到下关的管辖权并开港时，他们同时激怒了残存的长州攘夷派和长府、清末二藩的武士。[10]为避免被暗杀，四月，3名倒幕派领袖暂时离开长州。井上去了九州。[11]伊藤本打算前往对马，但未能成行，不得不躲在下关的船宿中。[12]高杉仍像往常一样冲动，带着情人艺伎鹈野经大阪前往四国。

桂小五郎的军事改革

　　高杉和井上刚离开长州，禁门之变后躲在但马国出石藩的桂小五郎于四月二十六日返回下关。[13]直到桂回来数月前，长州无人知晓其行踪。桂虽然听说高杉的正义派已经取胜，但是无法确定藩厅对他的态度。于是，他化名木户贯治[14]，躲在下关。他躲在当地一个商人家中，只把地址告诉了包括伊藤在内的数名好友，伊藤得知桂的下落后立即登门拜访。桂比伊藤大8岁，对他言传身教，并将其带入长州政坛。据说伊藤听到桂平安返回的消息后，流下了眼泪。[15] 直到此时，桂才得知幕府计划第二次征讨长州，这件事在他返回一周前才正式对外公布。

萨道义和桂打过不少次交道，他认为桂"虽然以温文尔雅著称，但在平静的外表下有着最坚毅的勇气和决心，无论军事上还是政治上"。[16] 长州藩主（他已倒向高杉）也意识到了桂的能力。五月十三日，桂面见藩主后被委以重任，与高杉、井上、伊藤以及其他数名吉田松阴的弟子一起控制了藩政。

桂告诉藩主，长州必须立即采取行动，向全国证明本藩上下一心。对外，长州要表现得和平、冷静；对内，则必须建立西式军队，相机而动。[17] 庆应元年（1865年）五月，桂起用军事科学家村田良庵（人们更熟悉他后来的名字——大村益次郎）进行军事改革。[18]

村田本是周防国一名医师之子，于万延元年（1860年）获得武士身份。他与刚刚统一的长州的大多数领袖，如高山、井上、伊藤、桂等不同，既非吉田松阴的弟子，也非攘夷志士。他凭借自身的军事专业知识得到长州高层的赏识。村田的改革措施之一是立即将曾经独立的诸队（奇兵队、游击队等）置于藩厅的严格控制之下。[19] 他还计划将农民转化为真正的士兵，每个农民要在规定的6个月内接受18天训练。他规定只有18到35周岁的男子才可入伍，每个人都可得到少许俸禄米。表现出类拔萃的人可以获得最下级武士——足轻身份，可以拥有姓氏并可佩带武士刀。[20]

村田的改革颇有成效。庆应元年（1865年）冬，中冈慎太郎写道，长州"政策已经确定，政府已被改革"。长州人"决心死战到底。在这种状态下，武士精神蓬勃向上，每日武备愈强，空谈愈少，实干愈多……所有部队均装备火炮……军事制度已经彻底改革"。简而言之，长州藩军"无人可比。拜那场战争所赐，任何地方都没有可与之媲美的军队，萨摩也难以望其项背"。与此同时，长州也开始缓慢推进工业化，"水磨坊正在建造，大炮正在生产，全藩各处均有米尼步枪产出。他们还在建设自己的海军"[21]。

村田的改革虽在进行，但桂肯定意识到军队依然需要高杉。桂从伊藤那里得知他们3人成为暗杀目标后，请长府藩主的一名家臣帮忙斡旋。到了六月，高杉和井上顺利回藩，伊藤也不再需要躲躲藏藏。[22] 不过，桂还需要外国的枪炮和战舰。庆应元年（1865年）五月，英法荷美四国同意不再通过被封锁的港口走私物资（包括武器），并答应在接下来的内战中保持中立。[23] 即使格洛弗等外国商人愿意为他们偷运武器，他们也无法逃过长崎奉行的严密监视，后者威胁，如果发现他们走私，将没收他们的船只并惩罚他们。[24] 然而，与幕府和格洛弗均有特殊关系的萨摩设法绕过了这些限制。海舟昔日在神户的弟子，将在龙马的带领下协助长州获取武器。

大步向前

岛津齐彬对萨摩的影响深远。正如第十章所述，萨摩是日本军事、政治和工业最先进的政治实体之一。海舟在《海军历史》中详细记载道，从文久三年（1863年）鹿儿岛之战结束两个月后，到庆应三年（1867年）十一月间，萨摩共购入12艘外国船只，单单庆应元年（1865年）就购入五艘。[25] 这些船中，9艘为英国造，1艘为美国造；8艘是蒸汽船，其中5艘是铁甲船。截至庆应四年（1868年），幕府也从外国购入了12艘战舰和36艘运输船。[26] 在与英国发展更密切关系以壮大自身军力的同时，萨摩向幕府施压，要求后者允许各藩通过已经开放的长崎、横滨二港与外国商人做生意。

不过，萨长之间的仇恨仍然阻碍了双方结成同盟。元治元年（1864年）夏末，海舟在第一次见到西乡时便提出，这对冤家应为了日本的利益化敌为友。而最终促成萨长结盟的人，便是海舟在神户时的得力助手龙马，后者很快将登上即将开幕的革命大戏的舞台中央。

虽然没能得到"日本最伟大的人"的支持，龙马仍然是一个颇有远见的人，而且口才极佳，很有说服力。他还有另外一种不可思议的能力——他可以通过纯粹的意志力压制对手，从而维持和平。平尾道雄讲述的一则逸事可以证明这点。据说，庆应元年（1865年）四月五日，龙马和千屋寅之助、龙马的侄子高松太郎等海舟的前弟子在城西岚山妓院畅饮一晚后，穿过京都危险的街道返回萨摩藩邸。途中，他们遇到了以浪人为目标的会津巡逻队（新选组同样听命于会津藩主）。京都所有会津武士得到的命令是，遇到浪人格杀勿论。巡逻队的每个人"都一副杀气腾腾的表情"，戴着白头巾,"衣着华丽,手持长枪"。龙马回头看了看千屋和高松。"你们有胆量穿过去吗?"他问,"我来教你们怎么做。"千屋和高松面面相觑,犹豫不决。此时,路边正巧有一只小狗,于是龙马抱起它,让它"贴着自己的脸颊",同时"迅速从巡逻队员身边走过"。[27] 会津藩士或许因为过于吃惊而没有逮捕他。有人认为这则故事不大可信。不过,它之所以能够流传下来,可能并非因为它的真实性,而是因为这则故事绘声绘色地描述了一个意志坚定,善于随机应变的人。

四月二十五日,当海舟不断听到长州方面的消息而幕府正式宣布第二次征讨长州之时,西乡和小松带刀乘坐"蝴蝶丸"号蒸汽船从大阪前往鹿儿岛,将萨摩的藩策改为倒幕。[28] 龙马等海舟的土佐弟子也一同前往。五月一日,"蝴蝶丸"号抵达鹿儿岛。龙马在西乡家住了16天,其间他确保萨摩将正式对抗幕府[29]——离实现萨长联盟的目标又向前迈进了一大步。

龙马从鹿儿岛出发,经陆路前往熊本,和仍在家乡沼山津乡下隐居的横井小楠短暂重逢。二人已有一年多未见。龙马详细记下此次见面的情形,并与同伴分享。但是按照这份记录的说法,他和这个可能对海舟的思想影响最大的人大吵了一架。[30] 争论焦点在于幕府的第二次长州征讨。龙马认为这是不义之举,而横井则反驳道:"这并非不义。"在横井看来,长州藩军进攻京都是对天皇的不敬和对幕府的蔑视。龙马对这句话反应激烈,称横井在乡下与世隔绝地生活了两年,已经完全与国事脱节。龙马断言:"能改变局势的只有萨长。二藩现在虽然矛盾重重,但我有意撮合其结盟。第二次长州征讨毫无道理。"两人一直吵到晚上,谁也无法说服谁。最后,龙马说:"人们说您是国事权威,我也曾这样认为,但现在我知道我错了。"横井大怒,发誓再也不见龙马。

小说家德富芦花曾写过他听说的此次会面的情况,不过和上述说法大相径庭。他的父亲是横井的学生,龙马和横井见面时他曾一度在场。芦花写道,龙马"身材高大,肤色较深,穿着白色无褶'琉球绊'和服,佩两把武士刀"。按照他的记载,横井对自己由于目前处境而无法在这个关键时刻报效国家非常不满。龙马向这位老人保证,后者已经为国家做出了莫大贡献,并把即将到来的革命比作横井导演的舞台剧。"坐在后排欣赏西乡和大久保完成这出戏余下的部分吧，"龙马说，"如果他们陷入困境，您总是可以再次将他们引上正途。"[31]

龙马离开熊本后，向北前往位于九州北部的筑前国太宰府，五名落难公卿正在那里避难。龙马想劝他们向长州施压，促使长州与萨摩联手倒幕，于是前去拜访他们。5天后，他离开太宰府，于闰五月一日渡过海峡前往下关。[32] 又过了4天，西乡在给小松的信中写道，"德川家的灭亡"只在顷刻之间。

5名公卿到达太宰府之前，在福冈受到苛待。如前文所述，西乡为了不使他们落入幕府之手，在上一年年末安排人将他们从长州转移到福冈。但是，近来佐幕派在福冈得势，他们担心如果过分违背幕府之意，本藩将受到惩罚。福冈对待5名公卿仿佛对待罪犯一般，将他们分开安置。[33] 西乡再次出面交涉，于是他们被转移到太宰府。[34] 在那里，5名公卿住在一座名为延寿王院的寺庙里，受到优待，从各藩赶来的尊王攘夷派在旁边保护他们。[35] 龙马的朋友兼盟友中冈慎太郎便在其中。[36]

龙马和中冈慎太郎

"石川清之助与我十分相似"，龙马在庆应三年（1867年）六月二十四日给姐姐乙女的信中这样写道，这里的石川清之助就是中冈慎太郎。[37] 不过两人其实在许多方面完全不同。"海上男儿"龙马出身于高知的一个乡士家庭，高知距离濑户内海很近，而"陆上男儿"中冈则出身于土佐东部的偏远山区。如果说辽阔的大海使龙马拥有灵活的思维和自由的精神，传统古老的内陆则使中冈坚定而顽强，那么龙马为何说自己与朋友十分相似呢？

山内容堂镇压土佐勤王党时，中冈为了避免被捕，于文久三年（1863年）十月上旬从土佐逃往长州。[38] 他作为攘夷志士，参加了倒幕派与萨摩、会津藩军在京都的战斗，后来又在下关与外国人作战。[39] 西乡和高杉在下关见面时他也在场。[40] 庆应元年（1865年）一月，他与长州正义派武装并肩与长州藩军作战。他在促成萨长联盟的过程中也发挥了作用。庆应元年（1865年）年末，当龙马还在说服西乡等萨摩藩士与长州和解时，中冈写下了一封著名的信，称自己已转而支持开国，因为只有这样方可向外国学习，从而实现富国强兵。[41]

鹿儿岛之战和下关之战中外国势力的胜利，以及随后萨长的军事改革，改变了中冈的想法。他的信与佐久间象山、海舟以及他们最杰出的弟子龙马的想法遥相呼应，而他本人则将和龙马一道促成一个将改变日本历史的政治、军事联盟。这就是龙马和中冈最大的相似之处。

天保九年（1838年），中冈出生在土佐东部安艺郡北川乡柏木村的一个大庄屋之家，是家中的长子。大庄屋相当于乡长，他在一名武士的监督下，管理着数个村子。乡长的权力在很大程度上取决于他管理的村庄的数量和石高，石高直接决定了他的收入。[42]根据明治三年（1870年）的官方记载，北川乡的石高超过1500石。[43]作为乡长，中冈家的家督每年的俸禄约为25石。虽然从理论上讲，这些人在封建等级制度中的身份仍然是农民，但是大多数大庄屋拥有武士的基本权力——称姓佩刀。[44]其中的大多数人，包括中冈，都将自己视为武士阶层的一员。[45]

中冈跟从一名汉医师在当地一座佛寺学习读写，可能还学习医术。[46]然而，对于年轻的中冈来说，他在高知间崎哲马的私塾学到的尊王思想和西方科学技术对自身的成长更加重要。[47]后来，他进入武市半平太的道场学习剑术，这里是土佐勤王党的大本营。和剑术相比，中冈对学术和修辞更感兴趣，而武市的道场成了他和伙伴讨论时事的完美场所。[48]在文久元年（1861年）秋到当年年末之间的某个时间，中冈紧随龙马、间崎等领袖，成为第十七个在土佐勤王党的宣言书上按下血判（血指印）的人。[49]虽然龙马等人在次年年初脱藩，但包括中冈在内的许多土佐勤王党人相信老藩主山内容堂会支持自己。文久三年（1863年）二月，中冈因忠心被提拔为徒目付（这是下士可获得的最高官职），职责是监视下级武士和检查文书。[50]

联盟的种子

在升职几个月前的文久二年（1862年）十月，中冈作为刚组建的五十人组的小队长离开了高知。五十人组的成员多是下级武士子弟，其中6人来自乡长家庭，他们自愿组织起来保护在江户的容堂。当年年初软禁解除后，容堂、庆喜、春岳开始着手推进幕府改革。改革措施中的一项便是松弛参勤交代制度，大幅缩短藩主及其家臣留在江户的时间，藩主的妻子和继承人可以返回本藩。这对江户经济造成了严重影响，尤其是那些通过服务藩主及其家臣谋生的市民。一旦容堂与此有关的消息在江户传开，势必有人将谋取他的性命。中冈等人听闻此事，便以保护容堂为名趁机离开土佐前往江户，直接进入局势瞬息万变的政治中心。[51]

十月十五日，五十人组离开高知，[52] 十一月十六日到达江户。在江户停留大约一个月后，中冈和长州藩士山县半藏一起于十二月十一日离开这里。他们打算前往松代藩拜见佐久间象山，后者的软禁惩罚不日将被解除。十二月十三日，久坂玄瑞也加入了他们，[53] 他在前一天刚刚和高杉一起烧毁了英国公使馆。

3人于十二月二十八日见到佐久间。佐久间告诉他们，幕府沿江户海岸建造炮台完全没有意义，英国人只会嘲笑他们。然后，他向他们描述了西方强大的军事力量。佐久间之前一定听吉田松阴说起过久坂玄瑞，他非常欣赏两名长州藩士的聪明才智，但是对中冈的印象不佳。他写道，中冈非常固执，和那两名长州藩士争论得很激烈，他担心3人一离开便会动起手来。[54] 不过根据平尾道雄的说法，中冈被佐久间的智慧折服，在离开佐久间宅邸时，他转向久坂，苦笑着说："今天我们确实甘拜下风。"[55]

次年秋，中冈返回土佐。他听说了八月十八日政变和七卿落难的消息，这些公卿和倒幕派一起逃到长州三田尻。为了获取更多情报，他乔装打扮前往三田尻。他在那里遇到了一些逃出京都的人，他们负责保护7名公卿，另外一批人被派往西边招兵买马，为计划中的第二次京都政变做准备。中冈见到了几名公卿，包括三条实美。[56] 中冈在这里逗留两日，随后在九月二十一日，即武市半平太在高知被逮捕的日子，冒着大雨离开三田尻返回土佐。[57]

返回土佐后，中冈得知武市等勤王党人已经入狱，高知藩厅也已经下令逮捕自己。武市因政治罪被关押起来，其他人的罪名则是参与京都的暗杀活动。中冈也因去年谋杀一名土佐捕吏而遭到通缉。[58] 他的同伙河野万寿弥和武市同日入狱。为免遭逮捕，中冈于文久三年（1863年）十月初逃离土佐前往三田尻（其间化名石川诚之助），打算与"头脑中充斥着极端思想的激进者"为伍。[59] 中冈于十九日到达三田尻。十一月二十五日，他被选中监督聚集在当地的浪人，同时还要担负保护 5 名公卿的职责。[60]

接下来的几个月里，中冈穿梭于长州与京都之间，为使勤王党人能够重返京都而四处争取支持。[61] 元治元年（1864 年）六月五日，就在著名的池田屋事件发生当天，中冈回到了长州。他和其他在三田尻保护 5 位落难公卿的战友一样，听到同伴遭屠杀的消息后怒不可遏。[62] 他返回京都参加战斗，和来岛又兵卫麾下的游击队一同从佐贺天龙寺出发前往御所。[63] 他在中立卖门被子弹射中脚。[64] 根据平尾的说法，他之所以会产生促成萨长联盟的想法，正是因为在接受救助时听说西乡只是为了保卫御所才和会津联手对抗长州。战斗结束后，中冈和吃了败仗的战友一起撤回三田尻。[65]

次月，中冈参加了抵抗外国军队，守卫下关的战斗。[66] 下关之战结束后，中冈再次乔装打扮前往京都，打探禁门之变后那里的情况。[67] 随后，他又前往鸟取，在那里得知幕府已经在为第一次长州征讨做准备。[68] 他于十一月返回三田尻，被任命为忠勇队的指挥官。这支部队参加了京都的战事，损失惨重。[69] 中冈和忠勇队一起负责在下关功山寺保护 5 名公卿。[70]

当时一些福冈藩士也在下关，他们打算就转移 5 名公卿之事为长州和西乡斡旋。福冈藩士早川养敬不久前刚和此前一直躲在福冈的高杉一同返回长州。早川口才不错，他说五名公卿不仅代表长州，也代表整个国家。福冈同意为了国家和长州的利益接受这五个人。他问道，长州正义派既要和俗论派作战，还要准备迎击幕府征讨军，怎么有余力保护这 5 个人呢？最佳方案当然是在全国恢复秩序之前，先把他们转移到安全的地方。但是，中冈仍须确认萨摩的真实想法，于是他和早川一同前往小仓与西乡见面。[71]

十二月四日，中冈见到了西乡。[72] 会谈进展得很顺利。中冈离开小仓后，对这位他口中"日本最伟大的人"深感钦佩。[73] 一周后，当西乡和高杉等人在下关会面时，中冈也在场。平尾写道，如果说 5 个月前中冈在京都时已经有了萨长和解的想法，那么大约就在此时，"萨长联盟的种子被播撒了下去"。[74]

当高杉的正义派向藩中的俗论派宣战时，"（为萨长调停）的中冈在长州正义派中的地位越来越高"[75]。次年一月九日，中冈返回下关与早川会面，而后者已成为依然反对转移五名公卿之人的暗杀目标。"我受到威胁，"数年后早川回忆道,"持枪之人包围了我。"中冈拜访了早川的宅邸,邀请他"去寻欢作乐"。但是,由于中冈和当时的其他浪人不同[76],"他穿着朴素,不近女色",而且"并非酒色之徒",所以早川怀疑中冈的来意。"想偷袭我吗?"早川问道,"你真觉得我会上钩吗?"中冈摇了摇头,说自己是为了保护早川,防止长州人第二天刺杀他才来的。"你不会想被白痴砍掉脑袋吧?"中冈反问道。"他深谋远虑,我无法拒绝,"早川回忆说,"于是我和他去找了些乐子。"[77] 一月十日,中冈在下关见到了高杉和山县。4天后,他和5位落难公卿乘船前往福冈。[78]

首个日本贸易公司

当将军家茂得到敕许开始第二次长州征讨时,幕府并不知道长州刚刚通过龙马等人牵线,从长崎的一名外国商人处购入了武器。就在中冈和龙马忙着促成萨长联盟的同时,曾和龙马一起在海舟的神户海军操练所学习的同窗们正准备在萨摩的协助下成立一家海运公司,以打破幕府对长州的封锁。

庆应元年闰(1865年)五月,公司正式成立,取名"龟山社中"(即"龟山公司"),总部设在俯瞰海湾的龟山山顶。为其提供资金支持的是萨摩和长崎的富商小曾根乾堂,海舟在长崎时与后者关系很好。龟山社中是日本首个贸易公司,而且拥有海上作战能力(次年在下关与幕府海军的战斗便足以证明这点)。虽然由精英水手组成的龟山社中从思想和实践上都彻底反对幕府,但它其实是海舟在神户时便开始构想的国家海军计划的成果。[79]虽然该公司的海军行动和航运业务将使萨摩受益,但它的出现仍不免让人想起海舟"私下的愿望",他希望萨摩能够帮助他的弟子实现其宏大计划。龟山社中的成立也不免使人想起八月十八日政变前龙马的设想,他曾主张设立东日本海军和西日本海军,西日本海军的基地在神户。

龙马在给高知的姐姐的信里提到,龟山社中"约有20人"[80]。基于平等的思想,无论职位高低,每人月薪均为3两2铢,由萨摩支付。[81]他们在协助萨摩执行海上任务的同时,还为长州获取并输送进口武器和战舰。简而言之,龙马打算通过这两个竞争对手之间的经济合作(即运送枪炮)促使其结成政治、军事联盟,共同倒幕。

说服桂

庆应元年(1865年)闰五月一日,龙马在太宰府见过公卿后,前往长州同桂小五郎会面。他的目的是说服这名长州领袖和西乡谈判,从而迈出两藩和解的第一步。此前中冈已经去鹿儿岛接西乡,龙马预计西乡不久便将和中冈一同抵达下关。

如前文所述,桂在神户曾数次拜访海舟,龙马可能在海舟家见过他。龙马到达长州次日,曾在太宰府见过龙马的长府藩士时田少辅告诉桂,龙马想要见他。龙马的传记作者松冈司认为,桂同意见龙马是因为他想通过龙马取得禁门之变后一直与长州为敌的萨摩的情报。[82]

龙马和桂第一次见面是在庆应元年(1865年)闰五月六日,地点在下关支持倒幕的商人家中。在场的还有时田和土佐人土方楠左右卫门,后者从京都的萨摩藩邸赶来。龙马和土方可能强调了萨摩最近对幕府的态度有所转变,而且反对第二次长州征讨。桂一如既往地谨慎,对萨摩仍心存疑虑。但是,当龙马说萨摩可以帮助长州通过长崎购买进口武器后,他同意和西乡见面。[83]

当他们在等待西乡到来时,山口城收到的一封信在下关引起轩然大波。这封信是幕府所写,不过山口城收到的并非原件。信上说,幕府从荷兰总领事范波尔斯布鲁克处获悉,长州和外国人勾结,企图开放下关港,幕府因此已经开始着手准备第二次征讨长州。龙马写道,闰五月二十四日,当他和桂、伊藤在一艘荷兰人的船上(这艘船的目的地是长崎,暂时停在下关)与范波尔斯布鲁克见面时,两名长州藩士"怒不可遏"[84]。桂质问范波尔斯布鲁克为何"中伤"长州,使长州成为众矢之的,"荷兰人涨红了脸",否认自己"中伤过长州"。他说中伤长州的是站在幕府一边的小仓藩,小仓将这件事报告给了江户的外国奉行。他说,幕府官员捏造了"消息,仿佛谎言是荷兰人传出的"。"如果是真的,"伊藤说,"一旦长州和幕府开战,我等必须立即将此事公之于众,让散播谣言中伤我们的小仓自食其果。你愿意出面帮助我们吗?"范波尔斯布鲁克同意了。[85]

长州人的愤怒可能多少带着些夸张的成分。他们显然希望有人能将武器偷运至下关。高杉不正计划按照格洛弗的建议这样做吗？五月十八日，就在长州和荷兰人发生争执一个月前，海舟在日记中提到，长州有意和外国人通商。3名长州藩士乘一艘英国船只前往横滨，与英国代表讨论了贸易问题。英国人愿意和长州合作，但是在正式答复他们前先和法国人讨论了此事。但是法国人不想破坏和江户的友好关系，于是将此事转告幕府。幕府官员转而要求法方逮捕这3名长州藩士。法国人表示拒绝，3名长州藩士乘英国船只离开横滨。至于那些试图让外国人逮捕日本人的幕吏，海舟称他们为"国贼"。[86]

当龙马和桂在下关等待时，中冈和西乡于闰五月十五日从鹿儿岛乘船前往大阪（7天后将军将为获得敕许启程前往京都）。如前文所述，西乡已经和龙马一同返回萨摩，将藩策改为反对第二次长州征讨。在此期间，中冈、土方在京都萨摩藩邸和大久保等人一起竭力阻止天皇敕许征讨长州。五月十三日，局势变得紧张起来，据说将军很快将上京。因此，西乡需要立刻返回京都。

中冈意识到这是一个令萨长打破坚冰的机会，于是决定前往鹿儿岛说服西乡在下关短暂停留，和桂见面。他从大阪乘坐萨摩的蒸汽船"蝴蝶丸"号出发，于闰五月六日抵达鹿儿岛。9天后，中冈和西乡一同从鹿儿岛乘船出发。到达东九州丰后国佐贺关时，西乡突然告诉中冈，船将改变航向直接前往大阪，而且完全没有解释原因。[87]于是，中冈不得不肩负将西乡临时变卦的消息告知桂的艰难任务。当然，西乡也许并不是临时改变主意，只不过中冈并不知情。数年后土方回忆说，西乡收到大久保的信，后者要西乡尽快赶往京都。二十日，中冈登上一艘渔船，二十一日晚独自抵达下关。[88]

如果说龙马只是失望，桂则是怒火中烧。"西乡又在耍老把戏了，"他说，"我永远不会再相信他了。"但是，考虑到从长崎的外国商人处购得武器对长州的生存至关重要，桂最终还是同意和西乡见面，条件是萨摩必须首先以它的名义为长州购买武器和军舰——这正是龙马打算让他在长崎的公司完成的。两个土佐人向桂保证，他们会立刻前往京都和西乡安排好这件事。[89]

闰五月十一日，就在中冈和西乡从鹿儿岛起航四天前，武市半平太在高知切腹。武市在狱中被折磨了近 21 个月，其间遭到山内容堂手下的严刑拷打，因为他被怀疑与吉田东洋遇刺以及发生在京都的几起谋杀案有关系。他们没能得到证据，但还是给他安上了一些模糊的罪名，如"趁乱谋反"，在京都"制造混乱"，"破坏土佐法度"（不过没有详细说明），对容堂"不敬"——也许最后一条才是最大的罪过。[90] 武市被勒令切腹。被长期关押的武市病弱不堪，但即便如此，他仍能准确地、有尊严地完成切腹。[91]

搭建联盟的舞台

六月末，龙马和中冈最终在京都的萨摩藩邸见到了西乡。西乡同意帮助长州在长崎购买武器。[92] 在接下来的几个月里，在龙马的龟山社中的斡旋下，伊藤和井上从格洛弗手中购买了 7000 支步枪，包括 4000 支新式米尼步枪。格洛弗是巴夏礼爵士的朋友，他之所以敢违背德川法度，是因为得到了巴夏礼的默许，而后者则是基于英国政府对日本贸易的重视。

为防万一，萨摩藩的"蝴蝶丸"号趁夜色将这些武器运至三田尻。十月，长州花费 7 万美元从格洛弗手中购入英国蒸汽船"联合"号。[93] "联合"号虽然实际上属于长州，但被登记在萨摩名下，船帆上绘着岛津家的家纹，船名也被定为"樱岛"号（樱岛是位于鹿儿岛湾外的一座火山岛，是萨摩名胜）。长州海军军官不满这个名字，在下关将其重新命名为"乙丑"号。它暂时被用于龟山社中的航运活动，一旦需要，它将被萨摩或长州征调，用于军事目的。[94]

与此同时，西乡在京都寻求长州帮助。虽然萨摩不会与长州交战，但是眼下不得不先遵从幕府命令向京都、大阪方向派兵参与第二次长州征讨。西乡的部队军粮不足，他希望能从长州设在下关的粮仓购买大米。他想让同在京都的龙马去下关向长州提出请求。龙马十分乐意效劳，因为这有助于促成萨长结盟，实现他的心愿。九月二十四日，就在天皇敕许征长 5 天后，也就是九艘外国战舰因开港问题抵达大阪湾之际，龙马乘"蝴蝶丸"号从兵库起航，5 天后到达长州西南周防国的柳井。他从柳井前往山口城与桂见面，后者欣然接受西乡的请求，以此来表达对萨摩帮助长州购买步枪的感谢。[95] 年末，联盟的平台搭建完毕，只待龙马将西乡和桂带到谈判桌前。

长州的决心

随着长州军力的增强，幕府老中不战而胜的幻想渐渐烟消云散。海舟在十二月一日的日记中写道，他的老朋友、长崎海军传习所的老上司、现为大目付的永井尚志，被派往长州以东的广岛，他将为长州提供"条约敕许"[96]以避免战争。海舟在日志中记下了条件：长州的石高必须减少10万石，大约相当于原石高的七分之一[97]；藩主父子必须归隐。其他幕府军驻扎在彦根，他们的"军旗和火绳枪"展现了一幅外强中干的可悲景象。与此相反，长州的36支队伍装备了"大量火炮……以保卫自己的领地，每日训练毫不懈怠"。此情此景"令人悲哀至极"。

与永井同行的是新选组局长近藤勇和几名队长。近藤同样担心广岛的幕府军，他把自己的想法告诉了会津藩主。尽管长州代表"表面上"有臣服之意，"但实际上已决心死战……至于幕府军的士气，（在广岛的）旗本武士毫无斗志"。他们对当地的"纪念品"更感兴趣，而且"越来越疲惫，只等着返回关东。既然我等无法保证必胜，那么我希望只要长州有任何表示屈服的迹象，我们就要接受……以示宽大"[98]。

长州当然不会屈服。十二月五日，海舟写道，长州拒绝了永井的条件，谈判破裂。他对国家的局势深感忧虑，但因为仍然处于软禁之中，无法参与国事。不久后，他收到松平春岳的来信，这封写于十二月十五日的信又加重了他的担忧。春岳告诉海舟，庆喜只想着幕府的利益，这点海舟早就知道。春岳担心，除非庆喜回心转意，否则国家前途未卜。虽然将军和老中为了缓和局面都愿意对长州网开一面，但庆喜坚持认为必须彻底消灭长州。庆喜是春岳和海舟通过诸侯会议"以国治国"理念的最大障碍。[99]

庆应元年（1865年）年末，春岳派亲信中根雪江前往京都，劝庆喜将幕府中仅有的两个能够挽回事态的人官复原职。十二月二十九日，中根见到庆喜，告诉后者只有海舟和一翁有能力使幕府与萨摩和解，从而迫使长州让步。庆应二年（1866年）一月二十六日，春岳给大久保写了一封信，表示希望幕府能让海舟去和长州谈判。[100]然而，春岳、大久保、海舟，或者德川阵营中的任何一个人都不知道，就在春岳写下这封信的4天前，龙马终于使西乡和桂走到了一起，萨长结成同盟，幕府命运已定。

化敌为友——龙马的协助

虽然西乡同意在京都与桂见面商讨联盟事宜，但后者仍然不情不愿，还需要一些动力。庆应元年（1865年）十二月，萨摩藩士黑田了介（后来的黑田清隆）到下关拜访桂。桂写道："我们谈了一天，其间他一直催促我去京都。此时龙马也在下关，他也一直劝我和黑田前往京都。"不过，在最终成行前，桂还要先征询高杉和井上的意见并得到藩主的许可。十二月二十八日，桂从三田尻起航出发，黑田和长州诸队的首领陪他同行，包括长州藩士品川弥二郎、土佐藩士田中显助（后来的田中光显）等。一月四日，桂等人抵达大阪。[101]

桂离开下关后不久，龙马由于担心曾是仇敌的两人在谈判中互不相让（这些人的古怪性情和奇思异想可能会使这个至关重要的联盟毁于一旦），决定立刻前往京都。但是，由于无法立即安排交通工具，他直到一月十日才从下关出发。[102] 龟山社中的新宫马之助、即将入社的池内藏太（同样是土佐人）和长府藩士三吉慎藏和他同行。

根据龙马的记载，一行人于十七日抵达神户。[103] 次日，他们前往大阪，在大阪萨摩藩邸借住一宿。当晚，龙马在三吉的陪同下拜访了一翁。平尾推测他可能想了解一翁对政局的看法。不难想象，一翁对龙马的突然来访感到吃惊。他警告后者，幕府的人遍布大阪和京都，新选组知道龙马就在附近，正四处打探龙马的下落。一翁催促龙马赶快离开。平尾写道，龙马谢过一翁后，直接返回萨摩藩邸，"把高杉晋作送他的手枪上了膛"。而三吉慎藏到城里买了一柄长枪。这两件兵器很快会派上用场。

为进一步保证安全，萨摩方面为龙马和他的三名同伴准备了通行证，证明他们是萨摩藩士。十九日，他们乘船沿淀川到达伏见，顺利通过幕府检查站到达寺田屋。[104] 次日，他们将三吉留在寺田屋，也许是因为他和长州的关系。龙马和两名土佐朋友前往位于京都二本松区、就在御所北边的萨摩藩邸和桂见面，后者已经在那里等了两周。[105] 龙马立即问桂是否已和萨摩达成共识，桂回答说没有，谈判尚未开始。龙马被桂的回答激怒了，告诉了后者他的想法。他告诉桂，他在过去一年四处奔走并不仅仅是为了萨长二藩，更重要的是为了国家的福祉和未来。他说："我无法相信，你一直在这里却完全没有和西乡对话。""没错。"桂答道。因为"作为武士"，他不能迈出第一步，现在面对幕府大军并被冠以朝敌污名的是长州而不是萨摩，"如果由我提出联盟，那么就好像长州在乞求萨摩怜悯，并邀请他们和我们一同分担风险"。与其这样，还是与幕府决一死战吧。如果长州被击败，这片土地将化为"焦土"。"但是，只要萨摩愿意继续为日本而战，我们便死而无憾。"桂总结道。桂等人打算于次日返回长州。[106]

桂日后在自传中写道："意识到我不会（率先）采取行动后，龙马没有向我施压……但是萨摩不准我离开。"[107]龙马非但没有"施压"，反而被桂"死而无憾"的决心感动。他立刻找到西乡，后者同意对话。两天后的一月二十二日，萨长在小松带刀的宅邸秘密缔结了盟约，萨摩的代表是西乡和小松，长州的代表是桂，龙马充当见证人。[108]

萨长联盟的目的是阻止幕府的第二次长州征讨，并使长州重回尊王阵营。双方缔结的盟约共六项，按内容可归为三部分：首先，萨摩和长州建立军事联盟，若长州和幕府爆发战争，萨摩将提供支援；其次，一旦长州获胜（事实也确实如此），萨摩应竭尽全力使朝廷为长州平反，而且即便长州最终战败，因其至少可以抵抗6个月，其间萨摩应尽全力使长州获得朝廷赦免；第三，萨长将尽全力实现王政复古。

结盟次日的一月二十三日，一直非常谨慎的桂在一封长信中将盟约抄送给龙马，要求他作为证人证明这些条款是双方同意的。[109]二月五日，龙马按照桂的要求回了一封短信，他用醒目的红色墨水在桂的来信背面写下了自己的回复——幕府的命运就这样决定了。[110]

侥幸逃生

京都会面当晚，龙马返回伏见寺田屋，告诉三吉联盟已成。虽然幕府并不知道萨长秘密结盟之事，但是龙马在当年晚些时候给家中的一封信中提到，包括伏见奉行在内的京都幕府官员已经注意到他"为幕府之敌萨长斡旋"。大阪当局通知"伏见奉行，密切注意一个叫坂本龙马的人。（当局说）他虽然并未犯下偷盗或欺骗等罪行，但是既然他对德川家无益，那就尽力除掉他吧"[111]。

龙马回到寺田屋时已是深夜，京都的谈判可能已使其筋疲力尽。他和三吉上楼准备睡觉，一名年轻女士在楼下泡热水澡，她就是和龙马于元治元年夏相识并结婚的楢崎龙（通常被称为阿龙）。[112]浴室在屋子后方一条通向后（1864年）楼梯的狭窄走廊旁。阿龙听见刺客破门而入。30年后，她回忆道：

> 那边传来了砰砰的声音，我还没反应过来，有人从浴室的窗户中刺过来一杆长枪，紧挨着我的肩膀。我一手抓住长枪，并故意大声喊叫好让楼上的人听到："不知道有女人在洗澡吗？你居然拿着长枪，你是谁？""安静！"那声音命令道，"否则我就杀了你。""你杀不了我"，我大声喊道，跳出浴盆进入了［外面的］花园当中，身上还是湿漉漉的，而且只披着浴衣，根本没时间系腰带，我直接光脚跑了上去（去警告楼上的两个人）。[113]

龙马和三吉立刻准备自卫，龙马拿起手枪，三吉则举起长枪。11个月后，龙马在家书中描述了事情经过。凌晨两三点，龙马和三吉"听到奇怪的声音……楼下似乎有人的动静"，还有武器丁零当啷的声音：

> 此时，我提到过的姑娘（她叫阿龙，现在已是我的妻子）从厨房跑到楼上警告我们："小心！敌人来袭。拿着长枪的人正上楼呢。"我一跃而起打算穿上袴，却突然想起我将它脱在了隔壁。于是我抓起长短两把刀和六发式手枪，蹲在房间后面。我的伙伴三吉慎藏穿上袴，佩好两把刀，拿起长枪，也蹲了下来。
>
> 下一刻，一人将障子（隔扇）拉开一条缝，向里张望。他看到我们的刀后大声问道："谁在那里？"他已经进了屋，见到我们已做好准备，又退了出去。随后，隔壁吵闹起来。我告诉阿龙打开通向隔壁和后面房间的推拉门——我们看见那里并排站着10个持长枪之人，他们拿着2个

盗贼灯笼，此外还有很多拿着六尺棒的人站在他们左右两侧。[114]双方对视了一阵后，我问道："对萨州武士如此无礼，是何用意？"[115]"上面的命令。"敌人一边说一边靠近。

我们中的一人（大概是枪术大师三吉）握住长枪中间，已做好战斗准备。考虑到敌人可能从［左］侧攻击，我调整位置，面朝左。随后我给手枪上膛，向那排持长枪的人中最右边的一个开了一枪，他往后退去。我又开枪打了另一个人，他也往后退。与此同时，［其他的］敌人向我们投掷长枪和炭火盆，和我们混战在一起。我们同样用长枪自卫。不用说，房间内打斗的声音很大。

我又向另一人开了一枪，但不知是否命中。一个敌人从障子的阴影处摸了过来，用短刀砍中我右手大拇指根部，还砍伤了我的左手大拇指的关节，食指关节的骨头也被砍到。这些只是轻伤。我用枪对准他。但他迅速躲回障子的阴影下。另一个敌人朝我冲来，我又开了一枪，但仍然不知道是否命中。虽然手枪能发6颗子弹，但是我只装了5颗，这时只剩下了1颗了。我觉得我得留着稍后再用——此时战斗不像刚才那么激烈了。随后，一个戴黑头巾的人……贴着墙壁前进，手持长枪摆好架势。看到他后，我再次给手枪上膛。三吉手持长枪站在那里，我用他的左肩作为枪垫，瞄准了那人的胸口。我好像击中了他。他蜷缩在地上往前爬，看起来就要死了。

与此同时，敌人制造了可怕的声响，好像在用脚踢破障子和推拉门——但是无人来到我们面前。我觉得是时候给手枪装子弹了，于是取下［弹仓］。虽然我装进去两发子弹，但是由于我无法自如用手——因为它们都受了伤——我不小心将弹仓掉在地上。我在地板上、床上寻找，但是它显然掉到敌人扔过来的炭火盆落下的灰中或者其他杂物中了，一时找不到。此时，敌人仍然在制造声响，但仍然无人过来。

我扔掉手枪，然后告诉三吉我这样做了。他说"那我们冲过去和敌人搏斗吧"，但是我说"还是走为上策"。于是三吉扔掉长枪，我们从后面的楼梯走了下去。我们看到，敌人只守着［前面］作为旅舍的那部分，没人跟过来。接着，我们穿过屋子后面的仓库，来到旁边的屋子，破窗而入。看上去里面的人本已睡下，后来又跑掉了，因为床褥等已经铺好。这实在遗憾。但是即便我们不得不把里面弄得一团糟，我们也决心跑到屋子后面的街上。这间屋子不错，不过我们确实弄坏了不少东西。我们两人乱劈乱砍，大步前行。我们最终跑到街上时，没看到一个人。真是太幸运了。我们跑过五条街。我受了伤，而且气喘吁吁——和服在我的腿上打结，我担心敌人会追上我们。（我觉得男人不应该穿那么长的衣服。但是因为刚洗完澡，我穿着一件浴袍，外面还罩了件棉袍，而且没时间穿袴。）

二人逃入运河，穿过水闸，从后部进入一座建筑：

我们爬到木头堆上准备睡觉。真倒霉……一条狗叫了起来。于是我们又从木头堆上下来……最后，我告诉三吉慎藏他应前往萨摩藩邸。他走了。

西乡听说有人企图刺杀龙马，便将手枪上膛，打算冲向事发地，"但是所有人都阻止他前去"。西乡的朋友吉井幸辅骑马"带领约60名武士"赶到三吉和受伤的龙马分开的建筑以接应龙马。[116]龙马在家书中写道："我的伤虽不重，但肯定伤到了动脉，因为次日仍在大出血。（血流了）整整3天，我上厕所时都晕头转向。"[117]他在另一封家书中写道："我之所以能活下来，完全是托阿龙的福。"[118]因为她"直接跑到萨摩藩邸报信"。

萨长结盟之事很快就不再是秘密。海舟在二月一日（缔结盟约10天后）的日记中写道："听说萨长已经结盟。"他怀疑此事"是否属实"——也许他已预见幕府即将灭亡。他虽对德川家忠诚无比，但也只能认同得意门生的目标。当他退出自己导演的历史剧之后，他的弟子成了新导演。海舟注意到龙马正和长州合作，便写下了一句"想必是真的吧"，仿佛已经准备迎接不可避免的最后一幕。[119]

第二十章

幕府必须心甘情愿地灭亡

> 第二次长州征讨如同儿戏。部队羸弱不堪,大名不服号令,我军没有任何屏障。谁能想到……事情竟至如此地步?[1]

庆应二年(1866年)四月二十三日,海舟在给横井小楠的信中写道,过去一年半自己毫无作为,但是"并未灰心"。为了避免引发江户幕府的敌意,他继续"过着读书写作的清闲生活,不过仍然对国家的命运忧心忡忡"[2]。即便日本的政坛和社会正经历着历史性巨变,但长于思想和行动的海舟仍然没有施展才能的机会,他似乎只能无休止地在幕后等待着再次登台的信号。

四月十六日,就在给横井写下上述信件一周前,海舟收到一封寄自大阪,落款日期为四月八日的信,这封信描述了幕府军在关西的惨状。在长州东面的广岛集结的各藩部队,尚未发动攻势,便已经"精疲力竭,怨声载道"。部署在大阪的部队同样如此。尽管大部分藩主都呼吁宽大处理长州,但会津藩主、桑名藩主和一桥庆喜仍一如既往地要求严惩长州。[3] 海舟在给横井的信中如此评价第二次长州征讨:日本人自相残杀只会使整个国家"在欧洲人和美国人面前蒙羞"[4]。

四月二十九日,海舟记下了发生在长崎的事,它对历史并没有任何意义,但对海舟个人来说却是一场悲剧。一月二十八日,梶玖磨突然病逝,留下刚满一岁的儿子梅太郎。"哎,"海舟悲叹道,"玖磨,天生的美女和忠实的伴侣……她的早逝令我痛苦至极。她才26岁(虚岁)。"[5] 至于庆应二年(1866年)的海舟家,长女梦子已20岁,次女孝子17岁,长子小鹿14岁,次子四郎12岁,增田糸生的三女逸子6岁。海舟开始规划小鹿的海军生涯。他让小鹿学习数学,这是海事科学的核心知识。小鹿显然是个好学生。庆应元年（1865年）七月，他在幕府开办的洋书调所（前身为蕃书调所，海舟从旧金山归来后曾在这里待过一段时间）担任数学助教。海舟在四月二十一日的日记中写道，他已经为小鹿申请赴美学习。[6]就在不久前的三月二十四日，海舟出版了小册子《海军括要》。[7]他在四月十六日的日记中提到，他给萨摩送去了30本。[8]当年海舟家的另一件大事是孝子和疋田正善订婚，后者来自一个富有的旗本武士家庭。[9]

海舟通过上面提到的大阪来信得知，米价上涨导致物价飞涨，大阪和京都发生了民众大规模骚乱。米价上涨的根源在于，为了应对即将爆发的战争，大量大米输往前线，而许多藩都禁止大米外流。见利忘义的商人垄断了市场，进一步推高了米价。米价在一年内上涨了五成以上。结果，市民和农民都遭了殃。[10]五月初，位于神户和大阪之间的西宫发生骚乱，兵库很快受到波及，当月中旬骚乱蔓延到大阪，当时将军就在大阪城。[11]海舟在五月二十三日的日记中写道，据前来拜访的杉亨二所述，兵库和大阪的匪徒袭击富商之家，然后将其毁掉。士兵在两城向暴徒开火，许多人被杀。[12]

海舟在五月八日的日记中提到萨摩"已明确拒绝"进攻长州。四月十四日[13]，大久保一藏在大阪城面见老中板仓胜静，并呈上一封表示萨摩拒绝出兵的信。占据道德高地的萨摩告诫幕府"切勿自相残杀"，将军的责任是维护而不是破坏日本的和平，进攻长州"违背天意"。海舟在冰川挖苦地写道："板仓无言以对。"

海舟再度出山

板仓请求萨摩支持幕府，但是萨摩不为所动。一名高级公卿劝板仓不要苛责萨摩，并提醒他德川家和岛津家的联姻关系。板仓回复说，他对固执的萨摩无计可施。然而，与此同时，会津却宣称萨摩是叛徒，主张严惩萨摩。会津一如既往地热衷暴力，海舟回忆说它计划在"安全距离包围萨摩，然后发动攻势"[14]。不过老中并不想同时和萨长为敌。他们知道，唯一能和萨摩说得上话的幕府官员便是海舟。

五月二十七日晚，海舟收到老中水野忠精来信，后者命海舟次日早晨登江户城。[15]海舟被重新任命为军舰奉行，随后被命令立刻前往大阪。他意识到此次复职的方式不同寻常，于是询问水野此次任务的性质。水野答道："这是将军的直接命令。"[16] 海舟在冰川回忆说："（我）当时囊中羞涩，于是第二天他们给了我3000两，大约相当于军舰奉行两年的薪水……这是我这辈子第一次一下子得到3000两。"[17]

离城前，海舟见到了勘定奉行小栗忠顺和另外两名亲法派成员。他写道，他的政敌对他突然来江户城感到十分诧异。海舟已远离政坛一年半之久，他们认为现在应让他知悉他们的秘密计划——通过法国的援助建立德川专制统治。他们说，他们知道他正准备去大阪，"如你所知，幕府现在麻烦重重。我们将从法国购买军舰。军舰一到，我们就会进攻长州。之后，再去攻打萨摩。一旦解决了萨长，日本其他藩便无法挑战我们。随后，我们会继续令其他藩臣服。我们将削减其领地，并建立起新的郡县制"。他们想当然地认为同为幕臣的胜安房守肯定会同意他们重树德川权威的计划，但他们错了。"意识到和他们争论是白费口舌，"海舟后来写道，"我一言不发地听着。"[18] 他在冰川回忆道："只有庆喜、老中和其他四五个人知道（小栗的计划）。"[19] 海舟和小栗见面当天，江户爆发骚乱，持续整整一周。海舟于六月十日启程前往大阪，11天后抵达。[20]

次日，六月二十二日，海舟前往大阪城面见老中板仓胜静。这次，他直言不讳，甚至在讲话时捶胸顿足。他告诉板仓："江户的决定是错误的。"[21] 日本如果想在世界各国中占据一席之地，郡县制是先决条件。也就是说，必须废除封建制，建立统一的全国政府。但是海舟告诫说，为了国家利益，幕府万万不可剥夺藩主的领地而建立独裁统治。"如果幕府确实是为了国家的最大利益，"他说，"它必须心甘情愿地灭亡。"它必须削减自身领地，招募有才之士管理国家。它必须一心一意为国家服务，不再使自己蒙羞。"没有理由憎恶萨长。"海舟肯定地说。他警告板仓，若幕府执意施行小栗一党的政策，"它将遭到全国的口诛笔伐"，而且该政策成功的可能性微乎其微。他请求板仓将他的想法上奏将军，还告诉板仓，即便遭到抨击，甚至被勒令切腹，他也不会后退。[22] 海舟在七月八日和板仓第二次见面时明确表示，幕府万万不可从法国借钱，这样做无异"自投罗网"，将使"国家毁于一旦"。幕府必须摆脱小栗一党。[23]

海舟写道："老中感到为难。"他们认为"郡县制可以等一等"，眼下更为棘手的问题是萨摩拒绝出兵和会津消极备战。老中担心，如果会津和萨摩在京都爆发冲突，"一切都将土崩瓦解"。他们说，幕府的每个人都知道，只有海舟能说服双方让步。他们和将军就该问题讨论后，将军同意立刻命海舟前往京都为会津和萨摩调停。[24] 简而言之，这位熟知战争的军事科学家和海军专家，并未受命指挥德川舰队，而是被派去和平解决幕府史上最大危机。会谈快结束时，海舟建议他忠心侍奉的幕府，不仅应当原谅敌人、放弃权力，还应"心甘情愿地灭亡"。

海舟前往京都与会津藩主会面。但在见面前，他先给会津的官员写信，直斥会津保守反动，称萨会之间的仇恨对日本有害无利，还提到幕府必须恪尽职守，不可只顾德川家利益。[25] 海舟到达会津藩邸后，震惊于松平容保的状态："（他）每日与两个小妾饮酒，卧床不起，与病人无异。太可怕了！"海舟接着写道："他告诉我，他了解（情况），不会做出（攻击萨摩）这样可怕的事情，但他的家臣不愿遵命。他说：'但是既然你来了，我要你去说服他们。'"

海舟和容保的家臣一番"唇枪舌战"后，使其"心服口服"。[26] 为了维持脆弱的和平，海舟不得不说服萨摩至少不要直接顶撞幕府。然而，根据海舟在冰川的回忆，大久保一藏听说"海舟来了"[27]，便溜出京都——也许他怀疑自己能否在胜安房守面前占上风。海舟为了安抚会津，向京都萨摩藩邸大久保的一名手下（可能是内田仲之助）施压，要求他"交出"萨摩表示拒绝进攻长州的信。[28] "他说'不管（你需要）什么'，问题很快就解决了。"[29]

第二次长州征讨——四境战争

六月初，幕府及其盟友在东面的广岛、东北的石见、西南位于下关对面的九州的小仓、东南的上关（从四国岛渡海而来）集结兵力，从四个方向包围长州。[30] 六月七日，第二次长州征讨（也被称为"四境战争"）率先在上关爆发，幕府海军占领了本属长州的大岛口。[31]

指挥长州海军的高杉晋作不负勇武之名。不过他在赶赴战场途中，稍稍耽搁了一些时间。他乘长州5艘军舰之一的"丙寅丸"号从下关前往大岛途中在三田尻停船靠岸，下船直奔当地富商贞永家。他直接闯入贞永家中，告诉后者"暂借二楼一用"，然后便上了楼，随后再没有任何声音。过了一会儿，不知所措的商人爬上楼，却发现高杉已经在地板上睡着了，双手抱头，腿蹬在木柱上。贞永悄悄走下楼，忙起自己的事。又过了一会儿，他听到楼梯处传来脚步声。高杉走到这名商人面前，向他道谢，告诉他"我会回来的"，便匆匆回到船上。[32]

高杉从三田尻直接驶向大岛，在那里遭遇四艘敌舰，包括木船"旭日丸"号和三艘蒸汽船——"翔鹤丸"号、"八云丸"号和强大的"富士山丸"号（排水量一千吨），[33] 它们都要比"丙寅丸"号大得多。[34] 高杉在夜色的掩护下，指挥排水量94吨的"丙寅丸"号穿梭于敌舰当中，伺机突袭。一名传记作者称这场战斗是日本历史上"第一次现代海战"。[35] 战斗进行了一天两夜，长州藩军于六月十六日夺回大岛，击退敌军。[36]

与此同时，广岛和石见也爆发了冲突。广岛的长州藩军指挥官是井上闻多和河濑真孝，后者在下关叛乱中曾率领游击队和高杉并肩作战。[37] 长州藩军轻松击败了得到幕府陆军奉行竹中重固支援的彦根、高田二藩的藩军。长州藩军突入广岛领地，在那里同幕府军和纪州军遭遇。双方均装备了现代步枪和火炮，幕府军的武器购自法国。战斗一直延续到八月，亲长州的广岛军挡在双方之间，使双方陷入僵局。在石见，村田藏六指挥的长州藩军轻松推进至浜田藩。[38] 七月十八日，亲藩大名、浜田藩主松平武聪纵火烧毁自己的居城，向东北逃至同为松平家统治的松前藩。[39]

最激烈的战斗发生在至关重要的西南战场。高杉的目标是指挥长州藩军攻占小仓城。但他的兵力有限，只有区区千人。幕府军有20000名士兵，包括小仓、熊本、久留米的藩军，指挥官小笠原长行打算跨过海峡一举攻入长州。[40] 六月十七日黎明，高杉第一次渡海发动攻势。[41] 龙马在给家人的信中写道，高杉用"无数桶清酒"鼓舞士气。[42] 七月三日、七月二十七日，高杉再度发动攻势。[43]

六月十六日，就在战斗爆发前一天，龙马和龟山社中成员乘"樱岛丸"号（又称"乙丑"号或"联盟"号）抵达下关。[44] "我在战斗中指挥一艘长州战舰，"他在十二月四日的家书中写道，"我完全不担心战事……这果然很有意思。"[45] 他可能确实对战斗感兴趣，但并非毫不担心。"我担心德川海军会将吾等截断。"他在八月十六日给三吉慎藏的信中坦言。[46] 不过，他最担心的是，指挥德川舰队的可能是已经官复原职的海舟。次年，他在给土佐监察佐佐木三四郎的信中写道："我永远无法和他作战。"[47]

如果海舟参加战斗，结局可能大不相同。他强烈反对开战，并于七月十九日上书幕府，表示自己可在几天内通过"恩威并施"的方式结束战斗。他可指挥"两三艘战舰……攻击（长州的）战略要地"，然后率领"两三队士兵痛击他们。一旦我方在一场战斗中获胜，我将……平静地征求各藩主的意见"。但是，海舟并未参与第二次长州征伐。

长州显然是胜利者。广岛前线的幕府军副指挥官、老中本庄宗秀给留在大阪的老中写信，称各藩主根本没有遵守派出足够兵力的命令，而且派出的士兵多是农民。幕府军的黄金和大米已经不足。此外，包括民兵武装在内的长州藩军已装备了现代步枪，而幕府军仍以老式火绳枪为主。[48] 小仓战事不利，而无力处理国务的"小气"的老中更令海舟感到悲哀，他在七月十八日的日记中写道：

> 我已多次上书［老中］，然而无一被采纳。每日，我都在悲痛中度过。我想辞职归隐，却不被批准。尤其痛苦的是，将军力不从心。幕府中无一可靠之人。[49]

家茂身体不适已有些时日，[50] 海舟不免为他担心。七月二十日，他在日记中写道，他想"用一艘停泊在小仓的军舰"把将军带回江户，将政务交给一桥庆喜处理。当日，他收到为将军治疗的奥医师松本良顺的"密信"，称家茂已在大阪城病逝。"我心如刀割，"他后来在自己的《断肠记》中写道：

> 我立刻出发前往大阪城，黎明时分抵达。城中一片死寂，仿佛没有人在……我继续往里走，里面挤满了幕府官员，他们一言不发地盯着我。这真是一个可怕又可悲的场景，我几乎无法呼吸。我鼓起勇气，说出了我们不得不做的事，然而无人应答。再往里走，我见到了老中板仓［胜

静］和稻叶［正巳］。他们都悲痛万分。我流下了眼泪。

领袖之死

高杉晋作因高烧离开小仓前线。他称自己只是着了凉，但实际上他罹患肺结核，已行将就木。他在下关的商人朋友白石正一郎家中卧病期间，制订了攻击小仓城的作战计划。他手下的指挥官呼吁不惜一切代价，立刻集中全力攻打小仓城。而高杉想到了一个可以减少伤亡、保存实力的办法，并将其写在小仓城的战斗"指示"中。他正确地预言，如果自己的部队在小仓登陆，并驻扎在小仓的战略要地，敌人要么据城死守，要么逃入内陆山中。他忍着病痛，于七月二十八日率领部队跨过海峡。[51] 次日，得知将军已经去世的小笠原长行，从小仓逃到长崎。[52] 八月一日，小仓的幕府军放火烧掉小仓城并撤入内陆。

高杉从八月初开始咳血。两个月后，他正式卸下指挥官之职。[53] 次年春天的庆应三年（1867年）四月十四日，他在下关去世，死时不过28岁。如果没有他，长州的倒幕派永远无法与萨摩联盟并最终推翻幕府。高杉的遗体被安放在棺材中，抬至离此不远的奇兵队本阵吉田。时至今日，为他修建的神社东行庵和他的墓碑都仍在此处。高杉去世43年后的1910年，有人在东行庵立了一块巨大的石碑。伊藤博文为其题写碑文："动如雷电，发若风雨。"

高杉卸任指挥官后，第四条，也是最后一条战线的战事又持续了几个月，小仓和长州分别有500人和200人阵亡。次年，庆应三年（1867年）一月，小仓投降，战事结束。细川断言，小仓的胜利是长州"存亡之关键"，也是在德川幕府的棺材上钉下的最后一颗钉子。[54] 平尾写道，这场战争将"所有长州人，无论其身份、年龄如何，团结起来"，最终的胜利是高杉、桂、井上、村田领导有方的结果。[55]

"幕府今日灭亡，"海舟在家茂去世当天写道，"我决定弃刀出家。"[56] 然而，当国家陷入无政府状态时，海舟无福享受出家人的清闲生活。他深念已故将军的知遇之恩，因为正是在家茂统治下，他才得以进入幕府。他计划从大阪出发，忠诚地将家茂的遗体用战舰运回江户。[57]

庆应二年（1866年）七月二十三日，家茂去世三天后，海舟上书幕府，直陈"富国强兵"是德政的关键，因此对外贸易必不可少。但是他告诫幕府，日本若想与外国平等相处，即若要免遭"外辱"，幕府必须放弃"自私"的政策，吸纳最有才干的谱代大名，建立以诚、义、民心为基础，优先考虑公共利益的政府。幕府必须建立听命于国家的陆海军，发展科学和工业，制造武器和船舶。[58]海舟写这封信时，一定想着四人众中其他三人类似的想法，例如忠宽的"公议政府"和横井的"政府为公"。

七月二十七日，春岳与板仓见面，建议幕府"放弃权力，邀请雄藩藩主共同讨论日本面临的重大问题，并执行最终做出的决定"[59]。然而，他对国家未来的设想和一桥庆喜以及以小栗忠顺为首的亲法派的计划背道而驰。

第二十一章

长州和谈

"去和长州谈判吧,"庆喜公［对我］说,"朝廷说你是唯一可担此大任之人。"……尽管可能被杀……我还是去了。[1]

年仅20岁的将军德川家茂病逝,身后无嗣。家茂唯一法理继承人是一桥庆喜,幕府当中的许多人认为庆喜是让摇摇欲坠的"古老体制"重新焕发生机的最后希望。他在请求天皇敕许通商条约的过程中展示出了强大的领导力。但是和去世的将军以及大多数老中不同,他一如既往地决心消灭长州。松浦玲写道,庆喜相信拯救幕府并保住自己地位的最好方法是调动军队消灭长州。[2]事实上,这也是他唯一的方法。

幕府以家茂的名义上书朝廷,陈述其遗愿:"我的家人庆喜将接替我"领导长州征讨。[3]上书的日期只写着"七月",据称由家茂亲笔所书,但奏书直到将军去世八天后的庆应二年(1866年)七月二十八日才上呈朝廷。事实上,奏书的写作时间和作者都不得而知。[4]

上书前一日,庆喜答应继承家茂成为德川家的家督。一直以来,得到这个头衔几乎等同于成为将军。不过,虽然过世的将军希望如此,而且根据庆喜的口述回忆,老中们"每日"恳求他继承将军之职,但是庆喜直白地拒绝了[5]——至少目前如此。

与此同时,在天皇的全力支持下,[6]他准备于八月十二日[7]前往广岛前线,在所谓的"大征讨"中彻底摧毁长州。庆喜召开旗本武士会议,宣称长州藩主父子是"敌人"。他决心进军并占领山口城,赞成他的旗本武士应当跟随他,其他人都不必去。[8]

海舟和春岳并不反对庆喜成为第十五代将军。他们虽然反对他的政策,但知道他的政治嗅觉灵敏。海舟在八月一日的日记中写道，春岳很反感庆喜的战争计划，决定返回福井以示抗议。然而，庆喜动身前往广岛前一天，小仓城陷落的消息传来。庆喜别无选择，只得改变计划。他认为若想迫使长州同意停火，天皇的敕令必不可少，于是请求尚未返回福井的春岳帮忙。春岳答应帮助他，但条件是庆喜必须接受他和海舟关于新政府的构想，这意味着他必须放弃幕府的自主权力，将其交还给天皇。庆喜用虚假承诺稳住春岳，作为回报，后者建议庆喜派海舟与长州谈判，说服其同意停战。[9]

庆喜坚持在正式谒见天皇时要得到将军的待遇。自从成为德川家家督那天起，幕府官员开始将其称为"主上"，这是对将军的尊称，与英文的"殿下"类似。但是，正如春岳所指出的，既然庆喜拒绝担任将军，那么他实际上只是藩主，只是包括春岳在内的御三家和御三卿的家督之一。[10]

庆喜为何拒绝接受将军之位呢？春岳将庆喜的拒绝视为欲擒故纵的把戏。庆喜对自己的政治能力和良好声望非常自信，他会一直等待下去，直到双方阵营最强大的藩主都恳求他接受这个8年前他求之不得的职位。[11]而且既然实力决定一切，他将利用这段时间对曾经惨败在长州手下的幕府军事机器进行现代化改革。

庆喜在口述回忆录中称自己最初拒绝将军之位是担心被人误解为"野心家"。但是，"最终我不得不接受它。那时，我已经打算将权力交还（天皇）"。正如德川家康"建立江户幕府并为日本的利益成为将军一样，我决心为了日本承担埋葬幕府的责任"[12]。小西四郎直接否定了庆喜的说法。如果庆喜当时真心愿意大政奉还，他便不应加强幕府的实力。最有可能的是，大约40年后，在曾经的敌人掌权的政府统治之下，他有所顾虑才说出上面一番话。[13]

庆喜给法国驻日公使罗什的两封信证明小西的看法是正确的。第一封信写于庆应二年（1866年）八月二日（小仓城沦陷的消息传来之前），庆喜在信中向法国公使透露了其消灭长州的计划，并请求法国人提供武器。第二封信写于八月二十七日（他已经听闻小仓城沦陷的消息），他在信中解释了变更战争计划的原因，随后庆喜提到他将"立即"着手推进"根本性改革"以实现军事现代化并"重树"幕府权威。[14]庆喜在小栗的极力劝说之下，计划增加幕府军的兵力，并且将其重组为一支由步兵、骑兵、炮兵组成的现代化常备军。[15] 这绝不是要放弃权力，庆喜显然打算在危机面前，借助法国的财政和军事支持，建立一个更加强大的德川政权。庆喜与海舟和春岳的冲突无可避免。

调停人海舟

然而，就目前而言，庆喜需要借海舟之力同长州讲和。海舟是幕府中唯一能取信于长州之人。不仅如此，他在长崎学习时和在神户海军操练所时结识的友人，可以安排他和长州人会面。八月十四日晚，海舟在大阪收到庆喜来信，后者令他立刻前往京都。海舟满脑子想的都是亲法派的目的究竟是什么，他还对庆喜的真实动机疑心重重。他尤其讨厌"极端自私的"庆喜侧用人原市之进，此人"不喜欢我多次提出的热忱建议"[16]。

八月十六日，海舟拜访了庆喜在京都的宅邸，庆喜命他和长州和谈，并说服长州放弃已经占领的土地。最初，海舟拒绝了这项任务——也许只是故作姿态。但庆喜表示，海舟必须"接受朝廷之命"[17]，朝廷认为他"是唯一可以担此大任的人"[18]。为了确保成功，海舟将向长州保证，他们不需要再和幕府打交道。他准备了一份包含八项条款的长信以申明此行目的，他于八月十七日早将其上呈庆喜，庆喜签字同意。其中一条规定：未来的政府政策必须"基于公议"，如果幕府独断专行，"全国上下将皆知"幕府所行不义。[19] "公议"指的是雄藩藩主的会议，长州同样应该参加。两个月前，海舟曾说过幕府必须"心甘情愿地灭亡"。幕府败给长州后，他自信地认为，一旦需要，便可将这个即将成为将军的人推下政治悬崖。和庆喜见面当天，海舟兴高采烈地对春岳的亲信青山小三郎说道："一桥公深明大义。"[20] 无论是否出于真心，海舟向庆喜保证，"我将在一个月内解决长州问题……如若不然，您就当他们已取我首级"[21]。

八月二十日，也就是家茂去世一个月后，他的死讯被正式公布。庆喜继承父亲的姓氏，正式成为德川家家督。[22] 同日，海舟从兵库起航，于八月二十一日[23]到达广岛。他孤身一人，原因正如他后来所写，"置他人于险境并非义举"[24]。也许是想到身着华服坐在欧式马鞍上的佐久间象山被砍杀的惨状，他穿着一件并不符合自己身份的朴素的棉质羽织和袴，以免引起敌意。[25]

作为幕府和长州的调停人，他得到了老熟人辻将曹的帮助，后者是广岛藩主的家臣。海舟和长州代表的会面被安排在宫岛，它位于广岛外海。[26]松浦玲称长州之所以同意谈判是出于两个原因：虽然它取得了战争胜利，但是并不一定有资源继续进攻；即便它拥有足够的资源，也没有继续战争的正当理由。[27]因此，长州同样希望议和。

海舟于八月二十五日渡海前往宫岛。[28]"我本打算独自前往宫岛，"他在冰川回忆道，"但是辻将曹说这十分危险，于是派了两个人与我同行，甚至连载我们渡海的小船都是他安排的。登上宫岛后，我发现四周都是长州士兵，似乎已经做好了战斗准备。"[29]他被迫在那里等了几天，其间"这些士兵在我的住处附近来回晃荡，甚至从远处向我的旅店开火。但是我并不在意，昼夜坐在房间中静待代表团抵达"[30]。岛上的情况越来越危险，以至于平常在旅店工作的女人们都逃掉了：

> 旅店里只剩下一个老婆婆。我让她为我准备干净的内衣裤，我好常常更换。我还让她每天为我绑头发。她问起为什么，我说我随时可能遭遇不测，不想死得太难看。她并不清楚发生了什么，但吓得半死。[31]

八月的最后一天，辻将曹乔装打扮抵达宫岛。他带来了一则可能令海舟无功而返的消息。八月二十一日[32]，就在海舟到达广岛当天，朝廷发布敕命，要求暂停一切敌对活动并命令长州从"入侵"的领土撤回，理由是将军家茂尸骨未寒，在此期间动兵不得人心。[33]当然，敕命实际上是幕府安排颁布的，目的是以将军之死为由令长州放弃必胜之战。长州自然不会从命。它并未"入侵"任何人，只是将侵略者驱逐出境。不仅如此，根据敕命的说法，丧期一过，幕府便可以立刻继续进攻。为安抚长州，辻将曹请求正在广岛的幕府征讨军总督德川茂承将"入侵"改为其他字眼。这个请求遭到了拒绝。海舟写道，辻将曹怀疑长州不会遵守敕命。[34]现在轮到海舟大展身手了。

九月一日，海舟在宫岛逗留 7 天后，长州代表团终于上岛。[35] 次日，海舟在大愿寺见到广泽兵助带领的 8 人代表团，井上闻多也在其中。海舟后来在冰川回忆说，井上"面如死灰"，因为两年前他曾遇刺负伤。[36] 长州代表团抵达时，海舟正独自坐在大殿的榻榻米上。他后来在冰川自嘲道："矮小的军舰奉行（只）穿着棉质的羽织和袴，等着和他们见面。"为了对德高望重的胜安房守表示尊重，长州藩士最初拒绝直接进入大殿，而是"坐在走廊上并尊敬地磕头"。海舟请他们入内谈话。广泽兵助再次叩首，并且"满怀敬意地拒绝坐在同一间屋子里"。海舟说"我们这样是谈不成的"，于是也走到走廊，长州人"大笑起来"并同意进入大殿。[37]（他们表现出来的敬意极好地说明了为什么只有海舟能完成和长州人谈判的任务。如果庆喜派其他人去，任务很可能失败。）

即便如此，海舟也无法说服长州从石见和小仓撤军，虽然他保证庆喜将改革幕府并在大阪城召开诸侯会议以确定应如何合理地解决长州问题。但是，长州并没有信任庆喜的理由。长州痛恨庆喜操控朝廷的伎俩，并正确地判断出救命的目的无非是拖延时间以加强幕府军力，使其可以再次进攻。"我没有（继续）向他们施压。"海舟在九月二日的日记中写道。[38] 然而，他提到了印度的先例，这个国家在"内乱中"[39]沦为列强的殖民地。他提醒长州代表团，"兄弟相争"[40]是危险的，并警告其不要成为"外国人的笑柄"。[41] 他成功地让长州人保证不会在幕府军撤退时发动进攻。[42] 他成功地通过谈判实现了停火。

"我准备立即返回京都。"海舟在冰川回忆道。但是他认为应当先将短刀献祭给严岛神社，以纪念双方达成停火协议。据说此刀曾属于 14 世纪的一位亲王。海舟是德川幕府的使者，虽然它现在摇摇欲坠，但是毕竟已经和平统治日本超过两个半世纪。不仅如此，"既然我不知道自己还能否苟活"，那么就应把这把宝刀留给后代。"但是神社的人似乎摸不清我的底细，不愿接受献祭——直到我又给了他们 10 两。"[43]

九月二日，海舟从宫岛起航。次日，他在广岛见到永井青崖，谈起了和长州谈判的经过。当晚，他驶向大阪，途中遭遇风暴，直到九月九日才抵达目的地。次日，他到达京都觐见庆喜。他径直前往二条城，但被迫等了两天。海舟最终见到庆喜时，发现后者对会谈的结果完全不感兴趣。[44]庆喜再次改变了计划，正如敕令所写。但是，长州拒绝服从敕令，而庆喜根本不打算和雄藩藩主分享权力。

简而言之，庆喜背弃了诺言，他再也不需要胜安房守，也不希望后者插手京都事务。海舟得到了100两慰劳金。[45]不久后，他奉命返回江户。[46]"我在宫岛的努力功亏一篑。"他在冰川回忆道。[47]"因为我办事迅速，他们认为我已和萨长暗中勾结。与此同时，长州自然觉得我欺骗了他们。"[48]但实际上被骗的是海舟。

第二十二章

将军、天皇和朝廷的反对者

> 庆喜在关东不受待见，幕府官员们憎恨他……[但是，]当他最终掌权后，曾在背后说他坏话的人都来问候。变幻莫测的人心真是可怕。[1]

德川庆喜不会拥有海舟建立"国家海军"的远见。庆应二年（1866年）九月十三日二条城会面后，军舰奉行的希望破灭了。他递交辞呈，自称"才疏学浅"。[2] "我感冒了，"他在九月二十六日的日记中写道，"一想到要返回关东，我就很沮丧。"但是，他的辞呈没有被批准。十月三日，老中板仓出面干预，海舟名义上仍然是军舰奉行，但只在江户处理一般（非政治性）事务。[3]

九月二十二日，松平春岳再次建议庆喜充分发挥一翁和海舟的非凡才能。春岳极力建议庆喜将二人留在京都。海舟被春岳称为"奇人"，他与萨摩等藩保持着良好关系，庆喜召开诸侯会议时，这种关系将十分有用。若要取得其他藩的信任，一翁也很重要。庆喜并未接受春岳的建议。3天后，春岳为表示抗议告诉庆喜，他决定返回福井。庆喜改变战争计划前他也有过这样的打算，不过这次并非虚张声势。十月一日，他离开京都。[4] 庆喜和亲法派把持了幕政。

十月五日，即春岳离开4天之后，海舟乘船离开大阪，十月十六日到达江户。6天后，他的次子胜四郎夭折，年仅12岁。[5] 不过四子胜七郎在同一天诞生，其母为女仆小西。[6] 回到关东后，海舟开始处理一般事务。而此时发生在京都幽深的御所中的事情却一点都不普通。

新将军

宫中的大事似乎和德川庆喜有关。十一月，他如对春岳承诺过的一样，召开了诸侯会议。但是，正如传记作家松浦玲所指出的，召开会议只是缓兵之计，庆喜的真实意图是为实现幕府军事现代化争取时间。不仅如此，他还希望通过在诸侯会议中担任议长来向全国和朝廷展示领导能力。[7]

会议其实并没有什么实际意义。庆喜安排朝廷命24名藩主前往京都参会。庆喜本人向鹿儿岛、高知、佐贺和熊本派去信使，催促各藩主出席，但是无人服从命令。[8]由于西乡和大久保正联合朝廷对抗幕府，岛津久光也无意参加。对幕府仍抱着同情态度的山内容堂收到此时尚在京都的春岳来信。春岳催促容堂参加会议，并说他相信庆喜的目的是成立一个基于春岳和海舟的新政府构想的列藩会议。即便如此，容堂仍然十分谨慎。他声称身体有恙，无法参加。传记作家平尾道雄推测，容堂给庆喜寄去了一封回信，表达了相同的意思。[9]对于多数藩主来说，他们更乐意躲在安全的领地内，警惕地观察动荡的国内外局势。结果，24名被召集的藩主中，只有7名赴会，分别是加贺、冈山、松江、德岛、津、福冈和米泽的藩主——无一人拥有政治影响力。所谓的诸侯大会于十一月七日、八日召开，未取得任何成果。[10]

和庆喜的预期截然相反，其敌友均未恳求他接受将军之位。庆喜已经29岁，距离其在继嗣之争中败给家定已有8年。彼时曾支持他的人，要么反对他，要么不再全心全意支持他，要么已不在人世。他和春岳也闹翻了。容堂没有答应来京都，便意味着不支持庆喜。在萨摩，上至久光，下至普通百姓，都已经成为庆喜的敌人。然而，孝明天皇始终如一地坚定支持庆喜（和幕府），尤其是在庆喜在禁门之变中作为禁里御守卫总督展示出非凡领导力之后。[11]庆应二年（1866年）十一月二十七日，孝明天皇将两名近臣叫到身边，告诉他们，自己已经决定任命庆喜为将军。次日，庆喜得到消息，接受了任命。[12]

那么，此时庆喜为何接受任命？他为何会在游戏即将结束的阶段接受"征夷大将军"这一古老的头衔？他为重建江户的绝对权威，已在法国人的支持下着手改革军队，为何还需要天皇敕许？我们只须看看他在上一年拒绝家茂退位的理由，自然可以找出这些问题的答案。和幕府中的强硬派不同，庆喜并未忘记天皇是统一的象征力量，后者可以令谱代大名坚定地支持自己的新政策。他同样未忘记，不管是德川家康颁布的法律，还是父亲的教诲，都要求万万不可忤逆天皇。不仅如此，庆喜需要借助天皇的力量稳住萨摩、长州等不属于德川阵营且具有强烈尊王思想的藩。幕府征讨长州的唯一理由就是长州被冠以"朝敌"之名。长州得胜后无法占据政坛中心位置的唯一原因同样是它仍然是"朝敌"。如果庆喜（和幕府）将天皇的支持拱手让给正努力在朝廷中运作以帮助长州洗刷污名的萨摩，那么那些尚未公开反对幕府的雄藩外样大名很可能会改变立场。于是，正如松浦玲所言，庆喜需要已经得到天皇敕许的将军之位，他可以借此为自己争取时间，以实现其复兴德川政权的计划。[13]

十二月十五日，孝明天皇册封庆喜为征夷大将军，庆喜成为德川幕府第十五代将军。同时，他也被授予权大纳言和右近卫大将的官位。[14]新任将军被册封20天后，天皇驾崩。

孝明天皇之死对庆喜打击甚大。过去数月间，萨摩和反幕府公卿利用长州得胜和家茂之死造成的权力真空巩固了在朝廷中的地位。[15]现在，随着孝明天皇逝世，他们将继续推进王政复古计划。

离奇死亡

孝明天皇生前孜孜以求的莫过于国家的和平。八月十八日政变后，他憎恶行事激进的长州攘夷派，强烈支持幕府征讨长州。明治天皇的传记作家唐纳德·基恩评论道，幕府被打败后，孝明天皇"处在很讽刺的位置上，他利用一切手段反对正努力使其成为日本无可争议的最高统治者的那些人"[16]。海音寺潮五郎写道，孝明天皇之所以拒绝王政复古，是因为他认为几个世纪以来公卿完全没有处理过政务，缺乏统治国家的能力。[17]小西四郎称，除了极个别例外，公卿"对世界大事一无所知"，对政治一窍不通。他们"懒惰、轻率、优柔寡断"[18]。因此，天皇担心，一旦幕府被推翻，萨摩、长州或者萨长联盟便会夺取政权——后来的历史证明他是对的。

天皇对幕府的强烈支持体现在他赞成公武合体。但随着长州取胜，他的希望落空。他之所以会抱着这样的希望，是因为他不成熟地认为幕府维持了日本两个半世纪的和平，抵御外辱的职责应落在幕府肩上，而不应由萨长等"暴发户"承担。支持暗杀说的历史学家主张，孝明天皇正是因为这个不成熟的想法才遭到暗杀。[19]

孝明天皇年死时仅有36岁，正值壮年。事实上，他的死因是日本史上的一大谜团，直到现在仍然未有定论。根据《孝明天皇实录》记载，天皇死于天花。然而，当时在日本流行的天花可被治愈，很少有人因此毙命。宫中的一名侍童曾经感染天花，康复后才回到宫中，御医怀疑孝明天皇从该男童那里感染了天花。[20]

孝明天皇的病情在诸多文件中都有记载，官方记录以及中山忠能（孝明天皇继承人睦仁亲王的祖父）、忠能之女庆子（睦仁亲王之母）的信中都有所提及。[21] 十二月十一日，就在敕许庆喜任将军之职6天后，天皇身体不适，以为自己得了风寒。但他仍在御所观看了神乐舞表演。次日，他高烧不退。十四日，御医诊断他得了天花，症状是高烧不退、失眠、食欲不振、神志不清。十六日，他全身长满了疹子。十七日，天皇感染天花的消息正式对外公布。

十二月十九日，天皇睡得很沉。十二月二十四日，高烧退去，他似乎很快就可以康复。然而，到了午夜，他的病情突然恶化。他开始剧烈呕吐，脉搏愈发虚弱，脸上开始出现紫色斑点。基恩引用的史料称其"九窍"流血。二十五日晚11点，他在痛苦中去世。[22]

争论的焦点在于，天皇是死于天花还是毒杀？天花说的支持者指出，没有任何确凿的证据表明他被下了毒。他们说，如果天皇被下毒，其病情不会像现实中那样逐渐恶化，亦不会在一段时间内似乎有康复的迹象。一个天花说的支持者检查了所有关于孝明天皇症状的记录，并将其和1946年名古屋天花流行期间的病情记录做了对比。他认为天皇确实死于天花。[23]

同时，小西提醒，坚定支持幕府的天皇的死亡"显然对反幕府势力有利，这才是毒杀说出现的原因"[24]。毒杀说的支持者则认为，刺客使用的毒药是三氧化二砷，它的中毒症状和天花类似，因此便于隐匿罪行。他们质问道，既然宫中的侍童都能挺过天花，那么为何天皇并未康复？他们在天皇去世前的医疗报道中发现了可疑的空白，相关记录似乎已经被销毁。[25] 萨道义的说法同样被用来证明该理论：

一个熟悉内情的日本人坚信天皇被下了毒。他一直反对对外国人让步，那些预见幕府即将灭亡而朝廷不得不直接和西方列强接触的人把他除掉了。一个保守的天皇只会制造麻烦，甚至可能招致战争。[26]

海音寺支持毒杀说，他的主张基于1975年一篇杂志文章提出的"确凿证据"。这篇文章的作者是孝明天皇首席御医的后代，而且作者本人也是医生，他的文章是基于先祖的日记和其他记录写成的。[27]

假设天皇确实是被毒杀的，问题仍然存在——凶手是谁？他是如何下毒的？毒杀说的支持者将矛头指向公卿岩仓具视。岩仓是朝中倒幕派领袖。小西称他是当时唯一名副其实的公卿，天生擅长处理政务。他是为达目的不择手段的"战略家"，也是唯一可以在京都各藩主和武士间周旋自如的公卿。[28]中山忠能是岩仓派的重要人物，作为睦仁亲王的祖父，他是下一代天皇的监护人。[29]萨道义写道，"不可否认的是，（天皇）从政治舞台消失，并传位给"年仅14岁的男孩，这对倒幕派"极为有利"[30]。

如前文所述，文久二年（1862年），岩仓曾极力劝说天皇允许公主和将军成婚，彼时便流传着他欲毒杀孝明天皇的传闻。京都的极端分子给岩仓的宅邸送去了一封信，威胁他"要么离开京都，要么将你斩首示众并对你家人下手"[31]。岩仓不得不躲到京都以北的岩仓村。[32]即便如此，他仍然和萨摩、土佐等藩保持着秘密联系，计划与其共同打倒幕府，实现王政复古。

八月末（孝明天皇驾崩约4个月前），岩仓起草过一份提案，劝说天皇召集各藩主参加会议共商国是，但要求将天皇的亲信二条齐敬、中川宫亲王、德川庆喜、松平容保等人排除在外。岩仓同样要求终止长州征讨，允许在安政大狱期间遭到流放的公卿，包括5名落难公卿和他本人返回朝廷。岩仓的最终目的当然是王政复古。他安排22名盟友一同向天皇上书。[33]大原重德也在这22人当中。[34]文久二年（1862年），大原奉敕与岛津久光一同向幕府施压，使其任命一桥庆喜为将军守护职，松平春岳为将军政事总裁职。而到了这个时候，大原转而和岩仓、萨摩联手对抗庆喜，4年来政治盟友圈变化之大可见一斑。

不过，岩仓的提议适得其反。十月末[35]，天皇因此事震怒，下诏要求严惩22名公卿，罪名是"蛊惑"年轻朝臣谋反，以及"蔑视"朝廷，"结党上书"。他们或被要求闭门思过，或被逐出朝廷。[36] 天皇还派人加强了对岩仓邸的监视。[37]

岩仓可能觉得委屈，毕竟他自始至终想的都是天皇的利益。他自认忠心耿耿，反而无辜受罚。岩仓趁长州大获全胜而且将军去世的有利时机，呈上使天皇重掌大权的计划。但天皇完全不理会他的进言，而岩仓的大敌庆喜却被任命为将军。可能正是在这个关键时刻，岩仓开始考虑让孝明天皇从政治舞台上消失，不过当时未必打算杀死他。

恰在此时，天皇突然染上天花。不过，岩仓很快便得知天皇即将康复。岩仓坚信必须消灭幕府，为了完成这个伟大目标或许不惜弑君——在19世纪中叶的日本，这相当于弑神。

根据基恩引用的一份1940年的资料所述，医生佐伯理一郎检查了孝明天皇御医的日记后得出结论：孝明天皇确实感染了天花，但当他有好转迹象时，岩仓"利用天皇的病情，令其担任女官的侄女下毒"。佐伯医生声称从犯罪嫌疑人口中直接听到了这个事实。但基恩指出，这个可疑的女人并非岩仓侄女，而是其妹堀河纪子。而她"没有机会犯此大罪"，因为她当时已经离宫。[38] 但佐伯医生是否在回忆陈年往事时搞混了"侄女"和"妹妹"呢？离宫的女官就没有办法进入御所吗？

那么岩仓是否毒杀了天皇呢？基恩写道："除非得到允许验尸，寻找三氧化二砷的痕迹，否则死因便无从知晓。"[39] 只有找到孝明天皇被下毒的证据，毒杀说才能成立。

新天皇在其父去世十五天后的庆应三年（1867年）一月九日登基。一月十五日，为庆祝新天皇登基，朝廷宣布大赦，一些倒幕派公卿得到赦免。大赦宣布时，将军庆喜命令京都守护职和京都所司代安排天皇下令解散长州征讨军。不出所料，松平容保第一个站出来反对。但是8天后，征讨军还是解散了。当天，长州和小仓缔结了和平条约。[40] 与此同时，岩仓和萨摩联手控制了朝廷。

庆喜的改革

海舟对长州做出的"改革"幕府的诺言永远无法兑现。德川庆喜只打算对军事、行政和经济进行改革，目的是建立一个法国领事罗什所建议的集权政府。

如前文所述，两年前幕府曾与罗什约定，将在横须贺建立一座制铁厂，从法国购置枪炮。一年后的庆应二年（1866年）八月，勘定奉行小栗忠顺与法国人签订了购买价值600万美元的武器和战舰的合同。[41]根据小栗和罗什达成的另一份协议，18名被萨道义称为"优秀人才"的法国军官将于庆应三年（1867年）抵达横滨新设的传习所（军官训练中心），训练德川武士。[42]一旦学员成为合格的步兵、炮兵、骑兵指挥官，幕府将从全国范围招募常备军。[43]

为了使改革后的军队更加强大，庆喜打算引进西方的内阁制，以建立一个幕府统治下的现代化的统一国家。到目前为止，政务均由老中处理，他们先达成一致，然后做出决策，但每人职责并不清晰。[44]在新的体制下，政府将分为五局——陆军、海军、会计、国内事务、外国事务。每名老中负责一个局，他们都要听命于首相板仓胜静。每位老中手下有两名若年寄，若年寄可以从旗本武士中挑选。所有人都听命于德川庆喜。五局制于庆应三年（1867年）五月开始施行。[45]

在经济改革计划中，庆喜打算成立一家拥有出口日本货物（尤其是生丝）特权的日法贸易公司。其他经济改革措施包括：成立一个特权商人组织，加强幕府对国内外贸易的控制和管理；建立由幕府控制的、可向江户批发商人借钱的金融机构；兵库开港前，大阪的大商人结成商社，垄断兵库贸易并支付维持兵库港所需的庞大费用，允许该商社发布纸币，使其具有银行职能。虽然幕府覆灭前经济改革一直停滞不前，但是这份计划为成立初期的明治政府提供了金融、经济改革的模板。[46]

德川庆喜的改革令他的敌人深感不安。"（庆喜的）勇气和智慧不应被嘲弄，"桂小五郎说道，"他仿若家康在世。"[47]岩仓具视也警告道，"果决的"庆喜是"不可小觑的敌人"。[48]巴夏礼评论道："庆喜似乎是我见过的最高贵的日本人，他应会青史留名。"[49]

第二十三章

庆喜扳回一局

> 我只能静观其变。

被庆喜欺骗、被同僚怀疑不忠的海舟似乎觉得自己与幕府同僚格格不入，反倒与萨长志同道合。庆应二年（1866年）十月二日，海舟从大阪乘船前往江户三天前，他在给大久保一藏的信中表达了这样的感受。毫无疑问，海舟一直想着萨长结盟之事。他遗憾地告诉大久保，自己的广岛之行"并不如意"，并请他向西乡、小松等幕府强敌致以"最诚挚的问候"。[1]

幕府灭亡前一年，也就是庆应三年（1867年）的大多数时间里，海舟都在处理海军部门的"一般"事务。这项工作不经意间成了外交工作。法国教官受雇训练陆军军官，而罗什却建议幕府雇用英国教官训练海军军官[2]，目的是安抚大不列颠。1868年8月18日，萨道义给巴夏礼写信，提到了罗什对老中的建议："除非主动请求英国政府派遣海军教官，否则英国将帮助藩主。"[3]庆应三年（1867年）三月五日，海舟以军舰奉行的身份受命负责训练海军军官，他还要与巴夏礼就四名英国海军军官的合同进行谈判。[4]这是海舟与巴夏礼以及后者25岁的翻译萨道义（他在当年年末被任命为秘书）之间的友谊的开始。[5]海舟后来说，他觉得萨道义"少年老成"[6]。次年春幕府覆灭后的那段混乱的时期，他和这两个英国人的关系将被证明非常重要。

五月，荷兰造战舰"开阳丸"号到来后，事态变得更加复杂。螺旋桨蒸汽船"开阳丸"号是幕府以40万美元的价格从荷兰购置的。400马力、装备了26门炮的"开阳丸"号取代"富士山丸"号成为幕府最强战舰。[7]海舟于五月二十日在横滨港从荷兰总领事范波尔斯布鲁克那里接收了"开阳丸"号。[8]海舟在不久前刚和范波尔斯布鲁克达成了一项协议——幕府将雇用随"开阳丸"号一同前来的13名荷兰海军军官。萨道义在前面提过的给巴夏礼的信中写道:"英国人微妙的自信是(幕府)与随'开阳丸'号到来的荷兰军官接触的原因。"[9]巴夏礼得知此事后表达了强烈抗议。4名英国海军军官已按此前和幕府达成的协议乘船离开英国。巴夏礼并未答应让英荷两国军官共事。[10]

老中意识到与英国交往的重要性,他们奉庆喜的"明确指令"重建和英国人的友谊,用萨道义的话说,"目的是破坏我们与萨长武士之间的友好关系"[11]。和英国相比,荷兰不过是一个不构成军事威胁的小国。海舟后来写道:"老中因此决定不聘用荷兰(军官)。"[12]

荷方自然觉得受到了冷落。荷兰军官按照幕府的请求从荷兰来到日本,抵达之后却被告知已经不需要他们的服务了。海舟并未忘记长崎的荷兰教官的教育之恩,自愿前往荷兰,正式向其政府致歉。海军总裁稻叶正已同意了。[13]毕竟,荷兰帮助幕府建立了海军,将"索姆波音"号赠予日本,并且早在安政二年(1855年)便开始训练日本军官。现在,荷兰又为日本建造了"开阳丸"号。"我们已和荷兰交往近300年之久,"海舟于五月二十一日上书幕府,"与其他国家的关系无法与之相比。"[14]

外国奉行"让我处理这件事",海舟在冰川回忆道。海舟精通荷兰语,"我在外国人居留地有些名气,而且精通外事,因此他们央求我"。他告诉外国奉行,他会担起解决问题的责任,条件是在对荷谈判时拥有充分的决定权,"幕府不得干涉"。奉行同意了。"我立刻乘小艇登上'开阳丸'号和荷兰(军官)对话。"[15]他为幕府的错误道歉,并同意支付全部军官一年的薪水。[16]"我本以为他们会为难我……但是他们爽快地同意了。"接下来,他去拜访巴夏礼,后者现在满意了。"我花了3天才把事情解决,骑着快马来回横滨好几趟。"[17]六月一日,他去荷兰公使馆和范波尔斯布鲁克见面,后者正式接受了他的条件。[18]事情得以解决,海舟无须前往荷兰,而此事也展示了他高超的外交手段。

四侯会议

作为重振德川实力的手段之一,庆喜试图在西方列强当中树立威信,特别是英国，而这反过来义会向诸藩藩主和朝廷传递一个信息。与此同时，他会向世人展示作为将军的他才是日本真正的统治者。为此，他需要遵守对外条约，而条约规定兵库必须在年内开放。[19]如前文所述，朝廷拒绝允许兵库开港。而庆喜现在需要得到天皇敕许。庆应三年（1867年）三月，他3次试图说服天皇。[20]而萨摩则尽力阻挠。

庆应二年（1866年）年末，就在庆喜被任命为将军两天后，西乡碰巧在兵库见到了萨道义。西乡告诉萨道义，庆喜已被任命为将军，这令后者十分惊讶。萨道义说庆喜"影响力陡增，出乎他的意料"。

西乡肯定地回答道："昔日不过是浪人大名之人，今日成了征夷大将军。"

二人讨论了庆喜的独断专行，例如他擅自处理长州问题和决定兵库开港。萨道义问道："长州局势到底如何？我们外国人无法理解吗？"

"确实难以理解，"西乡答道，"幕府打响了不义之战，而停战时又无正当理由。"

谈到兵库时，萨道义说，"明年，当我们按照计划要求开放兵库，而大名反对时"，幕府将"进退维谷"。

西乡解释说，萨摩并不反对开放兵库港，但拒绝"以之前的方式开港。我们想要它的开放可以令全日本受益，而不仅仅使幕府受益"。西乡认为这个问题应当交由"五六位大名处理，他们可以阻止幕府只想着一己私利"。"（兵库）对我们来说非常重要，"他说，"因为萨摩等藩都欠着大阪富商的钱。"他接着说道，"若此港如横滨那般开放，我等的事务将一团乱麻"——意思是将受制于幕府。[21]

庆应三年（1867年）三月，庆喜将英法荷美政府代表邀至大阪城与自己见面。和萨摩私交甚笃的巴夏礼计划扮黑脸向其施压开放兵库。[22]罗什已提前警告庆喜，兵库问题已引起外国公使的不满，且萨摩和巴夏礼亦暗通款曲。[23]为了挫败巴夏礼的计划，会议刚开始，庆喜便宣布自己将开放兵库港。[24]当萨摩人从巴夏礼那里得知庆喜的说法后，他们将其视为对圣意的违抗，并计划以此为把柄攻击将军。[25]

西乡和大久保在京都安排了一次会议，庆喜和萨摩、福井、土佐、宇和岛四藩藩主均将出席。会议将讨论是否开放兵库港、是否取消长州"朝敌"之名，以及最重要的，是否解除违背圣意的庆喜的将军职务，将其贬为普通大名。他们的最终目的是将幕府的权力转交给由萨摩主导的四侯会议。[26] 西乡让大久保留在京都，自己返回鹿儿岛请岛津久光出席。他随后前往高知和宇和岛请山内容堂、伊达宗城赴会。西乡再次返回鹿儿岛，并于三月二十五日与久光一起带着7000萨摩藩兵出发。久光、春岳和宗城在四月中旬到达京都，容堂稍后于五月一日抵达。[27]

四侯会议在开始前就注定失败，因为参加者之间有着不可调和的矛盾。四人均参加了三年前失败的参预会议，其中三人被庆喜称为"国内最大的傻瓜"。久光已经不再认为自己是德川将军的家臣，会前他甚至没有礼貌性地拜访庆喜。[28] 春岳此前因和庆喜意见不合离开京都。容堂和春岳一样，仍然支持幕府，且并未完全失去对公武合体的信心。[29] 宗城同意建立藩主组成的新政府，但是其反幕立场与久光不同。[30]

四侯会议于五月十四日在二条城召开。[31] 庆喜和四位藩主无法在任何一件事上达成共识，包括兵库开港和对长州的处置。久光坚持认为长州问题优先于兵库问题。庆喜则争辩说，由于日本的命运已危在旦夕，因此"应先解决兵库问题"，之后再决定如何"宽恕"长州。久光反驳说，长州是无辜的，所以它并不需要"宽恕"。不仅如此，他还质疑幕府（实际上是庆喜）为何单方面向外国政府保证将开放兵库港却没有被责难？[32] 庆喜将这两个问题上奏朝廷。五月二十三日的会议持续了整晚，直到次日下午才结束。会上，庆喜强迫年轻天皇的摄政二条齐敬做出决定，允许兵库开港。他的方法和一年半前强迫朝廷同意对外条约时的方法如出一辙。但是现在，作为将军，他要考虑的东西比庆应元年（1865年）时更多了。"为了自己和幕府，他需要取胜，"松浦玲写道，"（他还需要展示）作为将军的能力。他必须强迫朝廷将全部事情交给他处理，并按照他的意愿做出决定，因为他是将军。"[33]

四侯会议最终于五月末结束，没有取得任何成果。六月六日，幕府宣布兵库将开放，并且自十二月七日起，外国人可以住在大阪和江户。[34] 可是，长州没有被宽大处理。[35] 庆喜扳回了一局。但是对于西乡、大久保等倒幕派来说，这是很好的教训——只要庆喜仍独揽大权，幕府便不会被言辞击倒。

若想推翻幕府，唯有诉诸武力。

这时的海舟并未满足于"一般"事务。八月七日，他给松平春岳写信表达了对"闲职"的不满，在此职位上他和政务完全绝缘了。他思索着"革新"（也就是建立新的代议制政府）能否实现。但是，因目前的种种限制，他懊恼不已，"只能静观其变"[36]。

第二十四章

历史大戏

当人开始思索与谁结盟时，他便已走上歧途。你需要的是敌人，若无敌人，则一事无成。[1]

庆应三年（1867年）夏秋两季，三股竞争势力为决定未来局势聚集在京都。究竟何人将取胜，是打算恢复德川权威的幕府改革派、意在通过武力推翻幕府的主战派，还是支持大政奉还和建立代议制政府的主和派？

主战派认为，唯有通过武力才能推翻幕府。早在庆应元年（1865年）初冬，中冈慎太郎就阐明了主战派的核心观点，当时他提到乔治·华盛顿正是通过战争的方式使美国独立。[2] 庆应三年（1867年）夏，他又写道，在英法成为列强之前，两国都经历了内战，而日本也应以他们为榜样。[3] "和华盛顿一样，"中冈写道，"百战出英雄。"[4] 单凭辞令是无法完成革命的。

主和派虽然担心内战可能导致英法等国趁火打劫，但是他们绝非反战的"鸽派"。这派最著名的人物是坂本龙马，他在大半个世纪之前就明白了政治权力源于武力的道理。

三股势力的竞争

但是没有什么事是一成不变的。事实上，主战派和主和派的目的是一样的——"倒幕"，即推翻幕府。庆应三年（1867年）九月四日，桂小五郎在给坂本龙马的信中将倒幕运动比作一场"大戏"。[5] 这部历史"大戏"始于14年前的佩里来航，而倒幕是最后一幕。三股竞争势力中的演员，包括幕府各派、诸藩、朝廷，再加上力量强大且不隶属于任何藩的浪人之间的互动，使情况更加复杂。同一势力内部并非总是意见一致，有时他们又会和对立势力的人达成共识。例如，只要主和派愿意在将军拒绝交出权力时拿起武器，主战派中的一些人便愿意妥协。与此同时，主和派的一些人也很清楚，如果没有压力，将军是不会自愿退位的，因此只要主战派愿意给庆喜和平退位的机会，他们就可能与主战派合作。

幕府改革派的领袖便是将军本人。德川庆喜面临两难境地。自文久三年（1863年）至今，他离开江户已有5年之久。此时，庆应三年（1867年）夏，敌人正积极备战，而他却不能离开京都的中心舞台；不在江户，他便无法实施必要的改革以击败他们。[6] 不仅如此，海舟在12年前入仕幕府时便曾感慨，幕府一直缺乏有才之士。松浦玲写道，在老中当中，唯一可以充分理解庆喜改革方略并执行的人是外国事务总裁小笠原长行。支持改革的旗本武士当中，除了不久前被提拔为若年寄的永井青崖等极个别人，只有小栗忠顺。[7] 当然，海舟、春岳和一翁都不支持庆喜和小栗的建立德川集权统治的计划。

庆应三年（1867年）下半年，庆喜失去了法国的支持，这令他的处境更为艰难。拿破仑三世正忙着处理其他地方的事情——普鲁士正在欧陆崛起。1864年，当美国深陷内战泥潭时，法英西三国军队无视门罗主义，占领了墨西哥的韦拉克鲁斯。英军和西班牙军撤离后，拿破仑三世抓住机会扩张自己的帝国。他扶植奥地利大公马克西米利亚诺为墨西哥皇帝。当美国内战于1865年结束时，美利坚合众国要求法军离开墨西哥。为了避免和美国之间的战争，拿破仑三世于1867年撤走其部队，帝国的梦想泡汤了。显然，他也放弃了向亚洲进军的梦想。小栗于庆应二年（1866年）八月制订的从法国获取600万美元贷款的计划无法实现。不仅如此，当萨摩派代表团参加1867年巴黎世博会时，萨摩藩士在巴黎散布消息说，幕府已不再是日本的合法政府了。这无疑也是导致法国近期不再支持幕府的原因之一。[8] 庆喜既没有合适人选，亦没有充足资金，无从推动改革。幕府中呼吁"改革"的"有才之士"只有海舟和一翁，等到庆喜打算命二人主持改革，一切为时已晚。

主战派包括萨长、朝廷倒幕派和不容于本藩的少数土佐人。主战派的领袖包括：萨摩的西乡、大久保，长州的木户、伊藤、井上、山县、品川弥二郎，公卿岩仓具视，土佐的板垣退助和浪人中冈慎太郎。六月十六日，京都的四侯会议失败，西乡、大久保和躲在京都萨摩藩邸的山县、品川见面，准备联手推翻幕府。品川回到本藩告知事态进展，其长州战友认为虽然萨长目标相同，但担心萨摩会像三年前在京都时一样，在最后一刻背叛长州。[9] 八月十四日，长州领袖和西乡、大久保、小松在京都见面并获悉了萨摩的秘密战争计划后，他们的担忧越发严重。[10]

当时萨摩在京都有一千兵力，它计划用其中的三分之一守卫御所，另外三分之一袭击会津藩邸，剩下的三分之一烧毁位于京都堀川附近的幕府军兵营。萨摩会再从本藩派3000人进攻大阪并摧毁那里的幕府军舰。与此同时，它将调动常驻江户的1000藩兵，与聚集该地的水户浪人一起占领位于江户以西140千米处的山中要塞甲府城，这样他们便可以阻止幕府军部署在京都和大阪之间。按照该计划，萨摩藩兵将进攻幕府的三大重镇。[11]

孝明天皇驾崩后，朝廷仍然分裂。反对岩仓的人鼓吹"名义上的"大政奉还，希望能将将军纳入权力体系，这和公武合体类似。[12] 另一方面，新天皇虽然因为年幼无法亲政，但其地位却具有重要的象征意义。京都的敌对势力为控制他而互相激烈争斗。有些人，包括西乡、大久保和木户，在私下里将天皇称为"玉"——发动革命的象征。[13]

那么诸藩的立场到底如何？在最重要的参与者中，萨摩和长州不同，内部存在着意见分歧。一些萨摩人并不赞成西乡和大久保对幕府宣战的看法，更倾向于支持和平的大政奉还。至于土佐，如前文所述，该藩分裂为主和派和主战派，主和的山内容堂掌握着制定政策的权力。即便如此，五月二十一日晚，当四侯会议在京都进行时，容堂的心腹，在土佐藩士和京都浪人当中颇有声望的板垣退助与西乡吉之助、小松带刀在京都达成了向幕府开战的密约。板垣向西乡发誓，如果不能调动土佐藩兵在京都与幕府军作战，他将切腹。同样在场的中冈也立下了相同的誓言。次日，板垣禀告容堂，他已准备好离开土佐加入萨长的队伍。[14] 数天后，他陪容堂返回土佐，途径大阪时秘密购置了300支步枪。此时，一贯与相邻的长州为善的广岛也在战和之间犹豫不决。[15] 尾张、福井和土佐立场相同，只是更倾向于支持幕府。会津和桑名坚定站在幕府一边。除此之外，许多雄藩的倒幕派、佐幕派也彼此对立。[16]

于是，幕府和萨长联盟为了争取摇摆不定的雄藩的支持而相互竞争。江户仍然可对诸藩发号施令，那么关键就在于萨长能否取得有倒幕倾向的藩的支持。土佐是竞争的焦点。[17] 在最有影响力的浪人当中，有两人来自土佐——坂本龙马和中冈慎太郎。

海援队：龙马的海军

就在萨长联盟有条不紊地推进既定的战争计划的同时，中冈在七月组建了勤王武装陆援队。在土佐的资助下，陆援队在京都东北的白川设立大本营。最初招募的50名浪人都是逃犯。表面上看，组建陆援队似乎是为了保护这些人。但事实上，中冈的目的是支援萨长的军事行动。八月，陆援队的人数翻了一番。[18]

另一方面，曾经主战的龙马逐渐扮演起了和平缔造者的角色，不过他继续为倒幕派运送枪支。基于和容堂的参政后藤象二郎达成的共识，龙马等龟山社中的土佐浪人于三月得到赦免。[19] 龙马和后藤会面这件事本身已经出乎很多人意料，更不用说他们数月之后提出的让将军和平退位的大正奉还计划。后藤曾经审问过被投入狱中的武市半平太等土佐勤王党人，而且直接决定了他们的命运，武市被判处死刑便与他有关。[20] 但龟山社中缺乏资金，龙马及其浪人同伴需要后藤的资金支持和保护，而后藤则需要龙马等人的商业头脑和专业技术。[21] 后藤和龙马这两个最不可能成为朋友的人就这样走到了一起。

根据龙马和后藤的合作关系，龟山社中在土佐的资助下成立了海援队，据说从队长龙马到队士的所有50人仍然保留着浪人的身份。[22] 海援队实际上是一支具有海战能力的海上商业运输队。龙马亲自撰写了5条队规，其中第一条是欢迎各藩浪人从事海上事业。龙马欢迎其他藩的浪人这件事不足为奇，令人惊讶的是这个浪人组织竟然得到了土佐的资助，而且公开宣称将（在倒幕派的协助下）支援土佐。海援队提供的支援包括"运输、射利、开拓、投机"。而且从此以后，"这里用人唯贤，不问出身"。一名作家惊讶于龙马使用"射利"一词，这个词的意思是"不择手段地牟取利益"。"射利"在一个以儒家价值观为基础的社会中是无法被接受的，"甚至连商人也不可公开使用这个词"[23]。

但如果考虑到龙马经常和社会主流背道而驰,那么这件事便不值得大惊小怪了。我们早就知道他对封建社会不满。5年前脱藩时,他已经抛弃了某些最基本的儒家价值观。当然,这并不意味着龙马不在乎道德或者对武士道不屑一顾,也不意味着他已经抛弃了成长过程中被灌输的全部儒家价值观。队规的第二条规定,所有人必须完全听命于龙马,危及海援队事业者可能被处死。第三条的道德口吻更加令人吃惊,它规定队士必须"患难相救,困厄相护,义气相责,条理相纠"。他劝诫手下不可"武断或粗暴地"给队友制造麻烦,不可结党或将意志强加于人。第四条则为队士提供了接受"政法火技、航海汽机、语学"方面的教育和训练的机会,具体科目取决于个人志向。他还告诫队士不可好吃懒做、玩忽职守。第五条规定,海援队的活动经费来源于利润,包括队长在内的任何人都不可分利(这条或许解释了龙马为何使用臭名昭著的"射利"一词)。[24]由这5条队规可以看出,海舟对龙马的影响确实很大。当"陆上男儿"中冈慎太郎指挥陆援队在京都战斗的时候,"海上男儿"坂本龙马率领一支私人海军在长崎赚钱、学习知识,海援队只在必要时发动战争。

龙马的和平计划

庆应二年(1866年)八月(当时家茂刚去世不久),龙马见了福井藩士松原岩五郎,并让后者转告春岳,希望春岳提交一份《大政奉还论建白书》。[25]春岳拒绝了,也许是因为他知道庆喜对将军之位志在必得。[26]庆应三年(1867年)三月,在流放期间秘密接见客人的岩仓具视,制订了一个加强皇权以增强国家政治实力,解决大名纠纷并确保其臣服的计划。值得注意的是,龙马、中冈、大久保、木户等人均拜访了岩仓,而且岩仓的计划包含了通过与外国通商使国家富裕的内容,这在孝明天皇在位时是完全无法想象的。[27]因此可以说,岩仓的想法与海舟和龙马相近。但是,他的计划的不足之处在于,他缺乏建立代议制政府的远见。与此同时,包括西乡、大久保、木户和中冈在内的其他主战派领袖,虽然思想开明,但是除了天皇领导下的列藩会议,并没有提出切实可行的治理国家的计划。也就是说，他们只想着推翻幕府，但是并不知道应以怎样的政府替代它。[28] 和他们不同，龙马对此已胸有成竹。

庆应三年（1867年）六月中旬左右，龙马提出了和平推翻幕府的八点计划，史称"船中八策"——也许最恰当的名字是"海上的伟大政策"，因为它很可能是在土佐的藩船"夕颜丸"号上孕育而生的。当时龙马等土佐武士正乘着这艘船从长崎前往兵库，然后再前往京都。[29] 该计划被平尾道雄称为"明治维新史上最值得关注的文书"[30]。继萨长结盟之后，它是龙马对明治维新的第二个重大贡献。龙马呼吁大政奉还，同时建立一个由上下两院组成的立法机构，从藩主、公卿和平民当中选拔人才担任议员，议会应听命于天皇，并听取公众意见，对公众负责。[31]

海舟和四人众的其他成员对龙马的影响再次显现出来。次年三月天皇颁布的《五条御誓文》正是以龙马的计划为基础的。龙马将该计划交给后藤，让他呈给容堂以寻求后者的支持。龙马知道说服容堂对抗幕府并非易事，但这个计划对容堂大有裨益，他不仅可以利用这次机会树立威信，同时向幕府和朝廷展示自己的忠诚心，而且还能避免即将爆发的内战，阻止萨长联盟建立新幕府。不仅如此，龙马总结道，若庆喜在容堂上书幕府后仍然拒绝将政权交还朝廷，土佐便可加入萨长联盟。

当后藤到达京都准备将龙马的计划呈给容堂时，后者已因为四侯会议失败而返回高知。与此同时，龙马和后藤需要说服萨摩推迟发动战争，从而为自己争取时间以返回本藩说服容堂接受该和平计划。久光在对幕府作战一事上的优柔寡断帮了他们。[32] 六月二十二日，龙马和后藤将西乡、小松、大久保带到京都三本木的一家饭店，容堂的三个亲信在那里和他们见了面。中冈也参加了这次对话，见证了萨土联盟的诞生。

萨土盟约与龙马的和平计划非常相似，其终极目标是推翻幕府、王政复古，并建立由上下两院组成的代议制政府。不过，龙马的计划并未提及将军可作为藩主成为上议院的议员。这条或许是后藤为安抚容堂才加进去的。萨摩也许并非真心希望和平，但还是同意了。如果将军同意大政奉还，则顺其自然，否则便开战。[33]

那么，为何萨摩的领袖会一边准备和长州联手进攻幕府，一边同意龙马（和后藤）的和平计划呢？一个合理的解释是，他们忌惮主导和平协议的势力，也顾忌萨摩内部的佐幕派——这和板垣在土佐的处境类似。[34] 西乡和大久保担心，如果容堂采纳龙马的计划而且庆喜愿意交出权力，那么本方就会失去对幕府的道德优势。无论战还是和，他们一定要确保萨摩是最终的胜利者。不管采取何种方式，他们的最终目标都是推翻幕府。

战争准备

八月十四日，庆喜的心腹原市之进在京都遇刺，幕府的敌人因此受益。[35] 市之进是水户藩士，自元治元年（1864年）庆喜被任命为禁里御守卫总督以来一直服侍其左右。他曾协助庆喜说服天皇敕许兵库开港，因此遭到幕府中两个排外武士的袭击。根据平尾的说法，原市之进足智多谋，与大久保不相上下。对于幕府来说，他的死是一次致命打击，庆喜的行政能力遭到了严重削弱。[36]

与此同时，后藤于七月八日返回高知城面见容堂，后者认可了"船中八策"中提到的大政奉还。[37] 不过，尽管后藤已向西乡和大久保做出承诺，但是容堂拒绝派兵上京。福冈藤次从京都来信催促容堂立刻向将军递交建白书，并警告说，萨长联盟正在一步步推进战争计划，市之进遇刺后，广岛等立场摇摆不定的藩有了加入萨长的理由。[38] 后藤为了再争取些时间，立即启程返回京都。[39] 九月二日，后藤抵达大阪，与西乡和辻将曹见面，后者就是那个曾经安排海舟在宫岛同长州代表团会面的广岛藩士。萨摩在京都部署军队的计划令后藤警觉。[40] 而令西乡不安的是，后藤并未按原先的承诺带兵上京，他只能和长州、广岛一道加快战争步伐。[41]

八月二十一日，木户给龙马写了一封信，清楚地表达了长州对土佐（和龙马）的反战态度以及萨土结盟的看法。木户在信中引述了萨道义的话（他和伊藤不久前在长崎见到了萨道义）。萨道义告诉他们，如果萨长土已经决定对幕府施以最后一击，而其他藩主却接受了土佐的和平计划，那么这三个藩将被欧洲诸国视为"老妪"。[42] 木户指责龙马居然被"区区外国公使的翻译"如此训诫，丢了日本的颜面。[43]

与此同时，龙马也在准备战争，目的是逼迫庆喜接受和平计划。他在八月十四日给三吉慎藏的信中表达了对"萨摩最近决定对幕府宣战"的担忧。但是，一旦战争爆发，萨摩、长州、土佐和三吉的长府藩必须组建联合舰队，否则在强大的幕府舰队面前，"它们毫无机会"。龙马知道土佐需要步枪。[44] 九月，海援队从长崎的荷兰商人处购买了 1300 支最先进的步枪。他将其中的 200 支送到大阪和京都以武装驻扎在那里的部队，[45] 将 1000 支送回土佐。龙马要武装自己的藩，如果庆喜拒绝容堂的提案，他们将不得不与幕府为敌。

龙马带着枪支从长崎驶往高知，途中在下关和伊藤见了面。龙马在九月二十日给木户的信中提到了和伊藤见面一事。[46] 伊藤告诉龙马，后藤并未遵守承诺带兵上京，因此大久保已经乘船前往下关，并准备将萨长联军部署在京都、大阪一带。[47] 九月二十日，大久保、木户和广泽兵助就如何部署兵力达成了协议。他们计划在九月末用萨摩的两艘蒸汽船将部队从长州运往三田尻。[48] 构想了和平计划的龙马，现在一心想着将板垣和土佐藩兵运到京都。他告诉木户："让后藤回土佐或者去长崎。"[49]

龙马满载枪支的船于九月二十四日到达土佐。然而，即使到了此时，说服土佐进攻幕府仍非易事，它甚至拒绝接收枪支。龙马给可以直接面见容堂的家老渡边弥久马（明治后改名斋藤利行）写了一封信，让后者提醒容堂京都的紧张局势。[50] 龙马随函附了九月四日木户给他的信，信中同样提到京都的"大戏"。[51] 龙马告诉渡边，他已带步枪抵达土佐。他在途中路过下关时，"大久保的信使"（也许龙马并不想提及长州倒幕派领袖之一伊藤俊辅的名字）告诉他，萨长联军将于九月末抵达京都。龙马在信的最后请求和渡边见面[52]，后者立刻答应了。龙马警告渡边，土佐必须为即将到来的战争做好准备，于是渡边同意购买步枪。[53] 十月五日[54]，龙马赶往大阪，登上了土佐藩船"蝴蝶丸"号。他为了协助后藤继续推进和平计划，于十月九日到达京都。[55] 虽然龙马在准备战争的同时也在推进和平计划，但可以确定的是，他决心推翻德川幕府。

此时，海舟还在江户以军舰奉行的身份处理日常事务。如果庆喜未把他逐出中心舞台，他可能会在次年年初指挥幕府军作战。如果他还在京都，幕府之人很可能投鼠忌器，不敢在次月暗杀龙马。这样，他或许会和龙马、后藤、西乡一起阻止最终在新年爆发的内战。但是，上面的一切都只是假设而已。海舟和他的土佐爱徒不同，永远无法彻底摆脱封建等级制的束缚，他将为德川家（包括最后的将军庆喜）鞠躬尽瘁，在余生一直忠心耿耿地侍奉他们。

第二十五章

王政复古与幕府的终结

> 日后，国家之治……须以公义为根基，为多数人造福，万不可沦为私人牟利之工具。[1]

武士们提出了由年幼的天皇统治日本的计划，而软弱的朝廷却迟疑不决。公卿们想知道，在危机四伏的现代世界，日本的主权在藩主联盟的保护下不是更加安全吗？无论如何，几个世纪以来，这些藩主一直统治着各自的藩。天皇被称为"玉"，这个词极好地诠释了这种思维。现代日本诞生前夕，武士革命的领袖们以天皇和朝廷的名义倒幕。但当革命大潮渐渐袭来时，公卿们越来越担心，一旦倒幕成功，萨长联盟将接管国家。

庆喜下台

将军庆喜已经没有选择的余地。传统上支持幕府的多数藩主已经开始改旗易帜，大众对幕府的不满与日俱增，而幕府的敌人（藩主和朝廷）则后劲十足。庆喜利用法国的援助加强自身军力的计划不如预期顺利，而英国已经开始支持萨长联盟。容堂的提议使德川家可以作为日本最强家族继续存在下去，而庆喜也可以通过主导列藩会议将实权牢牢掌握在手里。庆应三年（1867年）十月三日，后藤象二郎和福冈藤次将容堂的提议呈给庆喜，庆喜接受了。

与此同时，萨长联盟的领袖们，包括西乡、大久保、木户（仍在长州），以及其他藏在京都萨摩藩邸的长州藩士，都准备同幕府开战，从而废黜将军，建立新政府。但萨摩领袖西乡和大久保仍须说服家乡鹿儿岛的反战派。久光虽然表面上支持西乡和大久保，但实际上并不完全赞成他们的战争计划；他们的盟友小松带刀也开始动摇，因为后藤象二郎警告他，若西乡和大久保失败，萨摩将陷入危机。[2]

西乡和大久保为了确保战争具有合法性，须根据所谓的"大义名分"（明君和忠臣之间正确的道德关系），像天皇顺从而忠诚的仆人一样行事。简而言之，只有得到敕许，他们才可对幕府宣战。而且他们必须迅速行动，因为如果不能在庆喜自愿放弃权力之前取得敕命，他们便失去了进攻幕府的理由。[3]

十月十三日下午，庆喜在二条城御殿召见40个藩的重臣，宣布将大政奉还。其中，萨摩的代表是小松，土佐的代表是后藤和福冈，广岛的代表是辻将曹。老中首座板仓向与会的各藩代表出示庆喜写给天皇的大政奉还请愿书草稿，并寻求他们的意见。多数人全程一言不发，只是叩首，直至离开。上面提到的4个人和另外2个人留了下来。他们称赞将军的决定，建议将军立即将请愿书上呈天皇。[4]

当晚，龙马和海援队的战友躲在离二条城不远的河原町焦急地等待后藤的消息。登江户城前，后藤在给龙马的信中发誓，若庆喜拒绝容堂的提案，他一定"不会活着回来"[5]。龙马回答说，若果真如此，他将和海援队刺杀庆喜，不成功便成仁。[6]当晚，龙马收到了后藤的来信，据说他得知庆喜的决定后流下了眼泪，然后转头对一名手下说："我已知晓将军的心意，他做出了正确的决定。"在这一刻之前，龙马已下定决心刺杀庆喜，此时却宣称："我发誓，现在我愿为他而死。"[7]

次日，十月十四日，庆喜向天皇提交了《大政奉还上奏书》。就在同一天，萨摩藩主和长州藩主收到了《讨幕密敕》，他们受命"殄戮贼臣庆喜"及其盟友会津藩主松平容保和桑名藩主松平定敬。[8]平尾将密敕下达时间和庆喜上呈请愿书时间的巧合称为"历史之谜"[9]。

密敕的真实性值得怀疑。它是由岩仓的心腹玉松操（他曾在醍醐寺无量寿院出家，法号犹海）起草的。密敕共两份，萨摩藩主和长州藩主各收到一份。它虽然是以天皇的名义下达的，但署名的并不是天皇，而是中山忠能（天皇的外祖父）、中御门经之和正亲町三条实爱三人。不仅如此，诏书上并无三人的花押。因此，许多历史学家认为这份诏书要么是伪造的，要么是岩仓授意安排的假敕命。根据1903年（岩仓去世20年后）出版的《岩仓公实记》的说法，密敕是中山居中斡旋，得到天皇同意后下达的。但是，没有任何直接证据表明天皇批准了这道敕令。正亲町在几年后对一名采访者说，只有他本人、中御门和岩仓知晓密敕一事，中山亲王根本不知情。如果他的话属实，中山亲王的签名和岩仓传记的可信度都存在疑问。甚至连摄政二条齐敬也不知道密敕之事。幕府方面自然更不会知道这件事了，连庆喜都被蒙在鼓里。[10]次日，十月十五日，庆喜被招至御所并被告知天皇已经准许了大政奉还的请求。西乡和大久保因此失去了大义名分，《讨幕密敕》实际上已经无效。[11]

庆喜在二条城将决定公之于众的前一天，容堂的好友春岳质疑大政奉还是否妥当。[12]大政奉还的消息传到江户时，幕府自然怀疑萨长联盟的真实意图。不仅如此，他们对庆喜也充满敌意。一些人坚信朝廷只能仰仗幕府统治国家，其他人则主张在法国援助下对萨摩宣战。大多数人都不喜欢庆喜，呼吁另立将军。[13]

除了自愿放弃权力，海音寺还提到了庆喜遭江户的家臣痛恨的其他原因：将军庆喜未曾在江户待过一天；他出身尊王学说的摇篮水户；他的家世，尤其是他在江户不受欢迎的父亲，他正是因此无法成为家定的继承人并遭井伊直弼惩罚；当家茂突然在大阪城病逝时，江户的武士认为庆喜的野心和狡诈的性格与武士的身份不符，他通过数名老中的政治运作才成了上任将军的继承人。他们如何尊敬、爱戴一个极少见面，只在名义上是其主君的人呢？[14]萨道义提到一份在幕府官员当中"流传的秘密文书"，指控庆喜毒杀了家茂。[15]

十月十九日，也就是庆喜宣布大政奉还6天后，江户的老中命陆军奉行并藤泽次谦向京都派遣军队。十月二十一日，他们将旗本武士招至江户城，告诉他们朝廷已同意庆喜的决定。海舟在当天的日记中写道，海军总裁稻叶正巳和陆军总裁松平乘谟将乘"顺动丸"号前往京都传达老中的意思。[16]

十月十四日，庆喜在京都宣布决定后一日，海舟与三名外国海军军官一起登上"富士山丸"号，以最终决定是否同意巴夏礼提出的在江户及周边地区修建灯塔的计划。[17]由于灯塔对日本船只和外国船只均有利，巴夏礼建议从幕府为下关事件支付的赔偿金中拨出一部分,充当建设资金。[18]此前,"富士山丸"号舰长肥田滨五郎因为举止不当,冒犯了外国海军军官(肥田虽然曾在1860年随"咸临丸"号访美,并在船上担任机械师[19],但仍不熟悉国际礼仪)。巴夏礼向松平春岳抱怨肥田的行为,海舟因此不得不介入。[20]他后来在冰川回忆道,为了避免惹出外交风波,他小心翼翼地按照礼仪规范接待外国军官,"花费大笔金钱,慷慨地招待他们,还拜访了他们的船"[21]。

海舟得知庆喜宣布大政奉还的时间不晚于十月二十日。[22]十月二十二日,他从前来拜访的"某个朋友"那里得知了更多细节。[23]他表面平静,内心却激动不已,因为大政奉还是其得意门生的作品,而且龙马显然期望庆喜能够领导新的代议制政府。按照海舟的说法,容堂能够出面请求将军大政奉还"全因龙马"[24]。但是现在还不是安心的时候,他担忧向京都派遣部队将导致内战。[25]

即便在宣布大政奉还之后,庆喜仍不打算交出权力。松浦玲称,若庆喜真正有意实现王政复古,他应交出德川封地[26],但他并未这么做。庆喜正确预测到朝廷不会允许他辞去将军之职。不出所料,他在二条城宣布决定后不久,朝廷命其继续以将军的身份治理国家,处理所有内政外交事务,直到各藩主参加的列藩会议在京都召开,因为朝廷根本没有统治的能力。[27]庆喜意图通过政治顾问西周提出的一项计划维持德川家的独裁统治和自己的领袖地位。根据该计划,德川家的家督庆喜将领导政府,同时主持一个新的立法机构——上议院,这是大政奉还的一部分。这样,庆喜便可统领全国军队,而天皇仍然只是名义上的统治者,唯一的行政职能是批准上议院和下议院(合称"议政院")通过的法律。但是,只有极少数人知道庆喜的真实意图。海舟和大多数幕府官员,尤其是待在江户的官员,都被蒙在鼓里。[28]

龙马遇刺

将军宣布决定后不久,仍在京都的龙马基于此前的和平计划"船中八策",制订了日本新政府的八点计划。新计划同样呼吁建立"上下议政局"(即上下议院),议员将从"全国的有才之士"当中选拔。龙马在计划的最后部分宣称只有"○○○"(类似于中文的"某某")才能领导列藩会议。

据说这里的"○○○"指的是"庆喜公",这个名字正好有3个汉字,可用3个圆圈表示。但是他考虑到西乡和其他萨长人士对庆喜深恶痛绝,因此没有直接写下这个名字。[29]

平尾讲过一则逸事。据说龙马向西乡展示了一份《新官制拟定书》,提议设关白一人,由"公卿中德识兼备者"担任;奏议若干人,由"亲王公卿诸侯中德识兼备者"担任;参议若干人,在"公卿、诸侯、大夫、士、庶人"当中选择。名单是由龙马的朋友、侍奉三条实美的京都武士户田雅乐起草的。被提名的奏议包括萨长二藩的藩主和春岳、容堂、伊达宗城、锅岛直正。被提名的参议包西乡、大久保、小松、木户、广泽、横井、后藤和福冈藤次等武士。值得注意的是,龙马的名字并未出现在名单上。按照日后的外务相、海援队中龙马的得力助手且当时在场的陆奥宗光的说法,西乡问龙马为何他的名字不在名单上,龙马答道:"我无法忍受在政府中工作。"他更愿意和海援队一同环游世界,也许是为了发展国际贸易。[30]

但是不久之后,龙马环游世界的希望突然破灭了。十一月下旬,海舟写了下面这段话,它被收录于十二月六日的日记中:

> 十五日晚[10点左右],三四名武士来到坂本龙马……在京都[的藏身处]。其中一人要求面见龙马,开门人收下名片,走上楼。[几名武士尾随他来到楼梯口,]一名武士从背后砍中他,另一人袭击了龙马。随后数人砍中前来[与龙马]商讨的同藩陆援队首领吉田[中冈慎太郎另一化名]……二人均伤势严重。龙马当晚去世,吉田直到黎明时气息尚存。[31]

龙马死前不久修改了此前和海舟分享过的计划——派浪人前往北方虾夷地定居,开采那里丰富的矿产资源,让他们学习海军科学,这样他们便不必为维新而死。[32] 他和正为萨摩工作的广岛藩士林谦三(即安保清康)一同修改计划。龙马在十一月十一日给林的信的最后,颇有预见性地建议他务必小心。龙马接着写道:"到了我们该采取行动的时候了。不管前景如何,我们很快将决定我们的方向。"[33] 5天后的清晨,林谦三应龙马之邀,从大阪赶到京都参与"紧急讨论"。他目睹了龙马遭暗杀的惨状——"刀已拔出，人倒在血泊中。"[34]

两年前萨长结盟后不久，龙马险些在寺田屋丢掉性命。他知道自己现在的处境比此前任何时候都更加危险。他在寺田屋至少射杀了一人，自然招惹了仇家。更何况所有人都知道，大政奉还虽然名义上是由土佐提出的，但制订计划的其实是龙马。还有一些幕府官员将幕府的倒台归咎于龙马，意图报复。会津人强烈反对庆喜的决定，对龙马深恶痛绝，而会津藩主、京都守护职松平容保正统率着新选组和另外一支维护京都治安的精锐组织——见回组。虽然会津人同样痛恨西乡、大久保，对后藤的憎恨甚至不亚于龙马，但他们三人都躲在各自藩的藩邸之中，而脱藩的龙马无法得到任何保护，更容易成为刺客的目标。

龙马住在京都河原町近江屋，这是一家酱油店。他本来一直待在主屋后仓库中一间便于逃脱的屋子里，但在遇刺前一天，由于得了感冒不得不搬到主屋二楼更加暖和的地方。[35] 十一月十五日，龙马31岁生日当天，中冈登门拜访。[36] 二人面对面坐下，开始讨论一件急事——一名土佐藩士上一年被新选组逮捕，不过由于将军已经宣布大政奉还，此人将被释放。[37] 龙马正后方的壁龛中挂着一幅水墨画挂轴，画的是冬梅簇拥下的山茶花。龙马的双刀就在画下。遗憾的是，龙马够不到它们。房间的对角，也就是中冈的身后，立着一面大型金底书画屏风。屏风上的画出自一位狩野派著名画师之手，画着白雪皑皑的富士山，还有一只令人不安的家猫。[38] 林发现龙马的尸体后，又在隔壁看到了中冈，他"痛苦地挣扎着，奄奄一息"[39]。两天后，中冈过世了。[40]

摩拳擦掌

只要德川庆喜仍然掌握权力，他的死敌萨摩和长州便不会善罢甘休。幕府一日不倒，二藩的生存就会受到威胁。他们制订了一个夺取京都控制权的计划。与此同时，幕府也在增强大阪、京都一带的军事力量，它的盟友会津、桑名、纪州、津和新选组叫嚣着要烧掉御所和萨长在京都的藩邸，在大阪城设立大本营，然后一路向西剿灭萨长以及西日本诸藩。[41]

为应对幕府的威胁，西乡返回萨摩集结部队。十一月十三日，他离开鹿儿岛，和萨摩藩主、岛津久光之子岛津忠义（即岛津茂久）乘铁甲蒸汽船"三国丸"号前往三田尻，与其同行的还有另外3艘战舰和3000名士兵。西乡在三田尻见到了木户，和他一同制订了战争计划。他们决定，萨摩、长州、广岛在大阪设大本营，同时萨摩藩主将亲自指挥一支部队，与长州和广岛的援军会合，一同向京都进军。西乡和萨摩藩主从三田尻出发，于十一月二十二日到达大阪，次日率军进入京都。十二月一日，1200名长州藩兵进驻大阪城西之丸，等待从本藩赶来的另一支1000人的部队。同时，300名广岛藩兵于十一月二十八日进驻妙莲寺。[42]海舟在十二月二十五日的日记中写道，在大阪和兵库，"海上停泊着十二三艘英美军舰，还有18艘各藩和我方（幕府）的军舰"。更令人不安的是，据说萨摩和广岛的蒸汽船"以及长州的3艘风帆船只，共9艘"，已抵达大阪湾，而"西日本诸藩大军已进入京都"。[43]战争似乎迫在眉睫。

然而，萨长联军并不确定他们能否击败幕府军。此外，他们还要挫败容堂的代表后藤等人的努力，后藤同春岳以及尾张、熊本的代表在京都合作，准备召开由天皇和庆喜出席的列藩会议以决定新政府的政策。后藤将计划告知西乡，后者虽未表示反对，但实际上并不打算支持仍为庆喜留有一席之地的新政府。于是，西乡、大久保和岩仓继续秘密推进之前制订的宫廷政变计划。[44]但是，为确保对幕府的军事胜利，他们需要取得雄藩藩主的支持。为此，他们找到了天皇的外祖父中山忠能。通过此人，他们最终把"玉"掌握在自己手中，从而获得了巨大优势。

宫廷政变

庆应三年十二月九日（1868年1月3日）的政变粉碎了庆喜独揽大权的希望，它实际上只是一纸宣布王政复古的敕命（《王政复古大号令》），内容与空洞的《讨幕密敕》类似。十二月十五日，海舟从朋友榎本武扬的信中得知了此次政变的消息，后者是德川海军军官，在"开阳丸"号上服役，不久前被调往大阪。[45]海舟在日记中记载了政变的主要诉求：废黜庆喜、消灭幕府；废除京都守护职和京都所司代，勒令会津藩主和桑名藩主离开京都；赦免长州藩主父子，恢复原先的官位，允许他们进入京都；解除公卿岩仓具视和九条尚忠二人的蛰居处分；赦免三条实美及4位在太宰府避难的公卿，允许他们返回京都并官复原职[46]；废除摄政和关白，全面驱逐佐幕派。政变后成立了以天皇为首的临时政府，设置了三个职位——总裁、议定、参与。总裁由亲王出任，议定由数位亲王、公卿、藩主出任，参与由公卿、藩主和武士出任。[47]御所九禁门由萨摩、土佐、福井、广岛和尾张五藩的藩兵守卫，根据海舟的说法，士兵们"披坚执锐"[48]。福井藩主、尾张藩主和土佐的容堂一样，不得不服从朝廷的命令。朝廷在旧幕府死敌的控制下重新获得了统治日本的权力。[49]

十二月九日早八点，西乡按照既定计划命五藩藩兵把守禁门。[50]除了土佐，其他藩的藩兵均立刻前往指定地点。容堂于前一天到达京都。他得知岩仓和萨长谋划政变、庆喜将被罢免后怒不可遏，禁止土佐藩兵服从西乡命令。本来计划由土佐藩兵把守的禁门改由萨摩藩兵把守。出乎意料的是，会津、桑名均未反抗。萨摩藩兵来到公家门时，本来负责守卫这里的桑名藩兵逃走了，而守卫蛤御门的会津藩兵同样没有抵抗便撤退了。[51]

当晚，年仅16岁的天皇颁布了《王政复古大号令》。在场的有亲王、公卿，以及尾张、福井、萨摩、广岛和土佐等藩的藩主——土佐藩主最后到达（当天早些时候，容堂的亲信福冈藤次担心新政府会把土佐排除在外，于是自作主张派兵前往禁门）。[52]总裁由有栖川宫亲王担任。两位亲王（山阶宫亲王和仁和寺宫亲王）、3名公卿（中山、中御门和正亲町）、5位藩主（尾张的德川庆胜、福井的松平春岳、广岛的浅野长勋、土佐的山内容堂、萨摩的岛津忠义）担任议定。岩仓、大原重德和其他3名公卿担任参与，五藩各派3名武士担任此职。西乡、大久保和岩下方平代表萨摩，后藤和福冈代表土佐，中根雪江代表福井，辻将曹代表广岛。[53]

当晚，新政府在御所召开了第一次会议。天皇端坐在屏风后，他的座位高于其他与会者。坐在天皇左侧（坐在左边的人更加尊贵）的是有栖川宫亲王等亲王和公卿，坐在他们对面，也就是天皇右侧的是尾张藩主、福井藩主、广岛藩主、土佐藩主、萨摩藩主，他们的座次按官位排定。[54]坐在他们旁边更低位置上的是一些武士出身的参与——不包括西乡，他正在门外指挥萨摩卫兵。[55]

据说"鲸海醉侯"容堂第一个站出来反对将庆喜排除在新政府之外。[56]公卿大原反驳道，虽然前将军已承诺大政奉还，但是他的真实意图令人怀疑。大原坚称，庆喜必须先展示诚意以证明自己有资格加入新政府。容堂闻言大怒，他认为以"阴险"的手段（即令军队把守宫门）发动政变，只会"引发内乱"。他称赞了两个多世纪以来一直维护日本和平的德川家。容堂说，庆喜在宣布大政奉还时已证明了自身的诚意，而政变不过是一些公卿的肮脏勾当，他们没有能力处理政事，却假借天皇之名妄图"窃取权力"。

容堂的突然爆发令在场的绝大多数人十分错愕，但坐在容堂对面穿着全套朝服冠帽（不过头发已剃光，那是其软禁期间的惩罚之一）的岩仓则不以为然。岩仓严厉训斥了土佐藩主，称大政奉还乃天皇陛下"睿智"的"圣断"，而容堂竟敢在天皇面前口出狂言。岩仓要求容堂为其无礼行为道歉。就在此时，春岳开口支持容堂。岩仓为反驳春岳，抨击幕府自佩里来航后的一系列误国政策，称朝廷应罢免庆喜，命其交出封地（这正是庆喜的敌人们本来的目的），如果庆喜愿意服从命令，他才有资格加入新政府。大久保站出来支持岩仓。他说，若庆喜拒绝接受这个条件，就必须受到惩罚。随后，后藤开口反对大久保，批评不应以武力解决问题，并呼吁推动"公平、公正、民主"的王政复古——他的话实际上反映了龙马和海舟的想法。

由于双方无法达成一致，午夜时会议暂时中止。休会期间，萨摩藩士岩下左次右卫门（即岩下方平）十分担心会议的结果，于是出去通知西乡。西乡当时身披甲胄，腰佩单刀，威武至极。"一把短刀便可解决问题"，他让岩下把这句话转告岩仓和大久保。于是，岩下悄悄告诉岩仓，自己在口袋里藏了一把短刀。他告诉广岛藩主浅野长勋，自己决心置容堂于死地，后者虽曾支持容堂，但立场一直摇摆不定。浅野则令让警告休会期间正和大久保争执的后藤。后藤迅速意识到危险，立刻建议容堂退出会场。容堂不情愿地接受了他的建议，局面开始朝着对岩仓和大久保有利的方向发展。[57]

庆喜的决定

十二月六日，也就是政变3天前，庆喜已经从春岳亲信中根雪江那里得到了政变的消息。十二月八日,就在政变前一天晚上,将军及其坚定的盟友会津藩主和桑名藩主接到让他们赴御所参会的命令,但3人均拒绝出席。此时他们仍掌握着权力,如果出席会议,本来可以轻松使"玉"远离萨摩之手,从而使政变流产。但是庆喜仍然认为由春岳和代表容堂的后藤出面阻止政变就足够了。然而,事实证明,事态的发展不是他们能够左右的。[58]

黎明时分,新政府第一次会议结束仅仅几个小时后,春岳和庆胜前往二条城,向庆喜报告了坏消息,包括要求他交出一半石高(200万石)的封地。庆喜答道,他本人其实并不反对这么做,但如果他服从命令,那么必然在家臣当中引起轩然大波,江户、会津和桑名的武士已经被政变激怒了。另外,他的石高实际上只有账面数字400万石的一半,他不能交出所有土地,否则领民将一贫如洗。他要求先和老中及家臣讨论,然后再给出正式答复。春岳和庆胜同意了。[59]

可以肯定的是,庆喜无意束手就擒。即便在失去将军之位后,他的实力仍然胜过已控制了天皇的萨长联盟。[60]他仍然是已经统治日本两个半世纪,领地石高占日本总石高四分之一的德川家的家督。多数藩仍然支持他,其中最重要的是春岳和容堂,二人希望成立由庆喜领导下的列藩会议主导的代议制政府。除了岩仓及其为数不多的同伙,大多数公卿仍然支持他,他们并不看好将德川家排除在外的新政府。[61]此外,庆喜在大阪有一支1万5000人的大军,兵力是敌人的3倍。[62]萨道义写道:"人们无法想象,一个没有德川家家督参与的新政府将如何取得成功。"他在《英国政策》一文中建议各藩主组成联邦,以天皇为名义上的领袖。庆喜"要么作为藩主加入,要么被消灭"。[63]西乡、大久保和岩仓选择了后者。政变3天后的十二月十二日,前将军、会津藩主和桑名藩主将大军从京都撤至大阪城,表面服从朝廷,实则准备开战。[64]

十二月十六日下午3点,庆喜在大阪城会见了英美法荷普意公使。他明确对各国公使表示,领导日本政府的是他本人。他说,过去几天在京都发生的事件是少数藩主所为,他们突然带兵闯入御所,利用天皇年纪尚轻为他们自己谋利。但是,他会亲自解决这个问题,同时会一如既往地遵守对外条约,所以(用萨道义的话来说)"外国人不应对日本内部事务指手画脚，在政体最终确定之前，他将处理外交事务"[65]。历史大戏的最后一幕即将上演，双方均无意退让。

《愤言一书》

十二月中旬的一个晚上，海舟听说了京都政变的消息后，给老中稻叶正已写信。[66]他在信中明确反对战争，并赞扬了将军大政奉还的决定。他批判江户的同僚急于开战。这样的行为与将军的宽宏大量和争取和平的努力背道而驰[67]，并将危及海舟建立代议制政府的目标。海舟希望庆喜保住德川封地并领导新政府。然而，若萨长联盟试图利用当前局势为自己谋利，假借天皇之名驱逐庆喜，那么海舟将带兵"为百姓的利益而战，以重振天皇声威"[68]。他在日记中抄录了这封信，又在后面写道，同僚因其反战态度而将其视为叛臣。[69]

我们知道，龙马担心海舟会奉命指挥幕府舰队同长州作战，因为龙马"永远无法与他为敌"。受过海舟恩惠的萨长之人不在少数，他们恐怕都有类似的想法。他们可能在幕府精英当中散布过谣言，说海舟是他们的间谍，这样海舟就无法得到实权，也就不能同他们作战了。[70]如果这件事属实，那么他们的战术似乎见效了。十二月二十三日，海舟前往江户城劝稻叶正已和海军奉行京极高富不要贸然开战。他们对他的意见充耳不闻，反而要求他立即辞职，因为他被怀疑同萨长暗中勾结，图谋不轨。海舟照办了。

递交辞呈的同时，他还递交了一封长信。[71]松浦玲称这封信反映了海舟多年来的抱负。[72]胜部将其称为海舟毕生文学成就的代表和政治哲学的总结。[73]海舟写道，国家之治须以公义为基础，为多数人造福，万不可沦为私人牟利之工具。幕府的诸多武士无法摆脱狭隘的视野，对外部世界一无所知，百姓却已开眼看世界。这样，幕府精英如何处理国家危机呢？最近五六年来，上至藩主，下至武士浪人，或主张尊王，或主张佐幕，奔走于京都，周旋于江户。而那些不知如何治理国家的幕府高官却掌握着制定国策的权力。政府的责任应该是使国家安泰，使百姓安居乐业，惩治腐败，任用高才卓识之士，立信于海外诸国。海舟和导师横井小楠一样，提到了乔治·华盛顿为国家无私奋斗的丰功伟绩。与之形成鲜明对比的是，幕府的困境并非资金匮乏或军力不足造成的,而是由于其自私的统治缺乏合法性。

幕府武士对西日本诸藩大名(尤其是萨长二藩)的意见充耳不闻,始终怀疑他们,并担心他们会举起反旗。而这样的疑心和担忧则完全出于无知。即便某个藩主确实有一统天下的野心,他也绝不可能成功,因为藩主们才智平庸,只顾私利,不顾公理正义。一旦某个藩主图谋不轨,他的家臣必会反对他。因此,哪怕最强大的藩主也不会构成严重威胁。总而言之,率领这些无能的藩主对抗萨长联盟无异于自取灭亡,只会引发内战。

海舟正确地预见,底层民众将剥夺藩主的权力。[74]今日之藩主及其家臣,皆是无一技之长的庸人,能获得高位全凭血统。他们无须费力劳动,亦无须做事。他们依靠平民的血汗过活,而百姓才是社会的真正支柱。他们显然已经失去了民心。

海舟称赞庆喜之父齐昭很早就开始宣扬尊王攘夷思想,从而唤醒了"沉睡几个世纪"的日本。齐昭虽然常常言及战争,但是从未认真想过要同外国开战。尽管如此,国家却不幸分裂成了开国派和攘夷派。幕府高官担忧战争,因此同列强签订条约,却遭那些不了解世界局势、不知同列强开战对日本毫无益处的人的抨击和暗杀。盲目叫嚣攘夷,只会令国家日益沉沦。但现在大众已经明白了成立代议制政府的好处。海舟认为,如果日本人能够学习更多的知识,以公义为基础,真诚、高尚、不怀私心地参与政事,国家便可实现真正的变革。

幕府未能履行使百姓安居乐业、使社会安泰的责任。幕府征长失利,其收入不足以供养仰仗它生活的武士。因此,它向农民索取苛捐杂税,甚至乞求他们的同情。幕府官员喜好阿谀奉承之徒,回避直言敢谏之士。将军已经慷慨地表示愿意大政奉还,以匡正天下,许多幕府官员却出于私利,反对他的决定。

海舟在信的最后写道:"我愤激悲叹至极,请您舍弃私心,望您谅解。"信的落款署名为"海舟狂夫"[75]。即便这个局外人竭尽全力避免战争,但在这场历史大戏落幕之前,内战还是爆发了。

下 卷
明治政府的崛起
（1868—1878）

第四部分

掌　局

第二十六章

内　战

听起来像是我在吹嘘……但幕府之所以能多存活一年，完全是因为我。幕府本来在一年前就应该灭亡了。我设法使它活了下来。但是，结局已不可避免。最终我亲手埋葬了它。[1]

小臣谨考，皇国封建之制适古时，非今日，假以时日不知是否瓦解。显耀之官吏未察宇内之形势，纵容固守其陋习。外国交易盛行，终将陷入昔时印度之古辙。此终东洋诸邦之大患也。若无今世高才卓识之士，何以面对今日之势？为守小节之愤争，微其不可救之势也。其痛哭悲叹不可忍。近五六年我官吏偏信拂郎察（即法国）之教化师（指传教士）卡尚及妖僧强我社稷。[2]此何所为？英吉利人愤其（指法国）偏执（偏爱之意），结西诸侯（指萨长），主张王政复古、剥诸侯之权、郡县之说。我官吏闻此，益依赖拂郎，保持犄角之势。呜呼！今日之事应出何人之手？此我不可辩。殊悲叹无可诉。终及今日大变。尝闻为小臣至愚之事也。六七年建言愤争未遗余力；尝说会津、辩显官。猜忌甚數，无栖身之处。官军侵击弥逼，达官皆奔，以保其身。弃主家之灭亡、万众之涂炭不顾，诽谤君上（指庆喜）之卓识、散乱八方之地。呜呼！是何之心？大义名节之昧，［幕府］终灭亡乎？[3]（此处为原文）

上文是海舟《庆应四戊辰日记》的前言。"戊辰"是用中国天干地支纪年法表示的庆应四年（1868年）[4]，戊辰战争于当年爆发。自从升任军舰奉行并以来，海舟一直保持着写日记的习惯。不过，他不仅仅在日记中记录私事，《庆应四戊辰日记》还提到了"大事"。[5] 所谓"大事"是指从庆应三年（1867年）十月庆喜决定大政奉还开始，到庆应四年（1868年）五月上野之战结束为止的一系列事件。

毫无疑问，海舟认为自己属于开篇引文中提到的"高才卓识之士"。他隐晦地问道，在戊辰战争的混乱时期，自己的"守小节"如何使国家受益——人们不免会想，他所说的"守小节"是不是指他为避免灾祸做最后一搏时不惜切腹以示诚意的举动。但是，由于国家的命运压在他的肩上，他不能切腹。相反，他在接下来数月中的果断行动将在日本引起共鸣。

鸟羽、伏见之战

四月，朝廷决定强迫庆喜交出封地，德川武士的生计受到严重威胁。这项决定或许是西乡和大久保用来挑起战争的阴谋，他们打算占据道德高地以消灭幕府残余势力。江户三田区的萨摩藩邸收留了数百名浪人，也许是为了进一步激怒德川武士。西乡和大久保或许已经正确地预见，这些暴徒将在江户及周边地区肆虐，扰乱社会治安，迫使德川家开战。一旦幕府宣战，那么将受到指责的就是它，萨长无须背负任何骂名。海舟在庆应三年十二月二十五日（1868年1月19日）的日记中写道，大约两百名浪人聚集在萨摩藩邸，"晚上外出抢劫"[6]。他后来又提到"江户百姓对萨摩恨之入骨"[7]。

老中板仓在大阪城向庆喜汇报了江户的动向，还说他在江户的手下感到愤怒和不安。庆喜引用《孙子兵法》的名言"知己知彼，百战不殆"，询问板仓幕府中是否有人和西乡或大久保串通。板仓答道，没有这样的人。庆喜说，我们不打无胜算之仗，否则将蒙朝敌之污名。[8] 但是在接下来的数周中，庆喜始终在战和之间举棋不定。从军事上说，他拥有兵力优势（幕府军的人数是敌人的三倍）；从政治上说，他相信自己在京都仍然有强大的盟友，包括福井、土佐、尾张、肥后和广岛。一月四日，他给他们写信，要求其阻止萨摩将天皇移出京都的企图。不仅如此，春岳还安排朝廷颁布敕命，令庆喜上京。若庆喜派兵，他们可能会充当向导。[9]

庆应三年十二月二十四日（1868年1月24日），就在海舟提交《愤言一书》请辞前一天，板仓等在大阪的老中给其江户同僚去信，告诉他们庆喜决心一战。一旦找到萨摩在江户窝藏浪人的证据，他们就要下令攻击江户的萨摩藩邸，然后向天皇禀明萨摩不可饶恕的罪行，集结全国大军讨伐敌人。[10] 然而，江户方面已经失去了耐心。十二月二十五日清晨，板仓的信还没有送到江户，幕府便开始行动。十二月二十八日，关于此事的报告传至大阪。当晚，庆喜在大阪城召集心腹，怒斥萨摩罪行，并决定进攻京都。[11]

新年第二天，大多喜藩主大河内正质指挥1万5000名幕府士兵从大阪出发，向京都进军，准备一举消灭萨长。庆喜留在大阪城，对胜利满怀信心。德川军于次日在京都南边的鸟羽、伏见与敌人发生冲突。

庆喜的敌人显然意识到他出身水户，知道齐昭曾教导他永远不可与天皇为敌。他们决定利用庆喜担心成为"朝敌"而遗臭万年的心理为自己争取优势。西乡、大久保和岩仓当然不会忘记天皇的象征意义。他们任命年仅22岁、毫无军事经验的仁和寺宫彰仁亲王为萨长联军名义上的总指挥。[12]

萨长在战斗中进一步确立了自身的正统性。上个月朝廷下令武力讨幕时，大久保和岩仓已备好红白缎子制成的御旗。战斗进行到第三天中午，局势依然焦灼，胜负难分，此时"红底金日银月"（引用萨道义的说法）的御旗突然出现在萨长联军后方。起初，双方都未认出它，因为没有人亲眼见过这面古老的旗帜，许多人只在日本战争史籍中听说过它的存在。随后，有人将御旗出现的消息传遍战场，萨长联军爆发出一阵欢呼声，而德川军则失去了斗志，不敢攻击"官军"。萨摩军停止开炮，士兵拔刀冲锋，幕府军不得不撤退。[13]

萨长联军仅仅用了3天便击溃了德川军。萨道义写道，战斗结束后，尊王攘夷派"认为远至箱根（位于江户以西）的藩主都会屈服，（顽固的亲德川的）仙台藩主也会改旗易帜"，甚至连纪州都"表示意愿和谈……除了会津，几乎所有参战藩都是如此"。[14]

成王败寇

所谓"成王败寇"就是指胜利的一方拥有合法性。幕府军在鸟羽、伏见之战中败北后，庆喜失去了本可能拥有的政治优势。曾经的盟友和观望者别无选择，纷纷背弃了他，转而支持新政府。庆喜由于挑战天皇而被当作叛徒和"朝敌"，他的军队也被贴上叛军的标签。已经不再听命于藩主而成为新政府军的萨长联军取得了鸟羽、伏见之战的胜利后，萨长联盟便拥有了合法性。

松浦玲写道："庆喜想必无法承受一夜之间失去优势所带来的冲击。"[15]他最终决定放弃大阪城和那里的军队。鸟羽、伏见之战结束后一晚，前将军带着20名家臣以及会津藩主、桑名藩主东归。他们于两天后登上战舰"开阳丸"号，三天后抵达品川。[16]海音寺分析了庆喜的做法："儒学和国学在江户盛行260年……日本的知识阶层……被灌输的是基于大义名分的伦理观念（或者说美学意识）。他们最害怕的就是被以朝敌之名……载入史册。（因此，）若不了解这种历史思维和御旗的权威性，便无法理解拥有明显军事优势的庆喜为何会逃回江户。"[17]大阪城中数千名幕府军士兵本来并不打算束手就擒，然而次日一早，得知庆喜已经逃走后，"他们四散奔逃"[18]。许多人逃往纪伊的和歌山。

一月九日，海舟听说京都"有事"。[19]但是，直到庆喜一行人于一月十二日黎明前到达江户后不久，海舟才知道德川军已经战败。他写道："'开阳丸'号在品川下锚。黎明时分，我收到一封交给海军部（位于筑地）的信……这是我第一次听说在伏见发生了什么。"[20]海舟立即上马去见他们，"我单刀直入地质问他们这一切意味着什么……以及他们现在的打算。有人警告我不得在将军面前无理。但是我假装没听到，直白地说出了我的想法。大声叱骂他们时，我就这样握着挎在腰间的刀，因为我觉得有人（会）砍我。但是无人有此胆量。他们看起来非常软弱，我不由得痛哭起来"[21]。他在日记中写道，"我询问了细节"，庆喜的随从"面色苍白，盯着我一言不发。（最后，）老中板仓大概讲了事情的来龙去脉"——板仓也在庆喜一行人中。[22]

接下来的几天，身边的混乱局势令海舟疲于应付，他写道："午夜前无法回家，通宵更是家常便饭，特别是一月十日前后。"他还写道："每日不分昼夜，四五十名以上的客人前来拜访，多数人敌视、怀疑我。由于我实在太困了，写日记之事只能交给我的毛笔了。我若遭遇不测，而且这些文字能被公之于众，人们便知我并无欺人之意，随后就会为我的早逝感到悲伤。"[23]

海舟在日记中写道，江户城的德川家臣一直在为应该继续抵抗还是投降"激烈而徒劳地争吵，无法做出任何决定"。[24]争吵极其激烈，"不分昼夜，无法停歇，互不相让"。若年寄须坂藩主堀直虎精神崩溃，"无法忍受焦虑和沮丧……近乎疯癫"。十七日"破晓时，他去上厕所。不久传来一声尖叫，众人都去看发生了什么——他已经死了，刺穿了自己的喉咙"。[25]

风雨飘摇的德川家

庆喜逃离大阪城，是为了展示对天皇的忠心，还是打算在江户卷土重来？松浦玲称，若庆喜打算继续战斗，他既不会放弃大阪城，也不会抛弃当地的军队。[26]不仅如此，一月十五日，返回江户刚刚三天的庆喜解除了大权在握的主战派小栗忠顺勘定奉行的职务。不过石井孝的看法和松浦截然相反，他认为庆喜并不打算投降。他指出，庆喜返回江户后，许多藩被告知，庆喜计划审时度势迅速恢复幕府权力。一月十七日，也就是小栗遭罢免两天后，庆喜给春岳和容堂去信，宣称鸟羽、伏见之战是顽固的家臣孤注一掷的举动，他本人并不知情，并请求春岳和容堂为他和朝廷调停。不过石井认为，这也可以被解释为对抗朝廷之举，而非展示忠心。

庆喜虽然表示愿意归隐，将德川家家督之位让给别人，但是在与仍然支持德川家的法国公使罗什的三次会面中又宣称将为保卫祖先封地与天皇作战。考虑到庆喜出身尊王学说的摇篮水户，在成长过程中深受其父齐昭的影响，这种说法令人难以置信——或许他是为了在坚定支持自己的外国人面前保住颜面。庆喜在一月二十七日和罗什的最后一次会晤中，提到了德川家统治东日本，新政府统治西日本的可能性。不管庆喜是否下定决心与天皇作战（很可能没有），在接下来的数周中，他既担心被冠以"朝敌"的污名，又不甘心承认失败，在对抗朝廷和顺服朝廷的选择中举棋不定。

一个证据可以证明庆喜确实不愿对抗新政府，或者至少可以证明，即便他曾有意反抗，但返回江户后已经改变了主意。十月十七日晚，就在小栗被解职两天后，前军舰奉行胜安房守突然被任命为海军奉行并——理论上来讲是德川海军的四把手。[27]海舟在当天的日记中写道："官军（即新政府军）……从京都向东进发。"与其坐以待毙，幕府"决意指挥战舰攻击大阪"[28]。次日，海舟给春岳的代表写信，称自己面对"即将发起进攻的官军"，已决意赴死。至于哪一方是对的，哪一方是错的，他拒绝评论，只是表示这个问题将由"一百年后"的子孙后代来解答。

一月十一日，冈山藩兵在神户袭击外国人（大阪的外国代表在鸟羽、伏见之战爆发时便撤离该城，逃往神户），美国、法国、英国士兵纷纷还击。[29] 海舟听闻此事后，担心同样一幕会在长崎上演，"悲从中来"。一想到日本或许会成为下一个中国或印度，他更加痛苦。"（日本人）为了争论谁对谁错而大打出手"，西方列强便可乘虚而入。新政府（即萨长二藩）表面上打着尊王旗号，实际上是为了一己私利。他们与德川家作战，置整个国家于危境。他们并未意识到这样的行为"将使国家分崩离析，令百姓涂炭。我愿前往京都向（新政府）直陈己见。然而，作为（德川）家臣，我与主君同罪，只可与其一同等待死亡来临"。[30] 海舟将信送给福井，而非直接交给新政府。福井藩主春岳在新政府任职，海舟显然希望这封信能交到他的朋友手上，然后这位朋友可以把他对和平的希望转达给新政府。

海舟的和平努力似乎起了作用。小栗等主战派已被解职，会津藩主和桑名藩主被禁止进入江户城。[31] 一月二十三日、二十四日，庆喜罢免了迄今为止一直为幕府效力的谱代大名，任命胜安房守、大久保一翁等6名旗本武士负责陆军、海军、财政和外交事务。[32] 庆喜想必已经意识到，在幕府当中，只有海舟和一翁能够取得新政府领袖的信任和尊重。他希望借助他们的力量和平解决眼下的危机。

一月二十三日，海舟"突然被任命为陆军总裁"，距离被任命为海军奉行并仅仅过了六天。他不愿担任陆军总裁，但此时没有胜任的人选。德川陆军首脑通常是庆喜的家臣，然而"现在这些人要么被解职，要么已经辞职"[33]。他同时被任命为若年寄，但他表示拒绝，因为担心这会引起江户方面的嫉妒[34]——德川幕府已危如累卵，这种想法似乎不太合理。一翁被任命为会计总裁。松浦玲认为，海舟拒绝若年寄是出于对一翁的尊重，后者于二月八日被正式任命为若年寄，负责国内事务。老中们遭罢黜，旧幕府（德川家）事务由以一翁为首的少数若年寄处理。[35]

作为陆军总裁，海舟肩负起维护首都内外公共秩序的责任。他将和一翁一同维持所谓的"德川临时政府"[36]。他们需要解决的最棘手的问题是如何避免江户遭受攻击，并向新政府证明庆喜的忠心，使德川家不致灭亡。

第二十七章

庆喜的妥协

听取他人意见只会使我误入歧途。听取这个人的意见,那个人就会生气。但我若听取那个人的意见,这个人又要生气。最终我将毫无主见。我之所以能发挥才能,恰恰因为我有主见。[1]

海舟出任陆军总裁后,做的第一件事是向新政府示好。他断绝了幕府和法国人的关系,以示德川家想要和平,庆喜不会反对新领袖。海舟分别于一月二十六日、二十七日两次与法国军事顾问见面[2],包括顾问团团长夏尔斯·沙诺瓦努[3]。法国人提出了一项自认可以让处于险境的德川家反败为胜的计划。他们称东日本诸藩都反对萨长联盟,陆军总裁海舟能够调动日本一半的兵力。德川家一旦稳住东日本,接着便可以从海陆同时进军大阪,继而夺回西日本。法国人的计划实际上是可行的,而且许多德川家臣支持该计划。法国人想当然地认为德川陆军总指挥会欣然接受这个计划,但海舟反应冷淡。沙诺瓦努为此警告海舟道:"你将落入敌人的圈套,名声尽毁。"海舟第一次和沙诺瓦努见面后又与罗什见了面。他先对罗什的支持表示感谢,然后礼貌而坚定地告诉罗什,幕府不再需要法国人的军事援助。[4]

与此同时,德川军中弥漫着绝望的情绪。海舟在《解难录》中写道,一月,一个"非常善良"的基层军官"在江户城西的二重桥跳河自杀"。海舟同情这名"关东武士,不管地位高低,所有人都应为主君庆喜公遭受的磨难感到悲痛,并应时刻准备牺牲自己来报答他的恩情"。[5]但是海舟并没有步这名武士的后尘。

海舟在二月一日的日记中提到,从伏见逃往纪伊的幕府军士兵返回江户,"走的是海路。他们很生气,因为这里已经没了他们的容身之所"。现在驻扎在军营中的都是仓促招募来的江户居民和附近的村民。幕府的财政已捉襟见肘,从西边返回的士兵既无食物也无住处,海舟担心军队哗变。[6] 他后来在冰川回忆道:"约八千名幕府军士兵在伺机造反。"

海舟几次险些丧命。二月十七日晚,约300名士兵"胡乱射击,不服军官管束"。海舟尝试重整军纪时险些中弹。他写道:"乱兵射中了站在我前面的两名侍从,他们胸口中枪,倒在地上。他们是勇士,陪在我身边,不想落得如此下场。"[7]

许多不满的士兵追随曾在幕府任职的小栗忠顺和前外国奉行水野忠矩。英国公使巴夏礼坚定地支持萨长领导的新政府,法国公使罗什和法国神父梅尔美特·德·卡松却鼓励德川叛军和萨长联军战斗到底。海舟在二月一日的日记中写道,法国人承诺向幕府军提供"战舰、武器和金币"。小栗等人"中了他们的魔咒",而英国人"私下里"憎恨幕府。江户形势一片混乱,海舟担忧"敌人还没到,都城可能就已经被毁了"[8]。

回心转意

"政府军渐渐逼近。"海舟在二月一日的日记中不祥地写道。[9]二月五日,庆喜给在京都的春岳写信,请福井藩主代他为伏见的事向天皇"悔过"。同时,他表示愿意辞职,听凭新政府发落。[10]这是战败的将军首次向新政府宣誓效忠。[11]为了清楚地表示"悔过"之意,春岳建议庆喜离开江户城,落发为僧。[12]

庆喜的回心转意源于海舟的影响。海舟在被任命为陆军总裁前一天(一月二十三日)晚,前往江户城开会。会上,庆喜令手下直谏。海舟先一反常态地鼓吹战争。他宣称:"兴衰生死,皆由数[13]定。"他不认为国家的前途是不可改变的,这是一种静止的思想,基于简单、片面的逻辑,而他多年来一直为此批评德川武士。与此相反,他们应当采取行动将命运掌握在自己手中。他写道:"若决意开战,我等须有赴死决心。"他将率领德川舰队前往江户以南约160千米的骏河阻击敌人。他将命"两三百人登陆",诱敌深入:

这么少的兵力当然无法与敌人抗衡，我方必败无疑。敌人［得胜后］自然会进军清见关（位于清水港）。我军战舰将云集于此，攻其侧翼，重创敌军。随后，我方援军将在附近与敌军交战，我军战舰可以炮击敌阵中央。取胜将易如反掌。

这场胜利自然会激发德川军斗志，附近各藩也将提供支援。随后，海舟将指挥舰队前往大阪湾，切断大阪、京都和敌人据点萨摩、长州之间的联系。无法通过内海运送部队和武器的敌军将"束手就擒"。然而，这只会迫使萨长依赖英国人的援助，"国家将毁于一旦"。

说到这里，陆军总裁突然改变了鹰派论调，从实力对比的角度出发，呼吁和平。海舟说道，开战正中敌人下怀，德川武士应站在更高的道德立场"灵活以对"。"虽然将面临巨大困难，"他大声疾呼，"我等必须交出江户城和（德川）领地……将命运交给上天……诚心悔过。"（这与他在上个月递交的《愤言一书》中的观点类似。）

但是，最终决定权掌握在庆喜手里。海舟预测，如果前将军放弃战争计划，德川家仍有可能再次获得百姓的理解和支持，被朝廷宽宥。[14] "庆喜采纳了我的意见，"海舟后来写道，"但是无人愿意承担这项责任，即便我多次拒绝，重担还是落在我的肩上。"[15]

二月十一日，庆喜召集手下，宣布将归隐上野宽永寺（这是德川家的菩提寺），以展示对朝廷的忠心。但是，旧幕府的大多数人仍在鼓吹战争。"有人建议利用易守难攻的箱根关所（位于江户以西约96千米处）挡住新政府军，与此同时与东日本诸藩结盟……其他人则建议派使节劝说新政府军不要通过这里。"[16] 还有一些人建议庆喜"孤身一人"前往京都以"提振"军心。有些人提出派舰队前往大阪湾，其他人则"认为应（派舰队）攻打萨长"。

庆喜开口说道："多年来，我和朝廷关系密切，而且忠心耿耿。但伏见一战令我丢掉官职，并出乎意料地被冠以'朝敌'之名……我将谦卑地服从天皇的决定，并为过去犯下的错误道歉。"虽然庆喜知道，大多数人都很愤怒，但他还是呼应海舟的看法继续说道，战争"会让日本毁于一旦，令人民堕入水深火热之中",任何胆敢阻止他效忠天皇之人,从今往后不再是他的家臣。[17]

海舟在日记中写道,十二日黎明,庆喜进入宽永寺大慈院。重建支离破碎的政权的责任落在海舟和一翁的肩上。海舟写道:"(我)并未伴他左右。我对军官们阐明了我的想法,他们表现得既愤怒又勇敢。"与这些人相反,"小肚鸡肠的官员"(大概指小栗等人),"不知所措,脸色发青"。[18]

庆喜在归隐大慈院当天又给春岳写了一封信,请求后者出面和朝廷商议推迟进攻江户城的时间。二月十九日,春岳请求朝廷不要下令攻打江户城。春岳警告道,若派兵进攻已投降的庆喜,不仅会引起德川阵营乃至全国的敌意,还会遭到外国人鄙夷。[19]同往常一样,海舟和他的福井盟友意见一致。但是他并未向朝廷求情,而是选择求助天皇身边最有权势的人——亦敌亦友的西乡吉之助。

第二十八章

胜海舟与西乡吉之助（一）：挑战

> 使心如明镜止水。

德川幕府倒台近 30 年后，海舟在反思 19 世纪末日本在外交方面遇到的困难时说道："我处理过诸多外交难题，所幸从未犯错。"他的秘诀是"使心[1]如明镜止水"，这是他通过年轻时的剑术修行培养的心态，即便到了晚年，坐禅仍然是其生活的一部分。他说道，世人处理棘手问题时，"常常会先入为主……但这是最坏的做法。至于我，我从不……多想。恰恰相反，我会抛却杂念，这样就不会被幻想和世俗的想法迷惑"。

这番话是海舟在 1895 年 8 月说的，当时他已 72 岁。将近 3 年后的 1898 年 6 月，他再次详细解释了这番话的意思。他谈到人性的两个弱点——"不能忘记过去"和"陷入焦虑"，它们将使"（人的）精神疲惫不堪"，从而"无法应付突然出现的问题"。他建议人们根据具体情况灵活应变，这是因为"任何事情都不会像最初计划的那样发展……没有人能够预知明天"。因此，"人最重要的是每天磨砺思维"。这样，"只要能做到心如止水，不管遇到什么困难，自然会想到解决的办法"[2]。

那个年代任何受过教育的日本人都很清楚，"冰川智者"[3]所言是其亲身经历的写照。他在幕末混乱期为维系和平和维护国家主权发挥了至关重要的作用。

征讨军

西乡吉之助认为，武力是取得胜利的唯一途径。鸟羽、伏见之战后，新政府面临的两大问题分别是设计一个全新的国家政治架构和东征以消灭幕府残余势力。庆应四年（1868年）一月二十五日，外国代表一致同意在日本内战中保持中立。[4] 二月三日，天皇发布敕命，宣布讨伐庆喜和叛军。[5] 从二月十一日（也就是庆喜前往大慈院的前一天）到二月十三日，新政府军从京都出发，兵分三路，分别从东海道、东山道和北陆道进军江户，在途中"招安"各藩主。[6] 任何效忠庆喜的藩主都将遭到武力镇压。[7] 但是在多数情况下，无人敢反抗以萨长藩军为主力的足有五万人之众的官军。[8]

二月九日，33岁的新政府总裁有栖川宫炽仁亲王被任命为东征大总督，成为征讨军最高指挥官。[9] 亲王因为和庆喜有联姻关系，因此主动请缨。[10] 二月十五日，亲王打着天皇赐予的御旗（象征着他肩负着消灭德川家的使命）离开京都。西乡是其麾下的两名参谋之一，他比亲王提前三天离开京都，率萨摩军沿东海道进发。[11]

西乡作为指挥陆军和海军的参谋，已经完全控制了军队。[12] 但是当新政府提名他担任总参谋时，他拒绝了。这是另一个可以证明其从不追求个人利益的绝好例子。他对"私欲私利"深恶痛绝，甘愿将功劳让与他人，而不愿被看作好名利之徒。西乡在上个月就曾将这些道德准则付诸实践。当时，他成功说服萨摩藩主岛津忠义拒绝接受"海陆军总督"一职，该职类似于"征夷大将军"。不久前，萨摩在关西打败了幕府军，不仅是江户，连朝廷和诸藩都怀疑岛津家有意取代德川家成为日本最高统治者，借用海音寺的话来说就是"建立岛津幕府"。[13] 井上清认为，西乡拒绝总参谋之职也是为了减轻人们的疑虑。然而，朝廷和东征大总督都需要西乡。因此，西乡虽然名义上只是参谋，但其实是军队的总参谋和最高权力者。[14]

大战前夜，胜海舟和西乡吉之助作为各自阵营的统帅分领两支大军，他们之间的私谊似乎变得无足轻重了。

战云密布

庆喜曾多次欺骗西乡，包括他在宣布大政奉还之后的种种表现，以及在鸟羽、伏见之战战败后逃回江户重新集结部队。虽然新政府的某些领袖，如庆喜的盟友春岳和容堂，甚至包括庆喜的死敌岩仓、三条、木户等都倾向于在庆喜归隐大慈院后对德川家网开一面，但西乡和大久保坚决反对。

他们再也不愿容忍庆喜对新政府口是心非。两名萨摩领袖决意要让庆喜切腹，让德川家灭亡。他们只接受无条件投降。[15]

与此同时，一直忠心耿耿的旗本武士海舟，决心为德川家争取最好的条件，包括保全庆喜的性命和名誉、维护德川家的利益。他不会接受无条件投降，而是会竭尽全力使自己的家乡免受战火蹂躏。他多次给京都当局写去言辞激烈的长信，表达他对东征的"惊愕"，指出既然庆喜已归隐宽永寺，那么东征军便失去了进攻江户的正当理由。他再次用中国和印度的例子提醒他们战争的危害。他希望这些长信能被转交给新政府中庆喜的旧识——春岳、容堂和宗城。[16]

二月十七日，海舟在日记中提到了西乡担任东征军参谋一事。[17]而他大约写于此时的一封信激怒了后者。这封信没有保存下来，不过我们可以通过当时东征军的另一名参谋大村藩士渡边清写于明治三十年（1897年）的口述回忆录知其大概。[18]关于海舟写这封信的准确时间以及他是如何把信交给西乡的，我们都无从知晓。二月二十八日，西乡到达骏府时收到了这封信。[19]骏府是德川重镇，距箱根以西约一天的路程。按照渡边的说法，西乡到达骏府后给同僚军官看了这封信。海舟在信中写道，庆喜已通过悔过的方式向朝廷表示效忠，而"我等"（指海舟、一翁等人，庆喜将旧幕府托付给他们）完全支持他。既然这样，他质问道，征讨军为何依然要东征江户呢？他继续写道，若我方反对新政府，讨伐军攻打我们确实名正言顺，但我方并没有这么做。强大的德川海军仍然拥有12艘战舰，我们可派其中的两艘前往大阪，另外两艘用来阻挡萨长援军。我方可以沿东海道部署两艘，另派两艘趁你方大军沿东海道进发时加以阻击。剩余四艘可停泊在横滨港以保护该港。海舟强调，但我方并不会采取此等行动，因为德川家并不反对新政府。

海舟提醒西乡他们之间的"旧谊"。他又补充说，西乡对这个国家发生的一切了如指掌。他质问西乡为何派兵攻击一个已臣服并忠于天皇的人，这样的行为不像西乡所为。海舟写道，西乡万万不可将大军带至箱根群山以东的地区，因为这样做定会引发德川军的反抗，还将导致民心不安，公众秩序崩溃，到处都将一片混乱。[20]

西乡痛苦地意识到了德川的海军优势[21],他将海舟的信视为直接挑衅。根据渡边的说法,他气得"满脸通红",并告诉手下军官,他会把"(海舟的)脑袋揪下来"。他说海舟又在耍老把戏了,而且说海舟用这样的语气和新政府对话根本算不上效忠和悔过。西乡不仅打算要海舟的脑袋,也要把庆喜的脑袋"揪下来"。次日,他命令大军继续向东进发。[22]

德川军的新统帅

二月十七日,海舟提到江户局势正持续恶化。有传言说,新政府军已进至骏府和箱根。江户人威胁要组织民兵同敌人作战。海舟写道,他们怀疑自己站在萨长一边,因此"意图刺杀我"[23]。二月二十五日,海舟被招至宽永寺,庆喜令其前往京都请求新政府推迟即将开始的进攻。[24]海舟一定被庆喜的要求和他突然改变主意激怒了,这已经不是第一次了。庆喜打算重新启用前老中阿部正弘和诹访忠诚以增强箱根以西德川领地的军力,从而提高自己讨价还价的能力。但是,如果庆喜真心效忠新政府,他为何会有这样的想法呢?不仅如此,庆喜将海舟派往京都显然是为了将其支开,因为他深知海舟会反对这个新计划。海舟在二月二十五日的日记中写道:"于是,我要求辞去陆军总裁一职。"[25]

庆喜面对当前危机时的痛苦和困惑是不难想象的。这位水户之主平生从未曲意逢迎过任何人,而且曾站在权力巅峰。现在,他却发现自己不得不仰人鼻息,更何况他要面对的不是别人,而是萨长的乡下武士。他不仅可能失去性命和财产,或许还将失去祖先的居城和都城,甚至连德川家也危在旦夕。他在大慈院的一些亲信反对将海舟派往京都。海舟写道,当天晚些时候,"当局"决定不派其前往京都,因为担心他可能被扣为人质。他非但没有被解职,反而被任命为幕府军的总指挥官(军事取扱),受命指挥包括陆军和海军在内的整个德川军。[26]就这样,海舟成了德川军的总指挥。

东征大总督有栖川宫亲王于三月五日抵达骏府。次日,他和参谋们在骏府城的东征大本营召开军事会议,决定于三月十五日对江户发起总攻。军事会议也定下了德川家无条件投降的要求:[27]

德川庆喜亲自前往东征大总督府，以示其真心效忠，并心怀敬意地等候天罚（即德川庆喜向新政府投降并听任其发落）；

江户城立即开城；

交出德川家所有战舰；

所有旗本武士主动前往墨田（位于江户东北方的隅田川东岸）悔过；

交出所有武器、枪支弹药；

处斩一百余名幕府军官（罪名是挑起鸟羽、伏见之战）。[28]

萨道义写道，他从朋友胜安房守那里听说，如果能答应这些要求，天皇"将对前将军宽大处理"[29]。如若不然，新政府军将进攻江户城。

军事会议前一天晚上，西乡给京都的朋友兼战友吉井幸辅写了一封信，提到"我们一定要小心的"两员"敌军大将"。面对海舟和一翁这样的对手，这一定会是一场"十分有趣"的战斗。但是他补充说，与"智勇双全的"大将为敌，"战斗将变得十分简单"。[30] 正如西乡在第一次长州征讨时所表现出的那样，一旦目的达成，他便很容易与对手达成协议，甚至表现得非常大度。而且，西乡和海舟不仅彼此欣赏，还是名副其实的挚友。在这个历史的关键时刻，为两人传递信件，令他们走到一起的是一名当时还籍籍无名的剑客——山冈铁太郎。

第二十九章

胜海舟与西乡吉之助（二）：信使

> 西乡曾说，山冈不在乎敌友，不管是敌人还是朋友都无法控制他……这样不在乎性命、金钱和名誉的人，实在难以驾驭。

海舟意识到，避免战争的唯一希望是西乡。但是，海舟在不久前给西乡的信中暗示，他不会接受新政府提出的全部条件。尽管他无法直接与西乡接触，但是他巧妙地将自己能够接受的条件透露给萨道义，想必是希望这个英国人能将他的想法转达给西乡。他知道萨道义同样希望避免战争，因为他需要保护横滨附近的外国人居留地和贸易活动。

三月以来，萨道义一直和海舟保持着密切联系。他写道："海舟愿意妥协，条件是留他的上司（庆喜）一命，而且还要使其数量众多的家臣能够维持生计。海舟曾经暗示西乡，若条件谈不拢，可能招致武装冲突（这是海舟最近给西乡的信的内容）。"简而言之，海舟希望西乡承诺将保全庆喜的性命和名誉，同时保证为德川家提供物质保障，使其得以延续。

欢迎访客

三月五日，即骏府方面下达攻击令的前一天，正思考着如何让西乡接受这些条件的海舟在家中接见了一位客人。"我立刻觉得这人是条汉子。"他这样描述对山冈铁太郎的第一印象。[1]

与"铁太郎"相比，山冈的号"铁舟"更加出名。他是剑豪，"用剑闯出了名声"——海舟后来在悼词中这样描述自己的朋友。[2] 1898年10月，海舟在山冈去世十年后回忆道："他的武士道源于禅学。"[3] 修行剑术和禅学的共同经历很可能影响了海舟对山冈的第一印象。身为幕府官员的山冈虽然对将军忠心耿耿，但多年来"一直提倡尊王攘夷，和全国各地的勤王党人过从甚密"。庆应四年（1868 年），他展示了对德川家的忠心，"不惜冒生命危险……做了一件无人不知的大事——前往东征大总督府与西乡会面"[4]。海舟后来回忆起往事时说道："大久保一翁曾警告我应时刻保持警惕，因为山冈想杀了我。"不过，那次会面以后，海舟和比自己小 13 岁的山冈成了终身挚友。[5]

山冈毕生致力于剑术修行，一直践行着武士道的准则。但他有一个不雅的绰号"鬼铁"。山冈身材高大，超过 1 米 82，体重约 110 公斤。[6] "他常常招摇过市，"海舟说，"佩一把木刀，穿着高跟木屐，看起来绝非善类，令人侧目。"但实际上，他是"杰士"[7]，从不给别人添麻烦。他的外表和性情截然不同。[8]

海舟命山冈的义兄、枪术大师高桥伊势守（即高桥泥舟）贴身保护正在大慈院的庆喜。他又写了一封给西乡的信，令高桥将其送至骏府。但高桥表示拒绝，理由是庆喜担忧身边的反对者会将其绑架并执意开战，因此不允许高桥离开。[9] 高桥推荐山冈担任信使。[10]

高桥还将山冈引荐给了庆喜，庆喜也有任务交给他。在大慈院，庆喜让山冈前往骏府时向新政府转告自己的诚意，希望西乡能放弃进攻江户城的计划。[11] 次年，山冈写道，当时"将军面容憔悴……一想到自己已是众矢之的，无法实现理想……潸然泪下"。山冈心情沉重，"不忍心面对（庆喜）……我觉得我的精神和身体都被压垮了"。不过，他小心翼翼地避免流露任何感情。山冈注意到庆喜多少有些动摇，便催促他确认向天皇宣誓效忠的诚意。既然"将军承诺将诚心侍奉天皇"，山冈向他保证，"只要我的眼珠仍是黑色的"（意思是只要他还活着），就一定转达庆喜的心意。"我的任务重于性命。"山冈回忆道。[12]

山冈前往敌营前，须先拜访已是德川军总指挥官的海舟。"（我）与他并无私交，"山冈写道，"但早就听说他胆识过人，于是我直接前往胜安房家中。"[13] 起初，"安房稍有疑虑，因为他听说了我热衷暴力（的名声）"[14]。但是，"最终……对我敞开心扉"[15]。

和山冈见面 3 天前，海舟让 3 名萨摩藩士住进自己家，也许是打算利用他们与新政府军谈判,[16] 或者更具体地说——这是海音寺的主张——他可能希望通过 3 名萨摩藩士与西乡取得联系。[17] 上一年,庆应三年(1867 年)年末,萨摩藩邸被焚毁后,这 3 个人因煽动江户浪人叛乱而被逮捕并被判处死刑。海舟让他们住进自己的宅邸,或许救了他们一命。[18] 山冈恰巧和 3 名萨摩藩士中的益满休之助是旧识。[19]"(山冈)说他将和益满一同前往骏府见……西乡,"海舟在三月五日的日记中写道,"我同意了。"[20]

海舟在将信交给山冈之前,必须先测试他是否适任。海舟问山冈,他觉得会在敌军大本营碰到些什么。根据海舟的记载,山冈答道:"一旦到了那里,我须做好被斩首或被逮捕的准备。我会平静交出两把刀。如果他们要逮捕我,我将束手就擒;如果他们要处死我,我将丢掉性命。我会任他们摆布。但是我认为,即便是敌人也不会无理到不允许我开口便将我处死。因此我会说我有事相告,若不喜欢我所言,请立刻杀了我。"海舟被山冈的诚心和决心打动了,拜托他把信交给西乡。[21]

这次,海舟开始用"遗臭万年"之类的字眼威胁西乡,挑衅的意味远超上一封信。海舟在信的开头呼吁西乡"公正行事",并引用了儒家"大义名分"的说法。他写道,庆喜及其家臣之所以愿意效忠,是因为"德川家臣也是天皇子民"。和在宫岛劝诫长州时一样,他再次警告"兄弟阋墙"的危险。和以前一样,他告诉西乡,他不知道江户"成千上万的居民"会做何反应,他们随时可能在不理解庆喜意图的情况下挑起灾难性的内战。海舟正竭尽全力安抚他们,但很快将无计可施,只能"在弹雨中徒劳地死去"。

若政府军开启战端,海舟无法保证正在江户城中的德川家茂遗孀,也就是和宫的安全。她(和国家)的命运完全取决于包括西乡在内的新政府军领袖。如果他们采取"得当"举动,那将是"国之大幸";但如果做了哪怕一件"不当之事",那将是"国之悲哀"。新政府军的参谋当为此负责,并将被视为"千古罪人"。[22]

山冈面见西乡

三月六日,已经进至东海道品川以西六乡川的新政府军先锋军接到命令，他们将于三月十五日对江户城发动攻势。恰巧就在同一天早晨，山冈和益满"（一夜）没有休息，离开江户，赶往骏府"。"无论遇到什么危险，"山冈写道，"我都毫不畏惧。"[23] 后来在山冈门下学习剑术的小仓铁树描述了旅途的艰险，他听老师讲过送信的经过。他写道："没有通行证件而欲穿越敌营抵达骏府城几乎不可能。"[24]

山冈和益满渡过六乡川时遇到了一队步兵，士兵们"沿路两侧前进"，两人"从路中间走过……无人阻拦"。他们又遇到了一个萨摩卫兵，山冈报上姓名，自称"德川家臣……正要前去面见参谋西乡吉之助"。山冈告诉他们："我无意动手，若你想取我首级，悉听尊便。"然后，他从萨摩卫兵身旁走过。[25]

"我二人走至一间似乎为军官营帐的屋前，"山冈写道，"自行走了进去。"他在那里见到了一名萨摩军官，身边有约百名士兵。山冈大声说道："朝敌德川庆喜手下山冈铁太郎在此，将赴大总督府。"这名军官不明所以，只低声说了两遍"德川庆喜"，仿佛听不懂这个词的含义似的——也许是因为武士不可直呼藩主之名，更不用说将军了。[26] 如果说这种反常的做法令这名军官感到困惑，那么"朝敌"一词更令其感到意外，也许这正是山冈的用意。小仓说，此时"山冈既无朋友，也无敌人"[27]。他只想着见到西乡。

山冈和益满快速向西穿过横滨，不久就到达港城川崎。把守城门的是长州士兵。山冈并无通行文书。他写道："我让益满走在前面，我紧随其后。"益满操着萨摩方言对卫兵说，他们二人是萨摩藩士。长州士兵"礼貌地"（山冈的说法）让他们通过。二人继续向西到达小田原，在那里听说甲州街道发生交火（正如海舟在给西乡的信中警告过的那样），地点是距江户以西150多千米的胜沼，交战双方分别是近藤勇领导的前新选组和新政府军。山冈回忆道，"我早就猜到"近藤和他的那些好战分子会这么做。[28] 九日，昼夜兼程的山冈和益满到达骏府。[29] 山冈径直前往新政府军大本营要求面见西乡，后者"爽快地答应了"。

这是两人初次见面。和与海舟的会面一样，这也是一段亲密而持久的友谊的开始。山冈说自己"久闻西乡大名"，他很可能早就知道西乡以"诚"著称。山冈抓住这点，在将海舟的信给西乡的同时，问他是否真心打算"攻打朝敌而不考虑这样的行动是否符合道义"。他口头重复了海舟来信的主旨,并恳请西乡将这封信和庆喜宣誓效忠的诚意传达给正在骏府的东征大总督有栖川宫亲王。西乡答道,海舟的信和旧幕府军在胜沼的敌对行动是矛盾的。山冈解释说"那是好战之徒所为",而且他们也违背了庆喜的命令。西乡接受了山冈的解释。

此时,山冈质问西乡是否喜欢"战争和杀戮"。自相残杀绝非高尚之举,山冈说,"身为百姓父母的天皇陛下"不会愿意看到这一幕。西乡否认自己渴望战争,他说只要庆喜能够证明自己真心效忠天皇,他就会对德川家网开一面。现在,西乡已经通过山冈铁太郎冒险来骏府的勇气确认了庆喜的真心。他让山冈稍候,自己会将海舟的信和庆喜的口信传达给有栖川宫。西乡很快就带回了修改后的停战条件:

庆喜至备前(冈山藩)悔过,以示效忠(冈山藩主池田茂政是德川齐昭九子,同时也是庆喜最年幼的弟弟);

移交江户城;

移交全部战舰;

移交全部武器;

江户城中德川家臣移往向岛悔过;

曾参与[鸟羽、伏见之战]并怂恿庆喜[挑起这场战斗]的大胆之人须被审问并诚心道歉;

任何不听从主君,执意采取暴力之举者将遭官军镇压;

若以上条件满足,德川家将得到宽大处理。[30]

修改后的条件比之前宽松了许多,既不要求处死已表示悔过的德川家臣,也不需要庆喜投降。山冈告诉西乡,除了第一条,其余全部可以接受。[31] 但在西乡看来,将庆喜置于其弟管制下已和要求其向敌人投降有着天壤之别。

但山冈争辩道,德川家臣绝不会让主君落入他人之手。"若此,他们必定反抗。成千上万的人将丧命。"这样一来,西乡"将与刽子手无异"。

"此乃敕命。"西乡反驳道。

"敕命与否，我均无法接受。"

西乡说，敕命如此，再无争辩余地。但是山冈坚决不松口。接下来是一阵沉默，双方紧盯着对方，寻找化解僵局的办法。

山冈灵光一现，问西乡，如果形势逆转，萨摩藩主处在今日庆喜的位置上，你会安心交出藩主吗？武士对主君之义何在？对于你来说，这些都毫无意义吗？山冈足够了解西乡，已经可以猜到答案。他告诉西乡，武士之义不可违背。

西乡沉默了一阵答道："你说得对。"他向山冈保证，自己将"亲自照顾"庆喜，让山冈"不要担心"。根据海舟后来的回忆，西乡被山冈的诚心打动。他安静地站起来，拍着山冈的后背说他是"超凡的勇者、伟大的策略家和真正的武士"。

在海舟看来，西乡和山冈的会面"是武士间的对话"[32]。山冈正是西乡心目中的理想武士。他自从决定独自前往骏府的那一刻起，实际上已经完全抛弃了活着回到江户的希望。西乡后来告诉海舟，只有这样的人才有资格和他"谈论国家大事"[33]。

当骏府谈话快结束时，西乡似乎轻松了一些。他打趣道，山冈穿过官军防线，按军法"理应被捕"。不过没关系，他接着说道："我不会逮捕你。"

山冈却将这话当真，也许是因为他完全没有开玩笑的心情。"我愿意被捕，"他说，"你应当立刻逮捕我。"

"我们还是先来一壶酒吧。"西乡答道。随后，他叫人拿来清酒。小酌后，西乡给了山冈通行文书，然后送他离开。"山冈不在乎敌友，"西乡后来告诉海舟：

不管是敌人还是朋友都无法控制他……这样不在乎性命、金钱和名誉的人，实在难以驾驭。[34]

山冈和益满带着新条件赶回江户。他们经过川崎以西的神奈川时，发现了属于德川家的"五六匹马"。二人"借用"了两匹马，一路"骑到品川"，在那里遇到了新政府军。一名士兵命山冈停下，山冈没有理睬他。

"突然又来了三名士兵",其中一人用枪瞄准山冈的胸口,扣动扳机,好在枪哑火了。益满立即下马,冲到举枪士兵面前,打掉他的枪(也许是用马鞭),并告诉他"此人刚和西乡见面归来"。但是士兵坚持山冈必须下马。不久后,"来了一名军官",其他人都安静了下来。山冈写道:"如果枪真的开火,我一定命丧当场。"

二人继续赶往江户城。他们向海舟和一翁报告了西乡提出的新条件。海舟、一翁等幕府官员都很高兴。庆喜听到消息后,"喜悦之情无以言表"。不久后,江户各处张贴告示,宣布西乡已同意宽大处理,江户百姓无须焦虑,只要保持冷静并"像往常一样"即可。然而,西乡在正式放弃进攻之前,还要和海舟见面以确认失败一方已正式接受停战条件。

第三十章

胜海舟与西乡吉之助（三）：对话

其战名节条理之正数皆无。

庆应四年三月九日（1868年4月1日），萨道义抵达江户。他凭着"主要从胜安房守那里得来的消息"描述了当地局势：

新政府军先锋已抵达江户近郊，并在品川、新宿、板桥一带[1]设置前哨。江户的幕府军已经解散，只有少量别动队在甲州街道（日语里的"街道"指大道）和木曾街道与政府军发生了些小冲突，政府军的进军速度因此迟滞了一两天。少数萨长士兵走在江户街道，平安无事……几乎所有住在江户的藩主，要么返回本藩，要么前往京都向天皇宣誓效忠。旗本武士……亦如此。[2]

其中一场"小冲突"发生在三月六日，地点是位于甲府以东，青梅街道和甲州街道交会处的胜沼。另外一场发生在三月九日，交火的分别是忠于德川家的主战派和东征军的东山道部队，后者经过中山道（即引文中提到的木曾街道，它连接着江户和西北多山的信浓国）时遭遇德川军的抵抗。

山冈奉命前往骏府时，海舟和一翁担心新政府军经过甲府和信浓时可能遭到袭击，两地民众历来对幕府忠心耿耿。[3]或许是为了避免麻烦，月初，二人违背对新政府的承诺，向两地分别派去镇抚队。[4]鸟羽、伏见之战后，新选组改组为甲阳镇抚队，前局长近藤勇和前副长土方岁三自愿前往甲府执行任务。幕府军战败前，两人一直听命于松平容保。

他们和会津藩主等许多人一样，都是幕府坚定的支持者，将海舟和一翁视为叛臣。二人在江户城见到了海舟和一翁，谎称自己与新政府军先锋部队有联系，承诺将前往甲府传达庆喜已经效忠新政府的消息。他们保证在任何情况下都不会和新政府军交战。海舟后来写道，当时无人可派，"其他人都怕得不行"。近藤和土方"欺骗"了海舟。[5]自德川家康在江户设幕府以来，甲府历来是江户的桥头堡。近藤和土方意图占据此地，以此为据点恢复德川家的统治。[6]三月六日，就在山冈离开江户前往骏府当天，他们被击败。八日，海舟获悉胜沼之战的消息。他担心此战将使自己避免内战的努力前功尽弃，于是匆忙派人将一封给西乡的信交给山冈。他在信中写道，自己已竭尽全力避免再发生任何敌对行动（中山道的战斗就发生在第二天）。他派遣信浓镇抚队沿中山道行进，其任务有二，一是平息当地民众可能的骚乱，二是拦截向北逃窜的会津军。此事虽然危险，但江户局势已使其别无选择。海舟十分担心若信浓再爆发冲突，他将不得不亲自前去平息。不过，海舟的信使没能追上山冈。[7]

胜沼之战失败后，主战的近藤和土方返回江户。他们告诉海舟，即便到了此时，他们仍然决心死战（就在同一天，[8]山冈带着西乡的新条件从骏府返回江户）。海舟怒不可遏地告诉近藤和土方："这是你们自己的战斗……若想再战，你们自己去吧。"[9]

"一着不慎，满盘皆输"

三月十日，山冈返回江户，告诉海舟新政府军将于三月十五日进攻江户城。海舟在日记中写道，萨摩藩军在行军途中高呼"庆喜可斩"。德川家臣十分气愤，"眼睛是血红的"，许多人在盛怒中流下了眼泪。[10]他后来在《解难录》中写道："城中的混乱难以言状。有人泣下血泪，有人扬言自杀。还有一些人表示，愿只身策马冲进敌阵，直至战死。"[11]此时，一翁等幕府高官呼吁立刻同新政府军领袖谈判以取得更有利的投降条件。

但海舟有不同的想法。他说，若新政府军从箱根沿东海道前进，必将从南进入江户。而当其到达品川及附近的高轮时，必定会停下来等待从其他两条路线前来的友军。海舟打算在敌军暂停行军时面见西乡，"说明我方意图，倾听对方想法"。无论敌方如何挑衅，他都将不为所动。他告诫同僚务必冷静，他们在伏见就曾因冲动而失败，现在必须吸取教训。海舟说："我们必须忍耐，直到忍无可忍。"[12]然后，若战争必定爆发，他将以"非常之策救百万之生灵"[13]。

同时，许多德川家臣将庆喜的投降归咎于海舟，称其为十恶不赦的"叛臣"[14]。他随时随地可能遭到暗杀，不管是在江户城，在江户的街头巷尾，还是在自己家中。他在日记中写道，因令庆喜"蒙羞，他们说要砍下我的首级献给八幡神"[15]。就在上个月，江户城的一名德川武士曾威胁海舟。他质问海舟为何不愿战斗，还说海舟或者因为恐惧而失去了理智，或者已叛变投敌。当这个人准备拔刀时，海舟让他冷静。海舟问他"你为何人云亦云"，然后便离开了。[16]其他人则不赞同旧幕府和萨长的"自私"计划。持此想法的约五百人，海舟后来写道，他们声称将聚集在家茂遗孀——和宫周围。他们说"但我等并无领袖"，若海舟愿意领导，他们将听候差遣。"我一笑了之，这些人最后离开了。"[17]

还有约500人告诉海舟，他们已"准备好赴死"。他们的首领请求海舟支持，并问道："您究竟是支持还是反对我等？"海舟回复说，他不会支持他们，若想赴死请自便，"若因愤怒而意图杀我，我将一死了之"。大敌当前，"一着不慎，满盘皆输"。但是他不得不坚持下去，"全心全意，无论遭遇何种困难……都将实现我主（庆喜）所愿"。不过他既不会干涉抵抗者，也不会尝试劝说众人支持自己。相反，他将"日夜立于危险之地"。他信心十足、毫不动摇地坚持向前，所做之事是否正确只能由上天决定。海舟讲完这番话后，这些人的首领"沉默了一阵，仿佛在思考"。海舟觉得他已经有所动摇，开始质疑战争计划的合理性，并"最终放弃了计划"[18]。

海舟想到的"非常之策"是青少年时代习武经历的产物。"武士道者，死之谓也"宁可死，也绝不能蒙羞。海舟一如既往地一心追求和平，为了实现和平，他甘愿付出一切。但如果无法达成目标，只有懦夫才会苟且偷生。海舟虽颇具现代思想，不过骨子里仍是传统武士。虽然目标似乎遥不可及，但他决不会令自己或德川家蒙羞。

海舟也并未忘记保护家乡百姓的生命。他后来写道，新政府军逼近时，江户"纷扰，实如鼎沸"。不管是诸藩藩邸，还是百姓家，所有人都收拾细软，打算返回本藩或到附近村庄避难。有些人甚至将自己的财产卖掉或者烧掉。[19]

他会在新政府军"屠戮无辜"之前，将江户付之一炬，如同1812年莫斯科城内的俄国人面对拿破仑大军时所采取的坚壁清野之策。[20]他招募了消防组织、赌徒组织乃至江户大街小巷的乞丐组织的头目作为自己的帮手，这些都是一般武士避之不及的人，更别提像胜安房守这样的高级幕臣。然而，胜小吉之子非常熟悉他们的世界。他秘密结识了三十五六名这样的人，给他们"杂费几许"。德川军最高长官与他们见面令这些人受宠若惊，他们保证将约束可能趁乱"放火、劫掠"的"无赖之徒"。海舟写道："他们中的大多数人都是果敢、正直之人，如果没有他们，我就无法保障（百姓安全）。"[21]

坚壁清野之前，他令部下"将江户海边、河边所有可用船只，无论大小"，全部集合起来，将尽可能多的无辜百姓撤到海湾对面的房总半岛。[22]按照他的预测，坚壁清野之后，战争将进入游击战阶段，海舟会令"草莽队"（民兵组织）同敌人作战，然后再派5000名受过法军教官训练的部队，在幕府步兵奉行大鸟圭介的指挥下，同新政府军对决。[23]幸运的是，这个计划并未派上用场（海舟后来回忆道："我花了一大笔钱，遇到了很大麻烦，人们在背后嘲笑我愚蠢。"）。不过由于准备充分，他在几天后同西乡的重要会面中变得更加自信。[24]

第一次会面

西乡需要德川家确认能否接受山冈带回的条件，如果得不到回复，东征军将按原计划于三月十五日对江户城发起总攻。[25]三月十一日，西乡离开骏府，启程前往江户同海舟见面。[26]当天，也就是东山道军到达板桥两天前，东海道军从南边的品川进入江户。[27]十二日，西乡抵达江户。[28]次日，他收到了海舟要求会面的信。[29]海舟和西乡于三月十三日、十四日两次见面。第一次是在位于高轮的江户萨摩藩邸。自从两人上一次见面以来（当时即将被解除军舰奉行之职的海舟尖锐地抨击幕府，令西乡感到震惊），他们已有三年半未见。海舟在日记和冰川的访谈中提到了这次会面，不过只有寥寥数语。根据海舟日记的说法，两人相互打了招呼，然后仅仅讨论了和宫的安全问题。³⁰ 海舟在冰川回忆说，和西乡会面前他曾收到御所来信，表示天皇十分担心姑姑的安全，并要求海舟以个人名义保证她将平安无事，"因此这成了我（和西乡）讨论的第一个议题"。海舟向西乡保证，他不会卑鄙到以女人为人质。³¹ 但根据日记的说法，他警告西乡，若战争爆发，保障和宫的安全将"极其困难"。³² 海舟写道，随后两人同意在次日的正式会谈中决定"是战是和"以及"（国家的）兴亡"——此时海舟的话同他在一月二十三日会议上劝庆喜退隐上野的话如出一辙。³³

那么海舟为什么没有在第一天的会谈中直奔主题呢？他为何将危在旦夕的国家命运放在一边呢？松浦玲认为这是他的策略，他将等到最后一刻，等到西乡的大军即将发动攻势之时再想办法避免灾难发生。³⁴ 海舟还有另外一个按兵不动的理由，这和英国公使巴夏礼爵士有关。三月十三日，海舟和西乡首次会晤当日，新政府军中的两名参谋——长州藩士木梨精一郎和大村藩士渡边清在横滨与巴夏礼见面。西乡派二人向巴夏礼借用横滨的英国医院，战斗打响后他想在那里治疗伤兵。³⁵ 渡边表示，他们从巴夏礼处带来的消息出乎西乡意料。巴夏礼警告他们，切勿攻击已表示悔过的庆喜和江户城。巴夏礼说，处死前政权领导人有违国际法。在国际社会看来，既然德川已经同意交出江户城，那么新政府军便无开战的理由。不仅如此，巴夏礼警告说，在未事先正式通知横滨外国领事的情况下擅自发动进攻，是一种无政府主义行为，将关系到世界是否将新政府视为日本的合法政府。此时，外国领事已经命令部队登陆以保卫横滨外国人居留地。³⁶

值得注意的是，巴夏礼此前一直全力支持新政府。但在鸟羽、伏见之战后，外国政府一致同意保持中立。而且陆军总裁海舟已和法国彻底断绝关系。对手罗什出局后，巴夏礼便不那么在乎萨长的感受了，他最关心的是保护英国在日本的贸易权利。³⁷

海舟可能已经通过与萨道义的密切联系得知了巴夏礼的立场，以及他同西乡手下见面的经过。然而，这只是一个假设，因为萨道义和海舟都未提到过他们在海舟和西乡对话前见过面。萨道义说他于3月31日（日本历三月八日）从横滨返回京都，并于次日抵达大阪，此时距离西乡和海舟第一次会面已经过了4天。他还提到，他从4月20日（日本历三月二十日）起在江户待了3天，并和海舟见了面[38]，但此时距离西乡和海舟的第二次对话已经过了6天。海舟在三月二十一日的日记中首次提到同萨道义见面之事。[39]

如果海舟已经知道巴夏礼的立场，他大可认定巴夏礼的警告会让西乡深感意外，按照渡边的说法，西乡亲口说他感觉如同"被针扎大脑一般"[40]。渡边解释说，西乡由于天性慷慨，因此感到意外。如前所述，西乡在幕府的第一次长州征讨中表现得非常大度。另一个体现他的大度的例子是水户天狗党叛乱。庆应元年，领导或参与叛乱的武田耕云斋等水户激进分子向幕府投降，这些人遭到处决前，幕府曾要求萨摩看管他们。向来站在西乡立场说话的海音寺写道，西乡以虐待已降服之人违背道德为由拒绝了。海音寺称，威胁让庆喜切腹只是西乡的计策，目的是迫使后者降服，西乡并非真的想伤害庆喜。巴夏礼的警告之所以令西乡感到意外，是因为西乡发现一个外国人竟然在教导他日本的道德。[41]胜部真长不同意海音寺的看法。胜部认为，巴夏礼警告西乡之前，西乡始终打算强迫庆喜切腹，他在二月二日给大久保一藏的信中透露了这个想法。[42]无论如何，按照渡边的说法，西乡在第二次同海舟对话之前，已决定中止进攻计划。[43]

"两雄会谈"

第二次对话地点是江户的萨摩藩邸（江户有两座萨摩藩邸，具体在哪里见面难以确定）。[44]海舟在冰川回忆说，他随随便便地穿着"羽织和袴"，骑马前往会晤地点。[45]不过，据渡边清（他当时和西乡的两名部下——萨摩人村田新八和中村半次郎在隔壁房间）的回忆，海舟穿着正装——裃（包括肩衣和袴的和服）。[46]萨道义说海舟穿着"只有在典礼上才会穿的麻制裤子和披风"[47]。

海舟到了萨摩藩邸后，被领进一间屋子等待西乡前来。不久后，西乡身着西式军装穿过花园进到屋内。[48]海舟回忆说："他一脸平静，因为迟到向我道歉，然后走进屋子。他气淡神闲，完全看不出正面临巨大危机。"[49]根据海舟的记录，西乡带着随从前来。西乡说，没想到海舟这样高才卓识的大人物会以身涉险。海舟答道，若把桌子调个方向，你我互换位置，你就能理解了。西乡闻言"大笑起来"[50]。

海舟向西乡出示了修改后的 7 条投降条件,这是他和一翁在江户城与同僚们商讨后得出的。7 条的要旨如下:

第一条 庆喜返回故乡水户隐居;
第二条 江户城即刻交给田安家(御三卿之一);
第三条、第四条 收集(全部)武器、军舰,庆喜被宽大处理后,部分交给德川家,其余交给新政府;
第五条 城内之德川家臣全部移到城外悔过;
第六条 宽宥曾在鸟羽、伏见之战中支持、鼓动庆喜做出鲁莽之举之人,赦免其性命;
第七条 此后再挑起事端之人将被新政府军镇压。[51]

上述条件同西乡开出的条件有很大差别,主要体现在开城、交出武器和军舰,以及旧幕臣降服等问题上。海舟的目标似乎是,至少保证在朝廷的统治下德川家能和其他雄藩平起平坐。西乡同意了第二条、第三条和第四条。如果将江户城交给田安家,而且拥有一定的武器、军舰,德川家多多少少仍然具有自治的能力。庆喜和德川家在确定可以得到宽大处理之前,不会将武器和军舰交给新政府军。[52] 对话中,海舟递给西乡一封致品川新政府军参谋的信。[53] 他重申了自己在伏见鸟羽之战后说过的话。

海舟写道,上一年以来,各藩主当与将军平等的想法日盛,但由于"小私"之人阻挠,这样的政治平等未能实现。造成现在这样的局面,主要是因为国家人才匮乏。旧幕府之人错以"一二之藩士"(萨摩的西乡和大久保)为敌,挑起鸟羽、伏见之战,"堂堂天下同胞相飨,何其卑劣之事"。海舟及旧幕府之幕僚本来已经决意以忠仆的身份将性命交由新政府处置,却因近日的失误而颜面尽失。"而不日一战数万生灵涂炭,其战名节条理之正数皆无。"此战只是发泄私怨,非大丈夫所为。海舟称自己和江户的同僚都知道,如果新政府军"以白刃飞弹威胁我屠弱士民,若我等(旧幕府众人)不加抵抗,无辜之死益多,生灵之涂炭益长"。海舟告诫道,如果西乡"实以为皇国尽忠为志",战前应详细阐明其进攻江户城的理由。此后,即便战争爆发，旧幕府之人也不会不顾是非曲直，武断行事。

海舟继续感慨道：

> 我主家灭亡之时，不愧名节条理而能从容赴死者无，此抱憾千载之事，沦为海外诸邦笑柄。我辈深谙此事而无力阻止；只得共为鱼肉，怨恨之深，难以忘怀，日夜焦虑，仿佛将愤懑而死。若因怜悯之心，愿详察吾之心理，必将拜访军门（西乡）详谈。（此处为原文）

海舟最后总结道，这对德川家和日本来说都是"幸事"，自己亦会欣慰无比，"死后犹生"[54]。

值得称赞的是，海舟表现得并不像败者向胜者乞降，他的话很有道理。"西乡令我记忆犹新的一点是，"海舟在冰川回忆道，"他给了我德川近臣应有的尊敬，谈话期间他始终正坐，双手放在膝盖上，并无得胜之人在败军之将面前盛气凌人的架子。"[55]

海舟在日记中提到，自己在谈话即将结束时再次强调，庆喜知道江户是日本的城市，并处于天皇统治之下。海舟说，大政奉还以后，幕府便无须继续保有"数百万禄地"，它本来需要这些收入以维持国家治理。他提醒西乡，幕府的开国政策不是"为了德川家私利"，而是为了国家。他告诫西乡应从中国和印度的例子中吸取教训，并称庆喜希望朝廷能以日本百姓为重，公正地统治国家。这样，外国便会恢复对日本的信任。他说道："这是我主唯一担忧之事，亦是我等当忧虑之事。"[56]

海舟只在日记里记下了上述会面的结果，其中大多数内容已在前面提到了。关于这次对话的另一份记录是大约30年后渡边清的口述回忆，需要注意的是，他并未将这些话落于文字。

若渡边的回忆属实，海舟重申了山冈交给西乡的信的部分内容（不过此时不再提那些威胁性的话），然后告诉西乡，庆喜近期的表现证明，庆喜和包括海舟在内的德川家臣都真心向新政府宣誓效忠。海舟请求新政府军不要进至箱根以东，但西乡拒绝了。

海舟说，成千上万的德川武士和会津等藩的藩士叫嚣开战，但他和同僚竭尽全力维持城中秩序，"听闻军门将于明日进攻江户城，特此登门请军门延期"。

西乡问道："言下之意阁下愿即刻交渡江户城？"

"没错，即刻。"

"武器、弹药呢？"

"一并交出。"

西乡追问道："军舰呢？"

海舟答道："啊，对了，军舰。我可令陆军降服，因其受我管制。至于军舰……嗯，是另一码事。军舰听命于榎本。"

这番话说得颇为狡猾，因为海舟是德川军的总指挥官，而榎本是海军总裁并（实际上是幕府海军最高指挥官）。海舟告诉西乡，榎本"不完全赞同我们。但是现在还没有迹象显示他打算以武力对抗新政府军，并且我也不觉得他会这样做"。不过海舟说他无法保证榎本一定会将战舰交给新政府，而且从海舟给西乡开的条件可以看出，海舟本人也无意交出战舰。

但海舟重申，他们将交出江户城和武器。接着，他恳请西乡体谅江户此时面临的危机，旧幕府及佐幕列藩的"雄兵"聚集于此。海舟说道："江户一片混乱。我已经有好几次差点被杀死了。为朝廷而死，我不会有任何遗憾。然而，如果我现在死了，德川家会如何呢？大久保一翁和其他人的想法也是一样的。也许这样的谈话会让你怀疑我的意图，而且幕府中也有许多人不相信我。我现在进退两难，就像已经释放善意却仍然处境窘迫的庆喜公一样。无论如何，我还是来到了这里。但是事情到了这个地步，以后恐怕连庆喜公都很难控制局面了。如果您今天或者明天进攻江户城，庆喜公的善意只会白白浪费，全国都会陷入混乱。我之前跟你说过这点，相信你也明白现在的状况。总之，我希望你取消明天的进攻计划。"

根据渡边的回忆，西乡始终在考虑巴夏礼的告诫，面对海舟的合理请求，他一言未发。不过，他在取消攻击计划前，需要海舟确保德川军不会袭击新政府军。海舟向西乡保证，他将尽其所能约束部下。

西乡继续施压道："甚好，但你必须即刻交渡江户城、军队和武器。"

海舟请西乡"考虑现实状况"。若庆喜下达这样的命令，他很可能被德川军扣为人质,而海舟、一翁等人将立刻丧命。而比死亡更加难以忍受的是,"德川家三百年来兢兢业业",到头来名誉扫地,落得一场空。海舟请求西乡务必宽限些时日,让他在交出江户城、军队和武器前安抚反对投降之人。[57]

根据海舟在日记中的说法,西乡回答说他无权接受这些条件,必须返回骏府大本营报告后方可决定。不过就目前而言,西乡说:"我将告诉已在战场上的部下明日攻击已取消。"[58]

多年后,海舟回忆起与西乡的会谈时说:"我们仅仅谈了旧事,我非常钦佩其临危不乱的胆识。"[59]海舟说,若新政府军派其他人和自己对话,那么德川家、庆喜、逃亡的德川军乃至海舟本人必将遭其指责,而"对话将立即失败"[60]。但正如海舟在日记中所言,西乡展现了他的天性,包括他的"英明果断"。几年后,海舟将西乡"非凡的勇气"比作"擎天架海"。[61]

海舟后来在冰川回忆道,当他离开萨摩藩邸时,西乡送他出前门。海舟遇见了在萨摩藩邸四周站岗的新政府军士兵,他们突然朝海舟走来。但他们看到西乡后,立刻立正并"举枪敬礼,全部如此"。海舟指了指自己的胸口对他们说:"因今明两天的结果,我也许会死在你们的枪下。仔细瞧瞧,记住这胸膛。"随后他向西乡道别。[62]难道这只是一个年迈之人在回忆自己最勇敢的时刻吗?从海舟多年的行事作风和即将发生的事来看,答案当然是否定的。

海舟写道,在回江户城的路上,"江户一片混乱,子弹从我的头顶飞过,我觉得骑马过于危险",于是下马走了一小段路。[63]或许双方的士兵都朝他开了枪。他说自己"被官军误解",而"德川家的一些人视我为叛臣,意图夺我性命"。[64]

海舟后来写道,德川家的数千人聚集在江户城准备战斗。当他入城时,新主君松平春岳之弟田安庆赖等人迎了上来,焦急地等待海舟说出同西乡对话的结果。[65]"他们已准备赴死,"海舟写道,"数千人一声不响,仿佛此地空无一人。"当海舟高声宣布攻击已取消时,众人如释重负的叹息声"贯透肺腑"[66]。他们告诉海舟,他们在江户城的高处看到新政府军的士兵从多处进入城市。众人本已为次日的战斗做好准备,不过敌人突然撤退。海舟非常佩服西乡能够在其"返回城中这段短暂的时间内"令部队撤退的能力。

1898年3月16日,《国民新闻》为纪念具有重大历史意义的"两雄会谈"举行三十周年采访海舟时,他对该报的记者说:"西乡绝非等闲之辈。"[67]但是在庆应四年(1868年)春,在那些叫嚣开战的德川主战派眼中,海舟并非英雄。

第三十一章

江户开城

> 妻女亦因我不悦。无人赞成我……我担心若我遭遇不测,便无人可担此大任,但想到只要做不得不为之事,不寻短见,转机必定出现,便如释重负。[1]

庆应四年(1868年)三月十四日,就在海舟和西乡在江户会面的同一天,天皇在京都颁布了《五条御誓文》。文件由福井的由利公正起草,经土佐的福冈藤次修订后,由长州的木户孝允(即桂小五郎)做最后修改。[2] 它承诺将进行现代化改革,"广兴会议,万机决于公论",使"官武一体,以至庶民,各遂其志"。誓文主要基于龙马的"船中八策"[3],不过与议会民主制仍有天壤之别。福冈、由利和木户一直与龙马来往密切,《五条御誓文》体现了海舟爱徒的理想——团结整个国家,并昭告天下,天皇是新国家元首。

秘密协助

庆应四年(1868年)三月,双方阵营均反对海舟和西乡的停战协定,认为本方代表向对方做出过多让步。海舟纵然相信西乡,但是仍无法确信事态会如西乡承诺过的那样发展。于是,他决定"秘密协助"西乡。[4] 第二次对话后,西乡已借道骏府前往京都。[5] 西乡带着海舟的降服条件于三月十九日到达京都。次日,新政府召开会议[6],与会者包括三条、岩仓、大久保、木户和广泽,他们将就战和问题做出决定[7]。海舟请求萨道义和巴夏礼协助西乡维护和平。三月二十一日,海舟接待来访的萨道义时,直截了当地将自己的想法告诉了这个英国人并得到了后者的赞同。[8] 萨道义在回忆录中写道,海舟说他决心为保全庆喜的性命而战,"还说相信西乡能够阻止其他人提出一项不仅可能令天皇蒙羞,而且会使内战旷日持久的要求。他恳请巴夏礼运用其对天皇政府的影响力阻止这样的灾难发生"。萨道义接着写道,巴夏礼后来不止一次做出这样的尝试。[9]海舟在三月二十一日的日记中写道,江户一片混乱,市民和武士"忙着将财产转移至郊区,日夜不息,仿佛这座城市正在燃烧"。多数旗本武士躲在城郊或者城外的庄园。歹徒趁他们不在,"肆意劫掠,玷污妇女"[10]。

提议遭拒

三月二十三日深夜,就在海舟焦急地等待西乡归来时,有人来访。此人是佐贺藩士岛团右卫门(即岛义勇),受权中纳言大原重德之子大原重实之托前来。年轻的大原是东征军海军先锋,现在已经率舰队抵达横滨,不过新政府还谈不上拥有海军。岛带来了一个"绝密"提议。大原让岛转告海舟,他希望后者投降,并指挥德川舰队投靠新政府军。岛告诉海舟,"朝廷将记住您的丰功伟绩",而且这件事同样对庆喜有益。

海舟自然不会接受,这等同于出卖德川家。但他没有与信使多费口舌,只是简单回复说,他将前往横滨和大原直接对话。三月二十六日,海舟乘坐"蟠龙丸"号蒸汽船沿着海湾前往横滨。旅途危险,海舟写道,船上的军官带着步枪。到达时,他们遭遇了守卫港口的英军,后者"不允许任何未持通行证的人进出,新政府军也不行"。海舟前往新政府军军驿(这里原本是奉行所)[11]时,遭到"一队新政府军士兵威胁"。好在一名佐贺武士带他入内同大原见面。此次会面想必让大原深感震惊,他时年35岁,坚信所有忠于德川家之人罪不容赦。他说,他原以为海舟会把在伏见帮助庆喜的逆贼的首级统统带来。他又问海舟是否愿意接受交出德川舰队的提议。

但胜小吉之子在回答这名公卿时直言不讳。海舟说大原对庆喜的看法是错误的,庆喜正在悔过,而且对天皇忠心耿耿。家臣叫嚣开战,他不为所动。他也不会为了保全自己而将过错推到家臣身上。海舟恳切地说道,与其自相残杀,国人应齐心协力富国强兵,共御外辱。他说,军舰属于德川家,但是他计划按照向西乡承诺过的,将其"送给"朝廷。但首先,新政府必须证明自己值得接受它。大原不应该认为胜安房守是会擅自交出主君之物的卑劣之人，就算给朝廷也不可。德川军的总指挥官打消了大原的傲气，后者的"语气明显缓和了"。大原说，海舟责任重大，而且显然已经因事态"紧急而激动不已"——否则如何解释他的直言不讳？大原命人给海舟上茶，让其放松。海舟并未在《解难录》中提及自己是否接受茶水——不过在对话结束时，他请大原用茶。"阁下的宽宏大量令我深受感动，"海舟说，"但阁下的士兵曾威胁不会让我活着走出大门"——这正是他激动的原因——"所以，趁我还活着……我不得不说，阁下的士兵皆是懦夫。我独自前来，未带一兵一卒。"但当新政府军的士兵看到海舟时，"他们排成一排，瞪着我。他们在害怕什么"？大原"羞愧难当"。海舟写道："（我）离开时，他派二人护送我回舰。"此举令海舟看出这位年轻公卿尚存"善心与公心"[12]。

对英谈话

次日，海舟前往英国公使馆同巴夏礼见面。巴夏礼的新翻译詹姆斯·托鲁普出门迎接他。[13]这名翻译似乎并不清楚海舟的身份，或者巴夏礼故意命他让海舟难堪。托鲁普告诉海舟，他"不过是区区军舰奉行"，巴夏礼只与老中讨论国家大事。海舟反驳道："此言何意？老中等高官已被解职，现在处于软禁之中。"海舟谦虚地告诉英国翻译，他虽"才疏学浅"，但此时负责旧幕府诸事并有权"讨论国家大事"。托鲁普听海舟这么说便离开了，海舟等了巴夏礼一整天。

由于海舟"一直不愿离开，托鲁普最终再次出面"，询问海舟来意。海舟回复说，他是来讨论废止英国海军教官合同一事，上一年他曾和巴夏礼讨论过该事。托鲁普把海舟的话传给巴夏礼，后者迅速出来见海舟。他因误解了海舟的意图而"诚恳地道歉"。海舟建议巴夏礼同新政府重新讨论二人于上一年秋讨论过的教官合同问题和江户湾灯塔建设问题。海舟还告诉巴夏礼，他已释放了因在横滨一座教堂做礼拜而遭到逮捕的日本基督徒。[14] "英国人对我大为赞叹。"海舟在日记中写道。[15]巴夏礼问他接下来的行程，海舟回答说，他将继续拜访城中其他国家的使馆。巴夏礼说"您一定十分疲惫"，劝他休息，同时主动提出代表他同其他外国公使联络。他邀请海舟和亨利·凯培尔爵士共进晚餐，萨道义曾在上一年秋将后者称为"中国舰队司令"[16]。巴夏礼说,凯培尔指挥的英国军舰"铁公爵"号此时正停在横滨港内。巴夏礼建议海舟利用这个机会和凯培尔谈谈。海舟写道,在晚餐的"秘密谈话"中,英方司令承诺继续在港内停留一个月,此举的目的或许是,若新政府无意留下庆喜性命,英方将同意其流亡英国。[17]

三月三十日,萨道义同法国海军"大洋"号的军官香多·斯坦诺普拜访海舟,海舟同斯坦诺普"秘密讨论了国家大事"[18]。大约就在此时,海舟在横滨拍了照片。"那时我已非常困倦,"他在冰川回忆道。"但他们将我拖到那里。"萨道义为他照相,因为按照他的说法,"你已时日无多"[19]。萨道义显然想为自己随时有生命危险的朋友拍照留念。四月三日,海舟写道,双方之人,包括"旗本和土佐武士"均怀疑他的真实意图,想要刺杀他。庆喜闻讯向海舟宅邸派去5名护卫。[20]

朝廷的新条件

四月初,海舟在日记中写道,西乡应该很快就会回到江户。[21]实际上,西乡已于四月一日返回江户。[22]但是,正如他在四月五日给大久保的信中所写,在将新政府决定知会幕府之前,他不会同海舟见面。西乡写道,他和海舟的会面是以私人名义进行的。但是接下来在江户城的会面将是正式的,无关私谊。[23]西乡于三月二十五日从京都返回骏府,向有栖川宫亲王报告新政府的决议。同一天,西乡收到萨道义来信,要求他到横滨同巴夏礼会面。西乡认为海舟必定对英国做了不少工作,于是接受了萨道义的要求,打算借此机会向英国人说明新政府的立场。四月一日,西乡与巴夏礼见面。[24]英国公使重申,严惩庆喜及其支持者将损害新政府在西方的声誉。萨道义在回忆录中提到,西乡回答说庆喜的性命无虞,而萨道义希望叫嚣进军京都之人也可被宽大处理。[25]按照前文提到过的西乡给大久保的信中的说法,西乡告诉巴夏礼,日本国事与他无关,而英国公使告诉西乡,列强对新政府能够公正对待德川家表示赞许,不会干涉日本内政。四月四日一早,包括参谋西乡、木梨和海江田武次等在内的60人保护两名使节前往江户城传达新政府的决议。[26]田安庆赖在城门口迎接他们,把他们领入将要举行会晤的场所。德川方代表为一翁等10多名旧幕臣,海舟并未出席。[27]虽然气氛紧张,但新政府代表并无护卫陪同。按照德川家法度,到访者在登城前必须留下武器,只有数位藩主才可佩刀入城。西乡自然不是藩主,但作为新政府军的实际领袖,他不会冒险不带任何武器进入江户城。他没有把刀留在门口的地板上,而是双手将其抱在胸口。作为胜利一方的指挥官,旧幕府官员本以为西乡将耀武扬威,而这种多少有些令人疑惑的做法成功缓解了紧张情绪,因为——正如后来西乡对大久保所说——"这样做后,所有人都笑了。"[28] 会晤时,西乡给出了新政府开的条件。海舟提出的条件中,只有两条未被接受:江户城应被交给已转投新政府的德川分家尾张家,而非田安家;新政府要求德川家交出所有武器和军舰,之后会返还其中一部分,德川家不得自行处理。所有条件没有商量余地,必须在四月十一日前执行。虽然不及海舟的要求,不过好在海舟的主要目标达成了。新政府军不会进攻江户城;德川庆喜可以保住性命;德川家可以作为独立的家族存续下去,并有足够的收入养活家臣。根据西乡给大久保信中的说法,田安礼貌地接待朝廷使团,并承诺在四月十一日之前开城并移交军舰和武器。[29]

四月四日江户城会晤当晚,海舟在家中接待了一名意外的访客——土方岁三。[30] 近藤、土方曾因胜沼之战和海舟大吵一架。几天后的三月十三日,二人悄悄离开江户,着手准备战争。他们以旧称重整队伍,招募了更多人,并将重新组建的新选组带至东北的乡村,住在那里一个名为金子的地主家里。越来越多的人加入他们的队伍,新选组队士超过200人。三月,海舟命两名军官前往东北劝说主战派,试图说服新选组领袖放弃战争计划。其中一人,松涛权之丞身上带着海舟给他的命令。松涛致信近藤,要求后者协助他约束主战派。他在信中附上了海舟命令的抄件,以此来证明这确实是德川的官方命令。[31] 但松涛的信和海舟的命令均未能说服新选组领袖放弃计划。相反,他们带队伍继续向东北前进,到达流山村,在那里训练,准备同新政府军决战。

四月三日早,新选组的新兵正在空地练习炮术时,遭大约200名受命镇压叛军的新政府军士兵突袭。多数新兵丢掉步枪,四散逃跑。近藤被捕,被带至板桥本阵受审,然后被处决。近藤被捕当晚,土方迅速赶到江户拜访唯一有能力为好友说项的人。他的到访当然不会令海舟感到开心。土方和近藤曾谎称不会在甲府开战，而他们在胜沼的军事行动险些危及海舟和西乡的对话。不过，就在土方拜访海舟一天后，一名信使带着据说是海舟、一翁和土方的联名信抵达板桥，请求赦免近藤。[32] 目前尚不清楚海舟和一翁的签名是不是伪造的。不管怎样，近藤并未被赦免。四月二十五日，他在板桥被斩首。[33]

在那 14 天前，也就是江户城正式开城当天，土方加入 3000 人多名抵抗者的行列，从江户出逃，前往东北地方继续战斗。明治二年五月，他在箱馆附近的五稜郭之战中中弹身亡。[34] 对于近藤和土方，海舟后来写道，"两人均是非凡的武士"[35]。

军中的不满

即便在隐居期间，庆喜也不愿被动等待结果。四月九日，即江户城会晤四天后，海舟在日记中写道，陆军总裁白户石介亲手交给他一份庆喜和驻扎在上野的军官们写的陈情书，他们反对新政府提出的最终条件，并以能够保障德川陆军和海军利益的原则修改了条款：首先，江户城应交给田安（家），而非尾张；第二，德川家应保留一定的武器和军舰。他们的要求实际上相当于让新政府接受海舟曾经提过但已经遭西乡拒绝的条件。白户请海舟将军方的条件转告新政府军。他们同样反对让年仅 10 岁的尾张藩主德川茂德继承庆喜成为德川家的家督，因为这意味着德川分家将成为宗家。更何况八千名尾张藩兵早在二月就加入了新政府军，而德川家无人愿意侍奉变节者。[36] 不少人已在谋划叛乱。

当天，海舟和一翁前往位于江户以南池上本门寺的新政府军驻地向参谋海江田和木梨递交陈情书。两名参谋告诉他们，条件不能更改，这是基于敕命的最终决议。不过他们在德川家继嗣问题上让步了，保证尾张藩主不会成为德川家的家督。海舟回应说，除了军舰，他不会交出其他船只。同时他请求交出武器的同时，能允许 4000 名德川军士兵加入新政府军。海舟表示，这些人即将失去生活来源，德川家已无法为其提供食物和住处，将他们遣散只会使局势更加混乱。为防万一，海舟还要求在正式交出江户城前，新政府军士兵不要靠近江户城。两名参谋回答说他们无权做出这样的承诺，不过将在第二日给出答复。四月十日，海舟和一翁返回池上本门寺，得知新政府军方面同意了他们的要求。[37]

当晚，海舟骑马前往上野大慈院面见庆喜。[38]他形容庆喜的住处是一间不到10平方米的"陋室"。庆喜在交出江户城的前一天晚上十分痛苦——自第一代将军家康以来，江户城一直属于德川家。前将军一月返回江户后常常失眠，而且食欲不振。他的胡子拉碴的脸看起来十分憔悴，头发亦披散着。10年后，海舟在《断肠记》中写道，他把池上本门寺的会谈结果告诉庆喜，希望能"让他振作"，但庆喜"泪如雨下，见此情景我心碎不已"。[39]庆喜赐给海舟一把刀以示谢意，海舟将庆喜的心意传达给了朝廷，而且竭尽全力保全德川家，为使庆喜避免遭受亲自向敌人投降的羞辱而奔走。庆喜还表示日后将继续仰仗海舟。"受宠若惊"的海舟在日记中写道："感激涕零，无以言表。"[40]

不过海舟还是实话实说。他坦言次日江户城就将开城，这虽然极其困难，但即便死，他也决心完成任务。[41]此时，庆喜告诫海舟要"三思"，不要采取过激的方法。海舟答道，他从未想到能够升至如此高位，之所以担此重任只是因为当下实在无人可用。但他不会为所做之事后悔，他已准备好和江户人同生共死，一切都将取决于明日的结果。他告诉庆喜，自己"不疑不惧"。疑虑只会使人动摇，从而忘记初心；只要充满自信，便不会偏离初心。人性使然，时间的流逝会使人忘记初心，并忘掉过去的困难而抱怨眼前的艰辛。但海舟永远不会失去自信。他这么说似乎是希望庆喜像他一样。海舟坚定地说道："只要一息尚存，必将完成使命。"他随后退下了。[42]

海舟的情绪难以平复。当晚他并未回家，而是骑马在江户城四周绕了三圈。他在8年前因井伊直弼遇刺而臭名昭著的樱田门到江户城东南的新桥之间的路上，遇到了一队新政府军的士兵。带头的军官抓住海舟的马问道："来者何人？"海舟答道："胜安房守。"军官继续盘问道："今夜在此地有何事？"海舟答道："巡查江户城四周。""了解，"军官礼貌地回道，"您请便。"

新政府军士兵的出现令海舟十分恼怒，因为这违背了西乡的参谋做出的承诺。他担心海军军心不稳,于是骑马前往江户湾附近的海军军营。迎接他的是海军副总裁榎本武扬等军官,他们都因新政府军的做法感到气愤。海舟尝试安抚他们。"我自昨夜起便在江户城四周巡查,"他说,"不管是人还是马均已筋疲力尽。"他建议众人先一同进餐,然后休息。就在这时,新政府军的信使、萨摩藩士益满休之助前来,说他已经找了海舟一整夜。西乡派他来解释为何新政府军的士兵会出现在江户城附近。休之助保证说,这只是预防手段,以防突生变故。若适得其反,演变成冲突而无法和平解决,西乡愿意承担所有责任,不会给德川家添任何麻烦。海舟写道,榎本等军官十分佩服西乡的正直,但是不为所动。而海舟想的是,如果当天新政府军的领袖不是西乡,那么这件事将如何收场。[43]

江户开城

四月十一日清晨,庆喜在约 200 名武士的陪同下离开上野大慈院,返回水户。[44] 海舟写道,末代将军离去时,"众人沉默不语,暗自垂泪"[45]。百姓跪在路两旁磕头。同时,萨摩、长州、尾张、熊本、冈山和大村的藩军进入江户城。每藩均派出十二三名武士检查城内设施,天守阁被交给尾张[46],旧幕府军士兵和武器则由熊本管辖。[47]

海舟并未出席江户城开城仪式。他在位于江户湾的海军总部,命令手下登上屋顶,留心江户城方向传来的枪声。他写道,如有不测,他已准备好接受新政府军的指责,承担全部责任,切腹谢罪。幸运的是,仪式顺利完成。[48]

但此时还有一件"值得记下来的逸闻"(一翁后来给海舟讲了这个故事)。西乡在仪式中似乎一直保持着他标志性的平稳心态:

> 江户开城之际,西乡打起瞌睡来,甚是有趣。仪式结束之时,众人皆离去,唯独西乡仍一动不动。身旁的一翁无法坐视不理,连说几声"西乡君",将其叫醒,并告诉他"仪式已经结束,众人皆已离去"。西乡大吃一惊,揉了揉脸,平静地离开。一翁惊讶之余敬佩不已。勇猛之人!操劳数十日后精疲力竭,竟在开城时趁机打盹。真令人难以置信!

1896年（明治二十九年）1月，海舟旧事重提，并称赞"西乡是明治维新第一人"[49]。

江户无血开城后，旧幕府的主战派仍未放下武器。问题在于，新政府称，除非全部德川家臣都无条件投降，否则无法保证德川家可以继续统治其广袤的领国并与其他藩主平起平坐。然而主战派对此不满，他们的领主仍然在水户闭门悔过——用一位作家的话来说[50]——一帮"外样大名却凭着一群乡下武士的"支持把控着京都新政府作威作福。[51]

即使到了这个时候，主战派的态度仍十分坚决。庆喜离开江户，有栖川宫亲王和他的部下于四月二十一日在江户城内建立新政府军大本营后[52]，主战派无法容忍"德川家的旧城已是他人之物"——有人这么对海舟说。既然已无法从德川家得到俸禄，他们或许只有通过乞讨才能苟活下去，这样的耻辱无法忍受。[53]世道艰难，如果新政府无法保证为他们提供生计，主战派便不会放下武器。战争无可避免，局外人海舟已经无法掌控局势。

第五部分

再成局外人

第三十二章

深恶痛绝之事

> 我并不觉羞愧。对于真正的男子汉来说,畏惧刺杀和逃避死亡本身便是耻辱。不如将命数交由上天,哪怕结局并不公正。[1]

新政府的反对者当中约有4000名来自各藩的武士,他们自称"彰义队"[2]。(彰义队最初于庆应四年[1868年]二月聚集在宽永寺周边保护德川庆喜时,只有约数十人。)为了安抚他们,海舟令其在江户街头巡逻,维持治安。[3]但是当新政府军到达后,缺少有才能的首领而且没有明确指挥体系的彰义队开始转向暴力活动,四处抢劫。庆喜离开江户后,他们仍留在上野,伺机杀戮江户的新政府军士兵,并煽动当地居民反抗新政府。[4]德川家仍拥有一支由12艘进口战舰组成的舰队,包括强大的"富士山丸"号和"开阳丸"号,而新政府没有海军。因此,最激烈反对开城的自然是幕府军的海军军官。海舟在开城前一天晚上曾设法安抚他们。次日,德川海军以风高浪大为由拒绝移交军舰。当晚,海军副总裁榎本武扬指挥"开阳丸"号等战舰逃离江户,前往位于江户以南房总半岛南端的馆山。[5]5天后的四月十六日,新政府军要求海舟和一翁处理此事,并承诺若榎本和平移交战舰便可得到"宽大处理"。当日,海舟在品川登船,第二天带回了逃亡者和他们的船。[6]但是,海舟也因此成了新政府军士兵的暗杀目标,他们怀疑海舟策划了这次的战舰出逃。[7]四月某天傍晚,海舟骑马走在江户城附近:

> 因官军已进城,街上几乎空无一人。我安静地骑马通过半藏门时,三四名手持步枪的官军士兵突然从我身后开火。但我侥幸未被击中,子弹从我的头顶飞过。然而,我的马受到惊吓,抬起前蹄。我从马上摔了

下来，后脑勺撞到石头上。我暂时失去了意识。醒来后，身边并无他人，只有马心满意足地在路边吃草。想必是朝我开枪的士兵看到我从马上跌落而且失去了意识，认为我已经中弹，所以离开了吧。[8]

四月二十八日，4艘德川战舰——"富士山丸"号、"翔鹤丸"号、"观光丸"号、"朝阳丸"号被移交给新政府。[9]德川家被允许保留部分战舰，这个条件比之前的更为宽松（本来规定德川家必须交出全部武器和战舰，然后新政府再返还其中一部分）。为了进一步安抚主战派，海江田和木梨向海舟保证，移交的四艘船不会被用来攻击出逃的部队。[10]按照海舟此前的请求，4000名德川军士兵将由熊本看管。但真正转交给新政府的士兵只有二三百人。5000多名叛军士兵在投降前一晚逃走了。数千名彰义队成员驻守上野，准备战斗。不仅如此，熊本在江户开城前一晚只没收了722支落后的日式枪支，所有现代化武器都留在叛军手里。[11]此外，虽然新政府接收了四艘旧幕府船只，但只有"富士山丸"号具有作战能力，而德川舰队的其他船仍在榎本手里。[12]

江户的公共秩序持续恶化，海舟在日记中描述了乱象。市民担惊受怕，"轻信流言蜚语"，而"游手好闲之徒"则趁乱"抢劫杀人"。"商人大门紧闭，穷人流离失所。到了晚上，大街小巷空无一人。"他问道，身边的世界是否已经"堕落"，是否还有道德可言。[13]闰四月二日，江户的新政府军首脑委托田安、海舟和一翁维持江户治安。四日，海舟通过田安给新政府军首脑写了一封长信，表示自己无力维持治安，请求允许庆喜返回江户，并称除了庆喜再无人能够安抚主战派。[14]海舟得到了怎样的回复呢？此时距离庆喜离开江户尚不足一个月，读到海舟这封信的新政府官员或许会认为，海舟请求允许庆喜回江户在大慈院或水户藩邸隐居，实际上是为使庆喜或其继承人能够继续统治德川家庞大的领地，为重振德川政权做最后一搏，或者至少保证德川家能够在新政府中占一席之地。他们这么想情有可原，毕竟新政府军中的许多人根本不信任胜安房守。正如前文所述，新政府军士兵怀疑他和榎本指挥战舰出逃有关，甚至意图刺杀他。我们并不清楚海舟是如何说服榎本指挥军舰返回的。有人认为榎本在虚张声势，还有人怀疑他和海舟早就串通好了，目的是争取一笔资金。这两种说法都是不合理的。事实似乎是，海舟和榎本的出逃毫无关系，他很可能告诉自己的朋友，他会想办法让庆喜返回江户，这样才说服榎本返航。至于陆军和海军中的叛兵，海舟在四月十二日，也就是榎本出逃一天后的日记中以不赞同的口吻写道："他们全部违抗了敕命和主君的命令。"尽管海舟一片诚心，但新政府并没有同意庆喜返回江户，京都的新政府有自己的打算。

处分德川家

江户开城后，摆在新政府面前最棘手的两个问题，一个是消灭江户和关东地区的反抗力量，另一个是决定如何处置德川家。如果第二个问题由西乡吉之助全权处理，那么即将爆发的上野之战和东北的鏖战本可避免，明治时代的历史也会有所不同。早在1864年幕府第一次征讨长州时，西乡便主张和解，认为处理长州问题的上策是"不战而屈人之兵"，让长州自己解决自身的问题。4年后，在胜安房守的影响下，他再次主张和解，认为江户的问题应当由德川家自行解决。但是，他在京都的同僚并不这么想。虽然西乡有意将处置德川家的问题交给海舟以安抚旧幕府主战派，但这种做法很可能削弱新政府的权威。[15]四月二十九日一早，西乡命部下海江田武次处理江户问题，他本人则火速前往京都和同僚讨论如何处置德川家。[16]

讨论的主要问题包括：决定庆喜的继承人，即下一任德川家家督的人选；是否允许德川家保留一部分收入；应该允许德川家保留江户城以及关东的大量领地，还是将其移封骏府。新政府从闰四月六日开始，连续召开4天会议。会议决定，田安庆赖之子、5岁的田安龟之助将继承庆喜的家督之位，德川家的石高不可超过100万石。而在德川家应留在江户城还是转封骏府这个具有重大政治意义的问题上，与会者的意见并不相同。若将德川家移出其已统治数百年的领国，新政府将向全国发出强有力的信号——德川家的地位与其他藩主无异，日本的统治者是新政府。[17]

最积极主张将德川家从江户移封骏府的是大久保利通（此前的大久保一藏）。大久保宣称，德川家一定要被移出江户城，即便这将引发内战。他提醒其他与会者，东征最初的目标就是夺取江户城。他提议新政府从京都迁到江户，并将这个将军的旧都改名为"东京"——天皇"东边的京城"。为此，大久保坚持认为，德川家必须被移至静冈。大久保的看法得到了多数人的支持。[18]

会议还决定向江户派遣敕使，公卿三条实美将作为"关东监察使"前往江户。作为新政府的副总裁、朝廷中攘夷派的首领，以及落难五卿之首，三条拥有极高的声望，他将前去执行会议的决定。四月二十三日，三条在西乡的陪同下抵达江户，19 天前海舟曾请求新政府允许庆喜返回江户。[19]次日，会议非正式决定由田安龟之助继承庆喜的家督之位，德川家的石高减少至 70 万石，移封骏府。[20]正式声明将在做好平叛准备后公布。[21]

"德川领地遍布全国，"海舟在《解难录》中写道，"总收入约 400 万石，其中 200 万石用来供养数万名旗本武士。"[22]虽然德川方面，包括胜安房守在内，还不知道新政府的决定，但坊间传言，德川家将遭到比新政府会议的决定更加严厉的惩罚。闰四月二十八日，海舟写道，德川家可能只能保留"两三百万，100 万，或者只有 1 万石"的领地，甚至所有领地都可能被没收。[23]

新政府真的相信德川家可以靠如此微薄的收入养活 3 万多名家臣和他们的家人吗？它真的期望德川家的人会心甘情愿地立刻离开祖先的土地吗？它真的觉得没收德川家的土地后，其他藩的藩主和家臣可以保住他们的领地吗？如果连海舟都对新政府"冷酷"的做法感到失望，那么江户的主战派自然更不可能接受这个条件。[24]

闰四月二十八日，海舟致信西乡，称没收德川家一半以上收入，将其用于国家事务是"犯罪"。三四百万石的收入远不足以支撑包括陆海军军费在内的国家预算，而且剥夺德川家半数以上的收入将使德川家臣和他们的家人失去生计。如此一来，"敌意何以消除"？他主张新政府应将包括德川在内的所有藩主的一部分收入纳入国库，这种做法更加公正且更加稳妥。如果政府能做到这点，"众人定会心服口服"。海舟还警告道："屋内斗则屋塌，国内斗则国崩。"他在信的结尾恳求西乡顺从"民意"[25]。西乡同意海舟的看法，但此时有意和解的西乡已经无法独掌新政府军指挥权。

两年前，萨长通过两个土佐人牵线搭桥结成联盟，但是萨摩和长州之间的敌意并未消失。长州和土佐的领袖不在江户，他们推测西乡已被胜安房守操纵。长州为制约西乡，派其在京都的最高军事长官大村益次郎前往江户协助三条落实新政府会议的决定。闰四月四日，大村抵达江户，比西乡和三条早19天。[26] 大村是医生之子，被木户委以重任，主导了长州的现代化军事改革，帮助长州藩军打败了幕府军。他并不重视西乡无比珍视的武士道。他不像西乡那样与胜安房守惺惺相惜，也不同情任何一名前幕府官员。所以，虽然西乡打算宽恕败军之将，但大村坚决主张镇压残存的江户主战派。由于三条支持大村，因此西乡接受了大久保的政策，同意必须消灭彰义队，并将攻击上野的指挥权交给大村。[27]

与此同时，海舟怀疑三条的意图。闰四月二十八日，就在给西乡写信的当天，他在日记中写道，有人告诉他一个"秘密"，京都的新政府和江户的新政府军大本营在如何处置德川家的问题上存在分歧。据说三条可能"以武力迫使我方屈服"。海舟已经预见悲剧即将上演，德川余党将联手杀戮新政府军士兵。他预测，灾难已经不远了。[28]

闰四月二十九日，三条在江户城见了前尾张藩主田安龟之助的代表德川茂荣。三条告诉茂荣，新政府已做出决定，这个男孩将成为德川家的第十六代家督。茂荣还被告知新政府将如何处置德川家的财产。不过就像前文提到过的那样，由于担心叛乱，这个决定尚未被正式公布。[29] 与此同时，海舟预料的"灾难"即将在位于江户东北上野的东叡山上演。

彰义队覆灭

海舟是杰出的政治战略家，人们普遍认为他为使新政府对德川家采取怀柔政策而将彰义队当作恐吓手段。因此，虽然他真心渴求和平，但是他在庆应四年（1868年）春的行动非常狡猾。新政府收到一封落款日期为五月七日的威胁信，信中警告说，任何武力镇压都不会成功且不会为国家带来和平。这封信还提到了一则传闻，据说俄国正向关东的德川盟友输送武器。不仅如此，如果对德川家的处置过于严厉，德川海军也许会加入东北的主战派。考虑到此前海舟给西乡的信中也有类似的策略性威胁和警告，这封信的作者很可能同样是海舟。有传言说海舟在幕后操纵着彰义队和榎本，但据说他否认了这项指控。[30]

假设信的作者确实是海舟，那么这封信肯定是虚张声势，传言肯定也是假的，看看海舟在这段时期做了什么和他的日记，便一目了然了。闰四月二十三日，他写道："榎本……来访。他谈到要将舰队带至箱馆，我告诉他不要那么做。"[31] 6 天后，他又写道，他试图说服彰义队领袖让步，但是"他们不听"。[32] 五月八日，他写道："听闻彰义队意图开战，据说官军将对其发动进攻。"海舟用"激烈的"言辞试图说服彰义队让步，但是没有成功。[33]

海舟提到的传言属实，不过他可能暂时还不知道。次日，五月九日，三条给在京都的岩仓具视写信，告诉他西乡和大村已经决定进攻上野。[34] 在大村的指挥下，战斗于五月十五日早上 7 点打响，持续了 10 个小时，彰义队全军覆没。

就在同一天，大村对海舟下手了。"官军打算杀了我，"他在《断肠记》中写道，"200 名士兵包围了我的宅子。"[35] 他在日记中写道："（他们）冲了进来，抢夺刀枪等物。"[36] "但是因为我当时不在家，所以逃过一劫。"[37] 当时海舟正在田安庆赖宅邸。当晚，他得知此事后，连夜给西乡在江户新政府军大本营的部下海江田武次写信，质问他自己究竟犯了什么罪才会被如此对待。海江田回答说，他并不知情。

海舟数日未归。他在五月二十日的日记中写道，朋友不断提醒他，在江户追杀彰义队残党的新政府军可能刺杀他，劝他不要回家。[38] 但是，他还是在五月二十二日回了家。[39] 次日，海江田来访，并告诉海舟，他和大村起了争执，已经辞去参谋之职。[40] 他不久就离开了江户。[41] 五月二十八日，西乡离开江户前往大阪，次月和藩主岛津忠义返回鹿儿岛为平定东北的叛乱做准备。[42] 西乡和海江田离开后，海舟失去了新政府军方面两个重要联系人，好在大久保利通和小松带刀分别于六月和七月抵达江户，并将在接下来的数月中帮助他。[43]

江户的抵抗活动平息后，五月二十四日，新政府军大本营正式宣布几个月前的决定——德川家移封骏府，石高减至 70 万。[44] 对于海舟来说，这个消息必定是沉重打击，尽管他显然已经预料到了。五月十五日，他在上野战争结束、德川家土崩瓦解后写道:"全部心血一朝化为乌有……实乃令人深恶痛绝之事。"[45] 德川家在新政府中占据一席之地的唯一希望,随着主战派在上野之战的失利消失了。人们不禁要问,海舟是否觉得过去数年间的努力都成了泡影。海舟想问的是,"大厦是否会因为一根腐朽的木柱而崩塌"。[46] 所谓"大厦",自然是指即将迎来最终灭亡的德川家,而逃出江户的主战派和他们的东北盟友联手决定了德川家的最终命运。

第三十三章

戊辰战争结束，明治时代开启

> 诀别，吾之所愿。

庆应四年（1868年）闰四月，京都新政府设太政官并改革了官制。[1] 行政、司法、立法三权分立。立法部门设议政官，行政部门设行政、神祇、军务、会计、外国五官，司法部门设刑法官。议政官分上下局，上局由最高级别的官员（议定和参与）组成。[2] 议定由亲王、公卿和藩主担任，武士乃至平民可以成为参与。[3]

然而，政府仍无法以和平手段平息始于鸟羽、伏见之战的冲突。松浦玲认为，庆应四年（1868年）的戊辰战争由3件大事组成，即江户开城、上野之战和东北战争（或称奥羽战争、奥羽越战争）。[4] 海舟主导了江户开城，参与了第二件事，与东北列藩的抵抗毫无瓜葛。五月三日，日本东北的25个藩在仙台藩的领导下组成奥羽列藩同盟（后来北越六藩加入，组成奥羽越列藩同盟）对抗新政府。六月三日，榎本武扬和白户石介拜访海舟，劝说他支持东北同盟。[5]

海舟表示拒绝，并给出了一个简单而深刻的理由："成大事者，不在国土大小、国民多寡，唯在人才。"他说关东德川领国和东北同盟缺少人才（庆应四年［1868年］夏，他和榎本大谈日本英雄豪杰，而他显然不同意榎本的看法）。多数德川家臣和他们的东北盟友"只着眼于小事而不知天下形势"，也就是说，他们目光短浅，既不知彼亦不知己，留恋锁国期德川家的尊崇地位，对现实世界视而不见。东北主战派的主导者会津虽然忠于德川家却昧于现实，海舟拒绝支持他们。[6] 海舟说，不管是否愿意，他们都必须服从新政府的命令。

德川家移封

七月九日，萨道义拜访了海舟，后者告诉英国人，八天前静冈已经被交给德川家。[7]七月十七日，朝廷下令改称江户为东京，而且宣布天皇即将东幸。于是，海舟不得不迅速将德川家迁至静冈。[8]与此同时，水户也受到主战思潮的影响，而庆喜此时还在那里闭门悔过。庆喜对混乱的局面大失所望，给海舟写信，让后者请求新政府允许他前往静冈。[9]七月十九日，末代将军离开亡父的关东领国，前往静冈宝台院继续悔过。[10]

继承德川家督之位的是年少的田安龟之助，他也在八月九日离开江户前往骏府。[11]榎本曾希望用"开阳丸"号将龟之助送到静冈，同时将舰队派往清水。若舰队留在江户，则有可能被新政府没收；若战舰停靠于清水，便可用来为德川家在谈判中争取更有利的条件。但是，男孩的父亲田安庆赖反对乘船出行，于是龟之助仍走陆路。[12]

八月四日，海舟致信榎本，表示东北之战毫无胜算，并询问后者对未来的看法。[13]八月七日，海舟收到榎本回信，后者并未在信中提到已经加入叛军一事。[14]不过，榎本也未承诺他不会加入东北叛军。[15]实际上，他在另一封信中对海舟说过，他认为王政复古对日本最为有利，但新政府虽然声称自己是正义一方，却在行不义之事。萨长联盟领导的新政府宣布庆喜为"朝敌"，没收德川家臣的封地，将他们逐出家园，使其陷入贫困之中。东北同盟不会服从这样的政府。[16]

八月十九日，即龟之助离开江户10天后，榎本在"开阳丸"号上给海舟写了一封信。次日，海舟收到信，记下了信的主旨："所有船昨夜都离开了，我不知它们的去向……军官无视我的命令。"[17]榎本已指挥8艘船离开，包括战舰"开阳丸"号、"回天丸"号、"蟠龙丸"号和"咸临丸"号等，以及两千多名船员。[18]

东北的战事已在数月前开始。江户开城后，主战派逃往宇都宫，短暂占领该地，随后于四月二十三日遭新政府军驱逐。他们离开宇都宫，继续向西北进至会津，并于十月二十九日抵达若松。[19]榎本决心援助他们，便指挥麾下战舰向东北航行，于八月末九月初到达仙台湾与叛军会合。[20]八月二十三日，新政府军开始攻打会津。[21]九月四日，米泽陷落；九月十日，仙台被占领;[22] 九月二十六日，庄内藩陷落。[23] 海舟在十月一日的日记中写道，会津若松城于九月二十二日开城。[24] 东北地方的抵抗运动至此告一段落。

天皇移居东京

我们再来说江户。海舟将监察使三条实美视为"一群恶棍"的头目[25]，转而寻求萨摩老友的帮助。海舟写道，大久保利通最近来江户协助三条。[26] 榎本指挥舰队出逃六天后，海舟给大久保写信要求见面。[27] 他在信中为自己的"无能和失职"致歉，这相当于将下属的过错揽到自己身上。他说榎本出逃完全出乎意料，他仍然不知道舰队的去向，并表示担心榎本的行动会刺激德川家臣及其盟友走向战争。但是海舟致信大久保的主要目的是请求解除庆喜的闭门思过处分，让庆喜协助平息潜在的叛乱。次日，大久保同海舟会面。[28] 但他拒绝了海舟的请求，表示新政府不同意释放前将军，理由是怀疑庆喜与朝廷中的某些公卿勾结，图谋颠覆新政府。[29]

九月三日，海舟将家人，包括母亲、妻子和子女送至静冈[30]，自己留下来善后。九月八日，日本年号由"庆应"改为"明治"。12 天后，天皇离开京都，[31] 天皇的外祖父中山忠能、公卿岩仓具视和诸藩主率领一支 3300 多人的队伍伴其左右。[32] 十月四日，海舟再次给大久保利通写信，请求会面。他在信中表示担心天皇随行人员到达江户及周边地区时可能引起骚动，并提到将德川的人用船运到静冈开销巨大。[33] 十月五日，会津投降的消息传到天皇耳中，当时他的随行人员正在静冈吃午饭。[34] 当天，海舟和大久保在江户见面并讨论了德川家迁入静冈一事的诸多细节。十月十一日，他乘坐一艘租来的蒸汽船[35]出发[36]，十月十二日抵达静冈[37]。

次日，天皇的队伍进入江户城。[38] 这大概是天皇首次行幸关东，而进入江户城同样史无前例。盛大的排场是岩仓的主意，目的是让在幕府统治下生活已久，已经变得"野蛮"的关东百姓见识京都朝廷的服饰和礼仪。[39] 根据英语报纸《日本时报》的报道，"道路两旁都是下跪的人，一眼望不到头"，皇家的凤辇漆着黑漆，"长宽约 6 英尺（约合 183 厘米）"，据说天皇就坐在里面。[40] 当它被从人群面前抬过时，"人们无需命令，自觉低下了头……无人敢动或说话，所有人看起来都在屏气凝神，这神秘之物……就在他们眼前经过"[41]。

这样，16岁的天皇终于取代将军成了日本的实际统治者，该制度（天皇制）符合日本人的心理。尽管有《五条御誓文》的承诺，但是极端保守的公卿、大多数藩主，以及倒幕派和佐幕派的武士都不愿意（或者说没有准备好）接受建立在西式民主原则之上的现代国家。一些历史学家认为，《五条御誓文》不过是为了在世人面前美化日本的专制皇权。[42]政府要职仍被亲王、公卿和藩主占据。"出身高贵的蠢材身居高位，"萨道义写道，"实际工作却由下属完成。"[43]下属指的是萨摩、长州、土佐等藩的武士。明治元年，日本的政治制度和海舟、横井、龙马等人设想的美式民主制度仍有极大差距。但是，东京最终还是在当年十一月十九日（1869年1月1日）开放通商，并允许外国人居住在筑地铁炮洲（现东京中央区明石町一带）。[44]

虽然天皇和大多数官员都在东京，但日本的国都仍然是京都。三条和岩仓在天皇应留在东京还是返回京都的问题上起了争执，岩仓占了上风。十二月八日，天皇启程前往京都，但是将于次年再次回到东京，此后这里将是日本的永久首都。[45]

与此同时，十一月六日，海舟在静冈沮丧地写道，"（我）从某人（他并未提及具体姓名）口中得知"，十月十一日离开京都当天，"大约30名官军士兵来找我"。他们是来逮捕海舟的，罪名是海舟曾"欺骗"新政府。更糟糕的是，"（德川家的）重要家臣早就知道，却没有告诉我"。简而言之，双方都不信任他。新政府怀疑他指使榎本出逃，德川家怀疑他被捕是一场骗局。松浦玲指出，庆喜怀疑被捕是海舟一手策划的，目的是缓解同将其视为叛徒的德川家臣的关系——这件事的逻辑在于，如果海舟被新政府逮捕，那就证明他对德川家的忠诚是毋庸置疑的。[46]萨道义曾于七月一日在江户见过海舟，随后给巴夏礼写了一封信介绍会面经过。他写道："德川家臣非常希望海舟能为田安龟之助效力，但他拒绝了。他说自己希望离藩旅游。事实上，他显然希望能为天皇尽忠。"[47]

此前海舟可能只是考虑同德川家分道扬镳，但在十一月六日，他清清楚楚地写下了"诀别，吾之所愿"[48]。不过，这句话只出现在他的日记中，很可能只是宣泄对那些不信任他的同僚（以及他忠心服侍的庆喜）的不满，而不能看作他的真实意图。他真正想实现的是保全德川家,将其领民安全移往静冈,尽早解除庆喜的处分。在这个关键时刻,人们不禁想问,他果真有意为新政府效力吗?未必。他是叛臣吗?一定不是。

虾夷共和国

但是东北的主战派显然认为他是叛臣。十月十二日,东北战争失败后,土方岁三和旧幕府步兵奉行大鸟圭介带着2300多人从仙台出发,乘坐榎本的军舰向北驶向虾夷。同行者包括许多旧幕府官吏,3名藩主(桑名藩主松平定敬、唐津藩主小笠原长行、松山藩主板仓胜静),[49]前陆军奉行并、若年寄竹中重固,陆军奉行并松平太郎[50],以及海舟的老朋友、若年寄永井尚志[51]。同行的还有一些法国军官,包括儒尔斯·布内,大鸟等人曾受过他的训练。尽管外国政府(包括法国)均宣布保持中立,但这些法国人显然违反了这项政策。

榎本舰队在十月十九日到十月二十三日之间抵达位于南虾夷地东海岸的鹫木。[52]主战派从这里出发向南抵达函馆港,他们的目标是新政府军的现代棱堡——五棱郭。十月二十六日,主战派占领了五棱郭。[53]他们为了控制整座岛屿,还需要占领位于虾夷地南端的据点松前城,松前藩主已向新政府投降。[54]十一月六日,主战派占领松前城,然后继续进军位于虾夷地西海岸、濒临日本海的江刺。十一月十五日清晨,他们占领江刺,至此新政府军完全被逐出虾夷地。[55]但是当天晚上,榎本遭受了严重损失,满载着枪炮的旗舰"开阳丸"号遭遇风暴,在江刺岸边搁浅。虽然榎本和他的部下乘救生艇安全上岸,但船已失事,枪炮全部丢失。[56]

一个月后的十二月十五日,主战派军官举行了选举。[57]榎本被选为总裁,松平太郎被选为副总裁,荒井郁之助被选为海军奉行,大鸟圭介为陆军奉行,土方岁三为陆军奉行并。[58]新的虾夷共和国的统治者宣布他们独立于新政府,而后者正准备将其彻底摧毁。

此时的海舟正在东京和大久保与岩仓频繁见面,他和公卿岩仓的初次见面发生在十一月十三日晚。海舟在日记中写道,岩仓的"真诚"和"令人钦佩的品质"给他留下了深刻的印象。二人又数次见面讨论如何同外国政府继续对话，以说服他们改变从年初以来一直奉行的中立政策。[59] 中立政策影响到新政府接收一千三百九十吨的铁甲舰"石墙"号的计划，这艘船是幕府向美国购买的，于庆应四年（1868年）四月到达横滨港。[60] 但是，根据中立政策，美国人不会将这艘战舰交给任何一方。岩仓多次和外方代表见面（最后一次在十二月三日），向其施压，要求其结束中立政策。

在岩仓与外国代表讨论之前，榎本曾向新政府请求允许其开发并保护离俄国近在咫尺的虾夷地，并从德川家挑选一人为藩主。[61] 萨道义写道，榎本在陈情书中威胁，若主战派不能被允许"安静地占有"虾夷地，战争便会爆发。十二月十二日（1869年1月24日），英法公使将榎本的陈情书交给正在横滨的岩仓。[62] 海舟在十二月十八日的日记中写道，新政府拒绝了榎本的要求。十二月二十八日（1869年2月9日），外国公使一致同意结束中立政策。[63] 于是，"石墙"号被交给了新政府，失去了旗舰"开阳丸"号的北方主战派即将迎来灭顶之灾。

横井遇刺

明治二年年初，发生在京都的悲剧使新政府感到震惊。"横井老师在寺町遭到刺杀。"海舟在一月五日的日记中写道。[64] 庆应四年（1868年）三月，一直在熊本闭门思过的横井被招去为京都的新政府服务。次月，他恢复了武士身份，四月二十三日被授予参与之职。他已经60岁了，并且据说患淋病多年（不过，1938年出版的横井传记的作者是一名医生，他推断横井最可能得的是尿道结核）。在京都，他的症状进一步恶化。如果病情在年初仍没有好转，他本打算辞职回家。[65]

明治二年一月五日，横井由于过于虚弱无法行走，于是乘轿子前往宫中。下午处理完公务后，他再次乘轿子返回附近的住处。虚弱的他是一个易于下手的目标。当他的随从从东边通过寺町门离开御所时，6个持刀和手枪的刺客突然出现。他们围住轿子，在与护卫的搏斗中占据上风。横井钻出轿子，拔出短刀，但是被手枪击中。刺客砍下他首级，然后逃走了。

杀手是极端排外者。即便到了现在，他们仍然无法接受革命已经结束、国家已经对西方开放的现实，也不承认他们所拥护的"富国强兵"政策必须依赖对外贸易。他们将横井视为叛徒，认为后者不断鼓吹开国，影响了新政府的政策。他们还错误地指控这名坚定的儒学者打算宣扬基督教。[66]这些过时的观点仍然拥有大批拥趸，包括一个萨摩人，他在倒幕成功后对西乡说，现在终于可以将外国人全部驱逐出日本了。"你还在说那件事吗？"西乡答道，"那不过是倒幕用的幌子罢了。"[67]

4个刺杀横井的刺客被捕。政府中的许多人呼吁赦免他们，包括刑法官知事大原重德，他试图为这次谋杀正名，但并未成功。这说明排外情绪仍然十分普遍。[68]明治三年十月，4人最终被处决。[69]

第三十四章

西乡隆盛和明治政府（一）：回归

因我，西乡只可为西乡。[1]

海舟认为西乡吉之助在防止江户因全面内战而毁灭一事中居功至伟。那么明治二年年初，作为明治维新幕后最有力的推手的西乡到底持怎样的立场呢？西乡是个难以捉摸的人，这大概也是为何他在这段时期的思想和行为如此难以解读。此时的西乡到底仍是忠诚的萨摩武士，还是已经全心全意忠于朝廷？他到底是不是武士阶层的坚定捍卫者、武士文化的拥护者，以及意图在萨摩建立军事独裁并最终挑战中央政府的皇国主义者？又或者，他是将天皇放在第一位的忠实臣子。他是不是宣扬武力征服东亚的沙文主义者？又或者，他其实是一个道德民粹主义者，正如其座右铭"敬天爱人"所反映的。也许，以上说法都是对的。

西乡曾在上野之战中率萨摩军攻克了彰义队重兵把守的黑门，但是东征军的最高指挥权被大村夺去后，西乡在此战结束13天后便离开了江户。他从江户前往京都，在那里天皇敕命年轻的藩主岛津忠义率军前往东北。但西乡不愿意服从命令，而如果他不同意，那么事情就进行不下去，这充分显示了其非凡的人格魅力。读者只须想想他在年初劝藩主拒绝接受海陆军务总督一职时所体现的对"私欲私利"的憎恶，便可理解他此时的想法和行为。尽管敕命已经下达，西乡依旧不愿令忠义统帅军队，或许是为了维持同长州的和谐关系，长州的倒幕领袖们担忧此举将破坏萨长的力量平衡。无论如何，新政府军最终在没有藩主指挥的情况下前往东北，而西乡则陪同忠义返回鹿儿岛集结更多军队，他意图亲自率军平叛。[2]

西乡和萨摩藩主于庆应四年（1868年）六月十一日到达鹿儿岛。[3]虽然萨摩军至关重要，但令人费解的是，西乡直到两个月后才率军前往东北。八月十一日，萨摩军终于抵达新潟，但西乡再次做出令人不解之举，他不顾下属的建议，拒绝向大本营报告。无视军纪完全不是西乡的风格，或许是因为他厌恶同新政府军合作。此时，得益于西乡的竞争对手大村的战略，新政府军胜利在望，他的成功自然使西乡如鲠在喉。九月二十九日，东北战事尚未结束，西乡便离开战场，于次月中旬抵达京都。在那里，他将大部分萨摩军（东北战事不再需要他们）及其补给撤走，随后于十一月初返回鹿儿岛。[4]

返回萨摩后，西乡剪短了头发，表明自己有意退出政坛。他带着爱犬和几名年轻武士，前往位于鹿儿岛湾东北的日当山温泉休养。[5]他向萨摩藩主递交了辞职书。当明治二年 月新政府要求其返回东京时，他同样表示拒绝。[6]他转而同情全国上下反对新政府领袖的武士阶层，他们十分反感新政府对社会和军事制度的现代化改革，以及征兵制的政策，征兵制将剥夺武士的社会地位并威胁其生计。新政府只承诺付给他们很少的钱，远远不足以维持家庭开支。他们别无选择，只能从事农业、手工业或商业，而武士阶层中的大多数人难以胜任这些工作。

另有一些事情同样令西乡感到不满。木户的部下大村夺去了西乡的指挥权，根据一位传记作家的说法，西乡对两名长州领袖的厌恶导致他与新政府渐行渐远。[7]同时，一个更加私人（也更隐秘）的原因使他远离东京，这点可参见他在半年后给朋友的信。他曾被当作叛徒，遭到流放并被关押。但是，如果他在流放中自暴自弃，他便无颜在黄泉之下面对已故藩主岛津齐彬。因此，他选择直面国家危机以恢复自己的名誉。这也是他侍奉久光和忠义的唯一原因。换言之，他对二人并无忠诚之心，只是因为"义理"，也就是对齐彬的义务而侍奉二人。但是，他绝不会侍奉由大久保、木户和岩仓等人领导的新政府。[8]

因此，明治二年年初，西乡重归陷入混乱的萨摩政府。内战后作为英雄凯旋的士兵多是下级武士出身，他们憎恨鹿儿岛的上级武士，后者中的一些人曾反对同幕府开战。下级武士纷纷要求废除上级武士的特权地位，并任命他们自己为藩高官。久光认为西乡是唯一可以恢复秩序的人，事实确实如此。二月二十三日，忠义在西乡的好友村田新八的陪同下前往日当山请西乡出山。两天后，西乡出任"参政"一职，相当于萨摩的首相。他着手改革萨摩军务，在鹿儿岛以及全藩境内组建了一支主要由下级武士组成的常备军。次年（明治三年）一月，西乡的常备军已有4400人，分为91个排，比新政府允许的最大兵力多4倍。[9]

政府改革

旧幕府崩溃、新政府建立之际，大久保利通对皇国的忠心胜过了对萨摩的忠心。[10]到了明治二年，他已是新政府领袖，难免和西乡发生意见分歧。西乡和木户一同提出版籍奉还，即将领地和领民交还天皇。明治二年一月二十日，萨摩、长州、土佐和佐贺的藩主上书新政府，自愿交出版籍。鸟取、福井、熊本和佐木原（萨摩藩支藩）紧随其后。三月，众多藩主竞相效仿。[11]六月，天皇下诏接受各藩奉还版籍，并命令其他未表态的藩主照做。[12]而在此之前，随着函馆五稜郭陷落，东北叛乱被完全平定，榎本、大鸟和1000多名幸存的士兵投降。[13]

版籍奉还后，各藩主仍可获得一笔相当于此前领地石高十分之一的收入。他们不再被称为"大名"，而与公卿一同被归为"华族"，武士被统一称为"士族"，不再属于各藩。各藩的官名改为各自藩厅所在地的名字，例如，萨摩改称鹿儿岛，长州改称山口，土佐改称高知，等等。[14]两年后的废藩置县中，这些名字将继续被沿用下去。

版籍奉还后不久的明治二年七月八日，政府颁布新的太政官制，在太政官下设六省：民部省、大藏省、兵部省、刑部省、宫内省和外务省。此时的太政官是政府内权力最大的官职，包括右大臣三条实美，辅佐他的两名大纳言——公卿岩仓具视和德大寺实则，[15]以及三名参议——萨摩的大久保利通、佐贺的副岛种臣和长州的广泽真臣（曾名兵助）。[16]

七月十八日，海舟在东京被任命为外务大丞，在该省排名第四。他深感震惊，次日就向三条表示拒绝，称如果庆喜能被赦免，他或许会接受。[17]九月二十八日，庆喜被解除悔过的处分。[18]当日，曾在东北抵抗新政府的前藩主均得到宽大处理，但虾夷叛军的参与者并无此等待遇。所谓的宽大处理，意味着解除软禁并得以保留家族血脉。[19] 十一月二十三日，海舟被任命为兵部大丞，他同样表示拒绝，理由是自己陆军经验不足。由于政府仍然坚持任命他为兵部大丞，于是他向岩仓表示，愿意接受同海军有关的职位。[20] 与此同时，他请求返家探望重病的母亲。十二月二十日，他离开东京，在静冈度过了两年。[21]

愤愤不平

已返回鹿儿岛的西乡不屑于东京中央政府官员的奢华生活方式以及自大的态度，他将新政府的领导者视为"贼"。这些人住在原先的藩邸中，享受着优渥的薪水，而周围的民众却遭受苦难。[22] 西乡的一条道德戒律是，政府领导人为更好地履行职责，应保持简朴的生活习惯，"切忌豪奢"，努力成为大众的典范。他警告说，那些已经搬入豪华的府邸、衣着光鲜、"豢养情人、贪图财利"的政府首脑们将永远无法完成维新的伟大目标。此时，在他看来，所谓的"戊辰义战"只是一个特定的群体，也就是中央政府的首脑图利的手段。[23]

井上清认为，民本主义者西乡坚信大众比政体更加重要，政府官员的奢华作风不仅意味着个人道德的堕落，同时也是有损政治体制的"致命错误"。[24] 联想到海舟在幕末第一次同西乡会面时便直言不讳地批评老中等幕府高官的自私做法，可以说西乡的民本思想与海舟如出一辙。

许多历史学家将西乡在萨摩建立的士族专权体制（所谓的"西乡王国"）视为他在维新后仍更忠于萨摩而非朝廷的标志。其他人争辩说，西乡绝对忠于皇国，且认为中央政府对皇国有百害而无一利。他们说西乡在萨摩练兵是为净化中央政府。[25] 而实际上，明治二年十二月，就在推翻旧幕府的政变爆发仅仅两年后，他在给朋友的信中说自己意图以武力"改革"政府。[26]

明治二年六月二日，政府授予西乡2000石俸禄米以奖赏其为政府立下的汗马功劳。政府对他的奖赏超过其他任何人，包括岩仓、大久保、木户和大村。更引人注目的是，九月二十六日，政府赐予西乡正二位的官阶，而大久保、木户等人，甚至包括前藩主岛津忠义都只被赐予从三位官阶。但是，作为一名纯粹的武士，西乡拒绝了这项荣誉，理由是他不在政府任职,不适合接受比前藩主更高的官阶。他坚称,只有藩主才有资格获此官阶,他如果接受朝廷的任命,将无法全心全力为萨摩尽忠。他还说,京都的公卿可能很重视官阶高低,但是对于他这样的乡下人来说,这并没有什么意义。[27]

西乡拒绝接受任命,令其在全日本的士族阶层中越发受欢迎。明治二年年末,当他首次使用"隆盛"(这个名字广为人知)为名时,他一如既往地仍然是典型的武士。由于他的政治人格和超凡魅力,以及他一生恪守武士道,被排除在政府之外的士族阶层将他视为精神领袖,这些人坚决反对政府推进现代化改革。全国的士族纷纷前往鹿儿岛见他。[28]

明治二年十一月五日,西乡还在萨摩练兵时,对日本军事现代化有过重大贡献、不久前刚刚击败函馆叛军的军务官副知事大村益次郎在大阪的一所医院过世。两个月前,他在京都遇刺,当时受的伤一直未能痊愈。来自长州、土佐、越后等藩的19名士族参与了这场暗杀,因为大村计划对日本军事进行现代化改革、建立征兵制,并禁止士族留发髻和佩刀,他认为这些都是与国防无关的旧俗。[29]

废藩置县

如前文所述,海舟在《庆应四戊辰日记》的前言中已经预见了封建制将废除。一年半后的明治二年六月,即版籍奉还当月,他上书政府,呼吁废除封建制。他写道,该制度"于国防有百害而无一利",同时含蓄地指出,一个包容的、"不分高低贵贱"的统一日本在和外国开展政治、军事活动时将更具优势。[30]

与此同时,中央政府遇到了一系列困难。领导人之间分歧不断,萨长的宿怨继续存在。地方士族阶层的骚乱与不满渐增,而西方工业国仍是一股不容忽视的力量。大久保、木户等人决心加强集权以强化政府的力量。为此,他们计划废除藩,以中央政府直接管辖的现代郡县制取而代之。为完成这个宏大的计划,西乡的支持和他的领导力不可或缺,他可以平息预期中的全国范围内士族阶层的反弹。[31]

明治三年八月,西乡再次考虑在东京发动军事政变。在接下来的一个月里，他从首都撤回上一年萨摩派去保卫中央政府的两队步兵和两队炮兵。此举令大久保、木户和岩仓不安。[32] 大久保在明治三年十月十日的日记中写道，有传言说西乡可能领导由萨摩、长州、土佐等藩组成的大军在京都发动政变。为防万一，大久保开始设法让这名旧时的战友重回中央政府，一方面是为了牵制他，另一方面也想赢得他对废藩置县的支持。[33]

岩仓作为朝廷信使招西乡前往东京，但二人都不知道废藩置县的计划。朝廷代表于明治三年十二月十八日到达鹿儿岛。西乡同意返回东京，条件是他能够拥有左右中央政府政策的权力。[34] 明治四年一月三日，西乡和朝廷代表从鹿儿岛出发前往长州的三田尻。一行人从三田尻出发，走陆路前往山口同木户见面，后者曾在五年前同坂本龙马、西乡一道促成了萨长联盟。西乡、大久保、木户和山县等人再次确认了这个联盟，然后一同前往高知，将土佐纳入联盟之中。他们在高知见到了藩政府中最具权势的二人——板垣退助和福冈藤次，前者曾在中央政府任职。板垣承诺土佐将支持中央政府，并决定返回东京参与国事。几位政府领导人随后于二月一日向东返回横滨。[35]

二月八日，新联盟的几名成员，包括西乡、大久保、木户和杉孙七郎（曾为山口藩高官），同岩仓、三条在东京见面，讨论萨摩、长州、土佐派兵在东京组成御亲兵之事。西乡强烈赞成派兵，但木户争辩说，长州正面临内部反政府势力的挑战，在秩序恢复前无法派遣多余人手。然而，西乡的声音压过其他人，5天后的二月十三日，天皇敕命萨摩、土佐、长州三藩派兵。[36] 4个月内，一万名御亲兵在东京集合，听从西乡调遣。[37]

考虑到各领导人的意见不和严重妨碍了政务的处理，西乡建议将全部权力集中到一人（太政大臣）之手，此人理论上拥有独裁的权力，他将在其他政府高层的支持下消除全国范围内阻碍日本成为现代国家的不和谐因素。大久保同意西乡的提议。西乡提名木户，但后者拒绝了，反过来提议由西乡担此大任，理由是他在全国范围内都颇有威望。结果，六月二十五日，西乡、木户被任命为参议，而事实上的政府领导人大久保只担任了职位稍低的大藏卿。[38]

虽然西乡仍然对废藩置县计划一无所知[39]，但他同众人一样意识到了将日本建设为可同欧美工业国并驾齐驱的强国的迫切性。而且，如前文所述，他早就在考虑改革政府，不过在此事上他和同僚的看法可谓南辕北辙。春夏之交，他同意接受废藩置县计划。大久保确信这位御亲兵的统帅和士族的领袖可以压制士族的反对声音后，同岩仓会面安排发布废藩置县的敕令，并于七月十四日宣布。明治四年的这道敕令标志着日本进入天皇绝对统治的时代。[40]

和版籍奉还不同，这件事并未引起争论。天皇只是简单地命令全国270名藩主服从敕命，他们中没有任何一个人反抗天皇意志。敕命下达次日，政府领导人开会讨论如何应对诸侯中的反对声音。讨论许久后，西乡突然开口。他说，若遇反抗，他将亲率御亲兵前去镇压。据说讨论到此结束。[41]

诸藩主被立即解职，剥夺了政治权力，并被要求住在东京。[42] 但他们将从中央政府得到不菲的收入，而且将作为华族像过去一样得到原领民的尊重。[43] 作为武士道乃至日本精神的基础，并且已经延续了数世纪之久的幕藩体制，现在终于画上了句号。武士阶层成为历史。

武士典范

西乡并未清洗或按照计划改组中央政府。作为一名大权在握、魅力十足的领袖人物，他在东京并未取得多少成就。和大久保、木户、井上馨（即长州藩士井上闻多，此时为大藏省高官）不同，西乡天生便不适合担任官僚或政客。当然，西乡曾屡次展示自己敏锐的政治嗅觉，例如辅助岛津齐彬尝试改革幕府，同长州结盟（不过萨长联盟是坂本龙马和中冈慎太郎撮合而成的），和海舟就江户开城之事谈判。但是，西乡缺乏大久保和岩仓的功利心和狡诈，也不像木户那么谨慎。他尤其讨厌井上等人，因为他们同富商过从甚密。但他也不得不承认，这些人具有高超的行政能力。[44] 不仅如此，作为参议之一，他确实掌握巨大权力，但这个理想主义者缺乏改组政府的务实计划。[45]

他的政治缺陷可能正是源自其保守态度（他在许多方面持守旧立场）。受致力于使日本成为现代国家的齐彬和海舟的影响，西乡在幕末和最近的废藩置县改革中表现出了极强的进步主义倾向。但另一方面，他保守的皇国思想体现在他对征兵制、士族、农民和日本如何在现代社会立足等问题的看法上。西乡认为政府的基本职能是发展社会的三个方面——军事、农业和文化，[46]所有这些都是以武士为本的封建主义的基础。他用汉字"文"来表示文化，这个汉字具有广泛的内涵，也可以指学术、教育或文学。不过，西乡并没有澄清他所说的"文"到底指的是什么。他也没有明确说出，他是主张以征兵制建立国家军队，还是继续让武士垄断兵员（当然，他对后者的偏好是毋庸置疑的）。西乡的保守主义倾向同样体现在他反对现代贸易、工业上（藩的经济基础是农业）。

但关键是，西乡仍是典型的萨摩武士，而他在中央政府的竞争对手们（其中最令人不安的是大久保）为了领导一个现代的专制主义国家，已经不可避免地抛弃了武士价值观，转变为彻头彻尾的官僚。如井上清所指出的，正是因为西乡与他们不同，也因为他对后者的执政表示不满，无论他本人多么不情愿，西乡已经成为全日本失势武士的精神领袖。[47]于是，政府分裂为两派，西乡领导的亲武士保守派，和大久保、木户领导的，而且得到三条、岩仓支持的进步派。[48]

大刀阔斧

明治四年（1871年）八月，即西乡回归6个月后，太政官制由二官六省制改为三院制（正院、左院、右院）。正院是权力最大的一院，执掌政权。三条担任太政大臣，岩仓为右大臣。[49]西乡、木户、板垣和佐贺的大隈任参议。正院指导诸省，左院的议员由天皇提名，是正院的立法咨询机构。大久保主持权力最大的大藏省，该省控制着国民生活的方方面面，包括内务、经济、农业、商业和交通。[50]

国内事务整顿完毕后，政府就将注意力转向国外。十一月，岩仓率领一支由木户、大久保、伊藤博文（即前文提到的伊藤俊辅）等40多名政府高官组成的使团前往欧美，寻求修约，以重新谈判十四年前井伊直弼时代签署的一些丧权辱国的条约，尤其是治外法权问题。使团中的进步派领导人深知本国的落后，决心利用这个机会考察西方诸国，以接受先进的制度和思想。

西乡连同他的盟友板垣，以及进步派的三条、大隈，留在东京监督留守政府。虽然西乡是地位最高的参议，但留守政府并无实权。大久保曾定下一份誓约，以防西乡在其出国期间修改已经颁布的法令，在国内政策方面做重大改变或让参议之外的人担任政府要职。[51]虽然西乡和另外17人在誓约上签了字，[52]但是如同我们即将看到的，西乡不会完全遵守誓约的条款。目前还不清楚他为何会接受协议。一名历史学家主张，他之所以签名并留在政府之中，是为了巩固保守派的势力。[53]但他并未隐藏自己的厌恶之情。在欢送晚宴上，西乡对大藏大辅井上举起清酒碟，用洪亮的声音将其称为"老板"（番头），并给他斟酒。[54]据说不久后西乡在横滨目送使团出发时，悄声说了些诸如希望船只沉没之类的话。[55]

次年，明治五年，日本为实现现代化，在经济、军事、社会、文化领域进行了一系列重大改革。进步派早已定下了改革的内容，岩仓使团出使外国期间，井上和山县监督改革完成。政府发行了新纸币，分为元（円）和钱两种面值（一元合100钱）。报纸在全国范围内发行，东京和长崎之间有了邮政服务，国民教育体系得以建立（政府计划在全国范围内建立中学、小学和八所大学），国立银行得以设立，私自买卖武器弹药被禁止。[56]此外，东京和横滨之间开通了日本第一条铁路。[57]明治五年十一月二十二日，政府决定以公历替换日本历，以使日本更接近西方。[58]于是，日本历的明治五年十二月三日成了1873年（明治六年）1月1日（本书1873年1月1日以后的日期全部用公历表示）。

御亲兵被取消，取而代之的是陆军中将山县有朋领导的近卫兵。与其前身相同，近卫兵由萨摩、长州和土佐士族组成，由于各藩之间的宿怨，士兵只服从本藩人的命令，而不考虑级别高低。由此导致的指挥链混乱暴露了士兵皆由士族组成的军队的缺陷。萨长的旧恨仍在延续，近卫兵成立后不久，山县就遭萨摩人排挤。他被指控暗自勾结一名长州商人，挪用政府分配给军队的公款，因此被解除近卫都督一职。7月，西乡陪天皇游览西日本时被火速召回以恢复秩序。7月19日，他被任命为近卫都督，并得到陆军元帅的特殊官衔[59]，成为日本最高武官[60]。

1873年1月10日，政府宣布实行征兵制。[61]西乡的座右铭虽然包括了

"爱人"（"敬天爱人"），但他仍然以农工商不具有组建军队的能力为由反对这项政策。大村遇刺后积极推动征兵制的山县，为了安抚西乡，规定普通士兵可以从平民（主要是农民）当中征募，但只有士族出身的人才能够担任军官。

但是，对于日本海军的创始人海舟来说，最震撼的改革或许是10个月前，即明治五年二月施行的废除兵部省，单独创建陆军省和海军省的举措。[62]海舟进入明治政府的时机已经成熟。

第三十五章

西乡隆盛和明治政府（二）：离去

> 我当时就走了。事情太难办，于是我选择抽身。[1]

明治四年七月废藩置县后，中央政府将官员派往各县以填补地方官吏的空缺。中央政府同样需要从各县选拔人才来东京任职。海舟和一翁（他们都在静冈）是出任东京政府要职的合适人选。53岁的一翁在静冈郊外过着退休生活，而48岁的海舟仍然非常愿意积极参与公共事务。八月，两人被招至东京，一翁拒绝了政府的延揽，而海舟表示非常乐意效劳，而且已经准备妥当。[2]

九月十五日，海舟在东京与西乡会面。西乡作为4名参议之一，正准备签署限制自己权力的命令。从九月二十八日他写给朋友的信来看，他和海舟对话的氛围非常压抑。他们谈的内容很奇怪。他们说，虽然侥幸活过了危险的革命年代，但都认为如果"当时"（指的很可能是两人见面协商江户开城之事时）就死掉也许更好，因为如果死了，他们就不会陷入当下的困境。从西乡的信来看，如此压抑的调子是西乡起的，海舟仅仅附和说自己偶尔也会有类似的想法。[3]这并不是西乡第一次表达厌世情绪，而且我们将看到，他赴死的决心最终导致两年后和政府的决裂。

明治五年五月十日，49岁的海舟被任命为新设立的海军省的海军大辅，开始了为时4年的明治政府生涯。由于当时海军卿的职位空缺，他是事实上的海军省最高领导人。[4]他在接受任命前便催促政府授予一翁要职，后者在海舟就任新职当天被授予文部省二等出仕之职。他们是第一批担任明治政府要职的旧幕府官员。[5]海舟被任命为海军大辅与西乡有关，而且两次任命都发生在岩仓使节团在外国期间，因此违背了约定，这也表现出了西乡对进步派的敌视。[6]

海舟和一翁在为新政府效力前都有些犹豫,但最终还是接受了任命。五月二十五日,一翁突然被任命为东京府知事;六月十五日,海舟被授予从四位官阶,同 3 个月前授予德川庆喜的官阶相同。[7]

五月二十四日,[8]就任海军大辅不久的海舟在冰川购置了另一套房产,新宅位于旧居以东、御所西南。这栋建筑及其周边地区就是著名的冰川邸,占地面积约为 8275 平方米。此前居住在静冈的家人现在和他一同搬入新居。他将在这里度过余生。[9]

征韩论

与此同时,西乡的保守派和大久保的进步派摩擦不断。大久保出国期间代替其领导大藏省的大藏大辅井上馨,因与主持刑部省的西乡盟友、佐贺出身的江藤新平矛盾重重,最后不得不辞职。[10] 1873 年 1 月,天皇命大久保和木户回日本解决危机。不过,西乡在他们返回前成功地恢复了秩序。4 月 19 日,西乡再次违背约定,任命江藤、后藤象二郎、大木乔任为参议。加上西乡、板垣和大隈,留守政府的参议有 6 人之多。5 月 2 日,太政官制被改为内阁制,参议成为内阁阁员(参议头衔仍然保留),内阁的任务是监督各省以消除其各自为政、不服从命令的弊端,尤其是此前权力极大的大藏省。[11]

大久保和木户奉天皇之命提前返回日本。他们分别于 1873 年 5 月 26 日和 7 月 23 日到达横滨。[12]岩仓直到 9 月才返回。10 月 25 日,海舟作为内阁阁员和海军卿进入政府最高层。之前的败军之将进入政府,胜者却离开,这着实有些讽刺。[13]

最新的麻烦来自政府中的征韩派。日本政府之所以计划入侵其近邻,可能有几个原因。其中之一是想要唤起某些在戊辰战争中加入新政府军,但在战后未和中央政府保持一致的藩的民族主义情绪。征韩论的鼓吹者认为,一场由日本军队发起的对外战争可以使这些藩服从中央政府。[14]实际上,木户早在明治元年十二月东北列藩叛乱平息后,就曾向岩仓提出侵略朝鲜半岛的计划。他在日记中写道,此战的目的是"使神国名扬四海"。另一个原因可能是应对俄国的威胁。中央政府中的许多人认为日本应抢在俄国之前占领朝鲜。[15]而且如前文所述，水户和长州的勤王党人在幕府灭亡前已经提出，日本应征服东亚诸国以增强对抗西方的筹码。对马也曾向幕府提交过征服朝鲜的计划。

纵观整个江户时代，幕府和朝鲜的关系仅仅局限于互派使节，以及幕府在釜山开设的"倭馆"（日本人居留地）。明治维新后，双方的关系愈发紧张。朝鲜的实际统治者、高宗的父亲兴宣大院君对迅速西化的日本疑心重重，不愿和明治政府建立外交关系。朝鲜和中国都对日本抛弃亚洲文化和传统的行为不屑一顾。此前，日本将朝鲜视为通往中国的管道，对其颇有好感；现在，许多日本人开始貌视朝鲜，认为它落后、排外，就像曾经的自己。[16]

之前，日朝贸易主要通过对马进行。然而废藩置县后，前往朝鲜的不再是对马派出的使节，而是外务省官员。与此前的对马藩士不同，派往朝鲜的外务省官员傲慢自大，令朝鲜人心生厌恶。1873年，朝鲜釜山官员贴出告示，声称日本将商人偷偷带到釜山，这些人在未取得朝鲜政府许可的情况下非法进行贸易，违背了和朝鲜之间长达300年的协议，这样的背信行为是无法被原谅的。这份告示的潜台词是，日本向西方"蛮夷"屈服，无耻地模仿西方文化，因此没有资格再被称为日本人。[17]日本人自然觉得受到了冒犯。天皇和太政大臣三条非常沮丧[18]，而政府中的许多人，包括西乡和他的保守派，将朝鲜的态度视为无法容忍的侮辱[19]。

西乡鼓吹征韩论的原因，以及他在这段时期的思想和行动令历史学家困惑不已。关于其是否真心支持战争，学界有两派观点。多数历史学家认为他受水户和长州尊王攘夷派的排外思想影响，真心支持战争。[20]也就是说，日本必须征服朝鲜以抵御西方列强对东亚的蚕食。岛津齐彬的一段话解释了日本为何要征韩乃至侵华，中国历史学家王云五在20世纪30年代初曾引用过他的说法。大久保利通的传记作者岩田将这段话翻译成了英文。齐彬谈及中国内乱和鸦片战争后列强的入侵时说道，日本为避免遭受相同的命运，必须"抢先统治"中国：

[否则]我国必亡。我们在建设国防时须时刻想着这点。我国必须募集军队，占领清国部分领土，在亚洲大陆取得立足点；必须尽快使日本强大起来，在海外展示我国的军事实力。英法固然强大，但此举可打消两国干涉我国事务的念头。

不过，齐彬宣称自己并不是"为了清算清朝，而是欲使其觉醒和重新振作，这样中日便可联手抵御英法"——最后这点与海舟的中日朝三国联盟的构想相近。但是，齐彬立即补充说，因为中国人认为自己比日本人优越，所以不知其是否愿意同日本合作。"因此我国必先做好抵御外敌蚕食之准备……第一步是夺取台湾和福州。"[21] "第一步"完成后，下一步是朝鲜。如我们所知，西乡只要找到合适的机会，几乎肯定会将齐彬的教诲付诸实践。明治初年，日本尚未做好向东亚扩张的准备。但是到了1873年，情况已大不相同，西乡很可能觉得时机已经成熟。

有人认为，西乡想通过征服朝鲜来解决日本士族阶层的生计和职业问题，他认为海外冒险可以弥合政府内部分歧。[22] 西乡在1873年8月17日写给板垣的信中提到过类似看法，他说没有比海外战争更好的"复兴国家"的方法，因为战争可以转移士族的注意力，防止他们在国内生事。[23] 然而，有人认为，保守的皇国主义者西乡鼓吹征韩论，是为了将自己的意志强加给反对出兵海外的进步派。也就是说，西乡将征韩当作政争的手段。[24]

海舟坚决不同意（或者说拒绝相信）西乡有意入侵朝鲜的说法。他在出版于明治二十三年（1890年）的传记作品《追赞一话》中驳斥了西乡鼓吹征韩的普遍观点。他的依据是西乡写给朋友筱原国干的信。这封信写于1875年10月，也就是西乡离开政府两年后。他在信中谈到了1875年9月20日的江华岛事件，当时日本战舰"云扬"号驶过对马海峡，在朝鲜以西的海域耗尽了木材和水。日方船长想从位于汉城（今首尔）以西约30千米的江华岛获取给养，但遭当地守军袭击。"云扬"号立即还击，并于次日发动攻击，短暂占领该岛，然后于9月28日起航返回长崎。西乡在给筱原的信中谴责日军动用武力。他认为，日方船只在未经允许的情况下驶过朝鲜水域，激怒了朝鲜人。因此，还击是不义之举。若没有合理的开战理由，日本必须派遣使节前往朝鲜，以展示己方解决问题的诚意。只有当朝方拒绝使节团的请和要求时，日本才有理由宣战。[25]

海舟称："读过（这封信）的人将打消任何（关于西乡是否真的有意入侵朝鲜的）疑虑。"[26]海舟在余生中始终坚持这一主张。但考虑到他和西乡的友情，他的看法似乎有失偏颇。从上述为西乡辩护的文字中，很难得出海舟宣称的西乡并不真心支持侵朝的结论。

还有一个问题需要厘清——海军大辅胜海舟在1873年究竟是支持还是反对入侵朝鲜？海舟并未在自己的书里或日记里表明态度。[27]我们知道他曾在11年前构想了中日朝三国联盟，而且当时就反对对马提出的入侵朝鲜的计划。他在明治三年五月二十四日写给外务省的信中反对侵朝，理由是这种做法会给日本带来潜在的危险。[28]井上清曾写道（不过没有写明材料出处），1873年10月海舟首次从三条那里得知战争提议时十分惊讶，表示海军装备不足以支持与朝鲜的战争。[29]三条曾在给岩仓的信中提到，海舟反对战争，如果政府执意入侵朝鲜，他将辞职。[30]此外，海舟的朋友宫岛诚一郎的弟弟小森泽长政在海军省工作，宫岛在日记中写道，10月25日晚他和弟弟见面，后者"说胜海舟反对入侵朝鲜，但说服西乡实在太难了"[31]。不过，正如下文所述，西乡已在两天前辞去了政府职务。[32]

西乡辞职

西乡在7月和8月给三条和坂垣的几封信中提到，政府在正式开战前应先派一名使节前往朝鲜。西乡认为，朝方肯定会处死这名使节，这样日本就有理由发动战争。他恳请政府派自己去。8月16日，西乡前往三条邸施压，意图使其同意自己的牺牲计划。他再次提到了给坂垣的信里说过的海外战争是"复兴国家"最好的方法，而且可以将士族的注意力转移到国外，这样他们就无暇在国内发动叛乱。三条同意了。[33]

这件事似乎说明西乡明显支持侵略朝鲜。但有人认为，他的话只是计策，目的是说服三条和板垣支持政府把他送到朝鲜。[34]然而，如此表里不一的做法与西乡的性格不符。如前文所述，西乡以"诚"闻名天下。不仅如此，如果不是战争，他打算通过自我牺牲来达到什么目的呢？历史学家基恩主张，当时西乡认为自己得了绝症，对于他来说，在朝鲜为了国家的事业而死远胜于疾病带来的无意义的死亡。[35] 松浦玲不认为西乡对板垣和三条说的话只是计谋，他用西乡于8月23日写给坂垣的另一封信作为证据。[36] 8月17日，就在西乡写那封信的六天前，政府"非正式地"同意他前往朝鲜。之所以说"非正式地"，是因为政府必须等到岩仓返回日本后才能做出正式决定。[37] 因此，松浦写道，17日以后西乡就不需要再说服坂垣了，因为他坚信自己将前往朝鲜。[38] 但是松浦的主张成立的前提是，西乡完全没有想过政府会改变主意，而这正是将要发生的。

9月13日，岩仓返回日本。[39] 他率领的使团出国访问历时20多个月，虽然未能实现修约的目的，但是欧美的经历加强了使团成员的紧迫感，他们认为日本必须在短时间内赶上工业化的西方。[40] 大久保、木户和岩仓都留意到横滨的英法舰队和不久前渗透到北海道[41]以北的桦太[42]的俄国人，因此三人均反对西乡的战争计划。他们认为，政府须集中人力、财力以实现国家的现代化，因此无力承担海外冒险的费用。[43] 巴夏礼爵士在次年的一封信中提到，日本"在海外的军事手段十分有限，战舰皆老旧不堪"[44]。大久保为反对富有煽动性的战争宣言和派西乡出使朝鲜的提议，给出了一个合理的、合乎逻辑的理由：

> 有人认为朝方对我国傲慢无理，无可饶恕。在我看来，遣使大抵是令使者自招无礼对待，这样我国便有了合理的开战理由，可派兵对其惩罚。但这样一来，我国开战的理由不是情况不可避免或别无选择，而是国家颜面受损，国格受辱。我认为，这样的冒险完全无法理解，因为它完全无视我国的安全、人民的福祉，只能说是某些人心血来潮的结果，并未明察局势或思考可能带来的影响。以上便是我无法支持此次出兵的原因。[45]

大久保是中央政府中权力最大的人，他的行事作风与独裁者无异，而这个独裁者不打算输掉和西乡之间的政治斗争。内阁分别于14日、15日召开会议以决定是否将西乡派往朝鲜。大久保在开会两天前将自己安排进内阁。反对出兵的有岩仓和3名参议大久保、大隈和大木，支持西乡的4名参议是板垣、后藤、副岛和江藤。木户称病缺席。[46] 15日，三条宣布支持西乡，但当晚改变了主意。10月19日，三条由于过于紧张而不省人事。[47]次日，岩仓奉天皇之命暂代三条出任太政大臣。10月23日，岩仓劝天皇反对入侵朝鲜[48]，因日本在王政复古后尚未有足够实力发动对外战争[49]。天皇同意了。

当天（海舟在同一天被授予两职），西乡隆盛递交辞呈，不再担任参议、近卫总督和陆军大将。次日，副岛、江藤、板垣和后藤也从内阁中辞职。[50]包括陆军少将桐野利秋和筱原国干在内的近卫兵和陆军中约300名萨摩军官，也和西乡一道辞职。40多名来自土佐的军官同时请辞。10月25日，天皇招筱原等12名近卫军军官入见，命令他们继续服役，但这些军官表示拒绝，他们显然都支持西乡。10月28日，西乡在桐野的陪同下返回鹿儿岛。[51]

井上清深刻地总结了大久保和西乡政争的结局：大久保大获全胜并埋葬了征韩论，这无异于宣告西乡政治生涯的终结。[52]但是，成千上万日本士族仍然唯西乡马首是瞻，他们已经准备好追随他，甚至不惜牺牲性命。

第三十六章

士族叛乱和海外冒险

> 若认为此法无法成事,我便会另寻他法……做实事,少空谈,以此报国……而彼时知我、懂我者唯有西乡。[1]

西乡离开后,中央政府经历了巨大变化。1873年10月25日,海舟成为首位在内阁中担任部长(卿)或阁员的旧幕臣,而且他还身兼二职。和他一同入阁的幕僚都是士族,包括大久保、木户、大隈、大木、伊藤和萨摩的寺岛宗则。除了木户和大久保,其他人都担任部长级别的职务。内阁领导人是太政大臣三条实美,右大臣岩仓具视的地位仅次于前者。两名公卿属下所有阁员,除了海舟,全部来自萨摩、长州或者佐贺。

11月政府重组,大久保被任命为内务卿。1874年1月,木户被任命为文部卿。12月25日,岛津久光被任命为内阁顾问官,地位仅次于三条和岩仓。[2] 他作为旧藩主的代表被大久保引入政府,以防止西乡辞职可能造成的军队动荡。在新组建的政府中,无人公开反对大久保、木户和岩仓的进步政策。[3]

佐贺叛乱

尽管政府已经驱逐了西乡等保守派,但他们的敌意并未消失。1874年(明治七年)1月13日,岩仓同天皇在御所共进晚餐后乘马车回家,途中遇袭负伤,刺客是八九名前土佐藩士。岩仓成功逃出马车,跳进附近的护城河,然后躲进河边的灌木丛,直到刺客逃走。这些土佐人是板垣退助的支持者,因为岩仓反对征韩论而意图将岩仓斩首。岩仓虽然幸免于难,不过脸上留下一道伤疤。事发后不久,这些刺客被逮捕并被斩首。[4]

2月，和西乡、板垣等人一同引退的江藤在本藩佐贺率领约2000名士族（所谓的"征韩党"）发动叛乱。[5]江藤的"征韩党"后来同另一个佐贺人岛义勇领导的约千人之众的"忧国党"联手，后者反对现代化，主张恢复封建制度。[6]忧国党人呼吁"攘夷"，并认为基督教正在污染日本的本土宗教。他们不仅鼓吹征韩，还叫嚣同清朝、俄国和德国开战。江藤党人大多在20至40岁之间，大体支持政府的进步政策，而忧国党人都是四五十岁、怀念德川幕府的士族（岛本人52岁）。[7]叛军将鹿儿岛和高知视为盟友，认为战斗打响后他们定会施以援手。[8]中央政府得知佐贺叛乱后，立刻着手平叛。

政府任命小松宫彰仁亲王为名义上的征讨总督[9]，副将为陆军卿山县。不过实际指挥平叛的是中央政府中最有权势的大久保。2月14日，大久保离开东京前往佐贺，被赋予动用武力逮捕、惩戒叛党的权力。[10]与此同时，岛津久光奉敕命前往鹿儿岛，以确保西乡不会支援佐贺叛军。[11]

2月11日晚，海军卿胜安芳出席了在太政大臣三条家中召开的内阁会议。会议结束后，海舟在日记中简单提到了一封报告"佐贺县妄动"的电报。[12]2月16日凌晨，战斗打响，叛军开始进攻佐贺城中的县政府，并在两天内攻下了此地。这是叛军唯一的胜利。[13]开战前，江藤曾派人前往鹿儿岛向西乡求援。信使回报（也许是误传），一旦开战，西乡便会响应。[14]不过，西乡向来不愿违背天皇敕命，此时答应参与叛乱实在值得怀疑。事实上，江藤很快就意识到，不管是鹿儿岛还是高知，都不会派遣援军。

2月19日，大久保抵达福冈县博多，在那里设立大本营。[15]次日，政府军进入佐贺。两天后，江藤意识到叛乱注定失败。23日，他宣布解散军队，和另外7人乘渔船逃往鹿儿岛寻求西乡的支持，以待日后卷土重来。2月27日，一行人抵达鹿儿岛。江藤得知西乡正在当地一处温泉后，动身前往温泉，并于3月1日和2日同西乡见了两次面。没有人知道他们谈了什么，不过最终西乡拒绝参与叛乱。这些逃犯又从鹿儿岛逃往高知，但请求再次遭拒。[16]

尽管江藤已经逃跑，佐贺叛军仍继续战斗。2月27日血战过后，叛军败走。次夜，就在江藤逃往鹿儿岛五天后，岛步其后尘。3月1日，政府军一枪未发夺回佐贺城。佐贺叛乱仅仅持续了两周。当月，两名叛军领袖被捕，和其他参与者一同受审。审判于4月8日开始，次日结束。13日，江藤和岛被枭首示众。[17]我们将看到，佐贺叛乱实际上是规模更大的萨摩叛乱的前奏。那场叛乱夺去了西乡隆盛及其数千名追随者的生命，并标志着一系列士族叛乱的结束。

侵略台湾

海舟依然是局外人，如往常一样。他一次又一次地证明自己天生就是局外人，而环境也对他不利。在一个倒幕派主导的政府中，他又怎么可能不是局外人呢？即便如此，1874年2月18日，他还是得到了晋升，官阶升为正四位。[18]

海舟就任海军卿和阁员10个月后，他在明治政府平淡的政治生涯结束了。他的辞职似乎和中国有关，而导火索是1874年4月日本侵略台湾。日本政府声称侵略是为了报复明治四年遭遇船难的琉球水手在台湾南部遇害事件。[19]萨摩早已宣布拥有琉球主权，明治维新后，日本将琉球群岛视为自己领土的一部分，而拥有台湾岛主权的清廷拒绝惩罚凶手或赔偿受害者家庭，[20]日本因此认为自己有权采取行动。[21]但是，这只是表面理由，日本的实际目的是确保其可以对琉球行使主权，[22]因为琉球群岛自1372年以来一直尊中国为名义上的宗主国[23]。

侵略台湾的其他动机和征韩论相似。与西乡一样，大久保利通等中央政府中的萨摩人同样对岛津齐彬尊崇有加，而齐彬曾经呼吁通过入侵福州和台湾来抵御西方的蚕食。如前文所述，幕末水户和长州武士曾宣扬通过扩张来展示国力，以抵御西方列强对东亚的蚕食。同时，根据某些历史学家的说法，当时西方仍普遍将日本视为弱国，与幕末并无二致，而日本认为入侵台湾是展示实力的绝佳机会。[24]此外，入侵台湾还可以为贫困潦倒的士族提供生计，而且如巴夏礼在1874年4月14日的信中所写，将"冷却（主张侵略朝鲜半岛并且）认为日本应走上对外扩张之路的人的热血"[25]。

1874年2月6日，就在佐贺叛乱爆发10天前，东京内阁批准对台进行"惩戒式"侵略。海舟参加了这次会议，不过我们不知道他当时如何表态。[26]

但是，他在接下来几个月里的言行表明他反对侵略。此外，他曾经构想中日朝三国结盟，由此推断他应当反对出兵。可以确定的异见者是木户孝允，他没有出席2月6日的会议。[27]如前所述，木户也支持海舟的三国同盟设想，而且反对征韩论。他反对外国干涉的态度从未改变。大约两个月后的4月2日，木户是内阁中唯一未在入侵台湾的决议上签字的人。[28]海舟参加了4月2日的会议而且签了字，不过这似乎并非他的真实想法。

岩田将木户反对的原因归结于萨长宿怨，因为主导入侵台湾计划的多是萨摩人。[29]木户在4月2日的日记中陈述了反对的理由："纵观今日国家之情况，深明百姓之困境。我辈应致力民生，令百姓安居乐业，随后进行海外扩张为时未晚。"[30]

但是我们知道，大久保在上一年曾经极力反对对外侵略，他的态度为何会发生变化？岩田认为，这名马基雅维利式的领袖之所以改变立场，是因为他需要以此来安抚西乡领导的士族。[31]不仅如此，大久保无法忘记齐彬的主张，而且作为萨摩人，他自然会留意南方，尤其是琉球群岛。

4月9日，西乡隆盛之弟、陆军中将西乡从道从品川出发，指挥五艘载着部队的战舰开始进攻台湾。[32]甚至在从道的舰队离开日本后，木户仍然坚决反对入侵计划。他抱怨现在的制度还不如之前的封建制。他不满自己的观点遭到无视，认为留在一个和他意见相左的内阁里是在欺骗自己和世人。他质问如何才能不辱自己正直的品格？[33]4月18日，木户辞职。[34]4月29日，海舟在日记中写道，自己已经向三条和岩仓表明辞意。随着侵台计划的进行，海舟下定决心离开政府。

西乡从道轻而易举地完成了为琉球水手报仇这一表面目的，但真正的麻烦很快就出现了。清政府要求日军立即离开台湾，然而日方拒绝了。双方都没有退让的迹象，战争似乎一触即发。

此时，东京政府内部在是否撤兵的问题上产生了分歧。一方主张，既然为琉球水手报仇的目标已经达成，那么就应该撤回部队。[35]这是一个务实的观点。我们已经提到，巴夏礼评估过日本的海军实力，认为其不值一提。这派认为与清朝开战非常危险。陆军卿本人也支持这派的观点。8月4日，山县向政府报告称日本军事力量孱弱不堪，并警告说国内局势不稳会增加对外战争的风险。[36]

另外一方，内务卿大久保、大藏卿大隈和刑部卿大木等人坚持认为，必须在日军撤离前向清政府索赔[37]，此事关乎荣誉[38]。为此，日本和清朝必须达成协议，否则将不得不开战。以大权在握的内务卿为首的强硬派最终获胜，但即便如此，大久保（在山县的建议下）仍不得不对战争可能带来的风险有所顾虑。[39] 拥有战争决定权的大久保前往中国谈判。[40] 8月6日，海舟等人在东京新桥火车站为大久保送行，后者登上开往横滨的火车。[41] 海舟祝愿大久保"毫无困难地"[42] 完成任务，然后立即返回日本，这似乎意味着海舟希望问题能得到和平解决。9月10日，大久保到达北京。[43] 双方在谈判中寸步不让，但大久保已经决定日本不会宣战。[44]

英国人不希望双方开战，他们担心战争会影响中英贸易。[45] 6月23日，巴夏礼写道，清政府"没有胆量"不要求日军立刻从台湾撤军。[46] 9月15日，他写道，无法想象清政府会"自暴自弃，以至放弃"[47]。但是，清廷最终还是放弃了。10月31日，双方在英国公使托马斯·韦德爵士的调停下签署协议。清政府同意赔偿遇难琉球水手家庭，并支付日本政府在军事行动中铺设道路、修建建筑的费用，日军撤离后，当地可保留上述建筑。[48]

这意味着清朝已经默认日本拥有琉球群岛的主权，这是东京方面的主要目的。[49] 明治政府在第一次对外战争中大获全胜，尽管它本来可能以惨败收场。

胜海舟退出

1874年8月27日，海舟听说曾被派往长崎以防对华战争爆发的铁甲舰"东"号（之前的"石墙"号）在风暴中沉没。次日，海舟向内阁中三位地位最高的阁员——三条、岩仓和久光（久光于4月被任命为左大臣）上书，主动承担"东"号沉没的责任，不过他明确表示此次事故与海军省或船长、船员无关，而应归咎于下令调遣该舰的内阁，包括他自己。

海舟主动担责实际上另有所图。8月29日，他再次向三位阁员上书，请求允许自己辞去阁员和海军卿的职务。[50] 他表示，在和同僚拥有相同看法之前，他不会返回政府。当然，这个局外人知道，这样的事永远不会发生。

3个月后的11月26日，也就是大久保从北京返回东京当天，海舟和萨道义见了面。海舟坦承他十分担心政府变得傲慢。政府领导人已经沉浸在这次外交胜利之中，随着大久保归来，他不知道这些人会骄傲到何种程度。[51]他在辞表中并未提到"东"号沉没，而是提到了稍早太政官裁撤各省官员以减少行政开销的提议。他写道，裁撤冗员不应从基层官员开始，而应从上层开始。海舟告诉萨道义，对于日本政府来说，最稳妥的节省金钱的方法是裁撤那些工资最高的官员。作为海军卿，他将首当其冲。

他还向这个英国人透露了一个似乎更加真实的辞职理由——在对清问题上和幕僚的立场不同。他告诉萨道义，他反战的一个理由是担心西方列强可能干涉，另一个是财政上的，日本无力负担对外战争的开销。9月8日，当时已是宫内省高官的山冈铁舟[52]将他和岩仓的信交给海舟，请求海舟慎重考虑。次日，一翁也带着三条的信登门拜访。但这个"局外人"不为所动。8月29日以后，海舟不再参加内阁会议，也未再踏足海军省办公室。[53]数月后，他的辞呈被正式批准。

石井孝认为海舟辞职的原因是无法忍受政府一直掌握在以大久保为首的萨长势力手中。[54]笔者也同意这个观点。我们知道，海舟出仕之后从未服从过专权的官员，无论是将军的老中，还是后来打算建立德川独裁政府并以郡县制取代幕藩制的小栗忠顺亲法派（他们实际上同海舟打算退出的大久保政府并没有多少区别）。我们也可以从横井小楠给幕府的建议中看出海舟的想法，横井呼吁以"为公政府"代替"为私政府"。庆应三年（1867年）年末，海舟退出幕府时写下的《愤言一书》也表达了类似的态度。[55]

次年，1875年（明治八年）3月8日，木户重返内阁；12日，板垣归来。板垣并非大久保的朋友，而是一名民权主义者（1874年1月，他和其他七人向政府提交了成立民选议会的请愿书）。[56]4月14日，板垣返回内阁一个月后，天皇敕命建立元老院（参议院）和大审院（最高法庭），目的是"建设法治国家"[57]。但元老院并没有实际立法权，大审院也被太政官通过刑部省控制。此次改革只是稍稍安抚了民权主义者的民主诉求，而以大久保为首的寡头仍然拥有绝对权力。[58]

4月25日，海舟在日记中写道，他被任命为元老院议官。[59]虽然海舟是 13 名议官中官阶最高的（正四位）[60]，但因元老院并无实际立法权，所以他的任命并没有什么意义[61]。两天后，他从元老院请辞[62]，不过他的辞呈直到 11 月 28 日才被正式批准[63]。就这样，52 岁的海舟彻底结束了在明治政府为期 3 年半的政治生涯（虽然实际上他早在上一年 8 月就退出了政府）。[64]

第三十七章

西乡与明治政府（三）：叛乱

> 大丈夫应无视荣辱褒贬，坚信心中之义，果断行事。即便天下皆视此人为贼，我也会义无反顾地支持他。[1]

让我们继续讨论西乡为何决意在朝鲜牺牲自己。我们知道，西乡回归政坛前曾计划改革政府，甚至考虑过发动军事政变。莫非他已经预见自己未来必将和大久保领导的进步派摊牌，而且必将败北吗？或者他已经知道，倘若局势进一步恶化，他将不得不起兵反抗新政府？若想避免这样的悲剧发生，有什么比为国捐躯更好的方法呢？

考虑到西乡对年轻天皇的爱戴与报恩之心，这种猜测显得合情合理。历史学家基恩在《明治天皇》一书中分析了西乡和天皇的关系并断言天皇同样对西乡怀有深厚感情，而且"没有任何证据表明西乡对明治天皇不满，或者希望以其他政体取代君主制"[2]。这种说法很有道理。正如我们所知，西乡深受儒家"天子受命于天"的观点的影响，认为天皇的职责是按照天意实行统治。对于像他这样一个将一生献给倒幕和王政复古事业的人来说，君主制是最完美的政体。用基恩的话来说，西乡在日后叛乱时声称自己是为了"清君侧，使天皇不受周遭腐败官员的邪恶思想影响"[3]。

西乡担任参议期间，始终关心军事改革和宫内事务。此前，天皇身边都是高级公卿和女官。如同大奥中的女人曾影响幕府政策，宫闱中的女人在宫廷事务上同样具有相当大的影响力。王政复古之前，天皇周围的女人没有机会干涉国政；王政复古之后，西乡将这样的机会扼杀在摇篮中。

海音寺写道，西乡担心受女性影响的天皇可能有损日本在海外的形象，于是着手让宫中变得更有"男子气"，目的是培养日本国家元首的男性气概和尚武精神。明治四年夏，西乡修改旧制，让士族入宫服侍天皇。他让天皇周边的女性离开，用信仰武士道的坚毅、忠诚、勇敢的男性取而代之。这些人成为天皇的侍从，指导天皇学习，教导他基于儒家价值观的得体的言谈举止，教他训练军队、修习武艺。[4] 帝师中有数位西乡最信任的萨摩友人，包括村田新八、吉井友实（曾名幸辅）等。此外还有山冈铁舟（即山冈铁太郎）[5]，后者教天皇相扑的逸事在日本家喻户晓。他为了培养天皇的坚韧品质，一次次将天皇摔倒在地。[6]

西乡的努力卓有成效。他在给鹿儿岛亲戚的信中写道，天皇更喜欢武士而非公卿陪在身边，"（天皇）极其讨厌待在女人堆里，从早到晚都在办公室，还常和侍从讨论中国、日本和西方的学问"。他"本为英迈之资，身体至极强健"，包括三条和岩仓在内的许多公卿都说"近几代未有如此之天皇"；他"练习骑马……每两三日便要亲自操练御亲兵中的一队"[7]。根据海音寺的记载，天皇生前一直为自己强健的体魄感到骄傲，并将其归功于年轻时的武术训练。[8] 想必他多少会为此感谢西乡。

萨摩叛乱

1876年（明治九年）3月，政府颁布废刀令，除了军人和警察，其他人均不得佩刀。[9] 8月，政府意识到自己无法负担士族的生计，于是又颁布法令规定所有士族都必须将俸禄折算成低收益的政府债券（所谓的"金禄公债"），相当于直接将他们的年俸减半。两条法令的目的均是消灭日本最后的封建主义残余。

士族忍无可忍，仅10月便爆发了三次叛乱。第一次叛乱于24日在熊本爆发，参与者约有200人；27日，久留（曾为福冈支藩）的400人在熊本叛乱的刺激下起兵反抗政府；28日，萩发生叛乱。三次叛乱均在数日内平息。[10] 最后一次，也是规模最大的武士叛乱，将在西乡的领导下爆发。

西乡于1873年11月返回鹿儿岛，表面上过起了平静的生活，带着狗在山中打猎、在温泉休憩、写诗，还开始务农。[11] 但这样的生活并未持续太久。鹿儿岛县的全部官员，包括县令大山纲良和全部警察均为旧萨摩武士，他们对中央政府非常不满。鹿儿岛县虽然表面上服从东京政府制定的法律，但几乎不缴税,旧的封建等级制度仍然存在,士族继续领取俸禄,征兵制也完全没有实施。简而言之,尽管废藩置县后日本其他地区均大步迈向西方工业资本主义社会,但鹿儿岛县成了一个自治的政治体,与旧时的萨摩并没有太大区别,只是统治者由岛津家换为士族。不管出于情理,还是出于现实(或许两方面都有),西乡都是无可争议的领袖。[12]

1874年6月,西乡设立了所谓的"私学校"网络,进一步加强了对鹿儿岛县的控制。两所主校位于鹿儿岛市,该市其他地区和整个县都设有分校。其中一所主校的校长是陆军少将筱原国干,它被称为"铳队学校"[13]。另外一所主校的校长是曾经在西乡的东征军中担任二番队(第二队)指挥官的村田新八[14],这所学校被称为"炮队学校"[15]。除了军事训练[16],西乡的私学校还十分重视学习中国典籍,尤其是兵书,目的是培育全鹿儿岛县士族的武士道精神。[17]一年内,私学校共招收了约3000名学生,从幼童到40岁以上的士族均可入学。[18]

1877年(明治十年)1月,政府征用三菱株式会社的一艘蒸汽船,准备将存放在鹿儿岛军火库的武器和弹药运走。政府的行动激怒了私学校的学生,他们于1月29日和30日晚冲进火药库,并在次日晚劫掠了海军船坞,夺取了大量武器和其他战争物资。[19]当时西乡正在山中打猎。2月1日,西乡的弟弟西乡小兵卫匆忙跑来报告此事。据说,西乡得知此事后先是破口大骂,然后便询问小兵卫抢夺武器的原因。萨摩叛乱就这样开始了。[20]没有确凿证据表明西乡曾策划或煽动叛乱,甚至当他带兵前往熊本(西南战争最惨烈的战斗就发生在这里)时,他也没有明确的军事策略。[21]麾下劫掠政府火药库时,他本人并不在场。他此前曾拒绝支援佐贺的乱党,他对天皇的忠心已经无数次得到证明,即便在离开政府之后也没有任何改变。[22]但西乡确实领导了萨摩叛乱。难道是因为他对大久保的进步派敌意深重而不惜反抗政府吗?又或许他有其他动机,例如大久保曾策划暗杀他。

2月10日,当时正在鹿儿岛的萨道义听说有人指控川路利良(原萨摩藩士,当时是东京警视厅大警视)与大久保串通,派遣一个暗杀小组前往鹿儿岛刺杀西乡。[23]我们并不清楚大久保是否参与了这个计划。2月5日,据说是暗杀小组首领的中原尚雄被私学校的学生抓住。一些资料称,他在酷刑之下供认,他和手下受川路指使前去刺杀西乡。[24] 还有资料称,鹿儿岛县政府中的间谍田中直哉给东京拍去电报,建议烧掉鹿儿岛的三座火药库并在随后的骚乱中杀死西乡及其手下40名军官。根据后一种说法,私学校的学生截获了电报,并起兵反叛。[25]

2月3日,获悉手下抢夺了政府武器的西乡返回鹿儿岛。[26] 2月5日、6日两天,西乡等人聚在私学校本部商量行动计划。有些人反对起兵,永山弥一郎建议西乡、桐野和筱原前往东京,就政府下令刺杀西乡一事讨说法。但桐野、筱原和西乡的另外两名亲信别府晋介和边见十郎太都力劝西乡率军上京。井上清断言,西乡知道此时此刻他的手下心意已决,于是选择了战争,因为他不会眼睁睁看着手足倒下而自己苟且偷生。[27] 正如下文所述,所有领导人都死在了这场即将到来的战争中。和历史上包括明治维新在内的其他革命不同,萨摩的叛乱并不是为了消灭旧政府、建立新政权,他们的对手是摧毁了他们的生活方式和无比珍视的价值观的无情且强大的历史潮流。

2月12日,西乡、桐野和筱原联署了一份简短声明,交给县令大山,让他通知中央政府,他们将与众多前日本陆军士兵一同前往东京"询问"政府,大概是为士族的悲惨处境和所谓的刺杀西乡的阴谋向政府问责。声明并未言明叛乱的目的。[28] 因此,这份声明与其说是对新政府的威胁,倒不如说是一封陈情书。

西南战争

2月12日,山县给三条去信,警告说鹿儿岛局势紧张,一旦萨摩叛军有所行动,其他县的士族很可能加入。[29] 数天前,三条、木户和伊藤曾表达过类似的担忧,认为叛乱可能蔓延到其他士族不满情绪严重的地区,[30] 包括熊本、佐贺、福冈、高知、冈山、鸟取、彦根、庄内、桑名和会津[31]——讽刺的是,有些萨摩曾经的死敌,例如会津和桑名,现在被视为西乡潜在的盟友。基恩准确地指出,萨摩叛乱"导致维新英雄再次自相残杀"。它威胁着明治政府的生存——叛乱刚开始时,政府并无理由认定它一定会失败。若叛乱成功,"日本的政治形态无疑将发生巨大变化"。[32]

西乡的军队由大约3万名士族组成，其中1万3000人来自他的私学校，1万人来自鹿儿岛县，剩下的来自九州其他县。政府通过征兵招募了5万多名士兵，包括2200名海军士兵。政府军的最高指挥官是有栖川宫炽仁亲王，戊辰战争期间西乡曾在他的手下担任参谋。[33]陆军指挥官是山县，海军指挥官是萨摩人川村纯义，后者是西乡的堂弟，海舟退出海军省后接替了海舟的职务。山县和川村都曾在西乡手下效力，政府军的许多军官是前萨摩武士，和叛军领袖私交甚笃。[34]西乡的传记作者田中惣五郎说，叛军的优势是坚定、无所畏惧的武士精神，而政府军在武器装备和兵力上远超叛军。[35]

2月15日，叛军从鹿儿岛北上，冒着大雪向熊本县进发（南九州气候温和，这次的降雪是50年不遇的大雪）。4天后，政府向叛军宣战。[36]2月22日，1万5000名叛军士兵进攻政府军驻守的熊本城。[37]熊本之战持续了50天，过程漫长而痛苦。[38]守军和外界失去联系，只能苦苦等待援军到达。若熊本陷落，叛军便可控制整个九州；反之，若熊本能够坚持到援军抵达，政府军便胜利在望。3月15日，政府军对熊本城北的叛军据点田原坂发动攻势。这是此次战争中最艰苦的战斗，双方均损失惨重。政府军最终攻克田原坂，扭转了战局。战斗持续了3周左右，叛军一直坚持到黑田率政府军主力抵达。[39]4月15日，西乡的部队开始撤退。[40]

海舟于2月10日首次听说萨摩叛乱，这场战争在日本被称为"西南战争"[41]。他显然同情西乡，对导致自己退出政府的大久保没有任何好感，将其视为酿成西南悲剧的元凶。海舟在3月31日的日记中提到，他把这个想法告诉了萨道义。[42]萨道义在日记中写道，海舟认为"只要大久保和黑田引退，战争自然会停止……他说，有足够的证据显示，川路确曾派人刺杀西乡，大久保或许也参与了阴谋……他希望巴夏礼爵士能够找机会为双方调停，向政府提出友好建议，以防流血冲突愈演愈烈"。萨道义告诉海舟，岩仓曾对巴夏礼说"萨摩人无意投降"。闻听此言，"海舟笑了，（说道）'确实如此！实际上，政府军更可能投降……若政府军取胜，其首脑都会遇刺'"[43]海舟还告诉萨道义，"高级军官中已经基本不见萨摩人身影，军队主要由长州人领导"[44]。这场战争的双方实际上是西乡领导的士族和大久保领导的长州派。

政府注意到西乡和海舟之间的友谊。3月20日，海舟在日记中写道，岩仓通过佐贺出身的元老院议官佐野常民给海舟传话，要求海舟亲自出面确保西南叛乱不会对东京产生影响。也就是让海舟"安抚"东京和静冈的怀有强烈反政府情绪的原德川家臣，防止他们在首都和萨摩叛军遥相呼应。海舟同意了。他在日记里对此事的记录只有寥寥数语，不过在账簿《戊辰以来会计记》中倒是详细写下了这件事。[45] 萨摩叛乱期间，他在日记和账簿中数次提到他资助了许多原来的旗本武士。他这么做的确切原因我们不得而知，不过可能是"安抚"计划的一环。海舟如何完成岩仓的嘱托，我们已经无从知晓。[46] 海舟和佐野在1月21日到3月1日之间至少见过3次面。[47] 按照21年后他在冰川接受采访时的说法，佐野至少在一次会面中请求海舟前往鹿儿岛说服西乡撤军。海舟提出，只有赋予自己"绝对权力"，他才会去鹿儿岛。佐野问海舟这句话是什么意思，海舟答道，大久保和木户必须引退。岩仓拒绝了，于是海舟未前往鹿儿岛。[48] 海舟显然认为大久保和西乡的冲突是萨摩叛乱的根本原因。

英国人同样注意到海舟和西乡的特殊关系。7月13日下午，萨道义拜访海舟，敦促后者劝西乡撤军。海舟再次拒绝介入。萨道义写道，"胜坚决不同意做这样的事"，原因有二："一是讨厌大久保；二是担心如果流露出对西乡的同情，恐怕会失去自由。他早就发誓不在大久保的政府中任职，大久保从北京回来后，二人便再也没有见过面。萨摩叛乱爆发前夕，政府方面已多次提议他前往鹿儿岛，代表政府向对方做出承诺，以避免可能的麻烦，但他拒绝帮大久保传话，这个计划因此流产。"[49] 海舟在《断肠记》里详细解释了他对大久保政府的敌意缘何而来（该书出版时，大久保和西乡都已过世）：

> 自庆应四年（1868年）至明治十一年……朋党排挤，快其私欲。国财外泄，黎民穷叹。所谓功积于无用，财尽于不急也。当局则惑，傍（旁）观者清。余稔知其故，不能力制。语曰，殷鉴不远，在夏后之世。后膺重任者，致思于此，勿使国家陷于贫窭之域，则生民受赐不浅也。[50]
> （此处为原文）

海舟很可能抱着对朋友的同情之心写下了上述文字。

西乡之死

叛军进攻熊本时，鹿儿岛被政府军海军占领。[51]此时西乡体重超重，并饱受丝虫病造成的阴囊水肿的折磨，他可能在奄美大岛流放期间被这种寄生虫感染。他无法骑马，甚至无法走路，只能坐在轿子里。[52]叛军被政府军包围在宫崎县延冈，政府军正式发动攻势前的某天夜里，西乡含泪抚摸两条爱犬（据说战争期间两条爱犬一直陪伴在他身边），命令它们"回家"。其中一条成功地回到了鹿儿岛县西乡家中，另外一条则不知所终。[53]叛军没能战胜政府军，西乡不得不带着残兵撤回鹿儿岛。9月1日，西乡等人到达鹿儿岛，却发现1000余名政府军士兵已经占领了这座城市。[54]

没有人知道西乡死前最后几天是如何度过的，也没有人知道他死时的详情。根据田中惣五郎的说法，只有500名叛军士兵活着回到鹿儿岛。[55]他们躲在城山山顶的岩石洞穴里，城山在鹿儿岛市中部，从山上可以俯瞰全城。根据现存的西乡最后一封信（写于1877年9月22日）的说法，西乡希望手下在接下来的决战中"英勇就义"[56]。

9月24日凌晨4点左右，山县向叛军残部发动最后攻势。西乡身边只有40人，包括桐野、村田、别府和边见（筱原在熊本战死），他们在洞穴前列队下山同敌人交战。[57]根据田中的说法，许多人在前进时被步枪击中。[58]最后，只有别府和边见没有倒下，他们劝西乡不要再继续了。但是西乡仍然不愿意放弃，命令手下继续前进，直至生命最后一刻。早上7点左右，西乡中弹。[59]萨道义在10月3日的日记中写道："一颗子弹贯穿西乡双腿，他动弹不得，被砍去首级……其他领袖都被杀死。大约400人或者被俘，或者主动投降，少数人逃走了。"[60]被多数人接受的说法是，西乡中弹后转向别府，让他当自己的介错人（切腹仪式中砍下切腹者首级的人）。西乡跪下，拔出短刀，插入腹部，别府完成了西乡最后一个请求。[61]奥古斯都·H.蒙西当时是英国领事馆秘书[62]，他生动描述了这悲剧的一幕：

西乡是第一批倒下的，他的大腿中弹。他的副官边见十郎太[63]尽武士之谊，一刀砍下了首领的头颅，使其免遭被俘的耻辱。边见砍下首级后，把首级交给西乡的一个仆人，自己也自杀了。西乡的首级被埋进土里，但由于时间过于仓促，一些头发还露在外面。后来一个杂役发现了它。桐野、村田、别府、池上四郎等一百多名主要的萨摩武士倒在西乡周围，他们发誓保卫首领到最后一刻，拒绝苟且偷生。[64]

蒙西说，第二天胜利者打扫战场，安排人辨认尸身，然后把尸体埋入一座小寺庙的墓地中。桐野、别府、边见、村田等人的遗体被整齐地摆放在一起，"桐野的尸体旁边是一具高大的无头尸，腿上有一处枪伤，肚子上有刀伤"[65]。这表明西乡完成了切腹。正当政府军的军官们讨论这具尸体是不是西乡本人时，"几名士兵带来一个首级，和那具遗体完全吻合，有人认出确实是西乡的首级。它已经走样，十分骇人，沾着血和土。海军中将川村是在场的最高级别的军官。他满怀敬意地亲手清洗了这颗头颅，以表示对旧友和倒幕战争期间的前战友的尊敬"[66]。

人们不禁会想，若海舟此时仍在政府任职，他是否会前往鹿儿岛——不是以军人的身份，而是像9年半前同西乡进行的那次历史性会晤一样，以和平缔造者的身份为将挚友从悲剧结局中拯救出来做最后的努力。

大久保遇刺

令人意外的是，虽然海舟肯定知道西乡之死，但是他甚至未在日记中提及此事。在笔者看来，唯一的解释是他有所顾虑（如萨道义所写，海舟"担心如果流露出对西乡的同情，恐怕会失去自由"）。海舟有足够的理由保持警惕。不管是幕府，还是后来的明治政府，都屡屡怀疑他的忠心。1878年（明治十一年），就在萨摩叛乱后一年，警视厅因为怀疑他向萨摩叛军提供资金支持而调查了他。事实上，他只是资助了一个他认为来自萨摩的人，不是因为叛乱，而是因为那个人声称急需用钱。[67]萨摩叛乱期间，木户因肺结核和脑功能障碍于1877年5月26日去世，[68]死时年仅44岁。海舟在第二天的日记中简单记下了此事。[69]大约一年后的1878年5月14日，海舟再次在日记中简要记述了一件对日本近代史影响更加深远的事件："听闻大久保利通今晨遇刺。"除了这件事和当天下了小雨,海舟没有在日记中写下更多内容。[70] 当天早8点,大久保离开位于霞关的宅邸,乘马车前往皇居。由于天阴,街道冷冷清清。几名刺客突然持刀袭击了他的马车,砍死了两匹马和车夫。大久保试图逃跑,其中一名刺客岛田一郎一刀砍向他的前额,一直切至眼下。随后,刺客将大久保从马车中拖出,将其杀死。[71] 这是又一起明治维新时期司空见惯的政治暗杀,政府首脑在上下班途中遭到屠戮,策划者和实施者均是愤怒的武士。6名刺客(5人来自石川县,另一人来自岛根县)全部投案自首。经过审判,他们全部被处决。[72] 关于他们的动机,人们争论已久。他们在审判过程中提出了多项申诉,集中在大久保对人民的压榨,他的独裁和对士族的压迫。[73] 但是历史学家一致认为,6人的主要动机是为西乡复仇,因此,大久保遇刺也可以被视为萨摩叛乱的直接结果。[74] 幕府覆灭10年后,维新三杰——西乡隆盛、木户孝允和大久保利通都已不在人世。

《亡友帖》

海舟虽然没有在日记中提及西乡之死,但西乡去世后,他编纂了一本关于明治维新时期已故重要人物的小册子,而西乡显然是他第一个想到的人(不过他没有直说这本书是献给西乡的)。《亡友帖》是一本带注释的集子,收录了海舟"三十年官宦生涯中"[75] 从8名已故友人那里得到的亲笔信、诗歌、绘画(该书实际包含了10个人,但海舟只有其中8人送给他的书画作品)。序文的日期写的是"明治十年晚秋",晚秋指9月,也就是西乡去世的月份。虽然海舟没有在序文中直接提到西乡的名字,但仅"晚秋"二字便足以让当时的人明白,作者最看重的是那个名誉扫地的叛军首领。[76] 与西乡一同出现的还有(按照先后顺序)佐久间象山、吉田寅次郎(吉田松阴)[77]、岛津齐彬、山内容堂(书中收录了写有"鲸海醉侯"字样的酒葫芦)、桂小五郎、小松带刀、横井小楠、广泽兵助(明治四年遭暗杀)和萨摩人八田知纪(宫内省短歌诗人)。[78] 横井和西乡的篇幅最长,各收录了3部作品,但只有西乡在序文中有所暗示,而且海舟在书的最后引用了西乡的诗《残菊》,又在诗后写下了4句缅怀西乡的话:

明治六年奉敕到于鹿儿岛[79]，

先生[80]访余旅舍谈笑挥毫欢甚矣。[81]

偶诵旧诗怆然为录于此，

因想畴昔真如隔世。[82]（此处为原文）

该诗署名"海舟"，下面盖着"物部义邦"的印，落款日期是"十年初冬"（十年指明治十年，初冬是10月，也就是西乡死后一个月）。[83]海舟对西乡的追思之情溢于纸上。庆应四年（1868年），海舟实现了江户无血开城，这是他致力于破旧立新的15年中取得的最重要的成就。他在这个过程中从未忘记建设现代日本的终极目标。接下来的10年中发生的重大事件（最主要的是戊辰战争、废藩置县等中央政府的改革、西南战争及西乡之死）已经不是这位同西乡一道将江户乃至整个日本从全面内战的深渊中拯救出来的人能够左右的了。本书通过海舟的双眼记述了从德川幕府灭亡到明治日本崛起的历史，接下来笔者将在本书最后一部分简要叙述海舟生命最后的20年。

尾　声

将军最后的武士

古人云，莫向愚者说梦。窃以为，云梦者皆愚。[1]

1879年（明治十二年）7月，西乡死后不到两年，海舟便在东京木下川药师净光寺为他立起一座石碑。西乡死后10年才被赦免，此时为其立碑，体现了海舟对此人不渝的崇敬之情和他坚信西乡并非逆贼的道德勇气。石碑正面刻着西乡在第二次流放冲永良部岛期间做的诗《狱中有感》中的一句："愿留魂魄护皇城。"（全诗为"朝蒙恩遇夕焚坑，人生浮沉似晦明。纵不回光葵向日，若无开运意推诚。洛阳知己皆为鬼，南屿俘囚独窃生。生死何疑天赋与，愿留魂魄护皇城"。）碑的背面刻着海舟为西乡撰写的碑文。这座石碑被称作"留魂祠"，如今被安放在东京大田区洗足池公园海舟和他的妻子民子的墓旁。[2] 碑文如下：

庆应戊辰之春，君率大兵而东下。人心鼎沸，市民荷担。我忧之，寄一书于屯营。君容之，更下令戒兵士骄傲，不使府下百万生灵陷涂炭。是何等襟怀，何等信义。今君已逝矣，偶见往时所书纸诗，气韵高爽，笔墨淋漓，恍如视其平生。钦慕之情不能自止。刻石以为纪念碑。呜呼君能知我，而知君亦莫若我。地下若有知，其将掀髯一笑乎。[3]（此处为原文）

为西乡正名

纪念碑立好后，海舟开始为西乡正名。1883年（明治十六年）10月，也就是西乡死后第六年，他开始和西乡在萨摩的旧友吉井友实通信，[4] 后者曾为宫内大丞，后来担任日本铁道社长。[5] 海舟还和山冈铁舟取得联系，后者此时已是宫内省高官。他和二人商议是否能让西乡菊次郎谒见天皇。[6]除了为西乡正名这个主要目的，海舟还希望利用这次机会消除鹿儿岛人因为西乡之死而对中央政府高层抱有的敌对情绪。[7]

菊次郎当时22岁，是其父在奄美大岛和岛妻（仅在奄美大岛拥有妻子的名分）所生。他在萨摩叛乱中随父亲一同作战，最终受伤被俘。菊次郎有一个同父异母的弟弟，比他小6岁的寅太郎[8]，后者是西乡的妻子系子所生。但是寅太郎住在鹿儿岛，而菊次郎和他的叔叔西乡从道一起住在东京。[9]因此，海舟认为哥哥更适合为他们的父亲正名。然而，次年新年，寅太郎被招到了东京。[10]

1884年（明治十七年）3月，伊藤博文被任命为宫内卿。与此同时，为了维持萨长的平衡，吉井被任命为宫内大辅（宫内大辅的地位仅次于宫内卿）。4月13日，寅太郎一到东京，海舟立即得到消息。他马上和吉井见面，告诉后者必须马上安排西乡之子谒见天皇，这样寅太郎就可以赶在那些反对他来东京的鹿儿岛人制造麻烦之前请求天皇赦免他的父亲。吉井不同意，反驳说寅太郎蒙此皇恩理应知足，日后有许多机会可以请求天皇赦免西乡。但是海舟坚持己见，催促吉井请伊藤帮忙安排寅太郎面见天皇。4月16日，海舟和伊藤见面，但是后者拒绝了他的请求。

4月25日，寅太郎前往宫内省，但是没能见到天皇。和他见面的是伊藤和当时的侍从长德大寺实则。寅太郎被告知，他可以前往德国留学，每年可得到1200日元的丰厚年金。他感谢天皇的恩典，但表示还是希望能够谒见天皇，直接请他为自己的父亲洗刷污名。[11]寅太郎的希望落空了。在西乡隆盛被正式赦免之前，他和海舟还要再等上4年。

胜安芳伯爵

伊藤博文曾经专门到欧洲考察各国宪法，尤其是普鲁士和奥地利的宪法。他认为此时正是在日本确立君主立宪制的大好时机，此举可以完善天皇统治，逐步确立现代立法和司法体系。[12]他主张将部分士族纳入华族之列，当时华族只包括藩主和公卿。公卿出身的右大臣岩仓具视反对伊藤在后一个问题上的看法。[13]不过，岩仓身染重疾，于1883年7月20日病逝，终年

58岁。[14] 1884年7月，政府颁布《华族令》，[15] 用公爵、侯爵、伯爵、子爵、男爵五个等级来替代旧的贵族头衔。[16] 自此以后，华族由出身和操守决定，杰出的武士可以晋身华族。[17]

公爵包括德川家达（即田安龟之助，德川庆喜的继承人）、岛津久光及其子岛津忠义、毛利元德（即毛利定广，长州藩已故藩主毛利敬亲的养子兼继承人）、三条实美、岩仓具定（岩仓具视之子）。侯爵包括山内丰范（山内容堂的养子兼继承人，容堂于明治五年去世）、锅岛直大（前佐贺藩主）、大久保利和（大久保利通的长子）、木户正二郎（木户孝允的养子）。伯爵包括6名前萨摩藩士（松方正义、黑田清隆、大山严、西乡从道、吉井友实、伊地知正治），4名前长州藩士（伊藤博文、山县有朋、井上馨、品川弥二郎），土佐和佐贺各一人（土方久元和副岛种臣）。[18]

1887年（明治二十年）5月9日，就在上述这些人获得华族身份大约四年后，天皇决定封胜海舟、板垣退助、后藤象二郎和大隈重信为伯爵，晋身华族。[19] 下级武士出身、关心民间疾苦的海舟如何看待这项荣誉呢？为了找到答案，我们不妨回头看一看他于20年前（1867年）幕府即将灭亡之际写下的《愤言一书》，当时他就呼吁建立一个为大众的福祉，而不是为个人私利的公正的政府。因此，胜小吉之子面对这样的任命自然会有所保留，他在给当时政府中最有权势的人写的信中清楚地表达了这点。

大约一年半前的1885年12月22日，太政官制被废除，取而代之的是由10名高官参与的议会制内阁，宫内卿伊藤博文成为首任内阁总理大臣。[20] 宫内省[21] 通知海舟于5月9日前去接受新爵位。1887年5月8日，海舟给伊藤回信，称自己年事已高（当时他64岁），离家不便，更何况最近得了风湿，连走路都困难。他不仅拒绝前往宫内省，还拒绝接受爵位。他在给伊藤的信中解释道，自己上了年纪，不想参与俗事，也不打算在死后将爵位传给后代（指长子小鹿）。[22]

宫内卿伊藤无法接受海舟的拒绝，因为赐爵是天皇的旨意。他为了说服海舟，让宫岛诚一郎居中协调，后者既是伊藤的下属，也是海舟的朋友。宫岛立即去见海舟。当晚，他来到海舟在冰川的宅邸，不过被告知海舟因为膝盖疼去看医生了。晚上9点左右，海舟回到家中，宫岛还在等他。我们不知道他如何说服海舟,不过到了午夜时分,海舟终于答应接受天皇的册封。除了海舟,还有29名前武士被封为子爵,8人被封为男爵,他们全是因功受赏。新晋子爵当中有3名旧幕臣,分别是大久保一翁、山冈铁舟和榎本武扬。[23]

8年后的1895年（明治二十八年）8月14日,72岁的胜安芳伯爵接受了《国民新闻》的采访,其间他谈到了自己的爵位。他以标志性的自嘲语气说道:"我天生是一个坏人,这就是为什么我会给身份明码标价。"不过,他马上就开始了（基于事实的）自我吹嘘:

> 我知道价格有涨必有跌,有跌必有涨……涨跌的转换从来不会超过十年。所以,如果我发现自己的价格跌了,我要做的就是蛰伏一段时间,它一定会再次上涨。过去的坏人和叛徒麟太郎现在成了胜安芳伯爵。但是,即使我现在表现得像个大人物,用不了多久我就会变得老朽,人们甚至都懒得朝我吐口水。所以,不管怎么样,这就是身份的市价。有耐心熬过市价起落10年的人是真正伟大的人。实际上,我也能算得上其中之一。[24]

枢密顾问官胜安芳

1887年12月27日,胜安芳伯爵被宫内省授予从三位官阶。[25] 1888年4月上旬,首相伊藤最终完成了宪法草案[26],共耗时两年[27]。伊藤的草案需要天皇敕许[28]。为此,政府于4月28日设立枢密院,其主要职能是讨论宪法相关事宜,包括如何修改伊藤宪法草案中的条款。[29]

枢密顾问官须从40岁以上的国家元勋中选取。[30] 伊藤作为枢密院的主要发起人被任命为议长（称"枢相"）,他几天后便辞去了内阁总理大臣之职。根据伊藤的意思,农商务大臣黑田清隆继任首相之职。[31]（萨摩人和长州人轮流出任内阁总理大臣的规则一直维持到19世纪末。）4月30日,包括海舟在内的20个人被任命为枢密顾问官。[32]

海舟对这样的任命有何感想? 5月8日,就在枢密院开院式前一天,他亲手将意见书交给议长伊藤。虽然海舟言辞谦卑,但从中仍能看出其洒脱的性格。海舟开篇称自己只是"愚者"，绝非"贤达"。接着又写道，虽然满足40岁以上这个先决条件，但他已是"老朽"之人（当时他65岁），而且绝非"元勋"——无论如何，他指出，任命"老朽"不符合政府政策。海舟的信很长，不过用松浦玲的话来说，其主旨是枢密院并没有什么用处。[33]

海舟的看法似乎并未得到重视，他在枢密院度过了余生。但是，他既没有出席开院式，也没有在随后几天和其他顾问官一同研究伊藤的宪法草案。在接下来几个星期审议草案的重要时期，他同样几乎不见踪影，以至于伊藤不得不于6月4日亲自前往海舟的宅邸，催促他参加会议。[34]

山冈铁舟与大久保一翁之死

1888年，海舟在同一个月接连失去两名挚友。7月19日，山冈铁舟死于胃癌，终年52岁。[35]山冈去世当天，海舟登门拜访。一进山冈家，海舟就看到这位剑术大师正在打坐，周围都是访客。山冈穿着"纯白和服"，外面罩着僧人的法衣，"神态自若"。海舟问朋友是不是大限已到，"铁舟微微睁开眼，淡然答道：'谢谢您能来看我，老师。我马上就要涅槃了。'我跟他说了句'成佛吧'，然后就离开了"[36]。根据10年后，也就是1898年10月海舟的口述回忆，山冈在他离开后不久就去世了，去世时"手里拿着一把白扇子"，一边念佛，一边"向在场众人，包括他的妻子、孩子和亲属微笑"。即便在死后，他仍然保持着坐姿。海舟评论道，山冈能够参悟佛理，证明了"他对武士道的理解之深"[37]。

7月31日，大久保一翁去世了，终年70岁。[38]海舟为两人写的挽词都收录在他的自传《追赞一话》里，这本书于两年后的1890年（明治二十三年）8月出版。两人的墨宝收录于同一时间出版的姊妹篇《流芳遗墨》的最后两章。后一本书还收录了山冈的一首诗和他在去世两个月前的5月15日写给海舟的最后一封信，以及一翁去世4天前写给海舟的信，一翁在信中感谢海舟在他们共同的朋友山冈去世后帮忙料理后事。海舟在《流芳遗墨》中对一翁表达了特别的敬意，他为大久保的信写了注。这本书收录了75位值得铭记的人物的手迹，而海舟只为一翁的信加了注。[39]

明治宪法颁布和赦免西乡

1888年（明治二十一年）10月，枢密顾问官、伯爵胜安芳被授予正三位官阶。[40] 1889年2月11日，天皇颁布明治宪法，标志着内阁制正式确立。[41] 海舟在日记中写道，他参加了那天早上的公布仪式，[42] 出席的还有皇族、华族、阁员和包括枢密顾问官在内的其他政府高官，以及外国公使。[43]

同一天，西乡隆盛得到赦免并追赠正三位官阶。[44] 后来，1902年（明治三十五年）6月，也就是日俄战争爆发前一年多，西乡寅太郎被封为侯爵，那时他的父亲已经被视为国家英雄。根据井上清的说法，西乡的形象之所以变得正面，部分是因为他提出了征韩论，政府为了取得民众支持，把他的英雄形象用在了军国主义宣传上。[45]

小鹿之死和胜海舟认庆喜之子为养子

庆应三年（1867年），海舟的长子小鹿前往美国，[46] 在那里待了10年，其间被安纳波利斯海军学院录取。1877年6月20日，25岁的小鹿毕业，[47] 12月返回日本，次年1月26日被任命为海军大尉。[48] 但是，他的身体不好，接受任命两天后就请了病假。[49] 在余下的十四年当中，小鹿的病情时好时坏，一直没有痊愈。

1892年（明治二十五年），海舟已是古稀之年。他的长子小鹿本应继承胜家的家督和伯爵的头衔。小鹿升为海军大尉后[50]，于1887年被授予从六位官阶。1892年2月7日，海舟以一贯的简洁风格写道，小鹿最终屈服于搏斗多年的病魔，再有10天就是他40岁生日了。[51] 这篇日记虽然很短，但海舟无疑悲痛欲绝，这点宫岛诚一郎可以证实，他在小鹿去世当天被叫到胜宅。[52]

两天后，海舟给德川家去信，分别寄给德川庆喜（当时在静冈）和他的继承人家达（当时在东京），后者此时已经29岁了。[53] 海舟在信中说，如果他死了，那么庆喜的小儿子，年仅4岁的精，可以继承他的伯爵头衔和胜家的家督之位，以保证爵位不会被收回。[54] 为此，他请求庆喜允许他收精为养子兼继承人。这个举动缓和了两人之间长期的紧张关系。根据宫岛后来的回忆，庆喜读海舟的信时"哽咽了起来"，他总认为这名旧臣对自己在25年前做的事耿耿于怀。看到海舟仍然在为自己的利益着想，庆喜十分感动。[55] 2月17日，海舟收到了庆喜肯定的答复。[56]

冰川智者

1894年（明治二十七年）6月30日，海舟晋升为从二位。[57]他在冰川的宅邸（位于东京赤坂区，离政府所在地和皇居都不远）成了名居，崇拜"冰川智者"的记者、作家、政客和其他知识人纷纷到访。当时日本正值多事之秋，它虽然在甲午战争中战胜了清朝，但政府内部矛盾重重，再加上俄国正将触角伸向亚洲，它同朝鲜、清朝的关系也愈发紧张。

海舟的访客来听取他对国家当前面临的种种困难的看法，以及他对日本历史和政治的评论，其中不乏对当政者的责骂，时而还有一些对生死和人类的犀利看法，既有能令人捧腹的笑料，也有对人性尖锐的批评。他的访客来自社会各界，他在1899年（明治三十二年）1月2日回忆说，"光来自乡村的就有3000人"。[58]海舟最著名的采访者岩本善治评论道，访客中也有不少"怪人和好事之徒"，还有一些"颇具野心的人"，他们的动机可疑，企图从这位大人物身上得到些什么。不过，访客中也有"最真诚可靠的商人和老派的诚挚之人"，其他的则是"政党成员、报社工作者、学生、士兵、艺术家、寻求捐款的人、正值黄金年华的青年才俊、运动员"，以及"前幕府的人，如陷入贫困的幕府家臣，还有旧藩主"——冰川智者来者不拒。[59]

根据岩本的描述，海舟家有一个大会客厅，旁边还有一个6张榻榻米大的小房间。会客厅里摆着西式家具，"有桌子和椅子，壁龛中挂着川村清雄的油画《蛟龙升天图》。油画上方挂着大久保一翁和山冈铁舟的画像"[61]。会客室后边还有一间小屋子，里面挂着一个木匾，上面有佐久间象山题写的"海舟书屋"4个字。[62]不过海舟在这里待的时间不长。他在余生中的大多数时间几乎都待在宅子的另一个部分，它更加朴实，包括"两个房间，各有6到8张榻榻米大"，连着一间小"茶室，有3张榻榻米大"。[63]屋子后面有一个约1.2米长的垫子，这位老人在垫子上"盘腿坐着，前面裹着一层小被子，他的右手边立着一面六曲屏风……屏风后面是他需要的文件和笔记，以及一个带盖小壶，里面装满了冷水或热水（取决于季节）。还有一块磨刀石和一个"老式烟盒"，里面有一把小刀，"他经常用这把刀划开自己的手指或者头上的某个地方，让不洁的血流出来"。[64]

到了夏天，他会用一个"上漆的机械捕蝇器，它的刀刃嘎吱嘎吱地转着。当苍蝇忘记了自身，专心吃糖的时候，它们就会被一点点推到里面，再也无法出来。这经常被作为关于人生的有趣讨论的引子"。[65] 海舟一直在一个 6 张榻榻米大的房间里会客，他"先礼貌地寒暄，然后上两次茶，接着是甜点，最后是咖啡。不管谁来都一样。年复一年，冬来夏去，都是这个样子。到了饭点，就会上菜"。饭菜一成不变，有汤、配菜和米饭，让人回想起更加朴素的武士时代。甚至连最小的细节，包括"老师的坐姿"，在岩本采访他的几年中都一直没有变过。[66]

有时，海舟"似乎听不清东西"，让访客们觉得这个老人已经和外界脱节了，于是"很多人想骗（他）"。他会先置之不理，"假装不知道他们在耍把戏"。但是，如果他们继续，他会突然说"你怎么还不停下来"，把他们弄得措手不及。[67] 还有的时候，他会在那些初次来访、毫无戒心的人进屋时"大喝一声"。音量高低取决于访客。"如果声音粗暴……那是在恐吓，就像一只凶猛的老虎在咆哮。有的人会直接逃走，害怕得浑身发抖，不敢再出现在（海舟）面前。"不过，虽然"他训练有素，只需一个眼神就能吓住对手，但从来不会捉弄那些真诚或者诚实的人"。而且由于"多年身处逆境，他培养出了第二天性……能彻底改变一个人的想法"，让那人觉得"无须隐瞒任何事"，这样海舟就能够"看穿"那人。"因此，虽然晚年的海舟表现出了很强的同情心，不过人们常常惊讶于他的狡诈。"[68]

海舟的"狡诈"包括"说莫名其妙的话，表现得好像既听不清，也听不懂对方的话"，还"假装从来没读过"那些采访他的记者们所在报社的各类报刊。于是，大多数人认定他已是老朽之人，这样"他才能随心所欲地讨论时事"。但实际上，"他读过每一份"报纸，还有"大多数新出版的小说和他能得到的任何书籍"。[69]

"当我疾言厉色的时候，他们会生气地离开，"一次海舟告诉岩本，"但是两三年后，他们好像明白过来，又会回来。"根据岩本的说法，"激动时，他会用最具侮辱性的话严厉批评别人。但是，在突然大喝和简短批评背后，是火一般的精神，还有令人无法忘却的愉悦和善意"。"俗话说，不让人笑的东西，就不值得把一辈子的时间都投入进去。（海舟）讲话的时候，我经常能想到这句话。大多数人一开始会因为（他的话）太有趣而大笑起来。但是一旦你习惯（聆听）并领会他的话的意思，你就会意识到，他说的所有东西（实际上）都意有所指。"此外，他还拥有"可以从精神上启发人的洞察力"。这样，"你就会重视他说的每句话……并仔细思考它们（真正）的意思"[70]。

这位长者很少离家。每年、每月、每天，他都以相同的姿势盘腿坐在同一间屋子里，不知疲倦地和客人从早谈到晚。他甚至不去花园散步。"人们找我谈论各种话题，"海舟解释道，"哪怕我出去一天，就来不及（帮助他们）了。"[71] 他在明治时代的日记里屡屡提到借钱给朋友或熟人，许多是勉强维持生计的士族。不过，有人滥用他的慷慨。一天，老友杉亨二拜访冰川，海舟告诉他，自己还有五六万日元的借款没有收回，"没有一个人还我钱"。杉看到"许多写给（海舟）的信，内容都是借钱"，海舟从不拒绝。[72]

海舟甚至对小偷也很大度。"一天，我在京桥（位于东京中央区）抓到一个小贼，"他告诉岩本，"他刚把手伸到我的兜里，我就抓住了他。我说：'你干什么？你是小偷吗？'他答道：'不，我只是不小心撞到你了。''胡说！'我对他说。"海舟让那个小偷看了看自己口袋里的一沓钱，然后"我说我为他感到难过，因为他一心想着（钱）。于是我把钱给了他。他向我致谢，然后拿钱离开。太好玩了"。[73]

在生命的最后几年，海舟似乎已经厌倦了生活。岩本听他感叹时光流逝，和"人世间的乏味"[74]。不过，他的武士价值观丝毫未变，证据便是他对天皇的态度，岩本称其为"非常朴素的忠诚"[75]。"他对德川将军也是如此。只要谈到家定，他的眼里就会噙满泪水。"[76]

将军最后的武士

1896年（明治二十九年），海舟73岁。"王政复古之初，我曾经发誓要长寿，再照看政府 30 年，"当年 5 月 28 日，他在接受一家报纸采访时说道，"但是 30 年转瞬即逝，明年就是第三十年了。30 年一过，就够了。"他暗示自己大限将至，3 年内将离开人世。这位年逾古稀的武士平静地总结道："我觉得很快我就得准备登上世间最大的舞台。"[77]

1897 年 8 月[78]，他着手写作 19 世纪下半叶的日本史，起自天保年间（1830—1844 年），目的是"教育（主政）当局"，让他们可以从过去的错误中吸取经验。[79] 1895 年，日本在甲午战争中战胜清朝，但是海舟写道："无论我们赢了多少场战争，或者我们拥有多少艘战舰，如果国家贫穷，人民饥寒交迫，又有什么用呢？"[80]

海舟的史书分为两部分。第一部分讲的是幕末 20 年的历史，聚焦几个主题，包括开国、锁国之争，井伊直弼遇刺，尊王攘夷派和幕府之间的斗争，幕府征讨长州失败，还有明治维新这场革命。"（到目前为止，）人们（对那二十年）的叙述都是错的"，海舟打算厘清事实，"在现有文书和信件的基础上，写写我在职期间做过的事"。海舟史书的第二部分涵盖明治前三十年的事，包括制宪、开设国会和甲午战争。[81] 他之所以决定写这本书，是因为他"不能看着人们受苦而袖手旁观"[82]。"但是因为天气寒冷，我暂时放下了笔。"[83] 不幸的是，他只完成了一个梗概。[84]

1897 年 11 月，庆喜离开蛰居将近 20 年的静冈，前往东京。1898 年（明治三十一年）3 月 2 日，被冠以"朝敌"之名长达 30 年的庆喜第一次被允许谒见天皇和皇后，地点是东京皇居，也就是之前将军的居城江户城。[85] 此次见面是庆喜的亲戚有栖川宫威仁亲王撮合而成的，他是 1895 年过世的有栖川宫炽仁亲王的弟弟和继承人。[86] 不过，真正的推手是海舟，他安排威仁亲王和庆喜会面。[87] "庆喜前往皇居，"海舟在 3 月 2 日的日记中写道，"受到礼遇，还收到了皇后的礼物……我猜这意味着我已经完成了（使命）。"[88] 这次谒见意味着最后一位将军和所有旧幕臣都已重回清白之身。[89] 3 月 7 日，海舟在接受一家报社的采访时说道："我觉得自己好像实现了人生目标，喜极而泣。"谒见天皇的次日，庆喜在家达的陪同下前往冰川向海舟致谢，并描述了谒见过程。海舟说庆喜"非常高兴"[90]。通过最后的尽忠之举，海舟证明了自己不愧为"将军最后的武士"。

"吾命至此"

1898年12月28日，海舟被授予旭日大绶章，这是天皇赐予的最高荣誉之一。[91] 1899年1月2日，他告诉岩本："我喝了很多酒，然后就觉得不舒服了。"[92] 喝酒或许是为了庆祝新年，平时他很少喝酒。11日，宫岛诚一郎拜访冰川胜宅时，卧病在床的海舟告诉宫岛，自从去年年末以来，他就饱受胃痛和腹泻折磨，浑身乏力。[93] 1月14日，岩本最后一次访问海舟，后者痛苦地躺在床上对岩本说："阿房（海舟的侍女）真烦人，一直给我端药。她真坏，我要停止（喝药）。"[94] 5天后，海舟的女婿目贺田种太郎告诉宫岛，海舟的病情突然加重。[95] 岩本写道，下午5点，海舟洗浴后突感不适[96]，胸痛，直冒冷汗。但是他只是笑了笑说"吾命至此"[97]。

天皇追授海舟从二位官阶，并送去花圈。1月21日，海舟死于心脏病的消息被正式公布。国葬于25日举行，参加者有2000人，不乏日本和外国名人，包括首相山县、阁员、华族和枢密院成员，以及美国、荷兰和清朝公使。

当天晚上天降大雪。次日一早，送葬的队伍缓缓通过东京盖着积雪的街道，海军和陆军各派出一大队仪仗兵护卫海舟灵柩。[98] 天皇支付了3000日元丧葬费，并在前一天向胜家表示哀悼，还送去了更多的纪念鲜花、甜品和三卷锦缎。[99] 不久后的3月12日（日本历一月三十日）本应是海舟75岁生日。

附 录

论胜海舟的史书、传记和回忆录的价值

"这世上没有什么比历史更复杂的了。"海舟在19世纪90年代中期接受一家杂志采访时如是说道,此时距离幕府灭亡已经过去了大约30年。"人们无法预知未来,为了预测未来只能借助与过去相关的书面记录,这就是历史。但是,真正让人苦恼而又十分重要的是,历史并不总是可靠的,不能轻易采信。"[1]

海舟所述的历史大多以传记(包括自传)的形式记录下来。哲学家、历史学家R. G. 科林伍德认为传记不适合用来记录历史。他将历史定义为"一门用来了解我们无法直接观察的事件的科学",历史研究必须以事实为基础进行推理。[2]这种说法很有道理,但是他并不认为传记属于事实的范畴。"无论有多少与历史相关的内容……(传记)的写作原则不仅是非历史的,甚至是反历史的。"在他看来,"对当下经历的记述……即便是日记或者回忆录中的忠实记录,都算不上是历史",因为传记仅仅局限在一个人"的具体生活之中",受"多种人类情感的制约"。[3]因此,传记(尤其是自传)都只是"带有偏见的历史"。如果传记作者和传主相识,由于偏见,它甚至可能"毫无历史意义"。[4]

但是,我们应当问的是,什么人比那些具有深刻洞察力的历史创造者更有资格书写历史呢?作为一名颇有洞察力的历史学者和历史创造者,海舟的答案很可能是"没有任何人"。他在强调历史研究的困难的同时,也为历史写作定下了高标准:

现在距离幕府覆灭不过30年,但是迄今为止,没有任何一个人写下过一部完备的介绍幕末历史的书籍。许多目睹了种种事件的老人仍然健在。不过，他们虽然经历过那个时代，却无法理解身边发生的事。那么30年后，他们怎么能提笔写下当时究竟发生了什么呢？不仅如此，再过10年、20年，这些老人都会去世，到时候天知道下一代得到的信息会错得多离谱。[5]

海舟自视甚高，在幕府和新政府中任职时一直尖锐地批评同僚。虽然他对同时期的日本历史学家的评价是中肯的，但是他显然不认为自己"无法理解身边发生的事"。1898年1月，他吹嘘自己"是（日本历史上）唯一为国家鞠躬尽瘁50年的人"[6]。

他虽然自大，但是对那些值得称赞的人从不吝溢美之词。他为了复原历史的本来面貌，在自己的作品中回忆了维新过程中双方做过的伟大（和卑劣的）事，记下了对一些主要历史人物的宝贵评语。诚如岩本善治所言，"胜海舟不仅记下了他一生中经历过的大事小情，还记下了（幕末到明治时期）所有重大历史事件"，而且"由于记下这些历史细节的是一个眼光敏锐、一丝不苟的人，因此他的作品最适合被用来让未来世代了解这50年生动的历史"。[7]

岩本是前往海舟在冰川的宅邸采访海舟的记者之一。他的访谈内容被整理成两部重要的访谈录，其中不仅有海舟在晚年的所思所想，还有他对明治维新的回忆。其中一部《冰川清话》收录了之前刊载在报纸和杂志上的采访内容。杂志编辑吉本襄把它们集结成一卷，1897年11月出版了第一卷，后来又出版了两卷。[8] 不过这三卷存在大量编辑错误，很多内容被吉本重新改写过，海舟的传记作者松浦玲研究了原始的采访稿，改正了错误。[9] 1973年，讲谈社出版了松浦注释的《冰川清话》，本书使用的正是这个版本。

另外一部访谈录是岩本采访和记录的，曾经被以3个不同的标题出版过，包括本书提到过的《海舟语录》。原标题《海舟余波》于1899年第一次出版，当时海舟刚刚去世。[10] 岩本曾担任过记者、编辑、出版商和日本第一座基督教女校的校长。[11] 岩本在海舟死前的3年半里曾经对他进行过34次采访，并以此为基础写成了访谈录。岩本的大多数访谈都发表在他的校刊《女学杂志》上。[12] 实际上，从1886年（或1887年）到1899年

1月14日的12年（或13年）里，岩本一直定期到冰川胜宅采访海舟。[13] 最开始的9年（或10年）的记录基本上都毁于1896年的一场大火中。接下来的采访内容，连同少数已经被刊载在杂志上而留存下来的部分，构成了《海舟余波》。[14]

访谈记录（或者说更加宽泛的口述历史）的真实性，经常遭人质疑（它是科林伍德口中的"带有偏见的历史"）。小阿瑟·M. 施莱辛格在他的《肯尼迪传》的前言中写道："我们都知道，访谈记录不会比一个人的记忆好多少，它们都不值得采信。"但是他同样为在记叙历史时使用访谈记录做了辩解："历史学家引用印成文字的回忆时很少会犹豫，可是它同样难以自证真伪；而且，历史学家会以加强真实性为由，毫不犹豫地引用日记、信件和回忆录中的对话，而这些对话可能脱离了语境，也无法得到其他证据的支持。"[15]

最后要说的是，施莱辛格采访了他的许多写作对象，我当然不可能。岩本在胜宅采访时并没有做笔记，他会在采访结束不久后凭记忆写下访谈内容。[16] 尽管如此，两本冰川访谈录（《冰川清话》和《海舟语录》）的可信度很高，因为它们的内容和海舟本人所写的日记、回忆录和历史记录是一致的，而且虽然两本访谈录是分别采访、编辑和出版的，但是它们的内容经常可以相互印证。

参考文献

胜海舟著作

讲谈社版《胜海舟全集》的编者是江藤淳、松浦玲、司马辽太郎、川崎宏，劲草书房版《胜海舟全集》的编者是胜部真长、松本三之介、大口勇次郎。

《幕末日記》，《勝海舟全集》（1），東京：講談社，1976年。
《書簡と建言》，《勝海舟全集》（2），東京：講談社，1982年。
《吹塵錄》（1），《勝海舟全集》（3），東京：講談社，1976年。
《吹塵錄》（4），《勝海舟全集》（6），東京：講談社，1977年。
《海軍歷史》（1），《勝海舟全集》（8），東京：講談社，1973年。
《海軍歷史》（2），《勝海舟全集》（9），東京：講談社，1973年。
《海軍歷史》（3），《勝海舟全集》（10），東京：講談社，1974年。
《開國起原》（1），《勝海舟全集》（15），東京：講談社，1973年。
《開國起原》（4），《勝海舟全集》（18），東京：講談社，1975年。
《開國起原》（5），《勝海舟全集》（19），東京：講談社，1975年。
《海舟語錄》，《勝海舟全集》（20），東京：講談社，1972年。
《海舟日記》（3），《勝海舟全集》（20），東京：勁草書房，1973年。
《海舟日記》（4），《勝海舟全集》（21），東京：勁草書房，1973年。
《氷川清話》，《勝海舟全集》（21），東京：勁草書房，1973年。
《亡友帖・清譚と逸話》，東京：原書房，1973年。

其他原始材料

Alcock, Sir Rutherford., *The Capital of the Tycoon: A Narrative of a Tree Years'*

Residence in Japan, 2 vols. New York: Greenwood Press, 1969.

Brooke, George M., Jr., ed., *John M. Brooke's Pacific Cruise and Japanese Adventure, 1858–1860*, Honolulu: University of Hawaii Press, 1986.

福沢諭吉:《福翁自伝》,東京:慶應通信,1985年。

Heusken, Henry., *Japan Journal, 1855–1861.* trans. and ed. by Jeannete C. van der Corput and Robert A. Wilson. New Brunswick, NJ: Rutgers University Press, 1964.

勝小吉:《夢酔独言》,東京:平凡社,1996年。

勝部真長編:《武士道:文武両道の思想》,東京:角川書店,1971年。

勝部真長編:《新訂海舟座談》,東京:岩波書店,2000年。

小倉鐵樹:《おれの師匠:山岡鉄舟先生正伝》,東京:島津書房,2001年。

宮地佐一郎編:《中岡慎太郎全集》,東京:勁草書房,1991年。

宮地佐一郎編:《坂本龍馬全集》,東京:光風社出版,1982年。

Perry, Commodore Mathew C., *Narrative of the Expedition to the China Seas and Japan 1852–1854*, Mineola, NY: Dover Publications, 2000.

Ruxton, Ian, ed., *A Diplomat in Japan, Part II: The Diaries of Ernest A Diplomat in Japan, 1870–1883*, Morrisville, North Carolina: Lulu Press, 2009.

佐久間象山:《省譽録》,東京:岩波書店,2001年。

Satow, Sir Ernest., *A Diplomat in Japan*, Tokyo: Oxford University Press, 1968.

渋沢栄一編:《昔夢会筆記:德川慶喜公回想談》,東京:平凡社,1997年。

三本常朝:《葉隠》,東京:德間書店,1979年。

二手材料

Annals of America, Vol. 8, Chicago: Encyclopaedia Britannica, 1976.

《幕末維新を生きた13人の女たち》,《別冊歴史読本》,東京:新人物往来社,1979年10月20日。

Beasley, W.G., *The Meiji Restoration*, Stanford: Stanford University Press, 1972.

Clark, E. Warren., *Katz Awa, The Bismarck of Japan: Or, the Story of a Noble Life*, New York: B.F. Buck, 1904.

Collingwood, R.G., *The Idea of History (Revised Edition)*, Oxford: Oxford University Press, 1994.

Craig, Albert M., *Choshu in the Meiji Restoration*, Cambridge, MA: Harvard University Press, 1978.

Dickins, Frederick V., *The Life of Sir Harry Parkes: Sometime Her Majesty's Minister to China and Japan,* Vol. 2, London: Macmillan, 1894.

土居良三：《軍艦奉行木村摂津守：近代海軍誕生の陰の立役者》，東京：中央公論社，1994年。

土居良三：《咸臨丸海を渡る：曽祖父長尾幸作の日記より》，東京：未来社，1993年。

童門冬二：《勝海舟：最後の幕臣》，東京：成美堂出版，1999年。

福永酔剣：《首斬り浅右衛門刀剣押形》（下巻），東京：雄山閣出版，1970年。

古川薫：《高杉晋作：青年志士の生涯と実像》，大阪：創元社，1986年。

《現代視点 戦国・幕末の群像：坂本龍馬》，東京：旺文社，1985年。

Hillsborough, Romulus., *Shinsengumi: The Shogun's Last Samurai Corps*, North Clarendon, VT: Tutle Publishing, 2005.

平尾道雄：《維新暗殺秘録》，東京：河出書房新社，1990年。

平尾道雄：《中岡慎太郎：陸援隊始末記》，東京：中央公論社，1977年。

平尾道雄：《龍馬のすべて》，東京：高知新聞社，1999年。

平尾道雄：《坂本龍馬：海援隊始末記》，東京：中央公論社，1976年。

平尾道雄：《定本新撰組史録》，東京：新往来人物社，2003年。

平尾道雄：《山内容堂》，東京：吉川弘文館，1993年。

平山繁信：《九州・菊池一族の集大成：西郷隆盛・菊池武光・菊池寛・広瀬武夫・清少納言》，東京：文芸社，2002年。

井上清：《西郷隆盛》（上、下），東京：中央公論新社，1990年。

石井孝：《勝海舟》，東京：吉川弘文館，1997年。

Iwata, Masakazu., *Okubo Toshimichi: The Bismarck of Japan*, Berkeley: University of California Press, 1964.

Jansen, Marius B., *Sakamoto Ryoma and the Meiji Restoration*, Stanford:

Stanford University Press, 1971.

Jansen, Marius B., *The Making of Modern Japan*, Cambridge, MA: Harvard University Press, 2000.

海音寺潮五郎:《西郷隆盛》(全9巻),東京:朝日新聞社,1976—1978年。

笠原一男:《詳説日本史研究》,東京:山川出版社,1980年。

勝部真長:《勝海舟》(上、下),東京:PHP研究所,1992年。

Keene, Donald., *Emperor of Japan: Meiji and His World, 1852–1912*, New York: Columbia University Press, 2002.

菊地明:《土方歳三の生涯》,東京:新人物往来社,2003年。

菊地明編:《新選組日誌》(上、下),東京:新人物往来社,2003年。

木村幸比古:《新選組日記:永倉新八日記・島田魁日記を読む》,東京:PHP研究所,2003年。

小西四郎編:《勝海舟のすべて》,東京:新人物往来社,1985年。

小西四郎:《日本の歴史19 開国と攘夷》,東京:中央公論社,1974年。

小西四郎編:《坂本龍馬事典》,東京:新人物往来社,1988年。

松本健一:《幕末の三舟:海舟・鉄舟・泥舟の生きかた》,東京:講談社,1996年。

松本健一:《評伝佐久間象山》(上、下),東京:中央公論新社,2000年。

松本健一:《開国のかたち》,東京:毎日新聞社,1994年。

松岡司:《中岡慎太郎伝》,東京:新人物往来社,1999年。

松岡司:《武市半平太伝》,東京:新人物往来社,1997年。

松岡司:《定本坂本龍馬伝》,東京:新人物往来社,2003年。

松浦玲:《暗殺:明治維新の思想と行動》,東京:勁草書房,1979年。

松浦玲:《勝海舟》,東京:中央公論社,1997年。

松浦玲:《勝海舟》,東京:筑摩書房,2010年。

松浦玲:《新選組》,東京:岩波書店,2003年。

松浦玲:《徳川慶喜:将軍家の明治維新》,東京:中央公論社,1989年。

松浦玲:《横井小楠:儒学的正義とは何か》,東京:朝日新聞社,2000年。

《明治維新人名辞典》,東京:吉川弘文館,1982年。

三島由紀夫：《葉隱入門》，東京：新潮社，2007 年。

宮地佐一郎：《中岡慎太郎》，東京：PHP 研究所，1992 年。

宮地佐一郎：《龍馬百話》，東京：文藝春秋，1997 年。

宮永孝：《幕末異人殺傷錄》，東京：角川書店，1996 年。

Morris, Ivan., *The Nobility of Failure: Tragic Heroes in the History of Japan*, New York: Noonday Press, 1975.

Mounsey, Augustus H., *The Satsuma Rebellion: An Episode of Modern Japanese History*, London: John Murray, 1879.

Nagakuni, Junya, Junji Kitadai, trans. *Drifting Toward the Southeast: The Story of Five Japanese Castaways*, New Bedford, MA: Spinner Publications, 2003.

奈良本辰也：《高杉晉作》，東京：中央公論新社，1996 年。

奈良本辰也：《吉田松陰》，東京：岩波書店，1987 年。

"Neo-Confucianism," *The New Encyclopaedia Britannica: Micropaedia*, 15th ed., 1992.

《日本史用語辞典》，東京：柏書房，1979 年。

Nitobe, Inazo., *Bushido: The Soul of Japan*, Rutland, VT: Charles E. Tutle, 1969.

野口武彦：《井伊直弼の首》，東京：新潮社，2008 年。

小木新造編：《江戶東京学事典》，東京：三省堂，1987 年。

大平喜間多：《佐久間象山》，東京：吉川弘文館，1998 年。

Okakura, Kakuzo., *The Awakening of Japan*, London: John Murray, 1905.

小美濃清明：《坂本龍馬と刀剣》，東京：新人物往来社，1995 年。

大仏次郎：《天皇の世紀》（3），東京：文藝春秋，2010 年。

大鳥圭介：《幕末実戦史》，東京：新人物往来社，1969 年。

Ravina, Mark., *The Last Samurai: The Life and Batles of Saigo Takamori*, Hoboken, NJ: Wiley, 2004.

Rawlinson, John Lang., "Li Hung-chang." *The New Encyclopaedia Britannica: Micropaedia*, 15th ed., 1992, Vol. 7.

Reischauer, Haru Matsukata., *Samurai and Silk: A Japanese and American Her-

itage, Rutland, VT: Charles E. Tutle, 1987.

坂本藤良:《坂本龍馬と海援隊:日本を変えた男のビジネス魂》,東京:講談社,1986年。

《坂本龍馬:土佐の風雲児》,《別冊歴史読本》,東京:新人物往来社,1989年8月15日。

鮫島志芽太:《西郷南洲語録》,東京:講談社,1977年。

Sandburg, Carl., *Abraham Lincoln: The Prairie Years and the War Years* (one volume ed.). New York: Harcourt, Brace, 1954.

Satoh, H., *Agitated Japan: The Life of Baron Ii Kamon-No-Kami Naosuke*, Tokyo: Dai Nippon Tosho Kabushiki Kaisha, 1896.

Schlcsinger, Arthur M. Jr., *Robert Kennedy and His Times*, New York: Ballantine, 1979.

Schroeder, John H., *Mathew Calbraith Perry: Antebellum Sailor and Diplomat*, Annapolis: Naval Institute Press, 2001.

"Shanghai." *The New Encyclopaedia Britannica: Macropaedia*, 15th ed., 1992, Vol. 27.

"Taiping Rebellion." *The New Encyclopaedia Britannica: Micropaedia*, 15th ed., 1992, Vol. 11.

政翼賛会鹿児島県支部編:《有村次左衛門と其の一家》,鹿儿島:政翼賛会鹿児島県支部,1943年。

《高杉晋作:長州の革命児》,《別冊歴史読本》,東京:新人物往来社,1989年10月18日。

田中彰:《高杉晋作と奇兵隊》,東京:岩波書店,1993年。

田中惣五郎:《西郷隆盛》,東京:吉川弘文館,1988年。

The Japanese Emperor Trough History, Tokyo: International Society for Educational Information, 1989.

冨成博:《新選組・池田屋事件顛末記》,東京:新人物往来社,2001年。

Totman, Conrad., *The Collapse of the Tokugawa Bakufu, 1862-1868*, Honolulu: University of Hawaii Press, 1980.

頭山満:《幕末三舟伝》,東京:国書刊行会,1999 年。

綱淵謙錠:《幕末維新列伝》,東京:学陽書房,1998 年。

牛山栄治:《山岡鉄舟の一生》,東京:春風館,1968 年。

Yates, Charles L., *Saigo Takamori: The Man Behind the Myth*, London: Kegan Paul International, 1995.

注　释

序　言

1　一石米约合150公斤米。

2　松浦玲：松浦玲：《德川慶喜：将軍家の明治維新》，東京：中央公論社，1989年，東京：中央公論社，1989年，第168頁。

3　Jansen, Marius B., *The Making of Modern Japan*, Cambridge, MA: Harvard University Press, 2000, p. 49.

4　勝海舟：《解難錄》第43节，載《勝海舟全集》(1)，東京：講談社，1976年。400万石是官方数字。大政奉还后，德川庆喜说德川家的石高只有200万石，参见井上清：《西郷隆盛》(下)，東京：中央公論新社，1990年，第54—55頁。夸大的说法对幕府有利，因为它强化了德川家实力强大的印象。

5　官方的石高通常低于实际稻米产量。例如，长州的石高是36.9万石，在所有藩中排在第九位，但它的实际产量超过70万石，在所有藩中排在第四或第五位。参见Craig, Albert M., *Choshu in the Meiji Restoration*, Cambridge, MA: Harvard University Press, 1978, p. 11-13。

6　Jansen, Marius B., *The Making of Modern Japan*, Cambridge, MA: Harvard University Press, 2000, p. 49.

7　小木新造編：《江戶東京学事典》，東京：三省堂，1987年，第592頁。

8　勝海舟：《幕府始末》，載勝海舟：《幕末日記》，載《勝海舟全集》(1)，東京：講談社，1976年，第359頁。嘉永三年日本的人口为3000万，其中六到七成是武士。法国的人口是3600万，英国的人口是2800万，德国的人口是2700万，美国的人口是2400万。参见勝部真長：《勝海舟》(上)，東京：PHP研究所，1992年，第160頁。

9　Satow, Sir Ernest., *A Diplomat in Japan*, Tokyo: Oxford University Press, 1968, p. 366.

10　勝海舟：《幕府始末》，載勝海舟：《幕末日記》，載《勝海舟全集》(1)，東京：講談社，1976年，第355頁。

11　Hillsborough, Romulus., *Shinsengumi: The Shogun's Last Samurai Corps*, North

Clarendon, VT: Tutle Publishing, 2005, p. 4.

12　笠原一男：《詳説日本史研究》，東京：山川出版社，1980 年，第 236 頁。
13　笠原一男：《詳説日本史研究》，東京：山川出版社，1980 年，第 238 頁。
14　松本健一：《評伝佐久間象山》（上），東京：中央公論新社，2000 年，第 35 頁。
15　笠原一男：《詳説日本史研究》，東京：山川出版社，1980 年，第 253 頁。日本只允许荷兰人从事贸易，而且活动范围仅限于长崎的出岛。
16　笠原一男：《詳説日本史研究》，東京：山川出版社，1980 年，第 252—253 頁。
17　勝部真長：《勝海舟》（上），東京：PHP 研究所，1992 年，第 197 頁。
18　勝部真長：《勝海舟》（上），東京：PHP 研究所，1992 年，第 200 頁。
19　勝海舟：《解難錄》第 31 节，載《勝海舟全集》（1），東京：講談社，1976 年。
20　小西四郎：《日本の歴史 19 開国と攘夷》，東京：中央公論社，1974 年，第 32 頁。
21　"Neo-Confucianism," *The New Encyclopaedia Britannica: Micropaedia*, 15th ed., 1992；海音寺潮五郎：《西郷隆盛》（3），東京：朝日新聞社，1976 年，第 62—63 頁；小西四郎：《日本の歴史 19 開国と攘夷》，東京：中央公論社，1974 年，第 32 頁。
22　笠原一男：《詳説日本史研究》，東京：山川出版社，1980 年，第 38 頁。

引　言

23　纪州藩是下一位将军德川家茂的本藩，和歌山是纪州藩厅所在地。
24　勝海舟：《幕府始末》，載勝海舟：《幕末日記》，載《勝海舟全集》（1），東京：講談社，1976 年，第 357—358 頁。
25　勝部真長編：《勝海舟全集》（11），東京：勁草書房，1973 年，第 534 頁。
26　Sandburg, Carl., *Abraham Lincoln: The Prairie Years and the War Years*（one volume ed.）. New York: Harcourt, Brace, 1954, p.660.
27　Clark, E. Warren., *Katz Awa, The Bismarck of Japan: Or, the Story of a Noble Life*, New York: B.F. Buck, 1904, p. 63.
28　Clark, E. Warren., *Katz Awa, The Bismarck of Japan: Or, the Story of a Noble Life*, New York: B.F. Buck, 1904, p. 66.
29　勝部真長：《勝海舟》（上），東京：PHP 研究所，1992 年，第 35 頁。

第一部分　局外人

第一章　幕末之始

1　天保是日本的年号，从 1830 到 1844 年。

2　勝海舟:《海軍歷史》(1),載《勝海舟全集》(8),東京:講談社,1973年,第10頁。
3　勝海舟:《追賛一話》,載《書簡と建言》,《勝海舟全集》(2),東京:講談社,1982年,第618頁。
4　小西四郎:《日本の歴史19開国と攘夷》,東京:中央公論社,1974年,第110頁;奈良本辰也:《吉田松陰》,東京:岩波書店,1987年,第116頁;海音寺潮五郎:海音寺潮五郎:《西郷隆盛》(1),東京:朝日新聞社,1976年,第275頁。
5　海音寺潮五郎:《西郷隆盛》(1),東京:朝日新聞社,1976年,第265—266頁。
6　松浦玲:《徳川慶喜:将軍家の明治維新》,東京:中央公論社,1989年,第25頁。
7　Jansen, Marius B., *The Making of Modern Japan*, Cambridge, MA: Harvard University Press, 2000, p. 275;笠原一男:《詳説日本史研究》,東京:山川出版社,1980年,第288頁。
8　勝海舟:《海軍歷史》(1),載《勝海舟全集》(8),東京:講談社,1973年,第35頁。虽然长崎奉行非常愤怒,但"菲顿"号的强大火力想必给他留下了深刻印象。海舟说,这艘英国船长约57米,吃水深度约3米,船舷两侧上部各装备了23门17磅炮,"船首和船尾各装备两门炮,总数达50门。船内载有30门炮,还有6门炮装在船尾桅杆和中桅上,还有4门装在船头桅杆上。这艘船一共载了96门炮"。
9　勝海舟:《海軍歷史》(1),載《勝海舟全集》(8),東京:講談社,1973年,第16頁。
10　勝海舟:《海軍歷史》(1),載《勝海舟全集》(8),東京:講談社,1973年,第19頁。
11　勝海舟:《海軍歷史》(1),載《勝海舟全集》(8),東京:講談社,1973年,第16—17頁。
12　勝海舟:《海軍歷史》(1),載《勝海舟全集》(8),東京:講談社,1973年,第21頁。
13　勝海舟:《海軍歷史》(1),載《勝海舟全集》(8),東京:講談社,1973年,第29—31頁。
14　勝海舟:《海舟語録》,載《勝海舟全集》(20),東京:講談社,1972年,第173頁。
15　勝海舟:《海軍歷史》(1),載《勝海舟全集》(8),東京:講談社,1973年,第21頁。
16　笠原一男:《詳説日本史研究》,東京:山川出版社,1980年,第288—289頁。
17　勝海舟:《開国起原》(1),《勝海舟全集》(15),東京:講談社,1973年,第7頁。
18　勝海舟:《開国起原》(5),《勝海舟全集》(19),東京:講談社,1975年,第59頁。
19　勝海舟:《開国起原》(1),《勝海舟全集》(15),東京:講談社,1973年,第7頁。
20　勝海舟:《海舟語録》,載《勝海舟全集》(20),東京:講談社,1972年,第173頁。
21　*Annals of America*, vol. 8, Chicago: Encyclopaedia Britannica, 1976, pp. 175-176.
22　*Annals of America*, vol. 8, Chicago: Encyclopaedia Britannica, 1976, p. 175.
23　Perry, Commodore Mathew C., *Narrative of the Expedition to the China Seas and Japan 1852-1854*, Mineola, NY: Dover Publications, 2000, p. 235.

24　小西四郎：《日本の歴史19開国と攘夷》，東京：中央公論社，1974年，第37—38頁。
25　勝海舟：《開国起原》（5），《勝海舟全集》（19），東京：講談社，1975年，第59頁。
26　Perry, Commodore Mathew C., *Narrative of the Expedition to the China Seas and Japan 1852-1854*, Mineola, NY: Dover Publications, 2000, pp. 234, 256-257.
27　松本健一：《開国のかたち》，東京：毎日新聞社，1994年，第24—25頁；Jansen, Marius B., *The Making of Modern Japan*, Cambridge, MA: Harvard University Press, 2000, p. 277。
28　小西四郎：《日本の歴史19開国と攘夷》，東京：中央公論社，1974年，第37—38頁。
29　勝部真長：《勝海舟》（上），東京：PHP研究所，1992年，第413頁。
30　Jansen, Marius B., *The Making of Modern Japan*, Cambridge, MA: Harvard University Press, 2000, p. 277.
31　松本健一：《評伝佐久間象山》（上），東京：中央公論新社，2000年，第35頁。
32　Perry, Commodore Mathew C., *Narrative of the Expedition to the China Seas and Japan 1852-1854*, Mineola, NY: Dover Publications, 2000, pp. 254-256；小西四郎：《日本の歴史19開国と攘夷》，東京：中央公論社，1974年，第38—40頁。
33　勝海舟：《牆の茨の記》，載勝海舟：《書簡と建言》，《勝海舟全集》（2），東京：講談社，1982年，第494頁。
34　Perry, Commodore Mathew C., *Narrative of the Expedition to the China Seas and Japan 1852-1854*, Mineola, NY: Dover Publications, 2000, p. 261.
35　由于《海防意見书》的原件、手稿和抄件都已丟失，所以准确时间不得而知，参见勝海舟：《書簡と建言》，載《勝海舟全集》（2），東京：講談社，1982年，第638頁注釋1。
36　勝海舟：《書簡と建言》，載《勝海舟全集》（2），東京：講談社，1982年，第255—261頁。
37　石井孝：《勝海舟》，東京：吉川弘文館，1997年，第7頁。
38　勝海舟：《海軍歴史》（1），載《勝海舟全集》（8），東京：講談社，1973年，第37頁。
39　大平喜間多：《佐久間象山》，東京：吉川弘文館，1998年，第13頁。
40　勝海舟：《氷川清話》，載《勝海舟全集》（21），東京：勁草書房，1973年，第60頁。
41　大平喜間多：《佐久間象山》，東京：吉川弘文館，1998年，第14—15、17—18頁；松本健一：《評伝佐久間象山》（上），東京：中央公論新社，2000年，第88—89頁。
42　勝海舟：《氷川清話》，載《勝海舟全集》（21），東京：勁草書房，1973年，第61頁。
43　大平喜間多：《佐久間象山》，東京：吉川弘文館，1998年，第2、14頁。
44　松本健一：《評伝佐久間象山》（上），東京：中央公論新社，2000年，第35—36、94—95頁；大平喜間多：《佐久間象山》，東京：吉川弘文館，1998年，第85頁。

45 松本健一:《評伝佐久間象山》(上),東京:中央公論新社,2000年,第128—129页。
46 松本健一:《評伝佐久間象山》(上),東京:中央公論新社,2000年,第89页;大平喜間多:《佐久間象山》,東京:吉川弘文館,1998年,第80—83页。
47 奈良本辰也:《吉田松陰》,東京:岩波書店,1987年,第63页;松本健一:《評伝佐久間象山》(上),東京:中央公論新社,2000年,第144—147页;大平喜間多:《佐久間象山》,東京:吉川弘文館,1998年,第8—11页。
48 勝海舟:《氷川清話》,載《勝海舟全集》(21),東京:勁草書房,1973年,第61页。
49 松本健一:《評伝佐久間象山》(上),東京:中央公論新社,2000年,第25页。
50 松本健一:《評伝佐久間象山》(上),東京:中央公論新社,2000年,第27—28页。
51 松本健一:《評伝佐久間象山》(上),東京:中央公論新社,2000年,第139—140页。
52 大平喜間多:《佐久間象山》,東京:吉川弘文館,1998年,第91页。
53 松本健一:《評伝佐久間象山》(上),東京:中央公論新社,2000年,第29页。
54 海音寺潮五郎:《西郷隆盛》(7),東京:朝日新聞社,1978年,第110页。
55 大平喜間多:《佐久間象山》,東京:吉川弘文館,1998年,第65—68、96—98页;松本健一:《評伝佐久間象山》(上),東京:中央公論新社,2000年,第40、153—154页;松本健一:《開国のかたち》,東京:毎日新聞社,1994年,第93页。
56 松本健一:《評伝佐久間象山》(上),東京:中央公論新社,2000年,第63—64页。
57 佐久間象山:《省諐録》,東京:岩波書店,2001年,第28节。
58 佐久間象山:《省諐録》,東京:岩波書店,2001年,第30节。
59 Schroeder, John H., *Mathew Calbraith Perry: Antebellum Sailor and Diplomat*, Annapolis: Naval Institute Press, 2001, pp. 217-218.
60 *Daily Alta California*, March 30, 1860.
61 勝部真長:《勝海舟》(上),東京:PHP研究所,1992年,第297—299页。这则逸闻最早出自江户儒学者西村茂树(1828—1902年)的回忆录。
62 勝部真長:《勝海舟》(上),東京:PHP研究所,1992年,第298页;《明治維新人名辞典》,東京:吉川弘文館,1982年,第799页;Perry, Commodore Mathew C., *Narrative of the Expedition to the China Seas and Japan 1852-1854*, Mineola, NY: Dover Publications, 2000, p. 375.
63 小西四郎:《日本の歴史19 開国と攘夷》,東京:中央公論社,1974年,第50—52页。
64 奈良本辰也:《吉田松陰》,東京:岩波書店,1987年,第38—49页。
65 松本健一:《開国のかたち》,東京:毎日新聞社,1994年,第91—92页。
66 松本健一:《評伝佐久間象山》(上),東京:中央公論新社,2000年,第80—82页。
67 勝海舟:《佐久間先生罪科并歌百首》,載勝海舟:《書簡と建言》,《勝海舟全集》(2),東京:講談社,1982年,第412页。

68 大平喜間多：《佐久間象山》，東京：吉川弘文館，1998 年，第 125 頁。

69 勝海舟：《佐久間先生罪科并歌百首》，勝海舟：《書簡と建言》，載《勝海舟全集》（2），東京：講談社，1982 年，第 412 頁。

70 松本健一：《評伝佐久間象山》（上），東京：中央公論新社，2000 年，第 63—64 頁。

71 Perry, Commodore Mathew C., *Narrative of the Expedition to the China Seas and Japan 1852-1854*, Mineola, NY: Dover Publications, 2000, pp. 420-423.

72 Perry, Commodore Mathew C., *Narrative of the Expedition to the China Seas and Japan 1852-1854*, Mineola, NY: Dover Publications, 2000, pp. 421-422.

73 大平喜間多：《佐久間象山》，東京：吉川弘文館，1998 年，第 128—129 頁；《明治維新人名辞典》，東京：吉川弘文館，1982 年，第 286 頁；奈良本辰也：《吉田松陰》，東京：岩波書店，1987 年，第 97—98、111 頁；古川薰：《高杉晋作：青年志士の生涯と実像》，大阪：創元社，1986 年，第 28 頁。桂小五郎（后来改名木户孝允，和西乡隆盛、大久保利通一同领导了初期的明治政府）实际上没有进入吉田松阴的私塾，但是他和吉田的关系很好，而且曾在吉田门下学习。吉田死后，他成了吉田弟子们的领袖。

74 大平喜間多：《佐久間象山》，東京：吉川弘文館，1998 年，第 130 頁。

75 大平喜間多：《佐久間象山》，東京：吉川弘文館，1998 年，第 132 頁。

76 松本健一：《評伝佐久間象山》（上），東京：中央公論新社，2000 年，第 45 頁。

77 松本健一：《評伝佐久間象山》（上），東京：中央公論新社，2000 年，第 52 頁。

78 佐久間象山：《省謩録》，東京：岩波書店，2001 年，第 18 节。

79 松本健一：《評伝佐久間象山》（上），東京：中央公論新社，2000 年，第 46—47 頁；大平喜間多：《佐久間象山》，東京：吉川弘文館，1998 年，第 129 頁。

第二章　局外人

1 勝海舟：《近世偉人数章》，勝海舟：《書簡と建言》，載《勝海舟全集》（2），東京：講談社，1982 年，第 409 頁。

2 参見勝部真長：《勝海舟》（上），東京：PHP 研究所，1992 年，第 354 頁。"龟泽"的意思是"乌龟的沼泽"。

3 松浦玲：《勝海舟》，東京：筑摩書房，2010 年，第 258—259 頁。

4 官位的荣誉性远大于功能性。也就是说，"安房守"（安房国的守护）只是荣衔，而不是安房地区的地方官。海舟获得该荣衔以后的数年里，在写信和公文（例如给幕府的上书）时会署名"胜安房守"，不过更多的时候会省略自己的姓氏，只写"安房"（偶尔会在公文最后署名"义邦"）。

5 松浦玲：《勝海舟》，東京：筑摩書房，2010 年，第 427 頁。

6 勝海舟:《氷川清話》,載《勝海舟全集》(21),東京:勁草書房,1973 年,第 5 頁。"安芳"和他之前的名字"安房"的汉字是不一样的,虽然它们在日文中的读法可以是一样的。它们有两种读法,"yasuyoshi"为日本训读,而"awa"则为音读,其读音源自汉语。他改名"安芳"之后,有时署名"安芳",有时署名"胜安芳"。

7 勝部真長:《勝海舟》(上),東京:PHP 研究所,1992 年,第 395—396 頁。

8 勝海舟:《海舟語録》,載《勝海舟全集》(20),東京:講談社,1972 年,第 174 頁。

9 这里的男谷的侧室和子女数,出自勝部真長:《勝海舟》(下),東京:PHP 研究所,1992 年。胜部谨慎地表示,这个数字来自明治维新时代著名作家子母泽宽。根据胜部的说法,海舟或许正是从曾祖父那里继承了对年轻女子的喜好和生育许多子女的习惯。

10 勝部真長:《勝海舟》(上),東京:PHP 研究所,1992 年,第 149 頁;石井孝:《勝海舟》,東京:吉川弘文館,1997 年,第 2 頁。检校是"能授予盲人的最高官职",参见《広辞苑》,岩波書店,1988 年。

11 勝海舟:《吹塵録》(4),載《勝海舟全集》(6),東京:講談社,1977 年,第 6 頁。

12 《勝海舟の曽祖父米山検校米山》,載小西四郎編:《勝海舟のすべて》,東京:新人物往来社,1985 年,第 47 頁。

13 勝小吉:《夢酔独言》,東京:平凡社,1996 年,第 14 頁。

14 勝小吉:《夢酔独言》,東京:平凡社,1996 年,第 21 頁。

15 勝小吉:《夢酔独言》,東京:平凡社,1996 年,第 19—20 頁。

16 勝小吉:《夢酔独言》,東京:平凡社,1996 年,第 22 頁。两是江户时代标准货币单位,1 两的价值略少于半石,1 石相当于 2 两 1 步,1 步约相当于 1/4 两,参见《日本史用語辞典》,東京:柏書房,1979 年,第 717 頁。1860 年的 1 两大约相当于 21 世纪初的 200 美元,这是基于今天的日本米价和 1860 年的日本米价计算的,但这种换算非常困难,参见菊地明編:《新選組日誌》(上),東京:新人物往来社,2003 年,第 26 頁。根据萨道义的说法,当时的 1 两大约相当于 1.3 枚墨西哥银元,参见 Satow, Sir Ernest., *A Diplomat in Japan*, Tokyo: Oxford University Press, 1968, p. 416。

17 勝小吉:《夢酔独言》,東京:平凡社,1996 年,第 43—44 頁。

18 勝小吉:《夢酔独言》,東京:平凡社,1996 年,第 3 頁。

19 "梦醉"是小吉的笔名。

20 勝小吉:《夢酔独言》,東京:平凡社,1996 年,第 11 頁。

21 勝小吉:《夢酔独言》,東京:平凡社,1996 年,第 39 頁。

22 勝小吉:《夢酔独言》,東京:平凡社,1996 年,第 171 頁。

23 勝小吉:《夢酔独言》,東京:平凡社,1996 年,第 11 頁。

24 勝小吉:《夢酔独言》,東京:平凡社,1996 年,第 57—60 頁。

25　勝部真長:《勝海舟》(上), 東京:PHP研究所, 1992年, 第334頁。
26　根据1990年代初日本官方的米价, 41石大概相当于75万日元, 参见勝部真長:《勝海舟》(上), 東京:PHP研究所, 1992年, 第99頁。2012年春, 1美元约合80日元, 这也就是说, 胜家每年的俸禄相当于2012年的9375美元。
27　勝部真長:《勝海舟》(上), 東京:PHP研究所, 1992年, 第165頁。
28　勝小吉:《夢酔独言》, 東京:平凡社, 1996年, 第165頁。
29　勝小吉:《夢酔独言》, 東京:平凡社, 1996年, 第63—64頁。
30　勝小吉:《夢酔独言》, 東京:平凡社, 1996年, 第121頁。
31　勝小吉:《夢酔独言》, 東京:平凡社, 1996年, 第127頁。
32　勝小吉:《夢酔独言》, 東京:平凡社, 1996年, 第21頁;勝海舟:《氷川清話》, 載《勝海舟全集》(21), 東京:勁草書房, 1973年, 第272頁。
33　勝海舟:《氷川清話》, 載《勝海舟全集》(21), 東京:勁草書房, 1973年, 第215—217頁。
34　勝海舟:《氷川清話》, 載《勝海舟全集》(21), 東京:勁草書房, 1973年, 第144—146頁。
35　勝部真長:《勝海舟》(上), 東京:PHP研究所, 1992年, 第335—337頁。
36　勝海舟:《海舟語録》, 載《勝海舟全集》(20), 東京:講談社, 1972年, 第202—203頁。
37　勝海舟:《海舟語録》, 載《勝海舟全集》(20), 東京:講談社, 1972年, 第76—77頁。
38　勝部真長:《勝海舟》(上), 東京:PHP研究所, 1992年, 第296頁。
39　勝部真長:《勝海舟》(上), 東京:PHP研究所, 1992年, 第252頁。
40　勝部真長:《勝海舟》(上), 東京:PHP研究所, 1992年, 第354頁;勝海舟:《海舟語録》, 載《勝海舟全集》(20), 東京:講談社, 1972年, 第226頁。
41　勝海舟:《海舟語録》, 載《勝海舟全集》(20), 東京:講談社, 1972年, 第202頁。
42　勝部真長:《勝海舟》(上), 東京:PHP研究所, 1992年, 第336頁。
43　勝海舟:《海舟語録》, 載《勝海舟全集》(20), 東京:講談社, 1972年, 第202頁。
44　勝海舟:《海舟語録》, 載《勝海舟全集》(20), 東京:講談社, 1972年, 第52頁, 第54頁注释。
45　足轻是德川时代地位最低的武士。
46　勝部真長:《勝海舟》(上), 東京:PHP研究所, 1992年, 第252—253頁。
47　勝部真長:《勝海舟》(上), 東京:PHP研究所, 1992年, 第296頁。
48　勝海舟:《近世偉人数章》, 勝海舟:《書簡と建言》, 載《勝海舟全集》(2), 東京:講談社, 1982年, 第405頁。
49　勝部真長:《勝海舟》(上), 東京:PHP研究所, 1992年, 第296頁。

50 勝小吉:《夢酔独言》,東京:平凡社,1996年,第95頁。

51 勝海舟:《近世偉人数章》,勝海舟:《書簡と建言》,載《勝海舟全集》(2),東京:講談社,1982年,第405頁;勝部真長:《勝海舟》(上),東京:PHP研究所,1992年,第252—254頁;勝小吉:《夢酔独言》,東京:平凡社,1996年,第95頁。

52 勝海舟:《氷川清話》,載《勝海舟全集》(21),東京:勁草書房,1973年,第273頁。

53 勝海舟:《氷川清話》,載《勝海舟全集》(21),東京:勁草書房,1973年,第273—274頁。

54 勝部真長:《勝海舟》(上),東京:PHP研究所,1992年,第251—252頁。

55 勝海舟:《氷川清話》,載《勝海舟全集》(21),東京:勁草書房,1973年,第274—275頁。

56 勝海舟:《氷川清話》,載《勝海舟全集》(21),東京:勁草書房,1973年,第275—276頁。

57 勝海舟:《氷川清話》,載《勝海舟全集》(21),東京:勁草書房,1973年,第13頁。

58 勝海舟:《海舟語録》,載《勝海舟全集》(20),東京:講談社,1972年,第214—215頁。

59 勝海舟:《海舟語録》,載《勝海舟全集》(20),東京:講談社,1972年,第215頁。日语的"砍"相当于中文的"切"。而日语的"切"也有"杀死"的意思(当然是指用刀剑杀死)。那些剑术高超的剑客之所以无须杀人就能"解决"刺客,大概是因为他们使用了柔术,靠柔术使刺客暂时失去战斗力。

60 勝海舟:《氷川清話》,載《勝海舟全集》(21),東京:勁草書房,1973年,第340—341頁。

61 勝部真長:《勝海舟》(上),東京:PHP研究所,1992年,第376頁。

62 笠原一男:《詳説日本史研究》,東京:山川出版社,1980年,第290頁。

63 勝部真長:《勝海舟》(上),東京:PHP研究所,1992年,第372、376頁;Jansen, Marius B., *The Making of Modern Japan*, Cambridge, MA: Harvard University Press, 2000, pp. 253-254。

64 勝部真長:《勝海舟》(上),東京:PHP研究所,1992年,第252、354頁;勝部真長:《勝海舟》(下),東京:PHP研究所,1992年,第524頁。

65 勝部真長:《勝海舟》(上),東京:PHP研究所,1992年,第376頁。

66 笠原一男:《詳説日本史研究》,東京:山川出版社,1980年,第283、296—297頁。

67 海舟在《高橋作左衛門罪科》,載勝海舟:《書簡と建言》,《勝海舟全集》(2),東京:講談社,1982年,第402—403頁提到了此事。

68 1860年春,长崎发生了一件非常可怕的违背传统的事。当时荷兰医师获准在一具尸体上做了日本第一例解剖手术,全日本虔诚的佛教徒听说这件事后震惊不已。幕府为平息民愤公开宣布，荷兰医师是在一具已遭处决的罪犯的尸体上做的手术，目的是决定如何更好地预防由"肮脏的南蛮"带来的霍乱疫情，参见 *Daily Alta California*, March 26, 1860。

69　勝海舟：《近世偉人数章》，勝海舟：《書簡と建言》，載《勝海舟全集》(2)，東京：講談社，1982年，第404—405頁。

70　勝海舟：《近世偉人数章》，勝海舟：《書簡と建言》，載《勝海舟全集》(2)，東京：講談社，1982年，第409頁。

71　綱淵謙錠：《幕末維新列伝》，東京：学陽書房，1998年，第115頁。

72　勝海舟：《近世偉人数章》，勝海舟：《書簡と建言》，載《勝海舟全集》(2)，東京：講談社，1982年，第409頁。

73　勝海舟：《近世偉人数章》，勝海舟：《書簡と建言》，載《勝海舟全集》(2)，東京：講談社，1982年，第404—405頁，第646—647注釈2、4。

74　綱淵謙錠：《幕末維新列伝》，東京：学陽書房，1998年，第117頁。

75　勝海舟：《近世偉人数章》，勝海舟：《書簡と建言》，載《勝海舟全集》(2)，東京：講談社，1982年，第404頁。

76　勝海舟：《書簡と建言》，載《勝海舟全集》(2)，東京：講談社，1982年，第646—647頁注釈4。

77　勝部真長：《勝海舟》(上)，東京：PHP研究所，1992年，第368—371頁；勝海舟：《海舟語録》，載《勝海舟全集》(20)，東京：講談社，1972年，第169、177頁。嘉永三年，幕府拒绝了佐久间象山出版《朵夫—哈尔玛字典》的请求。佐久间在上书中称，为了更好地了解如何"制夷"（师夷长技以制夷），日本的民众必须了解西方。了解外国的语言和文化至关重要，而字典是学习外语的基础。拒绝佐久间申请印刷字典的人，正是那些对胜麟太郎学习兰学怒目而视的人。但是这件事发生在佩里来航之前。字典最终得以出版，时间是安政二年（1855年），也就是签订《日美亲善条约》的次年，参见大平喜間多：《佐久間象山》，東京：吉川弘文館，1998年，第90—92頁；勝部真長：《勝海舟》(上)，東京：PHP研究所，1992年，第370頁。

78　勝海舟：《海舟語録》，載《勝海舟全集》(20)，東京：講談社，1972年，第175頁。

79　勝部真長：《勝海舟》(上)，東京：PHP研究所，1992年，第325—327頁。

80　勝部真長：《勝海舟》(上)，東京：PHP研究所，1992年，第374頁。

81　勝部真長：《勝海舟》(上)，東京：PHP研究所，1992年，第324—325頁。

82　勝部真長：《勝海舟》(下)，東京：PHP研究所，1992年，第434頁。

83　勝部真長：《勝海舟》(下)，東京：PHP研究所，1992年，第434頁。

84　勝部真長：《勝海舟》(上)，東京：PHP研究所，1992年，第29—30、32頁。

85　勝部真長：《勝海舟》(上)，東京：PHP研究所，1992年，第32頁。武士和普通人不同，要时刻做好战斗准备。根据这个要求，江户时代的武士如果没有得到允许，不可在外过夜，哪怕只有一天。根据宵禁制度，他们要在现代时间凌晨1点前回家，参见勝部真長：《勝海舟》（上），東京：PHP研究所，1992年，第32—33页。

86　石井孝：《勝海舟》，東京：吉川弘文館，1997年，第270页；勝部真長：《勝海舟》（下），東京：PHP研究所，1992年，第440页。

87　勝部真長：《勝海舟》（下），東京：PHP研究所，1992年，第436页。

88　勝部真長：《勝海舟》（上），東京：PHP研究所，1992年，第32页；勝部真長：《勝海舟》（下），東京：PHP研究所，1992年，第436、440页。

89　勝部真長：《勝海舟》（上），東京：PHP研究所，1992年，第377—378页。

90　勝部真長：《勝海舟》（上），東京：PHP研究所，1992年，第236—237页。

91　勝海舟：《海舟語録》，載《勝海舟全集》（20），東京：講談社，1972年，第305—306页。

92　勝海舟：《書簡と建言》，載《勝海舟全集》（2），東京：講談社，1982年，第11页。

93　勝海舟：《書簡と建言》，載《勝海舟全集》（2），東京：講談社，1982年，第11页。

94　勝海舟：《海舟語録》，載《勝海舟全集》（20），東京：講談社，1972年，第100页。

95　勝海舟：《海舟語録》，載《勝海舟全集》（20），東京：講談社，1972年，第99页。

96　大平喜間多：《佐久間象山》，東京：吉川弘文館，1998年，第85页。

97　勝部真長：《勝海舟》（上），東京：PHP研究所，1992年，第395页。

98　勝海舟：《氷川清話》，載《勝海舟全集》（21），東京：勁草書房，1973年，第5页。

99　勝部真長：《勝海舟》（上），東京：PHP研究所，1992年，第396页。

100　《明治維新人名辞典》，東京：吉川弘文館，1982年，第990页。

101　勝海舟：《海舟語録》，載《勝海舟全集》（20），東京：講談社，1972年，第100—101页。

102　勝海舟：《海舟語録》，載《勝海舟全集》（20），東京：講談社，1972年，第100页；勝部真長：《勝海舟》（上），東京：PHP研究所，1992年，第416—417页。

第三章　长崎海军传习所

1　勝海舟：《追賛一話》，載《書簡と建言》，《勝海舟全集》（2），東京：講談社，1982年，第623页。

2　勝部真長：《勝海舟》（上），東京：PHP研究所，1992年，第421页；石井孝：《勝海舟》，東京：吉川弘文館，1997年，第7—8页；《明治維新人名辞典》，東京：吉川弘文館，1982年，第181页。

3　《櫻園集》，勝部真長：《勝海舟》（上），東京：PHP研究所，1992年，第421—423页。《櫻園集》是一翁的诗文集，这本书是海舟在1888年一翁死后不久编辑和出版的。

4　勝海舟：《追賛一話》，載《書簡と建言》，《勝海舟全集》(2)，東京：講談社，1982年，第623頁。

5　勝海舟：《追賛一話》，載《書簡と建言》，《勝海舟全集》(2)，東京：講談社，1982年，第623頁。

6　勝海舟：《海舟語録》，載《勝海舟全集》(20)，東京：講談社，1972年，第94頁。

7　勝部真長：《勝海舟》(上)，東京：PHP研究所，1992年，第417頁。

8　石井孝：《勝海舟》，東京：吉川弘文館，1997年，第8頁。

9　《櫻園集》，勝部真長：《勝海舟》(上)，東京：PHP研究所，1992年，第421—423頁。

10　石井孝：《勝海舟》，東京：吉川弘文館，1997年，第7—9頁。

11　勝部真長：《勝海舟》(上)，東京：PHP研究所，1992年，第417—418頁。

12　小西四郎：《日本の歴史19 開国と攘夷》，東京：中央公論社，1974年，第60頁；《明治維新人名辞典》，東京：吉川弘文館，1982年，第131頁。

13　勝部真長：《勝海舟》(上)，東京：PHP研究所，1992年，第416頁；《明治維新人名辞典》，東京：吉川弘文館，1982年，第131頁。

14　勝部真長：《勝海舟》(上)，東京：PHP研究所，1992年，第417—418頁。

15　勝部真長：《勝海舟》(上)，東京：PHP研究所，1992年，第418頁。

16　勝海舟：《氷川清話》，載《勝海舟全集》(21)，東京：勁草書房，1973年，第196—197頁。

17　石井孝：《勝海舟》，東京：吉川弘文館，1997年，第9頁。

18　勝部真長：《勝海舟》(上)，東京：PHP研究所，1992年，第418—419、430頁。

19　勝海舟：《氷川清話》，載《勝海舟全集》(21)，東京：勁草書房，1973年，第18頁。

20　勝海舟：《断腸之記》，載勝海舟：《幕末日記》，《勝海舟全集》(1)，東京：講談社，1976年，第373頁。

21　勝部真長編：《新訂海舟座談》，東京：岩波書店，2000年，第258頁。

22　石井孝：《勝海舟》，東京：吉川弘文館，1997年，第10頁。

23　勝海舟：《海軍歴史》(1)，載《勝海舟全集》(8)，東京：講談社，1973年，第155頁。

24　勝海舟：《海軍歴史》(1)，載《勝海舟全集》(8)，東京：講談社，1973年，第151、155頁；勝部真長：《勝海舟》(上)，東京：PHP研究所，1992年，第527—528頁。

25　勝海舟：《海軍歴史》(1)，載《勝海舟全集》(8)，東京：講談社，1973年，第153—155頁。

26　勝海舟：《海軍歴史》(1)，載《勝海舟全集》(8)，東京：講談社，1973年，第163—167頁。

27　勝海舟：《海軍歴史》(1)，載《勝海舟全集》(8)，東京：講談社，1973年，第150頁注釋。

28 勝部真長：《勝海舟》（上），東京：PHP 研究所，1992 年，第 443—444 頁。

29 勝海舟：《海軍歷史》（1），載《勝海舟全集》（8），東京：講談社，1973 年，第 105—106 頁。

30 勝海舟：《海軍歷史》（1），載《勝海舟全集》（8），東京：講談社，1973 年，第 203 頁。

31 勝海舟：《海軍歷史》（1），載《勝海舟全集》（8），東京：講談社，1973 年，第 220 頁。

32 勝海舟：《氷川清話》，載《勝海舟全集》（21），東京：勁草書房，1973 年，第 197 頁。

33 勝部真長：《勝海舟》（上），東京：PHP 研究所，1992 年，第 444—445 頁；勝海舟：《海軍歷史》（1），載《勝海舟全集》（8），東京：講談社，1973 年，第 168、172 頁。

34 勝海舟：《海軍歷史》（1），載《勝海舟全集》（8），東京：講談社，1973 年，第 160 頁。

35 勝海舟：《海舟語錄》，載《勝海舟全集》（20），東京：講談社，1972 年，第 98 頁。

36 根据勝海舟：《海軍歷史》（1），載《勝海舟全集》（8），東京：講談社，1973 年，第 203 頁，"军舰操练所"不久后改名为"海军传习所"。

37 勝海舟：《海軍歷史》（1），載《勝海舟全集》（8），東京：講談社，1973 年，第 202—203 頁。

38 勝海舟：《海軍歷史》（1），載《勝海舟全集》（8），東京：講談社，1973 年，第 204 頁。

39 勝海舟：《海軍歷史》（1），載《勝海舟全集》（8），東京：講談社，1973 年，第 213 頁。

40 勝海舟：《海軍歷史》（1），載《勝海舟全集》（8），東京：講談社，1973 年，第 213 頁；勝海舟：《海軍歷史》（1），載《勝海舟全集》（8），東京：講談社，1973 年，第 220 頁；Brooke, George M., Jr., ed., *John M. Brooke's Pacific Cruise and Japanese Adventure, 1858-1860*, Honolulu: University of Hawaii Press, 1986, p. 213 。

41 勝海舟：《海軍歷史》（1），載《勝海舟全集》（8），東京：講談社，1973 年，第 459—460 頁注释。

42 石井孝：《勝海舟》，東京：吉川弘文館，1997 年，第 11—12 頁。范卡腾代克的话，笔者转译自日译本。

43 勝海舟：《斷腸之記》，載勝海舟：《幕末日記》，《勝海舟全集》（1），東京：講談社，1976 年，第 375—376 頁。海舟在 1878 年的《墙茨记》里提到了上述内容，后来他在冰川接受采访时也说到了这件事。亦可参见勝海舟：《氷川清話》，載《勝海舟全集》（21），東京：勁草書房，1973 年，第 15—16 頁。

44 以上的记录，除了撞上礁石的部分，均引自勝海舟：《氷川清話》，載《勝海舟全集》（21），東京：勁草書房，1973 年，第 13—15 頁。关于此事的另一种说法可参见勝海舟：《斷腸之記》，載勝海舟：《幕末日記》，《勝海舟全集》（1），東京：講談社，1976 年，第 374—375 頁。

45 勝海舟：《海舟語錄》，載《勝海舟全集》（20），東京：講談社，1972 年，第 99 頁。

46 勝海舟：《海舟語錄》，載《勝海舟全集》（20），東京：講談社，1972 年，第 98—99 頁。

47 勝海舟：《海舟語錄》，載《勝海舟全集》（20），東京：講談社，1972年，第99頁。
48 勝海舟：《海舟語錄》，載《勝海舟全集》（20），東京：講談社，1972年，第99頁。
49 勝部真長：《勝海舟》（上），東京：PHP研究所，1992年，第474—475頁。

第四章　井伊直弼得势

1　1613年，德川家康和英格兰签订了通商条约，但是1623年英格兰为了集中力量从事利润更高的印度贸易而退出了该条约，参见 Jansen, Marius B., *The Making of Modern Japan*, Cambridge, MA: Harvard University Press, 2000, pp. 74-75。安政元年（1854年）的条约与贸易无关。

2　海音寺潮五郎：《西郷隆盛》（1），東京：朝日新聞社，1976年，第287頁。
3　松浦玲：《德川慶喜：將軍家の明治維新》，東京：中央公論社，1989年，第6頁。
4　海音寺潮五郎：《西郷隆盛》（1），東京：朝日新聞社，1976年，第283—284頁。
5　海音寺潮五郎：《西郷隆盛》（1），東京：朝日新聞社，1976年，第287頁。
6　松浦玲：《德川慶喜：將軍家の明治維新》，東京：中央公論社，1989年，第16—17頁。
7　松浦玲：《德川慶喜：將軍家の明治維新》，東京：中央公論社，1989年，第435頁。
8　海音寺潮五郎：《西郷隆盛》（2），東京：朝日新聞社，1976年，第354—355頁。
9　松浦玲：《德川慶喜：將軍家の明治維新》，東京：中央公論社，1989年，第41頁。
10　海音寺潮五郎：《西郷隆盛》（1），東京：朝日新聞社，1976年，第342頁。
11　海音寺潮五郎：《西郷隆盛》（1），東京：朝日新聞社，1976年，第413頁。
12　海音寺潮五郎：《西郷隆盛》（2），東京：朝日新聞社，1976年，第62—63頁；《明治維新人名辞典》，東京：吉川弘文館，1982年，第660頁。
13　《明治維新人名辞典》，東京：吉川弘文館，1982年，第930頁。
14　海音寺潮五郎：《西郷隆盛》（1），東京：朝日新聞社，1976年，第435頁。
15　勝海舟：《氷川清話》，載《勝海舟全集》（21），東京：勁草書房，1973年，第63頁。
16　"尊王"意为"尊崇天皇"，"攘夷"意为"驱逐外国人"。这两个口号时而分开使用，时而一同使用。
17　海音寺潮五郎：《西郷隆盛》（1），東京：朝日新聞社，1976年，第208頁。
18　松本健一：《開国のかたち》，東京：毎日新聞社，1994年，第20頁。
19　松浦玲：《德川慶喜：將軍家の明治維新》，東京：中央公論社，1989年，第30—31頁。
20　松本健一：《開国のかたち》，東京：毎日新聞社，1994年，第18—19頁。
21　勝海舟：《海軍歷史》（1），載《勝海舟全集》（8），東京：講談社，1973年，第37—38頁。
22　小西四郎：《日本の歴史19 開国と攘夷》，東京：中央公論社，1974年，第25頁。
23　海音寺潮五郎：《西郷隆盛》（1），東京：朝日新聞社，1976年，第264—265頁。

24	松本健一：《開国のかたち》，東京：毎日新聞社，1994年，第27頁。
25	海音寺潮五郎：《西郷隆盛》(1)，東京：朝日新聞社，1976年，第265頁。
26	勝海舟：《氷川清話》，載《勝海舟全集》(21)，東京：勁草書房，1973年，東京：講談社，第222—223頁。
27	海音寺潮五郎：《西郷隆盛》(1)，東京：朝日新聞社，1976年，第265頁。
28	德川家齐共有171名女仆，参见小木新造、陣内秀信、竹内誠、芳賀徹、前田愛、宮田登、吉原健一郎編：《江戸東京学事典》，東京：三省堂，1987年，第281頁。
29	小木新造、陣内秀信、竹内誠、芳賀徹、前田愛、宮田登、吉原健一郎編：《江戸東京学事典》，東京：三省堂，1987年，第281頁。
30	海音寺潮五郎：《西郷隆盛》(1)，東京：朝日新聞社，1976年，第266頁。
31	渋沢栄一編：《昔夢会筆記：德川慶喜公回想談》，東京：平凡社，1997年，转引自勝部真長：《勝海舟》(上)，東京：PHP研究所，1992年，第337—338頁。从1907年7月开始，庆喜回顾了幕末和明治时代的往事。该口述回忆录出版于1915年，庆喜死于回忆录出版两年前，终年76岁。参见渋沢栄一編：《昔夢会筆記：德川慶喜公回想談》，東京：平凡社，1997年前言，第3頁；松浦玲：《德川慶喜：將軍家の明治維新》，東京：中央公論社，1989年，第198頁。
32	小西四郎：《日本の歴史19 開国と攘夷》，東京：中央公論社，1974年，第26—27頁。
33	小西四郎：《日本の歴史19 開国と攘夷》，東京：中央公論社，1974年，第27頁。
34	根据传统，水户藩主长期居住在江户，而不是像其他藩主那样，生命中的一半时间在本藩度过。参见小西四郎：《日本の歴史19 開国と攘夷》，東京：中央公論社，1974年，第25頁。
35	海音寺潮五郎：《西郷隆盛》(1)，東京：朝日新聞社，1976年，第283—286頁。
36	海音寺潮五郎：《西郷隆盛》(1)，東京：朝日新聞社，1976年，第311—312頁。
37	松浦玲：《德川慶喜：將軍家の明治維新》，東京：中央公論社，1989年，第39—41頁。
38	松浦玲：《德川慶喜：將軍家の明治維新》，東京：中央公論社，1989年，第36—37頁；海音寺潮五郎：《西郷隆盛》(1)，東京：朝日新聞社，1976年，第288—289、394、407頁。
39	海音寺潮五郎：《西郷隆盛》(1)，東京：朝日新聞社，1976年，第391頁。
40	海音寺潮五郎：《西郷隆盛》(1)，東京：朝日新聞社，1976年，第395—396頁。
41	勝海舟：《追賛一話》，載《書簡と建言》，《勝海舟全集》(2)，東京：講談社，1982年，第618頁。
42	奈良本辰也：《吉田松陰》，東京：岩波書店，1987年，第120頁。
43	海音寺潮五郎：《西郷隆盛》(1)，東京：朝日新聞社，1976年，第415頁。
44	渋沢栄一編：《昔夢会筆記：德川慶喜公回想談》，東京：平凡社，1997年，第26頁。

45　奈良本辰也:《吉田松陰》,東京:岩波書店,1987年,第121頁。

46　小西四郎:《日本の歴史19 開国と攘夷》,東京:中央公論社,1974年,第88頁。

47　勝海舟:《追賛一話》,載《書簡と建言》,《勝海舟全集》(2),東京:講談社,1982年,第612頁。

48　小西四郎:《日本の歴史19 開国と攘夷》,東京:中央公論社,1974年,第89頁。

49　海音寺潮五郎:《西郷隆盛》(1),東京:朝日新聞社,1976年,第408、414頁。

50　关于新选组的详细历史,可以参考拙作 Hillsborough, Romulus., *Shinsengumi: The Shogun's Last Samurai Corps*, North Clarendon, VT: Tutle Publishing, 2005。

51　小西四郎:《日本の歴史19 開国と攘夷》,東京:中央公論社,1974年,第131頁。

52　海音寺潮五郎:《西郷隆盛》(1),東京:朝日新聞社,1976年,第393頁。

53　海音寺潮五郎:《西郷隆盛》(1),東京:朝日新聞社,1976年,第409頁。

54　海音寺潮五郎:《西郷隆盛》(2),東京:朝日新聞社,1976年,第9頁。

55　海音寺潮五郎:《西郷隆盛》(2),東京:朝日新聞社,1976年,第6—7頁。

56　海音寺潮五郎:《西郷隆盛》(1),東京:朝日新聞社,1976年,第416頁。

57　海音寺潮五郎:《西郷隆盛》(1),東京:朝日新聞社,1976年,第427頁。

58　海音寺潮五郎:《西郷隆盛》(2),東京:朝日新聞社,1976年,第9頁。

59　海音寺潮五郎:《西郷隆盛》(1),東京:朝日新聞社,1976年,第423—424頁。

60　松本健一:《開国のかたち》,東京:毎日新聞社,1994年,第20—21頁。

61　海音寺潮五郎:《西郷隆盛》(1),東京:朝日新聞社,1976年,第331頁。

62　海音寺潮五郎:《西郷隆盛》(1),東京:朝日新聞社,1976年,第331—332頁;平尾道雄:《維新暗殺秘録》,東京:河出書房新社,1990年,第276頁。

63　海音寺潮五郎:《西郷隆盛》(1),東京:朝日新聞社,1976年,第331頁。

64　海音寺潮五郎:《西郷隆盛》(1),東京:朝日新聞社,1976年,第332—333頁。

65　勝海舟:《追賛一話》,載《書簡と建言》,《勝海舟全集》(2),東京:講談社,1982年,第618頁。

66　小西四郎:《日本の歴史19 開国と攘夷》,東京:中央公論社,1974年,第119頁。

67　福沢諭吉:《福翁自伝》,東京:慶應通信,1985年,第169頁。

68　勝海舟:《追賛一話》,載《書簡と建言》,《勝海舟全集》(2),東京:講談社,1982年,第618頁。

69　小西四郎:《日本の歴史19 開国と攘夷》,東京:中央公論社,1974年,第82—83、121頁。

70　小西四郎:《日本の歴史19 開国と攘夷》,東京:中央公論社,1974年,第122—123頁;Beasley, W. G., *The Meiji Restoration*, Stanford: Stanford University Press, 1972, p. 108。

71　松浦玲：《德川慶喜：將軍家の明治維新》，東京：中央公論社，1989年，第47頁。

72　海音寺潮五郎：《西郷隆盛》(2)，東京：朝日新聞社，1976年，第44頁。

73　海音寺潮五郎：《西郷隆盛》(2)，東京：朝日新聞社，1976年，第47頁。

74　松浦玲：《德川慶喜：將軍家の明治維新》，東京：中央公論社，1989年，第48—51頁；渋沢栄一編：《昔夢会筆記：德川慶喜公回想談》，東京：平凡社，1997年，第25—26頁。

75　渋沢栄一編：《昔夢会筆記：德川慶喜公回想談》，東京：平凡社，1997年，第4頁。

76　小西四郎：《日本の歴史19 開国と攘夷》，東京：中央公論社，1974年，第124—127頁。

77　松浦玲：《德川慶喜：將軍家の明治維新》，東京：中央公論社，1989年，第53—54頁。

78　海音寺潮五郎：《西郷隆盛》(2)，東京：朝日新聞社，1976年，第64頁。

79　海音寺潮五郎：《西郷隆盛》(2)，東京：朝日新聞社，1976年，第73頁。

80　海音寺潮五郎：《西郷隆盛》(2)，東京：朝日新聞社，1976年，第74頁。

81　小西四郎：《日本の歴史19 開国と攘夷》，東京：中央公論社，1974年，第137頁。

82　松浦玲：《德川慶喜：將軍家の明治維新》，東京：中央公論社，1989年，第55頁。

83　小西四郎：《日本の歴史19 開国と攘夷》，東京：中央公論社，1974年，第133頁。

84　小西四郎：《日本の歴史19 開国と攘夷》，東京：中央公論社，1974年，第129頁。

85　松浦玲：《德川慶喜：將軍家の明治維新》，東京：中央公論社，1989年，第56—57頁。

86　小西四郎：《日本の歴史19 開国と攘夷》，東京：中央公論社，1974年，第134—135頁；松浦玲：《暗殺：明治維新の思想と行動》，東京：勁草書房，1979年，第69頁。

87　野口武彦：《井伊直弼の首》，東京：新潮社，2008年，第169頁。

88　野口武彦：《井伊直弼の首》，東京：新潮社，2008年，第135頁。

89　野口武彦：《井伊直弼の首》，東京：新潮社，2008年，第136—138頁。

90　福沢諭吉：《福翁自伝》，東京：慶應通信，1985年，第169頁。

91　小西四郎：《日本の歴史19 開国と攘夷》，東京：中央公論社，1974年，第138—140頁。

第五章　横渡太平洋

1　勝海舟：《海軍歴史》(1)，載《勝海舟全集》(8)，東京：講談社，1973年，第227、231、295頁；勝海舟：《海軍歴史》(1)，載《勝海舟全集》(8)，東京：講談社，1973年，第220頁。

2　童門冬二：《勝海舟：最後の幕臣》，東京：成美堂出版，1999年，第67—68頁。范卡腾代克的回忆录是用荷兰语写成的，此处笔者使用的是回忆录的日译本。

3　勝海舟：《海軍歷史》(1)，載《勝海舟全集》(8)，東京：講談社，1973年，第231頁。
4　勝海舟：《海軍歷史》(1)，載《勝海舟全集》(8)，東京：講談社，1973年，第232頁。
5　石井孝：《勝海舟》，東京：吉川弘文館，1997年，第14頁。
6　勝海舟：《海軍歷史》(1)，載《勝海舟全集》(8)，東京：講談社，1973年，第230頁。
7　勝海舟：《断腸之記》，載勝海舟：《幕末日記》，《勝海舟全集》(1)，東京：講談社，1976年，第376頁。
8　勝海舟：《海軍歷史》(1)，載《勝海舟全集》(8)，東京：講談社，1973年，第294頁。
9　勝海舟：《海軍歷史》(1)，載《勝海舟全集》(8)，東京：講談社，1973年，第294頁。
10　勝海舟：《海軍歷史》(1)，載《勝海舟全集》(8)，東京：講談社，1973年，第294頁。
11　土居良三：《軍艦奉行木村摂津守：近代海軍誕生の陰の立役者》，東京：中央公論社，1994年，第56頁。
12　土居良三：《軍艦奉行木村摂津守：近代海軍誕生の陰の立役者》，東京：中央公論社，1994年，第68頁。
13　勝海舟：《海軍歷史》(1)，載《勝海舟全集》(8)，東京：講談社，1973年，第423頁松浦玲注。
14　勝海舟：《氷川清話》，載《勝海舟全集》(21)，東京：勁草書房，1973年，第19頁。
15　勝海舟：《海軍歷史》(1)，載《勝海舟全集》(8)，東京：講談社，1973年，第304頁。
16　勝海舟：《海軍歷史》(1)，載《勝海舟全集》(8)，東京：講談社，1973年，第305—306頁。
17　勝海舟：《氷川清話》，載《勝海舟全集》(21)，東京：勁草書房，1973年，第19頁。
18　勝海舟：《海軍歷史》(1)，載《勝海舟全集》(8)，東京：講談社，1973年，第312頁。
19　Brooke, George M., Jr., ed., *John M. Brooke's Pacific Cruise and Japanese Adventure, 1858-1860*, Honolulu: University of Hawaii Press, 1986, p. 1.
20　Brooke, George M., Jr., ed., *John M. Brooke's Pacific Cruise and Japanese Adventure, 1858-1860*, Honolulu: University of Hawaii Press, 1986, pp. 149-150.
21　Brooke, George M., Jr., ed., *John M. Brooke's Pacific Cruise and Japanese Adventure, 1858-1860*, Honolulu: University of Hawaii Press, 1986, p. 1.
22　勝海舟：《書簡と建言》，載《勝海舟全集》(2)，東京：講談社，1982年，第46頁；勝海舟：《書簡と建言》，載《勝海舟全集》(2)，東京：講談社，1982年，第655頁松浦玲注。
23　勝海舟：《書簡と建言》，載《勝海舟全集》(2)，東京：講談社，1982年，第46頁。
24　勝海舟：《海軍歷史》(1)，載《勝海舟全集》(8)，東京：講談社，1973年，第413頁注釋3。
25　勝海舟：《海軍歷史》(1)，載《勝海舟全集》(8)，東京：講談社，1973年，第307頁。

26 勝海舟：《氷川清話》，載《勝海舟全集》(21)，東京：勁草書房，1973年，第20頁。
27 勝海舟：《海軍歷史》(1)，載《勝海舟全集》(8)，東京：講談社，1973年，第312頁。
28 Brooke, George M., Jr., ed., *John M. Brooke's Pacific Cruise and Japanese Adventure, 1858–1860*, Honolulu: University of Hawaii Press, 1986, p. 209. 中滨万次郎（又名约翰万次郎）本是土佐中滨村的渔民之子，1841年遭遇沉船事故，被美国马萨诸塞州新贝德福德的捕鲸舰长救起。他得到了友善对待并被带到费尔黑文接受美式教育。嘉永四年，也就是佩里来航两年前，他带着宝贵的关于西方的知识回到了土佐。他在土佐获得了武士的身份，然后在幕府任职。参见 Nagakuni, Junya, Junji Kitadai, trans., *Drifting Toward the Southeast: The Story of Five Japanese Castaways*, New Bedford, MA: Spinner Publications, 2003, pp. 10–11。
29 Brooke, George M., Jr., ed., *John M. Brooke's Pacific Cruise and Japanese Adventure, 1858–1860*, Honolulu: University of Hawaii Press, 1986, pp. 209–210.
30 勝海舟：《海軍歷史》(1)，載《勝海舟全集》(8)，東京：講談社，1973年，第304—305頁。福泽谕吉当时作为木村的随从同在"咸临丸"号上。他在自传中写道，当时船上一共有96人。参见福沢諭吉：《福翁自伝》，東京：慶應通信，1985年，第93頁。另一个写过这次跨太平洋航行的是土居良三。他的祖父长尾幸作同样作为木村的随从参与了"咸临丸"号的这次航行。根据他的说法，木村有5名随从，其中两人（包括长尾幸作）没有出现在海舟的《海军历史》中。参见土居良三：《咸臨丸海を渡る：曾祖父長尾幸作の日記より》，東京：未来社，1993年，第16—17頁。土居的书是根据长尾在旅途中记下的日记写成，根据日记的说法，"咸临丸"号实际搭载了93人。
31 松浦玲：《勝海舟》，東京：中央公論社，1997年，第67頁。
32 勝海舟：《海軍歷史》(1)，載《勝海舟全集》(8)，東京：講談社，1973年，第307—309頁。
33 Brooke, George M., Jr., ed., *John M. Brooke's Pacific Cruise and Japanese Adventure, 1858–1860*, Honolulu: University of Hawaii Press, 1986, pp. 210–211.
34 Brooke, George M., Jr., ed., *John M. Brooke's Pacific Cruise and Japanese Adventure, 1858–1860*, Honolulu: University of Hawaii Press, 1986, p. 211.
35 勝海舟：《海軍歷史》(1)，載《勝海舟全集》(8)，東京：講談社，1973年，第312頁；Brooke, George M., Jr., ed., *John M. Brooke's Pacific Cruise and Japanese Adventure, 1858–1860*, Honolulu: University of Hawaii Press, 1986, p. 218。
36 勝海舟：《海軍歷史》(1)，載《勝海舟全集》(8)，東京：講談社，1973年，第312頁。
37 Brooke, George M., Jr., ed., *John M. Brooke's Pacific Cruise and Japanese Adventure, 1858–1860*, Honolulu: University of Hawaii Press, 1986, p. 218.
38 勝海舟：《氷川清話》，載《勝海舟全集》(21)，東京：勁草書房，1973年，第18頁。

39　勝海舟:《氷川清話》,載《勝海舟全集》(21),東京:勁草書房,1973年,第20頁。

40　土居良三:《咸臨丸海を渡る:曽祖父長尾幸作の日記より》,東京:未来社,1993年,第401—402頁。

41　山本常朝:《葉隠》,東京:徳間書店,1979年,第76—77頁。

42　海舟和其他人一样,经常会使用"皇国"这个词。它可以被翻译成"帝国",但是笔者认为翻译成"天皇的国家"更加合适。"皇国"和1889年明治宪法颁布后明治时代使用的"大日本帝国"中的"帝国"不同,后者(帝国)实际上和20世纪的法西斯政权有直接联系。

43　勝海舟:《海軍歴史》(1),載《勝海舟全集》(8),東京:講談社,1973年,第309—310頁。

44　Brooke, George M., Jr., ed., *John M. Brooke's Pacific Cruise and Japanese Adventure, 1858-1860*, Honolulu: University of Hawaii Press, 1986, p. 227.

45　勝部真長編:《勝海舟全集》(11),東京:勁草書房,1973年,第194頁。

46　勝部真長:《勝海舟》(上),東京:PHP研究所,1992年,第512頁。

47　Brooke, George M., Jr., ed., *John M. Brooke's Pacific Cruise and Japanese Adventure, 1858-1860*, Honolulu: University of Hawaii Press, 1986, p. 235.

48　勝海舟:《氷川清話》,載《勝海舟全集》(21),東京:勁草書房,1973年,第20頁。

第六章　旧金山之行

1　勝海舟:《海軍歴史》(1),載《勝海舟全集》(8),東京:講談社,1973年,第314頁。

2　勝海舟:《海軍歴史》(1),載《勝海舟全集》(8),東京:講談社,1973年,第314—315頁。

3　日语中并没有和英语里的"打(dozen)"对应的数字单位,日本人基本都使用十进制。

4　勝海舟:《海軍歴史》(1),載《勝海舟全集》(8),東京:講談社,1973年,第321頁。

5　勝海舟:《海軍歴史》(1),載《勝海舟全集》(8),東京:講談社,1973年,第320頁。

6　勝海舟:《海軍歴史》(1),載《勝海舟全集》(8),東京:講談社,1973年,第315頁。

7　福沢諭吉:《福翁自伝》,東京:慶應通信,1985年,第99頁。

8　*Daily Alta California*, March 18, 1860. 日本使节团在美停留期间的全部日期均用西历。

9　勝海舟:《海軍歴史》(1),載《勝海舟全集》(8),東京:講談社,1973年,第315頁。

10　*Daily Alta California*, March 19, 1860.

11　*Daily Alta California*, March 19, 1860.

12　勝海舟:《海軍歴史》(1),載《勝海舟全集》(8),東京:講談社,1973年,第327頁。

13　*Daily Alta California*, March 30, 1860.

14　*Daily Alta California*, April 5, 1860.

15 勝海舟:《海軍歷史》(1),載《勝海舟全集》(8),東京:講談社,1973 年,第 328 頁。
16 勝海舟:《海舟語錄》,載《勝海舟全集》(20),東京:講談社,1972 年,第 77 頁。
17 勝海舟:《海軍歷史》(1),載《勝海舟全集》(8),東京:講談社,1973 年,第 333 頁。
18 传统上来说,武士阶层从他们的领主那里领取俸禄,他们鄙视商人阶层,并将追求利润的商业活动视为卑贱的职业。
19 勝海舟:《海軍歷史》(1),載《勝海舟全集》(8),東京:講談社,1973 年,第 323—324 頁。
20 勝海舟:《海軍歷史》(1),載《勝海舟全集》(8),東京:講談社,1973 年,第 336—337 頁。
21 勝海舟:《海軍歷史》(1),載《勝海舟全集》(8),東京:講談社,1973 年,第 317 頁。
22 勝海舟:《海軍歷史》(1),載《勝海舟全集》(8),東京:講談社,1973 年,第 317 頁。
23 勝海舟:《海軍歷史》(1),載《勝海舟全集》(8),東京:講談社,1973 年,第 335—336 頁。
24 勝海舟:《海軍歷史》(1),載《勝海舟全集》(8),東京:講談社,1973 年,第 336 頁。
25 《勝海舟をめぐる女たち》,載小西四郎編:《勝海舟のすべて》,東京:新人物往來社,1985 年,第 155—156 頁。
26 勝海舟:《海舟語錄》,載《勝海舟全集》(20),東京:講談社,1972 年,第 113—114 頁。
27 勝海舟:《海軍歷史》(1),載《勝海舟全集》(8),東京:講談社,1973 年,第 335—336 頁。
28 勝海舟:《海軍歷史》(1),載《勝海舟全集》(8),東京:講談社,1973 年,第 353—354 頁。
29 勝海舟:《海軍歷史》(1),載《勝海舟全集》(8),東京:講談社,1973 年,第 342 頁。
30 勝海舟:《海軍歷史》(1),載《勝海舟全集》(8),東京:講談社,1973 年,第 342—343 頁。
31 勝海舟:《海軍歷史》(1),載《勝海舟全集》(8),東京:講談社,1973 年,第 351 頁。
32 勝海舟:《海軍歷史》(1),載《勝海舟全集》(8),東京:講談社,1973 年,第 352 頁。
33 勝海舟:《海軍歷史》(1),載《勝海舟全集》(8),東京:講談社,1973 年,第 353—356 頁。
34 勝海舟:《海軍歷史》(1),載《勝海舟全集》(8),東京:講談社,1973 年,第 317 頁。
35 勝海舟:《海軍歷史》(1),載《勝海舟全集》(8),東京:講談社,1973 年,第 374 頁。
36 勝海舟:《海軍歷史》(1),載《勝海舟全集》(8),東京:講談社,1973 年,第 372 頁。
37 勝海舟:《氷川清話》,載《勝海舟全集》(21),東京:勁草書房,1973 年,第 20 頁。
38 勝海舟:《海軍歷史》(1),載《勝海舟全集》(8),東京:講談社,1973 年,第 381 頁。

39 勝海舟:《海軍歴史》(1),載《勝海舟全集》(8),東京:講談社,1973年,第382—385、398—399頁。

第七章　恐怖年代之始

1 勝海舟:《幕府始末》,載勝海舟:《幕末日記》,《勝海舟全集》(1),東京:講談社,1976年,第357頁。

2 大仏次郎:《天皇の世紀》(第3巻),東京:文藝春秋,2010年,第57頁。

3 小西四郎:《日本の歴史19 開国と攘夷》,東京:中央公論社,1974年,第155頁。

4 Satoh, H., *Agitated Japan: The Life of Baron Ii Kamon-No-Kami Naosuke*, Tokyo: DaiNippon Tosho Kabushiki Kaisha, 1896, pp. 137–140.

5 平尾道雄:《維新暗殺秘録》,東京:河出書房新社,1990年,第19—25頁;大仏次郎:《天皇の世紀》(第3巻),東京:文藝春秋,2010年,第58頁;政翼賛会鹿児島県支部編:《有村次左衛門と其の一家》,鹿儿島:政翼賛会鹿児島県支部,1943年,第18頁。

6 勝海舟:《氷川清話》,載《勝海舟全集》(21),東京:勁草書房,1973年,第21頁。

7 小木新造、陣内秀信、竹内誠、芳賀徹、前田愛、宮田登、吉原健一郎編:《江戸東京学事典》,東京:三省堂,1987年,第1192頁。

8 勝海舟:《氷川清話》,載《勝海舟全集》(21),東京:勁草書房,1973年,第21頁。

9 勝海舟:《氷川清話》,載《勝海舟全集》(21),東京:勁草書房,1973年,第242頁。

10 松浦玲:《勝海舟》,東京:筑摩書房,2010年,第165頁。

11 勝海舟:《氷川清話》,載《勝海舟全集》(21),東京:勁草書房,1973年,第22頁。

12 勝部真長:《勝海舟》(上),東京:PHP研究所,1992年,第527頁。

13 松浦玲:《勝海舟》,東京:筑摩書房,2010年,第165頁。

14 勝海舟:《氷川清話》,載《勝海舟全集》(21),東京:勁草書房,1973年,第21頁。

15 勝海舟:《牆の茨の記》,載勝海舟:《書簡と建言》,《勝海舟全集》(2),東京:講談社,1982年,第481頁。

16 勝海舟:《海舟日記》(3),《勝海舟全集》(20),東京:勁草書房,1973年,第11頁;勝海舟:《牆の茨の記》,載勝海舟:《書簡と建言》,《勝海舟全集》(2),東京:講談社,1982年,第537頁松浦玲注。

17 小木新造、陣内秀信、竹内誠、芳賀徹、前田愛、宮田登、吉原健一郎編:《江戸東京学事典》,東京:三省堂,1987年,第392頁。

18 小西四郎:《日本の歴史19 開国と攘夷》,東京:中央公論社,1974年,第242頁。

19 宮永孝:《幕末異人殺傷録》,東京:角川書店,1996年,第11—17頁。

20 Alcock, Sir Rutherford., *The Capital of the Tycoon: A Narrative of a Tree Years'*

Residence in Japan, vol. 1, New York: Greenwood Press, 1969, vol. 1, p. 240.

21 Alcock, Sir Rutherford., *The Capital of the Tycoon: A Narrative of a Tree Years' Residence in Japan*, vol. 1, New York: Greenwood Press, 1969, vol. 1, p. 242.

22 Alcock, Sir Rutherford., *The Capital of the Tycoon: A Narrative of a Tree Years' Residence in Japan*, vol. 1, New York: Greenwood Press, 1969, vol. 1, p. 241.

23 勝海舟:《開国起原》(4),《勝海舟全集》(18), 東京: 講談社, 1975年, 第187—188頁。

24 宮永孝:《幕末異人殺傷錄》, 東京: 角川書店, 1996年, 第23—30頁。

25 宮永孝:《幕末異人殺傷錄》, 東京: 角川書店, 1996年, 第34—35頁。

26 Alcock, Sir Rutherford., *The Capital of the Tycoon: A Narrative of a Tree Years' Residence in Japan*, vol. 1, New York: Greenwood Press, 1969, vol. 1, p. 341.

27 Heusken, Henry., *Japan Journal, 1855–1861*, trans. and ed. by Jeannete C. van der Corput and Robert A. Wilson, New Brunswick, NJ: Rutgers University Press, 1964, p. 223.

28 小西四郎:《日本の歴史19 開国と攘夷》, 東京: 中央公論社, 1974年, 第224頁。

29 勝海舟:《開国起原》(4),《勝海舟全集》(18), 東京: 講談社, 1975年, 第208頁。

30 勝海舟:《開国起原》(4),《勝海舟全集》(18), 東京: 講談社, 1975年, 第208—209頁。

31 勝海舟:《開国起原》(4),《勝海舟全集》(18), 東京: 講談社, 1975年, 第209頁。

32 小西四郎:《日本の歴史19 開国と攘夷》, 東京: 中央公論社, 1974年, 第221—224頁。

33 小西四郎:《日本の歴史19 開国と攘夷》, 東京: 中央公論社, 1974年, 第226頁。

34 勝海舟:《開国起原》(4),《勝海舟全集》(18), 東京: 講談社, 1975年, 第210頁。

35 袭击公使馆的水户藩士的人数说法不一, 笔者引用的是勝海舟:《開国起原》(4),《勝海舟全集》(18), 東京: 講談社, 1975年, 第212頁。

36 Alcock, Sir Rutherford., *The Capital of the Tycoon: A Narrative of a Tree Years' Residence in Japan*, vol. 1, New York: Greenwood Press, 1969, vol.2, p. 161.

37 宮永孝:《幕末異人殺傷錄》, 東京: 角川書店, 1996年, 第115—116頁。英国公使馆当时有8个英国人, 包括阿尔克克、劳伦斯·欧利方特、阿尔考克的助手阿贝尔·高尔和5名翻译学徒。遇袭当晚, 屋子里一共有10个英国人, 包括从长崎来的英国领事乔治·莫里森和查尔斯·瓦格曼, 后者是《伦敦插图新闻》的通讯员。参见宮永孝:《幕末異人殺傷錄》, 東京: 角川書店, 1996年, 第104—105頁。

38 Alcock, Sir Rutherford., *The Capital of the Tycoon: A Narrative of a Tree Years' Residence in Japan*, vol. 1, New York: Greenwood Press, 1969, vol.2, pp. 155-156.

39 小西四郎:《日本の歴史19 開国と攘夷》, 東京: 中央公論社, 1974年, 第246頁。

40　Alcock, Sir Rutherford., *The Capital of the Tycoon: A Narrative of a Tree Years' Residence in Japan*, vol. 1, New York: Greenwood Press, 1969, vol.2, p. 156.

41　Alcock, Sir Rutherford., *The Capital of the Tycoon: A Narrative of a Tree Years' Residence in Japan*, vol. 1, New York: Greenwood Press, 1969, vol.2, p. 158.

42　不同资料给出的被杀、受伤、被捕人数各不相同。如前文所述，笔者引用的资料来自勝海舟:《開国起原》(4),《勝海舟全集》(18), 東京: 講談社, 1975年, 第212—215页。

43　Alcock, Sir Rutherford., *The Capital of the Tycoon: A Narrative of a Tree Years' Residence in Japan*, vol. 1, New York: Greenwood Press, 1969, vol.2, p. 159.

44　小西四郎:《日本の歴史 19 開国と攘夷》, 東京: 中央公論社, 1974年, 第246页。

45　Satow, Sir Ernest., *A Diplomat in Japan*, Tokyo: Oxford University Press, 1968, p. 29.

46　Alcock, Sir Rutherford., *The Capital of the Tycoon: A Narrative of a Tree Years' Residence in Japan*, vol. 1, New York: Greenwood Press, 1969, vol.2, p. 431.

47　Satow, Sir Ernest., *A Diplomat in Japan*, Tokyo: Oxford University Press, 1968, p. 29.

48　Alcock, Sir Rutherford., *The Capital of the Tycoon: A Narrative of a Tree Years' Residence in Japan*, vol. 1, New York: Greenwood Press, 1969, vol.2, p. 431.

49　宮永孝:《幕末異人殺傷錄》, 東京: 角川書店, 1996年, 第128页。

50　《明治維新人名辞典》, 東京: 吉川弘文館, 1982年, 第99页。

51　宮永孝:《幕末異人殺傷錄》, 東京: 角川書店, 1996年, 第130页; Alcock, Sir Rutherford., *The Capital of the Tycoon: A Narrative of a Tree Years' Residence in Japan*, vol. 1, New York: Greenwood Press, 1969, vol.2, p. 432。

52　宮永孝:《幕末異人殺傷錄》, 東京: 角川書店, 1996年, 第131—132页。

53　勝海舟:《幕末日記》, 載《勝海舟全集》(1), 東京: 講談社, 1976年, 第70页。

54　小西四郎:《日本の歴史 19 開国と攘夷》, 東京: 中央公論社, 1974年, 第211页。

55　小西四郎:《日本の歴史 19 開国と攘夷》, 東京: 中央公論社, 1974年, 第211—212页。

56　小西四郎:《日本の歴史 19 開国と攘夷》, 東京: 中央公論社, 1974年, 第212—216页。

57　小西四郎:《日本の歴史 19 開国と攘夷》, 東京: 中央公論社, 1974年, 第214页。

58　勝海舟:《海舟語録》, 載《勝海舟全集》(20), 東京: 講談社, 1972年, 第206页。

59　小西四郎:《日本の歴史 19 開国と攘夷》, 東京: 中央公論社, 1974年, 第216—217页。

60　小西四郎:《日本の歴史 19 開国と攘夷》, 東京: 中央公論社, 1974年, 第217—218页。

61 海音寺潮五郎:《西郷隆盛》(1),東京:朝日新聞社,1976年,第50—51页;海音寺潮五郎:《西郷隆盛》(9),東京:朝日新聞社,1976年,第213页。

62 Jansen, Marius B., *Sakamoto Ryoma and the Meiji Restoration*, Stanford: Stanford University Press, 1971, p. 22.

63 小西四郎:《日本の歴史19 開国と攘夷》,東京:中央公論社,1974年,第259—260页。

64 小西四郎:《日本の歴史19 開国と攘夷》,東京:中央公論社,1974年,第250页。

65 平尾道雄:《山内容堂》,東京:吉川弘文館,1993年,第67—70页。

66 海音寺潮五郎:《西郷隆盛》(4),東京:朝日新聞社,1976年,第32—33页;松岡司:《定本坂本龍馬伝》,東京:新人物往来社,2003年,第135—137页。

67 《師友》"武市半平太"条目,载小西四郎編:《坂本龍馬事典》,東京:新人物往来社,1988年,第174—175页。

68 小西四郎編:《坂本龍馬事典》,東京:新人物往来社,1988年,第8页。

69 海音寺潮五郎:《西郷隆盛》(4),東京:朝日新聞社,1976年,第35页。

70 松岡司:《武市半平太伝》,東京:新人物往来社,1997年,第8页。

71 《時勢論》,载宮地佐一郎編:《中岡慎太郎全集》,東京:勁草書房,1991年,第197页。

72 平尾道雄:《維新暗殺秘録》,東京:河出書房新社,1990年,第51页。

73 松岡司:《武市半平太伝》,東京:新人物往来社,1997年,第8页。

74 松岡司:《武市半平太伝》,東京:新人物往来社,1997年,第27页。

75 平尾道雄:《坂本龍馬:海援隊始末記》,東京:中央公論社,1976年,第44—45页。

76 小西四郎:《日本の歴史19 開国と攘夷》,東京:中央公論社,1974年,第252页。

77 平尾道雄:《山内容堂》,東京:吉川弘文館,1993年,第78页。

78 海音寺潮五郎:《西郷隆盛》(3),東京:朝日新聞社,1976年,第57—58页。

79 小西四郎:《日本の歴史19 開国と攘夷》,東京:中央公論社,1974年,第251—252页。

80 田中惣五郎:《西郷隆盛》,東京:吉川弘文館,1988年,第104—105页。

81 田中惣五郎:《西郷隆盛》,東京:吉川弘文館,1988年,第106页。

82 平尾道雄:《維新暗殺秘録》,東京:河出書房新社,1990年,第38—39页。

83 《明治維新人名辞典》,東京:吉川弘文館,1982年,第432—433页。

84 引自《防长回天史》,该书是关于明治维新期间长州的权威著作,共12卷,最早出版于1912年,参见海音寺潮五郎:《西郷隆盛》(2),東京:朝日新聞社,1976年,第419页。

85 海音寺潮五郎:《西郷隆盛》(3),東京:朝日新聞社,1976年,第58—59页。

86 海音寺潮五郎:《西郷隆盛》(3),東京:朝日新聞社,1976年,第59页。

87　海音寺潮五郎：《西郷隆盛》(3)，東京：朝日新聞社，1976年，第52頁。
88　海音寺潮五郎：《西郷隆盛》(3)，東京：朝日新聞社，1976年，第62—63頁。
89　海音寺潮五郎：《西郷隆盛》(3)，東京：朝日新聞社，1976年，第61—62頁；《明治維新人名辞典》，東京：吉川弘文館，1982年，第603頁。
90　海音寺潮五郎：《西郷隆盛》(3)，東京：朝日新聞社，1976年，第64頁；《明治維新人名辞典》，東京：吉川弘文館，1982年，第486頁。
91　海音寺潮五郎：《西郷隆盛》(3)，東京：朝日新聞社，1976年，第64—65頁。
92　小西四郎：《日本の歴史19 開国と攘夷》，東京：中央公論社，1974年，第254頁。
93　海音寺潮五郎：《西郷隆盛》(3)，東京：朝日新聞社，1976年，第71頁。
94　田中惣五郎：《西郷隆盛》，東京：吉川弘文館，1988年，第107頁。
95　松岡司：《武市半平太伝》，東京：新人物往来社，1997年，第71頁。
96　平尾道雄：《山内容堂》，東京：吉川弘文館，1993年，第79頁。
97　笔者在 *Shinsengumi: The Shogun's Last Samurai Corps*, North Clarendon, VT: Tutle Publishing, 2005 和其他书中均将"天诛"（tenchu）的首字母大写，并将其翻译为"上天的复仇"。现在笔者认为不应将它当作专有名词，而且更准确的译法应该是"神的惩罚"。
98　平尾道雄：《維新暗殺秘録》，東京：河出書房新社，1990年，第39—41頁；《明治維新人名辞典》，東京：吉川弘文館，1982年，第492—493頁。
99　松岡司：《武市半平太伝》，東京：新人物往来社，1997年，第93頁。
100　平尾道雄：《維新暗殺秘録》，東京：河出書房新社，1990年，第46頁。
101　松岡司：《武市半平太伝》，東京：新人物往来社，1997年，第93頁。
102　松岡司：《武市半平太伝》，東京：新人物往来社，1997年，第93—95頁；平尾道雄：《維新暗殺秘録》，東京：河出書房新社，1990年，第45—51頁。虽然我们无法确定武市半平太是否下达了刺杀本间的命令，但是根据他的日记和后来包括冈田以藏在内的土佐人的证言，他很可能确实下过命令，参见松岡司：《武市半平太伝》，東京：新人物往来社，1997年，第94—95頁。
103　松岡司：《武市半平太伝》，東京：新人物往来社，1997年，第100頁。
104　平尾道雄：《山内容堂》，東京：吉川弘文館，1993年，第106頁。

第二部分　入局

第八章　略论武士道

1　Nitobe, Inazo., *Bushido: The Soul of Japan*, Rutland, VT: Charles E. Tutle, 1969, p. 5.
2　Nitobe, Inazo., *Bushido: The Soul of Japan*, Rutland, VT: Charles E. Tutle, 1969, p. 11.

3 Nitobe, Inazo., *Bushido: The Soul of Japan*, Rutland, VT: Charles E. Tutle, 1969, pp. 6-7.
4 海音寺潮五郎：《西郷隆盛》（1），東京：朝日新聞社，1976年，第62頁。日文中"武士"和"侍"的含义相同，它由两个汉字组成，"武"（战争）和"士"（它可以被翻译成"绅士"或者更古老的"骑士"）。"武士道"的"道"指技艺和技术，来自禅学，指通过技艺或者技术来教导人们的生活"方式"。参见勝部真長編：《武士道：文武両道の思想》，東京：角川書店，1971年，第211頁。
5 勝部真長編：《武士道：文武両道の思想》，東京：角川書店，1971年，第210頁。
6 勝部真長編：《武士道：文武両道の思想》，東京：角川書店，1971年，第207—208頁。
7 海音寺潮五郎：《西郷隆盛》（1），東京：朝日新聞社，1976年，第62—69頁。
8 山本常朝：《葉隠》，東京：徳間書店，1979年，第18—19、23—24頁。
9 山本常朝：《葉隠》，東京：徳間書店，1979年，第21頁。
10 山本常朝：《葉隠》，東京：徳間書店，1979年，第33—37頁。
11 山本常朝：《葉隠》，東京：徳間書店，1979年，第49頁。
12 参见拙作 *Samurai Tales: Courage, Fidelity and Revenge in the Final Years of the Shogun*, North Clarendon, VT: Tutle Publishing, 2011, Chapter 6。
13 勝海舟：《氷川清話》，載《勝海舟全集》（21），東京：勁草書房，1973年，第298—299頁。
14 三島由紀夫：《葉隠入門》，東京：新潮社，2007年，第39—40頁。此处译文引自隰桑的译本（《叶隐入门》，南京：江苏文艺出版社，2011年）
15 勝海舟：《氷川清話》，載《勝海舟全集》（21），東京：勁草書房，1973年，第323—324頁。

第九章　四人众

1 勝海舟：《氷川清話》，載《勝海舟全集》（21），東京：勁草書房，1973年，第220頁，海舟谈到了处理事务时随机应变的重要性。
2 松浦玲：《德川慶喜：将軍家の明治維新》，東京：中央公論社，1989年，第64頁；勝海舟：《追賛一話》，載《書簡と建言》，《勝海舟全集》（2），東京：講談社，1982年，第620頁。
3 渋沢栄一編：《昔夢會筆記：徳川慶喜公回想談》，東京：平凡社，1997年，第92頁。
4 松浦玲：《德川慶喜：将軍家の明治維新》，東京：中央公論社，1989年，第66頁；海音寺潮五郎：《西郷隆盛》（4），東京：朝日新聞社，1976年，第266頁。
5 小西四郎：《日本の歴史19 開国と攘夷》，東京：中央公論社，1974年，第263—264頁。
6 松浦玲：《德川慶喜：将軍家の明治維新》，東京：中央公論社，1989年，第71—72頁。

7　勝部真長：《勝海舟》（上），東京：PHP研究所，1992年，第536頁。
8　石井孝：《勝海舟》，東京：吉川弘文館，1997年，第21頁。
9　文久二年（1862年）九月九日日記。
10　勝部真長：《勝海舟》（上），東京：PHP研究所，1992年，第536頁。
11　松浦玲：《橫井小楠：儒学の正義とは何か》，東京：朝日新聞社，2000年，第114—115頁。
12　勝海舟：《氷川清話》，載《勝海舟全集》（21），東京：勁草書房，1973年，第49頁。
13　海舟曾在另外一个场合说过类似的话："我觉得如果西乡将横井的观点付诸实践，那么（幕府的末日）就来了。后来正是这样。"
14　《明治維新人名辞典》，東京：吉川弘文館，1982年，第1056—1057頁；勝部真長：《勝海舟》（上），東京：PHP研究所，1992年，第536頁。
15　勝海舟：《氷川清話》，載《勝海舟全集》（21），東京：勁草書房，1973年，第58頁。根据海舟的说法，横井和西乡从未谋面，参见勝海舟：《海舟語錄》，載《勝海舟全集》（20），東京：講談社，1972年，第22、165頁。
16　勝部真長：《勝海舟》（上），東京：PHP研究所，1992年，第539頁。
17　石井孝：《勝海舟》，東京：吉川弘文館，1997年，第31頁。
18　外国奉行和军舰奉行分别设立于安政五年（1858年）和安政六年（1859年），参见勝海舟：《海軍歴史》（1），載《勝海舟全集》（8），東京：講談社，1973年，第423—424頁松浦玲注。"军舰奉行并"的"并"是"副手"的意思。"军舰奉行并"这个职位在"军舰奉行"之下。海舟在《海军历史》中称"军舰奉行"相当于"海军少将"，约翰·布鲁克通过日本翻译中滨万次郎，称"军舰奉行"木村为"海军上将"。参见Brooke, George M., Jr., ed., *John M. Brooke's Pacific Cruise and Japanese Adventure, 1858–1860*, Honolulu: University of Hawaii Press, 1986, p. 230。军舰奉行直接听命于老中，参见勝海舟：《海軍歴史》（1），載《勝海舟全集》（8），東京：講談社，1973年，第184—185頁。
19　勝部真長：《勝海舟》（上），東京：PHP研究所，1992年，第549頁。
20　勝海舟：《氷川清話》，載《勝海舟全集》（21），東京：勁草書房，1973年，第198—199頁。
21　勝海舟：《幕末日記》，載《勝海舟全集》（1），東京：講談社，1976年，第63頁。海舟用来形容"人才"的词是"人物"，这个词常常被用来强调一个人的价值。"人物"这个词经常被用来指"有价值的人"或者"性格强大的人"。
22　勝海舟：《幕末日記》，《勝海舟全集》（1），東京：講談社，1976年，第64頁。

第十章　萨摩藩

1　勝海舟：《氷川清話》，載《勝海舟全集》（21），東京：勁草書房，1973年，第67—

68 页。

2　Reischauer, Haru Matsukata., *Samurai and Silk: A Japanese and American Heritage*, Rutland, VT: Charles E. Tutle, 1987, p. 40.

3　海音寺潮五郎：《西郷隆盛》(1)，東京：朝日新聞社，1976 年，第 245 页。

4　海音寺潮五郎：《西郷隆盛》(1)，東京：朝日新聞社，1976 年，第 107 页。岛津齐彬后来将"升平丸"号作为礼物送给了幕府，他说他之所以建造这艘船是为了日本国。这是第一艘悬挂旭日旗的船只。旭日旗将会于明治三年成为日本国旗。参见海音寺潮五郎：《西郷隆盛》(1)，東京：朝日新聞社，1976 年，第 247—248 页。

5　Keene, Donald., *Emperor of Japan: Meiji and His World, 1852-1912*, New York: Columbia University Press, 2002, p. 18.

6　海音寺潮五郎：《西郷隆盛》(1)，東京：朝日新聞社，1976 年，第 184、194—196 页；井上清：《西郷隆盛》(上)，東京：中央公論新社，1990 年，第 28—37 页。

7　海音寺潮五郎：《西郷隆盛》(1)，東京：朝日新聞社，1976 年，第 51 页。

8　以上关于岛津重豪的记录出自海音寺潮五郎：《西郷隆盛》(1)，東京：朝日新聞社，1976 年，第 57—61、79、82 页；井上清：《西郷隆盛》(上)，東京：中央公論新社，1990 年，第 27—28 页。

9　勝海舟：《海舟語録》，载《勝海舟全集》(20)，東京：講談社，1972 年，第 42 页。

10　除了引用海舟的部分，其他内容来自海音寺潮五郎：《西郷隆盛》(1)，東京：朝日新聞社，1976 年，第 107—120、137—145、156、167 页；海音寺潮五郎：《西郷隆盛》(2)，東京：朝日新聞社，1976 年，第 90 页；井上清：《西郷隆盛》(上)，東京：中央公論新社，1990 年，第 26—33 页；田中惣五郎：《西郷隆盛》，東京：吉川弘文館，1988 年，第 18—21 页；《明治維新人名辞典》，東京：吉川弘文館，1982 年，第 495—496 页。

11　井上清：《西郷隆盛》(上)，東京：中央公論新社，1990 年，第 32—33 页。

12　海音寺潮五郎：《西郷隆盛》(2)，東京：朝日新聞社，1976 年，第 90 页。

13　海音寺潮五郎：《西郷隆盛》(1)，東京：朝日新聞社，1976 年，第 271—274 页；田中惣五郎：《西郷隆盛》，東京：吉川弘文館，1988 年，第 15 页。

14　海音寺潮五郎：《西郷隆盛》(1)，東京：朝日新聞社，1976 年，第 188 页。

15　海音寺潮五郎：《西郷隆盛》(1)，東京：朝日新聞社，1976 年，第 201 页。

16　1877 年，西乡的体重约为 113 公斤，参见海音寺潮五郎：《西郷隆盛》(1)，東京：朝日新聞社，1976 年，第 7 页。

17　海音寺潮五郎：《西郷隆盛》(1)，東京：朝日新聞社，1976 年，第 270 页。

18　海音寺潮五郎：《西郷隆盛》(1)，東京：朝日新聞社，1976 年，第 220—221 页。

19　海音寺潮五郎：《西郷隆盛》(1)，東京：朝日新聞社，1976 年，第 275—278 页。

20　井上清：《西郷隆盛》（上），東京：中央公論新社，1990年，第40—47页。
21　井上清：《西郷隆盛》（上），東京：中央公論新社，1990年，第49页。
22　井上清：《西郷隆盛》（上），東京：中央公論新社，1990年，第47—48页。
23　井上清：《西郷隆盛》（上），東京：中央公論新社，1990年，第55—57页。
24　海音寺潮五郎：《西郷隆盛》（3），東京：朝日新聞社，1976年，第15页。
25　井上清：《西郷隆盛》（上），東京：中央公論新社，1990年，第58页。七月五日的说法来自井上清，七月九日的说法来自海音寺潮五郎：《西郷隆盛》（3），東京：朝日新聞社，1976年，第16页。还有两份资料记载齐彬死于七月十六日。
26　海音寺潮五郎：《西郷隆盛》（2），東京：朝日新聞社，1976年，第91页。
27　海音寺潮五郎：《西郷隆盛》（3），東京：朝日新聞社，1976年，第6、10页。
28　奄美大岛距离萨摩200英里，是奄美群岛中最大的岛，在东海和太平洋之间，琉球群岛以北。17世纪初，它和琉球群岛同被萨摩征服。参见海音寺潮五郎：《西郷隆盛》（2），東京：朝日新聞社，1976年，第296页。
29　海音寺潮五郎：《西郷隆盛》（3），東京：朝日新聞社，1976年，第4—7页。
30　笠原一男：《詳説日本史研究》，東京：山川出版社，1980年，第251页。
31　海音寺潮五郎：《西郷隆盛》（2），東京：朝日新聞社，1976年，第91页。
32　海音寺潮五郎：《西郷隆盛》（2），東京：朝日新聞社，1976年，第91页；海音寺潮五郎：《西郷隆盛》（3），東京：朝日新聞社，1976年，第9页。
33　海音寺潮五郎：《西郷隆盛》（2），東京：朝日新聞社，1976年，第92—94页；海音寺潮五郎：《西郷隆盛》（3），東京：朝日新聞社，1976年，第17—18页。
34　海音寺潮五郎：《西郷隆盛》（2），東京：朝日新聞社，1976年，第93页。
35　海音寺潮五郎：《西郷隆盛》（2），東京：朝日新聞社，1976年，第87页。
36　海音寺潮五郎：《西郷隆盛》（2），東京：朝日新聞社，1976年，第93页。
37　勝海舟：《齐彬と久光》，載勝海舟：《書簡と建言》，《勝海舟全集》（2），東京：講談社，1982年，第437页。
38　井上清：《西郷隆盛》（上），東京：中央公論新社，1990年，第58页。
39　海音寺潮五郎：《西郷隆盛》（2），東京：朝日新聞社，1976年，第88页。
40　田中惣五郎：《西郷隆盛》，東京：吉川弘文館，1988年，第60—63页。
41　他们分别是福冈志士平野次郎（他陪月照前往鹿儿岛）、月照忠诚的仆人，还有船夫，参见《西郷隆盛》，第63页。
42　田中惣五郎：《西郷隆盛》，東京：吉川弘文館，1988年，第63页。
43　井上清：《西郷隆盛》（上），東京：中央公論新社，1990年，第64—65页。
44　海音寺潮五郎：《西郷隆盛》（2），東京：朝日新聞社，1976年，第94页。
45　海音寺潮五郎：《西郷隆盛》（3），東京：朝日新聞社，1976年，第133页。

46 海音寺潮五郎：《西鄕隆盛》（3），東京：朝日新聞社，1976年，第119頁。

47 宮永孝：《幕末異人殺傷錄》，東京：角川書店，1996年，第136頁。

48 Reischauer, Haru Matsukata., *Samurai and Silk: A Japanese and American Heritage*, Rutland, VT: Charles E. Tutle, 1987, pp. 28-29.

49 海音寺潮五郎：《西鄕隆盛》（1），東京：朝日新聞社，1976年，第72頁。

50 海音寺潮五郎：《西鄕隆盛》（1），東京：朝日新聞社，1976年，第73頁。

51 海音寺潮五郎：《西鄕隆盛》（1），東京：朝日新聞社，1976年，第72—73頁。早些时候，他们会玩一个更加致命的游戏。他们会在道场里围一个大圈，然后用一根绳子将一支铁炮吊在房椽上，这样铁炮就和他们的脸是一样的高度，并位于这个圆圈的中心。他们会点燃火绳，旋转这支枪，它就会随机指向他们中的任何一个人。与此同时，他们会静静等待开枪。这么做的目的是为了让他们准备好战斗，让他们在面对死亡时保持冷静。直到岛津重豪禁止了这种野蛮的游戏，人们才停止了这项活动。

52 海音寺潮五郎：《西鄕隆盛》（1），東京：朝日新聞社，1976年，第73—74頁。

53 海音寺潮五郎：《西鄕隆盛》（1），東京：朝日新聞社，1976年，第74頁。

54 Okakura, Kakuzo., *The Awakening of Japan*, London: John Murray, 1905, p. 173.

55 海音寺潮五郎：《西鄕隆盛》（3），東京：朝日新聞社，1976年，第399頁。

56 海音寺潮五郎：《西鄕隆盛》（3），東京：朝日新聞社，1976年，第404頁。

57 宮永孝：《幕末異人殺傷錄》，東京：角川書店，1996年，第139—141頁。

58 宮永孝：《幕末異人殺傷錄》，東京：角川書店，1996年，第142—144頁；海音寺潮五郎：《西鄕隆盛》（3），東京：朝日新聞社，1976年，第406頁。

59 海音寺潮五郎：《西鄕隆盛》（3），東京：朝日新聞社，1976年，第405—406頁。

60 Iwata, Masakazu., *Okubo Toshimichi: The Bismarck of Japan*, Berkeley: University of California Press, 1964, pp. 63-64.

61 田中惣五郎：《西鄕隆盛》，東京：吉川弘文館，1988年，第115頁。

62 海音寺潮五郎：《西鄕隆盛》（3），東京：朝日新聞社，1976年，第423—425頁。

63 Satow, Sir Ernest., *A Diplomat in Japan*, Tokyo: Oxford University Press, 1968, pp. 52-53.

64 Satow, Sir Ernest., *A Diplomat in Japan*, Tokyo: Oxford University Press, 1968, p. 53.

65 Satow, Sir Ernest., *A Diplomat in Japan*, Tokyo: Oxford University Press, 1968, p. 54.

66 Satow, Sir Ernest., *A Diplomat in Japan*, Tokyo: Oxford University Press, 1968, p. 72.

67 海音寺潮五郎：《西鄕隆盛》（3），東京：朝日新聞社，1976年，第72—74頁。

第十一章　奉行与叛贼

1 明治维新期间龙马的生平与业绩的详情，参见拙作 *Ryoma: Life of a Renaissance*

Samurai, Ridgeback Press, 1999。

2　松岡司：《定本坂本龍馬伝》，東京：新人物往来社，2003年，第157页。

3　平尾道雄：《坂本龍馬：海援隊始末記》，東京：中央公論社，1976年，第14页。

4　时间是嘉永六年（1853年）九月二十三日，参见宫地佐一郎编：《坂本龍馬全集》，東京：光風社出版，1982年，第5页。

5　松岡司：《定本坂本龍馬伝》，東京：新人物往来社，2003年，第139—140页。

6　平尾道雄：《坂本龍馬：海援隊始末記》，東京：中央公論社，1976年，第36—37页。

7　宫地佐一郎编：《坂本龍馬全集》，東京：光風社出版，1982年，第564页。

8　宫地佐一郎编：《坂本龍馬全集》，東京：光風社出版，1982年，第13页。

9　平尾道雄：《坂本龍馬：海援隊始末記》，東京：中央公論社，1976年，第39页。

10　平尾道雄：《坂本龍馬：海援隊始末記》，東京：中央公論社，1976年，第25—26页。

11　平尾道雄：《坂本龍馬：海援隊始末記》，東京：中央公論社，1976年，第26—27页。

12　松岡司：《定本坂本龍馬伝》，東京：新人物往来社，2003年，第164—165页。

13　平尾道雄：《坂本龍馬：海援隊始末記》，東京：中央公論社，1976年，第49页；宫地佐一郎：《坂本龍馬の人脈と交友図》，載《土佐の風雲児 坂本龍馬》，《別冊歴史読本》，東京：新人物往来社，1989年8月15日，第44页。

14　平尾道雄：《龍馬のすべて》，東京：高知新聞社，1999年，第115页。

15　平尾道雄：《龍馬のすべて》，東京：高知新聞社，1999年，第113页；松岡司：《定本坂本龍馬伝》，東京：新人物往来社，2003年，第169页。

16　松岡司：《定本坂本龍馬伝》，東京：新人物往来社，2003年，第171页；《坂本龍馬の人脈と交友図》，載《土佐の風雲児 坂本龍馬》，第44页。

17　勝海舟：《氷川清話》，載《勝海舟全集》（21），東京：勁草書房，1973年，第68页。

18　龙马在庆应二年一月二十三日寺田屋事变中可能用枪打死过一名前来逮捕或者试图杀死他的幕府捕吏。

19　出自龙马写于文久三年（1863年）三月二十日的一封信，参见宫地佐一郎编：《坂本龍馬全集》，東京：光風社出版，1982年，第14页。

20　勝海舟：《追賛一話》，載《書簡と建言》，《勝海舟全集》（2），東京：講談社，1982年，第621页。

21　小西四郎编：《坂本龍馬事典》，東京：新人物往来社，1988年，第179页。

22　小美濃清明：《坂本龍馬と刀剣》，東京：新人物往来社，1995年，第86页。

23　《続氷川清話》，转引自宫地佐一郎编：《坂本龍馬全集》，東京：光風社出版，1982年，第674页。

24　平尾道雄：《坂本龍馬：海援隊始末記》，東京：中央公論社，1976年，第49页；平尾道雄：《龍馬のすべて》，東京：高知新聞社，1999年，第115页。

25 勝海舟：《追賛一話》，載《書簡と建言》，《勝海舟全集》(2)，東京：講談社，1982年，第621页。

26 勝海舟：《追賛一話》，載《書簡と建言》，《勝海舟全集》(2)，東京：講談社，1982年，第621页。

第十二章　长州的吉田松阴和高杉晋作

1　勝海舟：《氷川清話》，載《勝海舟全集》(21)，東京：勁草書房，1973年，第208页。
2　奈良本辰也：《吉田松陰》，東京：岩波書店，1987年，第141页。
3　奈良本辰也：《吉田松陰》，東京：岩波書店，1987年，第143页。吉田松阴的先见之明令人叹服。5年后，幕府中的亲法派将在法国人的帮助下推动军事现代化改革并试图建立德川独裁统治（详见第十八章和第二十章）。
4　奈良本辰也：《吉田松陰》，東京：岩波書店，1987年，第142页。
5　奈良本辰也：《吉田松陰》，東京：岩波書店，1987年，第146页。
6　古川薫：《高杉晋作：青年志士の生涯と実像》，大阪：創元社，1986年，第37页；奈良本辰也：《吉田松陰》，東京：岩波書店，1987年，第153—154页。
7　奈良本辰也：《吉田松陰》，東京：岩波書店，1987年，第152—153页。
8　松本健一：《開国のかたち》，東京：毎日新聞社，1994年，第100页。
9　奈良本辰也：《吉田松陰》，東京：岩波書店，1987年，第164页。
10　奈良本辰也：《吉田松陰》，東京：岩波書店，1987年，第165页；古川薫：《高杉晋作：青年志士の生涯と実像》，大阪：創元社，1986年，第45—46页。
11　小西四郎：《日本の歴史19 開国と攘夷》，東京：中央公論社，1974年，第148页。
12　奈良本辰也：《吉田松陰》，東京：岩波書店，1987年，第167页。
13　奈良本辰也：《吉田松陰》，東京：岩波書店，1987年，第169页。
14　福永酔剣：《首斬り浅右衛門刀剣押形（下巻）》，東京：雄山閣出版，1970年，第90页。
15　古川薫：《高杉晋作：青年志士の生涯と実像》，大阪：創元社，1986年，第78页。
16　古川薫：《高杉晋作：青年志士の生涯と実像》，大阪：創元社，1986年，第16—18页。根据现存的高杉的盔甲推断，他身高大约1.6米，比日本人的平均身高稍矮，参见古川薫：《高杉晋作：青年志士の生涯と実像》，大阪：創元社，1986年，第16页。
17　古川薫：《高杉晋作：青年志士の生涯と実像》，大阪：創元社，1986年，第20—21页。
18　古川薫：《高杉晋作：青年志士の生涯と実像》，大阪：創元社，1986年，第30页。
19　古川薫：《高杉晋作：青年志士の生涯と実像》，大阪：創元社，1986年，第41—42页。
20　古川薫：《高杉晋作：青年志士の生涯と実像》，大阪：創元社，1986年，第46页。
21　古川薫：《高杉晋作：青年志士の生涯と実像》，大阪：創元社，1986年，第48—56页。

22　大平喜間多：《佐久間象山》，東京：吉川弘文館，1998 年，第 151—153 頁。
23　古川薫：《高杉晋作：青年志士の生涯と実像》，大阪：創元社，1986 年，第 60 頁。
24　古川薫：《高杉晋作：青年志士の生涯と実像》，大阪：創元社，1986 年，第 58 頁。
25　古川薫：《高杉晋作：青年志士の生涯と実像》，大阪：創元社，1986 年，第 59—62 頁。长井的计划最终在京都遭到了拒绝，部分是因为上述用语，部分是因为长州尊王攘夷派（尤其是桂和久坂）的运作，但是最主要还是因为天皇不同意开国。长井接下来以蛊惑长州藩主的罪名被解除了职务。文久三年（1863 年），他因羞愧在萩的家中自杀。参见古川薫：《高杉晋作：青年志士の生涯と実像》，大阪：創元社，1986 年，第 83 頁；《明治維新人名辞典》，東京：吉川弘文館，1982 年，第 689 頁。
26　古川薫：《高杉晋作：青年志士の生涯と実像》，大阪：創元社，1986 年，第 62 頁。
27　古川薫：《高杉晋作：青年志士の生涯と実像》，大阪：創元社，1986 年，第 63—64 頁。
28　古川薫：《高杉晋作：青年志士の生涯と実像》，大阪：創元社，1986 年，第 66 頁。
29　冨成博：《上海渡航》，載《高杉晋作：長州の革命児》，《別冊歴史読本》，東京：新人物往来社，1989 年 10 月 18 日，第 90—91 頁。
30　古川薫：《高杉晋作：青年志士の生涯と実像》，大阪：創元社，1986 年，第 66—67 頁。
31　古川薫：《高杉晋作：青年志士の生涯と実像》，大阪：創元社，1986 年，第 72 頁。
32　"Shanghai." *The New Encyclopaedia Britannica: Macropaedia*, 15th ed., 1992, vol. 27, p. 275.
33　"Taiping Rebellion." *The New Encyclopaedia Britannica: Micropaedia*, 15th ed., 1992, vol. 11, p. 509.
34　松本健一：《開国のかたち》，東京：毎日新聞社，1994 年，第 109 頁。
35　古川薫：《高杉晋作：青年志士の生涯と実像》，大阪：創元社，1986 年，第 74 頁。
36　松本健一：《開国のかたち》，東京：毎日新聞社，1994 年，第 109 頁。
37　春名徹：《高杉晋作の夢と構想》，載《高杉晋作：長州の革命児》，《別冊歴史読本》，東京：新人物往来社，1989 年 10 月 18 日，第 28 頁。
38　其中一把史密斯·威森牌左轮手枪被高杉当作礼物送给了龙马。庆应二年一月，龙马在伏见的寺田屋使用了这把枪。参见宮地佐一郎編：《坂本龍馬全集》，東京：光風社出版，1982 年，第 95 頁。
39　古川薫：《高杉晋作：青年志士の生涯と実像》，大阪：創元社，1986 年，第 77 頁。
40　《上海渡航》，載《高杉晋作：長州の革命児》，《別冊歴史読本》，東京：新人物往来社，1989 年 10 月 18 日，第 94 頁。
41　古川薫：《高杉晋作：青年志士の生涯と実像》，大阪：創元社，1986 年，第 74 頁。
42　松本健一：《開国のかたち》，東京：毎日新聞社，1994 年，第 109 頁。
43　古川薫：《高杉晋作：青年志士の生涯と実像》，大阪：創元社，1986 年，第 80—82 頁。

44　Jansen, Marius B., *Sakamoto Ryoma and the Meiji Restoration*, Stanford: Stanford University Press, 1971, p. 133.
45　松岡司：《武市半平太伝》，東京：新人物往来社，1997 年，第 374 頁。
46　古川薫：《高杉晋作：青年志士の生涯と実像》，大阪：創元社，1986 年，第 88 頁。
47　田中彰：田中彰：《高杉晋作と奇兵隊》，東京：岩波書店，1993 年，東京：岩波書店，1993 年，第 16 頁。
48　海音寺潮五郎：《西郷隆盛》（4），東京：朝日新聞社，1976 年，第 243—244 頁。
49　古川薫：《高杉晋作：青年志士の生涯と実像》，大阪：創元社，1986 年，第 90 頁。
50　古川薫：《高杉晋作：青年志士の生涯と実像》，大阪：創元社，1986 年，第 90 頁。
51　勝海舟：《幕末日記》，載《勝海舟全集》（1），東京：講談社，1976 年，第 70 頁。
52　小西四郎：《日本の歴史 19 開国と攘夷》，東京：中央公論社，1974 年，第 262 頁。
53　松岡司：《武市半平太伝》，東京：新人物往来社，1997 年，第 134 頁。
54　古川薫：《高杉晋作：青年志士の生涯と実像》，大阪：創元社，1986 年，第 93 頁。
55　海音寺潮五郎：《西郷隆盛》（4），東京：朝日新聞社，1976 年，第 334—336 頁。
56　古川薫：《高杉晋作：青年志士の生涯と実像》，大阪：創元社，1986 年，第 94 頁。

第十三章　"登城"

1　勝海舟：《断腸之記》，載勝海舟：《幕末日記》，《勝海舟全集》（1），東京：講談社，1976 年，第 373 頁。
2　小木新造、陣内秀信、竹内誠、芳賀徹、前田愛、宮田登、吉原健一郎編：《江戸東京学事典》，東京：三省堂，1987 年，第 316 頁。
3　勝海舟：《海軍歴史》（1），載《勝海舟全集》（8），東京：講談社，1973 年，第 423—424 頁松浦玲注。
4　勝海舟：《海軍歴史》（1），載《勝海舟全集》（8），東京：講談社，1973 年，第 424 頁。
5　勝海舟：《氷川清話》，載《勝海舟全集》（21），東京：勁草書房，1973 年，第 25 頁。
6　渋沢栄一編：《昔夢会筆記：徳川慶喜公回想談》，東京：平凡社，1997 年，第 26 頁。
7　石井孝：《勝海舟》，東京：吉川弘文館，1997 年，第 29 頁。
8　松岡司：《定本坂本龍馬伝》，東京：新人物往来社，2003 年，第 140、176、185—186 頁；勝部真長：《勝海舟》（上），東京：PHP 研究所，1992 年，第 565 頁；《師友》"海援隊列伝"条，載小西四郎編：《坂本龍馬事典》，東京：新人物往来社，1988 年，第 148—149 頁。
9　勝海舟：《幕末日記》，載《勝海舟全集》（1），東京：講談社，1976 年，第 70 頁。
10　松岡司：《定本坂本龍馬伝》，東京：新人物往来社，2003 年，第 202—203 頁。
11　勝海舟：《幕末日記》，載《勝海舟全集》（1），東京：講談社，1976 年，第 64—69 頁。

12　勝海舟:《海軍歷史》(1),載《勝海舟全集》(8),東京:講談社,1973年,第220—222頁。

13　勝部真長:《勝海舟》(上),東京:PHP研究所,1992年,第563頁。

14　勝海舟:《海軍歷史》(1),載《勝海舟全集》(8),東京:講談社,1973年,第220—222頁。

15　勝海舟:《幕末日記》,載《勝海舟全集》(1),東京:講談社,1976年,第72頁。

16　勝部真長:《勝海舟》(上),東京:PHP研究所,1992年,第563頁。

17　勝海舟:《幕末日記》,載《勝海舟全集》(1),東京:講談社,1976年,第72頁。

18　松浦玲:《横井小楠:儒学的正義とは何か》,東京:朝日新聞社,2000年,第216—218頁。

19　勝海舟:《幕末日記》,載《勝海舟全集》(1),東京:講談社,1976年,第73、76頁。

20　勝海舟:《幕末日記》,載《勝海舟全集》(1),東京:講談社,1976年,第73頁。

21　勝海舟:《幕末日記》,載《勝海舟全集》(1),東京:講談社,1976年,第73頁。

22　《防長回天錄》,轉引自宮地佐一郎編:《坂本龍馬全集》,東京:光風社出版,1982年,第673頁。

23　平尾道雄:《山内容堂》,東京:吉川弘文館,1993年,第11頁。

24　丰信在安政六年(1859年)归隐后改名容堂,參見平尾道雄:《山内容堂》,東京:吉川弘文館,1993年,第253頁。

25　平尾道雄:《山内容堂》,東京:吉川弘文館,1993年,第44頁。

26　平尾道雄:《山内容堂》,東京:吉川弘文館,1993年,第17頁。

27　平尾道雄:《山内容堂》,東京:吉川弘文館,1993年,第14—15頁。

28　勝海舟:《氷川清話》,載《勝海舟全集》(21),東京:勁草書房,1973年,第72頁。

29　平尾道雄:《山内容堂》,東京:吉川弘文館,1993年,第20—22頁。

30　勝海舟:《追赞一話》,載《書簡と建言》,《勝海舟全集》(2),東京:講談社,1982年,第621頁。

31　勝海舟:《追赞一話》,載《書簡と建言》,《勝海舟全集》(2),東京:講談社,1982年,第68—70頁。

32　平尾道雄:《山内容堂》,東京:吉川弘文館,1993年,第101頁。

33　《防長回天錄》,轉引自宮地佐一郎編:《坂本龍馬全集》,東京:光風社出版,1982年,第673頁。

34　宮地佐一郎編:《坂本龍馬全集》,東京:光風社出版,1982年,第673頁。

35　宮地佐一郎編:《坂本龍馬全集》,東京:光風社出版,1982年,第674頁。

36　宮地佐一郎編:《坂本龍馬全集》,東京:光風社出版,1982年,第673頁;平尾道雄:《坂本龍馬:海援隊始末記》,東京:中央公論社,1976年,第54頁。

37 勝海舟:《幕末日記》,載《勝海舟全集》(1),東京:講談社,1976年,第74頁。
38 《有魂姓名録》,宮地佐一郎編:《坂本龍馬全集》,東京:光風社出版,1982年,第464頁。《有魂姓名録》是一本宣传小册子,主要内容是新闻和故事。有人认为它出自龙马之手,也有人认为作者是龙马的侄子高松太郎,他曾和龙马一同在海舟门下学习。
39 松岡司:《定本坂本龍馬伝》,東京:新人物往来社,2003年,第168頁。
40 松岡司:《定本坂本龍馬伝》,東京:新人物往来社,2003年,第173—174頁。
41 勝海舟:《幕末日記》,載《勝海舟全集》(1),東京:講談社,1976年,第76頁。
42 小西四郎:《日本の歴史 19 開国と攘夷》,東京:中央公論社,1974年,第268頁。
43 43 勝部真長:《勝海舟》(上),東京:PHP研究所,1992年,第561—562頁。
44 勝海舟:《幕末日記》,載《勝海舟全集》(1),東京:講談社,1976年,第76頁;石井孝:《勝海舟》,東京:吉川弘文館,1997年,第34頁。
45 小西四郎:《日本の歴史 19 開国と攘夷》,東京:中央公論社,1974年,第266頁。
46 小西四郎:《日本の歴史 19 開国と攘夷》,東京:中央公論社,1974年,第268頁。
47 Hillsborough, Romulus., *Shinsengumi: The Shogun's Last Samurai Corps*, North Clarendon, VT: Tuttle Publishing, 2005, pp. 16-18.
48 勝海舟:《幕末日記》,載《勝海舟全集》(1),東京:講談社,1976年,第77頁。
49 小西四郎:《日本の歴史 19 開国と攘夷》,東京:中央公論社,1974年,第268頁;Jansen, Marius B., *The Making of Modern Japan*, Cambridge, MA: Harvard University Press, 2000, p. 168。
50 海舟这里指的是一直依靠俸禄过着舒适生活的旗本武士。
51 海舟这里指的是幕府向天皇做出的空洞诺言,目的是让天皇敕许公武合体。
52 松浦玲:《勝海舟》,東京:中央公論社,1997年,第111頁。
53 勝海舟:《断腸之記》,載勝海舟:《幕末日記》,《勝海舟全集》(1),東京:講談社,1976年,第377頁。
54 松浦玲:《勝海舟》,東京:中央公論社,1997年,第106—108頁。
55 小西四郎:《日本の歴史 19 開国と攘夷》,東京:中央公論社,1974年,第269—270頁。
56 松浦玲:《勝海舟》,東京:中央公論社,1997年,第108、113頁。
57 松浦玲:《勝海舟》,東京:中央公論社,1997年,第106—108頁。
58 平尾道雄:《維新暗殺秘録》,東京:河出書房新社,1990年,第58—60頁。平尾的记录基于前土佐勤王党人田中光显的回忆,后者声称亲耳从首相伊藤博文那里听到了这些。
59 古川薫:《高杉晋作:青年志士の生涯と実像》,大阪:創元社,1986年,第97—98頁。

60　古川薫:《高杉晋作:青年志士の生涯と実像》,大阪:創元社,1986年,第100—101页。

61　古川薫:《高杉晋作:青年志士の生涯と実像》,大阪:創元社,1986年,第102—103页。

62　勝海舟:《幕末日記》,載《勝海舟全集》(1),東京:講談社,1976年,第82页。

63　石井孝:《勝海舟》,東京:吉川弘文館,1997年,第37页。

64　松浦玲:《勝海舟》,東京:中央公論社,1997年,第113页。

65　勝海舟:《幕末日記》,載《勝海舟全集》(1),東京:講談社,1976年,第84页。

66　松浦玲:《勝海舟》,東京:中央公論社,1997年,第114页。

67　勝海舟:《幕末日記》,載《勝海舟全集》(1),東京:講談社,1976年,第84页。

68　勝海舟:《幕末日記》,載《勝海舟全集》(1),東京:講談社,1976年,第85页。

69　勝海舟:《幕末日記》,載《勝海舟全集》(1),東京:講談社,1976年,第85页。

70　《明治維新人名辞典》,東京:吉川弘文館,1982年,第30页。

71　勝海舟:《追賛一話》,載《書簡と建言》,《勝海舟全集》(2),東京:講談社,1982年,第619页。日本的近畿地方包括现在的京都府、大阪府、滋贺县、兵库县、奈良县、和歌山县、三重县。

72　勝海舟:《幕末日記》,載《勝海舟全集》(1),東京:講談社,1976年,第85页。

73　勝海舟:《追賛一話》,載《書簡と建言》,《勝海舟全集》(2),東京:講談社,1982年,第619页。

74　勝部真長:《勝海舟》(下),東京:PHP研究所,1992年,第15页。

75　勝海舟:《追賛一話》,載《書簡と建言》,《勝海舟全集》(2),東京:講談社,1982年,第619页。

76　勝海舟:《幕末日記》,載《勝海舟全集》(1),東京:講談社,1976年,第85—86页。

77　勝海舟:《追賛一話》,載《書簡と建言》,《勝海舟全集》(2),東京:講談社,1982年,第619页。

78　勝海舟:《解難錄》第1节,載《勝海舟全集》(1),東京:講談社,1976年。

79　勝海舟:《海軍歷史》(1),載《勝海舟全集》(8),東京:講談社,1973年,第425页编者说明。

80　勝海舟:《幕末日記》,載《勝海舟全集》(1),東京:講談社,1976年,第86—87页。

81　勝海舟:《解難錄》第1节,載《勝海舟全集》(1),東京:講談社,1976年。

82　松浦玲:《勝海舟》,東京:筑摩書房,2010年,第218页。萨摩藩主齐彬也提出过类似的计划,他看到清廷在英法面前的软弱表现后,认为日本的主权将遭受威胁。齐彬有一句经常被引用的名言:"日本就在中国的东边,现在不得不准备好接受和中国相似的命运。一旦英国达成了它在中国的目标,它一定会派兵向东。"因此,齐彬宣称,日本必须在中国的台湾岛建立军事基地以向西方展示军事实力。参见 Iwata, Masakazu., *Okubo Toshimichi: The Bismarck of Japan*, Berkeley: University of California Press, 1964, p. 190.

83　小西四郎:《日本の歴史 19 開国と攘夷》,東京:中央公論社,1974 年,第 271 頁。

84　海音寺潮五郎:《西郷隆盛》(5),東京:朝日新聞社,1976 年,第 267—268 頁。有人回忆说,万延元年(1860 年)七月幕府最早做出的攘夷承诺有不同的解释,幕府的意思是做好军事准备后再攘夷(参见第七章)。

85　下关海峡是濑户内海的门户,连接着通向横滨、长崎和上海的航路。

86　小西四郎:《日本の歴史 19 開国と攘夷》,東京:中央公論社,1974 年,第 274—276 頁;海音寺潮五郎:《西郷隆盛》(5),東京:朝日新聞社,1976 年,第 270—276 頁。

87　小西四郎:《日本の歴史 19 開国と攘夷》,東京:中央公論社,1974 年,第 276—277 頁。

88　海音寺潮五郎:《西郷隆盛》(5),東京:朝日新聞社,1976 年,第 277—278 頁;《明治維新人名辞典》,東京:吉川弘文館,1982 年,第 697 頁。

89　古川薫:《高杉晋作:青年志士の生涯と実像》,大阪:創元社,1986 年,第 88 頁。

90　除了上述引自海舟的《追賛一話》和海记的内容,姊小路遇刺和田中被逮捕的时间还参考了平尾道雄:《維新暗殺秘録》,東京:河出書房新社,1990 年,第 154—163 頁。

91　小西四郎:《日本の歴史 19 開国と攘夷》,東京:中央公論社,1974 年,第 272 頁。

92　勝海舟:《幕末日記》,載《勝海舟全集》(1),東京:講談社,1976 年,第 95—96 頁。

93　勝海舟:《幕末日記》,載《勝海舟全集》(1),東京:講談社,1976 年,第 100 頁;勝部真長:《勝海舟》(下),東京:PHP 研究所,1992 年,第 20 頁;《明治維新人名辞典》,東京:吉川弘文館,1982 年,第 589 頁;石井孝:《勝海舟》,東京:吉川弘文館,1997 年,第 46—47 頁。

94　勝海舟:《幕末日記》,載《勝海舟全集》(1),東京:講談社,1976 年,第 96、100 頁;小西四郎:《日本の歴史 19 開国と攘夷》,東京:中央公論社,1974 年,第 272 頁。

95　勝海舟:《幕末日記》,載《勝海舟全集》(1),東京:講談社,1976 年,第 100 頁;勝部真長:《勝海舟》(下),東京:PHP 研究所,1992 年,第 20 頁。

96　勝海舟:《幕末日記》,載《勝海舟全集》(1),東京:講談社,1976 年,第 102—103 頁。

97　勝海舟:《幕末日記》,載《勝海舟全集》(1),東京:講談社,1976 年,第 100 頁。

98　勝海舟:《幕末日記》,載《勝海舟全集》(1),東京:講談社,1976 年,第 100 頁。

99　勝部真長:《勝海舟》(下),東京:PHP 研究所,1992 年,第 20 頁;石井孝:《勝海舟》,東京:吉川弘文館,1997 年,第 47 頁。

100 松浦玲：《德川慶喜：将軍家の明治維新》，東京：中央公論社，1989年，第100頁。
101 渋沢栄一編：《昔夢会筆記：德川慶喜公回想談》，東京：平凡社，1997年，第168頁。
102 勝海舟：《幕末日記》，載《勝海舟全集》(1)，東京：講談社，1976年，第96—97頁。
103 海音寺潮五郎：海音寺潮五郎：《西郷隆盛》(5)，東京：朝日新聞社，1976年，東京：朝日新聞社，1977年，第281—286頁；小西四郎：《日本の歷史19開国と攘夷》，東京：中央公論社，1974年，第276頁；古川薫：《高杉晋作：青年志士の生涯と実像》，大阪：創元社，1986年，第111頁。
104 勝海舟：《幕末日記》，載《勝海舟全集》(1)，東京：講談社，1976年，第101頁。
105 小西四郎：《日本の歷史19開国と攘夷》，東京：中央公論社，1974年，第273頁。
106 《明治維新人名辞典》，東京：吉川弘文館，1982年，第21頁。
107 萩是长州藩厅所在地，也是精英武士阶层的居住地。大多数上层武士世代在藩政府中任职，他们反对攘夷派的激进态度。萩由于自身的地理位置而非常容易遭受来自海上的攻击，因此藩主和他的继承人转移到了重要性稍逊的山口城。元治元年（1864年）至庆应二年间，藩主往返于萩城和山口城之间，与此同时俗论派和正义派也轮流主导藩政。参见田中彰：《高杉晋作と奇兵隊》，東京：岩波書店，1993年，第59頁。
108 古川薫：《高杉晋作：青年志士の生涯と実像》，大阪：創元社，1986年，第106—108頁。
109 长州的武士也不例外。德川统治时期，只有萨摩和会津的武士需要从小接受特殊且严格的武术训练，参见海音寺潮五郎：《西郷隆盛》(5)，東京：朝日新聞社，1976年，第287頁。
110 小西四郎：《日本の歷史19開国と攘夷》，東京：中央公論社，1974年，第288—290頁；《高杉晋作：青年志士の生涯と実像》，第114—116頁；田中彰：《高杉晋作と奇兵隊》，東京：岩波書店，1993年，第18—19頁。
111 古川薫：《高杉晋作：青年志士の生涯と実像》，大阪：創元社，1986年，第124—127頁。
112 勝海舟：《幕末日記》，載《勝海舟全集》(1)，東京：講談社，1976年，第102頁；勝部真長：《勝海舟》(下)，東京：PHP研究所，1992年，第21頁。
113 石井孝：《勝海舟》，東京：吉川弘文館，1997年，第48頁。
114 松岡司：《定本坂本龍馬伝》，東京：新人物往来社，2003年，第187—189頁。
115 勝海舟：《幕末日記》，載《勝海舟全集》(1)，東京：講談社，1976年，第103頁。
116 龙马的"旗本朋友"是海舟和忠宽，"藩主朋友"是春岳。
117 或者是龙马劝阻了朋友之后突然回心转意，或者是"杀掉"幕府官员是一种修辞手法。考虑到他并未杀人，后者的可能性似乎更大。
118 宫地佐一郎编：《坂本龍馬全集》，東京：光風社出版，1982年，第31—38頁。

119 宫地佐一郎编：《坂本龍馬全集》，東京：光風社出版，1982年，第723页。
120 龙马主张召开参预会议，体现了四人众的想法。石井孝称海舟的私塾"类似于政治组织"，海舟的弟子帮助他们的老师实现其政治抱负。参见石井孝：《勝海舟》，東京：吉川弘文館，1997年，第50页。还需要注意的是，当海舟不在时，拥有强烈自主精神的龙马更倾向于实现自己的抱负。
121 村田氏寿、佐々木千寻：《續再夢紀事》，转引自宫地佐一郎编：《坂本龍馬全集》，東京：光風社出版，1982年，第721页。
122 Satow, Sir Ernest., *A Diplomat in Japan*, Tokyo: Oxford University Press, 1968, p. 84.
123 小西四郎：《日本の歷史19開国と攘夷》，東京：中央公論社，1974年，第282页。
124 小西四郎：《日本の歷史19開国と攘夷》，東京：中央公論社，1974年，第282—283页。
125 小西四郎：《日本の歷史19開国と攘夷》，東京：中央公論社，1974年，第283页；Satow, Sir Ernest., *A Diplomat in Japan*, Tokyo: Oxford University Press, 1968, p. 87；松岡司：松岡司：《定本坂本龍馬伝》，東京：新人物往来社，2003年，東京：新人物往来社，2003年，第310—311页。
126 Satow, Sir Ernest., *A Diplomat in Japan*, Tokyo: Oxford University Press, 1968, p. 89；小西四郎：《日本の歷史19開国と攘夷》，東京：中央公論社，1974年，第285页。
127 Satow, Sir Ernest., *A Diplomat in Japan*, Tokyo: Oxford University Press, 1968, p. 89.
128 松岡司：《定本坂本龍馬伝》，東京：新人物往来社，2003年，第109、244页。
129 勝海舟：《幕末日記》，載《勝海舟全集》（1），東京：講談社，1976年，第104—105页。
130 石井孝：《勝海舟》，東京：吉川弘文館，1997年，第56页。
131 古川薫：《高杉晋作：青年志士の生涯と実像》，大阪：創元社，1986年，第129页。
132 当时高杉晋作在长州境内。教法寺事件发生在政变两天前。
133 平尾道雄：《中岡慎太郎：陸援隊始末記》，東京：中央公論社，1977年，第52页。
134 平尾道雄：《中岡慎太郎：陸援隊始末記》，東京：中央公論社，1977年，第52页。
135 勝海舟：《幕末日記》，載《勝海舟全集》（1），東京：講談社，1976年，第110—111页。
136 勝海舟：《幕末日記》，載《勝海舟全集》（1），東京：講談社，1976年，第110—111页。
137 石井：《勝海舟》，東京：吉川弘文館，1997年，第53页。坂本龙马的参预会议的想法（在上一年夏天与福井藩士村田巴三郎见面时提到过）与胜海舟的类似。
138 勝海舟：《幕末日記》，載《勝海舟全集》（1），東京：講談社，1976年，第111页。
139 石井孝：《勝海舟》，東京：吉川弘文館，1997年，第53页。

140 勝海舟:《幕末日記》,載《勝海舟全集》(1),東京:講談社,1976年,第111頁。
141 勝海舟:《書簡と建言》,載《勝海舟全集》(2),東京:講談社,1982年,第50—51頁。
142 石井孝:《勝海舟》,東京:吉川弘文館,1997年,第65—66頁。
143 勝海舟:《幕末日記》,載《勝海舟全集》(1),東京:講談社,1976年,第120、122、125頁。
144 勝海舟:《幕末日記》,載《勝海舟全集》(1),東京:講談社,1976年,第113頁。
145 石井孝:《勝海舟》,東京:吉川弘文館,1997年,第56頁。
146 勝海舟:《幕末日記》,載《勝海舟全集》(1),東京:講談社,1976年,第124頁。
147 勝海舟:《幕末日記》,載《勝海舟全集》(1),東京:講談社,1976年,第124頁。
148 石井孝:《勝海舟》,東京:吉川弘文館,1997年,第57頁。
149 勝海舟:《幕末日記》,載《勝海舟全集》(1),東京:講談社,1976年,第125頁。
150 勝海舟:《幕末日記》,載《勝海舟全集》(1),東京:講談社,1976年,第125頁。
151 松浦玲:《勝海舟》,東京:中央公論社,1997年,第123頁。
152 勝海舟:《幕末日記》,載《勝海舟全集》(1),東京:講談社,1976年,第133頁。
153 勝海舟:《幕末日記》,載《勝海舟全集》(1),東京:講談社,1976年,第134頁。
154 勝海舟:《幕末日記》,載《勝海舟全集》(1),東京:講談社,1976年,第136頁。
155 勝海舟:《幕末日記》,載《勝海舟全集》(1),東京:講談社,1976年,第136頁。
156 "翔鶴丸"号运输船于1860年在美国建造,幕府以14.5万美元的价格购入,并于文久三年(1863年)十一月在横滨接收。"千秋丸"号于1851年在波士顿建造,幕府以1.6万美元的价格购入,并于文久元年(1861年)七月在横滨接收。"长崎丸一番"号原名"维多利亚"号,于1857年在英国建造,幕府以6.6万美元购入,并于文久三年(1861年)二月在长崎接收。参见勝海舟:《海軍歷史》(1),載《勝海舟全集》(8),東京:講談社,1973年,第221—222頁。
157 7艘船包括幕府租借给佐贺的"观光丸"号、福井藩船100马力木质螺旋桨蒸汽船"黑龙丸"号、萨摩藩船三桅160马力铁甲蒸汽船"安行丸"号、松江藩船80马力螺旋桨蒸汽船"八云丸"号、福冈藩船280马力木质明轮船"大鹏丸"号和盛冈藩船木质三桅帆船"广运丸"号等。参见勝海舟:《氷川清話》,載《勝海舟全集》(21),東京:勁草書房,1973年,第204—205頁;《海軍歷史3》,第221—228頁。"黑龙丸"号于1863年在美国建造,福井藩以1.25万美元的价格购入,并于文久三年(1863年)五月接收。"安行丸"号于1862年在英国建造,萨摩以7.5万美元的价格购入,并于文久三年(1863年)九月在长崎接收。英国制造的"八云丸一番"号和美国制造的"八云丸二番"号由松江藩分别以8万美元和9.2万美元的价格购入,并于文久二年(1862年)在长崎接收。美国制造的"大鹏丸"号由福冈藩以9.5万美元的价格购入,并于文久二年（1862年）九月在长崎接收。英国制造的"广运丸"号由盛冈以2.5万美元的价格购入，并于文久三年（1863年）三月在函馆接收。参见勝海舟：《海軍歷史》（1），載《勝海舟全集》（8），東京：講談社，1973年，第225—236页。

158 根据海舟写于庆应四年（1868年）的《海军历史》，截至文久三年（1863年），拥有进口船只的藩国分别为：尾张（1）、福井（1）、松江（2）、加贺（1）、萨摩（1或2）、金泽（2）、广岛（1或2）、佐贺（1）、安房（1）、土佐（1）、长州（2）、盛冈（1）、松山（1）。参见勝海舟：《海軍歷史》（1），載《勝海舟全集》（8），東京：講談社，1973年，第225—241页。

159 勝海舟：《氷川清話》，載《勝海舟全集》（21），東京：勁草書房，1973年，第203—205页。

160 平尾道雄：《山内容堂》，東京：吉川弘文館，1993年，第106页。

161 武市憔悴地在狱中待了一年半，其间他因为容堂的心腹吉田东洋遇刺一案而遭到审讯，身体日渐衰弱，最终切腹了。关于武市入狱和切腹的详情，参见拙作《武士的故事》第七章。

162 松岡司：《定本坂本龍馬伝》，東京：新人物往来社，2003年，第257页。

163 松岡司：《定本坂本龍馬伝》，東京：新人物往来社，2003年，第259页。

164 平尾道雄：《龍馬のすべて》，東京：高知新聞社，1999年，第141—142页。

165 另一个表明龙马与四人众关系的证据是文久三年（1863年）十月十五日的一封信。这封信是忠宽写给春岳的，龙马曾在九月拜访后者的宅邸。忠宽和这个小团体的另外3个人一样，都对时局忧心忡忡。他写道，内战将招致外国干涉，英法两国很可能乘机占领濑户内海的岛屿，美国将宣称日本列岛南边的岛屿是他们的领土，俄国将进犯北边的虾夷地。忠宽在信的最后催促春岳趁海舟还在大阪时尽快动身去京都。他还补充道："坂本龙马打算不久后过来。"参见松岡司：《定本坂本龍馬伝》，東京：新人物往来社，2003年，第255—256页。

166 勝海舟：《氷川清話》，載《勝海舟全集》（21），東京：勁草書房，1973年，第205页。

167 勝海舟：《幕末日記》，載《勝海舟全集》（1），東京：講談社，1976年，第137—138页。海舟在日记中特别指出，将军说了"军舰奉行"这几个字，而海舟在5个月后（元治元年五月十四日）才晋升这个职位。

168 勝海舟：《幕末日記》，載《勝海舟全集》（1），東京：講談社，1976年，第139页。

169 石井孝：《勝海舟》，東京：吉川弘文館，1997年，第60页；松岡司：《定本坂本龍馬伝》，東京：新人物往来社，2003年，第265页。

170 勝海舟：《幕末日記》，載《勝海舟全集》（1），東京：講談社，1976年，第140页。

171 Satow, Sir Ernest., *A Diplomat in Japan*, Tokyo: Oxford University Press, 1968, p. 95.

172 石井孝：《勝海舟》，東京：吉川弘文館，1997年，第63页。

173 松浦玲：《德川慶喜：将軍家の明治維新》，東京：中央公論社，1989年，第104頁。
174 松浦玲：《勝海舟》，東京：中央公論社，1997年，第125頁。
175 石井孝：《勝海舟》，東京：吉川弘文館，1997年，第63頁。
176 勝海舟：《幕末日記》，載《勝海舟全集》（1），東京：講談社，1976年，第141頁。
177 勝海舟：《幕末日記》，載《勝海舟全集》（1），東京：講談社，1976年，第143頁。
178 松岡司：《定本坂本龍馬伝》，東京：新人物往来社，2003年，第263頁。
179 松岡司：《定本坂本龍馬伝》，東京：新人物往来社，2003年，第263頁。
180 平尾道雄：《坂本龍馬：海援隊始末記》，東京：中央公論社，1976年，第71頁。
181 勝海舟：《幕末日記》，載《勝海舟全集》（1），東京：講談社，1976年，第142頁。
182 勝海舟：《幕末日記》，載《勝海舟全集》（1），東京：講談社，1976年，第143頁。
183 勝海舟：《幕末日記》，載《勝海舟全集》（1），東京：講談社，1976年，第143頁；石井孝：《勝海舟》，東京：吉川弘文館，1997年，第65頁；松浦玲：《横井小楠：儒学的正義とは何か》，東京：朝日新聞社，2000年，第235頁。
184 石井孝：《勝海舟》，東京：吉川弘文館，1997年，第65頁。
185 勝海舟：《幕末日記》，載《勝海舟全集》（1），東京：講談社，1976年，第144頁。
186 勝部真長編：《勝海舟全集》（11），東京：勁草書房，1973年，第227頁。
187 松浦玲：《横井小楠：儒学的正義とは何か》，東京：朝日新聞社，2000年，第235頁。
188 勝海舟：《幕末日記》，載《勝海舟全集》（1），東京：講談社，1976年，第146頁。
189 勝海舟：《幕末日記》，載《勝海舟全集》（1），東京：講談社，1976年，第146頁。
190 石井孝：《勝海舟》，東京：吉川弘文館，1997年，第67—69頁。
191 勝海舟：《幕末日記》，載《勝海舟全集》（1），東京：講談社，1976年，第145頁。
192 松岡司：《定本坂本龍馬伝》，東京：新人物往来社，2003年，第264頁；《明治維新人名辞典》，東京：吉川弘文館，1982年，第1056、1057頁。
193 松岡司：《定本坂本龍馬伝》，東京：新人物往来社，2003年，第265頁；勝海舟：《幕末日記》，載《勝海舟全集》（1），東京：講談社，1976年，第147頁。

第十四章　深渊边缘的长州

1　勝海舟：《氷川清話》，載《勝海舟全集》（21），東京：勁草書房，1973年，第28頁。
2　小西四郎：《日本の歴史19 開国と攘夷》，東京：中央公論社，1974年，第326頁。
3　松岡司：《定本坂本龍馬伝》，東京：新人物往来社，2003年，第262頁。
4　勝海舟：《幕末日記》，載《勝海舟全集》（1），東京：講談社，1976年，第148頁。
5　松浦玲：《德川慶喜：将軍家の明治維新》，東京：中央公論社，1989年，第116頁。
6　石井孝：《勝海舟》，東京：吉川弘文館，1997年，第70頁。
7　松浦玲：《勝海舟》，東京：中央公論社，1997年，第125頁；松浦玲：《德川慶喜：

将軍家の明治維新》，東京：中央公論社，1989年，第110頁。

8　渋沢栄一編：《昔夢会筆記：徳川慶喜公回想談》，東京：平凡社，1997年，第228—229頁。

9　渋沢栄一：《徳川慶喜伝》，转引自石井孝：《勝海舟》，東京：吉川弘文館，1997年，第71頁。

10　石井孝：《勝海舟》，東京：吉川弘文館，1997年，第71頁。

11　平尾道雄：《山内容堂》，東京：吉川弘文館，1993年，第115頁。

12　石井孝：《勝海舟》，東京：吉川弘文館，1997年，第71頁。

13　平尾道雄：《山内容堂》，東京：吉川弘文館，1993年，第116頁。

14　勝海舟：《幕末日記》，載《勝海舟全集》(1)，東京：講談社，1976年，第148頁。

15　勝海舟：《幕末日記》，載《勝海舟全集》(1)，東京：講談社，1976年，第148頁。

16　勝部真長：《勝海舟》(上)，東京：PHP研究所，1992年，第125頁。

17　松浦玲：《徳川慶喜：将軍家の明治維新》，東京：中央公論社，1989年，第115—118頁。

18　松浦玲：《徳川慶喜：将軍家の明治維新》，東京：中央公論社，1989年，第119—120頁。

19　松浦玲：《徳川慶喜：将軍家の明治維新》，東京：中央公論社，1989年，第117頁。

20　渋沢栄一編：《昔夢会筆記：徳川慶喜公回想談》，東京：平凡社，1997年，第28頁。

21　松浦玲：《徳川慶喜：将軍家の明治維新》，東京：中央公論社，1989年，第120頁。

22　庆喜和松平两兄弟有亲戚关系。如前所述，庆喜的父亲齐昭是第九代水户藩主。两兄弟的父亲、亲藩大名高须藩主松平义建是第六代水户藩主的孙子。

23　勝海舟：《幕末日記》，載《勝海舟全集》(1)，東京：講談社，1976年，第145頁。

24　松浦玲：《徳川慶喜：将軍家の明治維新》，東京：中央公論社，1989年，第116—117頁。

25　松浦玲：《徳川慶喜：将軍家の明治維新》，東京：中央公論社，1989年，第120頁。

26　勝海舟：《幕末日記》，載《勝海舟全集》(1)，東京：講談社，1976年，第149頁；松本健一：《評伝佐久間象山》(下)，東京：中央公論新社，2000年，第277頁。

27　大平喜間多：《佐久間象山》，東京：吉川弘文館，1998年，第164—166頁。

28　大平喜間多：《佐久間象山》，東京：吉川弘文館，1998年，第163頁。

29　大平喜間多：《佐久間象山》，東京：吉川弘文館，1998年，第168頁。

30　松岡司：《中岡慎太郎伝》，東京：新人物往来社，1999年，第93頁。

31　松本健一：《評伝佐久間象山》(下)，東京：中央公論新社，2000年，第267—270、275頁。

32　松本健一：《評伝佐久間象山》(下)，東京：中央公論新社，2000年，第275—276頁。

33　大平喜間多:《佐久間象山》, 東京: 吉川弘文館, 1998 年, 第 176 页。
34　松本健一:《評伝佐久間象山》(下), 東京: 中央公論新社, 2000 年, 第 270 页。
35　勝海舟:《幕末日記》, 載《勝海舟全集》(1), 東京: 講談社, 1976 年, 第 147 页。
36　勝海舟:《幕末日記》, 載《勝海舟全集》(1), 東京: 講談社, 1976 年, 第 149 页。
37　勝海舟:《幕末日記》, 載《勝海舟全集》(1), 東京: 講談社, 1976 年, 第 150 页。
38　这是海舟第一次在日记中谈及美国内战, 此时战争已经进行了 3 年。
39　勝海舟:《幕末日記》, 載《勝海舟全集》(1), 東京: 講談社, 1976 年, 第 150 页。
40　勝海舟:《幕末日記》, 載《勝海舟全集》(1), 東京: 講談社, 1976 年, 第 150 页。
41　勝海舟:《幕末日記》, 載《勝海舟全集》(1), 東京: 講談社, 1976 年, 第 150 页。
42　勝海舟:《幕末日記》, 載《勝海舟全集》(1), 東京: 講談社, 1976 年, 第 149 页。
43　松本健一:《評伝佐久間象山》(下), 東京: 中央公論新社, 2000 年, 第 283—284 页。
44　松本健一:《評伝佐久間象山》(下), 東京: 中央公論新社, 2000 年, 第 279 页。
45　松本健一:《評伝佐久間象山》(下), 東京: 中央公論新社, 2000 年, 第 279 页。
46　佐久間从松代上京的路上骑着一匹名为"都路"(意思是"到京都的路")的马, 参见大平喜間多:《佐久間象山》, 東京: 吉川弘文館, 1998 年, 第 177 页。
47　松本健一:《評伝佐久間象山》(下), 東京: 中央公論新社, 2000 年, 第 279—280 页。
48　松本健一:《評伝佐久間象山》(下), 東京: 中央公論新社, 2000 年, 第 274 页。
49　松本健一:《評伝佐久間象山》(下), 東京: 中央公論新社, 2000 年, 第 280 页。
50　松本健一:《評伝佐久間象山》(下), 東京: 中央公論新社, 2000 年, 第 285 页。
51　勝海舟:《幕末日記》, 載《勝海舟全集》(1), 東京: 講談社, 1976 年, 第 152 页; 石井孝:《勝海舟》, 東京: 吉川弘文館, 1997 年, 第 75 页。胜部写道, 当海舟听说自己将得到晋升时, 询问日本最小的国(日本古代行政单位)在哪里。得知是安房国后, 他便选择安房守作为自己的头衔, 参见勝部真長:《勝海舟》(下), 東京: PHP 研究所, 1992 年, 第 48 页。安房国位于日本东部, 今天的千叶县境内, 在江户时代它包括 4 个藩, 参见《日本史用語辞典》, 第 847 页。
52　勝海舟:《幕末日記》, 載《勝海舟全集》(1), 東京: 講談社, 1976 年, 第 152 页; 勝海舟:《海軍歷史》(1), 載《勝海舟全集》(8), 東京: 講談社, 1973 年, 第 377 页。上一年五月, 海舟设法将长崎制铁所划到神户海军操练所辖下, 参见勝海舟:《幕末日記》, 載《勝海舟全集》(1), 東京: 講談社, 1976 年, 第 94 页。
53　勝海舟:《海軍歷史》(1), 載《勝海舟全集》(8), 東京: 講談社, 1973 年, 第 388 页。
54　勝海舟:《海軍歷史》(1), 載《勝海舟全集》(8), 東京: 講談社, 1973 年, 第 382 页。
55　松浦玲:《勝海舟》, 東京: 中央公論社, 1997 年, 第 126 页。
56　勝海舟:《海軍歷史》(1), 載《勝海舟全集》(8), 東京: 講談社, 1973 年, 第 384 页。
57　勝海舟:《氷川清話》, 載《勝海舟全集》(21), 東京: 勁草書房, 1973 年, 第 202 页。

58 勝海舟:《海軍歷史》(1),載《勝海舟全集》(8),東京:講談社,1973 年,第 384 頁。

59 勝部真長:《勝海舟》(下),東京:PHP 研究所,1992 年,第 44—45 頁。

60 平尾道雄:《坂本龍馬:海援隊始末記》,東京:中央公論社,1976 年,第 63 頁。

61 勝海舟:《海軍歷史》(1),載《勝海舟全集》(8),東京:講談社,1973 年,第 385—386、391 頁。

62 勝部真長:《勝海舟》(下),東京:PHP 研究所,1992 年,第 30 頁;勝海舟:《解難錄》第 1 節,載《勝海舟全集》(1),東京:講談社,1976 年。

63 勝海舟:《氷川清話》,載《勝海舟全集》(21),東京:勁草書房,1973 年,第 201—202 頁。

64 《明治維新人名辞典》,東京:吉川弘文館,1982 年,第 98 頁。

65 勝部真長:《勝海舟》(下),東京:PHP 研究所,1992 年,第 45—46 頁。

66 勝海舟:《海軍歷史》(1),載《勝海舟全集》(8),東京:講談社,1973 年,第 390 頁;勝部真長:《勝海舟》(下),東京:PHP 研究所,1992 年,第 45 頁。

67 勝部真長:《勝海舟》(下),東京:PHP 研究所,1992 年,第 45 頁。

68 紀州藩士伊达小次郎又名陆奥阳之助,更为人所熟知的名字是陆奥宗光,他后来担任过明治政府的外交大臣和元老院的议官。

69 勝海舟:《幕末日記》,載《勝海舟全集》(1),東京:講談社,1976 年,第 153—154 頁。

70 勝海舟:《幕末日記》,載《勝海舟全集》(1),東京:講談社,1976 年,第 153—154 頁。

71 勝海舟:《幕末日記》,載《勝海舟全集》(1),東京:講談社,1976 年,第 155 頁。

72 勝海舟:《幕末日記》,載《勝海舟全集》(1),東京:講談社,1976 年,第 156 頁。

73 Keene, Donald., *Emperor of Japan: Meiji and His World, 1852-1912*, New York: Columbia University Press, 2002, p. 735 n.5.

74 Keene, Donald., *Emperor of Japan: Meiji and His World, 1852-1912*, New York: Columbia University Press, 2002, p. 79.

75 池田屋位于京都鸭川以西的河原町,在三条大桥北,离诸藩藩邸和御所都很近。该旅店是长州倒幕派的聚集点之一,店主是倒幕派的支持者。

76 Hillsborough, Romulus., *Shinsengumi: The Shogun's Last Samurai Corps*, North Clarendon, VT: Tutle Publishing, 2005, pp. 76-79. 关于池田屋事件的详情,参见 Hillsborough, Romulus., *Shinsengumi: The Shogun's Last Samurai Corps*, North Clarendon, VT: Tutle Publishing, 2005 的"池田屋屠杀"一章。

77 勝海舟:《幕末日記》,載《勝海舟全集》(1),東京:講談社,1976 年,第 157 頁。海舟批评新选组行事残忍,其上司会津藩主疏于管理,他的职责应当是"守护"京都。海舟写道，新选组的恶徒吓坏了普通人。他们从商人那里收取保护费以供私用，却声称这些钱是用来维持治安。由于会津和新选组关系密切，人们"将会津藩士视为贼"，参见勝海舟：《幕末日記》，載《勝海舟全集》（1），東京：講談社，1976年，第163页。

78　勝海舟：《幕末日記》，載《勝海舟全集》（1），東京：講談社，1976年，第157页。
79　石井孝：《勝海舟》，東京：吉川弘文館，1997年，第78页。
80　勝海舟：《幕末日記》，載《勝海舟全集》（1），東京：講談社，1976年，第156页。
81　勝海舟：《幕末日記》，載《勝海舟全集》（1），東京：講談社，1976年，第156页。
82　海舟第一次提到池田屋事件是在六月二十四日，六月十七日他和龙马在下关见面时，两人可能都不知道池田屋事件。
83　石井孝：《勝海舟》，東京：吉川弘文館，1997年，第78页。
84　古川薫：《高杉晋作：青年志士の生涯と実像》，大阪：創元社，1986年，第140页。
85　古川薫：《高杉晋作：青年志士の生涯と実像》，大阪：創元社，1986年，第140页。
86　松本健一：《評伝佐久間象山》（下），東京：中央公論新社，2000年，第297页。
87　井上清：《西郷隆盛》（上），東京：中央公論新社，1990年，第152—153页。
88　松浦玲：《徳川慶喜：將軍家の明治維新》，東京：中央公論社，1989年，第121页。
89　海音寺潮五郎：海音寺潮五郎：《西郷隆盛》（6），東京：朝日新聞社，1976年，東京：朝日新聞社，1977年，第424—425页。
90　勝海舟：《幕末日記》，載《勝海舟全集》（1），東京：講談社，1976年，第157页。
91　佐久間用"朕"指代天皇。
92　松本健一：《評伝佐久間象山》（下），東京：中央公論新社，2000年，第287—290页。
93　大平喜間多：《佐久間象山》，東京：吉川弘文館，1998年，第184页。
94　松本健一：《評伝佐久間象山》（上），東京：中央公論新社，2000年，第12—19页；松本健一：《評伝佐久間象山》（下），東京：中央公論新社，2000年，第302页。至于为什么佐久间象山计划将御所搬迁至江户，大平喜闻多认为有下列原因：首先，面对外国侵略时，天皇在江户比在京都更加安全；其次，如果天皇在京都敕许开国，那么统一国家将更加困难（大平喜間多：《佐久間象山》，東京：吉川弘文館，1998年，第188页）；再次，如果倒幕派的军队包围京都，天皇留在京都过于危险。参见大平喜間多：《佐久間象山》，東京：吉川弘文館，1998年，第185页。佐久间是否真的打算将天皇从京都移出是存在争议的。大平在20世纪50年代写这本书时仅仅引用了松代藩的家老真田樱山的说法来证明自己的观点，参见大平喜間多：《佐久間象山》，東京：吉川弘文館，1998年，第187页。不过松本健一在2000年出版的佐久间象山传中引用了更有说服力的长州藩士品川弥二郎的说法，此人的访谈曾被传记体小说家川崎紫山引用过，品川访谈的出版时间早于大平的佐久间象山传，参见松本健一：《評伝佐久間象山》（下），東京：中央公論新社，2000年，第297页。品川在访谈中说，他和桂说起过刺杀佐久间的计划，因为听说佐久间打算将天皇移至彦根。比品川年长10岁的桂告诫他，在做出如此极端的事情之前，一定要先验明谣言真伪。品川说，他派了两个人去见佐久间以核实情况。参见松本健一：《評伝佐久間象山》（下），東京：中央公論新社，2000年，第302—303页。

95 大平喜間多：《佐久間象山》，東京：吉川弘文館，1998年，第78页。

96 大平喜間多：《佐久間象山》，東京：吉川弘文館，1998年，第189—190页。

97 松本健一：《評伝佐久間象山》（下），東京：中央公論新社，2000年，第303页。

98 大平喜間多：《佐久間象山》，東京：吉川弘文館，1998年，第195页。

99 大平喜間多：《佐久間象山》，東京：吉川弘文館，1998年，第195页；海音寺潮五郎：《西郷隆盛》（6），東京：朝日新聞社，1976年，第428页。

100 大平喜間多：《佐久間象山》，東京：吉川弘文館，1998年，第195页。

101 海音寺潮五郎：《西郷隆盛》（6），東京：朝日新聞社，1976年，第427页。

102 大平喜間多：《佐久間象山》，東京：吉川弘文館，1998年，第195—196页。

103 大平喜間多：《佐久間象山》，東京：吉川弘文館，1998年，第196—197页。

104 松本健一：《評伝佐久間象山》（下），東京：中央公論新社，2000年，第310页。

105 大平喜間多：《佐久間象山》，東京：吉川弘文館，1998年，第198页。

106 松本健一：《評伝佐久間象山》（下），東京：中央公論新社，2000年，第295页。

107 太田天亮：《河上彦斎言行録》，载松本健一：《評伝佐久間象山》（上），東京：中央公論新社，2000年，第8页。

108 松本健一：《評伝佐久間象山》（下），東京：中央公論新社，2000年，第295—296页。

109 松本健一：《評伝佐久間象山》（上），東京：中央公論新社，2000年，第7—8页。按照计划，领袖本应是宫部，但是他已在池田屋切腹自杀。佩里来航两年前的嘉永五年，他和朋友吉田松阴一同在佐久间门下学习，参见松本健一：《評伝佐久間象山》（上），東京：中央公論新社，2000年，第27页。许多在京都的长州倒幕派，包括桂、久坂和品川都是吉田的学生，他们当然也非常敬重佐久间。根据品川的说法，当刺杀的消息传到山崎的长州藩军大本营时，许多倒幕派高兴地叫了起来（参见松本健一：《評伝佐久間象山》（下），東京：中央公論新社，2000年，第310页），这些人大概不是吉田的学生。

110 勝海舟：《氷川清話》，载《勝海舟全集》（21），東京：勁草書房，1973年，第318页。

111 勝海舟：《海舟語録》，载《勝海舟全集》（20），東京：講談社，1972年，第111—112页。

112 松本健一：《評伝佐久間象山》（上），東京：中央公論新社，2000年，第10页。

113 松本健一：《評伝佐久間象山》（上），東京：中央公論新社，2000年，第49页。佐久间被人从背后偷袭，这种行为有违武士道。根据佐久间本藩松代藩的法度，佐久间家被处以"断绝"处分，在有人为他的谋杀复仇之前，族人不得再使用佐久间的姓氏。佐久间的独子、年仅16岁的恪二郎因此加入了新选组。佐久间遇刺两个月后，新选组副长土方岁三在九月十六日给海舟的信中说他的"侄子"已经加入了新选组。参见菊地明编：《新選組日誌》（下），東京：新人物往来社，2003年，第262—263页；大平喜間多：《佐久間象山》，東京：吉川弘文館，1998年，第202页。恪二郎是佐久间和情妇所生，虽然其父已和海舟之妹顺子结婚，但他并非海舟之侄子。佐久间家已被除名的情况下，恪二郎无法得到松代的经济支持，海舟成了他的保护人并给他提供经济支持。虽然恪二郎在1875年去世前没能为父亲复仇，但明治三年以后佐久间的族人被允许继续使用佐久间的姓氏。参见松本健一：《評伝佐久間象山》（上），東京：中央公論新社，2000年，第50页；大平喜間多：《佐久間象山》，東京：吉川弘文館，1998年，第202页。

114 松本健一：《評伝佐久間象山》（上），東京：中央公論新社，2000年，第48、50—51页。

115 勝海舟：《氷川清話》，載《勝海舟全集》（21），東京：勁草書房，1973年，第318页。

116 松本健一：《評伝佐久間象山》（上），東京：中央公論新社，2000年，第91—92页。

117 松本健一：《評伝佐久間象山》（下），東京：中央公論新社，2000年，第292页。

118 小西四郎：《日本の歴史19 開国と攘夷》，東京：中央公論社，1974年，第332页。

119 勝海舟：《幕府始末》，載勝海舟：《幕末日記》，《勝海舟全集》（1），東京：講談社，1976年，第357页。

120 松浦玲：《德川慶喜：将軍家の明治維新》，東京：中央公論社，1989年，第122页。

121 大垣藩主是谱代大名。

122 关白鹰司辅熙比庆喜年长30岁，是齐昭之姐清子的儿子。齐昭和清子的父亲同为水户藩主德川治纪。辅熙和庆喜是表亲。参见《明治維新人名辞典》，東京：吉川弘文館，1982年，第561、658页。庆喜回忆过和辅熙在后者家中见面时的情景。庆喜向辅熙强调外国坚船利炮的威力，辅熙似乎赞成庆喜的说法，庆喜"发自内心地高兴"。但随后这位关白便开始大肆吹嘘"大和魂"，并认为日本凭借着"大和魂"可以拥有超过"外夷"的军事实力。关白接着说道，"既然你是'烈公'（齐昭）之子，你一定可以驱逐外夷"。庆喜感到莫名其妙，于是离开了辅熙的宅邸。参见渋沢栄一编：《昔夢会筆記：德川慶喜公回想談》，東京：平凡社，1997年，第8页。

123 渋沢栄一编：《昔夢会筆記：德川慶喜公回想談》，東京：平凡社，1997年，第9—12页。

124 小西四郎：《日本の歴史19 開国と攘夷》，東京：中央公論社，1974年，第332—333页；《高杉晋作：青年志士の生涯と実像》，第141页。

125 古川薫:《高杉晋作:青年志士の生涯と実像》,大阪:創元社,1986年,第145页。
126 平尾道雄:《龍馬のすべて》,東京:高知新聞社,1999年,第152页。安冈并没有死在京都的战斗中。他凭借着从海舟那里学来的航海技术加入了庆应三年(1867年)龙马建立的私人海军。
127 海舟在元治元年(1864年)七月十九日的日记里提到过这件事,14年后在《断肠记》中有更为详细的描写。他在冰川的访谈中也回忆了这件事。这段引文大多引自《断肠记》,部分出自《冰川清话》。
128 毛利家是长州的统治家族,"长门守"是毛利定亲的头衔(长门是长州的两个领国之一),他是藩主毛利敬亲的继承人。
129 勝海舟:《断腸之記》,載勝海舟:《幕末日記》,《勝海舟全集》(1),東京:講談社,1976年,第377—378页;勝海舟:《氷川清話》,載《勝海舟全集》(21),東京:勁草書房,1973年,第26—27页。
130 勝海舟:《氷川清話》,載《勝海舟全集》(21),東京:勁草書房,1973年,第27页。
131 勝海舟:《断腸之記》,載勝海舟:《幕末日記》,《勝海舟全集》(1),東京:講談社,1976年,第378页。
132 小西四郎:《日本の歴史19 開国と攘夷》,東京:中央公論社,1974年,第333页。
133 勝海舟:《幕末日記》,載《勝海舟全集》(1),東京:講談社,1976年,第159页。
134 勝海舟:《幕末日記》,載《勝海舟全集》(1),東京:講談社,1976年,第159页。
135 勝海舟:《幕末日記》,載《勝海舟全集》(1),東京:講談社,1976年,第159页。
136 古川薫:《高杉晋作:青年志士の生涯と実像》,大阪:創元社,1986年,第124—127、131—134、139、141页;田中彰:《高杉晋作と奇兵隊》,東京:岩波書店,1993年,第43页。
137 古川薫:《高杉晋作:青年志士の生涯と実像》,大阪:創元社,1986年,第142页。
138 冨成博:《新選組・池田屋事件顛末記》,東京:新人物往来社,2001年,第11—12页。
139 勝海舟:《氷川清話》,載《勝海舟全集》(21),東京:勁草書房,1973年,第65页。
140 勝海舟:《氷川清話》,載《勝海舟全集》(21),東京:勁草書房,1973年,第64页。
141 勝海舟:《追贊一話》,載《書簡と建言》,《勝海舟全集》(2),東京:講談社,1982年,第621—622页。
142 《幕末維新を生きた13人の女たち》,《別冊歴史読本》,東京:新人物往来社,1979年10月20日。
143 石井孝:《勝海舟》,東京:吉川弘文館,1997年,第80页。
144 Satow, Sir Ernest., *A Diplomat in Japan*, Tokyo: Oxford University Press, 1968, p. 95.
145 小西四郎:《日本の歴史19 開国と攘夷》,東京:中央公論社,1974年,第291页。
146 Satow, Sir Ernest., *A Diplomat in Japan*, Tokyo: Oxford University Press, 1968, p. 96.

147 田中彰:《高杉晋作と奇兵隊》,東京:岩波書店,1993年,第46頁。

148 田中彰:《高杉晋作と奇兵隊》,東京:岩波書店,1993年,第46頁。

149 小西四郎:《日本の歴史19 開国と攘夷》,東京:中央公論社,1974年,第342頁;《明治維新人名辞典》,東京:吉川弘文館,1982年,第660—661、928—929頁。起初,家茂本藩纪州藩的藩主茂承被选为征讨军总督。但是因为庆喜反对,庆胜被任命为总督,参见海音寺潮五郎:《西郷隆盛》(7),東京:朝日新聞社,1978年,第100頁。

150 松浦玲:《徳川慶喜:将軍家の明治維新》,東京:中央公論社,1989年,第123—124頁。

151 小西四郎:《日本の歴史19 開国と攘夷》,東京:中央公論社,1974年,第344頁。

152 渋沢栄一編:《昔夢会筆記:徳川慶喜公回想談》,東京:平凡社,1997年,第85頁。

153 除了以上庆喜的口述回忆录,关于天狗党的记录还参考了松浦玲:《徳川慶喜:将軍家の明治維新》,東京:中央公論社,1989年,第124頁;小西四郎:《日本の歴史19 開国と攘夷》,東京:中央公論社,1974年,第336—339頁。

154 小西四郎:《日本の歴史19 開国と攘夷》,東京:中央公論社,1974年,第293頁。

155 小西四郎:《日本の歴史19 開国と攘夷》,東京:中央公論社,1974年,第326—329頁。

156 第二支代表团未出发。

157 勝海舟:《幕末日記》,載《勝海舟全集》(1),東京:講談社,1976年,第160頁。

158 海音寺潮五郎:《西郷隆盛》(7),東京:朝日新聞社,1978年,第43—44頁。

159 田中彰:《高杉晋作と奇兵隊》,東京:岩波書店,1993年,第46頁。

160 这些数据引自 Satow, Sir Ernest., *A Diplomat in Japan*, Tokyo: Oxford University Press, 1968, pp. 102-103;《日本の歴史19 開国と攘夷》,第294頁。《纽约时报》1882年6月14日刊载的《日本赔偿》报道的数字略有不同。这篇报道称,法军士兵共951人,荷兰有50门火炮,"1名海军军官指挥1艘载有1门火炮和17名船员的测绘船代表美国"。其他数据和另外两份资料相同。

161 Satow, Sir Ernest., *A Diplomat in Japan*, Tokyo: Oxford University Press, 1968, p. 105.

162 Satow, Sir Ernest., *A Diplomat in Japan*, Tokyo: Oxford University Press, 1968, p. 102.

163 田中彰:《高杉晋作と奇兵隊》,東京:岩波書店,1993年,第47頁。其中3座只是土垒,很难被称为炮台,参见海音寺潮五郎:《西郷隆盛》(7),東京:朝日新聞社,1978年,第49頁。

164 海音寺潮五郎:《西郷隆盛》(7),東京:朝日新聞社,1978年,第49頁。

165 Satow, Sir Ernest., *A Diplomat in Japan*, Tokyo: Oxford University Press, 1968, p. 108.

166 小西四郎:《日本の歴史19 開国と攘夷》,東京:中央公論社,1974年,第296頁。

167 田中彰：《高杉晋作と奇兵隊》，東京：岩波書店，1993年，第48页。

168 Satow, Sir Ernest., *A Diplomat in Japan*, Tokyo: Oxford University Press, 1968, p. 109.

169 两千的说法引自《防長回天史》，转引自田中彰：《高杉晋作と奇兵隊》，東京：岩波書店，1993年，第47页。

170 Satow, Sir Ernest., *A Diplomat in Japan*, Tokyo: Oxford University Press, 1968, pp. 108-110.

171 維新資料編纂会編：《維新史（第4卷）》，转引自田中彰：《高杉晋作と奇兵隊》，東京：岩波書店，1993年，第49页。

172 Satow, Sir Ernest., A Diplomat in Japan, Tokyo: Oxford University Press, 1968, p. 112.

173 古川薰：《高杉晋作：青年志士の生涯と実像》，大阪：創元社，1986年，第147—148页。

174 海音寺潮五郎：《西郷隆盛》(7)，東京：朝日新聞社，1978年，第44—45页。

175 古川薰：《高杉晋作：青年志士の生涯と実像》，大阪：創元社，1986年，第147页。

176 田中彰：《高杉晋作と奇兵隊》，東京：岩波書店，1993年，第47—48页。

177 Satow, Sir Ernest., *A Diplomat in Japan*, Tokyo: Oxford University Press, 1968, pp. 104-105.

178 古川薰：《高杉晋作：青年志士の生涯と実像》，大阪：創元社，1986年，第148—149页。

179 海音寺潮五郎：《西郷隆盛》(7)，東京：朝日新聞社，1978年，第58页。

180 田中彰：《高杉晋作と奇兵隊》，東京：岩波書店，1993年，第52页。

181 Satow, Sir Ernest., *A Diplomat in Japan*, Tokyo: Oxford University Press, 1968, pp. 116-117. 高杉在十五个月前剃发后，又开始蓄短发。萨道义的回忆录出版于1921年。萨道义关于高杉的"辫子"的回忆不太可能是错误的。他的回忆录主要基于他的私人信件、记录和日记，以真实性著称。参见 Gordon Daniels, "Introduction," in Satow, Sir Ernest., *A Diplomat in Japan*, Tokyo: Oxford University Press, 1968。细川认为，高杉或许戴了一顶假发以掩饰自己的"异常"和虚假身份，参见古川薰：《高杉晋作：青年志士の生涯と実像》，大阪：創元社，1986年，第152页。无论如何，萨道义肯定没有发现高杉的真实身份。

182《武鉴》包括武士家族的姓氏、家纹、居城和家臣的姓名，参见《日本用語辞典》，第719页。萨道义提到"地图和官方制订的藩主名册"是江户政府严禁外国人购买的两件物品，参见 Satow, Sir Ernest., *A Diplomat in Japan*, Tokyo: Oxford University Press, 1968, p. 67。

183 古川薰：《高杉晋作：青年志士の生涯と実像》，大阪：創元社，1986年，第150—

151 页；海音寺潮五郎：《西郷隆盛》（7），東京：朝日新聞社，1978 年，第 62—63 页。

184 田中彰：《高杉晋作と奇兵隊》，東京：岩波書店，1993 年，第 53 页。

185 Satow, Sir Ernest., *A Diplomat in Japan*, Tokyo: Oxford University Press, 1968, p. 125.

186 Satow, Sir Ernest., *A Diplomat in Japan*, Tokyo: Oxford University Press, 1968, p. 125.

187 Satow, Sir Ernest., *A Diplomat in Japan*, Tokyo: Oxford University Press, 1968, p. 120.

188 Satow, Sir Ernest., *A Diplomat in Japan*, Tokyo: Oxford University Press, 1968, p. 132.

189 Satow, Sir Ernest., *A Diplomat in Japan*, Tokyo: Oxford University Press, 1968, p. 98.

190 Satow, Sir Ernest., *A Diplomat in Japan*, Tokyo: Oxford University Press, 1968, p. 117

191 Satow, Sir Ernest., *A Diplomat in Japan*, Tokyo: Oxford University Press, 1968, pp. 125-126.

192 Satow, Sir Ernest., *A Diplomat in Japan*, Tokyo: Oxford University Press, 1968, p. 132.

193 然而，幕府在数年后灭亡前只支付了约定金额的一半，余下的部分最终由明治政府于 1874 年支付，参见田中彰：《高杉晋作と奇兵隊》，東京：岩波書店，1993 年，第 53—54 页。

194 石井孝：《勝海舟》，東京：吉川弘文館，1997 年，第 81—82 页。

195 Satow, Sir Ernest., *A Diplomat in Japan*, Tokyo: Oxford University Press, 1968, p. 134.

196 石井孝：《勝海舟》，東京：吉川弘文館，1997 年，第 81 页。

197 勝海舟：《幕末日記》，載《勝海舟全集》（1），東京：講談社，1976 年，第 163 页。

第十五章　西乡归来

1　海舟用"幕末"指幕府的最后几年，它的字面意思是"幕府末年"，通常被用来指代德川统治的最后几年，大约是从佩里来航的嘉永六年（1853 年）到江户开城和新政府建立的庆应四年（1868 年）。

2　1895 年，李鸿章（1823—1901 年）和日方在下关谈判，结束了甲午战争，参见 Rawlinson, John Lang., "Li Hung-chang." *The New Encyclopaedia Britannica: Micropaedia*, 15th ed., 1992, vol. 7, p. 321. 同一年，海舟对李鸿章大加赞赏。他告诉东京的一名记者，他建议日本政府和李鸿章谈判时要小心，因为李鸿章比参加谈判的日本人"高出一筹"，参见勝海舟：《氷川清話》，載《勝海舟全集》（21），東京：勁草書房，1973 年，第 260 页。1879 年，尤利西斯·S. 格兰特将军访问中国时见到了李鸿章，后者对格兰特说："你我二人是世界上最伟大的政治家"，参见 Perret, Geoffrey. *Ulysses S. Grant: Soldier and President*, New York: Random House, 1997, p. 456. 海舟将李鸿章视为世界上最伟大的 4 个人之一，参见勝部真長：《勝海舟》(下),東京:PHP研究所,1992年,第356頁。

3 勝海舟:《氷川清話》,載《勝海舟全集》(21),東京:勁草書房,1973年,第191—192頁。这话是海舟在1897或1898年说的。

4 海音寺潮五郎:《西郷隆盛》(2),東京:朝日新聞社,1976年,第322—324頁;海音寺潮五郎:《西郷隆盛》(3),東京:朝日新聞社,1976年,第125—126頁。

5 海音寺潮五郎:《西郷隆盛》(3),東京:朝日新聞社,1976年,第139—140頁。

6 西乡生于文政十年十二月七日(1828年1月23日)。

7 井上清:《西郷隆盛》(上),東京:中央公論新社,1990年,第102頁;海音寺潮五郎:《西郷隆盛》(2),東京:朝日新聞社,1976年,第367頁。

8 井上清:《西郷隆盛》(上),東京:中央公論新社,1990年,第103—105頁;海音寺潮五郎:《西郷隆盛》(2),東京:朝日新聞社,1976年,第398—399頁。

9 井上清:《西郷隆盛》(上),東京:中央公論新社,1990年,第105頁。

10 井上清:《西郷隆盛》(上),東京:中央公論新社,1990年,第105—106頁。

11 海音寺潮五郎:《西郷隆盛》(2),東京:朝日新聞社,1976年,第391頁。

12 海音寺潮五郎:《西郷隆盛》(2),東京:朝日新聞社,1976年,第388頁。

13 海音寺潮五郎:《西郷隆盛》(2),東京:朝日新聞社,1976年,第410—411頁。

14 海音寺潮五郎:《西郷隆盛》(2),東京:朝日新聞社,1976年,第411頁。

15 海音寺潮五郎:《西郷隆盛》(2),東京:朝日新聞社,1976年,第425頁。

16 海音寺潮五郎:《西郷隆盛》(2),東京:朝日新聞社,1976年,第426頁。

17 井上清:《西郷隆盛》(上),東京:中央公論新社,1990年,第104頁。

18 井上清:《西郷隆盛》(上),東京:中央公論新社,1990年,第101—102頁。

19 海音寺潮五郎:《西郷隆盛》(2),東京:朝日新聞社,1976年,第426—428頁。

20 勝海舟:《氷川清話》,載《勝海舟全集》(21),東京:勁草書房,1973年,第51頁。

21 井上清:《西郷隆盛》(上),東京:中央公論新社,1990年,第106頁。

22 海音寺潮五郎:《西郷隆盛》(2),東京:朝日新聞社,1976年,第431頁。

23 海音寺潮五郎:《西郷隆盛》(2),東京:朝日新聞社,1976年,第,438頁。

24 井上清:《西郷隆盛》(上),東京:中央公論新社,1990年,第108頁。

25 海音寺潮五郎:《西郷隆盛》(2),東京:朝日新聞社,1976年,第441頁。

26 井上清:《西郷隆盛》(上),東京:中央公論新社,1990年,第106頁。

27 海音寺潮五郎:《西郷隆盛》(2),東京:朝日新聞社,1976年,第443—444頁。

28 井上清:《西郷隆盛》(上),東京:中央公論新社,1990年,第107頁。

29 Iwata, Masakazu., *Okubo Toshimichi: The Bismarck of Japan*, Berkeley: University of California Press, 1964, p. 46.

30 Iwata, Masakazu., *Okubo Toshimichi: The Bismarck of Japan*, Berkeley: University of

California Press, 1964, p. 121.

31　海音寺潮五郎:《西鄉隆盛》(3),東京:朝日新聞社,1976年,第119頁。

32　井上清:《西鄉隆盛》(上),東京:中央公論新社,1990年,第144—145頁。

33　鮫島志芽太:《西鄉南洲語錄》,東京:講談社,1977年,第37頁。

34　鮫島志芽太:《西鄉南洲語錄》,東京:講談社,1977年,第47—48頁。

35　明治维新之后,西乡教导的箴言如下:"不在乎生命安危、功名利禄和金钱官位的人是难以供职的。但是只有这种人可以和他的战友顶着困难为国家成就宏图大业。然而,这样的人是无法为肉眼凡胎所识的。"参见鮫島志芽太:《西鄉南洲語錄》,東京:講談社,1977年,第136頁。

36　井上清:《西鄉隆盛》(上),東京:中央公論新社,1990年,第146頁。

37　井上清:《西鄉隆盛》(上),東京:中央公論新社,1990年,第151頁。

38　井上清:《西鄉隆盛》(上),東京:中央公論新社,1990年,第153頁。

39　田中惣五郎:《西鄉隆盛》,東京:吉川弘文館,1988年,第150頁。

40　田中惣五郎:《西鄉隆盛》,東京:吉川弘文館,1988年,第147—149頁。

41　宮地佐一郎編:《中岡慎太郎全集》,東京:勁草書房,1991年,第41頁。

42　勝海舟:《氷川清話》,載《勝海舟全集》(21),東京:勁草書房,1973年,第49頁。

43　勝海舟:《海舟語錄》,載《勝海舟全集》(20),東京:講談社,1972年,第22頁。

44　勝海舟:《氷川清話》,載《勝海舟全集》(21),東京:勁草書房,1973年,第49—50頁。

45　勝海舟:《氷川清話》,載《勝海舟全集》(21),東京:勁草書房,1973年,第55—56頁。

46　勝海舟:《氷川清話》,載《勝海舟全集》(21),東京:勁草書房,1973年,第349頁。

47　勝海舟:《海舟語錄》,載《勝海舟全集》(20),東京:講談社,1972年,第232頁。

48　Satow, Sir Ernest., *A Diplomat in Japan*, Tokyo: Oxford University Press, 1968, p. 150.

49　海音寺潮五郎:《西鄉隆盛》(1),東京:朝日新聞社,1976年,第89—90頁。

50　田中惣五郎:《西鄉隆盛》,東京:吉川弘文館,1988年,第153頁。

51　井上清:《西鄉隆盛》(上),東京:中央公論新社,1990年,第155—158頁;海音寺潮五郎:《西鄉隆盛》(7),東京:朝日新聞社,1978年,第99頁。

52　田中彰:《高杉晋作と奇兵隊》,東京:岩波書店,1993年,第58頁。

53　小西四郎:《日本の歴史19 開国と攘夷》,東京:中央公論社,1974年,第342—344頁。

54　小西四郎:《日本の歴史19 開国と攘夷》,東京:中央公論社,1974年,第343—345頁;松浦玲:《勝海舟》,東京:中央公論社,1997年,第128頁。

55　田中彰:《高杉晋作と奇兵隊》,東京:岩波書店,1993年,第38頁。

56 松岡司：《中岡慎太郎伝》，東京：新人物往来社，1999年，第107頁；松岡司：《定本坂本龍馬伝》，東京：新人物往来社，2003年，第261頁。

57 松岡司：《定本坂本龍馬伝》，東京：新人物往来社，2003年，第261—262、311頁。

58 井上清：《西郷隆盛》（上），東京：中央公論新社，1990年，第156頁。

59 勝海舟：《氷川清話》，載《勝海舟全集》（21），東京：勁草書房，1973年，第50、53頁。

60 海音寺潮五郎：《西郷隆盛》（7），東京：朝日新聞社，1978年，第104頁。

61 海音寺潮五郎：《西郷隆盛》（7），東京：朝日新聞社，1978年，第111—112頁。

62 勝海舟：《幕末日記》，載《勝海舟全集》（1），東京：講談社，1976年，第165頁。

63 勝海舟：《幕末日記》，載《勝海舟全集》（1），東京：講談社，1976年，第165頁。

64 勝海舟：《幕末日記》，載《勝海舟全集》（1），東京：講談社，1976年，第165頁。海音寺潮五郎：《西郷隆盛》（7），東京：朝日新聞社，1978年，第101頁。

65 松浦玲：《勝海舟》，東京：中央公論社，1997年，第129頁；勝部真長：《勝海舟》（下），東京：PHP研究所，1992年，第53—54頁。

66 海舟是对的。萨道义写道："长州战败后，我们开始喜欢、尊重他们，开始厌恶软弱且不守诺言的将军的手下。从那时起，我越来越同情藩主，而幕府却一直试图使我们远离藩主。"参见 Satow, Sir Ernest., A Diplomat in Japan, Tokyo: Oxford University Press, 1968, p. 129。

67 井上清：《西郷隆盛》（上），東京：中央公論新社，1990年，第161頁；勝海舟：《氷川清話》，載《勝海舟全集》（21），東京：勁草書房，1973年，第51頁。

68 勝田孫弥：《西郷隆盛伝》，載勝部真長：《勝海舟》（下），東京：PHP研究所，1992年，第56頁。

69 平尾道雄：《坂本龍馬：海援隊始末記》，東京：中央公論社，1976年，第87頁。我们并不清楚西乡和龙马第一次见面的时间和方式。根据平尾道雄的说法，他们在禁门之变后不久就在海舟的提议下见面了，参见平尾道雄：《坂本龍馬：海援隊始末記》，東京：中央公論社，1976年，第87頁。海舟在冰川说是龙马主动提出会晤，他还让我写了一封介绍信给西乡，"因为我经常赞美这个人"。参见勝海舟：《氷川清話》，載《勝海舟全集》（21），東京：勁草書房，1973年，第51頁。如果海舟的说法属实，那么龙马和西乡第一次见面似乎是在西乡和海舟见面之后。

70 《西郷隆盛伝》，載勝部真長：《勝海舟》（下），東京：PHP研究所，1992年，第56頁。

71 小西四郎：《日本の歴史19 開国と攘夷》，東京：中央公論社，1974年，第348頁。

72 小西四郎：《日本の歴史19 開国と攘夷》，東京：中央公論社，1974年，第350—351頁。七卿中的泽宣嘉于文久三年（1863年）十月离开长州参加平野次郎（即平野国臣）的叛乱，与其他人失散。七卿中的锦小路赖德于元治元年（1864年）病逝。

参见平尾道雄:《中岡愼太郎:陸援隊始末記》,東京:中央公論社,1977年,第59頁;《明治維新人名辞典》,東京:吉川弘文館,1982年,第742页。

73　勝海舟:《追贊一話》,載《書簡と建言》,《勝海舟全集》(2),東京:講談社,1982年,第621页。关于西乡的"不拘小节"(他不注重细节,甚至在最重大的国事上都是如此),海舟在冰川回忆起了庆应四年(1868年)三月江户开城后的一件往事。当时局势动荡,"幕府被推翻了,但是新政府还没有做好准备,国家处于无政府状态。向来大度的西乡来了,他出乎意料地,真的是出乎意料地将所有事都甩给了我。他对我说'今后的事情就交给你处理了,胜先生会有办法吧'。然后就离开了江户。听他说'会有办法吧',我目瞪口呆,被他的不拘小节弄得目瞪口呆"。参见勝海舟:《冰川清話》,載《勝海舟全集》(21),東京:勁草書房,1973年,第52页。

第三部分　出　局

第十六章　始料未及的蠢事

1　勝海舟:《断腸之記》,載勝海舟:《幕末日記》,《勝海舟全集》(1),東京:講談社,1976年,第378—379页。

2　勝海舟:《幕末日記》,載《勝海舟全集》(1),東京:講談社,1976年,第167页。

3　勝海舟:《幕末日記》,載《勝海舟全集》(1),東京:講談社,1976年,第164页。

4　勝海舟:《幕末日記》,載《勝海舟全集》(1),東京:講談社,1976年,第167页。

5　勝海舟:《冰川清話》,載《勝海舟全集》(21),東京:勁草書房,1973年,第202页。

6　石井孝:《勝海舟》,東京:吉川弘文館,1997年,第84页。

7　石井孝:《勝海舟》,東京:吉川弘文館,1997年,第84页。

8　勝海舟:《幕末日記》,載《勝海舟全集》(1),東京:講談社,1976年,第169页。

9　勝部真長:《勝海舟》(下),東京:PHP研究所,1992年,第59页。

10　勝海舟:《幕末日記》,載《勝海舟全集》(1),東京:講談社,1976年,第169页。

11　勝海舟:《幕末日記》,載《勝海舟全集》(1),東京:講談社,1976年,第170页。

12　平尾道雄:《龍馬のすべて》,東京:高知新聞社,1999年,第158页。

13　勝海舟:《幕末日記》,載《勝海舟全集》(1),東京:講談社,1976年,第171页;勝海舟:《冰川清話》,載《勝海舟全集》(21),東京:勁草書房,1973年,第272页。

14　勝海舟:《幕末日記》,載《勝海舟全集》(1),東京:講談社,1976年,第171页。

15　勝海舟:《断腸之記》,載勝海舟:《幕末日記》,《勝海舟全集》(1),東京:講談社,1976年,第379页。

16　庆应元年五月,家茂将离开江户,前往大阪准备第二次长州征讨。

17　勝海舟：《氷川清話》，載《勝海舟全集》（21），東京：勁草書房，1973年，第29頁。
18　勝海舟：《幕末日記》，載《勝海舟全集》（1），東京：講談社，1976年，第175頁。
19　勝海舟：《書簡と建言》，載《勝海舟全集》（2），東京：講談社，1982年，第52—53頁。
20　宮地佐一郎編：《坂本龍馬全集》，東京：光風社出版，1982年，第576頁。
21　宮地佐一郎編：《坂本龍馬全集》，東京：光風社出版，1982年，第576頁。
22　和土佐出身的浪人不同，萨摩、纪州、熊本、鸟取、广岛和对马等藩的藩士是可以回本藩的。

第十七章　高杉晋作与正义派

1　勝海舟：《氷川清話》，載《勝海舟全集》（21），東京：勁草書房，1973年，第65頁。
2　勝海舟：《海舟語録》，載《勝海舟全集》（20），東京：講談社，1972年，第169頁。
3　勝海舟：《氷川清話》，載《勝海舟全集》（21），東京：勁草書房，1973年，第272頁。
4　勝部真長：《勝海舟》（下），東京：PHP研究所，1992年，第60—61頁。
5　勝部真長：《勝海舟》（下），東京：PHP研究所，1992年，第63頁。
6　古川薫：《高杉晋作：青年志士の生涯と実像》，大阪：創元社，1986年，第160頁。
7　小西四郎：《日本の歴史19 開国と攘夷》，東京：中央公論社，1974年，第351頁。
8　古川薫：《高杉晋作：青年志士の生涯と実像》，大阪：創元社，1986年，第157頁。
9　海音寺潮五郎：《西郷隆盛》（7），東京：朝日新聞社，1978年，第116頁。
10　田中彰：《高杉晋作と奇兵隊》，東京：岩波書店，1993年，第58—59頁。
11　古川薫：《高杉晋作：青年志士の生涯と実像》，大阪：創元社，1986年，第157—160頁。
12　古川薫：《そのとき晋作は何をしていたか》，《高杉晋作：長州の革命児》，《別冊歴史読本》，東京：新人物往来社，1989年10月18日，第33頁。
13　古川薫：《高杉晋作：青年志士の生涯と実像》，大阪：創元社，1986年，第160—161頁。
14　松岡司：《中岡慎太郎伝》，東京：新人物往来社，1999年，第174頁。下关位于长门国，长州的两个国之一。
15　文久三年（1863年）八月的教法寺事件后，高杉被解除了职务。
16　井上清：《西郷隆盛》（上），東京：中央公論新社，1990年，第164—165頁；田中彰：《高杉晋作と奇兵隊》，東京：岩波書店，1993年，第63—64頁。
17　田中惣五郎：《西郷隆盛》，東京：吉川弘文館，1988年，第158頁。
18　古川薫：《高杉晋作：青年志士の生涯と実像》，大阪：創元社，1986年，第164頁。
19　田中彰：《高杉晋作と奇兵隊》，東京：岩波書店，1993年，第65頁。

20　古川薫：《高杉晋作：青年志士の生涯と実像》，大阪：創元社，1986 年，第 169 頁。不同于软弱的京都公卿，三条等五人似乎理解了高杉的意思。根据其中的久东世通禧的记录，他们开始练习剑术和骑术。参见松冈司：《中岡慎太郎伝》，東京：新人物往来社，1999 年，第 127 頁。

21　《防長回天史》，转引自田中彰：《高杉晋作と奇兵隊》，東京：岩波書店，1993 年，第 65 頁。

22　《時勢論》，載宮地佐一郎編：《中岡慎太郎全集》，東京：勁草書房，1991 年，第 197 頁。

23　古川薫：《高杉晋作：青年志士の生涯と実像》，大阪：創元社，1986 年，第 169 頁。

24　平尾道雄：《坂本龍馬：海援隊始末記》，東京：中央公論社，1976 年，第 127 頁。

25　《防長回天史》，转引自田中彰：《高杉晋作と奇兵隊》，東京：岩波書店，1993 年，第 65—66 頁。

26　古川薫：《高杉晋作：青年志士の生涯と実像》，大阪：創元社，1986 年，第 170 頁。

27　田中彰：《高杉晋作と奇兵隊》，東京：岩波書店，1993 年，第 70—72 頁。

28　《海西雑記》，載宮地佐一郎編：《中岡慎太郎全集》，東京：勁草書房，1991 年，第 219 頁；古川薫：《高杉晋作：青年志士の生涯と実像》，大阪：創元社，1986 年，第 170 頁。

29　《海西雑記》，載宮地佐一郎編：《中岡慎太郎全集》，東京：勁草書房，1991 年，第 219 頁。

30　《海西雑記》，載宮地佐一郎編：《中岡慎太郎全集》，東京：勁草書房，1991 年，第 220 頁。

31　古川薫：《高杉晋作：青年志士の生涯と実像》，大阪：創元社，1986 年，第 171 頁。

32　田中彰：《高杉晋作と奇兵隊》，東京：岩波書店，1993 年，第 72 頁。

33　田中彰：《高杉晋作と奇兵隊》，東京：岩波書店，1993 年，第 73 頁。

第十八章　歧途中的幕府

1　勝海舟：《幕末日記》，載《勝海舟全集》(1)，東京：講談社，1976 年，第 172 頁。

2　参见三月二日日记。

3　小西四郎：《日本の歴史 19 開国と攘夷》，東京：中央公論社，1974 年，第 353 頁。酒井已于元年六月卸任老中之职，参见《明治維新人名辞典》，東京：吉川弘文館，1982 年，第 433 頁。

4　井上清：《西郷隆盛》(上)，東京：中央公論新社，1990 年，第 170 頁。

5　勝海舟：《幕末日記》，載《勝海舟全集》(1)，東京：講談社，1976 年，第 173 頁。

6　当幕府将军在京都时，庆喜并没有权力指挥老中，而几个月之后他就会遇到这种情况，参见松浦玲：《德川慶喜：将軍家の明治維新》，東京：中央公論社，1989年，第129页。

7 小西四郎：《日本の歴史 19 開国と攘夷》，東京：中央公論社，1974年，第354页。
8 松浦玲：《德川慶喜：将軍家の明治維新》，東京：中央公論社，1989年，第123页。
9 渋沢栄一編：《昔夢会筆記：德川慶喜公回想談》，東京：平凡社，1997年，第41页。
10 松浦玲：《德川慶喜：将軍家の明治維新》，東京：中央公論社，1989年，第125—126页。
11 井上清：《西郷隆盛》（上），東京：中央公論新社，1990年，第171页。
12 田中惣五郎：《西郷隆盛》，東京：吉川弘文館，1988年，第164页。
13 渋沢栄一編：《昔夢会筆記：德川慶喜公回想談》，東京：平凡社，1997年，第41页。
14 井上清：《西郷隆盛》（上），東京：中央公論新社，1990年，第171—172页。
15 井上清：《西郷隆盛》（上），東京：中央公論新社，1990年，第173页。
16 田中惣五郎：《西郷隆盛》，東京：吉川弘文館，1988年，第166页。
17 井上清：《西郷隆盛》（上），東京：中央公論新社，1990年，第174—175页。
18 小西四郎：《日本の歴史 19 開国と攘夷》，東京：中央公論社，1974年，第403—404页。
19 田中惣五郎：《西郷隆盛》，東京：吉川弘文館，1988年，第166页。
20 田中惣五郎：《西郷隆盛》，東京：吉川弘文館，1988年，第166页；《明治維新人名辞典》，東京：吉川弘文館，1982年，第660页。
21 井上清：《西郷隆盛》（上），東京：中央公論新社，1990年，第174页。
22 《明治維新人名辞典》，東京：吉川弘文館，1982年，第659页。
23 石井孝：《勝海舟》，東京：吉川弘文館，1997年，第89页。
24 小西四郎：《日本の歴史 19 開国と攘夷》，東京：中央公論社，1974年，第401—402页。
25 田中惣五郎：《西郷隆盛》，東京：吉川弘文館，1988年，第166页。
26 石井孝：《勝海舟》，東京：吉川弘文館，1997年，第90页。
27 小西四郎：《日本の歴史 19 開国と攘夷》，東京：中央公論社，1974年，第402页。
28 石井孝：《勝海舟》，東京：吉川弘文館，1997年，第90页。
29 小西四郎：《日本の歴史 19 開国と攘夷》，東京：中央公論社，1974年，第371页。
30 Satow, Sir Ernest., *A Diplomat in Japan*, Tokyo: Oxford University Press, 1968, p. 148.
31 根据安政五年（1858年）的条约，兵库（神户）、江户和大阪应当在1863年1月1日开放。然而，根据1862年《伦敦议定书》的规定，开放日期被推迟到了1868年1月1日（庆应三年十二月七日），等待日本的政治局势稳定下来。参见井上清：《西郷隆盛》（上），東京：中央公論新社，1990年，第184页。

32　Satow, Sir Ernest., *A Diplomat in Japan*, Tokyo: Oxford University Press, 1968, pp. 142-144.

33　Jansen, Marius B., *Sakamoto Ryoma and the Meiji Restoration*, Stanford: Stanford University Press, 1971, p. 257.

34　Satow, Sir Ernest., *A Diplomat in Japan*, Tokyo: Oxford University Press, 1968, p. 159.

35　Jansen, Marius B., *Sakamoto Ryoma and the Meiji Restoration*, Stanford: Stanford University Press, 1971, p. 257.

36　Satow, Sir Ernest., *A Diplomat in Japan*, Tokyo: Oxford University Press, 1968, pp. 165-166.

37　Satow, Sir Ernest., *A Diplomat in Japan*, Tokyo: Oxford University Press, 1968, p. 151.

38　Satow, Sir Ernest., *A Diplomat in Japan*, Tokyo: Oxford University Press, 1968, p. 95.

39　Satow, Sir Ernest., *A Diplomat in Japan*, Tokyo: Oxford University Press, 1968, pp. 141-143.

40　小西四郎：《日本の歴史19 開国と攘夷》，東京：中央公論社，1974年，第368页。

41　Satow, Sir Ernest., *A Diplomat in Japan*, Tokyo: Oxford University Press, 1968, p. 142.

42　小西四郎：《日本の歴史19 開国と攘夷》，東京：中央公論社，1974年，第368—369页。

43　松浦玲：《德川慶喜：将軍家の明治維新》，東京：中央公論社，1989年，第128页。

44　Satow, Sir Ernest., *A Diplomat in Japan*, Tokyo: Oxford University Press, 1968, p. 144.

45　田中惣五郎：《西郷隆盛》，東京：吉川弘文館，1988年，第169页。

46　小西四郎：《日本の歴史19 開国と攘夷》，東京：中央公論社，1974年，第369页。

47　小西四郎：《日本の歴史19 開国と攘夷》，東京：中央公論社，1974年，第372页；松浦玲：《德川慶喜：将軍家の明治維新》，東京：中央公論社，1989年，第128页。

48　渋沢栄一编：《昔夢会筆記：德川慶喜公回想談》，東京：平凡社，1997年，第12页。

49　松浦玲：《德川慶喜：将軍家の明治維新》，東京：中央公論社，1989年，第129页。

50　Satow, Sir Ernest., *A Diplomat in Japan*, Tokyo: Oxford University Press, 1968, p. 151.

51　庆喜补充说，井上常用这种方式和外国官员打交道——"我听说后来他真的切掉了手指"，参见渋沢栄一编：《昔夢会筆記：德川慶喜公回想談》，東京：平凡社，1997年，第13页。

52　Satow, Sir Ernest., *A Diplomat in Japan*, Tokyo: Oxford University Press, 1968, p. 151.

53　松浦玲：《德川慶喜：将軍家の明治維新》，東京：中央公論社，1989年，第129页。

54　渋沢栄一编：《昔夢会筆記：德川慶喜公回想談》，東京：平凡社，1997年，第13页。

55　松浦玲：《德川慶喜：将軍家の明治維新》，東京：中央公論社，1989年，第130页。

56　元治元年（1864年）七月，幕府重新启用忠宽，任命他为外国奉行，但很快再次将其解职。第二年,庆应元年二月,忠宽宣布退出政界,剃发并改名为"一翁"。不过,他并没有保持沉默,和海舟一样,他也公开反对第二次长州征讨。参见《明治維新人名辞典》,東京:吉川弘文館,1982年,第181頁。

57 渋沢栄一編:《昔夢会筆記:徳川慶喜公回想談》,東京:平凡社,1997年,第14頁。

58 松浦玲:《徳川慶喜:將軍家の明治維新》,東京:中央公論社,1989年,第133—135頁。

59 石井孝:《勝海舟》,東京:吉川弘文館,1997年,第91頁。

60 小西四郎:《日本の歷史19開国と攘夷》,東京:中央公論社,1974年,第373頁;松浦玲:《徳川慶喜:將軍家の明治維新》,東京:中央公論社,1989年,第131—132頁。

61 松浦玲:《徳川慶喜:將軍家の明治維新》,東京:中央公論社,1989年,第131—132頁。文久三年(1863年)夏,小笠原长行因为企图控制朝廷的计划失败而被解除老中之职,庆应元年九月被重新起用,参见《明治維新人名辞典》,東京:吉川弘文館,1982年,第216頁。

62 小西四郎:《日本の歷史19開国と攘夷》,東京:中央公論社,1974年,第373—374頁。

63 渋沢栄一編:《昔夢会筆記:徳川慶喜公回想談》,東京:平凡社,1997年,第14—15頁。

64 小西四郎:《日本の歷史19開国と攘夷》,東京:中央公論社,1974年,第374頁;井上清:《西郷隆盛》(上),東京:中央公論新社,1990年,第184頁。

65 赔款从未支付,参见 Satow, Sir Ernest., *A Diplomat in Japan*, Tokyo: Oxford University Press, 1968, p. 153。

66 萨道义指出,天皇表态拒绝开放兵库前,外国公使并不知道此事。他在《明治维新亲历记》里写道:"他们宣称象征着'天皇已批准条约的签订'而向各国代表提交的那份文件,直到亲眼所见,我们才发现其中确未包含任何清楚表示天皇予以准许的词句。日文中没有'定冠词'的概念,在英文中含义大相径庭的'The treaties are sanctioned'(该条约已获批准)与'Treaties are sanctioned'(条约已获批准),在日文中却是完全相同的表现形式。"参见 Satow, Sir Ernest., *A Diplomat in Japan*, Tokyo: Oxford University Press, 1968, p. 155。

67 《明治維新人名辞典》,東京:吉川弘文館,1982年,第239—240頁。

68 松浦玲:《勝海舟》,東京:中央公論社,1997年,第136頁。

69 小西四郎:《日本の歷史19開国と攘夷》,東京:中央公論社,1974年,第394—396頁。

70 石井孝:《勝海舟》,東京:吉川弘文館,1997年,第87頁;小西四郎:《日本の歷史 19 開国と攘夷》，東京：中央公論社，1974 年，第 397 页。
71　小西四郎：《日本の歴史 19 開国と攘夷》，東京：中央公論社，1974 年，第 398—401 页。
72　松浦玲：《徳川慶喜：将軍家の明治維新》，東京：中央公論社，1989 年，第 133—135 页。
73　松岡司：《定本坂本龍馬伝》，東京：新人物往来社，2003 年，第 355 页。

第十九章　萨长同盟

1　勝海舟：《幕末日記》，載《勝海舟全集》（1），東京：講談社，1976 年，第 187 页。
2　日期是庆应二年十一月，参见宫地佐一郎编：《中岡慎太郎全集》，東京：勁草書房，1991 年，第 205 页。
3　古川薫：《高杉晋作：青年志士の生涯と実像》，大阪：創元社，1986 年，第 173—174 页。
4　奈良本辰也：《高杉晋作》，東京：中央公論新社，1996 年，第 184 页。
5　古川薫：《そのとき晋作は何をしていたか》，《高杉晋作：長州の革命児》，《別冊歴史読本》，東京：新人物往来社，1989 年 10 月 18 日，第 38—39 页。
6　古川薫：《高杉晋作：青年志士の生涯と実像》，大阪：創元社，1986 年，第 173—174 页。
7　Jansen, Marius B., *The Making of Modern Japan*, Cambridge, MA: Harvard University Press, 2000, p. 316.
8　古川薫：《高杉晋作：青年志士の生涯と実像》，大阪：創元社，1986 年，第 174—175 页。
9　实际上，长州藩共有 4 个支藩，分别是长府藩（长门府中藩）、清末藩、德山藩、岩国藩。前 3 个藩由毛利分家统治，岩国藩由吉川家统治。
10　海音寺潮五郎：《西郷隆盛》（7），東京：朝日新聞社，1978 年，第 291 页。
11　古川薫：《高杉晋作：青年志士の生涯と実像》，大阪：創元社，1986 年，第 176 页。
12　海音寺潮五郎：《西郷隆盛》（7），東京：朝日新聞社，1978 年，第 292 页。
13　海音寺潮五郎：《西郷隆盛》（7），東京：朝日新聞社，1978 年，第 291 页。
14　松浦玲：《勝海舟》，東京：中央公論社，1997 年，138；《師友》"桂小五郎"条，小西四郎编：《坂本龍馬事典》，東京：新人物往来社，1988 年，第 160—161 页。
15　海音寺潮五郎：《西郷隆盛》（7），東京：朝日新聞社，1978 年，第 290—292 页。
16　Satow, Sir Ernest., *A Diplomat in Japan*, Tokyo: Oxford University Press, 1968, p. 271.
17　小西四郎：《日本の歴史 19 開国と攘夷》，東京：中央公論社，1974 年，第 395 页。
18　奈良本辰也：《高杉晋作》，東京：中央公論新社，1996 年，第 186—187 页。

19 Craig, Albert M., *Choshu in the Meiji Restoration*, Cambridge, MA: Harvard University Press, 1978, p. 324.

20 田中彰：《高杉晋作と奇兵隊》，東京：岩波書店，1993年，第79—80頁。

21 宮地佐一郎編：《中岡慎太郎全集》，東京：勁草書房，1991年，第199頁。

22 古川薫：《高杉晋作：青年志士の生涯と実像》，大阪：創元社，1986年，第176頁。

23 小西四郎：《日本の歴史19開国と攘夷》，東京：中央公論社，1974年，第413頁。

24 松岡司：《定本坂本龍馬伝》，東京：新人物往来社，2003年，第332頁。

25 勝海舟：《海軍歴史》（1），載《勝海舟全集》（8），東京：講談社，1973年，第228頁。

26 勝部真長：《勝海舟》（下），東京：PHP研究所，1992年，第157頁。截至庆应三年（1867年），各藩拥有的外国造船只数量为：尾张（1），纪州（3），福井（3），松江（2），加贺（4），萨摩（11），仙台（1），熊本（5），金泽（4），广岛（4），佐贺（4），小城（佐贺支藩，1），阿波（1），土佐（8），久留米（6），津（1），长州（5），盛冈（1），小仓（1），宇和島（3），松山（1），小津（1）。参见勝海舟：《海軍歴史》（1），載《勝海舟全集》（8），東京：講談社，1973年，第228—239頁。

27 平尾道雄：《坂本龍馬：海援隊始末記》，東京：中央公論社，1976年，第88—89頁。

28 平尾道雄：《龍馬のすべて》，東京：高知新聞社，1999年，第164頁。

29 平尾道雄：《坂本龍馬：海援隊始末記》，東京：中央公論社，1976年，第90—93頁。

30 松冈司将这份记录收录在一本早年写成的龙马传中，参见松岡司：《定本坂本龍馬伝》，東京：新人物往来社，2003年，第319—320頁。

31 《師友》"横井小楠"条，小西四郎編：《坂本龍馬事典》，東京：新人物往来社，1988年，第195頁。

32 平尾道雄：《坂本龍馬：海援隊始末記》，東京：中央公論社，1976年，第94頁。

33 平尾道雄：《中岡慎太郎：陸援隊始末記》，東京：中央公論社，1977年，第119—120頁。

34 井上清：《西郷隆盛》（上），東京：中央公論新社，1990年，第170頁。

35 平尾道雄：《中岡慎太郎：陸援隊始末記》，東京：中央公論社，1977年，第121頁。

36 宮地佐一郎編：《中岡慎太郎全集》，東京：勁草書房，1991年，第220頁。

37 宮地佐一郎編：《坂本龍馬全集》，東京：光風社出版，1982年，第249頁。

38 松岡司：《中岡慎太郎伝》，東京：新人物往来社，1999年，第123頁。

39 平尾道雄：《中岡慎太郎：陸援隊始末記》，東京：中央公論社，1977年，第85—87頁。

40 平尾道雄：《中岡慎太郎：陸援隊始末記》，東京：中央公論社，1977年，第106頁。

41 《時勢論》，載宮地佐一郎編：《中岡慎太郎全集》，東京：勁草書房，1991年，第197—198頁。中冈分别在两封信里称赞西乡、桂和高杉，这里引用的是更加出名的一封，而稍早的一封写于元治元年（1864年）三月。

42　松岡司：《中岡慎太郎伝》，東京：新人物往来社，1999年，第34—35页。
43　平尾道雄：《中岡慎太郎：陸援隊始末記》，東京：中央公論社，1977年，第10页。
44　松岡司：《中岡慎太郎伝》，東京：新人物往来社，1999年，第35页；《師友》"中岡慎太郎"条，小西四郎編：《坂本龍馬事典》，東京：新人物往来社，1988年，第180页。
45　松岡司：《中岡慎太郎伝》，東京：新人物往来社，1999年，第122页。
46　松岡司：《中岡慎太郎伝》，東京：新人物往来社，1999年，第48—51页。
47　松岡司：《中岡慎太郎伝》，東京：新人物往来社，1999年，第53、95页。
48　松岡司：《中岡慎太郎伝》，東京：新人物往来社，1999年，第63页。
49　松岡司：《中岡慎太郎伝》，東京：新人物往来社，1999年，第67页。
50　松岡司：《中岡慎太郎伝》，東京：新人物往来社，1999年，第99—100页。
51　松岡司：《中岡慎太郎伝》，東京：新人物往来社，1999年，第73—78页。
52　松岡司：《中岡慎太郎伝》，東京：新人物往来社，1999年，第87页。
53　松岡司：《中岡慎太郎伝》，東京：新人物往来社，1999年，第92—93页。
54　松岡司：《中岡慎太郎伝》，東京：新人物往来社，1999年，第96—98页。
55　平尾道雄：《中岡慎太郎：陸援隊始末記》，東京：中央公論社，1977年，第38—39页。
56　平尾道雄：《中岡慎太郎：陸援隊始末記》，東京：中央公論社，1977年，第54页。
57　平尾道雄：《中岡慎太郎：陸援隊始末記》，東京：中央公論社，1977年，第56；松岡司：《中岡慎太郎伝》，東京：新人物往来社，1999年，第116页。
58　松岡司：《中岡慎太郎伝》，東京：新人物往来社，1999年，第118页。
59　勝海舟：《幕末日記》，載《勝海舟全集》（1），東京：講談社，1976年，第121页。
60　平尾道雄：《中岡慎太郎：陸援隊始末記》，東京：中央公論社，1977年，第57—58页。
61　平尾道雄：《中岡慎太郎：陸援隊始末記》，東京：中央公論社，1977年，第284页。
62　平尾道雄：《中岡慎太郎：陸援隊始末記》，東京：中央公論社，1977年，第78页。
63　平尾道雄：《中岡慎太郎：陸援隊始末記》，東京：中央公論社，1977年，第85页。
64　松岡司：《中岡慎太郎伝》，東京：新人物往来社，1999年，第152页。
65　平尾道雄：《中岡慎太郎：陸援隊始末記》，東京：中央公論社，1977年，第85—86页。
66　平尾道雄：《中岡慎太郎：陸援隊始末記》，東京：中央公論社，1977年，第86—87页。
67　平尾道雄：《中岡慎太郎：陸援隊始末記》，東京：中央公論社，1977年，第92页。
68　松岡司：《中岡慎太郎伝》，東京：新人物往来社，1999年，第167页。
69　平尾道雄：《中岡慎太郎：陸援隊始末記》，東京：中央公論社，1977年，第96—97页。
70　松岡司：《中岡慎太郎伝》，東京：新人物往来社，1999年，第171页。
71　勝海舟：《幕末日記》，載《勝海舟全集》（1），東京：講談社，1976年，第169页。
72　勝部真長：《勝海舟》（下），東京：PHP研究所，1992年，第59页。

73 勝海舟：《幕末日記》，載《勝海舟全集》（1），東京：講談社，1976年，第169頁。

74 平尾道雄：《中岡慎太郎：陸援隊始末記》，東京：中央公論社，1977年，第106頁。

75 宮地佐一郎編：《中岡慎太郎全集》，東京：勁草書房，1991年第228頁。

76 早川说的"其他浪人"可能指任何人，包括龙马、高杉、伊藤和桂，他们全都在京都、长崎和下关的妓院风流过，而他们和年轻漂亮的女士的爱情故事广为流传。笔者在其他书里曾写过，这主要是因为倒幕派大多很年轻，而且时时刻刻冒着死亡的危险，参见拙作 Shinsengumi: The Shogun's Last Samurai Corps, North Clarendon, VT: Tutle Publishing, 2005, p. 96。如前文所述，海舟也有许多情人，维新前后都是如此。桂在京都认识了几松，后来他们结婚了。高杉曾经给他在萩的妻子雅子写信，告诉她在动荡的年代里要坚强，提醒她"武士之妻"需要忍受的困难远超"市井居民和农民的妻子"。参见《高杉晋作：青年志士の生涯と実像》，田中彰：《高杉晋作と奇兵隊》，東京：岩波書店，1993年，第93—94頁。不过，高杉还有一个情人鹈野。文久三年（1863年）夏，他在下关创立奇兵队时，两人变得亲密了起来。参见《高杉晋作：青年志士の生涯と実像》，載田中彰：《高杉晋作と奇兵隊》，東京：岩波書店，1993年，第192頁。3年半后，高杉病逝，年仅24岁的鹈野削发为尼，余下的33年里都在为高杉守墓。然而，我们无法确定鹈野的出家是否自愿。一份资料宣称山县等人强迫她出家为尼。他们说："高杉死后，我们不能让他的情人给他抹黑。"不过，1909年鹈野去世之前，他们一直为她提供经济援助。参见古川薫：《高杉晋作：青年志士の生涯と実像》，大阪：創元社，1986年，載《高杉晋作と奇兵隊》，第200—201頁。伊藤和年轻的妻子离婚后，娶了下关的艺伎梅子为妻。多年之后，她将成为"内阁总理大臣夫人"。参见《高杉晋作：青年志士の生涯と実像》，載田中彰：《高杉晋作と奇兵隊》，東京：岩波書店，1993年，第193頁。

77 平尾道雄：《中岡慎太郎：陸援隊始末記》，東京：中央公論社，1977年，第114—115頁。

78 《海西雑記》，宮地佐一郎編：《中岡慎太郎全集》，東京：勁草書房，1991年，第220頁。

79 不过，早在10年前龙马拜访河田小龙时，河田已经向龙马介绍了通过海上运输来积累财富、获取技术以建设现代海军的想法。

80 日期为庆应元年九月九日，见宫地佐一郎编：《坂本龍馬全集》，東京：光風社出版，1982年，第52頁。

81 平尾道雄：《坂本龍馬：海援隊始末記》，東京：中央公論社，1976年，第91—92頁。根据平尾的说法，长崎的每个人的俸禄约为三两二铢（三又二分之一两），"四两就可以过得很好"。元山妓院的妓女价格是二铢，还可提供清酒和一顿饭。"如果你和哪个姑娘比较熟悉，她会给你洗衣服，包括草鞋和内裤都可以。"土佐派去学习的人可以收到八两的津贴，这意味着"每个男人至少熟悉"一个姑娘。参见平尾道雄：《坂本龍馬：海援隊始末記》，東京：中央公論社，1976年，第93頁。

82 松岡司：《定本坂本龍馬伝》，東京：新人物往来社，2003年，第322、324頁。

83 松岡司：《定本坂本龍馬伝》，東京：新人物往来社，2003年，第325—326、331頁。松冈说，土方已经说服桂和西乡见面，后者带着第二次长州征讨的消息到达下关。桂和龙马第一次见面前，桂在给另外一名长州藩士的信里写道，他打算和西乡见面以确定萨摩的立场。参见松岡司：《定本坂本龍馬伝》，東京：新人物往来社，2003年，第325頁。

84 宮地佐一郎編：《坂本龍馬全集》，東京：光風社出版，1982年，第51頁。

85 宮地佐一郎編：《坂本龍馬全集》，東京：光風社出版，1982年，第45—46頁。

86 松岡司：《定本坂本龍馬伝》，東京：新人物往来社，2003年，第316—317頁。

87 平尾道雄：《中岡慎太郎：陸援隊始末記》，東京：中央公論社，1977年，第131—133頁。

88 松岡司：《定本坂本龍馬伝》，東京：新人物往来社，2003年，第328頁。

89 平尾道雄：《坂本龍馬：海援隊始末記》，東京：中央公論社，1976年，第95頁；松岡司：《定本坂本龍馬伝》，東京：新人物往来社，2003年，第331頁。

90 宮地佐一郎編：《中岡慎太郎全集》，東京：勁草書房，1991年，第454頁。

91 武市的妻子富子、富子的弟弟岛村寿太郎和土佐勤王党干部五十岚文吉描述了武市切腹的场景，参见松岡司：《武市半平太伝》，東京：新人物往来社，1997年，第333頁。拙作《武士故事》第七章根据上述几个人的回忆详细描述了此事。

92 平尾道雄：《坂本龍馬：海援隊始末記》，東京：中央公論社，1976年，第103頁。

93 松岡司：《定本坂本龍馬伝》，東京：新人物往来社，2003年，第339—340頁。

94 平尾道雄：《坂本龍馬：海援隊始末記》，東京：中央公論社，1976年，第97—98頁。

95 平尾道雄：《坂本龍馬：海援隊始末記》，東京：中央公論社，1976年，第103頁。

96 也就是停战协议。

97 被没收的土地交由长州的支藩岩国藩管理，长州的石高名义上只有不到37万石，但实际产量超过71万石，参见 Craig, Albert M., *Choshu in the Meiji Restoration*, Cambridge, MA: Harvard University Press, 1978, p. 11.

98 小西四郎：《日本の歴史19 開国と攘夷》，東京：中央公論社，1974年，第406頁。

99 石井孝：《勝海舟》，東京：吉川弘文館，1997年，第93頁。

100 石井孝：《勝海舟》，東京：吉川弘文館，1997年，第94—96頁。

101 宮地佐一郎編：《坂本龍馬全集》，東京：光風社出版，1982年，第86—87頁。

102 《三吉慎蔵日記》，載宮地佐一郎編：《坂本龍馬全集》，東京：光風社出版，1982年，第87頁。

103 宫地佐一郎编:《坂本龍馬全集》,東京:光風社出版,1982年,第386页。三吉慎藏记录的日期是一月十六日,参见《三吉慎藏日記》,载宫地佐一郎编:《坂本龍馬全集》,東京:光風社出版,1982年,第87页。

104 这座寺田屋就是4年前寺田屋骚乱发生的地方。龙马脱藩已有4年。他在一封落款时间为庆应元年九月九日的家书里写道,寺田屋已经成了他的第二个家。参见宫地佐一郎编:《坂本龍馬全集》,東京:光風社出版,1982年,第56页。他在另一封落款时间为庆应二年十二月四日的信中写道,女主人登势"很有教养,是个人物"(宫地佐一郎编:《坂本龍馬全集》,東京:光風社出版,1982年,第142页),"她协助长州和其他为国家奔走的人"(宫地佐一郎编:《坂本龍馬全集》,東京:光風社出版,1982年,第127页)。30多年后,海舟写道:"龙马经常待在寺田屋,这位了不起的女士非常了解龙马。"参见宫地佐一郎编:《坂本龍馬全集》,東京:光風社出版,1982年,第596页。

105 龙马简单记下了从一月十日离开下关到一月二十三日到达寺田屋之间的旅程,参见宫地佐一郎编:《坂本龍馬全集》,東京:光風社出版,1982年,第386—387页。本书对旅途的描述参考了宫地佐一郎编:《坂本龍馬全集》,東京:光風社出版,1982年,第91页;平尾道雄:《龍馬のすべて》,東京:高知新聞社,1999年,第185—188页。

106 平尾道雄:《龍馬のすべて》,東京:高知新聞社,1999年,第189页。

107 宫地佐一郎编:《坂本龍馬全集》,東京:光風社出版,1982年,第94页。

108 平尾道雄:《龍馬のすべて》,東京:高知新聞社,1999年,第190页。

109 宫地佐一郎编:《坂本龍馬全集》,東京:光風社出版,1982年,第593—594页。桂的信被当作协议原文,表明双方的协议是口头的,并没有交换签过名的书面文件。

110 宫地佐一郎编:《坂本龍馬全集》,東京:光風社出版,1982年,第93页。这个联盟仍处于保密状态。桂的信和龙马的回信都没有提及萨长的名字,不过他们显然能理解彼此的意思。日语的表达经常很含糊。日语的句子经常省略主语,但是不影响理解。例如,第一条的内容是:"一旦爆发战争,(某某)应立刻派2000名士兵增援京都驻军,并向大阪派往1000人以守卫京都和大阪。"因为京都和大阪都没有长州藩军,所以这句话的主语只能是萨摩。同样值得注意的是,桂直接提到了幕府军中的一桥、会津和桑名的部队。

111 引自庆应二年十二月四日的信件,参见宫地佐一郎编:《坂本龍馬全集》,東京:光風社出版,1982年,第129页。

112 阿龙出生于京都的一户富裕人家。她的父亲是医师,同情勤王党,刚去世不久。阿龙的家庭成员,包括她的母亲、两个妹妹和一个弟弟,因此陷入困境。1899年,阿龙告诉报社记者,元治元年(1864年)八月(池田屋事件之后)龙马从江户回西边是因为担心她的家人。龙马把阿龙的妹妹起美带到了"胜海舟在神户的地方",她的弟弟被带到一座佛寺,母亲被带到尼姑庵。龙马把妻子带到了寺田屋。参见《读卖新闻》明治三十二年十一月报道,载宫地佐一郎编:《坂本龍馬全集》,東京:光風社出版,1982年,第538頁。

113 《读卖新闻》明治三十二年十一月报道,载宫地佐一郎编:《坂本龍馬全集》,東京:光風社出版,1982年,第539—540頁。

114 龙马用的计量单位是尺,1尺等于0.994英尺(30.3厘米)。

115 如前文所述,龙马携带着可以证明自己是萨摩藩士的文书,当时萨摩和幕府表面上还是盟友。

116 宫地佐一郎编:《坂本龍馬全集》,東京:光風社出版,1982年,第130頁。

117 宫地佐一郎编:《坂本龍馬全集》,東京:光風社出版,1982年,第127—130頁。上述寺田屋袭击事件和龙马逃脱的桥段屡次出现在大众文学和电影里。多才多艺的龙马文笔也不错。他在两封写于庆应二年十二月四日的信中生动地描述了此次事件和其他一些事。本文内容引自第一封信。

118 引自另外一封同样写于庆应二年十二月四日的信,见宫地佐一郎编:《坂本龍馬全集》,東京:光風社出版,1982年,第142頁。

119 宫地佐一郎编:《坂本龍馬全集》,東京:光風社出版,1982年,第129頁。

第二十章　幕府必须心甘情愿地灭亡

1　勝海舟:《斷腸之記》,載勝海舟:《幕末日記》,《勝海舟全集》(1),東京:講談社,1976年,第381頁。

2　勝海舟:《書簡と建言》,載《勝海舟全集》(2),東京:講談社,1982年,第84頁。

3　勝海舟:《幕末日記》,載《勝海舟全集》(1),東京:講談社,1976年,第189—190頁。

4　勝海舟:《書簡と建言》,載《勝海舟全集》(2),東京:講談社,1982年,第84頁。

5　勝部真長:《勝海舟》(下),東京:PHP研究所,1992年,第63—64頁。

6　勝部真長:《勝海舟》(下),東京:PHP研究所,1992年,第63頁。

7　勝部真長:《勝海舟》(下),東京:PHP研究所,1992年,第540頁。

8　勝海舟:《幕末日記》,載《勝海舟全集》(1),東京:講談社,1976年,第191頁。

9　勝部真長:《勝海舟》(上),東京:PHP研究所,1992年,第51頁。

10　小西四郎:《日本の歴史19 開国と攘夷》,東京:中央公論社,1974年,第457頁。

11　小西四郎:《日本の歴史19 開国と攘夷》,東京:中央公論社,1974年,第458頁。

12　勝海舟:《幕末日記》,載《勝海舟全集》(1),東京:講談社,1976年,第196頁。

13　勝海舟:《開国起原》(5),《勝海舟全集》(19),東京:講談社,1975年,第641

页注释。

14　勝海舟:《海舟語録》,載《勝海舟全集》(20),東京:講談社,1972年,第196頁。
15　勝海舟:《断腸之記》,載勝海舟:《幕末日記》,《勝海舟全集》(1),東京:講談社,1976年,第379頁。
16　勝海舟:《断腸之記》,載勝海舟:《幕末日記》,《勝海舟全集》(1),東京:講談社,1976年,第379頁。
17　勝海舟:《氷川清話》,載《勝海舟全集》(21),東京:勁草書房,1973年,第30頁。
18　勝海舟:《開国起原》(5),《勝海舟全集》(19),東京:講談社,1975年,《勝海舟全集》(19),東京:講談社,1975年,第647頁。
19　勝海舟:《氷川清話》,載《勝海舟全集》(21),東京:勁草書房,1973年,第69頁。
20　石井孝:《勝海舟》,東京:吉川弘文館,1997年,第103頁。
21　石井孝:《勝海舟》,東京:吉川弘文館,1997年,第103頁。
22　勝海舟:《開国起原》(5),《勝海舟全集》(19),東京:講談社,1975年,第647頁。
23　勝海舟:《幕末日記》,載《勝海舟全集》(1),東京:講談社,1976年,第199頁。海舟为了强调依赖西方列强的危险,将法国比喻为"饿狼",将英国比喻为"恶虎",参见小西四郎:《日本の歴史19 開国と攘夷》,東京:中央公論社,1974年,第408頁。
24　勝海舟:《開国起原》(5),《勝海舟全集》(19),東京:講談社,1975年,第647—648頁。
25　勝部真長:《勝海舟》(下),東京:PHP研究所,1992年,第73頁。
26　勝海舟:《海舟語録》,載《勝海舟全集》(20),東京:講談社,1972年,第196—197頁。
27　勝海舟:《海舟語録》,載《勝海舟全集》(20),東京:講談社,1972年,第197頁。
28　勝海舟:《追賛一話》,載《書簡と建言》,《勝海舟全集》(2),東京:講談社,1982年,第622頁,第651頁注释15。
29　勝海舟:《海舟語録》,載《勝海舟全集》(20),東京:講談社,1972年,第197頁。
30　小西四郎:《日本の歴史19 開国と攘夷》,東京:中央公論社,1974年,第407頁。
31　古川薫:《高杉晋作:青年志士の生涯と実像》,大阪:創元社,1986年,第180頁。
32　平尾道雄:《中岡慎太郎:陸援隊始末記》,東京:中央公論社,1977年,第162頁。
33　平尾道雄:《中岡慎太郎:陸援隊始末記》,東京:中央公論社,1977年,第162頁。
34　排水量1000吨的"富士山丸"号是当时德川海军最大的战舰,比第二大战舰、美国建造的明轮船"回天丸"号重300吨。与此形成对照的是,幕府的"翔鹤丸"号只有350吨,"丙辰丸"号(高杉乘这艘船前往上海)只有358吨,"顺动丸"号的排水量为405吨,亲藩松江的"八云丸一番"号为337吨,"八云丸二番"号为167吨。长州的"乙丑丸"号(又名"樱岛丸"号或"联盟"号)为205吨或300吨,它的英国造双桅船"癸亥丸"号为283吨。萨摩的英国造"蝴蝶丸"号为146吨或274吨（海舟似乎不太确定，所以将两个数据都列了出来），而萨摩最大的船——铁甲舰"平运丸"号排水量为750吨（不过萨摩在1867年购入了1015吨的英国木质蒸汽船"春日丸"号）。土佐最大的船是英国造的659吨的铁甲舰"夕颜丸"号，它是庆应三年（1867年）二月土佐以15.5万美元的价格购入的。参见勝海舟：《海軍歷史》（1），載《勝海舟全集》（8），東京：講談社，1973年，第220—236頁。

35　奈良本辰也：《高杉晋作》，東京：中央公論新社，1996年，第189頁。

36　古川薫：《高杉晋作：青年志士の生涯と実像》，大阪：創元社，1986年，第180—181頁。

37　古川薫：《高杉晋作：青年志士の生涯と実像》，大阪：創元社，1986年，第181頁；《明治維新人名辞典》，東京：吉川弘文館，1982年，第308頁。

38　古川薫：《高杉晋作：青年志士の生涯と実像》，大阪：創元社，1986年，第181頁；奈良本辰也：《高杉晋作》，東京：中央公論新社，1996年，第190頁。

39　勝海舟：《開国起原》（5），《勝海舟全集》（19），東京：講談社，1975年，第687頁；古川薫：《高杉晋作：青年志士の生涯と実像》，大阪：創元社，1986年，第181頁。

40　古川薫：《高杉晋作：青年志士の生涯と実像》，大阪：創元社，1986年，第181—182頁。

41　古川薫：《高杉晋作：青年志士の生涯と実像》，大阪：創元社，1986年，第182頁。

42　宮地佐一郎編：《坂本龍馬全集》，東京：光風社出版，1982年，第130頁。

43　古川薫：《高杉晋作：青年志士の生涯と実像》，大阪：創元社，1986年，第182—183頁。

44　平尾道雄：《龍馬のすべて》，東京：高知新聞社，1999年，第439頁。

45　宮地佐一郎編：《坂本龍馬全集》，東京：光風社出版，1982年，第130頁。

46　宮地佐一郎編：《坂本龍馬全集》，東京：光風社出版，1982年，第116頁。

47　宮地佐一郎編：《坂本龍馬全集》，東京：光風社出版，1982年，第286頁。

48　小西四郎：《日本の歴史19 開国と攘夷》，東京：中央公論社，1974年，第414頁。

49　勝海舟：《開国起原》（5），《勝海舟全集》（19），東京：講談社，1975年，第684頁。

50　勝海舟：《断腸之記》，載勝海舟：《幕末日記》，《勝海舟全集》（1），東京：講談社，1976年，第380頁。海舟在冰川回忆说家茂死于脚气性心脏病（一种由于严重缺乏维生素B1导致的病症），参见勝海舟：《海舟語録》，載《勝海舟全集》（20），東京：講談社，1972年，第198頁。

51　古川薫：《高杉晋作：青年志士の生涯と実像》，大阪：創元社，1986年，第183—186頁。

52　平尾道雄：《中岡慎太郎：陸援隊始末記》，東京：中央公論社，1977年，第163頁。

53 古川薫：《高杉晋作：青年志士の生涯と実像》，大阪：創元社，1986年，第184—187頁。

54 古川薫：《高杉晋作：青年志士の生涯と実像》，大阪：創元社，1986年，第182—186頁。

55 平尾道雄：《中岡慎太郎：陸援隊始末記》，東京：中央公論社，1977年，第163—164頁。

56 勝海舟：《断腸之記》，載勝海舟：《幕末日記》，《勝海舟全集》(1)，東京：講談社，1976年，第380頁。

57 勝海舟：《断腸之記》，載勝海舟：《幕末日記》，《勝海舟全集》(1)，東京：講談社，1976年，第380頁。

58 《續再夢紀事》，转引自石井孝：《勝海舟》，東京：吉川弘文館，1997年，第108—109頁。

59 《續再夢紀事》，转引自石井孝：《勝海舟》，東京：吉川弘文館，1997年，第111頁。

第二十一章　长州和谈

1 勝海舟：《海舟語録》，載《勝海舟全集》(20)，東京：講談社，1972年，第198—199頁。

2 松浦玲：《徳川慶喜：将軍家の明治維新》，東京：中央公論社，1989年，第138頁。

3 勝海舟：《開国起原》(5)，《勝海舟全集》(19)，東京：講談社，1975年，第684頁。

4 Keene, Donald., *Emperor of Japan: Meiji and His World, 1852–1912*, New York: Columbia University Press, 2002, p. 741 n.32.

5 渋沢栄一編：《昔夢会筆記：徳川慶喜公回想談》，東京：平凡社，1997年，第16頁。

6 松浦玲：《横井小楠：儒学的正義とは何か》，東京：朝日新聞社，2000年，第258頁。

7 松浦玲：《徳川慶喜：将軍家の明治維新》，東京：中央公論社，1989年，第139頁。

8 小西四郎：《日本の歴史19 開国と攘夷》，東京：中央公論社，1974年，第442頁。

9 松浦玲：《徳川慶喜：将軍家の明治維新》，東京：中央公論社，1989年，第139—140頁。

10 松浦玲：《徳川慶喜：将軍家の明治維新》，東京：中央公論社，1989年，第141—142頁。

11 小西四郎：《日本の歴史19 開国と攘夷》，東京：中央公論社，1974年，第432頁。

12 渋沢栄一編：《昔夢会筆記：徳川慶喜公回想談》，東京：平凡社，1997年，第16—17頁。

13 小西四郎：《日本の歴史19 開国と攘夷》，東京：中央公論社，1974年，第432—433頁。

14 松浦玲：《德川慶喜：将軍家の明治維新》，東京：中央公論社，1989 年，第 142—145 頁。

15 小西四郎：《日本の歴史 19 開国と攘夷》，東京：中央公論社，1974 年，第 443—444 頁；松浦玲：《德川慶喜：将軍家の明治維新》，東京：中央公論社，1989 年，第 145 頁。松浦提到武士当中有反对用步枪替换掉他们的长枪和刀剑，以保持"武士之魂"的声音。然而，他们却为剑术大师和枪术高手破了例。参见松浦玲：《德川慶喜：将軍家の明治維新》，東京：中央公論社，1989 年，第 145 頁。小西提到，新的炮兵单位成员不光包括旗本武士，还有"从没拿过刀剑……或者扛过枪的上茶人"，他们全部穿着法式军服，参见小西四郎：《日本の歴史 19 開国と攘夷》，東京：中央公論社，1974 年，第 444 頁。

16 勝海舟：《幕末日記》，載《勝海舟全集》(1)，東京：講談社，1976 年，第 209 頁；石井孝：《勝海舟》，東京：吉川弘文館，1997 年，第 116 頁。

17 勝海舟：《幕末日記》，載《勝海舟全集》(1)，東京：講談社，1976 年，第 209 頁；勝海舟：《解難錄》第 7 节，載《勝海舟全集》(1)，東京：講談社，1976 年；勝海舟：《斷腸之記》，載勝海舟：《幕末日記》，《勝海舟全集》(1)，東京：講談社，1976 年，第 381 頁。

18 勝海舟：《海舟語錄》，載《勝海舟全集》(20)，東京：講談社，1972 年，第 198 頁。

19 勝海舟：《解難錄》第 7 节，載《勝海舟全集》(1)，東京：講談社，1976 年。

20 松浦玲：《勝海舟》，東京：中央公論社，1997 年，第 148 頁；《明治維新人名辞典》，東京：吉川弘文館，1982 年，第 4 頁。

21 勝海舟：《氷川清話》，載《勝海舟全集》(21)，東京：勁草書房，1973 年，第 36 頁。海舟在动身前往广岛藩之前，向仍然被软禁在熊本藩家中的横井小楠寻求了建议（勝海舟：《氷川清話》，載《勝海舟全集》(21)，東京：勁草書房，1973 年，第 58 頁）。虽然横井的回复内容不为人知，但是从现存的资料来看，横井对于战争和幕府最近做法的看法和海舟及松平春岳不谋而合。七月初，横井向春岳派来的福井藩士表达了他的反对意见。熊本藩派遣了部队在小仓和长州藩军作战。小仓城沦陷之后，熊本藩将一份备忘录提交给了幕府，其内容是未来作战的策略。横井被召见到熊本城来给出他的看法，据说他的想法也被写进了备忘录中，他建议幕府进行"自我批评"和"自我检讨并进行改革"。参见松浦玲：《横井小楠：儒学的正義とは何か》，東京：朝日新聞社，2000 年，第 256—259 頁。

22 松浦玲：《德川慶喜：将軍家の明治維新》，東京：中央公論社，1989 年，第 141 頁。

23 勝海舟：《幕末日記》，載《勝海舟全集》(1)，東京：講談社，1976 年，第 210 頁。

24 勝海舟：《斷腸之記》，載勝海舟：《幕末日記》，《勝海舟全集》(1)，東京：講談社，1976 年，第 381 頁。

25　勝海舟：《氷川清話》，載《勝海舟全集》（21），東京：勁草書房，1973年，第36頁。
26　勝海舟：《氷川清話》，載《勝海舟全集》（21），東京：勁草書房，1973年，第36頁；勝海舟：《幕末日記》，載《勝海舟全集》（1），東京：講談社，1976年，第210頁。
27　松浦玲：《勝海舟》，東京：中央公論社，1997年，第143頁。
28　勝海舟：《幕末日記》，載《勝海舟全集》（1），東京：講談社，1976年，第211頁。
29　勝海舟：《氷川清話》，載《勝海舟全集》（21），東京：勁草書房，1973年，第36頁。
30　勝海舟：《氷川清話》，載《勝海舟全集》（21），東京：勁草書房，1973年，第37頁。
31　勝海舟：《氷川清話》，載《勝海舟全集》（21），東京：勁草書房，1973年，第37頁。
32　石井孝：《勝海舟》，東京：吉川弘文館，1997年，第120頁。
33　勝海舟：《幕末日記》，載《勝海舟全集》（1），東京：講談社，1976年，第215頁。
34　勝海舟：《幕末日記》，載《勝海舟全集》（1），東京：講談社，1976年，第215頁。
35　勝海舟：《幕末日記》，載《勝海舟全集》（1），東京：講談社，1976年，第215—216頁。
36　勝海舟：《氷川清話》，載《勝海舟全集》（21），東京：勁草書房，1973年，第37—38頁。
37　勝海舟：《氷川清話》，載《勝海舟全集》（21），東京：勁草書房，1973年，第37—38頁。
38　勝海舟：《幕末日記》，載《勝海舟全集》（1），東京：講談社，1976年，第216頁；石井孝：《勝海舟》，東京：吉川弘文館，1997年，第121—122頁。
39　勝海舟：《幕末日記》，載《勝海舟全集》（1），東京：講談社，1976年，第216頁。
40　勝海舟：《氷川清話》，載《勝海舟全集》（21），東京：勁草書房，1973年，第38頁。
41　勝海舟：《幕末日記》，載《勝海舟全集》（1），東京：講談社，1976年，第216頁。
42　石井孝：《勝海舟》，東京：吉川弘文館，1997年，第122頁。
43　勝海舟：《氷川清話》，載《勝海舟全集》（21），東京：勁草書房，1973年，第38頁。
44　勝海舟：《断腸之記》，載勝海舟：《幕末日記》，《勝海舟全集》（1），東京：講談社，1976年，第381頁。
45　勝部真長：《勝海舟》（下），東京：PHP研究所，1992年，第86頁。
46　勝海舟：《断腸之記》，載勝海舟：《幕末日記》，《勝海舟全集》（1），東京：講談社，1976年，第381頁。
47　勝海舟：《氷川清話》，載《勝海舟全集》（21），東京：勁草書房，1973年，第39頁。
48　勝海舟：《海舟語録》，載《勝海舟全集》（20），東京：講談社，1972年，第199頁。

第二十二章　将军、天皇和朝廷的反对者

1　勝海舟：《海舟語録》，載《勝海舟全集》（20），東京：講談社，1972年，第198頁。

2　勝海舟:《幕末日記》,載《勝海舟全集》(1),東京:講談社,1976年,第218頁。
3　勝海舟:《幕末日記》,載《勝海舟全集》(1),東京:講談社,1976年,第222頁;勝海舟:《氷川清話》,載《勝海舟全集》(21),東京:勁草書房,1973年,第39頁。
4　《續再夢紀事》,转引自石井孝:《勝海舟》,東京:吉川弘文館,1997年,第128—129頁。
5　石井孝:《勝海舟》,東京:吉川弘文館,1997年,第131頁。
6　勝部真長:《勝海舟》(下),東京:PHP研究所,1992年,第440、541頁。
7　松浦玲:《德川慶喜:將軍家の明治維新》,東京:中央公論社,1989年,第146頁。
8　田中惣五郎:《西鄉隆盛》,東京:吉川弘文館,1988年,第126—127頁。
9　平尾道雄:《山内容堂》,東京:吉川弘文館,1993年,第128頁。
10　松浦玲:《德川慶喜:將軍家の明治維新》,東京:中央公論社,1989年,第146—147頁。
11　松浦玲:《德川慶喜:將軍家の明治維新》,東京:中央公論社,1989年,第151頁。
12　松浦玲:《德川慶喜:將軍家の明治維新》,東京:中央公論社,1989年,第147—148頁。
13　松浦玲:《德川慶喜:將軍家の明治維新》,東京:中央公論社,1989年,第150—151頁。
14　松浦玲:《德川慶喜:將軍家の明治維新》,東京:中央公論社,1989年,第148頁;Keene, Donald., *Emperor of Japan: Meiji and His World, 1852-1912*, New York: Columbia University Press, 2002, p. 747-748 n.21.
15　小西四郎:《日本の歷史19 開国と攘夷》,東京:中央公論社,1974年,第433頁。
16　Keene, Donald., *Emperor of Japan: Meiji and His World, 1852-1912*, New York: Columbia University Press, 2002, p. 91.
17　海音寺潮五郎:海音寺潮五郎:《西鄉隆盛》(8),東京:朝日新聞社,1976年,東京:朝日新聞社,1978年,第197頁。
18　小西四郎:《日本の歷史19 開国と攘夷》,東京:中央公論社,1974年,第433頁。岩倉具視是少有的例外,他劝谏孝明天皇放弃"酒池肉林"的生活,认真思考政治,参见Keene, Donald., *Emperor of Japan: Meiji and His World, 1852-1912*, New York: Columbia University Press, 2002, p. 88。
19　海音寺潮五郎:《西鄉隆盛》(8),東京:朝日新聞社,1976年:第197頁。
20　Keene, Donald., *Emperor of Japan: Meiji and His World, 1852-1912*, New York: Columbia University Press, 2002, pp. 94-95.
21　资料引自小西四郎:《日本の歷史19 開国と攘夷》,東京:中央公論社,1974年和Keene, Donald., *Emperor of Japan: Meiji and His World, 1852-1912*, New York:

Columbia University Press, 2002，见下。
22 小西四郎:《日本の歴史 19 開国と攘夷》，東京：中央公論社，1974 年，第 435—436 页；Keene, Donald., *Emperor of Japan: Meiji and His World, 1852-1912*, New York: Columbia University Press, 2002,pp. 94-95。
23 Keene, Donald., *Emperor of Japan: Meiji and His World, 1852-1912*, New York: Columbia University Press, 2002, p. 97.
24 小西四郎:《日本の歴史 19 開国と攘夷》，東京：中央公論社，1974 年，第 440 页。
25 Keene, Donald., *Emperor of Japan: Meiji and His World, 1852-1912*, New York: Columbia University Press, 2002, p. 95.
26 Satow, Sir Ernest., *A Diplomat in Japan*, Tokyo: Oxford University Press, 1968, p. 186.
27 海音寺潮五郎:《西郷隆盛》(8)，東京：朝日新聞社，1976 年，第 199 页。那么为何一个世纪后这篇文章才被写下？基恩指出，二战前日本天皇被奉若神明，这样的文章会招致牢狱之灾。战前几乎没有日本人敢公开宣称孝明天皇死于毒杀。萨道义作品的日文版中，上述引文被删除了。参见 Keene, Donald., *Emperor of Japan: Meiji and His World, 1852-1912*, New York: Columbia University Press, 2002, pp. 741-742 n.14。
28 小西四郎:《日本の歴史 19 開国と攘夷》，東京：中央公論社，1974 年，第 433 页。
29 松浦玲:《徳川慶喜：将軍家の明治維新》，東京：中央公論社，1989 年，第 152 页
30 Satow, Sir Ernest., *A Diplomat in Japan*, Tokyo: Oxford University Press, 1968, p. 186.
31 小西四郎:《日本の歴史 19 開国と攘夷》，東京：中央公論社，1974 年，第 439—440 页
32 小西四郎:《日本の歴史 19 開国と攘夷》，東京：中央公論社，1974 年，第 434 页。
33 小西四郎:《日本の歴史 19 開国と攘夷》，東京：中央公論社，1974 年，第 434 页。
34 勝海舟:《開国起原》(5)，《勝海舟全集》(19)，東京：講談社，1975 年，第 707 页。
35 小西四郎:《日本の歴史 19 開国と攘夷》，東京：中央公論社，1974 年，第 434 页。
36 勝海舟:《開国起原》(5)，《勝海舟全集》(19)，東京：講談社，1975 年，第 707—708 页。
37 小西四郎:《日本の歴史 19 開国と攘夷》，東京：中央公論社，1974 年，第 434 页。
38 Keene, Donald., *Emperor of Japan: Meiji and His World, 1852-1912*, New York: Columbia University Press, 2002, pp. 741-742 n.14.
39 Keene, Donald., *Emperor of Japan: Meiji and His World, 1852-1912*, New York: Columbia University Press, 2002, p. 97.
40 田中惣五郎:《西郷隆盛》，東京：吉川弘文館，1988 年，第 192 页。
41 小西四郎:《日本の歴史 19 開国と攘夷》，東京：中央公論社，1974 年，第 446 页。

42　小西四郎：《日本の歴史 19 開国と攘夷》，東京：中央公論社，1974 年，第 444 頁；Satow, Sir Ernest., *A Diplomat in Japan*, Tokyo: Oxford University Press, 1968, p. 173。

43　海音寺潮五郎：《西郷隆盛》（8），東京：朝日新聞社，1976 年，第 160 頁。

44　小西四郎：《日本の歴史 19 開国と攘夷》，東京：中央公論社，1974 年，第 444—445 頁。

45　松浦玲：《德川慶喜：将軍家の明治維新》，東京：中央公論社，1989 年，第 163 頁；小西四郎：《日本の歴史 19 開国と攘夷》，東京：中央公論社，1974 年，第 443 頁；勝海舟：《開国起原》（5），《勝海舟全集》（19），東京：講談社，1975 年，第 728 頁。

46　小西四郎：《日本の歴史 19 開国と攘夷》，東京：中央公論社，1974 年，第 446—447 頁。

47　小西四郎：《日本の歴史 19 開国と攘夷》，東京：中央公論社，1974 年，第 448 頁。

48　小西四郎：《日本の歴史 19 開国と攘夷》，東京：中央公論社，1974 年，第 448 頁。

49　Beasley, W.G., *The Meiji Restoration*, Stanford: Stanford University Press, 1972, p. 266.

第二十三章　庆喜扳回一局

1　勝海舟：《書簡と建言》，載《勝海舟全集》（2），東京：講談社，1982 年，第 93 頁。

2　勝海舟：《海軍歴史》（1），載《勝海舟全集》（8），東京：講談社，1973 年，第 56 頁。

3　Dickins, Frederick V., *The Life of Sir Harry Parkes: Sometime Her Majesty's Minister to China and Japan*, vol. 2, London: Macmillan, 1894, p. 101.

4　勝海舟：《海軍歴史》（1），載《勝海舟全集》（8），東京：講談社，1973 年，第 59 頁。

5　Satow, Sir Ernest., *A Diplomat in Japan*, Tokyo: Oxford University Press, 1968, p. 294.

6　勝海舟：《氷川清話》，載《勝海舟全集》（21），東京：勁草書房，1973 年，第 187 頁。

7　勝海舟：《海軍歴史》（1），載《勝海舟全集》（8），東京：講談社，1973 年，第 220 頁。海舟在《海军历史》中列出的舰船清单并未提及"开阳丸"号的吨位。1000 吨级的"富士山丸"号动力为 350 马力，装备了 12 门炮，参见勝海舟：《海軍歴史》（1），載《勝海舟全集》（8），東京：講談社，1973 年，第 220 頁。

8　勝海舟：《海軍歴史》（1），載《勝海舟全集》（8），東京：講談社，1973 年，第 277 頁。

9　Dickins, Frederick V., *The Life of Sir Harry Parkes: Sometime Her Majesty's Minister to China and Japan*, vol. 2, London: Macmillan, 1894, p. 101.

10　勝海舟：《氷川清話》，載《勝海舟全集》（21），東京：勁草書房，1973 年，第 185 頁；勝海舟：《海軍歴史》（1），載《勝海舟全集》（8），東京：講談社，1973 年，第 63 頁。

11　Satow, Sir Ernest., *A Diplomat in Japan*, Tokyo: Oxford University Press, 1968, p. 228.

12　勝海舟：《海軍歴史》（1），載《勝海舟全集》（8），東京：講談社，1973 年，第 63 頁。

13　勝海舟：《海軍歴史》(1)，載《勝海舟全集》(8)，東京：講談社，1973年，第63—64頁。
14　勝海舟：《書簡と建言》，載《勝海舟全集》(2)，東京：講談社，1982年，286—287頁。
15　勝海舟：《氷川清話》，載《勝海舟全集》(21)，東京：勁草書房，1973年，第185—186頁。
16　勝部真長：《勝海舟》(下)，東京：PHP研究所，1992年，第91頁。
17　勝海舟：《氷川清話》，載《勝海舟全集》(21)，東京：勁草書房，1973年，第186—187頁。
18　勝海舟：《海軍歴史》(1)，載《勝海舟全集》(8)，東京：講談社，1973年，第64頁。
19　小西四郎：《日本の歴史19 開国と攘夷》，東京：中央公論社，1974年，第461—462頁。
20　田中惣五郎：《西郷隆盛》，東京：吉川弘文館，1988年，第202頁。
21　Satow, Sir Ernest., *A Diplomat in Japan*, Tokyo: Oxford University Press, 1968, pp. 180–184.
22　小西四郎：《日本の歴史19 開国と攘夷》，東京：中央公論社，1974年，第461—462頁。
23　松浦玲：《徳川慶喜：将軍家の明治維新》，東京：中央公論社，1989年，第154頁。
24　小西四郎：《日本の歴史19 開国と攘夷》，東京：中央公論社，1974年，第462頁。
25　松浦玲：《徳川慶喜：将軍家の明治維新》，東京：中央公論社，1989年，第156頁。
26　小西四郎：《日本の歴史19 開国と攘夷》，東京：中央公論社，1974年，第463頁。
27　田中惣五郎：《西郷隆盛》，東京：吉川弘文館，1988年，第201—203頁。
28　松浦玲：《徳川慶喜：将軍家の明治維新》，東京：中央公論社，1989年，第157頁。
29　平尾道雄：《山内容堂》，東京：吉川弘文館，1993年，第162頁。
30　小西四郎：《日本の歴史19 開国と攘夷》，東京：中央公論社，1974年，第463頁。
31　田中惣五郎：《西郷隆盛》，東京：吉川弘文館，1988年，第203頁。
32　平尾道雄：《山内容堂》，東京：吉川弘文館，1993年，第158—160頁。
33　松浦玲：《徳川慶喜：将軍家の明治維新》，東京：中央公論社，1989年，第158頁。
34　松浦玲：《徳川慶喜：将軍家の明治維新》，東京：中央公論社，1989年，第158頁。
35　平尾道雄：《山内容堂》，東京：吉川弘文館，1993年，第160頁。
36　勝海舟：《書簡と建言》，載《勝海舟全集》(2)，東京：講談社，1982年，第66—67頁。

第二十四章　历史大戏

1　勝海舟：《海舟語録》，載《勝海舟全集》(20)，東京：講談社，1972年，第215頁。

2　《時勢論》，載宮地佐一郎編：《中岡慎太郎全集》，東京：勁草書房，1991年，第198頁。
3　宮地佐一郎編：《中岡慎太郎全集》，東京：勁草書房，1991年，第212頁。
4　《時勢論》，載宮地佐一郎編：《中岡慎太郎全集》，東京：勁草書房，1991年，第198頁。
5　宮地佐一郎編：《坂本龍馬全集》，東京：光風社出版，1982年，第613—614頁。
6　松浦玲：《徳川慶喜：将軍家の明治維新》，東京：中央公論社，1989年，第163—164頁。
7　松浦玲：《徳川慶喜：将軍家の明治維新》，東京：中央公論社，1989年，第165頁。
8　松浦玲：《徳川慶喜：将軍家の明治維新》，東京：中央公論社，1989年，第166頁。
9　井上清：《西郷隆盛》（上），東京：中央公論新社，1990年，第207頁。
10　井上清：《西郷隆盛》（下），東京：中央公論新社，1990年，第3—6頁。
11　田中惣五郎：《西郷隆盛》，東京：吉川弘文館，1988年，第217—218頁。
12　小西四郎：《日本の歴史19 開国と攘夷》，東京：中央公論社，1974年，第467頁。
13　井上清：《西郷隆盛》（下），東京：中央公論新社，1990年，第10—11頁。
14　松岡司：《定本坂本龍馬伝》，東京：新人物往来社，2003年，第623—624頁；平尾道雄：《山内容堂》，東京：吉川弘文館，1993年，第162—163頁。
15　井上清：《西郷隆盛》（上），東京：中央公論新社，1990年，第208頁。
16　小西四郎：《日本の歴史19 開国と攘夷》，東京：中央公論社，1974年，第467—468頁。
17　松浦玲：《徳川慶喜：将軍家の明治維新》，東京：中央公論社，1989年，第159頁。
18　松岡司：《中岡慎太郎伝》，東京：新人物往来社，1999年，第293—298頁。
19　松岡司：《定本坂本龍馬伝》，東京：新人物往来社，2003年，第544頁。
20　松岡司：《武市半平太伝》，東京：新人物往来社，1997年，第256—257頁。
21　松岡司：《定本坂本龍馬伝》，東京：新人物往来社，2003年，第544頁。
22　松岡司：《定本坂本龍馬伝》，東京：新人物往来社，2003年，第270頁。
23　坂本藤良：《坂本龍馬と海援隊：日本を変えた男のビジネス魂》，東京：講談社，1986年，第88頁。
24　宮地佐一郎編：《坂本龍馬全集》，東京：光風社出版，1982年，第390—393頁。
25　平尾道雄：《坂本龍馬：海援隊始末記》，東京：中央公論社，1976年，第169頁。
26　松岡司：《定本坂本龍馬伝》，東京：新人物往来社，2003年，第480頁。
27　Beasley, W.G., *The Meiji Restoration*, Stanford: Stanford University Press, 1972, p. 304；《岩倉具視関係文書》，转引自松岡司：《定本坂本龍馬伝》，東京：新人物往来社，2003年，第666—667頁。

28　井上清：《西郷隆盛》(上)，東京：中央公論新社，1990年，第208—209頁。
29　"船中"的意思是"在船上"，"八策"的意思是"八点计划"。但是我们并不清楚龙马的计划是在船上想出的，还是六月十三日到达京都后想出的，参见松岡司：《定本坂本龍馬伝》，東京：新人物往来社，2003年，第632頁。
30　平尾道雄：《坂本龍馬：海援隊始末記》，東京：中央公論社，1976年，第170頁。原件和抄件都没有流传下来，参见松岡司：《定本坂本龍馬伝》，東京：新人物往来社，2003年，第632頁。
31　宮地佐一郎編：《坂本龍馬全集》，東京：光風社出版，1982年，第394頁。
32　松岡司：《定本坂本龍馬伝》，東京：新人物往来社，2003年，第655頁。
33　平尾道雄：《山内容堂》，東京：吉川弘文館，1993年，第163—165頁；松岡司：《定本坂本龍馬伝》，東京：新人物往来社，2003年，第544頁。
34　小西四郎：《日本の歴史19 開国と攘夷》，東京：中央公論社，1974年，第474—475頁。
35　平尾道雄：《山内容堂》，東京：吉川弘文館，1993年，第175頁。
36　平尾道雄：《山内容堂》，東京：吉川弘文館，1993年，第175頁。
37　平尾道雄：《山内容堂》，東京：吉川弘文館，1993年，第172—173頁。
38　十月上旬，萨摩、长州和广岛签订了《萨土艺三藩约定书》("艺"为"安艺"，指广岛)，参见田中惣五郎：《西郷隆盛》，東京：吉川弘文館，1988年，第215頁。
39　平尾道雄：《山内容堂》，東京：吉川弘文館，1993年，第175—176頁。
40　平尾道雄：《山内容堂》，東京：吉川弘文館，1993年，第182頁。
41　田中惣五郎：《西郷隆盛》，東京：吉川弘文館，1988年，第214—215頁。
42　Satow, Sir Ernest., *A Diplomat in Japan*, Tokyo: Oxford University Press, 1968, p. 276.
43　宮地佐一郎編：《坂本龍馬全集》，東京：光風社出版，1982年，第610—611頁。
44　宮地佐一郎編：《坂本龍馬全集》，東京：光風社出版，1982年，第307頁。
45　平尾道雄：《龍馬のすべて》，東京：高知新聞社，1999年，第336—339頁。
46　松岡司：《定本坂本龍馬伝》，東京：新人物往来社，2003年，第758頁。
47　宮地佐一郎編：《坂本龍馬全集》，東京：光風社出版，1982年，第303—306頁。
48　井上清：《西郷隆盛》(下)，東京：中央公論新社，1990年，第7—11頁。
49　宮地佐一郎編：《坂本龍馬全集》，東京：光風社出版，1982年，第303—306頁。
50　松岡司：《定本坂本龍馬伝》，東京：新人物往来社，2003年，第760頁。
51　宮地佐一郎編：《坂本龍馬全集》，東京：光風社出版，1982年，第613頁。
52　宮地佐一郎編：《坂本龍馬全集》，東京：光風社出版，1982年，第310頁。
53　松岡司：《定本坂本龍馬伝》，東京：新人物往来社，2003年，第762頁。
54　宮地佐一郎編：《坂本龍馬全集》，東京：光風社出版，1982年，第315頁。

55 引自龙马给家兄权平的信，落款日期为庆应三年（1867年）十月九日，见宫地佐一郎编：《坂本龍馬全集》，東京：光風社出版，1982年，第314頁。

第二十五章　王政复古与幕府的终结

1 勝海舟：《慶応四戊辰日記》，載勝海舟：《幕末日記》，《勝海舟全集》（1），東京：講談社，1976年，第12頁。

2 井上清：《西郷隆盛》（下），東京：中央公論新社，1990年，第11—13、17—18頁。

3 小西四郎：《日本の歴史19 開国と攘夷》，東京：中央公論社，1974年，第476頁。

4 平尾道雄：《山内容堂》，東京：吉川弘文館，1993年，第189—191頁。

5 宮地佐一郎編：《坂本龍馬全集》，東京：光風社出版，1982年，第628頁。

6 宮地佐一郎編：《坂本龍馬全集》，東京：光風社出版，1982年，第320頁。

7 平尾道雄：《龍馬のすべて》，東京：高知新聞社，1999年，第358頁。

8 小西四郎：《日本の歴史19 開国と攘夷》，東京：中央公論社，1974年，第476—477頁。

9 平尾道雄：《山内容堂》，東京：吉川弘文館，1993年，第192頁。

10 小西四郎：《日本の歴史19 開国と攘夷》，東京：中央公論社，1974年，第477—479頁。

11 宮地佐一郎編：《坂本龍馬全集》，東京：光風社出版，1982年，第322—323頁。

12 平尾道雄：《山内容堂》，東京：吉川弘文館，1993年，第188頁。

13 海音寺潮五郎：《西郷隆盛》（8），東京：朝日新聞社，1976年，第455頁。

14 海音寺潮五郎：《西郷隆盛》（8），東京：朝日新聞社，1976年，第455—456頁；海音寺潮五郎：《西郷隆盛》（9），東京：朝日新聞社，1976年，第117頁。

15 Satow, Sir Ernest., *A Diplomat in Japan*, Tokyo: Oxford University Press, 1968, p. 283.

16 勝海舟：《幕末日記》，載《勝海舟全集》（1），東京：講談社，1976年，第393頁注釋3；石井孝：《勝海舟》，東京：吉川弘文館，1997年，第138頁。

17 勝部真長：《勝海舟》（下），東京：PHP研究所，1992年，第97—98頁。

18 勝海舟：《氷川清話》，載《勝海舟全集》（21），東京：勁草書房，1973年，第181頁注釋。

19 土居良三：《咸臨丸海を渡る：曽祖父長尾幸作の日記より》，東京：未来社，1993年，第380頁。

20 勝部真長：《勝海舟》（下），東京：PHP研究所，1992年，第95頁。

21 勝海舟：《氷川清話》，載《勝海舟全集》（21），東京：勁草書房，1973年，第180頁。

22 勝海舟：《幕末日記》，載《勝海舟全集》（1），東京：講談社，1976年，第393頁注釋3。

23 勝海舟:《慶応四戊辰日記》,載勝海舟:《幕末日記》,《勝海舟全集》(1),東京:講談社,1976年。
24 勝海舟:《海舟語録》,載《勝海舟全集》(20),東京:講談社,1972年,第41页。
25 勝海舟:《慶応四戊辰日記》,載勝海舟:《幕末日記》,《勝海舟全集》(1),東京:講談社,1976年,第7页。
26 松浦玲:《徳川慶喜:将軍家の明治維新》,東京:中央公論社,1989年,第168页。
27 松浦玲:《徳川慶喜:将軍家の明治維新》,東京:中央公論社,1989年,第174页。
28 石井孝:《勝海舟》,東京:吉川弘文館,1997年,第137—138页。
29 平尾道雄:《龍馬のすべて》,東京:高知新聞社,1999年,第359—360页。
30 平尾道雄:《龍馬のすべて》,東京:高知新聞社,1999年,第360页;宮地佐一郎編:《坂本龍馬全集》,東京:光風社出版,1982年,第737页。
31 宮地佐一郎編:《坂本龍馬全集》,東京:光風社出版,1982年,第680—681页。2004年4月,有人发现了一幅龙马的画像,它一直保存在横滨的一户人家中,参见2004年10月16日的《朝日新闻》。这幅画上有海舟的题词:"呜呼!南海第一人。""南海"指的是土佐,它位于四国岛气候温和的南海岸。题词并无具体日期,但落款的"甲午"意为1894年,即明治二十七年。同时还有"初夏"二字,因此可以推断海舟的题词写于1894年初夏,大约在龙马遇刺27年后。
32 宮地佐一郎編:《坂本龍馬全集》,東京:光風社出版,1982年,第765—766页。
33 宮地佐一郎編:《坂本龍馬全集》,東京:光風社出版,1982年,第340—341页。
34 宮地佐一郎編:《坂本龍馬全集》,東京:光風社出版,1982年,第766页。
35 平尾道雄:《龍馬のすべて》,東京:高知新聞社,1999年,第363—364页。
36 按照西方人的习惯,庆应三年(1867年)十一月十五日时,龙马31岁。不过按照日本人的习俗,庆应三年(1867年)时,他33岁。
37 平尾道雄:《龍馬のすべて》,東京:高知新聞社,1999年,第364—365页。
38 溅有龙马鲜血的屏风一度消失不见,不过到了1985年,有人在京都国立博物馆的仓库中找到了它,参见《血染め屏風はこうして発見された》,載《坂本龍馬と沖田総司》,《別冊歴史読本》,第184—185页。
39 宮地佐一郎編:《坂本龍馬全集》,東京:光風社出版,1982年,第342页。
40 松岡司:《定本坂本龍馬伝》,東京:新人物往来社,2003年,第847页。明治三年二月,曾在江户讲武所教授剑术的前见回组队士、直心影流剑术大师今井信郎在受审时供认,见回组中包括他本人和首领佐佐木只三郎在内的7人参与了这次谋杀(平尾道雄:《坂本龍馬:海援隊始末記》,東京:中央公論社,1976年,第219—221页)。今井的6名同伙均在刺杀两个月后,即庆应四年(1868年)一月的鸟羽、伏见之战中阵亡(松岡司:《定本坂本龍馬伝》,東京:新人物往来社,2003年,第848

页）。鸟羽、伏见之战失败后，今井继续随旧幕府军作战，并于明治二年十一月在北方被逮捕（平尾道雄：《坂本龍馬：海援隊始末記》，東京：中央公論社，1976年，第219页；松岡司：《定本坂本龍馬伝》，東京：新人物往来社，2003年，第862页）。他被带回东京接受审讯，当被问到谁下令刺杀龙马时，今井坚称不知道，并称考虑到龙马曾在寺田屋射杀至少一人，因此见回组可能受京都幕府官员之命依法行事（参见勝部真長：《勝海舟》（下），東京：PHP研究所，1992年，第263页）。今井于明治五年一月被特赦（松浦玲：《勝海舟》，東京：筑摩書房，2010年，第437页）。但他耻辱地度过了一生。明治维新后，这个被认为参与刺杀龙马的人和许多德川旧人一样住在静冈。他担心遭到报复，于是在家中挖了一条深深的隧道，一旦遭到袭击，便可逃到附近的大井川。据说有人来访时，他会先藏起来，确认来者的身份后才出来。离开家时，他会在裤子中藏一根棍子（佩刀已是非法行为）。他死于1918年。参见勝部真長：《勝海舟》（下），東京：PHP研究所，1992年，第263页。

41　海舟的友人津田仙曾讲过一个关于"幕府忠臣"今井的故事。人们决定在今井的村子里建一座神社。神社将迎来一尊一直被安放在江户城内的木质佛像。今井受命为建设神社募集资金。他前往东京寻求曾为德川武士，现已入职新政府的山冈铁舟的建议。山冈建议今井寻求两个同样已经为新政府服务的前幕府官员的帮助。他们分别是海舟和一翁，二人在东京政界、商界有着广泛的人脉（一翁当时是东京府知事）。今井拜访一翁时遭到了冷遇。"今井十分生气。他认为上了年纪的大久保（一翁）因为新政府的工作而忘记了世世代代对德川家的义务。他说'我为什么要寻求忘恩负义者的帮助？'于是冲出门，不辞而别。"接下来，他去拜访海舟，但遭到了后者的嘲弄。海舟轻蔑地问道："雕像是否精美？"今井答道，并非上品。海舟问他为何要请这尊佛像，今井无法作答。海舟说"那就不行了"，就这样打发走了供认杀害龙马的凶手。参见勝部真長：《勝海舟》（下），東京：PHP研究所，1992年，第264—266页。

42　井上清：《西郷隆盛》（下），東京：中央公論新社，1990年，第25页。

43　井上清：《西郷隆盛》（下），東京：中央公論新社，1990年，第26—28页；平尾道雄：《山内容堂》，東京：吉川弘文館，1993年，第200页。

44　勝海舟：《慶応四戊辰日記》，載勝海舟：《幕末日記》，《勝海舟全集》（1），東京：講談社，1976年。

45　平尾道雄：《山内容堂》，東京：吉川弘文館，1993年，第201—202页。

46　勝海舟：《慶応四戊辰日記》，載勝海舟：《幕末日記》，《勝海舟全集》（1），東京：講談社，1976年；《明治維新人名辞典》，東京：吉川弘文館，1982年，第167页。

47　小西四郎：《日本の歴史19 開国と攘夷》，東京：中央公論社，1974年，第496—498页。

48 井上清：《西郷隆盛》（下），東京：中央公論新社，1990年，第48页。议定和参与二职分别于五个月后和八个月后被废，参见 Keene, Donald., *Emperor of Japan: Meiji and His World, 1852-1912*, New York: Columbia University Press, 2002, p. 747 n.17.

49 小西四郎：《日本の歴史 19 開国と攘夷》，東京：中央公論社，1974年，第497—498页。

50 小西四郎：《日本の歴史 19 開国と攘夷》，東京：中央公論社，1974年，第497—498页。

51 只有16名藩主响应了朝廷于十一月中旬发布的召集令，大多是小藩。其他240名藩主要么拒绝参加，要么最终选择了倒幕。参见平尾道雄：《山内容堂》，東京：吉川弘文館，1993年，第200—201页；松浦玲：《徳川慶喜：将軍家の明治維新》，東京：中央公論社，1989年，第179页。

52 井上清：《西郷隆盛》（下），東京：中央公論新社，1990年，第46—47页；平尾道雄：《山内容堂》，東京：吉川弘文館，1993年，第204页。

53 井上清：《西郷隆盛》（下），東京：中央公論新社，1990年，第47—48页。

54 平尾道雄：《山内容堂》，東京：吉川弘文館，1993年，第206—207页。

55 平尾道雄：《山内容堂》，東京：吉川弘文館，1993年，第207—208页。

56 井上清：《西郷隆盛》（下），東京：中央公論新社，1990年，第50页。

57 田中惣五郎：《西郷隆盛》，東京：吉川弘文館，1988年，第238页。

58 井上清：《西郷隆盛》（下），東京：中央公論新社，1990年，第50—53页；平尾道雄：《山内容堂》，東京：吉川弘文館，1993年，第208—210页。

59 井上清：《西郷隆盛》（下），東京：中央公論新社，1990年，第40—41、46页。

60 井上清：《西郷隆盛》（下），東京：中央公論新社，1990年，第54—55页。

61 松浦玲：《徳川慶喜：将軍家の明治維新》，東京：中央公論社，1989年，第177页。

62 井上清：《西郷隆盛》（下），東京：中央公論新社，1990年，第54页。

63 勝海舟：《慶応四戊辰日記》，載勝海舟：《幕末日記》，《勝海舟全集》（1），東京：講談社，1976年，第10页。

64 Satow, Sir Ernest., *A Diplomat in Japan*, Tokyo: Oxford University Press, 1968, p. 300.

65 勝部真長：《勝海舟》（下），東京：PHP研究所，1992年，第112页。

66 渋沢栄一编：《昔夢会筆記：徳川慶喜公回想談》，東京：平凡社，1997年，第283页；松浦玲：《徳川慶喜：将軍家の明治維新》，東京：中央公論社，1989年，第177页；Satow, Sir Ernest., *A Diplomat in Japan*, Tokyo: Oxford University Press, 1968, p. 304。

67 勝海舟：《解難錄》第10节，載《勝海舟全集》（1），東京：講談社，1976年。根据海舟的日记，他于十二月十五日给稻叶寄去此信。但是16年后，他在《解难录》中写道，他于十二月十八日寄出这封信。

68　此时海舟明显误解了庆喜的真实意图。

69　勝海舟：《慶応四戊辰日記》，載勝海舟：《幕末日記》，《勝海舟全集》(1)，東京：講談社，1976年，第8—9页。

70　勝海舟：《慶応四戊辰日記》，載勝海舟：《幕末日記》，《勝海舟全集》(1)，東京：講談社，1976年，第9页。

71　勝部真長：《勝海舟》(下)，東京：PHP研究所，1992年，第101页。

72　勝海舟：《慶応四戊辰日記》，載勝海舟：《幕末日記》，《勝海舟全集》(1)，東京：講談社，1976年，第11—14页。关于这封信的日期仍有争议。根据海舟的日记，他于十二月二十三日上交此信，但是后来在《解难录》中提到上交这封信的日期是十二月十八日。

73　松浦玲：《勝海舟》，東京：中央公論社，1997年，第157—158页。

74　勝部真長：《勝海舟》(下)，東京：PHP研究所，1992年，第104页。

75　虽然海舟没有提到具体的姓名，但他指的大概是西乡。他认为西乡、大久保和木户是庆应三年（1867年）在京都的所有人中最有才能的，参见勝海舟：《解難錄》第12节，載《勝海舟全集》(1)，東京：講談社，1976年。西乡和大久保出身低微，木户虽然不是底层出身，但也不属于长州上层。

76　勝海舟：《慶応四戊辰日記》，載勝海舟：《幕末日記》，《勝海舟全集》(1)，東京：講談社，1976年，第12—14页。

第四部分　掌　局

第二十六章　内战

1　勝海舟：《海舟語錄》，載《勝海舟全集》(20)，東京：講談社，1972年，第199页。

2　梅尔梅·德·卡尚是莱昂·罗什的翻译，参见 Dickins, Frederick V., *The Life of Sir Harry Parkes: Sometime Her Majesty's Minister to China and Japan*, vol. 2, London: Macmillan, 1894, p. 47。

3　勝海舟：《慶応四戊辰日記》，載勝海舟：《幕末日記》，《勝海舟全集》(1)，東京：講談社，1976年，第5页。

4　当年九月八日，年号被改为"明治"，庆应四年实际为明治元年。

5　勝海舟：《幕末日記》，載《勝海舟全集》(1)，東京：講談社，1976年，第6页。

6　勝海舟：《慶応四戊辰日記》，載勝海舟：《幕末日記》，《勝海舟全集》(1)，東京：講談社，1976年，第14页。

7　勝海舟：《解難錄》第 12 节，载《勝海舟全集》(1)，東京：講談社，1976 年。
8　渋沢栄一編：《昔夢会筆記：徳川慶喜公回想談》，東京：平凡社，1997 年，第 20 页。
9　松浦玲：《徳川慶喜：将軍家の明治維新》，東京：中央公論社，1989 年，第 180—181 页。
10　石井孝：《勝海舟》，東京：吉川弘文館，1997 年，第 144 页。
11　石井孝：《勝海舟》，東京：吉川弘文館，1997 年，第 144 页。
12　松浦玲：《徳川慶喜：将軍家の明治維新》，東京：中央公論社，1989 年，第 182 页；《明治維新人名辞典》，東京：吉川弘文館，1982 年，第 1062 页；海音寺潮五郎：《西郷隆盛》(9)，東京：朝日新聞社，1976 年，第 52 页。
13　Hillsborough, Romulus., *Shinsengumi: The Shogun's Last Samurai Corps*, North Clarendon, VT: Tutle Publishing, 2005, pp. 141-142.
14　Satow, Sir Ernest., *A Diplomat in Japan*, Tokyo: Oxford University Press, 1968, p. 322.
15　松浦玲：《徳川慶喜：将軍家の明治維新》，東京：中央公論社，1989 年，第 182 页。
16　石井孝：《勝海舟》，東京：吉川弘文館，1997 年，第 145 页；勝海舟：《幕府始末》，載勝海舟：《幕末日記》，《勝海舟全集》(1)，東京：講談社，1976 年，第 357 页。
17　海音寺潮五郎：《西郷隆盛》(9)，東京：朝日新聞社，1976 年，第 54 页。
18　引自勝海舟：《幕府始末》，参见本书引言部分。
19　勝海舟：《幕末日記》，载《勝海舟全集》(1)，東京：講談社，1976 年，第 225 页。
20　勝海舟：《慶応四戊辰日記》，载勝海舟：《幕末日記》，《勝海舟全集》(1)，東京：講談社，1976 年，第 14 页。
21　勝海舟：《海舟語錄》，载《勝海舟全集》(20)，東京：講談社，1972 年，第 82—83 页。
22　勝海舟：《慶応四戊辰日記》，载勝海舟：《幕末日記》，《勝海舟全集》(1)，東京：講談社，1976 年，第 15 页。
23　勝海舟：《慶応四戊辰日記》，载勝海舟：《幕末日記》，《勝海舟全集》(1)，東京：講談社，1976 年，第 6 页。
24　勝海舟：《慶応四戊辰日記》，载勝海舟：《幕末日記》，《勝海舟全集》(1)，東京：講談社，1976 年，第 15 页。
25　勝海舟：《解難錄》第 15 节，载《勝海舟全集》(1)，東京：講談社，1976 年；勝海舟：《幕末日記》，载《勝海舟全集》(1)，東京：講談社，1976 年，第 397 页注释 8。
26　松浦玲：《徳川慶喜：将軍家の明治維新》，東京：中央公論社，1989 年，第 183 页。
27　勝海舟：《慶応四戊辰日記》，载勝海舟：《幕末日記》，《勝海舟全集》(1)，東京：講談社，1976 年，第 16 页。海军奉行的职位设立于元治元年（1864 年），职责是管理幕府海军，参见《日本史用語辞典》，第 894 页。"并"意思是"副官"，"海军奉行并"就是副海军奉行。海舟将"海军奉行"解释为"海军中将"。那么海舟就相当于"准中将"。海军奉行之上的官职是"海军总裁"，海舟将其翻译为"海军上将"，参见勝海舟：《海軍歷史》(1)，載《勝海舟全集》(8)，東京：講談社，1973年，第184—185頁。

28 勝海舟：《慶応四戊辰日記》，載勝海舟：《幕末日記》，《勝海舟全集》(1)，東京：講談社，1976年，第16頁。这是海舟第一次将萨长联军称为"官军"，它也可以被理解为"朝廷的军队"。

29 Satow, Sir Ernest., *A Diplomat in Japan*, Tokyo: Oxford University Press, 1968, p. 319.

30 勝海舟：《慶応四戊辰日記》，載勝海舟：《幕末日記》，《勝海舟全集》(1)，東京：講談社，1976年，第16—17頁。

31 松浦玲：《勝海舟》，東京：中央公論社，1997年，第166頁。

32 勝海舟：《慶応四戊辰日記》，載勝海舟：《幕末日記》，《勝海舟全集》(1)，東京：講談社，1976年，第19、22頁。

33 勝海舟：《慶応四戊辰日記》，載勝海舟：《幕末日記》，《勝海舟全集》(1)，東京：講談社，1976年，第18—19頁；勝海舟：《解難錄》第14节，載《勝海舟全集》(1)，東京：講談社，1976年。

34 勝海舟：《慶応四戊辰日記》，載勝海舟：《幕末日記》，《勝海舟全集》(1)，東京：講談社，1976年，第18頁。

35 松浦玲：《新選組》，東京：岩波書店，2003年，第170—171頁。阁员比若年寄低一级。作为陆军总裁和后来的军事取扱，海舟理论上比大久保低一级。

36 石井孝：《勝海舟》，東京：吉川弘文館，1997年，第149頁；勝部真長：《勝海舟》（下），東京：PHP研究所，1992年，第126頁。

第二十七章　庆喜的妥协

1 勝海舟：《氷川清話》，載《勝海舟全集》(21)，東京：勁草書房，1973年，第177頁。

2 勝海舟：《解難錄》第14节，載《勝海舟全集》(1)，東京：講談社，1976年。

3 Totman, Conrad., *The Collapse of the Tokugawa Bakufu, 1862–1868*, Honolulu: University of Hawaii Press, 1980, p. 342.

4 勝海舟：《解難錄》第14节，載《勝海舟全集》(1)，東京：講談社，1976年。

5 勝海舟：《解難錄》第16节，載《勝海舟全集》(1)，東京：講談社，1976年。

6 勝海舟：《慶応四戊辰日記》，載勝海舟：《幕末日記》，《勝海舟全集》(1)，東京：講談社，1976年，第19頁。

7 勝海舟：《氷川清話》，載《勝海舟全集》(21)，東京：勁草書房，1973年，第32—33頁。

8 勝海舟：《慶応四戊辰日記》，載勝海舟：《幕末日記》，《勝海舟全集》(1)，東京：講談社，1976年，第19—20頁。

9 勝海舟：《慶応四戊辰日記》，載勝海舟：《幕末日記》，《勝海舟全集》（1），東京：講談社，1976年，第21頁。

10 勝海舟：《慶応四戊辰日記》，載勝海舟：《幕末日記》，《勝海舟全集》（1），東京：講談社，1976年，第20頁；勝海舟：《幕末日記》，載《勝海舟全集》（1），東京：講談社，1976年，第398頁注释10。

11 石井孝：《勝海舟》，東京：吉川弘文館，1997年，第153頁。

12 勝部真長：《勝海舟》（下），東京：PHP研究所，1992年，第146—147頁。

13 海舟用了意思模糊的"数"，这个字无法直接翻译为英语或现代日语。海舟写道，"数"本身并没有"命运"的意思，但是它的含义类似于"能量和命运的运动"。参见勝部真長：《勝海舟》（下），東京：PHP研究所，1992年，第147頁。

14 勝海舟：《慶応四戊辰日記》，載勝海舟：《幕末日記》，《勝海舟全集》（1），東京：講談社，1976年，第22—24頁。

15 勝海舟：《幕府始末》，載勝海舟：《幕末日記》，《勝海舟全集》（1），東京：講談社，1976年，第361頁。

16 勝海舟：《慶応四戊辰日記》，載勝海舟：《幕末日記》，《勝海舟全集》（1），東京：講談社，1976年，第22頁。

17 勝海舟：《慶応四戊辰日記》，載勝海舟：《幕末日記》，《勝海舟全集》（1），東京：講談社，1976年，第22—23頁。

18 勝海舟：《慶応四戊辰日記》，載勝海舟：《幕末日記》，《勝海舟全集》（1），東京：講談社，1976年，第25頁。

19 石井孝：《勝海舟》，東京：吉川弘文館，1997年，第154頁。

第二十八章　胜海舟与西乡吉之助（一）：挑战

1 勝海舟：《氷川清話》，載《勝海舟全集》（21），東京：勁草書房，1973年，第176—177頁。这里翻译为"心"，但实际上海舟用的是"灵知"一词，它的意思大概是"崇高的智慧"。

2 勝海舟：《氷川清話》，載《勝海舟全集》（21），東京：勁草書房，1973年，第302—303頁。这里海舟用的是"明镜止水"，其含义似乎是除去心中的邪念，令思绪平静、清晰，也许就像神社中高悬的镜子一样，它可以映照出神明和参拜者的形象。海舟通过修习剑道和禅学学到了精神的境界。对"明镜"的另外一种解读来自弗雷德里希·尼采，在着手写作他的主要哲学作品之前，他是古希腊语言和古典文学的教授。谈到希腊文化的时候，尼采写道："他们所熟悉的历史是一面可以反射出镜子之外事物的明镜。"（Human, All Too Human, volume II, Assorted Opinions and Maxims, section 218, trans. R. J. Hollingdale.）尼采的意思是，学习历史，特别是古代历史的唯一目的是将历史作为"明镜"来映照自身。如果用尼采的话来解释，海舟的话就有了另外一个更加普遍的含义，也就是说他要通过心中的明镜来检视自己，并且通过因此得来的对自身的了解，战胜困难。

3 "冰川智者"的说法来自《日本时报》刊登的海舟讣告，参见 Iwata, Masakazu., *Okubo Toshimichi: The Bismarck of Japan*, Berkeley: University of California Press, 1964, p. 92。日文文献中提到"冰川智者"的是《勝海舟と維新の志士》，波書房、医事药业新报社，东京，1973年。

4 田中惣五郎：《西郷隆盛》，東京：吉川弘文館，1988年，第250—251页。

5 井上清：《西郷隆盛》（下），東京：中央公論新社，1990年，第70页。

6 沿海的东海道是连接京都和江户的主要大路。北陆道连接着京都东北的越前（福井藩）和江户北边的越后（新潟）。内陆的东山道在这两条道路之间。

7 井上清：《西郷隆盛》（下），東京：中央公論新社，1990年，第69页。

8 石井孝：《勝海舟》，東京：吉川弘文館，1997年，第161页。

9 石井孝：《勝海舟》，東京：吉川弘文館，1997年，第156页。

10 Keene, Donald., *Emperor of Japan: Meiji and His World, 1852-1912*, New York: Columbia University Press, 2002, p. 131.

11 井上清：《西郷隆盛》（下），東京：中央公論新社，1990年，第72—73页。

12 井上清：《西郷隆盛》（下），東京：中央公論新社，1990年，第70页。

13 海音寺潮五郎：《西郷隆盛》（9），東京：朝日新聞社，1976年，第77页。

14 井上清：《西郷隆盛》（下），東京：中央公論新社，1990年，第73页。

15 井上清：《西郷隆盛》（下），東京：中央公論新社，1990年，第74—76页。

16 勝海舟：《慶応四戊辰日記》，載勝海舟：《幕末日記》，《勝海舟全集》（1），東京：講談社，1976年，第25—28页。

17 勝海舟：《慶応四戊辰日記》，載勝海舟：《幕末日記》，《勝海舟全集》（1），東京：講談社，1976年，第28页

18 勝部真長：《勝海舟》（下），東京：PHP研究所，1992年，第157页。

19 石井孝：《勝海舟》，東京：吉川弘文館，1997年，第156页。海舟常常混用骏府、骏河和静冈。骏府藩位于骏河国，江户开幕前是家康的领国。1871年废藩置县改革后，骏府改称静冈。

20 勝部真長：《勝海舟》（下），東京：PHP研究所，1992年，第157—159页。

21 石井孝：《勝海舟》，東京：吉川弘文館，1997年，第160页。

22 勝部真長：《勝海舟》（下），東京：PHP研究所，1992年，第158—159页。

23 勝海舟：《慶応四戊辰日記》，載勝海舟：《幕末日記》，《勝海舟全集》（1），東京：講談社，1976年，第29页。

24 勝海舟：《慶応四戊辰日記》，載勝海舟：《幕末日記》，《勝海舟全集》（1），東京：講談社，1976年，第30頁。

25 勝海舟：《慶応四戊辰日記》，載勝海舟：《幕末日記》，《勝海舟全集》（1），東京：講談社，1976年，第30頁。

26 勝海舟：《慶応四戊辰日記》，載勝海舟：《幕末日記》，《勝海舟全集》（1），東京：講談社，1976年，第30頁。

27 石井孝：《勝海舟》，東京：吉川弘文館，1997年，第161頁。

28 石井孝：《勝海舟》，東京：吉川弘文館，1997年，第162頁。

29 Satow, Sir Ernest., *A Diplomat in Japan*, Tokyo: Oxford University Press, 1968, p. 365.

30 海音寺潮五郎：《西郷隆盛》（9），東京：朝日新聞社，1976年，第162—163頁。

第二十九章　胜海舟与西乡吉之助（二）：信使

1 勝海舟：《慶応四戊辰日記》，載勝海舟：《幕末日記》，《勝海舟全集》（1），東京：講談社，1976年，第31—32頁。

2 勝海舟：《追贊一話》，載《書簡と建言》，《勝海舟全集》（2），東京：講談社，1982年，第623頁。

3 勝部真長編：《武士道：文武両道の思想》，東京：角川書店，1971年，第53頁。

4 勝海舟：《追贊一話》，載《書簡と建言》，《勝海舟全集》（2），東京：講談社，1982年，第623頁。

5 勝海舟：《氷川清話》，載《勝海舟全集》（21），東京：勁草書房，1973年，第360頁。

6 海音寺潮五郎：《西郷隆盛》（1），東京：朝日新聞社，1976年，第14頁。

7 海舟在描述山冈的性格时用的词是"义情"，它由"义理"的"义"（也就是使命感和正直的心态）和"同情心"的"情"组成。"义"和"情"（也就是"义情"）都是武士的美德。

8 勝部真長編：《武士道：文武両道の思想》，東京：角川書店，1971年，第51—52頁。

9 小倉鐵樹：《おれの師匠：山岡鉄舟先生正伝》，東京：島津書房，2001年，第132頁。

10 松本健一：《幕末の三舟：海舟・鉄舟・泥舟の生きかた》，東京：講談社，1996年，第65頁。

11 小倉鐵樹：《おれの師匠：山岡鉄舟先生正伝》，東京：島津書房，2001年，第129—132頁。

12 小倉鐵樹：《おれの師匠：山岡鉄舟先生正伝》，東京：島津書房，2001年，第130頁。

13 小倉鐵樹：《おれの師匠：山岡鉄舟先生正伝》，東京：島津書房，2001年，第130—131頁。

14 《西郷氏応接筆記》，勝部真長：《勝海舟》（下），東京：PHP研究所，1992年，第

166 页。

15 小倉鐵樹：《おれの師匠：山岡鉄舟先生正伝》，東京：島津書房，2001 年，第 131 页。山冈用两卷的篇幅将这些事件记了下来，包括面见庆喜、第一次见海舟、骏府之行和与西乡的会晤。第一卷为《戊辰之变》（《戊辰の変》），作于明治二年八月。第二卷为《西乡氏应接笔记》（《西郷氏応接筆記》），是第一卷的增补本，是他给明治政府的正式报告，作于 1882 年（明治十五年）3 月。

16 石井孝：《勝海舟》，東京：吉川弘文館，1997 年，第 168 页。

17 海音寺潮五郎：《西郷隆盛》（9），東京：朝日新聞社，1976 年，第 167 页。

18 勝海舟：《慶応四戊辰日記》，載勝海舟：《幕末日記》，《勝海舟全集》（1），東京：講談社，1976 年，第 30 页。

19 小倉鐵樹：《おれの師匠：山岡鉄舟先生正伝》，東京：島津書房，2001 年，第 137 页。

20 勝海舟：《慶応四戊辰日記》，載勝海舟：《幕末日記》，《勝海舟全集》（1），東京：講談社，1976 年，第 31 页。海舟在三十年后回忆此事件时，称赞山冈"有着无与伦比的爱国情操"和"铁一般的忠心与勇气"。海舟说这些话的对象是《武士道：文武两道的思想》一书的编辑们，该书是以 1887 年（明治二十年）山冈的口述（被整理成《山冈先生武士道讲话记录》）和 11 年后（即山冈去世一年后）海舟的评论为基础编辑而成的。这本书出版于 1902 年。参见勝部真長編：《武士道：文武両道の思想》，東京：角川書店，1971 年，序言第 3 页。根据该书编辑的说法，海舟谈到朋友的爱国情操时哽咽了起来，"眼中饱含泪水"，参见勝部真長編：《武士道：文武両道の思想》，東京：角川書店，1971 年，第 79 页。

21 勝部真長編：《武士道：文武両道の思想》，東京：角川書店，1971 年，第 80 页。海舟常将信件誊录在日记里。他在庆应四年（1868 年）二月十七日的日记中抄下了这封信，后来又在三月五日的日记中逐字翻译了一遍。二月十七日，海舟听说西乡率新政府军向东进发时，将一封信交给"一个名为花川的萨摩人"，让后者把信转交给西乡。到了三月五日，他可能觉得信仍然没有交到西乡手上，于是让山冈送信。另一个可能是，二月十七日海舟交给花川的是西乡收到的那封带有威胁意味的信。那封信没有流传下来。石井孝猜测海舟二月十七日誊录的是可能是那封语带威胁的信，后来觉得不妥，于是将其从日记中擦掉并改成了三月五日给山冈的信。参见石井孝：《勝海舟》，東京：吉川弘文館，1997 年，第 159 页

22 勝海舟：《慶応四戊辰日記》，載勝海舟：《幕末日記》，《勝海舟全集》（1），東京：講談社，1976 年，第 31—32 页。

23 小倉鐵樹：《おれの師匠：山岡鉄舟先生正伝》，東京：島津書房，2001 年，第 131—132 页。后文关于山冈前往骏府的经过，以及他与西乡见面的细节，大多出自《西乡氏应接笔记》，转引自勝部真長：《勝海舟》（下），東京：PHP 研究所，1992 年，

第 166—171 页。山冈以外的记述都加了注释。

24　小倉鐵樹：《おれの師匠：山岡鉄舟先生正伝》，東京：島津書房，2001 年，第 138 页。

25　石井孝：《勝海舟》，東京：吉川弘文館，1997 年，第 168—169 页。

26　海音寺潮五郎：《西鄉隆盛》(9)，東京：朝日新聞社，1976 年，第 174 页。根据当时的习惯，山冈本应称庆喜为"主君"（"上様"），而不能直呼其名。

27　小倉鐵樹：《おれの師匠：山岡鉄舟先生正伝》，東京：島津書房，2001 年，第 139 页。

28　山冈认识新选组高层。文久三年（1863 年）年初，山冈和著名的倒幕派清河八郎在从江户到京都的路上共同领导过新选组的前身浪士组，而近藤勇和土方岁三当时只是一般队士。关于庆应四年（1868 年）三月六日的胜沼战役、山冈在浪士组的领导地位，以及清河遇刺事件（有传言说凶手是佐佐木只三郎，据说龙马遇刺的幕后策划者也是佐佐木），参见 Hillsborough, Romulus., *Shinsengumi: The Shogun's Last Samurai Corps*, North Clarendon, VT: Tutle Publishing, 2005。

29　山冈没有明确记下到达日期，大多数人认为他和益满于三月九日到达骏府。

30　勝海舟：《慶応四戊辰日記》，載勝海舟：《幕末日記》，《勝海舟全集》(1)，東京：講談社，1976 年，第 32—33 页。对德川家"宽大处理"意味着德川家可以保留封地。

31　以上内容全部取自山冈的说法。根据熊本的记录，山冈要求新政府军不得进入江户，还说让德川军交出战舰和武器是十分困难的。

32　勝部真長編：《武士道：文武両道の思想》，東京：角川書店，1971 年，第 87 页。

33　松本健一：《幕末の三舟：海舟・鉄舟・泥舟の生きかた》，東京：講談社，1996 年，第 68 页。

34　松本健一：《幕末の三舟：海舟・鉄舟・泥舟の生きかた》，東京：講談社，1996 年，第 67—68 页。这点和西乡非常相似。西乡后来将山冈招入明治政府，享受此等待遇的旧幕臣并不多。

第三十章　胜海舟与西乡吉之助（三）：对话

1　新宿和板桥是位于江户西边和西北的外围城镇，新宿是甲府街道的第一站，板桥是中山道的第一站。

2　Satow, Sir Ernest., *A Diplomat in Japan*, Tokyo: Oxford University Press, 1968, pp. 364–365.

3　甲府位于甲州（甲斐国）。甲州和信州（信浓国）均为旧幕府领国。

4　松浦玲：《新選組》，東京：岩波書店，2003 年，第 172—173 页。石井孝认为海舟和一翁派遣镇抚队的原因是为同新政府军谈判时获得更好的条件，参见石井孝：《勝海舟》，東京：吉川弘文館，1997 年，第 166—167 页。

5　勝海舟：《解難錄》第 49 节，載《勝海舟全集》(1)，東京：講談社，1976 年；松浦玲：《新選組》，東京：岩波書店，2003 年，第 179—180 页。

6　*Shinsengumi: The Shogun's Last Samurai Corps*, p. 147.

7　松浦玲：《新選組》，東京：岩波書店，2003年，第176—177頁。

8　菊地明編：《新選組日誌》（下），東京：新人物往来社，2003年，第153頁。

9　勝海舟：《解難錄》第49节，载《勝海舟全集》（1），東京：講談社，1976年。

10　勝海舟：《慶応四戊辰日記》，載勝海舟：《幕末日記》，《勝海舟全集》（1），東京：講談社，1976年，第32頁。海舟并没有在三月十日的日记中明确提到"处死庆喜"，而是用两个"〇"代替"庆喜"二字。16年后，对于同一件事，海舟在《解难录》中写下了庆喜的名字，参见勝海舟：《解難錄》第22节，载《勝海舟全集》（1），東京：講談社，1976年。

11　勝海舟：《解難錄》第22节，载《勝海舟全集》（1），東京：講談社，1976年。

12　勝海舟：《解難錄》第22节，载《勝海舟全集》（1），東京：講談社，1976年。

13　勝海舟：《慶応四戊辰日記》，載勝海舟：《幕末日記》，《勝海舟全集》（1），東京：講談社，1976年，第33頁。

14　勝海舟：《解難錄》第22节，载《勝海舟全集》（1），東京：講談社，1976年。

15　勝海舟：《慶応四戊辰日記》，載勝海舟：《幕末日記》，《勝海舟全集》（1），東京：講談社，1976年，第32頁。

16　勝海舟：《解難錄》第17节，载《勝海舟全集》（1），東京：講談社，1976年。

17　勝海舟：《解難錄》第18节，载《勝海舟全集》（1），東京：講談社，1976年。

18　勝海舟：《解難錄》第17节，载《勝海舟全集》（1），東京：講談社，1976年。

19　勝海舟：《解難錄》第32节，载《勝海舟全集》（1），東京：講談社，1976年。

20　勝海舟：《慶応四戊辰日記》，載勝海舟：《幕末日記》，《勝海舟全集》（1），東京：講談社，1976年，第33頁；勝海舟：《解難錄》第33节，载《勝海舟全集》（1），東京：講談社，1976年。

21　勝海舟：《解難錄》第32节，载《勝海舟全集》（1），東京：講談社，1976年。

22　勝海舟：《解難錄》第33节，载《勝海舟全集》（1），東京：講談社，1976年。

23　勝部真長：《勝海舟》（下），東京：PHP研究所，1992年，第180—181頁。

24　勝海舟：《解難錄》第33节，载《勝海舟全集》（1），東京：講談社，1976年。

25　海音寺潮五郎：《西郷隆盛》（9），東京：朝日新聞社，1976年，第190—191頁。

26　石井孝：《勝海舟》，東京：吉川弘文館，1997年，第172頁。

27　石井孝：《勝海舟》，東京：吉川弘文館，1997年，第161頁。

28　勝部真長：《勝海舟》（下），東京：PHP研究所，1992年，第171頁。

29　勝海舟：《氷川清話》，载《勝海舟全集》（21），東京：勁草書房，1973年，第53頁。

30　勝海舟：《慶応四戊辰日記》，載勝海舟：《幕末日記》，《勝海舟全集》（1），東京：講談社，1976年，第33頁。

31　勝海舟:《氷川清話》,載《勝海舟全集》(21),東京:勁草書房,1973年,第361页。

32　勝海舟:《慶応四戊辰日記》,載勝海舟:《幕末日記》,《勝海舟全集》(1),東京:講談社,1976年,第33页。

33　勝海舟:《慶応四戊辰日記》,載勝海舟:《幕末日記》,《勝海舟全集》(1),東京:講談社,1976年,第34页。

34　松浦玲:《勝海舟》,東京:中央公論社,1997年,第177页。

35　萨道义将伤兵的状况形容为"可悲的",因为当时"日本缺乏经验丰富的外科医生,对枪伤的处理非常业余",参见 Satow, Sir Ernest., *A Diplomat in Japan*, Tokyo: Oxford University Press, 1968, pp. 375–376。

36　勝部真長:《勝海舟》(下),東京:PHP研究所,1992年,第189—193页。

37　勝部真長:《勝海舟》(下),東京:PHP研究所,1992年,第192页。

38　Satow, Sir Ernest., *A Diplomat in Japan*, Tokyo: Oxford University Press, 1968, pp. 364–365.

39　勝海舟:《幕末日記》,載《勝海舟全集》(1),東京:講談社,1976年,第231页。

40　勝部真長:《勝海舟》(下),東京:PHP研究所,1992年,第193页。

41　海音寺潮五郎:《西郷隆盛》(9),東京:朝日新聞社,1976年,第190页。

42　勝部真長:《勝海舟》(下),東京:PHP研究所,1992年,第206页。

43　勝部真長:《勝海舟》(下),東京:PHP研究所,1992年,第193页。

44　尚不清楚海舟与西乡第二天对话的地点是高轮萨摩藩邸,还是几里外的田町萨摩"藏屋敷"(仓库)。海舟在日记和后来的《解难录》[勝海舟:《解難錄》第31节,載《勝海舟全集》(1),東京:講談社,1976年;勝海舟:《幕末日記》,載《勝海舟全集》(1),東京:講談社,1976年,第311页],以及《亡友帖》[載海音寺潮五郎:《西郷隆盛》(9),東京:朝日新聞社,1976年,第197页]中写道,三月十四日,他在高轮萨摩藩邸与西乡见面(他在三月十四日的日记中写道,他"去老地方和西乡见面","老地方"指前一天两人会面的地方)。刊载在1895年8月15日《国民新闻》上的文章则称,海舟曾说他和西乡在田町见面,不过这也许是因为30年后记忆已出现混乱。西乡于三月十四日所写的信件流传至今,他在信中请海舟当天前往田町。参见勝部真長:《勝海舟》(下),東京:PHP研究所,1992年,第186—187页。田町的一座石碑标记着藏屋敷旧址,碑文称这里是三月十四日海舟同西乡对话的地点。

45　同样不清楚的是,海舟是否同西乡单独会面。海舟在冰川回忆说,他前去见西乡时"只带了一名随从",参见勝海舟:《氷川清話》,載《勝海舟全集》(21),東京:勁草書房,1973年,第54页。山冈铁舟说他曾陪海舟去高轮,但并未提及具体日期,参见《西郷氏応接筆記》,載勝部真長:《勝海舟》(下),東京:PHP研究所,1992年,第170页。与此相关的其他资料包括庆喜的传记《德川庆喜公传》和岩仓具视的官方自传《岩倉公实記》。勝部真長:《勝海舟》(下),東京:PHP研究所,1992年,第187页则记载，三月十四日海舟与西乡会面时，一翁陪在他身边。胜部猜测海舟不是一个人去的，因为幕府传统上必会派两个人参加正式会晤。

46　勝海舟:《氷川清話》，載《勝海舟全集》(21)，東京：勁草書房，1973年，第54頁。

47　勝部真長:《勝海舟》（下），東京：PHP研究所，1992年，第194頁。

48　Satow, Sir Ernest., *A Diplomat in Japan*, Tokyo: Oxford University Press, 1968, pp. 414-415.

49　勝海舟:《氷川清話》，載《勝海舟全集》(21)，東京：勁草書房，1973年，第54頁；勝部真長:《勝海舟》（下），東京：PHP研究所，1992年，第194頁。

50　勝海舟:《氷川清話》，載《勝海舟全集》(21)，東京：勁草書房，1973年，第54頁。

51　海音寺潮五郎:《西鄉隆盛》(9)，東京：朝日新聞社，1976年，第197頁。

52　勝海舟:《慶応四戊辰日記》，載勝海舟:《幕末日記》，《勝海舟全集》(1)，東京：講談社，1976年，第34頁。

53　其他4条中的3条与此前的条件基本相同。至于第一条庆喜应被允许返回故乡水户，西乡早已同意山冈提出的庆喜不应受任何人管束的要求。

54　这封信出现在海舟三月十三日的日记中。他记下向西乡提出的条件后又抄录了这封信。海舟并未写明这封信写于何时，落款日期只写了"辰三月"。我们并不清楚海舟是否曾将这封信送至品川的大都督府，也不清楚西乡是不是第一个读到这封信的人。参见勝海舟:《幕末日記》，載《勝海舟全集》(1)，東京：講談社，1976年，第401頁注释16。

55　勝海舟:《慶応四戊辰日記》，載勝海舟:《幕末日記》，《勝海舟全集》(1)，東京：講談社，1976年，第34—35頁。

56　勝海舟:《氷川清話》，載《勝海舟全集》(21)，東京：勁草書房，1973年，第55頁。

57　勝海舟:《慶応四戊辰日記》，載勝海舟:《幕末日記》，《勝海舟全集》(1)，東京：講談社，1976年，第35—36頁。

58　勝部真長:《勝海舟》（下），東京：PHP研究所，1992年，第194—198頁。

59　勝海舟:《慶応四戊辰日記》，載勝海舟:《幕末日記》，《勝海舟全集》(1)，東京：講談社，1976年，第36頁。

60　勝海舟:《氷川清話》，載《勝海舟全集》(21)，東京：勁草書房，1973年，第362頁。

61　勝海舟:《氷川清話》，載《勝海舟全集》(21)，東京：勁草書房，1973年，第54頁。

62　勝海舟:《氷川清話》，載《勝海舟全集》(21)，東京：勁草書房，1973年，第55頁。

63　勝海舟:《氷川清話》，載《勝海舟全集》(21)，東京：勁草書房，1973年，第54—55頁。

64　勝海舟:《慶応四戊辰日記》，載勝海舟:《幕末日記》，《勝海舟全集》(1)，東京：講談社，1976年，第12頁。

65　勝海舟:《氷川清話》，載《勝海舟全集》(21)，東京：勁草書房，1973年，第41頁。

66 松浦玲：《德川慶喜：将軍家の明治維新》，東京：中央公論社，1989 年，第 57 頁。
67 勝海舟：《解難錄》第 31 节，載《勝海舟全集》(1)，東京：講談社，1976 年。
68 勝海舟：《氷川清話》，載《勝海舟全集》(21)，東京：勁草書房，1973 年，第 362—363 頁。

第三十一章　江户开城

1 勝海舟：《海舟語錄》，載《勝海舟全集》(20)，東京：講談社，1972 年，第 21 頁。
2 笠原一男：《詳説日本史研究》，東京：山川出版社，1980 年，第 323—324 頁。
3 Jansen, Marius B., *The Making of Modern Japan*, Cambridge, MA: Harvard University Press, 2000, p. 338.
4 勝海舟：《解難錄》第 33 节，載《勝海舟全集》(1)，東京：講談社，1976 年。
5 勝海舟：《解難錄》第 43 节，載《勝海舟全集》(1)，東京：講談社，1976 年第 29 节。
6 勝海舟：《慶応四戊辰日記》，載勝海舟：《幕末日記》，《勝海舟全集》(1)，東京：講談社，1976 年，第 37 頁。
7 勝部真長：《勝海舟》(下)，東京：PHP 研究所，1992 年，第 203 頁。
8 勝海舟：《慶応四戊辰日記》，載勝海舟：《幕末日記》，《勝海舟全集》(1)，東京：講談社，1976 年，第 37 頁。
9 Satow, Sir Ernest., *A Diplomat in Japan*, Tokyo: Oxford University Press, 1968, p. 365.
10 勝海舟：《慶応四戊辰日記》，載勝海舟：《幕末日記》，《勝海舟全集》(1)，東京：講談社，1976 年，第 37 頁。
11 Satow, Sir Ernest., *A Diplomat in Japan*, Tokyo: Oxford University Press, 1968, p. 398.
12 勝海舟：《解難錄》第 34 节，載《勝海舟全集》(1)，東京：講談社，1976 年。
13 萨道义已升任巴夏礼秘书，翻译之职由托洛普接替。
14 萨道义写道，近期政府曾颁布敌视基督教的法令，并称其为"邪教"，"恢复了古代的禁令，但是并没么严格"。海舟大概已意识到巴夏礼认为"宗教宽容是文明的标志"。参见 Satow, Sir Ernest., *A Diplomat in Japan*, Tokyo: Oxford University Press, 1968, p. 368。
15 勝海舟：《慶応四戊辰日記》，載勝海舟：《幕末日記》，《勝海舟全集》(1)，東京：講談社，1976 年，第 38 頁。
16 Satow, Sir Ernest., *A Diplomat in Japan*, Tokyo: Oxford University Press, 1968, p. 279.
17 勝部真長編：《新訂海舟座談》，東京：岩波書店，2000 年，第 237 頁。除上述引文，关于海舟在英国公使馆遭遇的无礼对待以及同巴夏礼、坎贝尔见面的描述引自勝海舟：《解難錄》第 35 节，載《勝海舟全集》(1)，東京：講談社，1976 年。
18 勝海舟：《幕末日記》，載《勝海舟全集》(1)，東京：講談社，1976 年，第 233 頁；Satow, Sir Ernest., *A Diplomat in Japan*, Tokyo: Oxford University Press, 1968, p. 347.

19 勝海舟：《海舟語錄》，載《勝海舟全集》(20)，東京：講談社，1972 年，第 80 頁。海舟在勝海舟：《氷川清話》，載《勝海舟全集》(21)，東京：勁草書房。1973 年，中曾说过，萨道义和巴夏礼均担忧其生命安全，并建议他前往英国公使馆避难。海舟拒绝了，因为他认为"若我畏惧自杀"，便无法完成使命，"为国而死乃是志士宿命，我无意做躲藏于外国公使馆之类的怯懦之事"。

20 勝海舟：《慶応四戊辰日記》，載勝海舟：《幕末日記》，《勝海舟全集》(1)，東京：講談社，1976 年，第 39 頁。

21 勝海舟：《慶応四戊辰日記》，載勝海舟：《幕末日記》，《勝海舟全集》(1)，東京：講談社，1976 年，第 39 頁。

22 海音寺潮五郎：《西郷隆盛》(9)，東京：朝日新聞社，1976 年，第 228 頁。

23 海音寺潮五郎：《西郷隆盛》(9)，東京：朝日新聞社，1976 年，第 231—233 頁。

24 石井孝：《勝海舟》，東京：吉川弘文館，1997 年，第 181 頁。

25 Satow, Sir Ernest., *A Diplomat in Japan*, Tokyo: Oxford University Press, 1968, p. 365-366.

26 关于江户城会晤的经过，以上文提到的四月五日西乡给大久保的信为依据，若有其他来源将注明。

27 勝海舟：《慶応四戊辰日記》，載勝海舟：《幕末日記》，《勝海舟全集》(1)，東京：講談社，1976 年，第 39 頁；石井孝：《勝海舟》，東京：吉川弘文館，1997 年，第 182—183 頁。

28 海音寺潮五郎：《西郷隆盛》(9)，東京：朝日新聞社，1976 年，第 233—234 頁。西乡本人向山县讲述了他与刀的逸事。

29 勝海舟：《慶応四戊辰日記》，載勝海舟：《幕末日記》，《勝海舟全集》(1)，東京：講談社，1976 年，第 39—40 頁。

30 勝海舟：《幕末日記》，載《勝海舟全集》(1)，東京：講談社，1976 年，第 233 頁。

31 菊地明編：《新選組日誌》(下)，東京：新人物往来社，2003 年，第 160—161 頁；勝海舟：《書簡と建言》，載《勝海舟全集》(2)，東京：講談社，1982 年，第 118—119 頁；松浦玲：《新選組》，東京：岩波書店，2003 年，第 184 頁。

32 菊地明編：《新選組日誌》(下)，東京：新人物往来社，2003 年，第 174—175 頁。

33 关于近藤勇被捕和处决的更多细节，详见拙作 *Shinsengumi: The Shogun's Last Samurai Corps*, North Clarendon, VT: Tutle Publishing, 2005, pp. 155-165。

34 关于土方最后一战的更多细节，参见拙作 *Shinsengumi: The Shogun's Last Samurai Corps*, North Clarendon, VT: Tutle Publishing, 2005 结部分。

35 勝海舟：《解難錄》第 49 节，載《勝海舟全集》(1)，東京：講談社，1976 年，載勝海舟：《幕末日記》，《勝海舟全集》(1)，東京：講談社，1976 年，第 326 頁。

36 《明治維新人名辞典》，東京：吉川弘文館，1982 年，第 661—662 頁。

37　勝海舟：《慶応四戊辰日記》，載勝海舟：《幕末日記》，《勝海舟全集》（1），東京：講談社，1976年，第40—41頁；勝海舟：《解難錄》第38节，載《勝海舟全集》（1），東京：講談社，1976年。

38　勝海舟：《解難錄》第40节，載《勝海舟全集》（1），東京：講談社，1976年。

39　勝海舟：《断腸之記》，載勝海舟：《幕末日記》，《勝海舟全集》（1），東京：講談社，1976年，第385—386頁。

40　勝海舟：《慶応四戊辰日記》，載勝海舟：《幕末日記》，《勝海舟全集》（1），東京：講談社，1976年，第41頁。

41　勝海舟：《慶応四戊辰日記》，載勝海舟：《幕末日記》，《勝海舟全集》（1），東京：講談社，1976年，第41頁。

42　勝海舟：《解難錄》第41节，載《勝海舟全集》（1），東京：講談社，1976年；勝海舟：《断腸之記》，載勝海舟：《幕末日記》，《勝海舟全集》（1），東京：講談社，1976年，第386頁。

43　勝海舟：《解難錄》第40节，載《勝海舟全集》（1），東京：講談社，1976年。

44　勝海舟：《慶応四戊辰日記》，載勝海舟：《幕末日記》，《勝海舟全集》（1），東京：講談社，1976年，第42頁；勝海舟：《解難錄》第41节，載《勝海舟全集》（1），東京：講談社，1976年。

45　勝海舟：《解難錄》第41节，載《勝海舟全集》（1），東京：講談社，1976年。

46　这至多是名义上的，江户城仍交给田安家，参见石井孝：《勝海舟》，東京：吉川弘文館，1997年，第187頁。

47　石井孝：《勝海舟》，東京：吉川弘文館，1997年，第187頁。

48　勝海舟：《慶応四戊辰日記》，載勝海舟：《幕末日記》，《勝海舟全集》（1），東京：講談社，1976年，第42頁。

49　勝海舟：《氷川清話》，載《勝海舟全集》（21），東京：勁草書房，1973年，第277頁。

50　頭山滿：《幕末三舟伝》，東京：国書刊行会，1999年，第297頁。

51　平尾道雄：《山内容堂》，東京：吉川弘文館，1993年，第206—207頁。

52　石井孝：《勝海舟》，東京：吉川弘文館，1997年，第190頁。

53　勝海舟：《解難錄》第42节，載《勝海舟全集》（1），東京：講談社，1976年。

第五部分　再成局外人

第三十二章　深恶痛绝之事

1　勝海舟：《解難錄》第45节，載《勝海舟全集》（1），東京：講談社，1976年。

2　勝海舟:《慶応四戊辰日記》,載勝海舟:《幕末日記》,《勝海舟全集》(1),東京:講談社,1976年,第54章。

3　井上清:井上清:《西郷隆盛》(下),東京:中央公論新社,1990年,東京:中央公論新社,1990年,第90頁。

4　勝海舟:《慶応四戊辰日記》,載勝海舟:《幕末日記》,《勝海舟全集》(1),東京:講談社,1976年,第54頁。

5　勝海舟:《幕末日記》,載《勝海舟全集》(1),東京:講談社,1976年,第235頁;石井孝:《勝海舟》,東京:吉川弘文館,1997年,第188頁。

6　勝海舟:《慶応四戊辰日記》,載勝海舟:《幕末日記》,《勝海舟全集》(1),東京:講談社,1976年,第42—44頁。

7　勝海舟:《解難錄》第45节,載《勝海舟全集》(1),東京:講談社,1976年。

8　勝海舟:《氷川清話》,載《勝海舟全集》(21),東京:勁草書房,1973年,第34頁。亦可参見勝海舟:《断腸之記》,載勝海舟:《幕末日記》,《勝海舟全集》(1),東京:講談社,1976年,第386—387頁。

9　勝海舟:《慶応四戊辰日記》,載勝海舟:《幕末日記》,《勝海舟全集》(1),東京:講談社,1976年,第44頁。

10　石井孝:《勝海舟》,東京:吉川弘文館,1997年,第192頁。

11　石井孝:《勝海舟》,東京:吉川弘文館,1997年,第187—188頁。

12　石井孝:《勝海舟》,東京:吉川弘文館,1997年,第193頁。"富士山丸"号建造于1864年,"翔鶴丸"号为运输舰,"观光丸"号和"朝阳丸"号木船分别造于1850年和1856年,因太过老旧而不适合战斗,参見勝海舟:《海軍歴史》(1),載《勝海舟全集》(8),東京:講談社,1973年,第220—221頁。

13　勝海舟:《慶応四戊辰日記》,載勝海舟:《幕末日記》,《勝海舟全集》(1),東京:講談社,1976年,第49頁。

14　勝海舟:《慶応四戊辰日記》,載勝海舟:《幕末日記》,《勝海舟全集》(1),東京:講談社,1976年,第44—47頁。

15　井上清:《西郷隆盛》(下),東京:中央公論新社,1990年,第90—91頁。

16　勝海舟:《慶応四戊辰日記》,載勝海舟:《幕末日記》,《勝海舟全集》(1),東京:講談社,1976年,第44頁。

17　石井孝:《勝海舟》,東京:吉川弘文館,1997年,第196—197頁。

18　石井孝:《勝海舟》,東京:吉川弘文館,1997年,第197—200頁。

19　勝海舟:《慶応四戊辰日記》,載勝海舟:《幕末日記》,《勝海舟全集》(1),東京:講談社,1976年,第51頁。

20　石井孝:《勝海舟》,東京:吉川弘文館,1997年,第201頁。

21　勝海舟:《慶応四戊辰日記》,載勝海舟:《幕末日記》,《勝海舟全集》(1),東京:講談社,1976年,第54頁。
22　勝海舟:《解難錄》第43节,載《勝海舟全集》(1),東京:講談社,1976年。
23　勝海舟:《慶応四戊辰日記》,載勝海舟:《幕末日記》,《勝海舟全集》(1),東京:講談社,1976年,第54頁。
24　勝海舟:《解難錄》第44节,載《勝海舟全集》(1),東京:講談社,1976年。
25　勝海舟:《慶応四戊辰日記》,載勝海舟:《幕末日記》,《勝海舟全集》(1),東京:講談社,1976年,第52—54頁。
26　石井孝:《勝海舟》,東京:吉川弘文館,1997年,第210—211頁。
27　田中惣五郎:《西郷隆盛》,東京:吉川弘文館,1988年,第257頁。
28　勝海舟:《慶応四戊辰日記》,載勝海舟:《幕末日記》,《勝海舟全集》(1),東京:講談社,1976年,第53—54頁。
29　石井孝:《勝海舟》,東京:吉川弘文館,1997年,第206—207頁。
30　石井孝:《勝海舟》,東京:吉川弘文館,1997年,第208—209頁。
31　勝海舟:《幕末日記》,載《勝海舟全集》(1),東京:講談社,1976年,第241頁。
32　勝海舟:《慶応四戊辰日記》,載勝海舟:《幕末日記》,《勝海舟全集》(1),東京:講談社,1976年,第54頁。
33　勝海舟:《慶応四戊辰日記》,載勝海舟:《幕末日記》,《勝海舟全集》(1),東京:講談社,1976年,第54—55頁。
34　石井孝:《勝海舟》,東京:吉川弘文館,1997年,第212頁。
35　勝海舟:《断腸之記》,載勝海舟:《幕末日記》,《勝海舟全集》(1),東京:講談社,1976年,第387頁。
36　勝海舟:《幕末日記》,載《勝海舟全集》(1),東京:講談社,1976年,第243頁。
37　勝海舟:《断腸之記》,載勝海舟:《幕末日記》,《勝海舟全集》(1),東京:講談社,1976年,第387頁。
38　勝海舟:《幕末日記》,載《勝海舟全集》(1),東京:講談社,1976年,第243—244頁。
39　石井孝:《勝海舟》,東京:吉川弘文館,1997年,第216頁。
40　勝海舟:《幕末日記》,載《勝海舟全集》(1),東京:講談社,1976年,第244頁。
41　松浦玲:《勝海舟》,東京:筑摩書房,2010年,第401頁。
42　田中惣五郎:《西郷隆盛》,東京:吉川弘文館,1988年,第259頁。
43　松浦玲:《勝海舟》,東京:筑摩書房,2010年,第401頁。
44　勝海舟:《幕末日記》,載《勝海舟全集》(1),東京:講談社,1976年,第245頁。
45　勝海舟:《幕末日記》,載《勝海舟全集》(1),東京:講談社,1976年,第243頁。

46　勝海舟：《幕末日記》，載《勝海舟全集》（1），東京：講談社，1976年，第244頁。

第三十三章　戊辰战争结束，明治时代开启

1　松浦玲：《横井小楠：儒学的正義とは何か》，東京：朝日新聞社，2000年，第268頁。
2　笠原一男：《詳説日本史研究》，東京：山川出版社，1980年，第324頁。
3　Keene, Donald., *Emperor of Japan: Meiji and His World, 1852-1912*, New York: Columbia University Press, 2002, p. 148.
4　松浦玲：《勝海舟》，東京：筑摩書房，2010年，第397頁。
5　平尾道雄：《定本新撰組史録》，東京：新往来人物社，2003年，第238頁。
6　勝海舟：《幕末日記》，載《勝海舟全集》（1），東京：講談社，1976年，第245—246頁。
7　Satow, Sir Ernest., *A Diplomat in Japan*, Tokyo: Oxford University Press, 1968, p. 382.
8　松浦玲：《勝海舟》，東京：筑摩書房，2010年，第402頁。
9　勝部真長：《勝海舟》（下），東京：PHP研究所，1992年，第234頁。
10　松浦玲：《勝海舟》，東京：筑摩書房，2010年，第402頁。
11　勝海舟：《幕末日記》，載《勝海舟全集》（1），東京：講談社，1976年，第252頁。
12　松浦玲：《勝海舟》，東京：筑摩書房，2010年，第402頁。
13　勝海舟：《幕末日記》，載《勝海舟全集》（1），東京：講談社，1976年，第251頁。
14　勝海舟：《幕末日記》，載《勝海舟全集》（1），東京：講談社，1976年，第251頁。
15　松浦玲：《勝海舟》，東京：筑摩書房，2010年，第403頁。
16　勝部真長：《勝海舟》（下），東京：PHP研究所，1992年，第234—235頁。
17　勝海舟：《幕末日記》，載《勝海舟全集》（1），東京：講談社，1976年，第252頁。
18　勝部真長：《勝海舟》（下），東京：PHP研究所，1992年，第234—235頁。
19　木村幸比古：《新選組日記：永倉新八日記・島田魁日記を読む》，東京：PHP研究所，2003年，第235頁。
20　菊地明：《土方歳三の生涯》，東京：新人物往来社，2003，第253頁。
21　平尾道雄：《定本新撰組史録》，東京：新往来人物社，2003年，第237頁。
22　菊地明：《土方歳三の生涯》，東京：新人物往来社，2003年，第255頁。
23　田中惣五郎：《西郷隆盛》，東京：吉川弘文館，1988年，第260頁。
24　勝海舟：《幕末日記》，載《勝海舟全集》（1），東京：講談社，1976年，第257頁。
25　松浦玲：《勝海舟》，東京：筑摩書房，2010年，第400頁。
26　勝海舟：《幕末日記》，載《勝海舟全集》（1），東京：講談社，1976年，第248頁。
27　勝海舟：《書簡と建言》，載《勝海舟全集》（2），東京：講談社，1982年，第94—95頁。

28	勝海舟：《幕末日記》，載《勝海舟全集》(1)，東京：講談社，1976年，第253頁。
29	松浦玲：《勝海舟》，東京：筑摩書房，2010年，第406頁。
30	松浦玲：《勝海舟》，東京：筑摩書房，2010年，第407頁。
31	田中惣五郎：《西郷隆盛》，東京：吉川弘文館，1988年，第260頁。
32	Keene, Donald., *Emperor of Japan: Meiji and His World, 1852-1912*, New York: Columbia University Press, 2002, p. 161.
33	勝海舟：《書簡と建言》，載《勝海舟全集》(2)，東京：講談社，1982年，第95—96頁。
34	松浦玲：《勝海舟》，東京：筑摩書房，2010年，第409頁。
35	勝海舟：《幕末日記》，載《勝海舟全集》(1)，東京：講談社，1976年，第258—259頁。
36	松浦玲：《勝海舟》，東京：筑摩書房，2010年，第409頁。
37	勝海舟：《幕末日記》，載《勝海舟全集》(1)，東京：講談社，1976年，第259頁。
38	井上清：《西郷隆盛》(下)，東京：中央公論新社，1990年，第97頁。
39	Keene, Donald., *Emperor of Japan: Meiji and His World, 1852-1912*, New York: Columbia University Press, 2002, p. 163.
40	天皇实际上乘坐的是更舒适的轿子。
41	Dickins, Frederick V., *The Life of Sir Harry Parkes: Sometime Her Majesty's Minister to China and Japan*, vol. 2, London: Macmillan, 1894, pp. 97-98.
42	Keene, Donald., *Emperor of Japan: Meiji and His World, 1852-1912*, New York: Columbia University Press, 2002, p. 753 n.8.
43	Satow, Sir Ernest., *A Diplomat in Japan*, Tokyo: Oxford University Press, 1968, p. 381.
44	小木新造、陣内秀信、竹内誠、芳賀徹、前田愛、宮田登、吉原健一郎編：《江戸東京学事典》，東京：三省堂，1987年，第256頁。
45	松浦玲：《勝海舟》，東京：筑摩書房，2010年，第413—415頁。
46	松浦玲：《勝海舟》，東京：筑摩書房，2010年，第410頁。
47	Dickins, Frederick V., *The Life of Sir Harry Parkes: Sometime Her Majesty's Minister to China and Japan*, vol. 2, London: Macmillan, 1894, p. 100.
48	勝海舟：《幕末日記》，載《勝海舟全集》(1)，東京：講談社，1976年，第260頁。
49	勝部真長：《勝海舟》(下)，東京：PHP研究所，1992年，第236頁；《明治維新人名辞典》，東京：吉川弘文館，1982年，第586頁。
50	《明治維新人名辞典》，東京：吉川弘文館，1982年，第924頁。
51	《明治維新人名辞典》，東京：吉川弘文館，1982年，第688頁。
52	菊地明：《土方歳三の生涯》，東京：新人物往来社，2003年，第260頁。

53 平尾道雄:《定本新撰組史録》,東京:新往来人物社,2003 年,第 238 頁。
54 松浦玲:《新選組》,東京:岩波書店,2003 年,第 195 頁。
55 菊地明:《土方歳三の生涯》,東京:新人物往来社,2003 年,第 264—267 頁。
56 大鳥圭介:《幕末実戦史》,東京:新人物往来社,1969 年,第 97 頁。
57 菊地明:《土方歳三の生涯》,東京:新人物往来社,2003 年,第 268—269 頁。
58 大鳥圭介:《幕末実戦史》,東京:新人物往来社,1969 年,第 99—100 頁。
59 勝海舟:《幕末日記》,載《勝海舟全集》(1),東京:講談社,1976 年,第 262 頁。
60 菊地明:《土方歳三の生涯》,東京:新人物往来社,2003 年,第 274 頁。
61 大鳥圭介:《幕末実戦史》,東京:新人物往来社,1969 年,第 99 頁。
62 Satow, Sir Ernest., *A Diplomat in Japan*, Tokyo: Oxford University Press, 1968, pp. 406-408.
63 松浦玲:《勝海舟》,東京:筑摩書房,2010 年,第 414 頁。
64 松浦玲:《勝海舟》,東京:筑摩書房,2010 年,第 415 頁。
65 松浦玲:《横井小楠:儒学的正義とは何か》,東京:朝日新聞社,2000 年,第 266—273 頁。
66 松浦玲:《横井小楠:儒学的正義とは何か》,東京:朝日新聞社,2000 年,第 273 頁。
67 松本健一:《評伝佐久間象山》(上),東京:中央公論新社,2000 年,第 58 頁。
68 松浦玲:《横井小楠:儒学的正義とは何か》,東京:朝日新聞社,2000 年,第 273—274 頁。
69 平尾道雄:《維新暗殺秘録》,東京:河出書房新社,1990 年,第 261 頁。

第三十四章　西乡隆盛和明治政府(一):回归

1 勝海舟:《氷川清話》,載《勝海舟全集》(21),東京:勁草書房,1973 年,第 346 頁。
2 井上清:《西郷隆盛》(下),東京:中央公論新社,1990 年,第 94—96 頁。
3 田中惣五郎:《西郷隆盛》,東京:吉川弘文館,1988 年,第 259 頁。
4 井上清:《西郷隆盛》(下),東京:中央公論新社,1990 年,第 96—97 頁。
5 田中惣五郎:《西郷隆盛》,東京:吉川弘文館,1988 年,265 頁。
6 井上清:《西郷隆盛》(下),東京:中央公論新社,1990 年,第 99 頁。
7 井上清:《西郷隆盛》(下),東京:中央公論新社,1990 年,第 99—101 頁。
8 井上清:《西郷隆盛》(下),東京:中央公論新社,1990 年,第 102—103 頁。
9 井上清:《西郷隆盛》(下),東京:中央公論新社,1990 年,第 110—112 頁。
10 井上清:《西郷隆盛》(下),東京:中央公論新社,1990 年,第 103—104 頁注釈。
11 松浦玲:《勝海舟》,東京:筑摩書房,2010 年,第 416—417 頁;笠原一男:《詳説日本史研究》,東京:山川出版社,1980 年,第 324—325 頁。

12 Keene, Donald., *Emperor of Japan: Meiji and His World, 1852–1912*, New York: Columbia University Press, 2002, p. 182.

13 平尾道雄:《定本新撰組史録》,東京:新往来人物社,2003年,第240頁。

14 井上清:《西郷隆盛》(下),東京:中央公論新社,1990年,第110頁。

15 松浦玲:《勝海舟》,東京:筑摩書房,2010年,第428頁。

16 Iwata, Masakazu., *Okubo Toshimichi: The Bismarck of Japan*, Berkeley: University of California Press, 1964, pp. 132–133.

17 松浦玲:《勝海舟》,東京:筑摩書房,2010年,第428頁;勝海舟:《幕末日記》,載《勝海舟全集》(1),東京:講談社,1976年,第266頁。

18 勝海舟:《幕末日記》,載《勝海舟全集》(1),東京:講談,1976年,第269頁;松浦玲:《勝海舟》,東京:筑摩書房,2010年,第431頁。

19 松浦玲:《勝海舟》,東京:筑摩書房,2010年,第430—431頁。

20 勝海舟:《幕末日記》,載《勝海舟全集》(1),東京:講談社,1976年,第270頁。

21 松浦玲:《勝海舟》,東京:筑摩書房,2010年,第438—444頁。

22 井上清:《西郷隆盛》(下),東京:中央公論新社,1990年,第118頁。

23 鮫島志芽太:鮫島志芽太:《西郷南洲語録》,東京:講談社,1977年,東京:講談社,1977年,第62頁。

24 井上清:《西郷隆盛》(下),東京:中央公論新社,1990年,第118頁。

25 井上清:《西郷隆盛》(下),東京:中央公論新社,1990年,第114頁。

26 井上清:《西郷隆盛》(下),東京:中央公論新社,1990年,第120頁。

27 田中惣五郎:《西郷隆盛》,東京:吉川弘文館,1988年,第273—274頁。

28 井上清:《西郷隆盛》(下),東京:中央公論新社,1990年,第121頁。

29 平尾道雄:《維新暗殺秘録》,東京:河出書房新社,1990年,第262—264頁。

30 勝海舟:《書簡と建言》,載《勝海舟全集》(2),東京:講談社,1982年,第312—315頁。

31 田中惣五郎:《西郷隆盛》,東京:吉川弘文館,1988年,第283頁。

32 井上清:《西郷隆盛》(下),東京:中央公論新社,1990年,第121—123頁。

33 田中惣五郎:《西郷隆盛》,東京:吉川弘文館,1988年,第278—279頁。

34 田中惣五郎:《西郷隆盛》,東京:吉川弘文館,1988年,第280—281頁;Iwata, Masakazu., *Okubo Toshimichi: The Bismarck of Japan*, Berkeley: University of California Press, 1964, p. 144。

35 井上清:《西郷隆盛》(下),東京:中央公論新社,1990年,第128—129頁。

36 井上清:《西郷隆盛》(下),東京:中央公論新社,1990年,第132—134、137、141頁。

37 Jansen, Marius B., *The Making of Modern Japan*, Cambridge, MA: Harvard University

Press, 2000, p. 347；笠原一男：《詳説日本史研究》，東京：山川出版社，1980 年，第 325 頁。

38　井上清：《西郷隆盛》（下），東京：中央公論新社，1990 年，第 137—138 頁。
39　井上清：《西郷隆盛》（下），東京：中央公論新社，1990 年，第 141 頁。
40　井上清：《西郷隆盛》（下），東京：中央公論新社，1990 年，第 139—140 頁。
41　井上清：《西郷隆盛》（下），東京：中央公論新社，1990 年，第 140—141 頁。
42　田中惣五郎：《西郷隆盛》，東京：吉川弘文館，1988 年，第 284 頁。
43　田中惣五郎：《西郷隆盛》，東京：吉川弘文館，1988 年，第 276 頁。
44　西乡返回东京重新进入新政府后发现高级政府官员的奢侈程度甚至比他预想的更甚。大久保住在豪宅中，有一名管家和四五十名仆人——仅凭他的俸禄根本不可能负担得起。井上等其他管理金融、经济的高官也是这样。西乡认为他们均在三井等公司的行贿名单上。
45　井上清：《西郷隆盛》（下），東京：中央公論新社，1990 年，第 143 頁。
46　鮫島志芽太：《西郷南洲語録》，東京：講談社，1977 年，第 61 頁。
47　井上清：《西郷隆盛》（下），東京：中央公論新社，1990 年，第 143—148 頁。
48　井上清：《西郷隆盛》（下），東京：中央公論新社，1990 年，第 150 頁；Iwata, Masakazu., *Okubo Toshimichi: The Bismarck of Japan*, Berkeley: University of California Press, 1964, p. 152。
49　左大臣之位空缺，参见 Iwata, Masakazu., *Okubo Toshimichi: The Bismarck of Japan*, Berkeley: University of California Press, 1964, p. 146。
50　Iwata, Masakazu., *Okubo Toshimichi: The Bismarck of Japan*, Berkeley: University of California Press, 1964, pp. 146-147. 同时期其他主要政府领导人中，2 个人来自佐贺（外务卿副岛种臣和文部卿大木乔任），4 个人来自长州（陆军大辅山县有朋、工部卿伊藤博文、大藏大辅井上馨和司法大辅宍户玑），此外还有萨摩人黑田清隆（北海道屯田宪兵事务总理）、土佐人后藤象二郎（左院议长）和公卿德大寺实则（宫内卿）。庆应三年（1867 年），海舟曾列出一份人才名单，包括上述大部分人，但没有山县、黑田和 3 名公卿。他还告诫后人，大事应交由西乡、大久保、木户处理，其他人只要从旁辅佐即可。
51　井上清：《西郷隆盛》（下），東京：中央公論新社，1990 年，第 150—151 頁；Iwata, Masakazu., *Okubo Toshimichi: The Bismarck of Japan*, Berkeley: University of California Press, 1964, pp. 152-153。
52　Iwata, Masakazu., *Okubo Toshimichi: The Bismarck of Japan*, Berkeley: University of California Press, 1964, p. 303 n.12.
53　Iwata, Masakazu., *Okubo Toshimichi: The Bismarck of Japan*, Berkeley: University of

California Press, 1964, p. 154.
54　井上清：《西郷隆盛》（下），東京：中央公論新社，1990 年，第 151 頁。
55　田中惣五郎：《西郷隆盛》，東京：吉川弘文館，1988 年，第 287—288 頁。
56　Iwata, Masakazu., *Okubo Toshimichi: The Bismarck of Japan*, Berkeley: University of California Press, 1964, pp. 159-160.
57　石井孝：《勝海舟》，東京：吉川弘文館，1997 年，第 274 頁年表。
58　松浦玲：《勝海舟》，東京：筑摩書房，2010 年，第 455 頁。
59　田中惣五郎：《西郷隆盛》，東京：吉川弘文館，1988 年，289 頁；松浦玲：《勝海舟》，東京：筑摩書房，2010 年，第 455 頁。
60　井上清：《西郷隆盛》（下），東京：中央公論新社，1990 年，第 187 頁。
61　松浦玲：《勝海舟》，東京：筑摩書房，2010 年，第 455 頁。
62　田中惣五郎：《西郷隆盛》，東京：吉川弘文館，1988 年，第 289—291 頁。

第三十五章　西乡隆盛和明治政府（二）：离去

1　松浦玲：《勝海舟》，東京：筑摩書房，2010 年，第 463 頁。
2　松浦玲：《勝海舟》，東京：筑摩書房，2010 年，第 445—446 頁。
3　松浦玲：《勝海舟》，東京：筑摩書房，2010 年，第 446 頁。
4　石井孝：《勝海舟》，東京：吉川弘文館，1997 年，第 224 頁。
5　松浦玲：《勝海舟》，東京：筑摩書房，2010 年，第 451—452 頁。
6　田中惣五郎：《西郷隆盛》，東京：吉川弘文館，1988 年，第 293 頁。
7　松浦玲：《勝海舟》，東京：筑摩書房，2010 年，第 451—454 頁。
8　石井孝：《勝海舟》，東京：吉川弘文館，1997 年，第 274 頁年表。
9　石井孝：《勝海舟》，東京：吉川弘文館，1997 年，第 224 頁。
10　田中惣五郎：《西郷隆盛》，東京：吉川弘文館，1988 年，第 293 頁。
11　松浦玲：《勝海舟》，東京：筑摩書房，2010 年，第 458—459 頁。
12　Iwata, Masakazu., *Okubo Toshimichi: The Bismarck of Japan*, Berkeley: University of California Press, 1964, p. 162.
13　松浦玲：《勝海舟》，東京：筑摩書房，2010 年，第 464 頁。
14　井上清：《西郷隆盛》（下），東京：中央公論新社，1990 年，第 173 頁。
15　井上清：《西郷隆盛》（下），東京：中央公論新社，1990 年，第 171—174 頁。
16　Keene, Donald., *Emperor of Japan: Meiji and His World, 1852-1912*, New York: Columbia University Press, 2002, pp. 219-220, 229-230; Iwata, Masakazu., *Okubo Toshimichi: The Bismarck of Japan*, Berkeley: University of California Press, 1964, pp. 163-164.

17　井上清：《西鄉隆盛》（下），東京：中央公論新社，1990年，第174—175页。

18　Keene, Donald., *Emperor of Japan: Meiji and His World, 1852-1912*, New York: Columbia University Press, 2002, pp. 229-230.

19　井上清：《西鄉隆盛》（下），東京：中央公論新社，1990年，第175页。

20　Iwata, Masakazu., *Okubo Toshimichi: The Bismarck of Japan*, Berkeley: University of California Press, 1964, p. 164.

21　1933年，王云五将岛津齐彬的主张（原文为中文）翻译成了日文。本书的译文，引自 Iwata, Masakazu., *Okubo Toshimichi: The Bismarck of Japan*, Berkeley: University of California Press, 1964, p. 190。虽然岩田没有写明原文写作的日期和来源，但是考虑到齐彬的皇国主义思想和抵御外辱的意识，笔者认为这段材料很可能是真的。

22　田中惣五郎：《西鄉隆盛》，東京：吉川弘文館，1988年，第292—294页；井上清：《西鄉隆盛》（下），東京：中央公論新社，1990年，第176页。

23　井上清：《西鄉隆盛》（下），東京：中央公論新社，1990年，第176页。

24　Iwata, Masakazu., *Okubo Toshimichi: The Bismarck of Japan*, Berkeley: University of California Press, 1964, p. 165.

25　松浦玲：《勝海舟》，東京：筑摩書房，2010年，第482页。

26　勝海舟：《追贊一話》，載《書簡と建言》，《勝海舟全集》（2），東京：講談社，1982年，第622页。

27　松浦玲：《勝海舟》，東京：筑摩書房，2010年，第464页。

28　松浦玲：《勝海舟》，東京：筑摩書房，2010年，第437—438页。另参见海舟给柳原前光的信，勝海舟：《書簡と建言》，載《勝海舟全集》（2），東京：講談社，1982年，第111页。

29　井上清：《西鄉隆盛》（下），東京：中央公論新社，1990年，第190页。

30　松浦玲：《勝海舟》，東京：筑摩書房，2010年，第463页。

31　松浦玲：《勝海舟》，東京：筑摩書房，2010年，第833页注释185。

32　也许是因为海舟意识到很难说服西乡，因此10月23日西乡辞职时，他故意没有在场。海舟在1893年（明治二十六年）5月的一次采访中说："我当时就走了。事情太难办，于是我选择抽身。"海舟的回忆得到了宫岛的证实，他在当时的日记里写道："海舟为躲避西乡的责难跑到了横须贺。"海舟本人在日记里也写到10月22日他启程前往横须贺，在那里住了一夜，并于24日（西乡辞职次日）返回东京。参见《勝海舟》（筑摩書房），第463页。

33　井上清：《西鄉隆盛》（下），東京：中央公論新社，1990年，第181—184页。

34　松浦玲：《勝海舟》，東京：筑摩書房，2010年，第462页。

35　勝海舟：《氷川清話》，載《勝海舟全集》（21），東京：勁草書房，1973年，第54—

55 页。

36 松浦玲：《勝海舟》，東京：筑摩書房，2010 年，第 462 頁。
37 井上清：《西鄉隆盛》（下），東京：中央公論新社，1990 年，第 185 頁。
38 松浦玲：《勝海舟》，東京：筑摩書房，2010 年，第 462 頁。
39 井上清：《西鄉隆盛》（下），東京：中央公論新社，1990 年，第 187 頁。
40 田中惣五郎：《西鄉隆盛》，東京：吉川弘文館，1988 年，第 292 頁。
41 叛军被镇压后不久，虾夷地改名北海道。
42 日本人把狭长的萨哈林岛称为桦太岛，它的南端与北海道北端隔宗谷海峡相望，与俄国之间隔着间宫海峡，参见 Iwata, Masakazu., *Okubo Toshimichi: The Bismarck of Japan*, Berkeley: University of California Press, 1964, p. 131。
43 田中惣五郎：《西鄉隆盛》，東京：吉川弘文館，1988 年，第 296 頁；Iwata, Masakazu., *Okubo Toshimichi: The Bismarck of Japan*, Berkeley: University of California Press, 1964, pp. 166-167。
44 巴夏礼致布鲁克·罗伯特斯顿的信，落款日期为 1874 年 4 月 14 日，参见 Dickins, Frederick V., *The Life of Sir Harry Parkes: Sometime Her Majesty's Minister to China and Japan*, vol. 2, London: Macmillan, 1894, p. 191。
45 英译引自 Iwata, Masakazu., *Okubo Toshimichi: The Bismarck of Japan*, Berkeley: University of California Press, 1964, p. 170。
46 井上清：《西鄉隆盛》（下），東京：中央公論新社，1990 年，第 192 頁。
47 Keene, Donald., *Emperor of Japan: Meiji and His World, 1852-1912*, New York: Columbia University Press, 2002, p. 234.
48 井上清：《西鄉隆盛》（下），東京：中央公論新社，1990 年，第 194—195 頁。
49 Keene, Donald., *Emperor of Japan: Meiji and His World, 1852-1912*, New York: Columbia University Press, 2002, p. 234.
50 井上清：《西鄉隆盛》（下），東京：中央公論新社，1990 年，第 195 頁。
51 井上清：《西鄉隆盛》（下），東京：中央公論新社，1990 年，第 199—200 頁。
52 井上清：《西鄉隆盛》（下），東京：中央公論新社，1990 年，第 195 頁。

第三十六章　士族叛乱和海外冒险

1 勝海舟：《氷川清話》，載《勝海舟全集》（21），東京：勁草書房，1973 年，第 62 頁。
2 松浦玲：《勝海舟》，東京：筑摩書房，2010 年，第 464—466 頁。
3 Iwata, Masakazu., *Okubo Toshimichi: The Bismarck of Japan*, Berkeley: University of California Press, 1964, pp. 173-174.
4 Keene, Donald., *Emperor of Japan: Meiji and His World, 1852-1912*, New York:

Columbia University Press, 2002, p. 239, p. 774 n.15.

5 Keene, Donald., *Emperor of Japan: Meiji and His World, 1852–1912*, New York: Columbia University Press, 2002, p. 240.

6 Iwata, Masakazu., *Okubo Toshimichi: The Bismarck of Japan*, Berkeley: University of California Press, 1964, p. 180.

7 Keene, Donald., *Emperor of Japan: Meiji and His World, 1852–1912*, New York: Columbia University Press, 2002, pp. 239–240, 774 n.17;《明治維新人名辞典》,東京:吉川弘文館,1982年,第491页。

8 Keene, Donald., *Emperor of Japan: Meiji and His World, 1852–1912*, New York: Columbia University Press, 2002, pp. 240–241.

9 松浦玲:《勝海舟》,東京:筑摩書房,2010年,第471页。

10 Iwata, Masakazu., *Okubo Toshimichi: The Bismarck of Japan*, Berkeley: University of California Press, 1964, pp. 181–182.

11 Iwata, Masakazu., *Okubo Toshimichi: The Bismarck of Japan*, Berkeley: University of California Press, 1964, p. 182; *Emperor of Japan: Meiji and His World, 1852–1912*, p. 242.

12 松浦玲:《勝海舟》,東京:筑摩書房,2010年,第470页。

13 Keene, Donald., *Emperor of Japan: Meiji and His World, 1852–1912*, New York: Columbia University Press, 2002, p. 241.

14 Keene, Donald., *Emperor of Japan: Meiji and His World, 1852–1912*, New York: Columbia University Press, 2002, p. 775 n.26.

15 Iwata, Masakazu., *Okubo Toshimichi: The Bismarck of Japan*, Berkeley: University of California Press, 1964, p. 182.

16 Keene, Donald., *Emperor of Japan: Meiji and His World, 1852–1912*, New York: Columbia University Press, 2002, pp. 241–243.

17 Keene, Donald., *Emperor of Japan: Meiji and His World, 1852–1912*, New York: Columbia University Press, 2002, pp. 242–244.

18 松浦玲:《勝海舟》,東京:筑摩書房,2010年,第911页年表。

19 Dickins, Frederick V., *The Life of Sir Harry Parkes: Sometime Her Majesty's Minister to China and Japan*, vol. 2, London: Macmillan, 1894, p. 186; Iwata, Masakazu., *Okubo Toshimichi: The Bismarck of Japan*, Berkeley: University of California Press, 1964, p. 185.

20 Dickins, Frederick V., *The Life of Sir Harry Parkes: Sometime Her Majesty's Minister to China and Japan*, vol. 2, London: Macmillan, 1894, p. 192; Keene, Donald., *Emperor of Japan: Meiji and His World, 1852–1912*, New York: Columbia University Press, 2002, p. 228.

21 Keene, Donald., *Emperor of Japan: Meiji and His World, 1852-1912*, New York: Columbia University Press, 2002, p. 224.

22 Dickins, Frederick V., *The Life of Sir Harry Parkes: Sometime Her Majesty's Minister to China and Japan*, vol. 2, London: Macmillan, 1894, p. 186.

23 Dickins, Frederick V., *The Life of Sir Harry Parkes: Sometime Her Majesty's Minister to China and Japan*, vol. 2, London: Macmillan, 1894, p. 197.

24 Iwata, Masakazu., *Okubo Toshimichi: The Bismarck of Japan*, Berkeley: University of California Press, 1964, p. 189.

25 Dickins, Frederick V., *The Life of Sir Harry Parkes: Sometime Her Majesty's Minister to China and Japan*, vol. 2, London: Macmillan, 1894, p. 191.

26 松浦玲:《勝海舟》，東京：筑摩書房，2010年，第469頁。

27 Keene, Donald., *Emperor of Japan: Meiji and His World, 1852-1912*, New York: Columbia University Press, 2002, p. 245.

28 松浦玲:《勝海舟》，東京：筑摩書房，2010年，第470頁。

29 Iwata, Masakazu., *Okubo Toshimichi: The Bismarck of Japan*, Berkeley: University of California Press, 1964, p. 196.

30 英译参见 Keene, Donald., *Emperor of Japan: Meiji and His World, 1852-1912*, New York: Columbia University Press, 2002, p. 775 n.40。

31 Iwata, Masakazu., *Okubo Toshimichi: The Bismarck of Japan*, Berkeley: University of California Press, 1964, pp. 196-197.

32 Iwata, Masakazu., *Okubo Toshimichi: The Bismarck of Japan*, Berkeley: University of California Press, 1964, p. 194.

33 Keene, Donald., *Emperor of Japan: Meiji and His World, 1852-1912*, New York: Columbia University Press, 2002, p. 245.

34 Iwata, Masakazu., *Okubo Toshimichi: The Bismarck of Japan*, Berkeley: University of California Press, 1964, p. 196.

35 Iwata, Masakazu., *Okubo Toshimichi: The Bismarck of Japan*, Berkeley: University of California Press, 1964, p. 205.

36 Iwata, Masakazu., *Okubo Toshimichi: The Bismarck of Japan*, Berkeley: University of California Press, 1964, p. 207.

37 Iwata, Masakazu., *Okubo Toshimichi: The Bismarck of Japan*, Berkeley: University of California Press, 1964, p. 205.

38 Iwata, Masakazu., *Okubo Toshimichi: The Bismarck of Japan*, Berkeley: University of California Press, 1964, p. 217.

39　Iwata, Masakazu., *Okubo Toshimichi: The Bismarck of Japan*, Berkeley: University of California Press, 1964, p. 206.

40　Iwata, Masakazu., *Okubo Toshimichi: The Bismarck of Japan*, Berkeley: University of California Press, 1964, p. 209.

41　平尾道雄:《山内容堂》,東京:吉川弘文館,1993 年,第 206—207 页。

42　石井孝:《勝海舟》,東京:吉川弘文館,1997 年,第 190 页。

43　Iwata, Masakazu., *Okubo Toshimichi: The Bismarck of Japan*, Berkeley: University of California Press, 1964, p. 211.

44　Iwata, Masakazu., *Okubo Toshimichi: The Bismarck of Japan*, Berkeley: University of California Press, 1964, p. 215.

45　Iwata, Masakazu., *Okubo Toshimichi: The Bismarck of Japan*, Berkeley: University of California Press, 1964, p. 195.

46　Dickins, Frederick V., *The Life of Sir Harry Parkes: Sometime Her Majesty's Minister to China and Japan*,vol. 2, London: Macmillan, 1894, p. 192.

47　Dickins, Frederick V., *The Life of Sir Harry Parkes: Sometime Her Majesty's Minister to China and Japan*,vol. 2, London: Macmillan, 1894, p. 194.

48　Dickins, Frederick V., *The Life of Sir Harry Parkes: Sometime Her Majesty's Minister to China and Japan*,vol. 2, London: Macmillan, 1894, p. 188. 清廷同意赔偿 50 万两白银,参见 Iwata, Masakazu., *Okubo Toshimichi: The Bismarck of Japan*, Berkeley: University of California Press, 1964, p. 219; 松浦玲:《勝海舟》,東京:筑摩書房,2010 年,第 477 页。

49　Dickins, Frederick V., *The Life of Sir Harry Parkes: Sometime Her Majesty's Minister to China and Japan*, vol. 2, London: Macmillan, 1894, p. 196;Iwata, Masakazu., *Okubo Toshimichi: The Bismarck of Japan*, Berkeley: University of California Press, 1964, p. 220. 1879 年,琉球群岛被并入日本,改为冲绳县,参见 *The Life of Sir Harry Parkes: Sometime Her Majesty's Minister to China and Japan*, p. 198。

50　松浦玲:《勝海舟》,東京:筑摩書房,2010 年,第 477 页。

51　石井孝:《勝海舟》,東京:吉川弘文館,1997 年,第 226 页。

52　上一年 5 月,山冈被任命为地位仅次于宫内大丞的宫内少辅,参见牛山栄治:《山岡鉄舟の一生》,東京:春風館,1968 年,第 498 页。

53　松浦玲:《勝海舟》,東京:筑摩書房,2010 年,第 477—478 页。

54　石井孝:《勝海舟》,東京:吉川弘文館,1997 年,第 227 页。

55　海舟在《愤言一书》里写道:"国家之治……须以公义为根基,为多数人造福,万不可沦为私人牟利之工具。"参见勝海舟:《慶応四戊辰日記》,載勝海舟:《幕末日記）, 載《勝海舟全集》（1）, 東京：講談社, 1976 年, 第 12 頁。
56 松浦玲：《勝海舟》, 東京：筑摩書房, 2010 年, 第 479—480 頁, 第 911 頁年表。
57 英译参见 Keene, Donald., *Emperor of Japan: Meiji and His World, 1852-1912*, New York: Columbia University Press, 2002, p. 252.
58 Iwata, Masakazu., *Okubo Toshimichi: The Bismarck of Japan*, Berkeley: University of California Press, 1964, p. 230.
59 勝海舟：《海舟日記》（3）,《勝海舟全集》（20）, 東京：勁草書房, 1973 年, 第 16 頁。
60 松浦玲：《勝海舟》, 東京：筑摩書房, 2010 年, 第 480 頁。
61 另外 12 名元老院议官中较为重要的有后藤象二郎、由利公正、福冈藤次、吉井友实（曾用名吉井孝辅）和陆奥宗光（曾在海舟的神户海军操练所学习, 是龙马的手下）, 参见松浦玲：《勝海舟》, 東京：筑摩書房, 2010 年, 第 480 頁。
62 勝海舟：《海舟日記》（3）,《勝海舟全集》（20）, 東京：勁草書房, 1973 年, 第 16 頁。
63 勝海舟：《海舟日記》（3）,《勝海舟全集》（20）, 東京：勁草書房, 1973 年, 第 41 頁。
64 1887 年, 海舟被任命为新设立的枢密院的顾问官。枢密院它并无立法或行政职能, 只是顾问机构。

第三十七章 西乡与明治政府（三）：叛乱

1 勝海舟：《氷川清話》, 載《勝海舟全集》（21）, 東京：勁草書房, 1973 年, 第 335 頁。
2 Keene, Donald., *Emperor of Japan: Meiji and His World, 1852-1912*, New York: Columbia University Press, 2002, p. 281.
3 Keene, Donald., *Emperor of Japan: Meiji and His World, 1852-1912*, New York: Columbia University Press, 2002, p. 281.
4 海音寺潮五郎：《西郷隆盛》（1）, 東京：朝日新聞社, 1976 年, 第 13—16 頁；Keene, Donald., *Emperor of Japan: Meiji and His World, 1852-1912*, New York: Columbia University Press, 2002, pp. 201-202。
5 海音寺潮五郎：《西郷隆盛》（1）, 東京：朝日新聞社, 1976 年, 第 13 頁。
6 海音寺潮五郎：《西郷隆盛》（1）, 東京：朝日新聞社, 1976 年, 第 14 頁。
7 《大西郷全集》（2）, 載平山繁信：《九州・菊池一族の集大成：西郷隆盛・菊池武光・菊池寛・広瀬武夫・清少納言》, 東京：文芸社, 2002 年, 第 92 頁。
8 海音寺潮五郎：《西郷隆盛》（1）, 東京：朝日新聞社, 1976 年, 第 16 頁。
9 Keene, Donald., *Emperor of Japan: Meiji and His World, 1852-1912*, New York: Columbia University Press, 2002, p. 257.
10 Iwata, Masakazu., *Okubo Toshimichi: The Bismarck of Japan*, Berkeley: University of California Press, 1964, pp. 243-245.

11 井上清:《西郷隆盛》(下),東京:中央公論新社,1990年,第201页。
12 井上清:《西郷隆盛》(下),東京:中央公論新社,1990年,第202页。
13 井上清:《西郷隆盛》(下),東京:中央公論新社,1990年,第202页。
14 《明治維新人名辞典》,東京:吉川弘文館,1982年,第984页。
15 井上清:《西郷隆盛》(下),東京:中央公論新社,1990年,第202页。
16 井上清:《西郷隆盛》(下),東京:中央公論新社,1990年,第203页。
17 Keene, Donald., *Emperor of Japan: Meiji and His World, 1852-1912*, New York: Columbia University Press, 2002, p. 271.
18 井上清:《西郷隆盛》(下),東京:中央公論新社,1990年,第204页。
19 Iwata, Masakazu., *Okubo Toshimichi: The Bismarck of Japan*, Berkeley: University of California Press, 1964, p. 247.
20 井上清:《西郷隆盛》(下),東京:中央公論新社,1990年,第218页。
21 井上清:《西郷隆盛》(下),東京:中央公論新社,1990年,第222页。
22 西乡亲自拟写了一套准则,张贴在每所学校里,其中一条是"尊王怜民为学问之本旨",参见 Keene, Donald., *Emperor of Japan: Meiji and His World, 1852-1912*, New York: Columbia University Press, 2002, p. 271, p. 780 n.25。
23 Ruxton, Ian, ed., *A Diplomat in Japan, Part II: The Diaries of Ernest Satow, 1870-1883*, Morrisville, North Carolina: Lulu Press, 2009, pp. 231-232.
24 井上清:《西郷隆盛》(下),東京:中央公論新社,1990年,第218页。
25 Iwata, Masakazu., *Okubo Toshimichi: The Bismarck of Japan*, Berkeley: University of California Press, 1964, pp. 248-249.
26 松浦玲:《勝海舟》,東京:筑摩書房,2010年,第501页。
27 井上清:《西郷隆盛》(下),東京:中央公論新社,1990年,第219页。
28 井上清:《西郷隆盛》(下),東京:中央公論新社,1990年,第219页。
29 Keene, Donald., *Emperor of Japan: Meiji and His World, 1852-1912*, New York: Columbia University Press, 2002, p. 275.
30 Keene, Donald., *Emperor of Japan: Meiji and His World, 1852-1912*, New York: Columbia University Press, 2002, p. 272.
31 Keene, Donald., *Emperor of Japan: Meiji and His World, 1852-1912*, New York: Columbia University Press, 2002, p. 781 n.32.
32 Keene, Donald., *Emperor of Japan: Meiji and His World, 1852-1912*, New York: Columbia University Press, 2002, p. 273.
33 田中惣五郎:《西郷隆盛》,東京:吉川弘文館,1988年,第304页。
34 井上清:《西郷隆盛》(下),東京:中央公論新社,1990年,第221页。政府军指挥官包括黑田清隆，大警视、陆军少将川路利良和西乡的堂弟大山岩等三名萨摩人。山县离开东京期间，西乡隆盛的弟弟西乡从道在东京处理军务。

35　田中惣五郎：《西郷隆盛》，東京：吉川弘文館，1988年，第304頁。

36　井上清：《西郷隆盛》（下），東京：中央公論新社，1990年，第221頁。

37　Keene, Donald., *Emperor of Japan: Meiji and His World, 1852-1912*, New York: Columbia University Press, 2002, p. 277.

38　井上清：《西郷隆盛》（下），東京：中央公論新社，1990年，第223頁。

39　Keene, Donald., *Emperor of Japan: Meiji and His World, 1852-1912*, New York: Columbia University Press, 2002, pp. 281-283.

40　井上清：《西郷隆盛》（下），東京：中央公論新社，1990年，第223頁。

41　勝海舟：《海舟日記》（3），《勝海舟全集》（20），東京：勁草書房，1973年，第118頁；松浦玲：《勝海舟》，東京：筑摩書房，2010年，第501頁。

42　勝海舟：《海舟日記》（3），《勝海舟全集》（20），東京：勁草書房，1973年，第126頁。

43　海舟的预言应验了，大久保利通于1878年（明治十一年）5月遇刺。

44　Ruxton, Ian, ed., *A Diplomat in Japan, Part II: The Diaries of Ernest Satow, 1870-1883*, Morrisville, North Carolina: Lulu Press, 2009, pp. 249-250.

45　松浦玲：《勝海舟》，東京：筑摩書房，2010年，第502—503頁；勝海舟：《海舟日記》（3），《勝海舟全集》（20），東京：勁草書房，1973年，第124頁。

46　松浦玲：《勝海舟》，東京：筑摩書房，2010年，第507頁。

47　松浦玲：《勝海舟》，東京：筑摩書房，2010年，第503頁。

48　勝海舟：《海舟語錄》，載《勝海舟全集》（20），東京：講談社，1972年，第214頁。

49　Ruxton, Ian, ed., *A Diplomat in Japan, Part II: The Diaries of Ernest Satow, 1870-1883*, Morrisville, North Carolina: Lulu Press, 2009, pp. 266-267.

50　勝海舟：《断腸之記》，載勝海舟：《幕末日記》，載《勝海舟全集》（1），東京：講談社，1976年，第382頁。

51　田中惣五郎：《西郷隆盛》，東京：吉川弘文館，1988年，第305頁。

52　井上清：《西郷隆盛》（下），東京：中央公論新社，1990年，第223頁。

53　井上清：《西郷隆盛》（下），東京：中央公論新社，1990年，第223頁。

54　Ravina, Mark., *The Last Samurai: The Life and Batles of Saigo Takamori*, Hoboken, NJ: Wiley, 2004, p.209.

55　田中惣五郎：《西郷隆盛》，東京：吉川弘文館，1988年，第305頁。

56　Yates, Charles L., *Saigo Takamori: The Man Behind the Myth*, London: Kegan Paul International, 1995, p. 168.

57　田中惣五郎：《西郷隆盛》，東京：吉川弘文館，1988年，第305—306頁；井上清：

《西郷隆盛》（下），東京：中央公論新社，1990年，第223页。
58 田中惣五郎：《西郷隆盛》，東京：吉川弘文館，1988年，第306页。
59 井上清：《西郷隆盛》（下），東京：中央公論新社，1990年，第283页。
60 Ruxton, Ian, ed., *A Diplomat in Japan, Part II: The Diaries of Ernest Satow, 1870–1883*, Morrisville, North Carolina: Lulu Press, 2009, p. 294.
61 井上清：《西郷隆盛》（下），東京：中央公論新社，1990年，第283页。
62 Dickins, Frederick V., *The Life of Sir Harry Parkes: Sometime Her Majesty's Minister to China and Japan*, vol. 2, London: Macmillan, 1894, p. 226.
63 通常认为别府是西乡的介错人，但根据蒙西的说法，担任介错人的是边见。
64 Mounsey, Augustus H., *The Satsuma Rebellion: An Episode of Modern Japanese History*, London: John Murray, 1879, pp. 214–215.
65 *The Satsuma Rebellion: An Episode of Modern Japanese History*, p. 216.
66 *The Satsuma Rebellion: An Episode of Modern Japanese History*, p. 216.
67 松浦玲：《勝海舟》，東京：筑摩書房，2010年，第509—513页。
68 Jansen, Marius B., *The Making of Modern Japan*, Cambridge, MA: Harvard University Press, 2000, p. 370.
69 勝海舟：《海舟日記》（3），《勝海舟全集》（20），東京：勁草書房，1973年，第136页。
70 勝海舟：《海舟日記》（3），《勝海舟全集》（20），東京：勁草書房，1973年，第192页。
71 Iwata, Masakazu., *Okubo Toshimichi: The Bismarck of Japan*, Berkeley: University of California Press, 1964, pp. 252–253.
72 Iwata, Masakazu., *Okubo Toshimichi: The Bismarck of Japan*, Berkeley: University of California Press, 1964, p. 253.
73 Iwata, Masakazu., *Okubo Toshimichi: The Bismarck of Japan*, Berkeley: University of California Press, 1964, pp. 253–254.
74 Iwata, Masakazu., *Okubo Toshimichi: The Bismarck of Japan*, Berkeley: University of California Press, 1964, p. 254.
75 《亡友帖・清譚と逸話》，東京：原書房，1973年，第77页。
76 松浦玲：《勝海舟》，東京：筑摩書房，2010年，第523页。
77 吉田松阴并未占到一章的篇幅，而是和佐久间象山一起出现在第一章。海舟与吉田松阴并无私交，因此吉田并非"友人"，也未曾给海舟写过信或赠送过诗歌。收录在书中的是吉田写给自己的父亲的一封信。参见松浦玲：《勝海舟》，東京：筑摩書房，2010年，第74—75页。
78 值得注意的是，龙马和大久保的名字并未出现在海舟已故友人名单上。龙马当然是海舟的"友人"。松浦玲在《勝海舟》，東京：筑摩書房，2010年，第526页给出了一个龙马为何未出现在书中的解释——《亡友帖》中容堂的酒葫芦暗示的正是龙马，因为这个酒葫芦是海舟从容堂那里获得的证明龙马已被赦免脱藩之罪的证据。至于大久保，1878 年（明治十一年）该书成书时，他仍然在世。不过即便大久保在成书前过世，海舟是否会将其当作"友人"收录进书里仍然值得怀疑。大久保的葬礼于其遇刺 3 天后的 5 月 17 日举行，但海舟并未出席，只派了自己的女婿、孝子的丈夫疋田正善代自己前去。

79　海舟这里指的是，1873 年西乡请求海舟帮助他说服久光加入东京政府［勝海舟：《海舟語録》，載《勝海舟全集》（20），東京：講談社，1972 年，第 213 頁］，海舟因此去了鹿儿岛。久光因为西乡支持版籍奉还和废藩置县［井上清：《西郷隆盛》（下），東京：中央公論新社，1990 年，第 103 頁］，且官阶高过自己，因此十分生气而且讨厌西乡［《勝海舟》，東京：筑摩書房，2010 年，第 832 頁注释 182］。海舟曾拒绝过三条相同的请求，但是当他看到西乡在来信上说"拜托胜来吧"时"大为感动"，同意前往［勝海舟：《海舟語録》，載《勝海舟全集》（20），東京：講談社，1972 年，第 213 頁］。

80　海舟在这里尊称西乡为"老师"（先生）。

81　"挥毫"指的是作诗、写毛笔字等武士的传统文化活动，他和西乡都精于此道。我们不知道这里指的是不是西乡的《残菊》。

82　《亡友帖・清譚と逸話》，東京：原書房，1973 年，第 185 頁。

83　松浦玲：《勝海舟》，東京：筑摩書房，2010 年，第 525 頁。

尾　声　将军最后的武士

1　勝海舟：《断腸之記》结语，載勝海舟：《幕末日記》，載《勝海舟全集》（1），東京：講談社，1976 年，第 389 頁。

2　"留魂祠"在 1913 年，即他去世 14 年后，被移至位于洗足池的海舟墓地，参见松浦玲：《勝海舟》，東京：筑摩書房，2010 年，第 540 頁。

3　《海舟日記 3》，第 488 页记。碑文写于 1879 年 6 月，但碑直到 7 月才被立在神奈川。参见松浦玲：《勝海舟》，東京：筑摩書房，2010 年，第 540 頁。

4　松浦玲：《勝海舟》，東京：筑摩書房，2010 年，第 575 頁。

5　松浦玲：《勝海舟》，東京：筑摩書房，2010 年，第 586 頁。

6　松浦玲：《勝海舟》，東京：筑摩書房，2010 年，第 575—576 頁。

7　松浦玲：《勝海舟》，東京：筑摩書房，2010 年，第 588—589 頁。

8　松浦玲：《勝海舟》，東京：筑摩書房，2010 年，第 575 頁。

9　松浦玲：《勝海舟》，東京：筑摩書房，2010 年，第 552—553 頁。

10　松浦玲：《勝海舟》，東京：筑摩書房，2010 年，第 581—583 頁。

11 松浦玲:《勝海舟》,東京:筑摩書房,2010年,第586—588页。
12 Keene, Donald., *Emperor of Japan: Meiji and His World, 1852-1912*, New York: Columbia University Press, 2002, pp. 381–382.
13 Keene, Donald., *Emperor of Japan: Meiji and His World, 1852-1912*, New York: Columbia University Press, 2002, p. 799 n.15.
14 Keene, Donald., *Emperor of Japan: Meiji and His World, 1852-1912*, New York: Columbia University Press, 2002, p. 383.
15 Keene, Donald., *Emperor of Japan: Meiji and His World, 1852-1912*, New York: Columbia University Press, 2002, p. 799 n.15.
16 松浦玲:《勝海舟》,東京:筑摩書房,2010年,第589页。
17 Keene, Donald., *Emperor of Japan: Meiji and His World, 1852-1912*, New York: Columbia University Press, 2002, p. 799 n.15.
18 松浦玲:《勝海舟》,東京:筑摩書房,2010年,第589—590页。
19 松浦玲:《勝海舟》,東京:筑摩書房,2010年,第610页。
20 松浦玲:《勝海舟》,東京:筑摩書房,2010年,第600页。
21 松浦玲:《勝海舟》,東京:筑摩書房,2010年,第623页。
22 勝海舟:《書簡と建言》,載《勝海舟全集》(2),東京:講談社,1982年,第152—153页。
23 松浦玲:《勝海舟》,東京:筑摩書房,2010年,第609—611页。德川庆喜直到1902年才被加封为公爵,参见《明治維新人名辞典》,東京:吉川弘文館,1982年,第661页。
24 勝海舟:《氷川清話》,載《勝海舟全集》(21),東京:勁草書房,1973年,第45—46页。
25 勝海舟:《海舟日記》(4),《勝海舟全集》(21),東京:勁草書房,1973年,1973年,第248页。
26 松浦玲:《勝海舟》,東京:筑摩書房,2010年,第622页。
27 Keene, Donald., *Emperor of Japan: Meiji and His World, 1852-1912*, New York: Columbia University Press, 2002, p. 419.
28 松浦玲:《勝海舟》,東京:筑摩書房,2010年,第623页。
29 松浦玲:《勝海舟》,東京:筑摩書房,2010年,第622—623页;Keene, Donald., *Emperor of Japan: Meiji and His World, 1852-1912*, New York: Columbia University Press, 2002, pp. 368, 418。
30 松浦玲:《勝海舟》,東京:筑摩書房,2010年,第624页。
31 Keene, Donald., *Emperor of Japan: Meiji and His World, 1852-1912*, New York:

Columbia University Press, 2002, pp. 418-419; 松浦玲：《勝海舟》, 東京：筑摩書房, 2010 年, 第 623 页。

32 松浦玲：《勝海舟》, 東京：筑摩書房, 2010 年, 第 623 页。其他 11 位枢密院顾问官分别为大木乔任（土佐）、川村纯义（萨摩）、福冈孝悌（土佐）、佐佐木高行（土佐）、寺岛宗矩（萨摩）、副岛种臣（佐贺）、佐野常民（佐贺）、东久世通禧（公卿）、吉井友实（萨摩）、品川弥二郎（长州）和河野敏镰（土佐）。

33 松浦玲：《勝海舟》, 東京：筑摩書房, 2010 年, 第 624 页；勝海舟：《書簡と建言》, 载《勝海舟全集》(2), 東京：講談社, 1982 年, 第 330—333 页。

34 松浦玲：《勝海舟》, 東京：筑摩書房, 2010 年, 第 625 页。

35 勝部真長編：《武士道：文武両道の思想》, 東京：角川書店, 1971 年, 第 9 页。

36 根据海舟的说法, 山冈和海舟见最后一面时, 两人互相尊称对方为"老师"。

37 勝部真長編：《武士道：文武両道の思想》, 東京：角川書店, 1971 年, 第 54—55 页。

38 松浦玲：《勝海舟》, 東京：筑摩書房, 2010 年, 第 625 页。

39 松浦玲：《勝海舟》, 東京：筑摩書房, 2010 年, 第 651—652 页。

40 石井孝：《勝海舟》, 東京：吉川弘文館, 1997 年, 第 277 页年表。

41 Keene, Donald., *Emperor of Japan: Meiji and His World, 1852-1912*, New York: Columbia University Press, 2002, pp. 421-422.

42 勝海舟：《海舟日記》(4), 《勝海舟全集》(21), 東京：勁草書房, 1973 年, 1973 年, 第 304 页。

43 Keene, Donald., *Emperor of Japan: Meiji and His World, 1852-1912*, New York: Columbia University Press, 2002, p. 422.

44 海音寺潮五郎：《西郷隆盛》(1), 東京：朝日新聞社, 1976 年, 第 11 页。

45 井上清：《西郷隆盛》(下), 東京：中央公論新社, 1990 年, 第 231—232 页。

46 庆应三年（1867 年）八月十七日致佐藤与之助的信, 收录于勝海舟：《書簡と建言》, 载《勝海舟全集》(2), 東京：講談社, 1982 年, 第 91 页。

47 勝海舟：《海舟日記》(3), 《勝海舟全集》(20), 東京：勁草書房, 1973 年, 第 145 页。

48 勝海舟：《海舟日記》(3), 《勝海舟全集》(20), 東京：勁草書房, 1973 年, 第 176—177 页。

49 勝海舟：《海舟日記》(3), 《勝海舟全集》(20), 東京：勁草書房, 1973 年, 第 177 页。

50 松浦玲：《勝海舟》, 東京：筑摩書房, 2010 年, 第 861 页注释 268。

51 勝海舟：《海舟日記》(4), 《勝海舟全集》(21), 東京：勁草書房, 1973 年, 1973 年, 第 455 页。

52 宫岛诚一郎的回忆, 参见勝海舟：《海舟日記》(4), 《勝海舟全集》(21), 東京：勁草書房, 1973 年, 1973 年, 第 716 页编者说明。

53　勝海舟:《海舟日記》(4),《勝海舟全集》(21),東京:勁草書房,1973年,1973年,第456頁。

54　松浦玲:《勝海舟》,東京:筑摩書房,2010年,第667頁。

55　勝海舟:《海舟日記》(4),《勝海舟全集》(21),東京:勁草書房,1973年,1973年第716頁编者说明。

56　勝海舟:《海舟日記》(4),《勝海舟全集》(21),東京:勁草書房,1973年,1973年,第456頁;松浦玲:《勝海舟》,東京:筑摩書房,2010年,第667頁。

57　石井孝:《勝海舟》,東京:吉川弘文館,1997年,第278頁年表。

58　勝海舟:《海舟語録》,載《勝海舟全集》(20),東京:講談社,1972年,第226頁。

59　勝海舟:《海舟語録》,載《勝海舟全集》(20),東京:講談社,1972年,第9頁。

60　川村清雄的祖父川村但马守是幕府高官,曾任新潟、大阪、长崎等地奉行。清雄在长崎长大,对西方的油画抱有浓厚兴趣。明治四年,他在法国和意大利学习油画后,又被派往美国学习。海舟在冰川邸为其开辟了画室。参见勝部真長:《勝海舟》(上),東京:PHP研究所,1992年,第23—24頁。

61　勝海舟:《海舟語録》,載《勝海舟全集》(20),東京:講談社,1972年,第6頁。

62　勝海舟:《海舟語録》,載《勝海舟全集》(20),東京:講談社,1972年,第6頁。

63　勝海舟:《海舟語録》,載《勝海舟全集》(20),東京:講談社,1972年,第7頁。

64　勝海舟:《海舟語録》,載《勝海舟全集》(20),東京:講談社,1972年,第7頁。

65　勝海舟:《海舟語録》,載《勝海舟全集》(20),東京:講談社,1972年,第7頁。

66　勝海舟:《海舟語録》,載《勝海舟全集》(20),東京:講談社,1972年,第8頁。

67　勝海舟:《海舟語録》,載《勝海舟全集》(20),東京:講談社,1972年,第15頁。

68　勝海舟:《海舟語録》,載《勝海舟全集》(20),東京:講談社,1972年,第8—9頁。

69　勝海舟:《海舟語録》,載《勝海舟全集》(20),東京:講談社,1972年,第9—10頁。

70　勝海舟:《海舟語録》,載《勝海舟全集》(20),東京:講談社,1972年,第10—11頁。

71　勝海舟:《海舟語録》,載《勝海舟全集》(20),東京:講談社,1972年,第13頁。

72　勝部真長編:《新訂海舟座談》,東京:岩波書店,2000年,第263頁。

73　勝海舟:《海舟語録》,載《勝海舟全集》(20),東京:講談社,1972年,第227頁。

74　勝海舟:《海舟語録》,載《勝海舟全集》(20),東京:講談社,1972年,第17頁。

75　勝海舟:《海舟語録》,載《勝海舟全集》(20),東京:講談社,1972年,第17頁。

76　勝海舟:《海舟語録》,載《勝海舟全集》(20),東京:講談社,1972年,第17頁。

77　勝海舟:《冰川清話》,載《勝海舟全集》(21),東京:勁草書房,1973年,第344頁。

78　勝海舟:《冰川清話》,載《勝海舟全集》(21),東京:勁草書房,1973年,第235頁注释。

79　勝海舟:《冰川清話》,載《勝海舟全集》(21),東京:勁草書房,1973年,第234頁。

80 勝海舟:《氷川清話》,載《勝海舟全集》(21),東京:勁草書房,1973年,第234页。
81 勝海舟:《氷川清話》,載《勝海舟全集》(21),東京:勁草書房,1973年,第233—234页。
82 勝海舟:《氷川清話》,載《勝海舟全集》(21),東京:勁草書房,1973年,第234页。
83 勝海舟:《氷川清話》,載《勝海舟全集》(21),東京:勁草書房,1973年,第233、235页注释。
84 勝海舟:《氷川清話》,載《勝海舟全集》(21),東京:勁草書房,1973年,第235页注释。
85 松浦玲:《勝海舟》,東京:筑摩書房,2010年,第727—728页。
86 勝海舟:《氷川清話》,載《勝海舟全集》(21),東京:勁草書房,1973年,第354页编者说明。
87 松浦玲:《勝海舟》,東京:筑摩書房,2010年,第729页;勝海舟:《海舟日記》(4),《勝海舟全集》(21),東京:勁草書房,1973年,1973年,第720页编者说明;勝海舟:《氷川清話》,載《勝海舟全集》(21),東京:勁草書房,1973年,第352页。
88 勝海舟:《海舟日記》(3),《勝海舟全集》(20),東京:勁草書房,1973年,第516页。
89 勝海舟:《海舟日記》(4),《勝海舟全集》(21),東京:勁草書房,1973年,1973年,第720页编者说明。
90 勝海舟:《海舟日記》(3),《勝海舟全集》(20),東京:勁草書房,1973年,第516页;勝海舟:《氷川清話》,載《勝海舟全集》(21),東京:勁草書房,1973年,第352页。
91 松浦玲:《勝海舟》,東京:筑摩書房,2010年,第744页。
92 勝海舟:《海舟語録》,載《勝海舟全集》(20),東京:講談社,1972年,第223页。
93 松浦玲:《勝海舟》,東京:筑摩書房,2010年,第748页。
94 勝海舟:《海舟語録》,載《勝海舟全集》(20),東京:講談社,1972年,第233—234页。
95 松浦玲:《勝海舟》,東京:筑摩書房,2010年,第750页。
96 岩本善治:《先生を失うの嘆き》,勝部真長編:《新訂海舟座談》,東京:岩波書店,2000年,第9页;松浦玲:《勝海舟》,東京:筑摩書房,2010年,第750页。
97 岩本善治,《先生を失うの嘆き》,勝部真長編:《新訂海舟座談》,東京:岩波書店,2000年,第9页;松浦玲:《勝海舟》,東京:筑摩書房,2010年,第750页。
98 松浦玲:《勝海舟》,東京:筑摩書房,2010年,第750—751页。
99 松浦玲:《勝海舟》,東京:筑摩書房,2010年,第750页;Clark, E. Warren., *Katz Awa, The Bismarck of Japan: Or, the Story of a Noble Life*, New York: B.F. Buck, 1904, p. 94。

附　录　论胜海舟的史书、传记和回忆录的价值

1. 勝海舟：《氷川清話》，載《勝海舟全集》（21），東京：勁草書房，1973年，第293頁。
2. Collingwood, R.G., *The Idea of History (Revised Edition)*, Oxford: Oxford University Press, 1994, pp. 251–252.
3. Collingwood, R.G., *The Idea of History (Revised Edition)*, Oxford: Oxford University Press, 1994, p. 304.
4. Collingwood, R.G., *The Idea of History (Revised Edition)*, Oxford: Oxford University Press, 1994, pp. 397–398.
5. 勝海舟：《氷川清話》，載《勝海舟全集》（21），東京：勁草書房，1973年，第293頁。
6. 勝海舟：《海舟語録》，載《勝海舟全集》（20），東京：講談社，1972年，第215頁。
7. 《氷川の訪れ》，載勝海舟：《海舟語録》，載《勝海舟全集》（20），東京：講談社，1972年，第15頁。
8. 勝海舟：《氷川清話》，載《勝海舟全集》（21），東京：勁草書房，1973年，第118頁；勝部真長編：《新訂海舟座談》，東京：岩波書店，2000年，第346頁注釋。
9. 松浦玲：《勝海舟》，東京：筑摩書房，2010年，第899頁。
10. 勝部真長編：《新訂海舟座談》，東京：岩波書店，2000年，第345頁注釋。
11. 勝海舟：《海舟語録》，載《勝海舟全集》（20），東京：講談社，1972年，第356頁。
12. 勝部真長編：《新訂海舟座談》，東京：岩波書店，2000年，第345頁注釋。
13. 勝部真長編：《新訂海舟座談》，東京：岩波書店，2000年，第12頁編者說明；勝部真長編：《新訂海舟座談》，東京：岩波書店，2000年，第331頁注釋12。
14. 岩本善治：《陳言》，載勝部真長編：勝部真長編：《新訂海舟座談》，東京：岩波書店，2000年，第12頁；勝部真長編：《新訂海舟座談》，東京：岩波書店，2000年，第345—346頁編者說明；岩本善治，《氷川のおとずれ》，勝海舟：《海舟語録》，載《勝海舟全集》（20），東京：講談社，1972年，第12頁；勝海舟：《海舟語録》，載《勝海舟全集》（20），東京：講談社，1972年，第19頁編者說明；勝海舟：《海舟語録》，載《勝海舟全集》（20），東京：講談社，1972年，第356頁編者說明。
15. Schlesinger, Arthur M. Jr., *Robert Kennedy and His Times*, New York: Ballantine, 1979, p. xv.
16. 勝部真長編：《新訂海舟座談》，東京：岩波書店，2000年，第345頁編者說明。

后　记

胜海舟何许人也？他生于1823年，死于1899年，是幕末至明治初年的著名政治家、日本海军创始人。海舟出身贫寒武士家庭，自幼修习剑术，年轻时转而学习兰学。他因向幕府递交《海防意见书》受到赏识，获得了入仕的机会。1855年，海舟被派往长崎海军传习所跟随荷兰教官学习。他从此与大海结缘，致力于建设国家海军。海舟是幕府中的开明派，交游甚广，倒幕派的核心人物西乡隆盛与其一见如故，坂本龙马是其弟子。戊辰战争期间，他先后被任命为海军奉行并、陆军总裁和军事取扱，成为幕府军的总指挥官。他一生中最大的功绩就是通过和西乡的谈判实现了江户城无血开城，使日本免于陷入内战泥潭。明治政府成立后，海舟历任外务大丞、兵部大丞、海军大辅、太政官参议兼海军卿、元老院议官等职。1887年，他被赐予伯爵爵位，晋身华族。海舟一生著述颇丰，著有《陆军历史》《海军历史》《幕府始末》等书，其著作后来分别被讲谈社和劲草书房整理成两套《胜海舟全集》刊行于世。

尽管能力出众、贡献卓著，但出身低微的海舟一直被看重家世、血统的幕府视为局外人，建设国家海军的计划进展迟缓。历尽艰辛创设海军却不为高层认可，中日近代海军的成军史何其相似。这大概就是海舟和丁汝昌一见如故，称后者为自己的"海外一知己"的原因吧。

除了和丁汝昌关系密切，海舟对中国的态度同样值得注意。他在幕末就提出了中日朝三国联盟的构想，后来又坚决反对甲午战争和日本入侵台湾，并因此与明治政府的高层，尤其是大权在握的大久保利通产生了严重的分歧，最终愤而辞职。日本虽然取得了甲午战争和后来的日俄战争的胜利，部分实现了"富国强兵"的目标，但胜利冲昏了政府高层的头脑，日本从此被引上军国主义的不归路。正如日本著名历史作家、《幕末史》作者半藤一利所说，明治维新使日本崛起，但最终毁灭了日本。如果明治政府当初选择了海舟的路线，东亚的历史想必会截然不同吧。

相较于明治维新三杰西乡隆盛、大久保利通、木户孝允，以及海舟的弟子坂本龙马，实现江户城无血开城，帮助日本避免了大规模内战的海舟，在国内的知名度着实不高。本书利用海舟的著作，从海舟的视角再现了幕末及明治初年波澜壮阔的历史，帮助读者从新的角度认识、反思明治维新与日本近代的崛起。